Rechtsanwaltskanzlei
**Gerald Munz**
Herdweg 58
70174 Stuttgart
Tel.: 07 11 / 305 888 - 3

Mindorf   Internationaler Straßenverkehr

# Internationaler Straßenverkehr

von

Dipl.-Verwaltungswirt-Polizei (FH)

Peter Mindorf

Dozent für Verkehrsrecht
Akademie der Polizei Baden-Württemberg

Luchterhand

Die Deutsche Bibliothek – CIP-Einheitsaufnahme

Internationaler Straßenverkehr / Peter Mindorf. – Neuwied : Kriftel : Luchterhand, 2001
  ISBN 3-472-04532-9

Alle Rechte vorbehalten
© 2001 by Hermann Luchterhand Verlag GmbH, Neuwied, Kriftel
Das Werk einschließlich aller seiner Teile ist urheberrechtlich geschützt. Jede Verwertung außerhalb der strengen Grenzen des Urheberrechtsgesetzes ist ohne Zustimmung des Verlags unzulässig und strafbar. Das gilt insbesondere für Vervielfältigungen, Übersetzungen, Mikroverfilmungen und die Einspeicherung und Verarbeitung in elektronischen Systemen.
Umschlaggestaltung: Ruers, Wiesbaden
Satz: Satz- und Verlags-Gesellschaft mbH, Darmstadt
Druck: betz-druck, Darmstadt
Bindung: Buchbinderei Schaumann, Darmstadt
Printed in Germany, November 2000

Gedruckt auf säurefreiem, alterungsbeständigem und chlorfreiem Papier

# Vorwort

Das gerade ca. 100 Jahre alte Auto hat das Leben unserer Gesellschaft im individuellen als auch im geschäftlichen Bereich tiefgreifend verändert. Begleitet wurde die Entwicklung des Autos mit einer Vielzahl von nationalen und internationalen Rechtsvorschriften, um den sich rasant entwickelnden nationalen als auch internationalen Personen- und Güterverkehr in geordnete Bahnen zu lenken.

Wer versucht, diese für den nationalen sowie internationalen Straßenverkehr geltenden Rechtsvorschriften systematisch zu ordnen, um einen Überblick zu gewinnen und Zusammenhänge zu erkennen, stößt auf erhebliche Schwierigkeiten. Diese Normen verteilen sich entsprechend der jeweiligen Fahrzeugzulassung, Fahrzeug- und Einsatzart auf eine Vielzahl öffentlich-rechtlicher und zivilrechtlicher Rechtsquellen.

Die rasante Entwicklung des Straßenverkehrs ließ sich nicht auf einzelnen Nationalstaaten beschränken. Schon frühzeitig wurden völkerrechtliche Regelungen erforderlich, um der grenzüberschreitenden Funktion des sich zügig entwickelnden modernen Massenverkehrs auf der Straße einerseits und dem Grundsatz des Territorialitätsprinzips auf der anderen Seite gerecht zu werden.

Bei den bestehenden Regelungen handelt es sich um multilaterale (weltweite) Übereinkommen, europäische Übereinkommen, bilaterale Vereinbarungen und EU-/EWR-Recht. Die Vielfalt dieser Verkehrsvorschriften und deren ständige Veränderung machen es immer schwieriger, diese Materie zu beherrschen.

Allein diese kurze Darstellung macht deutlich, in welchem Umfang das nationale Verkehrsrecht von bilateralen, multilateralen bzw. EU-/EWR-Regelungen beeinflusst wird. Dass es dadurch nicht einfacher wird, liegt in der Natur der Sache.

Das vorliegende Werk will daher durch die Kommentierung der IntVO und des AuslPflVG, der übersichtlichen Darstellung und Interpretation der anzuwendenden steuerlichen und zollrechtlichen Vorschriften sowie die des NATO-Truppenstatuts und des Streitkräfteaufenthaltsgesetzes dazu beitragen, gerade diesen Rechtsbereich transparent zu machen und Anwendung und Vollzug der Vorschriften durch die Polizeidienststellen, die Verwaltungsbehörden, Gerichte und Rechtsanwälte zu erleichtern.

*Ehrenkirchen, im November 2000* *Peter Mindorf*

# Inhaltsverzeichnis

|  |  | Seite |
|---|---|---|
|  | Vorwort | V |
|  | Inhaltsverzeichnis | VII–X |
|  | Einführung | 1–6 |
| **1. Teil** | **Verordnung über internationalen Kraftfahrzeugverkehr** (IntVO) – Kommentierung | |
|  | Vorbemerkung | 7–11 |
|  | § 1 | 12–36 |
|  | § 2 | 37–51 |
|  | § 3 | 52–66 |
|  | § 3 a | 67–68 |
|  | § 4 | 69–102 |
|  | §§ 5, 6 | 103–105 |
|  | § 7 | 106–114 |
|  | § 7 a | 115 |
|  | § 8 | 116–119 |
|  | § 9 | 120–124 |
|  | § 10 | 125–126 |
|  | § 11 | 127–131 |
|  | § 12 | 132–133 |
|  | § 13 | 134 |
|  | § 13 a | 135 |
|  | § 14 | 136–140 |
| **2. Teil** | **Versicherungspflicht für den Gebrauch ausländischer Fahrzeuge** | |
|  | Einführung | 141–158 |
|  | **Gesetz über die Haftpflichtversicherung für ausländische Kraftfahrzeuge und Kraftfahrzeuganhänger** (AuslPflVG) – Kommentierung | |
|  | § 1 | 159–164 |
|  | § 2 | 165–167 |
|  | § 3 | 168–169 |
|  | § 4 | 170–171 |
|  | § 5 | 172 |
|  | § 6 | 173–174 |
|  | §§ 7, 7 a, 8 | 175–178 |
|  | § 8 a | 179–183 |

|   |   | Seite |
|---|---|---|
| § 9 | | 184–189 |
| §§ 9 a, 10, 11 | | 190–192 |

**3. Teil** **Steuerpflicht für das Halten ausländischer Fahrzeuge**
- §§ 1, 3 KraftStG – Auszug .................... 193–200
- Gegenseitigkeitsabkommen zur Vermeidung von Doppelbesteuerung .......................... 201–204
- Multilaterales Genfer Abkommen ................ 205–209
- Autobahnbenutzungsgebühr ..................... 210–220

**4. Teil** **Zollrechtliche Beurteilung ausländischer Fahrzeuge und zollrechtliche Behandlung der Ware** (Überblick)
- Zollrechtliche Beurteilung der Fahrzeuge ........ 221–227
- Zollrechtliche Behandlung der Ware ............. 228–234

**5. Teil** **NATO-Truppenstatut und Streitkräfteaufenthaltsgesetz**
Vorbemerkung zum NTS und SkAufG ............... 235–238
NATO–Truppenstatut (NTS) ....................... 239–253
Streitkräfteaufenthaltsgesetz (SkAufG) – Auszug – ... 254–258

**6. Teil** **Texte** – Übersicht ........................... 259
- Internationales Abkommen über Kraftfahrzeugverkehr (IntAbk) .................................... 260–284
- Übereinkommen über den Straßenverkehr (WÜ) ...... 285–335
- Verordnung über internationalen Kraftfahrzeugverkehr (IntVO) ..................................... 336–352
- Liste der Nationalitätszeichen im internationalen Kraftfahrzeugverkehr v. 8.12.1999 ............. 353
  - Alphabetische Ordnung nach Nationalitätszeichen .. 354–356
  - Alphabetische Ordnung nach Vertragsstaaten ...... 357–359
- Gesetz über die Haftpflichtversicherung für ausländische Kraftfahrzeuge und Kraftfahrzeuganhänger (AuslPflVG) .................................. 360–365
- Verordnung zur Durchführung der Richtlinie des Rates der Europäischen Gemeinschaft v. 24. April 1972 betreffend die Angleichung der Rechtsvorschriften der Mitgliedstaaten bezüglich der Kraftfahrzeug–Haftpflichtversicherung und der Kontrolle der entsprechenden Versicherungspflicht (DV zur Rili des Rates der EG bez. Kfz-Haftpfl.Vers. für Kfz/Anh.1[1]) v. 08.05.1974 ... 366–373
- Londoner Muster-Abkommen (LA) ................. 374–381

---

1 Nicht amtliche Abkürzung.

|  | Seite |
|---|---|
| – Multilaterales Garantieabkommen zwischen den nationalen Versicherungsbüros (M.G.A.) | 382–390 |
| – Luxemburger Protokoll – Interpretationsabkommen zum Zusatzabkommen | 391–393 |
| – Richtlinie 83/182/EWG des Rates v. 28. März 1983 über Steuerbefreiungen innerhalb der Gemeinschaft bei vorübergehender Einfuhr bestimmter Verkehrsmittel | 394–402 |
| – Richtlinie 93/89/EWG des Rates v. 25. Oktober 1993 über die Besteuerung bestimmter Kraftfahrzeuge zur Güterbeförderung sowie die Erhebung von Maut- und Benutzungsgebühren für bestimmte Verkehrswege durch die Mitgliedstaaten | 403–410 |
| – Übereinkommen über die Erhebung von Gebühren für die Benutzung bestimmter Straßen mit schweren Nutzfahrzeugen | 411–420 |

**7. Teil**   **Anhang**

| | |
|---|---|
| Stichwortverzeichnis | 421–428 |
| Abkürzungsverzeichnis | 429–432 |

# Einführung

Wer versucht, die für den nationalen sowie internationalen Straßenverkehr geltenden Rechtsvorschriften systematisch zu ordnen, um einen Überblick zu gewinnen und Zusammenhänge zu erkennen, stößt auf erhebliche Schwierigkeiten. Diese Normen verteilen sich entsprechend der jeweiligen Fahrzeugzulassung, Fahrzeug- und Einsatzart auf eine Vielzahl öffentlich-rechtlicher und zivilrechtlicher Rechtsquellen.

Gründe dafür sind u.a.:

1. Die historische Entwicklung der einzelnen Verkehrsarten verlief nicht parallel sondern zeitlich versetzt in der Reihenfolge des Fahrzeug-, Schiffs-, Eisenbahn- und schließlich des Kraftfahrzeugverkehrs. Aus diesem Grund mussten für die einzelnen Verkehrsträger jeweils eigene Rechtsquellen entwickelt und in das dann bereits schon bestehende Normensystem – mehr oder weniger glücklich – eingebaut bzw. mit diesem verknüpft werden.

2. Zunächst entwickelte sich das nationale Verkehrsrecht, welches danach in einem immer stärkeren Maß durch zwischenstaatliche, europäische und weltweite Übereinkommen, sowie in besonderem Maße durch das Recht der Europäischen Gemeinschaft bzw. der Europäischen Union beeinflusst wurde.

3. Für das Straßenverkehrsrecht war die stürmische Entwicklung dieser Verkehrsart zuerst unmittelbar vor und dann vor allem nach dem Zweiten Weltkrieg bestimmend. Es war ein besonderes Kennzeichen dieser Entwicklung, dass die Motorisierung und damit die Nachfrage nach Straßenverkehrsleistungen dem Angebot an nationalen als auch internationalen Verkehrswegen vorauseilte.

Die rasante Entwicklung des Straßenverkehrs ließ sich nicht auf einzelnen Nationalstaaten beschränken. Schon frühzeitig wurden völkerrechtliche Regelungen erforderlich, um der grenzüberschreitenden Funktion des sich zügig entwickelnden modernen Massenverkehrs auf der Straße einerseits und dem Grundsatz des Territorialitätsprinzips auf der anderen Seite gerecht zu werden. Ziel dieser Verträge war die gegenseitige Anerkennung der bestehenden nationalen Erlaubnisverfahren für die Zulassung von Fahrzeugen zum Straßenverkehr bzw. die nationalen Berechtigungen zum Führen von Kraftfahrzeugen; dies war nur durch multilaterale und – in einem beschränkten Umfang – durch bilaterale Abkommen und Vereinbarungen zu erreichen. Der Nachweis der Zulassung erfolgte durch den Internationalen Zulassungsschein bzw. den Internationalen Führerschein. Im Zuge der weiteren Liberalisierung wurden zunehmend die nationalen Fahrzeugscheine bzw. die nationalen Fahrausweise (Führerscheine) anerkannt.

Bei den bestehenden Regelungen handelt es sich um

a) multilaterale (weltweite) Übereinkommen,

b) europäische Übereinkommen,

c) bilaterale Vereinbarungen und

d) EU-/EWR-Recht.

### Zu a):

Multilaterale (weltweite) Übereinkommen für den allgemeinen Straßenverkehr sind

1. das »Internationale Abkommen über Kraftfahrzeugverkehr« (Pariser Abkommen) v. 24. April 1926, RGBl. 1930 II, S. 1233;

2. das »Internationale Abkommen über den Straßenverkehr« (Genfer Abkommen) v. 19. September 1949;

3. das »Übereinkommen über den Straßenverkehr« und das »Übereinkommen über Straßenverkehrszeichen« (Wiener Übereinkommen) v. 08. November 1968, die Europäischen Zusatzübereinkommen v. 01. Mai 1971 und das Protokoll über Straßenmarkierungen v. 01. März 1973.

Diese multilateralen Vereinbarungen müssen nach ihrer Ratifikation und vor ihrer Anwendung in nationales Recht transformiert und mit Sanktionsgrundlagen versehen werden, indem sie entweder durch Bundesgesetz zu unmittelbar geltenden Recht erklärt werden (vgl. dazu das »Gesetz zu dem Übereinkommen v. 08. November 1968 über den Straßenverkehr und über Straßenverkehrszeichen« v. 21. September 1977 – BGBl. 1977 I, S. 809) oder indem ihre Regelungen sich in der nationalen Gesetzgebung oder in Rechtsverordnungen niederschlagen (vgl. dazu die »VO über internationalen Kraftfahrzeugverkehr« v. 12. November 1934 - RGBl. 1934 I, S. 1137).

### Zu b):

Die Europäische Wirtschaftskommission erstrebt in ihrem Unterausschuss Straßenverkehr eine Charta (Verfassung) des internationalen Straßenverkehrs, die weit über die Regelungen der multilateralen Übereinkommen hinausgeht.

Verabschiedet wurden bisher neben den ECE-Regelungen z.B. das
- »Europäische Übereinkommen über die Arbeit des im internationalen Straßenverkehr beschäftigten Fahrpersonals« (AETR),
- »Europäische Übereinkommen über den internationalen Transport gefährlicher Güter auf der Straße« (ADR),
- »Übereinkommen über internationale Beförderungen leicht verderblicher Lebensmittel und über die besonderen Beförderungsmittel, die für diese Beförderungen zu verwenden sind (ATP) oder das
- »Europäische Übereinkommen über sichere Container« (CSC).

Für den grenzüberschreitenden gewerblichen oder geschäftsmäßigen Personenverkehr gibt es z.B. das »Abkommen Freiheit der Straße« v. 10. Dezember 1927, welches weitgehendst durch die Resolution Nr. 20 der Konferenz der Europäischen Verkehrsminister (CEMT) v. 20. März 1972 abgelöst wurde; ferner das »Übereinkommen über die Personenbeförderung im grenzüberschreitenden Gelegenheitsverkehr mit Kraftomnibussen« (ASOR) v. 01. Dezember 1983.

Für den grenzüberschreitenden Güterkraftverkehr gibt es dagegen u.a. das »Übereinkommen über den Beförderungsvertrag im internationalen Straßenverkehr« (CMR) v. 19. Mai 1956 sowie ebenfalls die »Resolution Nr. 20 der CEMT«.

Zusätzlich wurden zur Erleichterung der Formalitäten im internationalen Straßenverkehr eine Reihe von europäischen Abkommen geschlossen, die Zölle, Abgaben und Steuern betreffen. Von besonderer Bedeutung sind hier vor allem das »Zollübereinkommen über den internationalen Warentransport mit Carnets TIR« (TIR-Übereinkommen), das Gesetz zu dem Zollübereinkommen v. 14. November 1975 über den internationalen Warentransport mit Carnets TIR oder das multilaterale Abkommen über die Besteuerung von Straßenfahrzeugen zum privaten Gebrauch im internationalen Verkehr« (Genfer Abkommen) v. 18. Mai 1956.

## Zu c):

Bilaterale Vereinbarungen, die zum Teil multilaterale Übereinkommen wieder überlagern, bestehen in den verschiedensten Rechtsbereichen zwischen Deutschland und einer Vielzahl anderer Staaten z.B. über
- den gegenseitigen Verzicht der Übersetzung von nationalen Fahrausweisen und Zulassungsscheinen,
- den grenzüberschreitenden Personenverkehr,
- den grenzüberschreitenden Güterverkehr oder
- die steuerrechtliche Behandlung ausländischer Fahrzeuge.

**Zu d):**

In dieses Flechtwerk von bilateralen und multilateralen Verträgen ist nun noch das Recht der Europäischen Union (EU) hinzuzufügen. Deren Aufgaben werden von Art. 189 EWG-Vertrag beschrieben:

*»Zur Erfüllung ihrer Aufgaben und nach Maßgabe dieses Vertrags erlassen der Rat und die Kommission Verordnungen, Richtlinien und Entscheidungen, sprechen Empfehlungen aus oder geben Stellungnahmen ab.*

*Die Verordnung hat allgemeine Geltung. Sie ist in allen ihren Teilen verbindlich und gilt unmittelbar in jedem Mitgliedstaat.*

*Die Richtlinie ist für jeden Mitgliedstaat, an den sie gerichtet wird, hinsichtlich des zu entscheidenden Ziels verbindlich, überlässt jedoch den innerstaatlichen Stellen die Wahl der Form und Mittel.*

*Die Entscheidungen und Stellungnahmen sind nicht verbindlich.«*

Eine ähnliche Formulierung enthält Art. 7 des EWR-Abkommens[1], welches für Deutschland am 01. Januar 1994 in Kraft getreten ist.[2] Die besonderen Bestimmungen für sämtliche Verkehrsträger sind nach Art. 47 Abs. 2 EWR-Abkommen im Anhang XIII enthalten.

Art. 189 EWG-Vertrag hat eine vergleichbare Bedeutung wie Art. 31 GG. Die Mitgliedstaaten der EU und die EWR-Vertragsstaaten sind nach Art. 189 EWG-Vertrag bzw. Art. 7 EWR-Abkommen verpflichtet, das Gemeinschaftsrecht in das nationale Recht zu übernehmen. Es gilt folglich der Grundsatz, dass das Gemeinschaftsrecht nationales Recht bricht, wodurch letzteres zum subsidiären Recht wird. EWG-Verordnungen gelten dabei unmittelbar im ganzen EWR-Raum. Sie bedürfen nur insoweit der Umsetzung bzw. Ergänzung durch nationales Recht, als Sanktionsgrundlagen erforderlich sind oder Zuständigkeiten und Verwaltungsmaßnahmen geregelt werden müssen.

Durch EWG-Verordnungen und/oder EWG-Richtlinien wird zusätzlich in viele Bereiche des bestehenden nationalen, bilateralen und multilateralen Verkehrsrecht eingegriffen, mit der Folge einer Neuregelung, Ergänzung, Überlagerung oder Aufhebung des bestehenden Rechts.

---

1 Gesetz zu dem Abkommen v. 2. Mai 1992 über den Europäischen Wirtschaftsraum (EWR-Abkommen) v. 31. März 1993, BGBl. 1993 II, S. 266.
2 Bekanntmachung über das Inkrafttreten des Abkommens über den Europäischen Wirtschaftsraum (EWR-Abkommen) und des Anpassungsprotokolls zu diesem Abkommen v. 6. April 1994, BGBl. !994 II, S. 515.

Beispielsweise seien hier nur für den Bereich

- des **Verkehrssozialrechts** die VO (EWG) Nr. 3820/85 und die VO (EWG) Nr. 3821/85;
- des **Straßenverkehrswirtschaftsrechts** die VO (EWG) Nr. 881/92 für den »grenzüberschreitenden« gewerblichen Güterkraftverkehr, die VO (EWG) Nr. 684/92, VO (EWG) Nr. 1839/92 für den »grenzüberschreitenden« Personenverkehr;
- des **Gefahrgutrechts** die Richtlinie 94/55/EG des Rates v. 21. November 1994 zur Angleichung der Rechtsvorschriften der Mitgliedstaaten für den Gefahrguttransport auf der Straße;
- des **Haftpflichtversicherungsrechts** die Richtlinie 72/166/EWG des Rates der v. 24. April 1972 betreffend die Angleichung der Rechtsvorschriften der Mitgliedstaaten bezüglich der Kraftfahrzeug-Haftpflichtversicherung und der Kontrolle der entsprechenden Versicherungspflicht;
- des **Steuerrechts** die Richtlinie 82/182 EWG des Rates v. 28. März 1983 über Steuerbefreiungen innerhalb der Gemeinschaft bei vorübergehender Einfuhr bestimmter Verkehrsmittel, die Rili 93/89/EWG des Rates v. 25. Oktober 1993 über die Besteuerung bestimmter Kraftfarzeuge zur Güterbeförderung sowie die Erhebung von Maut- und Benutzungsgebühren für bestimmte Verkehrswege durch die Mitgliedschaft oder
- des **Zollrechts** die VO (EWG) Nr. 2913/92, dem sog. Zollkodex (ZK), genannt.

Davon unabhängig wird die Rechtsstellung der **Stationierungsstreitkräfte der NATO** abschließend in speziellen Vorschriften separat geregelt:

a) Abkommen zwischen den Parteien des Nordatlantikvertrags über die Rechtsstellung ihrer Truppen v. 19. Juli 1951 (NATO-Truppenstatut – NTS),

b) Zusatzabkommen zu dem Abkommen zwischen den Parteien des Nordatlantikvertrags über die Rechtsstellung ihrer Truppen hinsichtlich der in der Bundesrepublik Deutschland stationierten ausländischen Truppen v. 03. August 1959 (ZA),

c) Gesetz zu dem Abkommen zwischen den Parteien des Nordatlantikvertrags v. 19. Juli 1951 über die Rechtsstellung ihrer Truppen und zu den Zusatzvereinbarungen v. 03. August 1959 zu diesem Abkommen v. 18. August 1961 und

d) Unterzeichnerprotokoll zum Zusatzabkommen (UP).

Die Rechtsstellung der **Streitkräfte aus Nicht-NATO-Staaten** wird dagegen im Gesetz über die Rechtsstellung ausländischer Streitkräfte bei vorübergehenden

Aufenthalt in der Bundesrepublik Deutschland v. 20. Juli 1995 (Streitkräfteaufenthaltsgesetz – SkAufG) geregelt.

Allein diese kurzgefasste Einführung macht deutlich, in welchem Umfang das nationale Verkehrsrecht von bilateralen, multilateralen bzw. EU-/EWR-Regelungen beeinflusst wird. Dass es dadurch nicht einfacher wird, liegt in der Natur der Sache.

Die weiteren Ausführungen beschäftigen sich mit dem Teil des internationalen Verkehrsrechts, der die Zulassung der Fahrzeuge und Personen zum internationalen Straßenverkehr regelt; ergänzt durch die versicherungs-, steuer- und zollrechtlichen Bestimmungen.

ERSTER TEIL

# Verordnung
# über internationalen Kraftfahrzeugverkehr

Vom 12. November 1934[1]

## Gliederungsübersicht

1. Vorbemerkung
2. Rechtsänderungen
3. Inhaltsübersicht / Kommentierung

## 1. Vorbemerkung

Das Internationale Abkommen über Kraftfahrzeugverkehr wurde vom damaligen Deutschen Reich ratifiziert; die Ratifizierungsurkunde wurde am 13. Dezember 1929 in Paris hinterlegt. Das Abkommen ist für Deutschland auf Grund des Artikel 14 am 13. Dezember 1930 in Kraft getreten.

Mit der »Bekanntmachung über das am 24. April 1926 in Paris unterzeichnete Internationale Abkommen über Kraftfahrzeugverkehr« v. 27. Oktober 1930[2] wurde in Abschnitt IV verfügt:

*»IV. Zur Ausführung des Abkommens ist auf Grund des § 6 des Gesetzes über den Verkehr mit Kraftfahrzeugen vom 3. Mai 1909 (Reichsgesetzbl. I S. 437) in der Fassung des Gesetzes vom 21. Juli 1923 (Reichsgesetzbl. I S. 743) am 24. Oktober 1930 die Verordnung über internationalen Kraftfahrzeugverkehr erlassen worden (Reichsgesetzbl. I S. 481).«*

Die VO über internationalen Kraftfahrzeugverkehr von 1930 wurde durch die VO über internationalen Kraftfahrzeugverkehr (nachfolgend IntVO genannt) v. 12. November 1934 ersetzt und ist nach ihrem § 15 am 1. Januar 1935 in Kraft getreten. Gleichzeitig traten die VO über internationalen Kraftfahrzeugverkehr v. 24. Oktober 1930 und die Bekanntmachung über internationalen Kraftfahrzeugverkehr v. 27. November 1930 außer Kraft.

---

1 RGBl. 1934 I, S. 1137, in der im BGBl. Teil III, Gliederungsnummer 9232-4 veröffentlichten Fassung; zuletzt geändert durch Verordnung v. 20. Juli 2000, BGBl. 2000 I, S. 1090.
2 RGBl. 1930 II, S. 1233.

### Verordnung über internationalen Kraftfahrzeugverkehr

Am 4. Januar 1935[1] wurde die »Ausführungsanweisung zur Verordnung über internationalen Kraftfahrzeugverkehr« erlassen. Diese Ausführungsanweisung (AA) ist eine vorwiegend als Auslegungshilfe dienende Verwaltungsvorschrift, die jedoch nicht den Charakter einer allgemeinen Verwaltungsvorschrift i.S.d. Artikel 84 GG hat. Die zuständigen Behörden der Länder können sich der AA bei der Auslegung der Vorschrift – soweit diese sachlich noch anwendbar ist – bedienen.

Die aus dem Jahr 1934 stammende IntVO hat heute – nach verschiedenen Änderungen – immer noch Gültigkeit. Nach der Gründung der Bundesrepublik Deutschland am 23. Mai 1949 musste das Bundesrecht neu festgestellt und nach Sachgebieten geordnet werden. Es erfolgte eine Rechtsbereinigung, da ein Teil der bis dahin noch bestehenden Reichsvorschriften aufgehoben wurde. Rechtsgrundlage war das »Gesetz über die Sammlung des Bundesrechts« v. 10. Juli 1958.[2] Diese Sammlung älterer, aber noch fortgeltender Rechtsvorschriften wurde im Bundesgesetzblatt, Teil III, veröffentlicht. Die IntVO ist dort unter der Gliederungsnummer 9232-4 genannt. Rechtsgrundlage für weitere Änderungen durch den BMV enthält § 6 Abs. 1 Nr. 1 bzw. Nr. 2 StVG.

Die IntVO wurde zu einer Zeit erlassen, in der der internationale Verkehr in ganz bestimmten, relativ eng gezogenen Grenzen stattfand. Mit der zunehmenden Liberalisierung des internationalen Verkehrs – über die Grenzen des EWR-Raumes hinaus – konnte die IntVO, trotz einiger zwischenzeitlich erfolgter Anpassungen, nicht Schritt halten. Die durchlässigen Grenzen Europas und die damit verbunden Probleme des internationalen Straßenverkehrs können von dieser Verordnung – ohne eine entsprechende Interpretation der Vorschrift – heute nicht mehr befriedigend gelöst werden; eine Neufassung wäre dringend geboten. In der amtlichen Begründung zur »3. VO zur Änderung straßenverkehrsrechtlicher Vorschriften« v. 23. November 1982 (VkBl. 1982, S. 488) wird ausgeführt:

*»Die aus dem Jahr 1934 stammende IntKfzV ist zwar in ihrer Gesamtheit reformbedürftig. Vor einer grundlegenden Novellierung sind jedoch zahlreiche Grundsatzfragen .....zu klären.«*

### 2. Rechtsänderungen

Die IntVO in der Fassung der Bekanntmachung v. 12. November 1934 wurde zwischenzeitlich wie folgt geändert:

---

1 RVkBl. B S. 3.
2 BGBl. 1958 I, S. 437.

| ÄnderungsVO | Veröffentlichung | betroffene Vorschrift | amtliche Begründung |
|---|---|---|---|
| VO über das Inkrafttreten reichsrechtlicher Vorschriften für den Straßenverkehr im Saarland v. 19.3.1935 | RGBl. 1935, Teil I, S. 426 | IntVO tritt im Saarland in Kraft | - |
| VO über internationalen Kraftfahrzeugverkehr v. 17.3.1936 | RGBl. 1936, Teil I, S. 175 | Nationalitätszeichen | - |
| VO über internationalen Kraftfahrzeugverkehr v. 12.11.1936 | RGBl. 1936, Teil I, S. 941 | §§ 2, 6 | - |
| VO über die Regelung des Straßenverkehrs v. 13.11.1937 | RGBl. 1937, Teil I, S. 1254 | §§ 1, 3, 6, 7, 8, 11 | - |
| VO zur Änderung der VO über internationalen Kraftfahrzeugverkehr v. 18.4.1940 | RGBl. 1940, Teil I, S. 662 | §§ 7, 9 | - |
| 3. VO zur Änderung straßenverkehrsrechtlicher Vorschriften v. 23.11.1982 | BGBl. 1982, Teil I, S. 1533 | §§ 4, 5, 8, 9, 14 | VkBl. 1982, S. 495 |
| 5. VO zur Änderung straßenverkehrsrechtlicher Vorschriften v. 13.12.1985 | BGBl. 1985, Teil I, S. 2276 | § 14 | VkBl. 1986, S. 127 |
| 7. VO zur Änderung straßenverkehrsrechtlicher Vorschriften v. 2.12.1988 | BGBl. 1988, Teil I, S. 2199 | §§ 1–4, 7, 7a, 8, 10–14 | VkBl. 1988, S. 806 |
| 14. VO zur Änderung straßenverkehrsrechtlicher Vorschriften v. 1.4.1993 | BGBl. 1993, Teil I, S. 412 | §§ 1, 4 | VkBl. 1993, S. 402 |
| 18. VO zur Änderung straßenverkehrsrechtlicher Vorschriften v. 20.6.1994 | BGBl. 1994, Teil I, S.1291 | §§ 3a, 14 | VkBl. 1994, S. 448 |
| 21. VO zur Änderung straßenverkehrsrechtlicher Vorschriften v. 6.1.1995 | BGBl. 1995, Teil I, S. 8 | § 7 Muster 1 | VkBl. 1995, S. 112 |
| 22. VO zur Änderung straßenverkehrsrechtlicher Vorschriften v. 14.2.1996 | BGBl. 1996, Teil I, S. 216 | § 4 | VkBl. 1996, S. 166 |
| 27. VO zur Änderung straßenverkehrsrechtlicher Vorschriften v. 9.3.1998 | BGBl. 1998, Teil I, S. 441 | § 7 | VkBl. 1998, S. 287 |
| 29. VO zur Änderung straßenverkehrsrechtlicher Vorschriften v. 25.6.1998 | BGBl. 1998, Teil I, S. 1654 | § 3 | VkBl. 1998, S. 600 |
| VO über die Zulassung von Personen zum Straßenverkehr und zur Änderung straßenverkehrsrechtlicher Vorschriften v. 18.8.1998 | BGBl. 1998, Teil I, S. 2214 | §§ 1, 4, 8–11, 13, 13a, 14 | VkBl. 1998, S. 1100 |
| 32. VO zur Änderung straßenverkehrsrechtlicher Vorschriften v. 20.7.2000 | BGBl. 2000, Teil I, S. 1090 | §§ 2, 7, 12 | VkBl. 2000, S. 465 |

Die Ermächtigungsgrundlage für den BMV zum Erlass von Ausführungsvorschriften enthält § 6 Abs. 1 Nr. 1 StVG für die Zulassung von Personen zum Straßenverkehr und § 6 Abs. 1 Nr. 2 StVG für die Zulassung inländischer und ausländischer Kraftfahrzeuge und Anhänger nach § 1 Abs. 1 einschließlich möglicher Ausnahmen von der Zulassungspflicht.

Während in § 6 Abs. 1 Nr. 2 StVG (a.F.) neben der Zulassung ausländischer Kraftfahrzeuge die Zulassung ausländischer Kraftfahrzeugführer direkt angesprochen worden ist, fehlt in § 6 Abs. 1 StVG diese direkte Bezugnahme.

### 3. Inhaltsübersicht (nicht amtlich) und Wortlaut der IntVO

§ 1 Zulassung ausländischer Fahrzeuge
§ 2 Ausländische Kennzeichen und Nationalitätszeichen
§ 3 Vorschriften über Maße und Gewichte, Sicherheitsgurte, Geschwindigkeitsbegrenzer und Luftreifen ausländischer Fahrzeuge
§ 3a Geräuscharme Fahrzeuge
§ 4 Anerkennung ausländischer Führerscheine
§ 5 Begriff »vorübergehend«
§ 6 Aufgehoben durch die 7. VO zur Änderung straßenverkehrsrechtlicher Vorschriften vom 2. Dezember 1988
§ 7 Internationaler Zulassungsschein, Ausfuhrkennzeichen
§ 7a Nationalitätszeichen »D«
§ 8 Internationale Führerscheine
§ 9 Vorschriften für Internationale Zulassungs- und Führerscheine
§ 10 Mitführungs- und Aushändigungspflichten
§ 11 Maßnahmen der Zulassungs- und/oder Fahrerlaubnisbehörde
§ 12 Befugnisse der Grenzzollverwaltung
§ 13 Zuständigkeiten und Ausnahmen
§ 13a Ausnahme zu § 4 Absatz 1
§ 14 Ordnungswidrigkeiten

### Anhang

Muster 1 Ausfuhrkennzeichen zu § 7 Abs. 2
Muster 2 aufgehoben
Muster 3 aufgehoben durch § 2 Abs. 2, betraf das Nationalitätszeichen
Muster 4 aufgehoben, betraf Muster für den Antrag auf Erteilung eines Internationalen Zulassungsscheins
Muster 5 aufgehoben, betraf Muster für den Antrag auf Erteilung eines Internationalen Führerscheins – vgl. § 8 Abs. 2
Muster 6 Muster eines Internationalen Zulassungsscheins nach dem IntAbk zu § 9 Abs. 1; hier nicht abgedruckt
Muster 6a Muster eines Internationalen Führerscheins nach dem WÜ zu § 9 Abs. 1
Muster 7 Muster eines Internationalen Führerscheins nach dem IntAbk zu § 9 Abs. 1; hier nicht abgedruckt

Liste der **Nationalitätszeichen** im internationalen Kraftfahrzeugverkehr[1] (Stand: Dezember 1999)

---
1 Verltb. des BMV v. 8.12.1999, VkBl. 1999, S. 771; Liste der Nationalitätszeichen abgedruckt – Texte, S. 353.

**Verordnung über internationalen Kraftfahrzeugverkehr**

## § 1

(1) Ausländische Kraftfahrzeuge und Kraftfahrzeuganhänger sind zum vorübergehenden Verkehr im Inland zugelassen, wenn für sie von einer zuständigen Stelle ein gültiger

a) Internationaler Zulassungsschein nach Art. 4 und Anlage B[1] des Internationalen Abkommens über Kraftfahrzeugverkehr vom 24. April 1926 (RGBl. 1930 II, S. 1234) oder

b) ausländischer Zulassungsschein

ausgestellt und im Inland kein regelmäßiger Standort begründet ist. Der ausländische Zulassungsschein muss mindestens die nach Art. 35 des Übereinkommens über den Straßenverkehr vom 8. November 1968 (BGBl. 1977 II, S. 809)[2] erforderlichen Angaben enthalten.

(2) Ausländische Kraftfahrzeuge und Anhänger, die nach Absatz 1 zum vorübergehenden Verkehr zugelassen sind, müssen hinsichtlich Bau und Ausrüstung mindestens den Bestimmungen der Artikel 38 und 39 und der Anlage 4 und 5 des Übereinkommens über den Straßenverkehr vom 8. November 1968 (BGBl. 1977 II, S. 809), soweit dieses Abkommen anwendbar ist, sonst denen des Artikels 3 des Internationalen Abkommens über Kraftfahrzeugverkehr vom 24. April 1926 (RGBl. 1930 II, S. 1234) entsprechen.

(3) Ist der ausländische Zulassungsschein nicht in deutscher Sprache abgefasst, so muss er mit einer von einem Berufskonsularbeamten oder Honorarkonsul der Bundesrepublik Deutschland im Ausstellungsstaat bestätigten Übersetzung oder mit einer Übersetzung durch einen international anerkannten Automobilklub des Ausstellungsstaates oder durch eine vom Bundesminister für Verkehr bestimmte Stelle verbunden sein. Satz 1 gilt nicht für ausländische Zulassungsscheine, die den Bestimmungen des Artikels 35 des Übereinkommens vom 8. November 1968 über den Straßenverkehr (BGBl. 1977 II, S. 809) entsprechen.

### Änderungen

1. Neufassung des § 1 durch die »Siebente Verordnung zur Änderung straßenverkehrsrechtlicher Vorschriften« v. 2. Dezember 1988; amtliche Begründung VkBl. 1988, S. 806.

2. § 1 Abs. 3 geändert durch die »Vierzehnte Verordnung zur Änderung straßenverkehrsrechtlicher Vorschriften« v. 1. April 1993; amtliche Begründung VkBl. 1993, S. 402.

---

1 Muster – Texte, S. 271.
2 Dieses Übereinkommen ersetzt im Verhältnis zwischen den Vertragsparteien das Internationale Abkommen v. 24.4.1926 über Kraftfahrzeugverkehr.

3. Redaktionelle Anpassung des § 1 Abs. 1 durch die »Verordnung über die Zulassung von Personen zum Straßenverkehr und zur Änderung straßenverkehrsrechtlicher Vorschriften« v. 18. August 1998; amtliche Begründung VkBl. 1998, S. 1100.

4. Aufhebung der 24. AusnVStVZO durch die »Zweiunddreißigste Verordnung zur Änderung straßenverkehrsrechtlicher Vorschriften« v. 20. Juli 2000; amtliche Begründung VkBl. 2000, S. 465.

## Übersicht

| | Rdnr. |
|---|---|
| Ausführungsanweisung (AA) zu § 1 | 1 |
| Verhältnis zu § 1 Abs. 1 StVG | 2 |
| Begründung der Zulassungspflicht | 3 |
| Zulassungsfreie Fahrzeuge | 4 |
| Kraftfahrzeugbegriff | 5 |
| Anhängerbegriff | 6 |
| Ausländischer Anhänger hinter inl. Zugfahrzeug | 7 |
| Begriff »ausländische Fahrzeuge« | 8 |
| Begriff »vorübergehender Verkehr« und »regelmäßiger Standort« | 9 |
| Aussiedler und Asylbewerber | 10 |
| Nachweis der Zulassung | 11 |
| Deutschsprachige Übersetzungen | 12 |
| »Zuständige Stelle« | 13 |
| Fernzulassung | 14 |
| Doppel(Zwitter)zulassung | 15 |
| Vermeidung einer Doppelzulassung | 16 |
| Bau- und Ausrüstungsvorschriften | 17 |
| Fahrerverantwortung | 18 |
| Halterverantwortung | 19 |

AA zu § 1 Abs. 1  
Außerdeutsche Kraftfahrzeuge sind solche, die nicht im deutschen Zulassungsverfahren zugelassen worden sind.

AA zu § 1 Abs. 2  
Die Verordnung vom 12. November 1934 lässt außerdeutsche Kraftfahrzeuge, die nach den Gesetzen ihres Heimatstaates auf öffentlichen Straßen verkehren dürfen, grundsätzlich zum vorübergehenden Verkehr in Deutschland zu; jedoch ist der Nachweis der Erlaubnis des Heimatlandes durch Vorlage des ausländischen Zulassungsscheins – das ist der dem deutschen Kraftfahrzeugschein entsprechende Ausweis- zu erbringen. Die nach § 1 Abs. 2 geforderten Angaben im Zulassungsschein dienen zur Feststellung, ob das beim Eintritt in Deutschland vorgeführte Kraftfahrzeug auch das in dem ausländischen Zulassungsschein beschriebene ist; ergibt sich dies aus dem ausländischen Zulassungsschein (Triptyk, Carnet de passage en douanes o. dgl.), so kann auf diese Angaben verzichtet werden.

**Verordnung über internationalen Kraftfahrzeugverkehr**

AA zu § 1 Abs. 3 aufgehoben durch Verltb. des BMV v. 14. Mai 1963, VkBl. 1963, S. 222.

2 Nach § 1 Abs. 1 StVG müssen Kraftfahrzeuge und deren Anhänger, die auf öffentlichen Straßen in Betrieb gesetzt werden sollen, von der zuständigen Behörde zum Verkehr zugelassen sein. Die Ausführungsvorschriften dazu sind die §§ 16 ff. StVZO. Entsprechend dem Territorialitätsprinzip gilt dieser Grundsatz für alle Kraftfahrzeuge und deren Anhänger im Inland. Eine davon abweichende Regelung gilt im Interesse des internationalen Straßenverkehrs für ausländische Fahrzeuge unter den eng gefassten Voraussetzungen der IntVO.

Dieser Grundsatz hat des weiteren Auswirkungen auf die Ahndungssystematik der IntVO. So ist zum Beispiel eine fehlende Zulassung zum internationalen Straßenverkehr nach § 14 IntVO nicht bußgeldbewehrt. Der Logik der Vorschrift folgend ist eine solche Bußgeldbewehrung nicht notwendig, da das Fahrzeuge nunmehr dem deutschen Zulassungsrecht unterliegt. Eine fehlende Zulassung ist über die §§ 18 Abs. 1, 69a Abs. 2 Nr. 3 StVZO i.V.m. § 24 StVG zu ahnden.

**Ahndungssystematik**
verkehrsrechtlicher Vorschriften

**Zulassungspflicht**

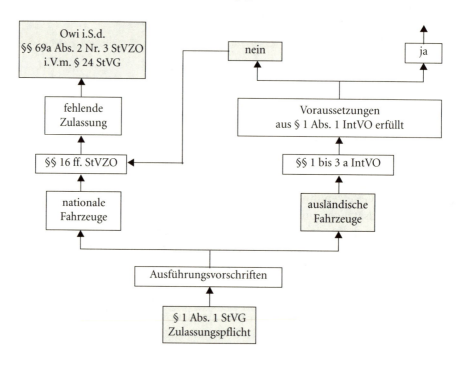

Die Zulassung ausländischer Kraftfahrzeuge und Anhänger, die aus verschiedenen Zulassungsstaaten kommen konnten, wurde bisher in § 1 Abs. 1 IntVO geregelt. Die Zulassungspflicht inländischer Fahrzeuge begründet dagegen § 18 Abs. 1 StVZO, wonach Kraftfahrzeuge mit einer bbH von mehr als 6 km/h und dahinter mitgeführte Anhänger durch die Erteilung einer Betriebserlaubnis und Zuteilung eines amtlichen Kennzeichens zum Verkehr zugelassen werden müssen.

Wurden ausländische Anhänger hinter inländischen Zugfahrzeugen mit einer bbH von mehr als 6 km/h mitgeführt, mussten sie daher nach deutschem Recht zugelassen werden. Durch § 1 der 24. AusnahmeV wurde diese Zulassungspflicht unter bestimmten Voraussetzungen abgewehrt und die »vorübergehende« Zulassung der §§ 1, 5 IntVO auch auf diese Anhänger angewandt.

Durch Verkennung der Bedeutung der 24. AusnahmeV[1] wurde diese schon seit einiger Zeit infrage gestellt. Mit dem bekundeten Ziel, Rechtssicherheit zu schaffen, hat der Verordnungsgeber durch Aufhebung der 24. AusnahmeV in diese Rechtssystematik eingegriffen (weiter Rdnr. 7).

Bei der Anwendung des Territorialitätsprinzips wäre ein internationaler Straßenverkehr fast nicht möglich bzw. würde wesentlich erschwert. Schon frühzeitig waren daher völkerrechtliche Regelungen erforderlich, um der grenzüberschreitenden Funktion des sich zügig entwickelnden modernen Massenverkehrs auf der Straße einerseits und dem Grundsatz des Territorialitätsprinzips andererseits gerecht zu werden. Ziel dieser Verträge war die gegenseitige Anerkennung der bestehenden nationalen Erlaubnisverfahren für die Zulassung von Fahrzeugen zum Straßenverkehr (bzw. die nationalen Berechtigungen zum Führen von Kraftfahrzeugen); dies war nur durch multilaterale und – in einem beschränkten Umfang – durch bilaterale Abkommen und Vereinbarungen zu erreichen.  3

Eine international gültige Regelung erfolgte im Verhältnis der Vertragsstaaten zueinander durch die multilateralen Vereinbarungen

– Internationales Abkommen über Kraftfahrzeugverkehr v. 24. April 1926 (IntAbk),

– Internationales Abkommen über Straßenverkehr v. 19. September 1949,

– Übereinkommen über Straßenverkehr v. 8. November 1968 (WÜ).

Während Deutschland dem Abkommen von 1949 nicht beigetreten ist, sind das IntAbk sowie das WÜ im Verhältnis der Vertragsstaaten zueinander ver-

---
1 Vgl. Schreiben des Ministeriums für Wirtschaft, Technologie und Verkehr des Landes Schleswig-Holstein v. 7. Mai 1998, Az. VII 425 – 621.413.4–24

bindlich. Beide Vereinbarungen gehen dabei für die Teilnahme der Fahrzeuge am internationalen Straßenverkehr von dem Grundsatz der **Zulassungspflicht** aus. Durch die Zulassung wird bestätigt, dass das Fahrzeug den geltenden Vorschriften entspricht bzw. im Augenblick der Zulassung entsprochen hat. In Verbindung mit der Kennzeichnung der Fahrzeuge wird deren Identifizierung (Fahrzeugführer/Halter) sichergestellt. Beide Voraussetzungen, Zulassung und Kennzeichnung der Fahrzeuge, sind für die Verkehrssicherheit unabdingbar.

Artikel 3 des IntAbk verlangt für die Zulassung zum internationalen Verkehr die vorherige Prüfung des Kraftfahrzeugs durch die zuständige Behörde. Da Kraftfahrzeuge und deren Anhänger verkehrsrechtlich als eine Einheit anzusehen waren, werden Kraftfahrzeuganhänger in diesem Abkommen nicht besonders erwähnt; sie galten nach der damaligen Rechtsmeinung als »Zubehör« zum Kraftfahrzeug. In Deutschland besteht eine besondere Zulassungspflicht für Anhänger seit 1937.

Um unter die Vergünstigungen des WÜ zu fallen, muss nach Artikel 35 Abs. 1 WÜ jedes Kraftfahrzeug im internationalen Verkehr und jeder mit einem Kraftfahrzeug verbundene Anhänger (mit Ausnahme der leichten Anhänger) von einer Vertragspartei zugelassen sein. Der Kraftfahrzeugführer muss diese Zulassung durch eine gültige Bescheinigung nachweisen. Eine Ausnahme ergibt sich aus Artikel 35 Abs. 2:

*»Abweichend von Absatz 1 soll ein nicht getrenntes Sattelkraftfahrzeug, während es sich im internationalen Verkehr befindet, selbst dann unter die Vergünstigungen dieses Übereinkommens fallen, wenn für den Sattelschlepper und den Sattelanhänger, aus denen das Fahrzeug besteht, nur eine einzige Zulassung und eine einzige Bescheinigung vorliegt.«*

Diese ausländischen Anhänger sind u.U. selbst nicht zugelassen, sie gelten aber als zugelassen; sie werden von der Zulassung der Sattelzugmaschine und der dafür ausgestellten Bescheinigung (Zulassungsschein) miterfasst.

Artikel 36 Abs. 2 WÜ i.V.m. § 2 Abs. 1 S. 3 IntVO verlangt für diesen Fall, dass der Anhänger dann das Kennzeichen des ziehenden Kraftfahrzeugs führen muss. Im Ergebnis bleibt daher festzuhalten, dass für die Teilnahme am internationalen Straßenverkehr die Fahrzeuge unter Berücksichtigung der genannten Ausnahmen der Zulassungspflicht unterliegen. Zulassungsfreie und damit kennzeichnungsfreie Fahrzeuge kennen weder die multilateralen Vereinbarungen noch die in verschiedenen Bereichen etwas großzügigere IntVO.

**4** Wenn von der Überlegung ausgegangen wird, dass Grundlage der Zulassung zum internationalen Verkehr die gegenseitige Anerkennung der bestehenden nationalen Erlaubnisverfahren für die Zulassung von Fahrzeugen zum Straßenverkehr ist, kann auch die Meinung vertreten werden, dass dann die jeweils **zulassungsfreien Fahrzeuge** ebenfalls zum internationalen Verkehr zugelassen sind; diese Überlegung trifft offensichtlich nur bedingt zu.

Die Vertragsparteien sind nach Artikel 3 Abs. 5 S. 1 WÜ gehalten, zum internationalen Verkehr in ihrem Hoheitsgebiet lediglich die Fahrräder und die Motorfahrräder zuzulassen, welche den in Kapitel V festgelegten technischen Bedingungen entsprechen und deren Führer ihren ordentlichen Wohnsitz im Hoheitsgebiet einer anderen Vertragspartei haben.

Nach § 13 IntVO hat der BMV[1] daher genehmigt, dass Fahrräder mit Hilfsmotor (§ 67a Abs. 3 S. 1 StVZO) nicht als Kraftfahrzeuge i.S.d. Verordnung gelten. Weiterhin wird ausgeführt:

»Nach § 18 Abs. 2 Nr. 2 StVZO in Verbindung mit Nr. 1 daselbst müssen auch die Kleinkrafträder, die nur mit einem Verbrennungsmotor bis zu 50 ccm Hubraum ausgestattet und daher zulassungsfrei sind, ein amtliches Kennzeichen führen, wenn ihre Höchstgeschwindigkeit mehr als 20 km/h beträgt. Fehlt bei solchen vorübergehend aus dem Ausland kommenden Kleinkrafträdern das heimische Kennzeichen oder das Nationalitätszeichen, so ist § 2 der Verordnung über internationalen Kraftfahrzeugverkehr vom 12. November 1934 entsprechend anzuwenden.«

Als tangierende Vorschrift könnte in diesem Zusammenhang heute auf die Befreiungsfälle (Wegfall des Versicherungsnachweises) der §§ 1, 8 zur Richtlinie des Rates der EG bez. Kfz-Haftpfl.Vers. für Kfz und Anhänger verwiesen werden:

*Eine Versicherungsbescheinigung.....ist nicht erforderlich für*

*1. ...*

*2. zweirädrige Kraftfahrzeuge (einschließlich Fahrräder mit Hilfsmotor), für die ein Kennzeichen nicht vorgeschrieben ist und deren Führer seinen gesetzlichen Wohnsitz in Dänemark (ohne Grönland und Faroer-Inseln), Finnland, Irland oder Schweden hat;*

*3. zweirädrige Kraftfahrzeuge (einschließlich Fahrräder mit Hilfsmotor) mit einem Hubraum von nicht mehr als 50 ccm, für die ein Kennzeichen nicht vorgeschrieben ist und deren Führer seinen gesetzlichen Wohnsitz in Spanien hat;*

*4. Fahrräder mit Hilfsmotor, für die ein Kennzeichen nicht vorgeschrieben ist, die einen Hubraum von nicht mehr als 50 ccm haben und deren Führer seinen gesetzlichen Wohnsitz in Frankreich (ohne Überseegebiete) hat.«*

---
1 Verltb. des BMV v. 28.6.1952, VkBl. 1952, S. 250.

5 Der Anwendungsbereich des IntAbk ergibt sich aus Artikel 1, der Begriff »**Kraftfahrzeug**« aus Artikel 2. Danach gelten als Kraftfahrzeuge i.S.d. Vorschriften des IntAbk alle mit einer mechanischen Antriebsvorrichtung ausgerüsteten Fahrzeuge, die auf öffentlichen Wegen verkehren, ohne an ein Schienengleis gebunden zu sein, **und** der Beförderung von Personen und Gütern dienen.

Die Begriffsbestimmungen des WÜ ergeben sich aus Artikel 1. Dabei unterscheidet das WÜ zwischen zwei verschiedenen Kraftfahrzeugbegriffen, dem nach Artikel 1 Buchst. o) und dem nach Artikel 1 Buchst. p).

o) »Kraftfahrzeug«[1] ist jedes auf der Straße mit eigener Kraft verkehrende Fahrzeug mit Antriebsmotor mit Ausnahme der Motorfahrräder in dem Hoheitsgebiet der Vertragsparteien, die sie nicht den Krafträdern gleichgestellt haben, und mit Ausnahme der Schienenfahrzeuge.

p) »Kraftfahrzeuge« im Sinne dieses Buchstabens sind nur die Kraftfahrzeuge, die üblicherweise auf der Straße zur Beförderung von Personen oder Gütern oder zum Ziehen von Fahrzeugen, die für die Personen- oder Güterbeförderung benutzt werden, dienen (nach § 32a StVZO sind Omnibusanhänger unzulässig). Dieser Begriff schließt die Oberleitungsomnibusse – das heißt die mit einer elektrischen Leitung verbundenen und nicht auf Schienen fahrenden Fahrzeuge – ein. Er umfasst nicht Fahrzeuge, die auf der Straße nur gelegentlich zur Beförderung von Personen oder Gütern oder zum Ziehen von Fahrzeugen, die der Personen- oder Güterbeförderung dienen, benutzt werden, wie landwirtschaftliche Zugmaschinen.

Unter die Begriffsdefinition des Artikels 2 IntAbk lassen sich selbstfahrende Arbeitsmaschinen (SAM) nicht subsumieren. Es ist allein schon fraglich, ob das Abkommen von 1926 die SAM bereits kannte. Ebenso wenig lässt sich eine SAM unter den Begriff nach Artikel 1 Buchstabe p) unterbringen; d.h., die Begriffe »Kraftfahrzeug« sind mehr oder weniger auf die Beförderung von Personen oder Gütern beschränkt. In diesen Fällen würde eine ausländische SAM unter das nationale Zulassungsrecht fallen.

Es lässt sich auch die Meinung vertreten, dass die IntVO eine auf Grund des § 6 Abs. 1 Nr. 2 StVG vom BMV erlassene RechtsVO ist was bedeutet, dass der dort verwendete Begriff »ausländische Kraftfahrzeuge« mit dem in § 1 Abs. 2 StVG definierten Kraftfahrzeugbegriff identisch ist. Danach gelten als Kraftfahrzeuge alle Landfahrzeuge, die durch Maschinenkraft bewegt werden, ohne an Bahn-

---

[1] Der Begriff »Kraftfahrzeug« wird in zwei verschiedenen Bedeutungen gebraucht. Wird er ohne Zusatz gebraucht, so hat er die ihm unter Buchstabe o zugeordnete Bedeutung. Wird er mit dem Zusatz »(Artikel 1 Buchstabe p)« gebraucht, so hat er die ihm unter Buchstabe p zugeordnete Bedeutung.

gleise gebunden zu sein. In diesem Fall würde eine ausländische SAM unter den Anwendungsbereich der IntVO fallen und wäre somit nach § 1 Abs. 1 der VO zulassungspflichtig.

Die frühere Fassung des § 1 Abs. 1 der VO sprach nur von Kraftfahrzeugen. **6** Durch die 7. VO zur Änderung straßenverkehrsrechtlicher Vorschriften v. 2. Dezember 1988 wurde das Wort »Kraftfahrzeuganhänger« eingefügt. Dadurch erfolgte eine Klarstellung und Bestätigung der bisherigen Handhabung der Vorschrift. Sie wurde schon bislang auf Anhänger angewendet, die dabei als »Zubehör« zum Kraftfahrzeug angesehen wurden.

Artikel 1 Buchst. q) WÜ definiert den Anhänger wie folgt:

> »*Anhänger ist jedes Fahrzeug, das dazu bestimmt ist, an ein Kraftfahrzeug angehängt zu werden; dieser Begriff schließt die Sattelanhänger (vgl. Artikel 1 Buchst. r) ein.*«

Nach DIN 70010 sind Anhänger Fahrzeuge, die nach ihrer Bauart dazu bestimmt sind, von Kraftfahrzeugen gezogen zu werden und bei denen nach ihrer Bauart (in Abgrenzung zum Sattelanhänger) kein wesentlicher Teil ihres Gewichts auf dem ziehenden Fahrzeug liegt. Eine weitere Begriffsbestimmung für Fahrzeuge nach EU-Recht enthält Anhang II der Richtlinie 70/156/EWG.

Der Begriff »Kraftfahrzeuganhänger« in § 1 Abs. 1 der VO bedeutet nicht, dass der Anhänger notwendigerweise aus dem gleichen Zulassungsland stammen muss wie das Zugfahrzeug. Es ist vielmehr heute im internationalen Verkehr (auch im Zusammenhang mit dem kombinierten Verkehr sowie dem grenzüberschreitenden Huckepackverkehr) durchaus üblich, dass Kraftfahrzeug und Anhänger verschiedene »Nationalitäten« besitzen können (z.B. ein in Spanien zugelassener Lkw führt einen in Frankreich zugelassenen Anhänger mit). In diesen Fällen erfolgt die zulassungsrechtliche Beurteilung beider Fahrzeuge nach § 1 Abs. 1 IntVO.

In der Rechtsentwicklung wurden Kraftfahrzeuge und dahinter mitgeführte **7** Anhänger lange Zeit verkehrsrechtlich als eine Einheit angesehen. Im IntAbk z. B. werden Anhänger nicht genannt; sie galten nach damaliger Rechtsmeinung als »Zubehör« zum Kraftfahrzeug. Aus dieser Überlegung heraus entwickelte sich der Rechtssatz, dass Anhänger am Rechtsschicksal des ziehenden Fahrzeugs teilnehmen: sie mussten demnach nicht besonders erwähnt werden. In Deutschland besteht eine separate Zulassungspflicht für Anhänger seit 1937.

Dieser Rechtsauslegung folgend, wurden Anhänger 1934 in § 1 IntVO selbst nicht erwähnt, sie wurden als Zubehör den dort genannten Kraftfahrzeugen zugeordnet.

### Verordnung über internationalen Kraftfahrzeugverkehr

Mit der 7. VO zur Änderung straßenverkehrsrechtlicher Vorschriften v. 8. 12. 1988[1] erfolgte durch die Einfügung des Wortes »Kraftfahrzeuganhänger« eine Klarstellung und Bestätigung der bisherigen Handhabung. Die Anwendung der Vorschrift blieb gleichwohl auf ausländische Fahrzeuge beschränkt, die aber nicht aus dem gleichen Zulassungsland kommen mussten.

Entsprechend der Rechtssystematik galten in den Fällen, in denen ein ausländischer Anhänger hinter einem in Deutschland zugelassenem Zugfahrzeug mitgeführt wurde, die allgemeinen Vorschriften der StVZO. Der Anhänger unterlag daher dem deutschen Zulassungsrecht und musste den deutschen Bau-, Ausrüstungs- und Betriebsvorschriften entsprechen. Die damit verbundenen Schwierigkeiten führten schon im Jahr 1962 zu einem zwischen dem BMV und den Ländern abgestimmten Verfahren. Die ausländischen Anhänger wurden in diesen Fällen durch Einzelausnahmegenehmigungen von den Vorschriften der StVZO, unter gleichzeitiger Erteilung bestimmter Auflagen, befreit.

Angesichts der stetig zunehmenden Zahl von Anträgen, führte das Einzelausnahmegenehmigungsverfahren zu immer mehr Schwierigkeiten. Aus diesem Grund wurde dieses Verfahren durch eine generelle Ausnahmeregelung, dem § 1 der 24. Ausnahmeverordnung zur StVZO v. 9. September 1975[2] abgelöst. Die klare Trennung zwischen den Anwendungsbereichen der StVZO und der IntVO blieb damit erhalten.

Mit der 32. ÄndVStVR v. 20. Juli 2000[3] hat der Verordnungsgeber mit Aufhebung der 24. AusnahmeV erneut in diese Materie eingegriffen.

Nach § 18 Abs. 1 StVZO müssen Anhänger, die hinter einem Kraftfahrzeug mit einer bbH von mehr als 6 km/h mitgeführt werden, zum Verkehr zugelassen sein. Dieser Zulassungspflicht genügt nun offensichtlich auch eine ausländische Zulassung, gleichzeitig wird die »vorübergehende« Zulassung der §§ 1 und 5 IntVO auf diese Anhänger als selbständige Fahrzeugeinheit angewandt.

Ausländische Anhänger sind damit bei Mitführung hinter einem im Inland zugelassenem Kraftfahrzeug zum »vorübergehenden Verkehr« i.S.d. Vorschriften der §§ 1 und 5 lntVO zugelassen. Mögliche Einsatzarten sind z.B. nach wie vor die Bahnverbringung eines in Frankreich zugelassenen Anhängers von Lyon nach Straßburg und dortige Abholung durch ein in Deutschland zugelassenes Zugfahrzeug oder die Verbringung eines in Dänemark zugelassenen Anhängers auf die Fähre und Abholung in Puttgarden (Fehmarn) durch ein in Deutschland zugelassenes Zugfahrzeug Es handelt sich in diesen Fällen jeweils um

---
1  VkBl. 1988, S. 802.
2  BGBl. 1975 I, S. 2508; VkBl. 1975, S. 594.
3  VkBl. 2000, S. 438.

einen vorübergehenden Aufenthalt, da die Anhänger anschließend wieder außer Landes gebracht oder an ihren ausländischen Standort zurückgebracht werden.

Neu ist dagegen, dass die Verwendung nicht mehr »nur« oder »ausschließlich« im grenzüberschreitenden Verkehr stattfinden muss. Im Zusammenhang mit der 32. ÄndVStVR ist nun der Einsatz eines solchen Anhängers auch zu Inlandsbeförderungen möglich, soweit die güterkraftverkehrsrechtlichen Voraussetzungen vorliegen.

Diese Möglichkeit gilt aber nicht uneingeschränkt. Durch die Änderung des § 1 Abs. 1 IntVO durch die 7. VO zur Änderung straßenverkehrsrechtlicher Vorschriften v. 2. Dezember 1988 wurde die Vorschrift dahingehend geändert, dass bei der Begründung eines regelmäßigen Standortes im Inland (vgl. Rdnr. 9) die Fahrzeuge sofort dem deutschen Zulassungsrecht unterliegen. Der mit dem Einsatz eines Anhängers verbundene wiederholte Grenzübertritt ist in diesem Fall ohne Bedeutung.

Wird der Standort eines ausländischen Anhängers ins Inland verlegt, bedeutet die Anwendung der §§ 1 Abs. 1, 5 IntVO nicht, dass der Anhänger nun vorübergehend bis zu einem Jahr mit der ausländischen Zulassung eingesetzt werden kann.[1]

In der Praxis werden solche im Ausland zugelassenen Anhänger häufig an einen Betrieb im Inland »vermietet«. Das Mieten bzw. die Leasingnahme eines solchen Anhängers begründet nicht nur die Haltereigenschaft sondern mit der Übernahme der Dispositionsbefugnis über einen solchen Anhänger liegt nach den tatsächlichen Verhältnissen ein regelmäßiger Standort im Inland vor. Der Anhänger ist unverzüglich nach §§ 18 ff. StVZO zuzulassen. Die 3-Monats-Frist aus § 27 Abs. 2 StVZO kann dabei aus tatsächlichen und rechtlichen Gründen nicht zur Anwendung kommen.

Schwierigkeiten dürfte dagegen die Identifizierung einer solchen Fahrzeugkombination in der Praxis bereiten. Eine spezielle Kennzeichnung der Anhänger während des Inlandeinsatzes ist nicht vorgesehen; negative Auswirkungen auf die Verkehrsüberwachung sind daher zu befürchten. Im Falle einer Kennzeichenanzeige kann der Fahrer/Halter/Disponent des ziehenden Fahrzeugs über das ausländische Kennzeichen des Anhängers nicht ermittelt werden.

Bei einer »vorübergehenden Zulassung« wird hinsichtlich Bau- und Ausrüstung des ausländischen Anhängers auf die Vorschriften des jeweiligen Heimatstaates abgestellt, während das Zugfahrzeug dagegen den oft strengeren deutschen Vorschriften entsprechen muss.

---

1 BayObLG, VM 1980, S. 36 (Nr. 48); VRS 58, S. 227.

Im Interesse der Verkehrssicherheit sind daher nach wie vor die verkehrs- und betriebssichere Verbindung der Fahrzeuge, die Einhaltung der zulässigen Sattel- bzw. Anhängelast sowie die Anschlussvorrichtungen zur Gewährleistung des bestimmungsgemäßen Betriebs von Bremsanlage und Lichttechnik besonders zu prüfen.

Ausschlaggebend für den verkehrs- und betriebssicheren Zustand des Fahrzeugs ist dessen Allgemeinzustand im Augenblick einer z.B. verkehrspolizeilichen Überprüfung. Die Verantwortlichkeit für den verkehrssicheren Zustand des Fahrzeugs ergeben sich für den Fahrzeugführer aus § 23 Abs. 1 S. 2 StVO und für den Fahrzeughalter aus § 31 Abs. 2 StVZO.

Befindet sich das Fahrzeug in einem unvorschriftsmäßigen Zustand, werden u. U. Maßnahmen nach § 11 Abs. 1 IntVO erforderlich.

Entscheidend für die vorübergehende Verwendung ausländischer Kraftfahrzeuganhänger hinter im Inland zugelassenen Kraftfahrzeugen ist deren Zulassung nach Art. 3 IntAbk bzw. Art. 35 Abs. 1 WÜ von der zuständigen Behörde des jeweiligen Heimatstaates.

Handelt es sich dagegen um Anhänger, die nach dem Recht ihres Heimatstaates, ohne eigene Zulassung, von der Zulassung des ziehenden Kraftfahrzeugs mit erfasst werden (Art. 35 Abs. 2 WÜ), ist deren Mitführung hinter einem im Inland zugelassenen Kraftfahrzeug unzulässig (vgl. Rdnr. 3/13). Ohne eigene Zulassung müssen diese Anhänger nach Art. 36 Abs. 2 WÜ das Kennzeichen des ziehenden Kraftfahrzeugs führen, von dessen Zulassung sie partizipieren.

In den Niederlanden werden z.B. für solche Anhänger, die nach § 2 Abs. 1 S. 3 IntVO das Kennzeichen des ziehenden Fahrzeugs führen müssen, anstelle des erforderlichen Zulassungsscheins ein Registrierschein mit einer Registriernummer ausgegeben.

Werden solche Anhänger hinter im Inland zugelassenen Kraftfahrzeugen mitgeführt, unterliegen sie nach § 1 Abs. 1 StVG i.V.m. § 18 Abs. 1 StVZO dem deutschen Zulassungsrecht (vgl. Rdnr. 2). Die erforderliche Zulassung, und damit die Anwendung deutscher Bau- und Ausrüstungsvorschriften, kann nur über eine Ausnahmegenehmigung nach § 70 Abs. 1 StVZO abgewehrt werden.

**8** Die Begriffsformulierung der AA zu § 1 Abs. 1 ist heute nicht mehr ausreichend. Die Formulierung der AA ähnelt der Definition aus dem Steuerrecht (§ 2 Abs. 4 KraftStG): »Ein Fahrzeug ist ein ausländisches Fahrzeug, wenn es im Zulassungsverfahren eines anderen Staates zugelassen ist.« Es gibt aber ohne weiteres Fahrzeuge, die nicht im deutschen, sondern in einem ausländischen Zulassungsverfahren zugelassen worden sind, deren Zulassung aber nicht zur

Teilnahme am internationalen Straßenverkehr berechtigt. Es handelt sich dabei um eine auf das jeweilige Heimatland beschränkt Zulassung.

Auf Grund dieser Überlegungen ist von folgender Begriffsinterpretation auszugehen:

»**Ausländische Fahrzeuge** *sind solche Kraftfahrzeuge und Anhänger, die nicht im deutschen, sondern in einem ordentlichen ausländischen Zulassungsverfahren zum internationalen Straßenverkehr zugelassen worden sind.*«

Liegen die Voraussetzungen einer internationalen Zulassung nicht vor, ergibt sich die zulassungsrechtliche Beurteilung aus § 1 Abs. 1 StVG i.V.m. §§ 16 ff. StVZO; hat das Fahrzeug keinen regelmäßigen Standort im Inland, ist auch eine Zulassung nach § 7 Abs. 2 IntVO möglich.

Für ausländische **Kraftfahrzeuge und deren Anhänger** wird nach § 1 Abs. 1 der VO (siehe auch AA zu § 1 Abs. 2) deren nationale Zulassung bei einem vorübergehenden Aufenthalt in Deutschland anerkannt.

»Vorübergehender Verkehr« ist dann zu bejahen, wenn ein Fahrzeugführer mit seinem ausländischen Fahrzeug im Transit durch Deutschland fährt oder sich kurzfristig zum Zwecke eines Messebesuchs, Besuch einer Kultur- oder Sportveranstaltung hier aufhält oder aus beruflichen, privaten oder sonstigen Gründen in Deutschland unterwegs ist.

Was rechtlich unter »vorübergehenden Verkehr« zu verstehen ist, ergibt sich nach wie vor aus § 5 der IntVO (siehe dort). Seit der Änderung des § 1 IntVO durch die 7. Verordnung zur Änderung straßenverkehrsrechtlicher Vorschriften v. 2. Dezember 1988 hat die in § 5 IntVO normierte Jahresfrist für einen vorübergehenden Aufenthalt praktisch keine Bedeutung mehr. Denn eine weitere Voraussetzung für den vorübergehenden Verkehr ist nun, dass für das betreffende ausländische Fahrzeug im Inland kein regelmäßiger Standort begründet wurde. Damit erfolgte eine Klarstellung der bereits bestehenden und sich aus § 23 Abs. 1 S. 1 StVZO ergebenden Abgrenzung der IntVO zur StVZO. Fahrzeuge mit einem regelmäßigen Standort[1] im Inland müssen nach der StVZO zugelassen werden; für sie gelten nicht mehr die auf den internationalen Straßenverkehr ausgerichteten Bestimmungen der IntVO (vgl. auch Art. 1 Buchst. b) des WÜ).

Bei der Begründung des regelmäßigen Standortes ist § 23 Abs. 1 S. 1 StVZO heranzuziehen. Danach wird der regelmäßige Standort durch die tatsächliche Verwendung des Fahrzeugs bestimmt. Das ist der Ort, von dem aus das Fahrzeug unmittelbar zum öffentlichen Straßenverkehr eingesetzt wird und an dem es nach Beendigung des Einsatzes ruht. »Regelmäßig« bedeutet, dass das Fahr-

---
1 Bormann, DAR 1963, S. 341.

zeug »in der Regel« an diesem Ort abgestellt wird, dass andere »Ruheplätze« also die Ausnahme sind. Bei wechselndem Abstellplatz wird derjenige als regelmäßiger Standort anzusehen sein, der verglichen mit den anderen Plätzen den Schwerpunkt der Ruhevorgänge bildet.[1]

Das OLG Hamm[2] hat den regelmäßigen Standort als den Ort bezeichnet, der vom Verfügungsberechtigten bei bestimmungsgemäßer Verwendung als dauernder Beschäftigungsmittelpunkt gedacht ist. Maßgebend sind nicht die subjektiven Vorstellungen des Verfügungsberechtigten, sondern der tatsächliche Einsatz, also die objektiven Merkmale.[3]

Für die Begründung des regelmäßigen Standorts eines Fahrzeugs ist es unerheblich, wo der Verfügungsberechtigte seinen Wohnsitz oder gewöhnlichen Aufenthalt hat.

In den Fällen des überregionalen Transportverkehrs, indem sich auf Grund ständigen Einsatzes der Fahrzeuge ein tatsächlicher Standort nicht ohne weiteres feststellen lässt, ist der Ort maßgebend, der bei bestimmungsgemäßer Verwendung der Fahrzeuge der Einsatzmittelpunkt ist. Es ist vor allem der Ort, von dem aus der Einsatz der Fahrzeuge disponiert wird.[4]

**10** Deutsche Aussiedler und Asylbewerber, die ihre Fahrzeuge nach Deutschland verbracht haben, müssen ihre Fahrzeuge unverzüglich nach deutschem Recht zulassen. Diese Personengruppen haben bereits beim Grenzübertritt oder spätestens mit der Stellung eines Asylantrages entschieden, nicht mehr in das ursprüngliche Heimatland zurückzukehren. Mit dem Asylantrag wird z.B. zum Ausdruck gebracht, dass der Antragsteller in Deutschland bleiben möchte und somit auch ein regelmäßiger Standort für das Kraftfahrzeug (und Anhänger) im Inland begründet werden soll bzw. wird. Damit entfällt für den Asylbewerber das Privileg der vorübergehenden Zulassung gemäß §§ 1 und 5 IntVO. Die Fahrzeuge sind daher unverzüglich nach deutschem Recht zuzulassen. Für die Zulassung nach § 23 Abs. 1 StVZO bedarf es keines festen Wohnsitzes im Inland, die Zulassung kann am Aufenthaltsort (z.B. Übergangsheim) vorgenommen werden.

Die Zulassung hat unverzüglich zu erfolgen, eine sog. »Schonfrist« ist rechtlich nicht vorgesehen. Nach § 27 Abs. 2 StVZO ist z.B. bei einem deutschen Fahrzeug bei einer Verlegung des regelmäßigen Standorts in den Bezirk einer anderen Zulassungsbehörde **unverzüglich** die Zuteilung eines neuen Kennzeichens zu beantragen. In Anlehnung an § 27 Abs. 2 StVZO kann das bei ausländischen

---

1  Bouska in VD 1978, S. 115, 123; BVerwG, VRS 66, S. 312 mit weiteren Nachweisen.
2  VRS 14, S. 474.
3  BVerwG, VRS 62, S. 235.
4  BVerwG, VM 1984, S. 41 (Nr. 46).

Fahrzeugen die der deutschen Zulassung, Überwachung und Identifizierung noch nicht unterliegen nur bedeuten, dass diese ebenfalls unverzüglich zuzulassen sind.

Da für ausländische Kraftfahrzeuge und deren Anhänger nach § 1 Abs. 1 der VO (siehe auch AA zu § 1 Abs. 2) deren nationale Zulassung bei einem vorübergehenden Aufenthalt in Deutschland anerkannt wird, ist das Bestehen eines solchen Zulassungsaktes nachzuweisen. § 1 Abs. 1 IntVO verweist in diesem Zusammenhang auf den Internationalen Zulassungsschein nach Artikel 4 und Anlage B des IntAbk oder auf einen ausländischen Zulassungsschein. Das IntAbk verpflichtet die Vertragsparteien nur zur Anerkennung der Zulassung auf Grund des Internationalen Zulassungsscheins. Erfolgt der internationale Straßenverkehr zwischen verschiedenen Staaten des IntAbk, z.B. zwischen Deutschland und den Niederlanden, ist der Internationale Zulassungsschein zwingend, da das IntAbk den nationalen Zulassungsschein als Nachweis der Zulassung nicht kennt; gleiches gilt z.B. für Albanien, Liechtenstein, Großbritannien, Spanien, Portugal oder die Türkei. Diese Staaten können den nationalen Zulassungsschein anerkennen, müssen es aber nicht. **11**

Die Zulassung ausländischer Fahrzeuge in Deutschland ohne Internationalen Zulassungsschein, lediglich auf Grund ihres heimischen Zulassungsscheins, entsprach nicht einer aus dem IntAbk folgenden Rechtspflicht, sondern war eine frühzeitige freiwillige Gewährung der IntVO von 1934. Das WÜ kennt dagegen den Internationalen Zulassungsschein nicht mehr und lässt den nationalen genügen.

Während der Internationale Zulassungsschein dem Muster nach Anlage B entsprechen muss, verlangt Artikel 35 Abs. 1 WÜ folgende **Mindestangaben**: »Diese Bescheinigung, Zulassungsschein genannt, muss wenigstens enthalten:

– ein Kennzeichen, dessen Zusammensetzung in Anhang 2 angegeben ist;
– den Tag der Erstzulassung des Fahrzeugs;
– den vollständigen Namen und den Wohnsitz desjenigen, für den die Bescheinigung ausgestellt ist;
– den Namen oder die Fabrikmarke des Fahrzeugherstellers;
– die Fahrgestellnummer (Fabrik- oder Seriennummer des Herstellers);
– wenn es sich um Fahrzeuge zur Güterbeförderung handelt, das höchste zulässige Gesamtgewicht;
– die Gültigkeitsdauer, wenn diese nicht unbegrenzt ist.«

Jeder nationale Zulassungsschein, der die in Artikel 35 WÜ genannten Mindestangaben enthält und von einer zuständigen Stelle ausgestellt wurde, wird im internationalen Verkehr zwischen der Vertragsstaaten des WÜ anerkannt. Für diesen Fall verzichtet Deutschland nach § 1 Abs. 3 S. 2 IntVO generell auf eine deutschsprachige Übersetzung.

**12** Nach Artikel 3 Abs. 3 i.V.m. Artikel 35 WÜ müssen fremdsprachige Zulassungsscheine akzeptiert werden, wenn sie die im Abkommen (Artikel 35) festgelegten (erforderlichen) Angaben enthalten und die Eintragungen entweder in lateinischen Buchstaben oder in der englischen Kursivschrift vorgenommen oder wiederholt sind. Diese Verpflichtung findet nach Artikel 1 Abs. 2 des Vertragsgesetzes v. 21. September 1977[1] innerstaatlich unmittelbar Anwendung. Die Ergänzung des § 1 Abs. 3 dient insofern der Klarstellung der ohnehin geltenden Rechtslage. Darüber hinaus werden auch Zulassungsscheine, die in Nicht-Vertragsstaaten ausgestellt sind, aber den Bestimmungen des WÜ entsprechen, von dem Übersetzungserfordernis befreit.[2]

Unabhängig davon hat Deutschland in der Vergangenheit auf Grund des § 13 IntVO durch bilaterale Vereinbarungen auf der Basis der Gegenseitigkeit auf die Übersetzung der ausländischen Zulassungsscheine verzichtet; eine Zusammenstellung erfolgte erstmals durch Verltb. des BMV v. 12. Oktober 1954, VkBl. 1954, S. 422 und vom 14. Mai 1963, VkBl. 1963, S. 222; die Vereinbarung mit Hongkong aus dem Jahr 1962 ist zwischenzeitlich gegenstandslos geworden.

| | | | |
|---|---|---|---|
| Andorra | VkBl. 1965, S. 319 | Niederlande | VkBl. 1963, S. 182 |
| Belgien | VkBl. 1954, S. 422 | Norwegen | VkBl. 1954, S. 422 |
| Dänemark | VkBl. 1954, S. 422 | Österreich | VkBl. 1954, S. 422 |
| Finnland | VkBl. 1966, S. 316 | Portugal | VkBl. 1954, S. 422 |
| Frankreich | VkBl. 1954, S. 422 | San Marino | VkBl. 1965, S. 523 |
| Griechenland | VkBl. 1965, S. 523 | Schweden | VkBl. 1955, S. 423 |
| Großbritannien | VkBl. 1963, S. 187 | Schweiz | VkBl. 1954, S. 422 |
| Irland | VkBl. 1963, S. 142 | Senegal | VkBl. 1965, S. 40 |
| Italien | VkBl. 1954, S. 422 | Spanien | VkBl. 1980, S. 462 |
| Luxemburg | VkBl. 1954, S. 422 | Ungarn | VkBl. 1977, S. 273 |
| Monaco | VkBl. 1965, S. 319 | Zypern | VkBl. 1978, S. 250 |
| Neuseeland | VkBl. 1969, S. 694 | | |

Für die Übersetzung zuständige Stellen werden in der Verltb. des BMV vom 14. Mai 1963 benannt:

I.

»Für die Übersetzung ausländischer Zulassungsscheine und Führerscheine nach § 1 Abs. 3 und § 4 Abs. 2 der Verordnung über internationalen Kraftfahrzeugverkehr vom 12. November 1934 sind folgende Stellen zuständig:

---

1 BGBl. 1977 II, S. 809.
2 VkBl. 1993, S. 402.

1. Deutsche Konsuln im Ausstellungsstaat.
2. International anerkannte Automobilclubs des Ausstellungsstaates. Als international gelten die in der

    a) Fédération Internationale de l'Automobile (FIA),

    b) Alliance Internationale de Tourisme (AIT),

    c) Organisation Mondiale du Tourisme et de l'Automobile (OTA),

    d) Fédération Internationale des Clubs Motocyclistes (FIM) zusammengeschlossenen Clubs.

3. Die nachstehenden deutschen Vereinigungen:

    a) Allgemeiner Deutscher Automobil-Club e.V. (ADAC) und seine Dienststellen,

    b) Automobilclub von Deutschland (AVD),

    c) Deutscher Touring Club e.V. (DTC),

    d) ACE autoclub europa e.V.,[1]

    e) Automilclub KVDB e.V.[2]

4. Jede amtliche Stelle des Ausstellungsstaates (RVkBl. 1937, 51).
5. Der Kapitän des deutschen Seehandelsschiffes, mit dem das zum vorübergehenden Verkehr in Deutschland bestimmte ausländische Kraftfahrzeug befördert wird (vgl. Ausführungsanweisung zu § 1 Abs. 3 der Verordnung, RVkBl. B 1935, 3) oder das von dem Inhaber des ausländischen Führerscheins benutzt wird.
6. Öffentlich bestellte und allgemein beeidigte Dolmetscher und Übersetzer, die von Oberlandesgerichten ermächtigt sind, Urkundenübersetzungen vorzunehmen und zu beglaubigen.[3]
7. Öffentlich bestellte und allgemein beeidigte Dolmetscher und Übersetzer an Landgerichten.[4]

II.

Eine Verpflichtung der in Abschnitt I bezeichneten Stellen, Übersetzungen anzufertigen, wird hierdurch nicht begründet.

---

1 VkBl. 1985, S. 234.
2 VkBl. 1991, S. 240.
3 VkBl. 1976, S. 163.
4 VkBl. 1978, S. 186.

**Verordnung über internationalen Kraftfahrzeugverkehr**

III.

Die Ausführungsanweisung vom 4. Januar 1935 (RVkBl. B, 3) zu § 1 Abs. 3 der Verordnung wird aufgehoben, soweit nicht in Abschnitt I (Nr. 5) ausdrücklich auf sie Bezug genommen wird.«

**Anschriften** und Telefon-Nummer der deutschen Vereinigungen:

1. Allgemeiner Deutscher Automobil-Club e.V. (ADAC), Zentrale, Am Westpark 8, 81373 München; Tel. (089) 76 76-0,

2. Deutscher Touring Automobil Club e.V. (DTC), Am Westpark 8, 81 373 München,

3. Automobilclub von Deutschland e.V. (A.v.D.), Lyoner Straße 16, 60582 Frankfurt am Main; Postfach 71 01 53, 60491 Frankfurt am Main; Tel. (069) 66 06-0,

4. Auto Club Europa e.V. (ACE), Schmiedener Straße 233, 70374 Stuttgart; Tel. (0711) 5303-0,

5. Automobilclub KVDB, Philosophenweg, 70734 Fellbach.

Nach Artikel 35 WÜ sind die Eintragungen in den Zulassungsschein entweder in lateinischen Buchstaben oder in der englischen Kursivschrift vorzunehmen. Da gerade griechische Zulassungsscheine diesen Anforderungen nicht entsprachen, hat der BMV[1] darauf hingewiesen, dass die in Griechenland ausgestellten Führer- und Zulassungsscheine nicht mit einer deutschen Übersetzung verbunden sein müssen und die Zulassungsscheine auch in griechischer Schrift vorgelegt werden dürfen. Da die griechischen Stellen dies auf Schwierigkeiten mit der Umstellung in der Datenverarbeitung begründeten, dürfte es sich um ein vorübergehendes (griechisches) Problem handeln.

13 Die Zulassung zum »vorübergehenden Verkehr« ist von einer Zulassung von zuständiger Stelle des Heimatlandes abhängig. Diese »**zuständige Stelle**« stellt den Internationalen Zulassungsschein bzw. den ausländischen Zulassungsschein aus.

Internationale Zulassungsscheine sind nach Artikel 4 IntAbk von der zuständigen Behörde eines Vertragsstaates oder von einem durch diese damit beauftragten Verein unter Gegenzeichnung der Behörde auszustellen. Fahrzeugscheine nach Artikel 35 WÜ werden von einer zuständigen Behörde dieser Vertragspartei oder im Namen der Vertragspartei von einem Verband ausgestellt, der dazu ermächtigt wurde.

---

1 Schreiben des BMV v. 27.4.1994, Az. StV 11/27.02.10/26 G 94.

Nach § 13 IntVO i.V.m. § 68 StVZO liegt in Deutschland die Zuständigkeit für die Ausstellung der Internationalen Zulassungsscheine nach Artikel 4 IntAbk sowie der Zulassungsscheine nach Artikel 35 WÜ bei den sachlich und örtlich zuständigen Zulassungsbehörden.[1]

Der (Internationale) Zulassungsschein wird von der Zulassungsbehörde dem Antragsteller (Verfügungsberechtigten) ausgehändigt. Er ist Zubehör der Zulassung und gleichzeitig eine öffentliche Urkunde. Durch ihn wird rechtsverbindlich festgestellt, dass das im Zulassungsschein beschriebene Fahrzeug mit dem angegebenen amtlichen Kennzeichen zum öffentlichen (internationalen) Verkehr zugelassen ist. Wird das Fahrzeug später aus dem Verkehr gezogen (§ 11 Abs. 1 IntVO), ist der (Internationale) Zulassungsschein mit einzuziehen.

Für nach deutschem Recht zugelassene Kraftfahrzeuge und Anhänger ist jeweils ein Zulassungsschein auszustellen. Sind für den selben Halter mehrere Anhänger zugelassen, kann an Stelle der Zulassungsscheine ein von der Zulassungsbehörde ausgestelltes Anhängerverzeichnis treten; dies entspricht jedoch nicht den internationalen Vereinbarungen.

Abweichend davon werden auf Grund einer zwischenstaatlichen Vereinbarung zwischen Deutschland und **Frankreich** ab dem 1. Juli 1991 die von der französischen Verwaltung amtlich beglaubigten Kopien französischer Zulassungsscheine (carte grise) mit einjähriger Gültigkeit anstelle des Originals des Zulassungsscheines anerkannt. Im Gegenzug werden deutsche Anhängersammelverzeichnisse nach § 24 StVZO anerkannt.[2]

Im Verhältnis zu den **Niederlanden**, die dem WÜ nicht beigetreten sind, gilt das IntAbk i.V.m. den zusätzlichen Absprachen, wie z.B. dem Verzicht auf die deutsche Übersetzung des nationalen Zulassungsscheins, den Deutschland auch anerkennt. Von dieser allgemein gültigen Regelung wurde abweichend (BLFA) vereinbart,[3] dass niederländische vorläufige Kraftfahrzeugscheine mit einer Gültigkeitsdauer von 2 Monaten (weißes Schild, schwarze Zeichen, mit einem Buchstaben) anerkannt werden. Dieser vorläufige Zulassungsschein berechtigt zur Teilnahme am öffentlichen Straßenverkehr in Deutschland.

Nicht anerkannt wird ein besonderer Kraftfahrzeugschein mit einer Gültigkeitsdauer von einem bis ein paar Tagen (weißes Schild, schwarze Zeichen, mit einem Buchstaben), da dieser nicht für den grenzüberschreitenden Verkehr bestimmt ist.

---
1 Vgl. auch Verltb. des BMV v. 16.11.1949, VkBl. 1949, lfd. Nr. 157.
2 VkBl. 1991, S. 598.
3 Erl. VM B.-W. v. 15.4.1991, Az. 2-3861.1/21.

Außerdem werden nicht anerkannt die sog. Händlerkraftfahrzeugscheine (grünes Schild, weiße Zeichen mit FH, HA oder HF), da diese Kraftfahrzeugscheine keinen Aufschluss über den technischen Zustand des Fahrzeugs geben.

Des Weiteren werden in den Niederlanden für Anhänger und Sattelanhänger statt des Zulassungsscheins ein Registrierschein mit einer Registriernummer ausgegeben. Diese Nummer bezieht sich nicht auf das Kennzeichen des ziehenden Fahrzeugs. In den Niederlanden gilt weiterhin die Vorschrift, dass der Anhänger oder Sattelanhänger das Kennzeichen des ziehenden Fahrzeugs führen soll.[1]

Die (Internationalen) Zulassungsscheine dienen als öffentliche Urkunden gegenüber den Kontrollorganen als Nachweis der Zulassung und haben damit, nicht nur in Hinblick auf die Verkehrssicherheit sondern auch mit Blick auf die internationale Kriminalitätsbekämpfung, eine große Bedeutung. Der Internationalen Zulassungsschein ist dabei eher unproblematisch, da dieser einem amtlichen Muster entspricht. Der ausländische Zulassungsschein wird dagegen nur anerkannt, wenn er

– von der zuständigen Stelle ausgestellt wurde,

– auf das Fahrzeug bezogen ist,

– entsprechende Mindestangaben enthält und

– im Original vorliegt.

**14** Unter einer »**Fernzulassung**« ist die Anbringung ausländischer (Überführungs-)Kennzeichen an einem im Inland gekauften Fahrzeug ohne Beteiligung der ausländischen Behörde (oder der Transit eines solchen Fahrzeugs durch Deutschland) zu verstehen. Das ist z.B. dann der Fall, wenn

1. ein türkischer Autohändler einen gebrauchten Lkw in Deutschland kauft und diesen mit türkischen Überführungskennzeichen versehen in die Türkei überführen will;

2. ein italienischer Autohändler zwei gebrauchte Pkw in Deutschland kauft und diese mit italienischen Überführungskennzeichen versehen nach Italien überführen will.

In der Literatur wird teilweise die Auffassung vertreten, dass sich diese Art der Zulassung »gewohnheitsrechtlich eingebürgert« hat. In diesem Fall würde allerdings nicht nur auf die Zulassung, sondern auch auf die Prüfung des verkehrssicheren Zustands sowie die Haftpflichtversicherung verzichtet (vgl. § 7 Abs. 2 IntVO). Eine gewohnheitsrechtliche Fernzulassung, die sich (wenn

---

1 Verltb. des BMV v. 8.1.1965, VkBl. 1965, S. 101.

überhaupt) nur auf ein normwidriges Verhalten berufen könnte, gibt es jedoch nicht. Für den Nachweis soll eine kurze Prüfung der betroffenen Rechtsbereiche am 2. Fall vorgenommen werden.

Bei der **zulassungsrechtlichen Beurteilung** ist zu berücksichtigen, dass diese Fahrzeuge im Inland keinen regelmäßigen Standort haben und daher das reguläre Zulassungsverfahren i.S.d. §§ 18 ff. StVZO nicht angewendet werden kann. An diese Fiktion knüpft die Überlegung des § 7 Abs. 2 IntVO an:

»Soll ein zum Verkehr nicht zugelassenes Kraftfahrzeug, das im Inland keinen regelmäßigen Standort haben soll, mit eigener Triebkraft aus dem Geltungsbereich dieser VO verbracht werden, sind die Vorschriften der §§ 16 bis 62, des § 72 Abs. 2 sowie die damit im Zusammenhang stehenden Bußgeldvorschriften der StVZO mit folgender Maßgabe anzuwenden: .....«

Die Überführung solcher Kraftfahrzeuge ins Ausland ist grundsätzlich nach § 28 StVZO auch mit dem Kurzzeitkennzeichen möglich, wenn der rote Fahrzeugschein von einer zuständigen Stelle (Zulassungsbehörde) ausgestellt wurde und alle Angaben enthält, die Art. 35 des WÜ von einem ausländischen Fahrzeugschein fordert.[1]

Diese Aussage ist auf italienische Überführungskennzeichen nicht anwendbar, da diese keine fahrzeugbezogenen Daten kennen.[2] Aus diesem Grund besteht ein zusätzliches Abkommen zwischen Italien und Deutschland über die gegenseitige Anerkennung der Probe- bzw. Überführungskennzeichen.[3]

In dieser Vereinbarung vom 22.10.1993 heißt es u.a.:

»Auf der Grundlage der Gegenseitigkeit wird die Regierung der Bundesrepublik Deutschland auf ihrem Hoheitsgebiet, den mit **gültigen italienischen** Überführungskennzeichen (Targa prova) ausgestatteten Kraftfahrzeugen Fahrtrecht für Prüfungs-, Probe- und Überführungsfahrten einräumen, und zwar unter der Voraussetzung

– des Vorliegens entsprechender Zulassungspapiere,
– des Nachweises einer für die Bundesrepublik Deutschland gültigen Versicherung.«

Die Anwendung dieser Vereinbarung bedingt also eine Zulassung in Italien und anschließende Überführung nach Deutschland, bzw. eine Zulassung in Deutschland und anschließende Überführung nach Italien. An dieser Voraussetzung fehlt es im vorliegenden Fall. Das deutsche Straßenverkehrsrecht sieht

---
1 Jagow »Rote Kennzeichen im internationalen Verkehr«, VD 1984, S. 58.
2 Schreiben des Ministeriums für Wirtschaft, Mittelstand und Verkehr B.-W. v. 20.3.1979, Az. V 4401/19.
3 VkBl. 1994, S. 94.

für die Überführung von Kraftfahrzeugen aus Deutschland in das Ausland nur zwei Möglichkeiten vor:

1. Verwendung eines Ausfuhrkennzeichens nach § 7 Abs. 2 IntVO;
2. Verwendung des Kurzzeitkennzeichens nach § 28 StVZO, soweit der Zulassungsschein Artikel 35 WÜ entspricht und es im Ausland akzeptiert wird.

Die Verwendung von ausländischen Probefahrt- oder Überführungskennzeichen für Kraftfahrzeuge, die aus Deutschland in das Ausland verbracht werden sollen (sog. **Fernzulassung**), ist grundsätzlich nicht zulässig[1] und mit dem deutschen Zulassungsrecht unvereinbar (§§ 18 Abs. 1, 69a Abs. 2 Nr. 3 StVZO i.V.m. § 24 StVG).

Bis hierher bleibt festzuhalten, dass beide Fahrzeuge nicht zum Verkehr auf öffentlichen Straßen zugelassen sind. Die angebrachten italienischen Überführungskennzeichen können somit im Zusammenhang mit dem Fahrzeug keine zusammengesetzte Urkunde bilden, so dass die Anwendung des § 267 StGB ausscheidet.

Durch die unzulässige Anbringung der italienischen Überführungskennzeichen wäre nun ein **Kennzeichenmissbrauch** i.S.d. § 22 Abs. 1 Nr. 1 StVG zu prüfen. Danach wird ein Kraftfahrzeug trotz fehlender Zulassung mit einem Zeichen versehen, welches geeignet ist, den Anschein einer amtlichen Kennzeichnung hervorzurufen.

»Versehen« ist gleichzusetzen mit »Anbringen«, also der Herstellung einer Verbindung zwischen Zeichen und Fahrzeug. Das angebrachte Zeichen muss geeignet sein, den Anschein einer ordnungsgemäßen Fahrzeugzulassung hervorzurufen. Die Anbringung ausländischer Kennzeichen an einem inländischen Fahrzeug, für das sie nicht ausgegeben waren, verwirklicht den Tatbestand nach Abs. 1 Nr. 1.[2] Die Tat ist vollendet, wenn das Fahrzeug mit dem Zeichen versehen ist. Eine Benutzung des Fahrzeugs im öffentlichen Verkehrsraum ist nicht erforderlich. Die Benutzung selbst wird von dem Begehungsdelikt des § 22 Abs. 2 StVG erfasst. Dabei tritt die Anwendung des Abs. 1 infolge Gesetzeskonkurrenz hinter Abs. 2 zurück.

Des Weiteren liegt eine **widerrechtliche Benutzung** i.S.d. § 1 Abs. 1 Nr. 3 KraftStG vor. Eine solche Benutzung liegt dann vor, wenn ein Fahrzeug auf öffentlichen Straßen ohne die verkehrsrechtlich vorgeschriebene Zulassung betrieben wird. Für den Fall der widerrechtlichen Benutzung ist in § 5 Abs. 1 Nr. 3 KraftStG die Dauer der Steuerpflicht festgelegt. Sie erstreckt sich über die gesamte Zeitdauer der widerrechtlichen Benutzung, mindestens aber über einen Monat.

---

1 Schreiben des BMV v. 24.4.1992, Az. StV 12/36.42.00/20 V 91.
2 BayObLG, VM 1984, S. 13 (Nr. 15).

Eine Ahndung ist allerdings nicht möglich. Die steuererklärungspflichtigen Personen sind in § 3 Abs. 1 Nr. 1 bis 3 KraftStDV abschließend aufgeführt. Danach besteht für den widerrechtlichen Benutzer keine Erklärungspflicht. Dadurch ist die Subsumtion des widerrechtlichen Benutzers z.B. unter § 370 Abs. 1 Nr. 2 AO (bzw. §§ 377, 378 AO) nicht möglich, da er es wegen der fehlenden Normierung nicht »pflichtwidrig unterlässt«, entsprechende Angaben zu machen.

Bei der **versicherungsrechtlichen Beurteilung** ist von § 1 Abs. 1 AuslPflVG auszugehen. Danach dürfen Kraftfahrzeuge, die im Bundesgebiet keinen regelmäßigen Standort haben nur gebraucht werden, wenn eine ausreichende Haftpflichtversicherung besteht. Der Kraftfahrzeugführer hat die Bescheinigung des Versicherers – grüne Versicherungskarte – nach Abs. 2 mitzuführen und auszuhändigen. Eine Versicherungsbescheinigung ist nach §§ 1, 8 DV zur Rili des Rates der EG bez. Kfz-Haftpfl.Vers. fallbezogen nicht erforderlich für Kraftfahrzeuge, die ein **vorgeschriebenes** italienisches **Kennzeichen** führen, welches von der zuständigen Stelle ausgegeben wurde. An dieser Voraussetzung fehlt es, da beide Fahrzeuge nicht ordnungsgemäß zum Verkehr zugelassen wurden. Ein gültiger, auf das jeweilige Fahrzeug und sein Kennzeichen bezogener Fahrzeugschein konnte in keinem der beiden Fälle vorgelegt werden; § 8a AuslPflVG findet daher keine Anwendung – Vergehen i.S.d. §§ 1, 9 AuslPflVG.[1]

Unter einer »**Doppel(Zwitter)zulassung**« ist die Doppelzulassung ein und desselben Fahrzeugs im Inland als auch im Ausland zu verstehen. Das ist z.B. dann der Fall, wenn ein Fahrzeughalter (mit einem Taxiunternehmen im Inland als auch in der Schweiz) seinen Pkw ordnungsgemäß in Deutschland zulässt und dafür die amtlichen Kennzeichen zugeteilt und den Fahrzeugschein ausgehändigt bekommt. Das gleiche Fahrzeug wird nun vom gleichen Fahrzeughalter in der Schweiz zugelassen, dieser erhält dafür ein schweizerisches Kennzeichen zugeteilt und einen Fahrzeugschein ausgehändigt. Bei grenzüberschreitenden Fahrten wird bis zur Grenze das deutsche amtliche Kennzeichen verwendet, nach Grenzübertritt wird dieses Kennzeichen gegen das schweizerische Kennzeichen (oder umgekehrt) ausgetauscht. Es erfolgt somit ein ständiger Wechsel zwischen inländischem und ausländischem Fahrzeug.

Auch wenn es sich hierbei um eine ungewöhnliche (aber auch teure) Fallkonstellation handelt, sind dagegen keine Einwendungen zu erheben. Entscheidend ist, ob das betreffende Fahrzeug im Geltungsbereich der StVZO zugelassen ist. Was mit diesem Fahrzeug außerhalb des Geltungsbereich der StVZO geschieht, entzieht sich deren Einflussbereich; eine Doppelzulassung i.S.d. StVZO liegt nicht vor.[2] Da das Fahrzeug in beiden Ländern ordnungsgemäß zugelassen ist, ist es steuerrechtlich nicht zu beanstanden.

---
1 § 9 AuslPflVG, Rdnr. 5 auf S. 187.
2 Schreiben des BMV v. 26.1.1998, Az. StV 15/36.15.00/2 M 98.

Bei der Aus-/Einreise des Fahrzeugs handelt es sich um eine abgabenfreie Rückware und ist daher zollrechtlich ebenfalls nicht zu behandeln.

**16** Ein deutscher Arbeitnehmer mit ordentlichen Wohnsitz im Inland hat eine Arbeitsverhältnis z.B. in Österreich und pendelt regelmäßig mit einem Firmenfahrzeug zwischen Wohnsitz und Arbeitsstätte. Das von ihm verwendete Firmenfahrzeug hat praktisch zwei regelmäßige Standorte. Um nun eine Doppelzulassung zu vermeiden, kann auf die deutsche Zulassung dann verzichtet werden, wenn die Zulassungsbehörde des Heimatstaates Österreich auf der Zulassung besteht und dies durch eine entsprechende Bestätigung nachgewiesen wird.

**17** § 1 Abs. 2 IntVO wurde durch die »7. VO zur Änderung straßenverkehrsrechtlicher Vorschriften« v. 2.12.1988 neu gefasst.

*Aus der amtlichen Begründung (VkBl 1988, S. 807):*

»§ 1 Abs. 2 regelt die Anforderungen an die Fahrzeuge selbst (insbesondere die technischen Mindeststandards). Es wird zunächst auf die strengeren Bestimmungen des WÜ Bezug genommen. Dessen Bestimmungen sind einschlägig, soweit das WÜ anwendbar ist. Das bedeutet, dass die Fahrzeuge, die in den betreffenden Staaten zugelassen bzw. beheimatet sind, die Anforderungen des WÜ erfüllen müssen.

In den sonstigen Fällen gelten die (weniger strengen) Bestimmungen des Artikel 3 IntAbk und zwar sowohl für Fahrzeuge aus Vertragsstaaten als auch für die Fahrzeuge aus Staaten, die keinem der beiden genannten Abkommen beigetreten sind. Damit wird für die im Geltungsbereich der IntVO vorübergehend verkehrenden ausländischen Fahrzeugen die ›Vorschriftsmäßigkeit‹ nach § 23 Abs. 1 S. 2 StVO näher konkretisiert.«

Die Bedeutung des § 1 Abs. 2 IntVO i.V.m. den Verweisungen besteht darin, dass die Einhaltung der jeweils nationalen Bestimmungen hinsichtlich Bau, Ausrüstung und Beschaffenheit durch die Ausstellung eines Zulassungsscheins von der zuständigen Stelle bestätigt wird. Diese Bestätigung betrifft jedoch, ähnlich wie in Deutschland, nur den Zeitpunkt im Augenblick der Zulassung. Der Halter/Fahrzeugführer ist dann verpflichtet, das Fahrzeug während der Zeit der späteren Nutzung in diesem Zustand zu erhalten.

§ 1 Abs. 2 IntVO benennt die multilateralen Vorschriften, denen die ausländischen Fahrzeuge hinsichtlich Bau- und Ausrüstung zu entsprechen haben. Der Hinweis auf Artikel 3 IntAbk entspricht der Rechtslage, dessen Anwendung heute jedoch erheblich Schwierigkeiten bereitet, da das IntAbk aus dem Jahr 1926 stammt und die in Artikel 3 enthaltenen Anforderungen dem heutigen Stand der Technik nicht mehr entsprechen; so verlangt z.B. Artikel 3 Abs. 4, dass die Räder der Kraftfahrzeuge mit Gummireifen ausgerüstet sein müssen (nach dem damaligen Stand der Reifentechnik waren Vollgummireifen ausreichend).

Auch der Hinweis auf Artikel 38 und 39 sowie den Anhängen 4 und 5 des WÜ dient offensichtlich nur der Klarstellung, da diese Vorschriften durch die Bezugnahme auf Artikel 3 Abs. 3 in Artikel 1 Abs. 2 des Vertragsgesetzes unmittelbar gelten. Es erfolgt hier eine Vermischung von Gesetzes- und Verordnungsrecht, die u.U. zu unbefriedigenden Lösungen führen kann. Der verkehrssichere Zustand ausländischer Fahrzeuge lässt sich anhand dieser Vorschriften, die wegen ihrer Unbestimmtheit keine Sanktionsmöglichkeiten vorsehen, nicht überprüfen. Befindet sich ein ausländisches Fahrzeug zum Zeitpunkt der verkehrspolizeilichen Kontrolle in einem **unvorschriftsmäßigen Zustand**, ergibt sich das Problem der rechtlichen Beurteilung.

Dieses Problem soll durch § 23 Abs. 1 S. 2 StVO gelöst werden. Die Vorschrift verlangt: **18**

»Er – der Fahrzeugführer – muss dafür sorgen, dass das Fahrzeug, der Zug, das Gespann sowie Ladung und Besetzung vorschriftsmäßig sind und dass die Verkehrssicherheit des Fahrzeugs durch die Ladung oder die Besetzung nicht leidet.«

Beim § 23 StVO handelt es sich nicht um eine Bau- und Ausrüstungsvorschrift, sondern um eine Betriebsvorschrift, die auch vom ausländischen Fahrzeugführer zu beachten ist. Die Frage ist nur, welche Vorschriften konkretisieren den »vorschriftsmäßige Zustand«.

Artikel 3 IntAbk kann wegen seinen geringen Anforderungen im Interesse der Verkehrssicherheit nicht herangezogen werden. Artikel 39 i.V.m. Anhang 5 des WÜ enthält dagegen viel präzisere Vorschriften über die technischen Anforderungen der Fahrzeuge. Es kann davon ausgegangen werden, dass der überwiegende Teil, aber nicht alle technischen Vorschriften des Anhangs 5 durch die einschlägigen Bestimmungen der StVZO umgesetzt wurden. So verlangt Abs. 54 des Anhangs 5, dass die Räder der Kraftfahrzeuge und ihrer Anhänger mit Lufteifen versehen sein müssen, deren Zustand so sein muss, dass die Sicherheit einschließlich der Bodenhaftung selbst auf nasser Fahrbahn gewährleistet ist. Eine Mindestprofiltiefe wird nicht verlangt bzw. vorgeschrieben.[1]

Der »vorschriftsmäßige Zustand« wird im Interesse der Verkehrssicherheit nun sinngemäß (abstrakt) anhand der einzelnen Bau-, Ausrüstungs- und Beschaffenheitsvorschriften der StVZO konkretisiert. Wird bei einer verkehrspolizeilichen Kontrolle eines ausländischen Fahrzeugs z.B. festgestellt, dass dessen Aus-

---

1 Vgl. dazu § 3, Rdnr. 2.

puffanlage nicht den Vorschriften des § 49 StVZO oder die Bereifung nicht den Vorschriften des § 36 Abs. 2 StVZO entspricht, befindet sich das Fahrzeug in einem unvorschriftsmäßigen Zustand nach § 23 Abs. 1 StVO und der Fahrer handelt ordnungswidrig i.S.d. §§ 23 Abs. 1, 49 Abs. 1 Nr. 22 StVO i.V.m. § 24 StVG. Eine Besonderheit der Ahndung ist dabei zu beachten, der Ahndungsrahmen (Bußgeld) wird nicht aus § 23 Abs. 1 StVO, sondern aus dem der vergleichenden StVZO-Norm entnommen. Bei gravierenden Mängeln, die die Verkehrsunsicherheit des Fahrzeugs begründen, sind Maßnahmen nach § 11 Abs. 1 IntVO einzuleiten bzw. zu ergreifen.

19 Die IntVO ist wie die StVZO auf die Ermächtigungsnorm des § 6 StVG gestützt. Bei der sich aus § 31 Abs. 2 StVZO ergebenden **Halterverantwortung** handelt es sich außerdem um eine Verhaltensvorschrift und nicht um eine Ausrüstungsvorschrift. Bei der Anordnung von Fahrten mit verkehrsunsicheren bzw. überladenen Fahrzeugen handelt demnach auch der ausländische Fahrzeughalter ordnungswidrig i.S.d. §§ 31 Abs. 2, 69a Abs. 5 Nr. 3 StVZO i.V.m. § 24 StVG. Die Verfolgung dieser Ordnungswidrigkeit ist unter Berücksichtigung der §§ 5, 7 OWiG möglich, aber kaum realisierbar.

Sind Fahrer und Halter eines nicht vorschriftsmäßigen Fahrzeugs identisch, tritt § 31 Abs. 2 StVZO hinter § 23 Abs. 1 S. 2 StVO zurück; jedoch kann die Tatsache, dass der Täter nicht nur das Fahrzeug geführt hat, sondern auch dessen Halter ist, bußgelderhöhend berücksichtigt werden.[1]

---

[1] OLG Hamm, NJW 1974, S. 2100.

## § 2

(1) Ausländische Kraftfahrzeuge müssen an der Vorder- und Rückseite ihre heimischen Kennzeichen führen, die Artikel 36 und Anhang 2 des Wiener Übereinkommens über den Straßenverkehr vom 8. November 1968 (BGBl. 1977 II, S. 809), soweit dieses Abkommen anwendbar ist, sonst Artikel 3 Abschnitt II Nr. 1 des Internationalen Abkommens über Kraftfahrzeugverkehr vom 24. April 1926 (RGBl. 1930 I, S. 1234) entsprechen müssen. Krafträder benötigen nur ein Kennzeichen an der Rückseite. Ausländische Anhänger müssen an der Rückseite ihr heimisches Kennzeichen nach Satz 1 oder, wenn ein solches nicht zugeteilt oder ausgegeben ist, das Kennzeichen des ziehenden Fahrzeugs führen.

(2) Ausländische Kraftfahrzeuge und Anhänger müssen außerdem ein Nationalitätskennzeichen führen, daß Artikel 5 und Anlage C des Internationalen Abkommens über Kraftfahrzeugverkehr vom 24. April 1926 (RGBl. 1930 I, S 1234) oder Artikel 37 und Anhang 3 des Wiener Übereinkommens über den Straßenverkehr vom 8. November 1968 (BGBl. 1977 II, S. 809) entsprechen muss. Bei ausländischen Kraftfahrzeugen und Kraftfahrzeuganhängern, die in einem Mitgliedstaat der Europäischen Union zugelassen sind und entsprechend dem Anhang der Verordnung (EG) Nr. 2411/98 des Rates vom 3. November 1998 (ABl. EG Nr. L 299, S. 1) am linken Rand des Kennzeichens das Unterscheidungszeichen des Zulassungsstaates führen, ist die Anbringung eines Nationalitätszeichens nach Satz 1 nicht erforderlich.

## Änderungen

1. Verordnung über internationalen Kraftfahrzeugverkehr v. 12. November 1936.

2. Neufassung des § 2 durch die »Siebente Verordnung zur Änderung straßenverkehrsrechtlicher Vorschriften« v. 2. Dezember 1988; amtliche Begründung VkBl. 1988, S. 806.

3. § 2 Abs. 2 S. 2 angefügt durch die »Zweiunddreißigste Verordnung zur Änderung straßenverkehrsrechtlicher Vorschriften« v. 20. Juli 2000; amtliche Begründung VkBl. 2000, S. 465.

## Verordnung über internationalen Kraftfahrzeugverkehr

### Übersicht

| | Rdnr. |
|---|---|
| Voraussetzungen der Zulassung | 1 |
| Rote Kennzeichen / Kurzzeitkennzeichen im internationalen Verkehr | 2 |
| Ausländische Überführungskennzeichen | 3 |
| Belgische Kennzeichendubletten | 4 |
| Dänische Händlerkennzeichen | 5 |
| Französische Ausfuhrkennzeichen | 6 |
| Deutsche Buchstaben- und Zahlenkombination auf französischer Platine | 7 |
| Italienische Probefahrtkennzeichen | 8 |
| Niederländische Händlerkennzeichen | 9 |
| Tschechische Überführungskennzeichen | 10 |
| Ungarische Überführungskennzeichen | 11 |
| Nationalitätszeichen | 12 |
| Nationalitätszeichen an inländischen Fahrzeugen | 13 |
| Nationalitätszeichen und EU-Regelung | 14 |
| Ahndung | 15 |

1 Die **Zulassung zum internationalen Verkehr** bedingt zum einen die Ausstellung eines entsprechenden Zulassungsdokuments von der örtlich und sachlich zuständigen Behörde und zum anderen die Zuteilung und Anbringung der heimischen Kennzeichen an der Vorder- und Rückseite des Kraftfahrzeugs.

Außerdem wird in § 2 Abs. 1 – wie bei den Anforderungen an die Fahrzeuge – unter Bezugnahme auf die Übereinkommen von 1968 und 1926 festgelegt, welchen Anforderungen die heimischen Kennzeichen genügen müssen. Die Anbringung nur eines Kennzeichens an der Vorder- bzw. Rückseite entspricht nicht der Forderung des § 2 Abs. 1 IntVO und kann ein Indiz für eine fehlende internationale Zulassung sein.[1]

2 Bei der Beurteilung der Frage, ob Überführungsfahrten in das europäische Ausland mit einer Fahrzeugkennzeichnung nach § 28 StVZO zulässig sind, ist zwischen den roten Kennzeichen und dem Kurzzeitkennzeichen einerseits und den Vertragsparteien des Abkommens von 1926 bzw. 1968 andererseits zu unterscheiden.[2]

Das **rote Kennzeichen** (Händlerkennzeichen) besteht aus dem Unterscheidungszeichen der zuteilenden Zulassungsbehörde und einer Erkennungsnummer, die mit »06« beginnt.[3] Diese Kennzeichen entsprechen den Anforderungen von Artikel 3 Abschnitt II Nr. 1 IntAbk bzw. denen des Artikels 36 i.V.m.

---

1 Wird im Heimatstaat des ausländischen Fahrzeugs (hier: USA, Bundesstaat New York) nur ein hinteres Kennzeichen ausgegeben, so ist dies für die Identifizierung eines Fahrzeugs als ausreichend anzusehen, wenn das Nationalitätszeichen geführt wird – Verltb. des BMV v. 10. 11. 1964, VkBl. 1964, S. 534.
2 Jagow »Rote Kennzeichen im internationalen Straßenverkehr«, VD 1984, S. 58.
3 Verltb. des BMV v. 21. 6. 1988, VkBl. 1988, S. 501.

Anhang 2 des WÜ; zusätzlich ist in beiden Fällen das Nationalitätszeichen anzubringen.

Bei den roten Kennzeichen erhält der Empfänger für jedes zugeteilte Kennzeichen ein **Fahrzeugscheinheft** nach Muster 3 StVZO. Artikel 4 IntAbk verlangt zum Nachweis der Zulassung zum internationalen Verkehr jedoch den Internationale Zulassungsschein. Ein nationaler Zulassungsschein wird **nicht** anerkannt; d.h., es besteht beim internationalen Verkehr zwischen den Vertragsparteien des IntAbk kein Anspruch auf Anerkennung des roten Fahrzeugscheinheftes.

Nach § 7 Abs. 1 IntVO kann auf Antrag für Kraftfahrzeuge oder Kraftfahrzeuganhänger, für die nach § 23 StVZO ein amtliches Kennzeichen zugeteilt ist, ein Internationaler Zulassungsschein nach Artikel 4 und Anlage B IntAbk ausgestellt werden. Da nach § 28 Abs. 2 S. 1 StVZO die Bestimmungen für allgemeine Kennzeichen entsprechend gelten, ist die Ausstellung eines Internationalen Zulassungsscheins möglich, der dann auch anerkannt wird. Einen rechtlichen Anspruch auf Anerkennung des Internationalen Zulassungsscheins besteht allerdings nur in den Staaten, gegenüber denen dieses Abkommen noch Geltung hat.[1]

Das **Kurzzeitkennzeichen** besteht aus dem Unterscheidungszeichen der zuteilenden Zulassungsbehörde und einer Erkennungsnummer, die mit »04« beginnt.[2] Auf der rechten Seite des Kennzeichens ist auf einem gelben Feld das Verfalldatum in schwarzer Schrift eingeprägt.

Diese Kennzeichen entsprechen den Anforderungen von Artikel 3 Abschnitt II Nr. 1 IntAbk bzw. denen des Artikels 36 i.V.m. Anhang 2 des WÜ; zusätzlich ist in beiden Fällen das Nationalitätszeichen anzubringen.

Für die Kurzzeitkennzeichen wird von der Zulassungsbehörde ein besonderer Fahrzeugschein, u.U. auch ohne vorherige Bezeichnung (Beschreibung) des Fahrzeugs im Fahrzeugschein, ausgegeben.

Artikel 4 IntAbk verlangt zum Nachweis der Zulassung zum internationalen Verkehr den Internationale Zulassungsschein. Ein nationaler Zulassungsschein wird nicht anerkannt; d.h., es besteht beim internationalen Verkehr zwischen den Vertragsparteien des IntAbk ebenfalls kein Anspruch auf Anerkennung des roten Fahrzeugscheins.

Das WÜ kennt dagegen den Internationalen Zulassungsschein nicht mehr und lässt einen nationalen Zulassungsschein, ohne ein Muster festzulegen, genügen.

---

1 Im Verkehr mit Vertragsstaaten des WÜ gilt der in Deutschland ausgestellte Internationale Zulassungsschein als nationaler Zulassungsschein (vgl. § 7, Rdn. 5).
2 Verltb. des BMV v. 21.6.1988, VkBl. 1988, S. 501.

Der nationale Zulassungsschein muss jedoch die in Artikel 35 WÜ festgelegten Mindestangaben enthalten. Diese Anforderungen erfüllt der rote Fahrzeugschein nach Muster 4 StVZO.

Außerdem fordert Artikel 35 Abs. 1 WÜ, dass dieser nationale Zulassungsschein von der zuständigen Behörde oder in deren Namen von einem Verband ausgestellt ist. Das bedeutet, der Schein muss amtlich ausgefertigt sein. Diese Anforderungen erfüllt das rote **Fahrzeugscheinheft** nach Muster 3 StVZO nur zum Teil. Lediglich Seite 1 mit den Angaben zum Kennzeichen, zur Gültigkeitsdauer und zu den Personalien des Kennzeicheninhabers wird von der Zulassungsbehörde »amtlich« ausgefertigt.

Die fahrzeugbezogenen Daten werden dagegen von dem Berechtigten vor Antritt der jeweils ersten Fahrt in den Schein eingetragen. Insofern stellt diese Seite ein Selbstzertifikat des Berechtigten dar und erfüllt in diesem Punkt nicht die Mindestanforderungen von Artikel 35 Abs. 1 WÜ. Deshalb besteht nach dem WÜ auch kein Anspruch auf Anerkennung dieser roten Fahrzeugscheinhefte im internationalen Verkehr.

Der besondere Fahrzeugschein für Kurzzeitkennzeichen nach Muster 4 StVZO kann von der Zulassungsbehörde auch ohne vorherige Bezeichnung (Beschreibung) des Fahrzeugs im Fahrzeugschein ausgegeben werden. In diesem Fall stammen lediglich die Eintragungen über die Gültigkeitsdauer und den Empfänger von der zuständigen Behörde. Der Fahrzeugschein ist dann (national) nur gültig, wenn vom Inhaber des Kurzzeitkennzeichens die fahrzeugbezogenen Daten in dauerhafter Schrift eingetragen und dieser unterschrieben wurde. Durch seine Unterschrift bestätigt der Inhaber den vorschriftsmäßigen Zustand des Fahrzeugs.

Dieses Selbstzertifikat erfüllt ebenfalls nicht die Mindestanforderungen von Artikel 35 Abs. 1 WÜ. Werden dagegen alle personen- und fahrzeugbezogenen Daten von der Zulassungsbehörde in den roten Fahrzeugschein eingetragen, erfüllt dieser die gestellten Mindestanforderungen von Artikel 35 Abs. 1 WÜ und ist im internationalen Verkehr zwischen den Vertragsstaaten anzuerkennen.

Das Kennzeichen für **Oldtimer- und Veteranenfahrzeuge**[1] besteht aus dem Unterscheidungszeichen der zuteilenden Zulassungsbehörde und einer Erkennungsnummer, die mit »07« beginnt.[2] Diese Kennzeichen entsprechen den Anforderungen von Artikel 3 Abschnitt II Nr. 1 IntAbk bzw. denen des Artikels 36 i.V.m. Anhang 2 des WÜ; zusätzlich ist in beiden Fällen das Nationalitätszeichen anzubringen.

---

1 Auslandsfahrten im Oldtimer: Veteranenclub hat Merkblätter, VD 2000, S. 101.
2 Verltb. des BMV v. 4. 4. 1995, VkBl. 1995, S. 248.

Bei roten Kennzeichen für Oldtimer- und Veteranenfahrzeuge werden von der Zulassungsbehörde besondere Fahrzeugscheine je Fahrzeug ausgestellt. Das Muster dieser besonderen Fahrzeugscheine wurde vom BMV durch Verltb. v. 4.4.1995, VkBl. 1995, S. 248 bekannt gegeben.

Da das IntAbk als Nachweis der Zulassung nur den Internationalen Zulassungsschein kennt, kann dieser besondere Fahrzeugschein im internationalen Verkehr zwischen den Vertragsstaaten nicht verwendet werden; dagegen erfüllt er jedoch alle Voraussetzungen des Artikels 35 Abs. 1 WÜ.

Es lässt sich schwer abschätzen, ob und unter welchen Voraussetzungen rote Kennzeichen bzw. Kurzzeitkennzeichen in den einzelnen europäischen Staaten zugelassen sind oder toleriert werden; es empfiehlt sich daher in diesen Fällen eine Zulassung der Fahrzeuge nach § 7 Abs. 2 IntVO.

Nach einem Erlass des VM B.-W.[1] gilt die 1986 getroffene Absprache, nach der die Niederlande die Verwendung von Überführungskennzeichen nach § 28 StVZO zulässt, weiterhin. Eine bilaterale Vereinbarung besteht z.Z. nur noch mit **Italien** (vgl. dazu Rdnr. 8).

Die von Kraftfahrzeughändlern zum Teil empfohlene Praxis, rote Kennzeichenschilder mit ins Ausland zu nehmen und diese nach Erwerb eines Fahrzeugs an diesem anzubringen und damit das Fahrzeug nach Deutschland zu überführen, stellt einen rechtswidrigen Eingriff in das Zulassungsrecht des jeweiligen Staates dar. Nach Grenzübertritt ist diese Art der Zulassung im Inland nach Maßgabe des § 28 StVZO zu prüfen und u.U. nicht mehr zu beanstanden.

Die vorübergehende Verwendung ausländischer Fahrzeuge mit ausländischen **Überführungskennzeichen** im Inland ist nach den §§ 1, 2 IntVO dann möglich, wenn es sich um eine allgemein gültige Zulassung mit einem Internationalen Zulassungsschein handelt oder der ausländische Zulassungsschein Artikel 35 WÜ entspricht, von der zuständigen ausländischen Behörde ausgestellt wurde und die erforderlichen Mindestangaben enthält. Abweichend von dieser grundsätzlichen Regelung gilt z.B. für Fahrzeuge aus Belgien, Dänemark, Frankreich, Italien, Niederlande, Tschechien und Ungarn folgendes: 3

Fahrzeuge, die aus **Belgien** ausgeführt werden, sind häufig mit sog. Kennzeichendubletten versehen. Das ist eine Dublette vom Kennzeichen des früheren Besitzers, der jedoch dieses Kennzeichen i.d.R. bereits an einem anderen Kraftfahrzeug angebracht hat, da ein Kennzeichen in Belgien personen- und nicht fahrzeuggebunden ist; § 22 StVG ist gesondert zu prüfen (vgl. dazu § 1, Rdnr. 14). 4

Diese Kennzeichendubletten sind an den fehlenden Prägesiegeln zu erkennen.

---
1 Erlass des Verkehrsministeriums B.-W. v. 15. 4. 1991, Az. 2-3861.1/21.

Das hintere Kennzeichen eines belgischen Fahrzeugs muss ein von innen nach außen geprägtes Siegel haben. Das Monogramm enthält die Buchstaben **O** = Office, **C** = Central und **V** = Vehicle, was soviel wie Zentrale Fahrzeug-Zulassungsstelle bedeutet. Die Benutzer der Dublettenkennzeichen legen i.d.R. eine grüne Versicherungskarte vor, die nicht auf das Kennzeichen, sondern auf die Fahrzeug-Identifizierungsnummer ausgestellt ist.[1]

5 Nach den Feststellungen des Ministeriums für Wirtschaft und Verkehr des Landes Schleswig-Holstein gelten **dänische** sog. Händlerkennzeichen nur innerhalb Dänemarks; sie müssen beim Grenzübertritt abgegeben werden.

6 **Französische Kennzeichen** – Das Zulassungssystem besteht aus einer Kombination von Buchstaben und Ziffern. Je nach Kategoerie, zu der ein Kraftfahrzeug zählt, kann das amtliche Kennzeichen eine andere Form annehmen. Die Zulassung erfolgt auf der Ebene der einzelnen Départements. Das amtliche Kennzeichen setzt sich aus folgenden Bestandteilen zusammen:

– eine Gruppe von einer bis höchstens vier Ziffern, die die Ordnungszahl in dem Bereich zwischen 1 und 9999 bildet;

– eine Gruppe von einem bis höchstens drei Buchstaben, die die Serie kennzeichnen;

– eine Ziffer oder eine Gruppe von zwei Ziffern, die das Département kennzeichnen;

– eine Gruppe von drei Ziffern kennzeichnen ein Übersee-Département.[2]

Die Serie (Sonderserie) »W« und »WW«:
In Frankreich **vorläufig zugelassene Fahrzeuge** erhalten im Kennzeichen die Buchstaben »W« und »WW«, die zwischen den beiden Zahlengruppen stehen.

Diese »W« bzw. »WW«-Kennzeichen werden in drei Gruppen eingeteilt und haben eine unterschiedliche zulassungsrechtliche Bedeutung:[3]

**Erprobungskennzeichen** – das zugeteilte Kennzeichen enthält neben einer Zahlkombination das »**W**« und die Départementbezeichnung, z.B. 222 W 67, diese Kennzeichen werden i.d.R. an Autohändler ausgegeben und haben nur nationale Gültigkeit;

**Einzelüberführungskennzeichen** – das zugeteilte Kennzeichen enthält neben der Zahlenkombination die Zwischenbuchstaben »**WW**« und dann die Départementbezeichnung, z.B. 9879 WW 67, diese Kennzeichen werden an Käufer

---

1 Versicherungsrechtliche Beurteilung – § 9 AuslPflVG, Rdn. 6 auf S. 187.
2 Guadeloupe – 971, Martinique – 972. Guyane Française – 973, Réunion – 974, Saint-Pierre-et-Miquelon – 975 und Mayotte – 976.
3 Brutscher, »Ausländer im deutschen Straßenverkehr«, S. 80.

von Fahrzeugen zu Überführungsfahrten ausgegeben und haben nur nationale Gültigkeit;

**Ausfuhrkennzeichen** – Fahrzeuge, die für die Ausfuhr aus Frankreich bestimmt sind und dort vorläufig zugelassen werden, erhalten bzw. erhielten ein besonderes Kennzeichen. Dieses Kennzeichen setzt (bzw. setzte) sich aus der Zahlenkombination, den Zwischenbuchstaben »WW« und der um die Zahl 200 erhöhte Départementkennung zusammen, z.B. 879 WW 267. Die **WW2**-Kennzeichen sind für Fahrzeuge bestimmt, die aus Frankreich ins Ausland exportiert werden, sei es als von der Mehrwertsteuer befreite Neuwagen oder als Gebrauchtwagen.

Fahrzeuge mit diesem Kennzeichen (z.B. 879 WW 267 oder 55 WWA 218) können in Frankreich einen Internationalen Fahrzeugschein erhalten. Dieser hat eine Gültigkeit bis zu einem Jahr und berechtigt auch zu Fahrten nach Deutschland.

Ab dem **1.9.1999** werden Neu- und Gebrauchtfahrzeuge, die zum Export bestimmt sind und daher möglicherweise auch in Deutschland zugelassen werden, schrittweise je nach dem französischen Département ihrer Herkunft, keine vorläufigen Kennzeichen des Typs WW2 mehr erhalten. Es werden Kennzeichen der sog. »normalen« Serie erteilt, die an folgenden Buchstabenkombinationen zu erkennen sind.:

– Serie **WAL** bis **WZL** für Fahrzeuge, die in einen anderen EU-Staat und
– Serie **WAE** bis **WZE** für Fahrzeuge, die in die übrigen Staaten ausgeführt werden.

Diese Fahrzeuge werden nicht mehr von einem besonderen WW2-Dokument und einem Internationalen Zulassungsschein, sondern von einem normalen französischen Zulassungsschein (carte grise) begleitet. Mit dieser Reform werden als ausgeführt gemeldete Fahrzeuge in das nationale Zentralregister mit dem Ziel der Bekämpfung des illegalen Fahrzeughandels eingetragen.

Daneben gibt es noch eine **WW1**-Zulassung für neue Kraftfahrzeuge, die nur mit Fahrgestell und Führerhaus vorübergehend ins Ausland fahren, um dort fertiggestellt zu werden (z.B. Campingfahrzeuge oder Lieferwagen).

Die in dem Zulassungsschein eingetragene Zulassungsnummer enthält neben der Zahlen- und Buchstabenkombination die charakteristische Zahlengruppe des jeweiligen Départements (z.B. 67 für Bas-Rhin, also 3348 W 67 oder 68 für Haut Rhin, also 1528 WWK 68 oder 88 für Vosges also 2039 WW 88). Wegen der geringen Kombinationsbreite der Zahlen musste die Buchstabenkombinationen »W« und »WW« durch weitere Buchstaben ergänzt werden, z.B. 55 WWA 18 oder 4181 WWG 68; **Kraftfahrzeuge mit diesen Kennzeichen sind nur für das französische Mutterland zugelassen.**

Das für diesen Fall vorgesehene Zulassungspapier (Certificat D'immatriculation provisoire de Véhicule) entspricht nicht in allen Punkten dem Art. 35 WÜ; damit handelt es sich um eine international **nicht** anerkannte Zulassung.

Im deutsch-französischem Grenzgebiet sind immer wieder Fahrzeuge von Deutschen anzutreffen, die ihren Wohnsitz nach Frankreich verlegt haben und täglich mit einer »W« bzw. »WW«-Kennzeichnung am Fahrzeug an ihren Arbeitsplatz in Deutschland zurückkehren. Ursache dafür ist zum einen die zeitliche Dauer **des französischen Zulassungsverfahrens** und zum anderen die bewusste Missachtung zulassungsrechtlicher Vorschriften.

Voraussetzung für die Fahrzeugzulassung in Frankreich ist der Besitz einer Carte de Sejour (Aufenthaltsgenehmigung); sie ist beim Bürgermeisteramt des Wohnortes zu beantragen. Die als Nachweis der Antragstellung ausgehändigte Bestätigung reicht für die Fahrzeugzulassung nicht aus. Der Antrag selbst wird an die hierfür zuständige Stelle, z.B. der Préfecture in Straßburg, weitergeleitet.

Von dort erfolgt nach etwa 4 Wochen die Rücksendung einer vorläufigen, auf die Dauer von 3 Monaten befristeten vorläufigen Aufenthaltsgenehmigung.

Mit dieser vorläufigen Aufenthaltsgenehmigung kann der Verfügungsberechtigte die französische Zulassung seines Fahrzeugs veranlassen. Zur Überbrückung dieses mehrmonatigen französischen Zulassungsverfahrens (Immatriculation) genügt für **Fahrten in Frankreich:**[1]

a) Für Fahrzeuge das provisorische »WW«-Kennzeichen. Auf dessen örtliche Beschränkung werden die Verfügungsberechtigten im Antragsverfahren ausdrücklich hingewiesen; eine gültige internationale Zulassung liegt nicht vor. Das für diese vorübergehende Zulassung vorgesehene Zulassungspapier (Certificat D'immatriculation provisoire de Véhicule) ist kein Zulassungsschein i.S.d. Art. 35 WÜ.

b) Fahrzeuge, die mit ausländischen (abgemeldeten) Kennzeichen nach Frankreich importiert werden, dürfen bis zu vier Monaten mit diesem ausländischen Kennzeichen ausschließlich in Frankreich fahren. Die Frist läuft ab dem Datum, an dem das Fahrzeug dem zuständigen Finanzamt gemeldet worden ist; Nachweis erfolgt durch das Certificat fiscal. Diese Fahrzeuge haben weder eine deutsche noch eine französische Zulassung. Sie sind zum Verkehr (noch) nicht zugelassen.

Es handelt sich um eine rein französische Maßnahme zur Überbrückung des mehrmonatigen Zulassungsverfahrens. Die Fahrzeugbesitzer werden aus-

---

1 CONSULAT GENERAL DE FRANCE A STUTTGART, Verwendung französischer Überführungskennzeichen, Schreiben v. 27. Mai 1998.

drücklich darauf hingewiesen, dass diese Fahrzeuge in Deutschland nicht mehr benutzt werden dürfen; § 22 StVG ist gesondert zu prüfen (vgl. dazu § 1, Rdnr. 14).

Bei der Teilnahme dieser Fahrzeuge am internationalen Verkehr liegt in den genannten Fällen keine internationale Zulassung vor. In den Fällen unter Buchst. b) ist zusätzlich zu berücksichtigen, dass es sich bei dieser Kennzeichnung der Fahrzeuge um eine französische Tolerierung handelt, die auf das französische Mutterland beschränkt ist.

Werden diese Fahrzeuge, entgegen der französischen Hinweise vorsätzlich zu grenzüberschreitenden Fahrten eingesetzt, ist der Vergehenstatbestand des § 22 StVG – Kennzeichenmissbrauch – zu prüfen. Das in Deutschland abgemeldete Kennzeichen kann nämlich zwischenzeitlich wieder ausgegeben worden sein. Eine Fahrzeugidentifizierung ist daher nicht mehr oder nur unter erschwerten Umständen möglich. Die Fahndung nach einem solchen Fahrzeug würde ins Leere laufen; eine großzügige Handhabung durch deutsche Behörden ist daher nicht angezeigt.

Da es für die mehrmonatige französische Immatriculation keine Übergangsregelung gibt, wird – als weitere Möglichkeit – die Nachprägung ausländischer Kennzeichen auf einer französischen Platine de facto vorübergehend toleriert, solange die französischen Zulassungsformalitäten nicht abgeschlossen sind. Diese Fahrzeuge haben weder eine deutsche noch eine französische Zulassung. Für die Dauer des erforderlichen Zulassungsverfahrens erfolgt lediglich eine auf das französische Mutterland beschränkte Tolerierung.

7

Da diese Fahrzeuge (noch) nicht zum Verkehr zugelassen sind, werden die Fahrzeugbesitzer ausdrücklich darauf hingewiesen, dass diese Fahrzeuge in Deutschland nicht mehr benutzt werden dürfen.

Die Weiterverwendung des früheren deutschen Kennzeichens von deutschen Staatsbürgern mit Wohnsitz in Frankreich für die Dauer des französischen Zulassungsverfahrens ist auch nach französischem Recht unzulässig; Gleiches gilt für die Verwendung von Nachprägungen auf der französischen Platine.[1]

Da das Kraftfahrzeug vor seiner Überführung nach Frankreich in Deutschland abgemeldet wurde, besteht die Möglichkeit, dass dieses Kennzeichen zwischenzeitlich wieder ausgegeben wurde. Das bedeutet, dass das nun in Frankreich stationierte Fahrzeug nicht mehr zu identifizieren ist. Durch die Anbringung der deutschen Kennzeichenkombination auf der französischen Platine wird das Fahrzeug mit einem Kennzeichen versehen, welches geeignet ist, den Anschein einer amtlichen Kennzeichnung hervorzurufen. Eine Opportunitätsentschei-

---
1  Versicherungsrechtliche Beurteilung – § 9 AuslPflVG, Rdnr. 7 auf S. 188.

dung ist in diesem Fall nicht möglich, da zum einen der Verdacht des Kennzeichenmissbrauchs nach § 22 StVG besteht (vgl. dazu § 1, Rdnr. 14) und zum anderen das Kraftfahrzeug keine Zulassung besitzt. Wegen der fehlenden Zulassung sind zusätzlich Maßnahmen nach § 11 Abs. 1 IntVO zu treffen.

8 Die **italienischen Probefahrtkennzeichen** berechtigen nicht zu Fahrten ins Ausland, da sie – ohne Bezug auf das Fahrzeug – für eine Person erteilt werden; sie haben einen rein nationalen Zulassungscharakter. Aus diesem Grund besteht ein zusätzliches Abkommen zwischen Italien und Deutschland über die gegenseitige Anerkennung der Probe- bzw. Überführungskennzeichen.[1] Das Verfahren wird in der Vereinbarung vom 22.10.1993 geregelt:

»Auf der Grundlage der Gegenseitigkeit wird die Regierung der Bundesrepublik Deutschland auf ihrem Hoheitsgebiet, den mit gültigen italienischen Überführungskennzeichen (Targa prova) ausgestatteten Kraftfahrzeugen Fahrtrecht für Prüfungs-, Probe- und Überführungsfahrten einräumen, und zwar unter der Voraussetzung

a) des Vorliegens entsprechender Zulassungspapiere,

b) des Nachweises einer für die Bundesrepublik Deutschland gültigen Versicherung.

Hierbei gelten als

a) Zulassungspapiere
die italienische Fahrtberechtigung für den Probeverkehr und eine Erklärung auf Kopfbogen der Firma, die Inhaberin der Genehmigung ist, entsprechend dem vom Ministerium für Verkehr – Generaldirektion ziviler und behördlich genehmigter Kraftfahrzeugverkehr – vorbereiteten Formblatt, in der der Inhaber der Zulassung oder sein Bevollmächtigter mit urkundenfester Schrift folgende Angaben eingetragen und unterzeichnet hat:

– Kennzeichen (Provinzkürzel und Nummer)

– Gültigkeitsjahr

– Name und Sitz der Inhaberfirma

– Herstellerfirma des Fahrzeugs

– Fahrzeugidentifizierungsnummer

– zulässige Gesamtmasse/zulässiges Gesamtgewicht bei voller Auslastung (kg)

– weiterhin, bei Fahrzeugen, die für den Güterverkehr bestimmt sind, zulässige vordere, mittlere und hintere Achslast (kg).

---

1 VkBl. 1994, S. 94.

b) und als Versicherungsnachweis

– die für die italienische Republik und die Bundesrepublik Deutschland gültige Versicherungsbescheinigung.

Die Regierung der Italienischen Republik räumt ihrerseits, auf der Grundlage der Gegenseitigkeit, den in der Bundesrepublik Deutschland mit gültigen roten Kennzeichen/Kurzzeitkennzeichen zugelassenen Fahrzeugen Fahrtrecht für Prüfungs-, Probe- und Überführungsfahrten auf ihrem Hoheitsgebiet ein, und zwar unter der Voraussetzung

a) des Vorliegens entsprechender Fahrzeugpapiere,

b) des Nachweises einer für die Italienische Republik gültigen Versicherung.

Hierbei gelten als

a) Fahrzeugpapiere
der Fahrzeugschein für Fahrzeuge mit rotem Kennzeichen/Kurzzeitkennzeichen (Einzelschein oder Fahrzeugscheinheft). Der einzelne Fahrzeugschein bzw. das Fahrzeugscheinheft werden von der Zulassungsbehörde amtlich abgestempelt und müssen mindestens folgende Angaben enthalten:

– Zeitraum der Gültigkeit

– Kürzel und Nummer des roten Kennzeichens/Kurzzeitkennzeichens

– Name und Anschrift des Inhabers

– Fahrzeugtyp, Fahrzeughersteller und Fahrzeugidentifizierungsnummer

– zulässige Gesamtmasse/zulässiges Gesamtgewicht bei voller Auslastung (kg)

– weiterhin, bei Fahrzeugen, die für die Güterbeförderung bestimmt sind, zulässige vordere, mittlere und hintere Achslast (kg).

b) Versicherungsnachweis
das gültige rote Kennzeichen/Kurzzeitkennzeichen. Fahrzeuge mit roten Kennzeichen/Kurzzeitkennzeichen fallen unter die EG-Richtlinie betreffend die Angleichung der Rechtsvorschriften über die Kraftfahrzeug-Haftpflichtversicherung und die Kontrolle der entsprechenden Versicherungspflicht (72/166/EWG) vom 24. April 1972. Das Mitführen einer Versicherungsbescheinigung (Internationale Grüne Versicherungskarte) ist nicht erforderlich.«

Nach den Ausführungen zu TOP 10 der 46. KBA-Tagung vom 16./17.09.1996 in Magdeburg hat das rote Kennzeichen/Kurzzeitkennzeichen nur noch Gültigkeit in Italien. Die Vereinbarungen über die gegenseitige Anerkennung roter Kennzeichen mit Österreich und Dänemark sind widerrufen worden.

Somit läuft die italienische Anerkennung der Kennzeichen ins Leere, da das rote Kennzeichen/Kurzzeitkennzeichen von Italien nur anerkannt wird, wenn das Fahrzeug in Deutschland zugelassen und dann mit einem solchen Kennzeichen versehen wird. Österreich und die Schweiz als Transitländer sind an diesem Abkommen nicht beteiligt.

Soll ein Fahrzeug ins Ausland transportiert werden, bleibt für eine ordnungsgemäße und problemfrei Zulassung nur die Möglichkeit der Zulassung nach § 7 Abs. 2 IntVO (Ausfuhrkennzeichen) oder der Transport des Fahrzeugs auf fremder Achse.

9   Nicht anerkannt werden **niederländische** sog. Händlerkennzeichen (grünes Schild, weiße Zeichen mit FH, HA oder HF), da sie keinen Aufschluss über den technischen Zustand des Fahrzeugs geben.

10  **Tschechische** Überführungskennzeichen werden i.d.R. in Verbindung mit einem Fahrtenbuch benutzt. Da es hier schon am erforderlichen Fahrzeugschein fehlt, ist diese Kennzeichnung im Ausland unzulässig.

11  **Ungarische** Überführungskennzeichen berechtigen nicht zu Fahrten ins Ausland, da es sich dabei um eine reine Inlandskennzeichnung handelt. Vielfach ist in der ungarischen Zulassung vermerkt, dass das Kennzeichen nur in einem ausdrücklich benannten ungarischen Ort benutzt werden darf.

12  Ausländische Kraftfahrzeuge und Anhänger müssen ein **Nationalitätszeichen** führen, welches entweder dem Artikel 5 und Anlage C IntAbk oder dem Artikel 37 und Anhang 3 WÜ entsprechen muss. Die Nichteinhaltung dieser Bestimmung führt immer wieder zu Schwierigkeiten bei der Feststellung des Halters eines im Ausland zugelassenen Kraftfahrzeugs. Auf das Führen des Nationalitätszeichens ist wegen der besseren Identifizierung der Fahrzeuge besonders zu achten.

Das Nationalitätszeichen[1] (Unterscheidungszeichen) setzt sich aus einem bis zu drei lateinischen Großbuchstaben zusammen. Die Buchstaben sind in schwarzer Farbe auf einer weißen elliptischen Fläche aufgemalt, deren lange Achse waagrecht liegt. Das Nationalitätszeichen darf nicht in das Kennzeichen einbezogen werden.

Bei drei Buchstaben haben die Nationalitätszeichen eine Breite von 240 mm und eine Höhe von 145 mm; bei weniger als 3 Buchstaben sowie Krafträdern eine Breite von 175 mm und eine Höhe von 115 mm.[2]

Die Nationalitätszeichen können aus Kunststofffolie hergestellt sein. Bei der

---

1   Liste der Nationalitätszeichen im internationalen Kraftfahrzeugverkehr (Stand: Dezember 1999) v. 8. 12. 1999, VkBl. 1999, S. 771.
2   Verltb. des BMV v. 29. 10. 1957, VkBl. 1957, S. 555; die hier angegebenen Abmessungen beziehen sich noch auf Anlage C des IntAbk.

Einreise ausländischer Fahrzeuge ohne Nationalitätszeichen dürfen diese von den Grenzbüros der Automobil-Clubs oder von den Grenzzollämtern käuflich an die betreffenden Fahrzeughalter abgegeben werden.

Voraussetzung ist, dass diese Nationalitätszeichen in Gestaltung, Abmessung und Beschriftung den Vorschriften entsprechen und dass ihre dauerhafte Befestigung und bleibend gute Lesbarkeit gewährleistet ist.[1]

Nach § 60 Abs. 6 StVZO darf außer dem amtlichen Kennzeichen das Nationalitätszeichen »D« nach den Vorschriften der IntVO angebracht werden; § 7a IntVO verlangt für diesen Fall, dass das Nationalitätszeichen dann Artikel 37 und Anhang 3 WÜ entsprechen muss. Da es sich um eine »Kann-Vorschrift« handelt, ist sie nicht bußgeldbewehrt. Die Zeichen »CD« und »CC« sind nur mit einer Ausnahmegenehmigung des BMV zulässig (§ 70 StVZO).

13

Das Nationalitätszeichen »D« hat mit der Zulassung zum nationalen Straßenverkehr nichts zu tun. Bei der Teilnahme am internationalen Straßenverkehr dient es nicht dem Nachweis der Zulassung, sondern der besseren Identifizierung des Fahrzeugs.

Diese Zielrichtung wird durch § 60 Abs. 7 StVZO unterstrichen, da die Vorschrift Einrichtungen aller Art an Kraftfahrzeugen und ihren Anhängern verbietet, die zu Verwechslungen mit amtlichen Kennzeichen Anlass geben oder deren Wirkung beeinträchtigen können.

Als amtliche Kennzeichen i.S.d. § 60 Abs. 7 StVZO gelten auch die nach der IntVO angeordneten oder zugelassenen Kennzeichen und Nationalitätszeichen. Schon die damit zum Ausdruck gebrachte Verbindung zwischen (Ausfuhr-)Kennzeichen und Nationalitätszeichen zeigt auf, dass das Nationalitätszeichen nur im Sinne des § 60 Abs. 7 StVZO den amtlichen Kennzeichen gleichgestellt ist. Wäre das Nationaliätszeichen selbst ein amtliches Kennzeichen, hätte es dieses Hinweises nicht bedurft. Auch die Erwerbsmöglichkeit von Nationalitätszeichen (Zubehörhandel, ADAC-Büros, Tankstellen usw.) spricht gegen die Annahme, es handle sich um ein amtliches Kennzeichen.

Es ist unzulässig, an allen Kennzeichen, die der Identifizierung des Fahrzeugs dienen, oder in deren unmittelbaren Nähe Zusätze wie Wappen,[2] Flaggen, Nationalfarben, Aufsichtskleber usw. anzubringen (§ 60 Abs. 7 StVZO).

Gegen eine vom Kennzeichen abgesetzte Anbringung der Farben »Schwarz-Rot-Gold« oder der Aufschrift »Deutschland« bestehen nach Auffassung des BMV[3] keine Bedenken.

---
1 Verltb. des BMV v. 28. 4. 1964, VkBl. 1964, S. 222
2 BVerwG, VM 1965, S. 49 (Nr. 75).
3 Verltb. des BMV v. 21. 11. 1963, VkBl. 1963, S. 652.

### Verordnung über internationalen Kraftfahrzeugverkehr

Unzulässig sind dagegen »DE«-Aufkleber (Mitglied der Europäischen Gemeinschaft), da die Aufmerksamkeit vom Nationalsymbol »D« abgelenkt und dessen Merkfähigkeit eingeschränkt wird.

Verstöße gegen die Vorschrift sind **Ordnungswidrigkeiten** i.S.d. §§ 60 Abs. 7, 69a Abs. 2 Nr. 4 StVZO i.V.m. § 24 StVG.

**14** Nach der **VO (EG) Nr. 2411/98** des Rates v. 3. 11. 1998 über die Anerkennung des Unterscheidungszeichens des Zulassungsmitgliedstaats von Kraftfahrzeugen und Kraftfahrzeuganhängern im innergemeinschaftlichen Verkehr wird seit 11. 11. 1998 das auf den sog. »Euro-Kennzeichen« am linken Rand des Kennzeichens platzierte Unterscheidungszeichen des Zulassungsstaates auf dem Euro-Feld innerhalb der EU von den Mitgliedstaaten als gleichwertig anerkannt.

Außerdem hat die Europäische Kommission mitgeteilt, dass die **Schweiz** das Unterscheidungszeichen des Zulassungsstaates am linken Rand des Kennzeichens alternativ zu dem nach Art. 37 WÜ vorgeschriebenen Nationalitätszeichen akzeptiert.

Die Anpassung des nationalen Rechts erfolgte durch die 32. ÄndVStVR v. 20. Juli 2000 durch entsprechende Ergänzung des § 2 Abs. 2 IntVO.

### Verordnung (EG) Nr. 2411/98
### des Rates über die Anerkennung des Unterscheidungszeichens des Zulassungsmitgliedstaats von Kraftfahrzeugen und Kraftfahrzeuganhängern im innergemeinschaftlichen Verkehr

Vom 3. November 1998

#### Artikel 1

Diese Verordnung gilt für Fahrzeuge, die in einem Mitgliedstaat zugelassen sind und in der Gemeinschaft am Verkehr teilnehmen.

#### Artikel 2

Im Sinne dieser Verordnung bezeichnet der Ausdruck

1. »Unterscheidungszeichen des Zulassungsmitgliedstaats« eine Buchstabenfolge aus bis zu drei lateinischen Großbuchstaben zur Bezeichnung des Mitgliedstaats, in dem das Fahrzeug zugelassen ist;

2. »Fahrzeug« jedes Kraftfahrzeug und jeder Kraftfahrzeuganhänger nach den Begriffsbestimmungen

– der Richtlinie 70/156/EWG des Rates vom 6. Februar 1970 über die Angleichung der Rechtsvorschriften der Mitgliedstaaten über die Betriebserlaubnis für Kraftfahrzeuge und Kraftfahrzeuganhänger;

– der Richtlinie 92/61/EWG des Rates vom 30. Juni 1992 über die Betriebserlaubnis für zweirädrige oder dreirädrige Kraftfahrzeuge.

### Artikel 3

Mitgliedstaaten, die vorschreiben, dass in einem anderen Mitgliedstaat zugelassene Fahrzeuge bei der Teilnahme am Verkehr in ihrem Hoheitsgebiet ein Unterscheidungszeichen führen müssen, erkennen das Unterscheidungszeichen des Zulassungsmitgliedstaats, das gemäß dem Anhang[1] am linken Rand des Kennzeichens platziert ist, als den anderen Unterscheidungszeichen, die sie für Zwecke der Angabe des Zulassungsstaats des Fahrzeugs anerkennen, als gleichwertig an.

### Artikel 4

Diese Verordnung tritt am Tag nach ihrer Veröffentlichung im Amtsblatt der Europäischen Gemeinschaften in Kraft.

Bei Fahrten in einen anderen EU-Staat bzw. in die Schweiz ist an den in Deutschland zugelassenen Fahrzeugen das Nationalitätszeichen »D« nur noch dann erforderlich, wenn das zugeteilte amtliche Kennzeichen kein Euro-Feld besitzt; das trifft für die normalen Kennzeichen nach § 60 Abs. 1 S. 5 StVZO – Anlage V, die Kurzzeitkennzeichen nach § 28 Abs. 5 S. 1 StVZO – Anlage V d und die Ausfuhrkennzeichen nach Muster 1 zu § 7 Abs. 2 IntVO zu. Bei Fahrten in Nicht-EU-Staaten (ausgenommen die Schweiz) bleibt es weiterhin bei der Verpflichtung zum Führen des Nationalitätszeichens »D«.

Werden die amtlichen Kennzeichen/Nationalitätszeichen nicht bzw. nicht wie vorgeschrieben am ausländischen Fahrzeug angebracht (dasselbe ist aber ordnungsgemäß zugelassen), liegt eine Ordnungswidrigkeit i.S.d. § 14 Nr. 1 IntVO i.V.m. § 24 StVG vor.

---

1 Hier nicht abgedruckt.

## § 3

(1) Ausländische Kraftfahrzeuge und ihre Anhänger müssen in Gewicht und Abmessungen den §§ 32 und 34 der Straßenverkehrs-Zulassungs-Ordnung entsprechen.

(2) Ausländische Kraftfahrzeuge müssen an Sitzen, für die das Recht des Zulassungsstaates Sicherheitsgurte vorschreibt, über diese Sicherheitsgurte verfügen.

(3) Ausländische Kraftfahrzeuge, deren internationaler oder ausländischer Zulassungsschein von einem Mitgliedstaat der Europäischen Union oder von einem anderen Vertragsstaat des Abkommens über den Europäischen Wirtschaftsraum ausgestellt worden ist und die in der Richtlinie 92/6/EWG des Rates vom 10. Februar 1992 über Einbau und Benutzung von Geschwindigkeitsbegrenzern für bestimmte Kraftfahrzeugklassen in der Gemeinschaft (ABl. EG Nr. L 57 S. 27) genannt werden, müssen über Geschwindigkeitsbegrenzer nach Maßgabe des Rechts des Zulassungsstaates verfügen. Die Geschwindigkeitsbegrenzer müssen benutzt werden.

(4) Die Luftreifen ausländischer Kraftfahrzeuge und Kraftfahrzeuganhänger, deren Internationaler oder ausländischer Zulassungsschein von einem Mitgliedstaat der Europäischen Union oder von einem anderen Vertragsstaat des Abkommens über den Europäischen Wirtschaftsraum ausgestellt worden ist und die in der Richtlinie 89/459/EWG des Rates vom 18. Juli 1989 zur Angleichung der Rechtsvorschriften der Mitgliedstaaten über die Profiltiefe der Reifen an bestimmten Klassen von Kraftfahrzeugen und deren Anhängern (ABl. EG Nr. L 226 S. 4) genannt werden, müssen beim Hauptprofil der Lauffläche eine Profiltiefe von mindestens 1,6 mm aufweisen; als Hauptprofil gelten dabei die breiten Profilrillen im mittleren Bereich der Lauffläche, der etwa ¾ der Laufflächenbreite einnimmt. Dies gilt nicht, wenn das Recht des Zulassungsstaates eine geringere Profiltiefe vorsieht.

## Änderungen

1. Redaktionelle Änderung des § 3 durch die »VO über die Regelung des Straßenverkehrs« v. 13. November 1937.

2. Redaktionelle Änderung des § 3 durch die »Siebente Verordnung zur Änderung straßenverkehrsrechtlicher Vorschriften« v. 2. Dezember 1988; amtliche Begründung VkBl. 1988, S. 806.

3. Neu die Abs. 2 bis 4 durch die »Neunundzwanzigste Verordnung zur Änderung straßenverkehrsrechtlicher Vorschriften« v. 25. Juni 1998; amtliche Begründung VkBl. 1998, S. 600.

## Übersicht

| | Rdnr. |
|---|---|
| Bau- und Ausrüstungsvorschriften | 1 |
| Unvorschriftsmäßiger Zustand | 2 |
| Anwendbarkeit des § 23 Abs. 1 S. 2 StVO | 3 |
| Schleppen von Fahrzeugen | 4 |
| Sicherheitsgurte | 5 |
| Geschwindigkeitsbegrenzer | 6 |
| Luftreifen, Profiltiefe | 7 |
| Ahndung | 8 |
| Bau- und Ausrüstungsvorschriften – Gegenüberstellung | 9 |
| Abmessungen und Gewichte in Europa | 10 |

Nach § 3 Abs. 1 IntVO müssen ausländische Kraftfahrzeuge und Anhänger in 1 Gewicht und Abmessungen den §§ 32 und 34 StVZO entsprechen (vgl. Anhang 1, Abs. 1 WÜ). Der in der Fassung von 1934 zusätzlich genannte § 35 StVZO betraf ursprünglich den Achsstand und wurde durch »VO zur Änderung der StVZO« v. 25.11.1951[1] gestrichen; der jetzige § 35 StVZO – Motorleistung – war in § 3 IntVO nicht gemeint.

Die Anwendbarkeit des § 3 hat ihren Ursprung im deutschen Straßenbau (Gewicht) und der Streckenführung (Kurvenläufigkeit), bedeutet jedoch im Umkehrschluss, dass die anderen Bau- und Ausrüstungsvorschriften der StVZO auf ausländische Fahrzeuge nicht anwendbar sind; § 3 ist daher im engen Zusammenhang mit § 1 IntVO zu sehen.

§ 1 Abs. 1 IntVO gestattet die vorübergehende Benutzung ausländischer Fahrzeuge im Inland und befreit diese Fahrzeuge von den nationalen Vorschriften über das Zulassungsverfahren. Damit verbunden ist die Nichtanwendbarkeit der sachlich-rechtlichen Bestimmungen der StVZO, d.h. der §§ 30 ff. StVZO über die Bau-, Ausrüstungs- und Beschaffenheitsvorschriften, die im Zusammenhang mit dem nationalen Zulassungsrecht stehen.

Dies ergibt sich zum einen aus der Überlegung, dass der Zweck des § 1 Abs. 1 IntVO, den internationalen Kraftfahrzeugverkehr zu ermöglichen, angesichts der in den verschiedenen Rechtsordnungen geltenden unterschiedlichen Bau-, Ausrüstungs- und Beschaffenheitsvorschriften anders nicht zu erreichen wäre. Zum anderen aber aus der Tatsache, dass § 3 Abs. 1 ausdrücklich die Vorschriften über die Abmessungen von Fahrzeugen und Fahrzeugkombinationen (§ 32 StVZO) sowie die über die Achslasten und Gesamtgewichte (§ 34 StVZO) auch auf ausländische Fahrzeuge für anwendbar erklärt; letztere Regelung setzt als selbstverständlich voraus, dass die übrigen Bau-, Ausrüstungs- und Beschaffenheitsvorschriften der StVZO für ausländische Fahrzeuge nicht gelten.

---

1 BGBl. 1951 I, S. 908.

Die Nichtanwendbarkeit der nationalen Bau-, Ausrüstungs- und Beschaffenheitsvorschriften auf ausländische Fahrzeuge bedeutet jedoch nicht, dass diese Fahrzeuge im Inland in einem unvorschriftsmäßigen Zustand gefahren werden dürfen.

**2** Befindet sich ein ausländisches Fahrzeug zum Zeitpunkt der Kontrolle in einem **unvorschriftsmäßigen Zustand**, ergibt sich das Problem der rechtlichen Beurteilung. Nach § 23 Abs. 1 S. 2 StVO muss der Fahrzeugführer dafür sorgen, dass das Fahrzeug vorschriftsmäßig ist. Bei dieser Vorschrift handelt es sich um eine reine Betriebsvorschrift, die von allen Führern der im Inland auf öffentlichen Straßen verkehrenden Fahrzeuge – auch den ausländischen Fahrzeugführern – zu beachten ist.

Nach Artikel 8 IntAbk i.V.m. § 4 Abs. 3 IntVO haben sich ausländische Fahrzeugführer nach den geltenden Gesetzen und Bestimmungen des Aufnahmestaates zu richten. Zwar wurde § 4 Abs. 3 IntVO, wonach ausländische Fahrzeugführer die deutschen Verkehrsvorschriften zu befolgen haben, durch die »Dritte Verordnung zur Änderung straßenverkehrsrechtlicher Vorschriften« v. 23.11.1982 aufgehoben. Der amtlichen Begründung[1] ist jedoch zu entnehmen, dass damit keine Änderung der Rechtsmeinung verbunden war, sondern dass auf die Vorschrift wegen dem in § 3 StGB bzw. § 5 OWiG verankerten Territorialitätsprinzips verzichtet werden konnte. Das zusätzlich in § 4 Abs. 3 enthaltene Verbot, am Kraftfahrzeug vorhandene Auspuffklappen zu öffnen, war kraftfahrzeugtechnisch längst überholt.

Als nicht vorschriftsmäßig i.S.v. § 23 Abs. 1 S. 2 StVO ist ein Fahrzeug insbesondere dann anzusehen, wenn es nicht den Anforderungen genügt, die § 1 Abs. 2 IntVO für die Teilnahme der Fahrzeuge am internationalen Verkehr verlangt.[2]

Ausländische Fahrzeuge, die im Geltungsbereich des IntAbk fahren, müssen hinsichtlich Bau- und Ausrüstung mindestens den Bestimmungen des Artikels 3 IntAbk entsprechen. Nach Nr. I Abs. 3 S. 1 dieser Vorschrift müssen »Vorrichtungen betriebssicher und derart angebracht sein, dass jede Feuers- und Explosionsgefahr nach Möglichkeit ausgeschlossen ist, auch sonst keinerlei Gefahr für den Verkehr entsteht und weder Schrecken noch ernstliche Belästigungen durch Geräusch, Rauch oder Geruch eintreten.« Die aus dem Jahr 1926 stammende Vorschrift muss heute, bezogen auf den modernen internationalen Straßenverkehr, entsprechend interpretiert werden.

Das BayObLG[3] hat keine Bedenken, als »Vorrichtungen« im Sinne von Artikel 3 nicht nur die in Artikel 3 selbst ausdrücklich geforderten Fahrzeugeinrichtungen, sondern alle Kraftfahrzeugteile anzusehen, von deren ordnungsgemäßer Beschaffenheit die Verkehrssicherheit abhängt. Aus Artikel 3 Nr. I Abs. 3

---

1 VkBl. 1982, S. 495.
2 Siehe dazu § 1, Rdnr. 17 und 18; § 3 Rdnr. 9.
3 VRS 53, S. 469.

S. 1 IntAbk ist deshalb das allgemeine Erfordernis zu entnehmen, dass Kraftfahrzeuge verkehrssicher sein müssen. § 1 Abs. 1 IntVO selbst ist ebenfalls nicht zu entnehmen, dass er die Verwendung verkehrsunsicherer ausländischer Fahrzeuge im Inland gestatten will.

Ausländische Fahrzeuge, die im Geltungsbereich des WÜ fahren, müssen hinsichtlich Bau- und Ausrüstung mindestens den Bestimmungen der Artikel 38 und 39 und der Anlagen 4 und 5 WÜ entsprechen.

Während Artikel 38 i.V.m. Anhang 4 die Erkennungsmerkmale (nicht amtliche Kennzeichen) anspricht, verlangt Artikel 39, dass die Fahrzeuge im internationalen Verkehr dem Anhang 5 entsprechen müssen. Sie müssen ferner betriebssicher sein.

Auch der Hinweis auf Artikel 38 und 39 sowie den Anhängen 4 und 5 des WÜ dient offensichtlich nur der Klarstellung, da diese Vorschriften durch die Bezugnahme auf Artikel 3 Abs. 3 in Artikel 1 Abs. 2 des Vertragsgesetzes unmittelbar gelten. Der verkehrssichere Zustand ausländischer Fahrzeuge lässt sich anhand dieser Vorschriften, die wegen ihrer Unbestimmtheit keine Sanktionsmöglichkeiten vorsehen, nicht überprüfen.

Das Verbot, ein **verkehrsunsicheres Fahrzeug** auf öffentlichen Straßen zu benutzen, gilt somit generell auch für im Inland verkehrende ausländische Fahrzeuge; diese sind dann nicht vorschriftsmäßig i.S.d. § 23 Abs. 1 S. 2 StVO.

Nicht »vorschriftsmäßig« i.S.d. § 23 Abs. 1 S. 2 StVO sind Fahrzeuge dann, wenn sie den in den §§ 30, 32 bis 67 StVZO enthaltenen Bau- und Ausrüstungsvorschriften sowie der in Verbindung mit ihnen stehenden AusnahmeVO **nicht** entsprechen. Da diese Vorschriften auf ausländische Fahrzeuge jedoch nicht anwendbar sind, wird ihr materiell-rechtlicher Inhalt – abstrakt – (begrifflich, nur gedacht) zur Beschreibung eines unvorschriftsmäßigen Zustandes herangezogen.

Ein Kraftfahrzeug, dessen Reifen nicht mehr auf der ganzen Lauffläche eine Profiltiefe von mindestens 1 mm (heute 1,6 mm) aufweisen, verletzt nicht nur die – als solche auf ausländische Kraftfahrzeuge, nicht anwendbare – Beschaffenheitsvorschrift des § 36 Abs. 2 S. 4 StVZO, sondern ist darüber hinaus infolge des auf Abnutzung beruhenden schlechten Zustandes der Bereifung verkehrsunsicher. Hieraus folgt, dass ein derartiges Kraftfahrzeug nicht mehr »vorschriftsmäßig« ist und dass seine Führung im öffentlichen Verkehr den Tatbestand einer Ordnungswidrigkeit i.S.d. §§ 23 Abs. 1 S. 2, 49 Abs. 1 Nr. 22 StVO i.V.m. § 24 StVG erfüllt.[1]

Sind Fahrer und Halter des nicht vorschriftsmäßigen Fahrzeugs identisch, so tritt § 31 Abs. 2 StVZO hinter § 23 Abs. 1 S. 2 StVO zurück.[2] Die Tatsache, dass

---
1 BayObLG, VRS 53, S. 469, DAR 1978, S. 110; KG, VRS 69, S. 309.
2 Vgl. Mühlhaus-Janiszewski, StVO 14. Auflage, § 23 Anm. 51 mit weiteren Nachweisen.

der Täter nicht nur das Fahrzeug geführt hat, sondern auch dessen Halter ist, kann bußgelderhöhend berücksichtigt werden.[1]

Ausländische Kraftfahrer sind verpflichtet, unter den Voraussetzungen des § 23 Abs. 2 StVO (i.V.m. § 15 StVO) ihren liegengebliebenen ausländischen Lastzug mit den in § 53a StVZO vorgeschriebenen Mitteln zu sichern. Auch ausländische Transportunternehmer und Fernfahrer müssen die innerhalb Deutschlands bestehenden einschlägigen Vorschriften beachten. § 23 StVO und § 53a StVZO stellen Unfallverhütungsvorschriften dar.[2]

**3** Abgefahrene Reifen sind bereits nach Artikel 3 IntAbk unzulässig, weil sie die Wirksamkeit der Bremsen mindern. Artikel 3 schreibt nämlich vor, dass die Bremseinrichtungen eines Kraftfahrzeugs hinreichend und sofort wirksam sein müssen. Die Vorschrift des § 36 Abs. 2 StVZO über die Profiltiefe gilt zwar bei ausländischen Fahrzeugen nicht unmittelbar, dient aber als Anhaltspunkt für die Beurteilung, ob ein Verstoß gegen Artikel 3 vorliegt.

Im übrigen trifft es zwar zu, dass für ausländische Fahrzeuge, soweit sie im Rahmen des internationalen Verkehrs vorübergehend in Deutschland verkehren, grundsätzlich hinsichtlich Bau und Ausrüstung deren betreffende Heimatvorschriften und nicht die entsprechenden Bestimmungen der StVZO gelten. Sinn dieser Regelung ist, dass Ausländer, die sich nur vorübergehend im Inland aufhalten, von den detaillierten Ausrüstungsvorschriften des besuchten Landes, die möglicherweise weitgehend von den im Heimatland geltenden abweichen, befreit werden. Dieses Vorrecht soll dem Ausländer aber nicht die Möglichkeit einräumen, den inländischen Verkehr durch ein verkehrsunsicheres Fahrzeug zu gefährden. Dies würde den Zweck des IntAbk (und WÜ) sowie der IntVO zuwiderlaufen. Dies gilt auch für abgefahrene Reifen, die das betreffende Kraftfahrzeug verkehrsunsicher machen. Die Bereifung muss im Hinblick auf Spurhaltung und Bremsfähigkeit den allgemeinen Anforderungen entsprechen. § 36 Abs. 2 StVZO gilt hier – wie bereits bemerkt – als Ausrüstungsvorschrift zwar nicht unmittelbar, die hierin vorgesehene Profiltiefe von einem Millimeter (heute 1,6 mm) dient aber als wichtiger Anhaltspunkt dafür, inwieweit ein Reifen noch als verkehrssicher angesehen werden kann.

Ist somit bei einem Reifen die Mindestprofilgrenze unterschritten, so ist die Bereifung grundsätzlich unvorschriftsmäßig i.S. von § 11 Abs. 1 IntVO. Desgleichen ist das Fahrzeug nicht mehr vorschriftsmäßig i.S. von § 23 Abs. 1 S. 2 StVO. Das Fahrzeug kann nach § 11 Abs. 1 IntVO i.V.m. § 17 StVZO aus dem Verkehr gezogen werden.[3]

---

1 OLG Hamm, NJW 1974, S. 2100.
2 BGH, VM 1968, S. 89 (Nr. 127).
3 BMV – Pressestelle – v. 21.7.1972 in »Deutsche Polizei«, 1972, S. 187, 286.

§ 33 StVZO regelt das **Schleppen von Fahrzeugen**, wobei das mitgeführte 4
Fahrzeug entweder betriebsfähig ist oder über den Rahmen des Notbehelfs hinaus mitgeführt wird. Es handelt sich dabei um einen unter Erlaubnisvorbehalt stehenden Verkehrsvorgang. Da § 3 IntVO ausländische Fahrzeuge mit Ausnahme der §§ 32, 34 StVZO nur von den weiteren Bau- und Ausrüstungsvorschriften befreit, ist § 33 StVZO auf diese Fahrzeuge anwendbar.[1]

Die Regelung nach § 3 Abs. 2 stellt klar, dass die nach dem Recht des Heimat- 5
staates vorgeschriebenen Sicherheitsgurte auch bei vorübergehendem Verkehr im deutschen Hoheitsgebiet vorhanden sein müssen. Dies ist erforderlich, um die nach § 21a Abs. 1 StVO bestehende Gurtanlegepflicht zweifelsfrei auf Insassen ausländischer Kraftfahrzeuge zu erstrecken. Das ist bisher fraglich, da nur die **vorgeschriebenen** Gurte während der Fahrt angelegt sein müssen.

In § 35a StVZO in der Fassung der »VO zur Änderung der StVZO und personenbeförderungsrechtlicher Vorschriften« v. 26.5.1998[2] wurden u.a. die bereits bestehende EG-Rili 77/541/EWG über Sicherheitsgurte und Haltesysteme sowie die Änderungs-Rili 96/36/EWG umgesetzt. Es kann daher davon ausgegangen werden, dass alle in einem Mitgliedstaat der EU bzw. EWR-Vertragsstaat zugelassenen Pkw, KOM und zur Güterbeförderung bestimmte Kraftfahrzeuge mit einer bbH von mehr als 25 km/h der Ausrüstungspflicht unterliegen.

Diese Aussage bezieht sich jedoch nur auf EU- und EWR-Fahrzeuge. Bei den anderen ausländischen Fahrzeugen ist es für die Überwachungsorgane unmöglich, die Ausrüstungspflichten von deren Heimatländer (einschließlich möglicher Befreiungen) zu kennen.

Es wäre daher einfacher und für die Überwachung unkomplizierter gewesen, die Formulierung »vorgeschriebene Sicherheitsgurte« in § 21a Abs. 1 S. 1 StVO in »vorhandene Sicherheitsgurte« zu ändern; eine solche Änderung wäre im Interesse der Verkehrssicherheit, insbesondere des Insassenschutzes geboten.

Die Regelung des § 3 Abs. 3 dient der Umsetzung der Rili 92/6/EWG in Be- 6
zug auf Kraftfahrzeuge aus dem EU- und EWR-Ausland, die vorübergehend im deutschen Hoheitsgebiet verkehren. Die Rili begründet für die Mitgliedstaaten zunächst die Pflicht, für diejenigen Fahrzeuge, die unter die Rili fallen[3] und im Hoheitsgebiet des jeweiligen Mitgliedstaates zugelassen sind oder

---
1 Schreiben des BMV v. 9.7.1985, Az. StV 12/36.42.15a/9 M 85 II.
2 VkBl. 1998, S. 430.
3 Fahrzeuge der Klasse M3 (Fahrzeuge zur Personenbeförderung mit mehr als acht Sitzplätzen außer dem Fahrersitz und einer zulässigen Gesamtmasse bis zu 5 Tonnen), aber mit zGG von mehr als 10 Tonnen, sowie Fahrzeuge der Klasse N3 (Fahrzeuge zur Güterbeförderung mit einer zulässigen Gesamtmasse von mehr als 12 Tonnen).

zugelassen werden sollen, Ausrüstung und Benutzung von Geschwindigkeitsbegrenzern vorzuschreiben. Die Rili regelt aber auch die Benutzungspflicht für Geschwindigkeitsbegrenzer für den internationalen Verkehr innerhalb der EU/des EWR.

Bisher wurde davon ausgegangen, dass die Umsetzung in den Ausrüstungs- und Bauvorschriften der einzelnen Mitgliedstaaten ausreicht, um die EU- und EWR-weite Benutzung der Geschwindigkeitsbegrenzer tatsächlich sicherzustellen. Bei Straßenkontrollen hat sich allerdings gezeigt, dass zahlreiche ausländische Kraftfahrzeuge, die der Rili unterliegen, nicht mit Geschwindigkeitsbegrenzern ausgerüstet sind oder diese nicht ordnungsgemäß funktionieren.

Da sich die Rili jedoch nur an die Mitgliedstaaten wendet und deshalb für die Begründung unmittelbarer Rechtspflichten der Umsetzung bedarf (vgl. Art. 189 EWG-Vertrag) sowie den Mitgliedstaaten einen Gestaltungsspielraum überlässt, muss der Vorbehalt aufgenommen werden, dass die Geschwindigkeitsbegrenzer nach Maßgabe des Heimatstaatsrechts eingebaut und eingestellt sein müssen.

In den §§ 57c und 57d StVZO in der Fassung der »15. VO zur Änderung straßenverkehrsrechtlicher Vorschriften« v. 23.6.1993[1] wurde u.a. die EG-Rili 92/6/EWG über den Einbau und die Benutzung von Geschwindigkeitsbegrenzern in deutsches Recht umgesetzt. Es kann daher davon ausgegangen werden, dass alle in einem Mitgliedstaat der EU bzw. EWR-Vertragsstaat zugelassenen KOM mit einem zGG von mehr als 10 t sowie Lkw und Sattelzugmaschinen mit einem zGG von mehr als 12 t der Ausrüstungspflicht unterliegen. Es sind bisher keine Anzeichen vorhanden, dass die Rili in den einzelnen EU-Staaten nicht oder nicht vollständig umgesetzt worden ist.

7 Die im deutschem Zulassungsrecht festgelegte Mindestprofiltiefe von 1,6 mm (§ 36 Abs. 2 S. 4 StVZO) gilt, da es sich um eine Beschaffenheitsvorschrift handelt, nicht für ausländische Kraftfahrzeuge. Auch insoweit ist – je nach Herkunftsland – das WÜ oder das IntAbk entscheidend. Nach dem WÜ wird nur verlangt, dass die Räder der Kraftfahrzeuge und ihrer Anhänger mit Luftreifen versehen sein müssen, deren Zustand so sein muss, dass die Sicherheit einschließlich der Bodenhaftung selbst auf nasser Fahrbahn gewährleistet ist (Abs. 54 des Anhangs 5 zu Art. 39 WÜ); das IntAbk enthält keine vergleichbare Vorschrift. Besondere Regelungen für Kraftfahrzeuge aus dem EU- und EWR-Ausland enthält die IntVO bisher nicht. Für sie gilt aber bereits seit 1989 die Rili 89/459/EWG, die die Mitgliedstaaten verpflichtet, die erforderlichen Maßnahmen zu treffen, um zu gewährleisten, dass die Reifen der im einzelnen aufge-

---

1 VkBl. 1993, S. 599.

führten Fahrzeugarten[1] während der gesamten Dauer ihrer Nutzung auf der Straße eine Profiltiefe von mindestens 1,6 mm aufweisen.

In § 36 Abs. 2 StVZO in der Fassung der »10. VO zur Änderung straßenverkehrsrechtlicher Vorschriften« v. 23.7.1990[2] wurde u.a. die EG-Rili 89/459/EWG über die Profiltiefe der Reifen in deutsches Recht umgesetzt.

Durch § 3 Abs. 4 IntVO wird dies nun von den in den Mitgliedstaaten der EU bzw. EWR-Vertragsstaat zugelassenen Fahrzeugen auch beim vorübergehenden Verkehr im Inland verbindlich verlangt.

Nach § 1 Abs. 2 IntVO müssen ausländische Fahrzeuge hinsichtlich Bau- und Ausrüstung mindestens den Bestimmungen der Art. 38 und 39 sowie der Anlagen 4 und 5 des WÜ entsprechen. Die in § 3 Abs. 4 IntVO enthaltene Forderung ist daher nicht neu. Sie ist rechtstheoretisch jedoch notwendig und dient daher der Klarstellung und Konkretisierung, da die EU-Mitgliedstaaten Großbritannien, Irland, die Niederlande, Portugal und Spanien keine Vertragsstaaten des WÜ sind; gleiches gilt für die EWR-Vertragsstaaten Island und Liechtenstein.

Nach § 3 Abs. 1 werden die §§ 32 und 34 StVZO auf ausländische Fahrzeuge direkt angewendet, daher werden Zuwiderhandlungen gegen diese Vorschriften direkt über § 69a Abs. 3 Nr. 2 bzw. Nr. 4 StVZO i.V.m. § 24 StVG geahndet.

8

Die Aussage des § 3 Abs. 2 IntVO bezieht sich nur auf EU- und EWR-Fahrzeuge. Bei den anderen ausländischen Fahrzeugen ist es für die Überwachungsorgane unmöglich, die Ausrüstungspflichten von deren Heimatländer (einschließlich möglicher Befreiungen) zu kennen. Es ist daher davon auszugehen, dass, wenn ein ausländisches Fahrzeug aus einem Drittland mit Sicherheitsgurten ausgerüstet ist, dies auf Grund einer bestehenden Ausrüstungspflicht erfolgte. Bei Nichtanlegung des Sicherheitsgurtes erfolgt die Ahndung der Zuwiderhandlung über §§ 21a Abs. 1, 49 Abs. 1 Nr. 20a StVO i.V.m. § 24 StVG.

Ebenso wie § 1 Abs. 2 IntVO ist auch § 3 Abs. 3 und 4 IntVO nicht bußgeldbewehrt, da Zuwiderhandlungen gegen die Ge- und Verbote – wie bisher – zur Unvorschriftsmäßigkeit des Fahrzeugs führen; die Bußgeldbewehrung ergibt sich folglich aus § 23 Abs. 1 S. 2, 49 Abs. 1 Nr. 22 StVO i.V.m. § 24 StVG.

---

1 Fahrzeuge der Klasse M1 (Fahrzeuge zur Personenbeförderung mit höchstens 8 Sitzplätzen außer dem Fahrersitz), N1 (Fahrzeuge zur Güterbeförderung mit einer zulässigen Gesamtmasse bis zu 3,5 Tonnen), O1 (Anhänger mit einer zulässigen Gesamtmasse bis zu 0,75 Tonnen) und O2 (Anhänger mit einer zulässigen Gesamtmasse von mehr als 0,75 bis zu 3,5 Tonnen).
2 VkBl. 1990, S. 481.

### Verordnung über internationalen Kraftfahrzeugverkehr

Die Aussage in § 3 Abs. 4 S. 2 IntVO, wonach S. 1 nicht gilt, wenn das Recht des Zulassungsstaates eine geringere Profiltiefe (als 1,6 mm) vorsieht, bedeutet nicht, dass ausländischen Fahrzeuge nun im Inland mit »abgefahrenen Reifen« am Straßenverkehr teilnehmen dürfen – vgl. dazu Rdnr. 2 und 3. Es ist daher für die Überwachungsorgane nach wie vor nicht erforderlich, die Ausrüstungsvorschriften der einzelnen Staaten hinsichtlich der Bereifung zu kennen.

**9** Bau- und Ausrüstungsvorschriften – Gegenüberstellung

| Stichwort | IntAbk | WÜ | StVZO[1] |
|---|---|---|---|
| Abgase | Art. 3, I, Abs. 3 | Art. 39/Anh. 5, Kap. III, Abs. 59 Buchst. a | § 47 |
| Abgasuntersuchung | | | § 47a |
| Ableitung von Abgasen | | | § 47c |
| Abmessungen und Gewichte | Art. 3, VIII, §§ 32, 34 StVZO i.V.m. § 3 Abs. 1 IntVO | Art. 35/Anh. 1, Abs. 1 und 2; §§ 32, 34 StVZO i.V.m. § 3 Abs. 1 IntVO | §§ 32, 34 |
| Abreißbremse | | | § 41 Abs. 9 |
| Anhängelast | | | § 42 |
| Automatischer Blockierverhinderer | | | § 41b |
| Begrenzungsleuchten | | Art. 39/Anh. 5, Kap. II, Abs. 19, 23, 30, 33, 37 | § 51 Abs. 1 bis 3: § 22a Abs. 1 Nr. 8 |
| Bereifung und Laufflächen | Art. 3, I, Abs. 4 i.V.m. Abs. 1 Buchst. b | Art. 39/Anh. 5, Kap. III, Abs. 54 | § 36 |
| Beschaffenheit der Fahrzeuge | Art. 3, I, Abs. 3 | Art. 39/Anh. 5, Kap. III, Abs. 59 Buchst. a und d | § 30 |
| Besetzung/Beschaffenheit von KOM | | | §§ 34a, 35f, 35g, 35i, 35j |
| Bremsen | Art. 3, I, Abs. 1 Buchst. b | Art. 39/Anh. 5, Kap. I | § 41 |
| Bremsleuchten | | Art. 39/Anh. 5, Kap. II, Abs. 19, 31, 36 | § 53 Abs. 2, 5, 6, 8, 9 |
| Einrichtungen für Schallzeichen | Art. 3, III | Art. 39/Anh. 5, Kap. III, Abs. 48 | § 55 |

---

1  §§ 22a, 72 StVZO sowie einschlägige AusnVOStVZO sind separat zu prüfen.

| Stichwort | IntAbk | WÜ | StVZO[1] |
|---|---|---|---|
| Einrichtungen zum Auf- und Absteigen | | | § 35d |
| Einrichtungen zum sicheren Führen | Art. 3, I, Abs. 2 | Art. 39/Anh. 5, Kap. III, Abs. 59 Buchst. c | § 35b |
| Einrichtungen zur Verbindung von Fahrzeugen | | Art. 39/Anh. 5, Kap. III, Abs. 58 | § 43 |
| Elektromagnetische Verträglichkeit (Funkentstörung) | | Art. 39/Anh. 5, Kap. IV, Abs. 59 Buchst. b | § 55a |
| Erste-Hilfe-Material | | | § 35h |
| Fabrikschilder, Fahrzeug-Identifizierungsnummer | Art. 3, II, Nr. 2 | Art. 38/Anh. 4 | § 59 |
| Fahrtrichtungsanzeiger | | Art. 39/Anh. 5, Kap. II, Abs. 39 | § 54 |
| Fahrzeug-Alarmsysteme | | | § 38b |
| Geräuschentwicklung/Schalldämpferanlagen | Art. 3, I, Abs. 3 | Art. 39/Anh. 5, Kap. III, Abs. 53, 59 a) | § 49 |
| Geschwindigkeitsbegrenzer | | | § 57c |
| Geschwindigkeitsmessgerät | | Art. 39/Anh. 5, Kap. III, Abs. 55 | § 57 |
| Glühlampen, Gasentladungslampen | | | § 22a Abs. 1 Nr. 18 |
| Heizung und Lüftung | | | § 35c |
| Kennzeichen, amtliche | Art. 3, II, Nr. 1 | Art. 36, Anh. 2 | §§ 23, 60 |
| Kennzeichenbeleuchtung | Art. 3, II, Nr. 1 | Art. 39/Anh. 5, Kap. II, Abs. 25 | § 60 Abs. 4 |
| Kraftstoffbehälter | | | § 45 |
| Kraftstoffleitungen | | | § 46 |
| Kurvenlaufeigenschaften | | | § 32d |
| Lenkeinrichtung | Art. 3, I, Abs. 1 Buchst. a | Art. 39/Anh. 5, Kap. III, Abs. 46 | § 38 |
| Lichttechnische Einrichtungen – allgemein | | Art.39/Anh 5, Kap. II, Abs. 19, 20, 26, 43, 44, 45 | § 49a |
| Motorleistung | | | § 35 |
| Nationalitätszeichen | Art. 5 i.V.m. § 2 Abs. 2 IntVO | Art. 37/Anh. 3 i.V.m. § 2 Abs. 2 IntVO | § 60 Abs. 6 |

---

1 §§ 22a, 72 StVZO sowie einschlägige AusnVOStVZO sind separat zu prüfen.

| Stichwort | IntAbk | WÜ | StVZO[1] |
|---|---|---|---|
| Nebelscheinwerfer | | Art. 39/Anh. 5, Kap. II, Abs. 19, 40 | § 52 Abs. 1 |
| Nebelschlussleuchte | | | § 53d |
| Radabdeckungen, Ersatzräder | | | § 36a |
| Rückfahrscheinwerfer | | Art. 39 /Anh. 5, Kap. II, Abs. 41 | § 52a |
| Rückspiegel | | Art 39/Anh. 5, Kap. III, Abs. 47 | § 56 |
| Rückstrahler, hinten | | Art. 39/Anh. 5, Kap. II, Abs. 19, 27, 28, 35, 37 | § 53 Abs. 4 bis 9 |
| Rückstrahler, vorn | | Art. 39/Anh. 5, Kap. II, Abs. 29 | § 51 Abs. 2, § 22a Abs. 1 Nr. 15 |
| Rückwärtsgang | Art. 3, I, Abs. 1 Buchst. c | Art. 39 /Anh. 5, Kap. III, Abs. 52 | § 39 |
| Scheiben, Scheibenwischer | | Art. 39/Anh. 5, Kap. III, Abs. 49, 50, 51 | § 40 |
| Scheinwerfer für Fern- und Abblendlicht | Art. 3, IV, V, VI, VII | Art. 39/Anh. 5, Kap. II, Abs. 19, 21, 22, 32 | § 50 |
| Schlussleuchten | Art. 3, IV, VII | Art. 39/Anh. 5, Kap. II, Abs. 19, 24, 34, 37 | §§ 53 Abs. 1, 5, 6, 8, 9, 53b |
| Schneeketten | | | § 37 Abs. 2 |
| Seitenmarkierungsleuchten | | | § 51a Abs. 6 |
| Seitliche Kenntlichmachung | | | § 51a Abs. 1, § 22a Abs. 1 Nr. 15 |
| Seitliche Schutzvorrichtungen | | | § 32c |
| Sicherheitsgurte, Rückhaltesysteme | | | §35a |
| Sicherung gegen unbefugte Benutzung | | Art. 39/Anh. 5. Kap. III, Abs. 57 | § 38a |
| Sitze | Art. 3, I, Abs. 2 | Art. 39/Anh. 5, Kap. III, Abs. 59 Buchst. c | § 35a |
| Spurhalteleuchten | | | § 51 Abs. 4 |
| Stützeinrichtung und Stützlast | | | § 44 |
| Türen | | | § 35e |
| Umrissleuchten | | | § 51b |

---

1 §§ 22a, 72 StVZO sowie einschlägige AusnVOStVZO sind separat zu prüfen.

| Stichwort | IntAbk | WÜ | StVZO[1] |
|---|---|---|---|
| Unterfahrschutz | | | § 32b |
| Unterlegkeile | Art. 3, I, Abs. 1 Buchst. d | | § 41 Abs. 14 |
| Vorstehende Außenkanten | Art. 3, I, Abs. 5 | Art. 39/Anh. 5, Kap. III, Abs. 59 Buchst. d | § 30c |
| Warnblinkanlage | | | § 53a Abs. 4 |
| Warndreieck | | Art. 39/Anh. 5, Kap. III, Abs. 56 | § 53a Abs. 1 und 2 |
| Warnleuchten | | | § 53a Abs. 3 |

**Abmessungen und Gewichte in Europa** (Allgemeine Angaben ohne Gewähr); gefunden bei der Daimler Chrysler AG, Werk Wörth. 10

Für in Deutschland zugelassene Fahrzeuge ist bei Kabotagefahrten in anderen EU-/EWR-Staaten bei Ausnutzung der dort geltenden Gewichtsvorschriften § 59 a StVZO (Nachweis der Übereinstimmung mit der Rili 85/3/EWG) zu beachten.

| | A | B | BG | CH | D | DK | E | EU |
|---|---|---|---|---|---|---|---|---|
| Höhe | 4 | 4 | 4 | 4 | 4 | 4 | 4 | 4 |
| **Breite** | | | | | | | | |
| – Standardfahrzeug | 2,5 | 2,55 | 2,5 | 2,5 | 2,55 | 2,55 | 2,55 | 2,55 |
| – Kühlfahrzeug | 2,6 | 2,6 | 2,5 | 2,6 | 2,6 | 2,6 | 2,6 | 2,6 |
| **Länge** | | | | | | | | |
| – Solo-Lkw | 12 | 12 | 12 | 12 | 12 | 12 | 12 | 12 |
| – Anhänger | 12 | 12 | – | – | 12 | – | 12 | 12 |
| – Sattelkraftfahrzeug | 16 | 16,5 | 16,5 | 16,5 | 16,5 | 16,5 | 16,5 | 16,5 |
| – Gliederzug | 18 | 18,75 | 22 | 18,35 | 18,75 | 18,5 | 18,75 | 18,75 |
| – 3achs-Bus | 12 | 12 | 12 | 12 | 12 | 12 | 12 | 12 |
| – Gelenkbus | 18 | 18 | 16,5 | 16 | 18 | – | 18 | – |
| **Achslast in t** | | | | | | | | |
| – Einzelachse (nicht angetrieben) | 10 | 10 | 10 | 10 | 10 | 10 | 13 | 10 |
| – Einzelachse (angetrieben) | 11,5 | 12 | – | 11,5 | 11,5 | 11,5 | 11,5 | 11,5 |
| – Doppelachse | 16 | 20 | 16 | 18 | 16–20 | 18 | 14–21 | 16–20 |
| – Dreifachachse | 21–24 | 20–30 | – | – | 21–24 | 24 | 24 | 21–24 |

---

1 §§ 22a, 72 StVZO sowie einschlägige AusnVOStVZO sind separat zu prüfen.

**Verordnung über internationalen Kraftfahrzeugverkehr**

|  | A | B | BG | CH | D | DK | E | EU |
|---|---|---|---|---|---|---|---|---|
| Höhe | 4 | 4 | 4 | 4 | 4 | 4 | 4 | 4 |
| Breite | | | | | | | | |
| zGG in t – Einzelfahrzeuge | | | | | | | | |
| – 2achs-Lkw | 18 | 19 | 16 | 16 | 18 | 18 | 20 | 18 |
| – 3achs-Lkw | 22 | 26 | 26 | 22 | 25–26 | 26 | 26 | 25–26 |
| – 4achs-Lkw | 32 | 32 | – | – | 32 | 32 | 32 | 32 |
| Anhänger | | | | | | | | |
| –2achs-Anhänger | 18 | 20 | 20 | 12 | 18 | 20 | 20 | 18 |
| –3achs-Anhänger | 24 | 30 | 26 | 12 | 24 | 24 | 26 | 24 |
| Fahrzeugkombinationen | | | | | | | | |
| – 3achs Sattel-Kfz | 30 | 29 | 36 | 26 | 28 | 40 | 38 | 28 |
| – 4achs Sattel-Kfz | 38 | 39 | 38 | 28 | 36–38 | 40 | 38 | 36–38 |
| – 5achs Sattel-Kfz | 38 | 44 | 38 | 28 | 40 | 40 | 40 | 40 |
| – 6achs Sattel-Kfz | 38 | 44 | 38 | 28 | 40 | 40 | 40 | 40 |
| – 4achs Gliederzug | – | – | – | – | 35–36 | – | 40 | 36 |
| – 5achs Gliederzug | 38 | 44 | 38 | 28 | 40 | 40 | 40 | 40 |
| – 6achs Gliederzug | 38 | 44 | 38 | 28 | 40 | 48 | 40 | 40 |
| – 3achs Bus | 22 | 26 | – | 22–25 | 25–26 | 24 | 24 | 22 |
| – Kombi-Verkehr | 38 | 44 | – | – | 44 | 48 | 40 | 44 |

|  | F | FIN | GB | GR | GUS | H | I | IRL | L |
|---|---|---|---|---|---|---|---|---|---|
| Höhe | 4 | 4 | 4,2 | 4 | 4 | 4 | 4 | 4,25 | 4 |
| Breite | | | | | | | | | |
| – Standardfahrzeug | 2,55[1] | 2,6 | 2,5 | 2,55 | 2,5 | 2,5 | 2,55 | 2,5 | 2,6 |
| – Kühlfahrzeug | 2,6 | 2,6 | 2,6 | 2,6 | 2,5 | 2,5 | 2,6 | 2,6 | 2,6 |
| Länge | | | | | | | | | |
| – Solo-Lkw | 12 | 12 | 12 | 12 | 12 | 12 | 12 | 12 | 12 |
| – Anhänger | 12 | 12,5 | 12 | – | – | – | 12 | 12 | 12 |
| – Sattelkraftfahrzeug | 16,5 | 16,5 | 16,5 | 16,5 | 20 | 16 | 16,5 | 16,5 | 16,5 |
| – Gliederzug | 18,75 | 18,75 | 18 | 18,75 | 20 | 18 | 18,75 | 18,75 | 18,75 |
| – 3achs-Bus | 12 | 14,5 | 12 | 12 | 20 | 12 | 12 | 12 | 12 |
| – Gelenkbus | 16,5 | 14,5 | 18 | 18 | 20–24 | 18 | – | – | 18 |
| Achslast in t | | | | | | | | | |
| – Einzelachse (nicht angetrieben) | 13 | 10 | 10,5 | 10 | 10 | 10 | 10 | 10 | 10 |
| – Einzelachse (angetrieben) | 13 | 14,5 | 10,5 | 11,5 | – | – | 10 | 10,5 | 11,5–12 |
| – Doppelachse | 21 | 16–17 | 18,3 | 19 | – | 16 | 12–25 | 20,3 | 17–20 |

1 Nur geschlossene Aufbauten.

§ 3 IntVO

|  | F | FIN | GB | GR | GUS | H | I | IRL | L |
|---|---|---|---|---|---|---|---|---|---|
| Höhe | 4 | 4 | 4,2 | 4 | 4 | 4 | 4 | 4,25 | 4 |
| **Breite** | | | | | | | | | |
| – Dreifachachse | – | 21–24 | 22,9 | 26 | – | – | 26 | 24 | 24–27 |
| **zGG in t – Einzelfahrzeuge** | | | | | | | | | |
| – 2achs-Lkw | 19 | 18 | 16–26 | 18 | 36 | 20 | 18 | 17 | 19 |
| – 3achs-Lkw | 26 | 25–26 | 26 | 26 | 36 | 24 | 26 | 26 | 26 |
| – 4achs-Lkw | 32 | 32 | 30–32 | 32 | – | 30 | 32 | 32 | 32 |
| **Anhänger** | | | | | | | | | |
| – 2achs-Anhänger | 19 | 20 | 16,2 | 18 | – | 20 | 18 | 18 | 18–20 |
| – 3achs- Anhänger | 24–26 | 30 | 24,4 | 24 | – | 24 | 24 | 24,4 | 24–30 |
| **Fahrzeugkombinationen** | | | | | | | | | |
| – 3achs Sattel-Kfz | 32 | 44 | 25–26 | 32 | 36 | 28 | 25 | 25 | 38 |
| – 4achs Sattel-Kfz | 38 | 44 | 32,5 | 36–38 | 36 | 36 | 32 | 35 | 38 |
| – 5achs Sattel-Kfz | 40 | 48 | 38–39 | 40 | 36 | 40 | 40 | 40 | 44 |
| – 6achs Sattel-Kfz | 40 | 48 | 38–39 | 40 | 36 | 40 | 40 | 40 | 44 |
| – 4achs Gliederzug | – | – | 32,5–35 | 35 | – | – | 40 | 35 | – |
| – 5achs Gliederzug | 40 | 44–48 | 38 | 40 | 36 | 40 | 44 | 40 | 44 |
| – 6achs Gliederzug | 40 | 44–48 | – | 40 | 36 | 40 | 44 | 40 | 44 |
| – 3achs Bus | – | 22 | 24,4 | 20 | 36 | 24 | 24 | 24 | 26 |
| – Kombi-Verkehr | 44 | 48 | 39 | 40 | 36 | 40 | 44 | 40 | 44 |

|  | N | NL | P | PL | RO | S | TR |
|---|---|---|---|---|---|---|---|
| Höhe | – | 4 | 4 | 4 | 4 | 4,5 | 4 |
| **Breite** | | | | | | | |
| – Standardfahrzeug | | 2,55 | 2,6 | 2,55 | 2,5 | 2,5 | 2,6 | 2,5 |
| – Kühlfahrzeug | | 2,6 | 2,6 | 2,6 | 2,5 | 2,6 | 2,6 | 2,5 |
| **Länge** | | | | | | | |
| – Solo-Lkw | | 12,4 | 12 | 12 | 12 | 12 | 12 | 10[1] |
| – Anhänger | | 12,4 | – | 12 | 12 | 12 | 12 | 16 |
| – Sattelkraftfahrzeug | | 17 | 16,5 | 16,5 | 16,5 | 16,5 | 24 | 16 |
| – Gliederzug | | 18,5 | 18,75 | 18,75 | 18 | 18,75 | 24 | 18[2] |
| – 3achs-Bus | | 12,4 | 12 | 12 | 12 | 12 | 12 | 12 |
| – Gelenkbus | | 18 | 18 | – | 22 | 18 | – | 18 |
| **Achslast in t** | | | | | | | |
| – Einzelachse (nicht angetrieben) | | 10 | 10 | 10 | 10 | 10 | 10 | 13 |

1  3-Achser 12m.
2  5-Achser, sonst 16 m.

**Verordnung über internationalen Kraftfahrzeugverkehr**

|  | N | NL | P | PL | RO | S | TR |
|---|---|---|---|---|---|---|---|
| **Höhe** | – | 4 | 4 | 4 | 4 | 4,5 | 4 |
| **Breite** | | | | | | | |
| – Einzelachse (angetrieben) | 11 | 11,5 | 12 | – | – | 11,5 | – |
| – Doppelachse | 18 | 11–20 | 19 | 16 | 16 | 18–19 | 19 |
| – Dreifachachse | – | 21–24 | 24 | – | 22 | 21–24 | – |
| **zGG in t – Einzelfahrzeuge** | | | | | | | |
| – 2achs-Lkw | – | 21,5 | 19 | 16 | 16–17 | 18 | 19 |
| – 3achs-Lkw | – | 28 | 26 | 24 | 22 | 26 | 26 |
| – 4achs-Lkw | – | 43 | 32 | – | 24 | 31–32 | 26 |
| **Anhänger** | | | | | | | |
| – 2achs-Anhänger | 20 | 20 | 18 | 16 | 16–17 | 16 | – |
| – 3achs-Anhänger | 28 | 30 | 24 | 24 | 22 | 22 | 32[1] |
| **Fahrzeugkombinationen** | | | | | | | |
| – 3achs Sattel-Kfz | 50 | 30 | 29 | 32 | 30 | – | 32 |
| – 4achs Sattel-Kfz | 50 | 40 | 37 | 32 | 34–36 | – | 38 |
| – 5achs Sattel-Kfz | 50 | 50 | 40 | 42 | 40 | 51,4 | 42 |
| – 6achs Sattel-Kfz | 50 | 50 | 40 | 42 | 40 | 51,4 | 42 |
| – 4achs Gliederzug | – | – | 37 | – | 31 | – | 38 |
| – 5achs Gliederzug | 50 | 50 | 40 | 42 | 40 | 51,4 | 42 |
| – 6achs Gliederzug | 50 | 50 | 40 | 42 | 40 | 60 | 42 |
| – 3achs Bus | – | 24–30 | 26 | 24 | 22 | – | – |
| – Kombi-Verkehr | 50 | 50 | 40 | 42 | 40 | 51,4 | 42 |

---

1  38 t bei 4 Achsen.

## § 3 a

**Ausländische Kraftfahrzeuge, die gemäß Anlage XIV der Straßenverkehrs-Zulassungs-Ordnung zur Geräuschklasse G 1 gehören, gelten als geräuscharm; sie dürfen mit dem Zeichen »Geräuscharmes Kraftfahrzeug« gemäß Anlage XV der Straßenverkehrs-Zulassungs-Ordnung gekennzeichnet sein. Andere Fahrzeuge dürfen mit diesem Zeichen nicht gekennzeichnet werden. An Fahrzeugen dürfen keine Zeichen angebracht werden, die mit dem Zeichen nach S. 1 verwechselt werden können.**

## Änderungen

1. Eingefügt durch die »Achtzehnte Verordnung zur Änderung straßenverkehrsrechtlicher Vorschriften« v. 20. Juni 1994; amtliche Begründung VkBl. 1994, S. 448.

## Übersicht

|  | Rdnr. |
|---|---|
| Amtliche Begründung | 1 |
| Verbindung zu § 7 GüKG | 2 |
| Ahndung | 3 |

Die Anlage XXI der StVZO enthält Kriterien für geräuscharme Kraftfahrzeuge. 1
Geräuscharme Kraftfahrzeuge sind Fahrzeuge, bei denen alle geräuschrelevanten Einzelquellen dem Stand moderner Geräuschminderungstechnik entsprechen.

Am 10.11.1992 hat der Rat der Europäischen Gemeinschaft die Geräuschrichtlinie 92/97/EWG erlassen. Die Grenzwerte für die Geräuschpegel von Fahrzeugen wurde unter Berücksichtigung der neuesten technischen Entwicklung an den neuen (zukünftigen) Stand der Technik angepasst. Die Richtlinie sieht Fristen zwischen dem Erlass und ihrer obligatorischen Anwendung in der EG vor, damit die bei Prototypen erzielten Fortschritte auf die Serienfahrzeuge ausgedehnt werden können.

Fahrzeuge, die die Vorschriften der neuen Richtlinie 92/97/EWG erfüllen, entsprechen dem Stand moderner Geräuschminderungstechnik. Geräuscharme Fahrzeuge dürfen zukünftig mit dem neu eingeführten Zeichen »Geräuscharmes Kraftfahrzeug« gekennzeichnet sein.

Durch Einfügung des § 3a wird die Führung des Zeichens »Geräuscharmes Kraftfahrzeug« auch ausländischen Fahrzeugen ermöglicht.

**2** § 7 Abs. 1 und 2 GüKG regeln die dem Unternehmer und Fahrer obliegenden Pflichten zur Mitführung und Aushändigung der erforderlichen Berechtigungen zu Kontrollzwecken.

Im grenzüberschreitenden Güterkraftverkehr mit CEMT-Genehmigungen beziehen sich diese Pflichten auch auf Nachweise über die Erfüllung bestimmter Technik-, Sicherheits- und Umweltanforderungen für die eingesetzten Kraftfahrzeuge. Gemeint sind hier u.a. die Prüfbescheinigungen für Technische und Sicherheitsanforderungen für den »grünen Lkw« – Kennzeichnung mit einem weißen »G« auf grünem Grund (Anl. XIV zur StVZO) – und »supergrünen Lkw« -Kennzeichnung mit einem grünen »S« auf weißem Grund. Die technische Untersuchung muss jährlich erfolgen, so dass die Prüfbescheinigung nicht älter als 12 Monate sein darf.[1]

Ohne diese fahrzeugbezogenen Nachweise lässt sich bei Vorlage einer sog. grünen oder supergrünen CEMT-Genehmigung nicht feststellen, ob die Fahrt mit diesem Fahrzeug tatsächlich genehmigt ist oder nicht.

**3** Wird entgegen § 3a S. 2 ein Fahrzeug gekennzeichnet oder entgegen § 3a S. 3 ein Zeichen angebracht, liegt eine Ordnungswidrigkeit i.S.d. §§ 3a, 14 Nr. 2 IntVO i.V.m. § 24 StVG vor.

---

[1] Rili für das Verfahren zur Erteilung der CEMT-Genehmigung v. 29.11.1996, VkBl. 1996, S. 648.

## § 4

(1) Inhaber einer ausländischen Fahrerlaubnis dürfen im Umfang ihrer Berechtigung im Inland Kraftfahrzeuge führen, wenn sie hier keinen ordentlichen Wohnsitz i.S.d. § 7 der Fahrerlaubnis-Verordnung haben. Begründet der Inhaber einer in einem anderen Mitgliedstaat der Europäischen Union oder einem anderen Vertragsstaat des Abkommens über den Europäischen Wirtschaftsraum erteilten Fahrerlaubnis einen ordentlichen Wohnsitz im Inland, richtet sich seine weitere Berechtigung zum Führen von Kraftfahrzeugen nach den §§ 28 und 29 der Fahrerlaubnis-Verordnung. Begründet der Inhaber einer in einem anderen Staat erteilten Fahrerlaubnis einen ordentlichen Wohnsitz im Inland, besteht die Berechtigung noch sechs Monate. Die Fahrerlaubnisbehörde kann die Frist auf Antrag bis zu sechs Monaten verlängern, wenn der Antragsteller glaubhaft macht, dass er seinen ordentlichen Wohnsitz nicht länger als zwölf Monate im Inland haben wird. Auflagen zur ausländischen Fahrerlaubnis sind auch im Inland zu beachten.

(2) Die Fahrerlaubnis ist durch einen gültigen nationalen oder Internationalen Führerschein (Artikel 7 und Anlage E[1] des Internationalen Abkommens über Kraftfahrzeugverkehr vom 24. April 1926 – RGBl. 1930 I, S. 1234 –, Artikel 41 und Anhang 7[2] des Übereinkommens über den Straßenverkehr vom 8. November 1968 – BGBl. 1977 II, S. 809 – oder Artikel 24 und Anlage 10 des Übereinkommens über den Straßenverkehr vom 19. September 1949 – Vertragstext der Vereinten Nationen 1552, S. 22 – nachzuweisen. Ausländische nationale Führerscheine, die nicht in deutscher Sprache abgefasst sind, die nicht in einem anderen Mitgliedstaat der Europäischen Union oder einem anderen Vertragsstaat des Abkommens über den Europäischen Wirtschaftsraum ausgestellt worden sind oder die nicht dem Anhang 6[3] des Übereinkommens über den Straßenverkehr vom 8. November 1968 entsprechen, müssen mit einer Übersetzung verbunden sein, es sei denn, die Bundesrepublik Deutschland hat auf das Mitführen der Übersetzung verzichtet.

(3) Die Berechtigung nach Abs. 1 gilt nicht für Inhaber ausländischer Fahrerlaubnisse,

1. die lediglich im Besitz eines Lernführerscheins oder eines anderen vorläufig ausgestellten Führerscheins sind,

2. die zum Zeitpunkt der Erteilung der ausländischen Erlaubnis zum Führen von Kraftfahrzeugen ihren ordentlichen Wohnsitz im Inland hatten,

---

1 Muster-Texte, S. 277.
2 Muster-Texte, S. 331.
3 Muster-Texte, S. 328.

es sei denn, dass sie die Fahrerlaubnis in einem anderen Mitgliedstaat der Europäischen Union oder einem anderen Vertragsstaat des Abkommens über den Europäischen Wirtschaftsraum während eines mindestens sechsmonatigen, ausschließlich dem Besuch einer Hochschule oder Schule dienenden Aufenthalts erworben haben,

3. denen die Fahrerlaubnis im Inland vorläufig oder rechtskräftig von einem Gericht oder sofort vollziehbar oder bestandskräftig von einer Verwaltungsbehörde entzogen worden ist, denen die Fahrerlaubnis bestandskräftig versagt worden ist oder denen die Fahrerlaubnis nur deshalb nicht entzogen worden ist, weil sie zwischenzeitlich auf die Fahrerlaubnis verzichtet haben oder

4. solange sie im Inland, in dem Staat, der die Fahrerlaubnis erteilt hatte oder in dem Staat, in dem sie ihren ordentlichen Wohnsitz haben, einem Fahrverbot unterliegen oder der Führerschein nach § 94 StPO beschlagnahmt, sichergestellt oder in Verwahrung genommen worden ist.

(4) Das Recht, von einer ausländischen Fahrerlaubnis nach einer der in Absatz 3 Nr. 3 genannten Entscheidungen im Inland wieder Gebrauch zu machen, wird auf Antrag erteilt, wenn die Gründe für die Entziehung nicht mehr bestehen.

## Änderungen

1. Neufassung des § 4 durch die »Dritte Verordnung zur Änderung straßenverkehrsrechtlicher Vorschriften« v. 23. November 1982; amtliche Begründung VkBl. 1982, S. 495.

2. § 4 Abs. 1 geändert durch die »Siebente Verordnung zur Änderung straßenverkehrsrechtlicher Vorschriften« v. 2. Dezember 1988; amtliche Begründung VkBl. 1988, S. 806.

3. § 4 Abs. 1 geändert, Abs. 3 neu durch die »Vierzehnte Verordnung zur Änderung straßenverkehrsrechtlicher Vorschriften« v. 1. April 1993; amtliche Begründung VkBl. 1993, S. 402.

4. § 4 Abs. 2 geändert durch die »Zweiundzwanzigste Verordnung zur Änderung straßenverkehrsrechtlicher Vorschriften« v. 14. Februar 1996; amtliche Begründung VkBl. 1996, S. 166.

5. Neufassung des § 4 durch die »Verordnung über die Zulassung von Personen zum Straßenverkehr und zur Änderung straßenverkehrsrechtlicher Vorschriften« v. 18. August 1998; amtliche Begründung VkBl. 1998, S. 1100.

§ 4 IntVO

## Übersicht
| | Rdnr. |
|---|---|
| Ausführungsanweisung (AA) zu § 4 | 1 |
| Verhältnis zu § 2 Abs. 1 StVG | 2 |
| Begriff »ausländischer Fahrzeugführer« | 3 |
| Ausländischer Führerschein | 4 |
| Amtl. Begründung zu § 4 Abs. 1 | 5 |
| Begünstigte Personen | 6 |
| »Ordentlicher Wohnsitz« | 7 |
| Erst- bzw. Zweitwohnsitz | 8 |
| Doppelwohnsitz | 9 |
| Berufspendler | 10 |
| Wahlrecht der Studenten/Schüler | 11 |
| Inhaber von EU/EWR-Fahrerlaubnissen mit ordentl. Wohnsitz im Inland | 12 |
| Fahrerlaubnisinhaber aus Drittländern | 13 |
| Auflagen zur Fahrerlaubnis | 14 |
| Amtl. Begründung zu § 4 Abs. 2 | 15 |
| Fahrberechtigung | 16 |
| Geltungsbereich | 17 |
| Nachweispflicht | 18 |
| Deutschsprachige Übersetzungen | 19 |
| Fahrerlaubnisfreie Kraftfahrzeuge | 20 |
| Amtl. Begründung zu § 4 Abs. 3 | 21 |
| Lernführerschein | 22 |
| Ordentl. Wohnsitz im Inland | 23 |
| Entzug der Fahrerlaubnis | 24 |
| Fahrverbot | 25 |
| Amtl. Begründung zu § 4 Abs. 4 | 26 |

AA zu § 4 Abs. 1　　　　　　　　　　　　　　　　　　　　　　　　　　　　1
(1) Außerdeutscher Kraftfahrzeugführer ist, wer in einem Staat außerhalb des Deutschen Reichs berechtigt ist, ein Kraftfahrzeug zu führen.

(2) Internationale Führerscheine und ausländische Fahrausweise berechtigen zum Führen deutscher und außerdeutscher Kraftfahrzeuge.

Ob für die Teilnahme am öffentlichen Straßenverkehr eine Fahrerlaubnis erfor- 2
derlich ist und um welche Fahrerlaubnis es sich ggf. handeln muss, richtet sich nach dem Straßenverkehrsrecht, nämlich nach § 2 StVG i.V.m. § 4 ff. FeV.

Wer auf öffentlichen Straßen ein Kraftfahrzeug führt, bedarf nach § 2 Abs. 1 StVG der Erlaubnis (Fahrerlaubnis) der zuständigen Behörde (Fahrerlaubnisbehörde). Die Fahrerlaubnis wird in bestimmten Klassen erteilt. Sie ist durch eine amtliche Bescheinigung (Führerschein) **nachzuweisen**. Die Ausführungsvorschriften dazu sind die §§ 4 ff. FeV.

Wer entgegen dieser Bestimmung des § 2 Abs. 1 StVG, also ohne die dazu erforderliche Fahrerlaubnis, ein Kraftfahrzeug führt, verwirklicht den Vergehenstatbestand des § 21 StVG. Im Hinblick auf die Stellung des Straftatbestandes innerhalb des StVG bestehen keine Zweifel darüber, dass das Tatbestandsmerkmal des § 21 Abs. 1 Nr. 1 StVG »die dazu erforderliche Fahrerlaubnis nicht hat« auf die Forderung des § 2 Abs. 1 StVG Bezug nimmt. Gemeint ist also die von einer deutschen Behörde erteilte Fahrerlaubnis. Entsprechend dem Territorialitätsprinzip gilt dieser Grundsatz der Fahrerlaubnispflicht für das Führen von Kraftfahrzeugen (auch ausländischen) im Inland. Daraus folgt zwingend, dass derjenige, der statt einer solchen Fahrerlaubnis nur eine ausländische Fahrerlaubnis besitzt, grundsätzlich ein Kraftfahrzeug ohne Fahrerlaubnis i.S.d. § 21 Abs. 1 StVG führt.

Eine davon abweichende Regelung gilt im Interesse des internationalen Straßenverkehrs und in Erfüllung der Verpflichtungen aus Artikel 7 IntAbk bzw. Artikel 41 WÜ für ausländische Fahrzeugführer. Ob, und ggf. für welchen Zeitraum, eine ausländische Fahrerlaubnis eine solche nach § 2 StVG ersetzen kann, ist im einzelnen in § 4 IntVO geregelt. Nach dieser Vorschrift darf ein ausländischer Fahrzeugführer unter bestimmten Voraussetzungen mit einer ausländischen Fahrerlaubnis für eine bestimmte Zeit ein Kraftfahrzeug im Inland führen. Dass diese Berechtigung von einer zuständigen ausländischen Behörde erteilt sein muss, wird in § 4 IntVO nicht ausdrücklich verlangt. Zwar nennt Artikel 7 Abs. 5 S. 1 IntAbk neben den Behörden zusätzlich den von diesen beauftragten »Verein« und Artikel 41 Abs. 1 WÜ einen beauftragten »Verband«, das dürfte jedoch heute nicht mehr die allgemein anerkannte Verwaltungspraxis sein.

Das Führen von Kraftfahrzeugen im Inland ist verboten, jedoch mit dem Vorbehalt, dass die zuständige Behörde jedermann eine Erlaubnis zu erteilen hat, der bestimmte gesetzliche Voraussetzungen erfüllt (§ 2 StVG, §§ 4 ff. FeV). Die Fahrerlaubnis berechtigt zum Führen von Kraftfahrzeugen im Inland, kann aber wieder entzogen werden. Erteilung und Entziehung sind behördliche Akte, die jeweils für Einzelfälle den **Erlaubnisvorbehalt** gegenüber dem grundsätzlichen Fahrverbot verwirklichen.

Anders liegt es bei der Regelung des § 4 Abs. 1 IntVO (a.F., neu Abs. 2). Diese in Verfolgung völkerrechtlicher Verpflichtungen erlassene Verordnung erlaubt außerdeutschen Kraftfahrern allgemein, allerdings unter besonderen Voraussetzungen, im Inland vorübergehend Kraftfahrzeuge zu führen. Auch diese Erlaubnis kann im Einzelfall genommen werden. Somit enthält § 4 Abs. 1 IntVO (a.F.) für den außerdeutschen Kraftfahrzeugführer eine allgemeine Erlaubnis mit **Verbotsvorbehalt**.[1]

---

1  OLG Stuttgart, VRS 31, S. 210.

Trifft die Ausnahmeregelung nicht oder nicht mehr zu, berechtigt also die ausländische Fahrerlaubnis abweichend von § 2 Abs. 1 StVG nicht mehr zum Führen eines Kraftfahrzeugs im Inland, so gilt § 21 StVG mit der Folge, dass der Fahrzeugführer trotz seiner ausländischen Fahrerlaubnis den Tatbestand des § 21 Abs. 1 StVG erfüllt.[1]

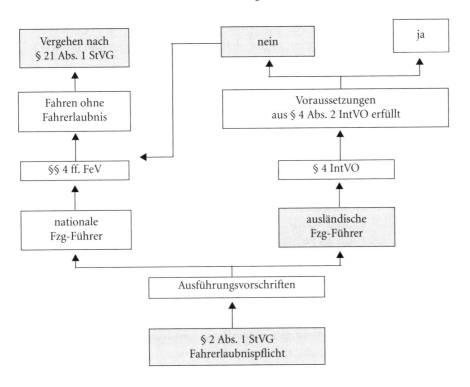

---

1 Siehe dazu Hentschel, »Dürfen Inhaber ausländischer Fahrerlaubnisse entgegen § 4 IntVO unbefristet im Inland Kraftfahrzeuge führen?«, NZV 1995, S. 60; zugleich Besprechung von LG Memmingen, DAR 1994, S. 412 und Brauckmann, »Zur Strafbarkeit des Führens von Kraftfahrzeugen mit ausländischer Fahrerlaubnis« – Anmerkungen zu einem Urteil des LG Memmingen –, PVT 1995, S. 39; OLG Karlsruhe, NJW 1972, S. 1633; OLG Stuttgart, NZV 1989, S. 402; OLG Celle, VRS 91, S. 381 = NZV 1996, S. 327; OLG Köln, NZV 1996, S. 289.

**3 Ausländischer Fahrzeugführer**[1] ist,

– wer in einem Staat außerhalb Deutschlands berechtigt ist, ein Kraftfahrzeug zu führen.

– Die Nationalität spielt dabei keine Rolle, d.h., auch ein Deutscher kann ausländischer Fahrzeugführer sein.[2]

– In jedem Fall muss hinzukommen, dass der Fahrerlaubnisinhaber zum Zeitpunkt des Erwerbs der Fahrerlaubnis seinen ständigen Aufenthalt im Ausstellungsstaat hatte, da erst dadurch die Zuständigkeit der dortigen Behörden begründet wird.

Erst wenn diese drei Voraussetzungen bejaht[3] werden, ist § 4 IntVO zu prüfen; werden sie dagegen verneint, ergibt sich die fahrerlaubnisrechtliche Beurteilung aus § 2 Abs. 1 StVG i.V.m. §§ 4 ff. FeV.

Durch § 4 IntVO soll der zwischenstaatliche (internationale) Kraftfahrzeugverkehr erleichtert werden. Diese Zweckbestimmung der Vorschrift schließt es aus, einen Kraftfahrer, der den Schwerpunkt seiner Lebensbeziehungen in Deutschland hat, als ausländischen Fahrzeugführer anzusehen.[4] Mit der Zweckbestimmung unvereinbar ist es, eine Umgehung der innerstaatlichen fahrerlaubnisrechtlichen Vorschriften zu ermöglichen. Ausländischer Fahrzeugführer kann daher nur derjenige sein, dessen Lebensumstände zur Zeit des Gebrauchs der ausländischen Fahrerlaubnis so wesentlich durch Bindungen an das Ausland bestimmt werden, dass seine Teilnahme am inländischen Kraftfahrzeugverkehr sich als zwischenstaatlicher Verkehr darstellt.[5]

Kernstück der Neufassung des § 4 IntVO durch die »Dritte Verordnung zur Änderung straßenverkehrsrechtlicher Vorschriften« v. 23. November 1982[6] war, dass die Vorschrift anstelle der bis dahin geltenden Formulierung »vorübergehenden Verkehr« nunmehr auf den »ständigen Aufenthalt« abstellte. Da die Vorschrift nun den »ständigen Aufenthalt« ausdrücklich als Rechtsbegriff nennt, ist es eigentlich nicht mehr notwendig, eine solche »Verknüpfungskomponente« in den oben genannten Begriff des ausländischen Fahrzeugführers hinein zu interpretieren. Wegen der Gefahr des Führerscheintourismus[7] ist es

---

1 Bomhard, »Geklärte und ungeklärte Zweifelsfragen der Geltung ausländischer Fahrausweise bei dem Führen von Kraftfahrzeugen im Inland«, DAR 1961, S. 159.
2 BayObLG, VRS 25, S. 451; OLG Hamm, VRS 29, S. 153; Bayer VGH, VRS 62, S. 154.
3 Eckehardt, »Die Geltung ausländischer Führerscheine in Deutschland«, DAR 1966, S. 291.
4 OVG Bremen, VRS 34, S. 318.
5 OLG Hamburg, VM 1983, S. 42 (Nr. 48).
6 BGBl. 1982 I, S. 1533, amtliche Begründung VkBl. 1982, S. 495.
7 Siehe dazu Jagow, »Entziehung der Fahrerlaubnis – Hilft ein ausländischer Führerschein?«, VD 1985, S. 121; »Fahrerlaubniserwerb im Ausland – Freizügige »Europäische Gemeinschaft« auf falscher Tour genutzt –, PVT 1994, S. 82.

jedoch nicht schädlich, in diesem Zusammenhang auf die damit verbundene Zuständigkeit der Behörden hinzuweisen.

In § 4 IntVO – neu – wird die im Fahrerlaubnisrecht einheitliche Terminologie »Fahrerlaubnis« als Berechtigung zum Führen von Kraftfahrzeugen und »Führerschein« als Nachweis dieser Berechtigung verwendet.

**4**

Ausländischer Führerschein i.S.d. Verordnung ist die Bestätigung der Erlaubnis zum Führen von Kraftfahrzeugen, die nicht von einer deutschen Behörde erteilt worden ist. Durch die Verbindung des nationalen mit dem Internationalen Führerschein in § 4 Abs. 1 der VO kann geschlossen werden, dass der Verordnungsgeber[1] heute davon ausgeht, dass der ausländische Führerschein von einer zuständigen ausländischen Behörde ausgestellt wurde und somit eine behördliche Erlaubnis darstellt.

Nach Artikel IV NTS ist die Bundesrepublik Deutschland verpflichtet, die Fahrerlaubnis (nachgewiesen durch einen Führerschein oder Militärführerschein) des Entsendestaates für ein Mitglied der Truppe oder eines zivilen Gefolges als gültig anzuerkennen; es handelt sich um eine ausländische Fahrerlaubnis, auch wenn der Führerschein von einer Behörde der Truppe in Deutschland ausgestellt worden ist.

Die zeitliche Befristung des § 4 Abs. 1 IntVO ist nicht anzuwenden, wenn der Inhaber eine Bescheinigung einer Behörde der Truppe besitzt, in welcher sein Status (Mitglied der Truppe, des zivilen Gefolges oder Angehöriger) bestätigt und ihm bescheinigt wird, dass er über ausreichende Kenntnisse der deutschen Verkehrsvorschriften verfügt. Diese Bescheinigung muss mit einer deutschen Übersetzung versehen sein – Artikel 9 Abs. 2 ZA. Verbleibt ein ehemaliges Mitglied der Truppe der US-Armee nach Beendigung seiner Dienstzeit in Deutschland, ist er ab diesem Zeitpunkt ein unter die zeitliche Befristung des § 4 Abs. 1 IntVO fallender ausländischer Fahrzeugführer.[2]

Aus der Begriffsbestimmung der AA zu § 4 Abs. 1 IntVO folgt, dass Führerscheine, die auf Grund eines deutschen Zulassungsverfahrens nach dem 31.12.1937 in Gebieten ausgegeben wurden, die vom damaligen Deutschen Reich – vorübergehend – annektiert worden sind, auch heute keinen ausländischen Führerschein darstellen; sie gelten als Nachweis einer inländischen Fahrerlaubnis. Der z.B. im Juni 1944 in Memel ausgestellte Führerschein eines Spätaussiedlers gilt daher als Nachweis einer inländischen Fahrerlaubnis. Der Aussiedler kann mit diesem Führerschein zeitlich unbefristet im Inland ein Kraftfahrzeug führen.

---

1  Im Gegensatz zu der Verltb. v. 29. 7. 1961, VkBl. 1961, S. 415.
2  Siehe dazu »Streiflichter«, DAR 1984, S. 79.

**5** *Amtliche Begründung der Neufassung zu § 4 Abs. 1 IntVO v. 18.8.1998 (VkBl. 1998, S. 1100):*

»Nach **Absatz 1** gilt die Verordnung für Inhaber von EU- und EWR-Fahrerlaubnissen ohne ordentlichen Wohnsitz im Inland sowie für Inhaber von Fahrerlaubnissen aus Drittstaaten, die ebenfalls keinen ordentlichen Wohnsitz im Inland haben oder bei denen seit der Begründung des Wohnsitzes nicht mehr als sechs Monate verstrichen sind.

Inhaber von **EU- und EWR-Fahrerlaubnissen** mit ordentlichem Wohnsitz im Inland sind nach der Führerschein-Richtlinie Inhabern inländischer Führerscheine gleichgestellt. Ihre Teilnahme am Straßenverkehr ist nicht mehr dem internationalen Verkehr zuzuordnen und wird deshalb in der Fahrerlaubnis-Verordnung geregelt.

Inhaber von Fahrerlaubnissen aus **Drittstaaten** dürfen nach Begründung des ordentlichen Wohnsitzes nach wie vor noch einen bestimmten Zeitraum mit ihrer ausländischen Fahrerlaubnis im Inland Kraftfahrzeuge führen, allerdings nicht mehr wie bisher ein Jahr, sondern grundsätzlich nur noch **sechs Monate**. Diese Übergangsfrist soll den betreffenden Personen nach wie vor eingeräumt werden, um ihnen die Eingliederung zu erleichtern. Kann der Inhaber der Fahrerlaubnis glaubhaft machen, dass er sich nicht länger als zwölf Monate im Inland aufhalten wird, kann die Frist auf Antrag um bis zu sechs Monate auf ein Jahr verlängert werden. Bei Personen, die sich nachweislich nicht länger als ein Jahr im Inland aufhalten werden, erscheint es vertretbar, auf den Erwerb der deutschen Fahrerlaubnis zu verzichten. Die Regelung schließt weitere Verlängerungen auf Grund der Allgemeinen Ausnahmeregelung in § 13 der Verordnung über internationalen Kraftfahrzeugverkehr in Verbindung mit § 74 FeV nicht aus.«

**6** Das Recht aus § 4 Abs. 1 IntVO steht nur ausländischen Fahrzeugführern zu. Das sind zum einen die Inhaber von EU- und EWR-Fahrerlaubnissen **ohne ordentlichen Wohnsitz** im Inland und zum anderen Inhaber von Fahrerlaubnissen aus Drittstaaten, die ebenfalls keinen ordentlichen Wohnsitz im Inland haben **oder** bei denen seit Begründung des Wohnsitzes nicht mehr als sechs Monate verstrichen sind.

Dürfen nach dem Recht eines ausländischen Staates bestimmte Kraftfahrzeuge, die in Deutschland der FE-Pflicht unterliegen, ohne FE geführt werden, so sind die Personen, die in diesem Staat ihren ordentlichen Wohnsitz haben, ausländische Fahrzeugführer (siehe dazu Rdnr. 20).

Ausländische Fahrzeugführer sind demnach nur dann berechtigt, auf Grund ihrer ausländischen FE im Inland ein Kraftfahrzeug zu führen, wenn sie in Deutschland **keinen** ordentlichen Wohnsitz i.S.d. § 7 FeV haben oder (bei Fahrerlaubnissen aus Drittstaaten) wenn seit Begründung eines ordentlichen Wohnsitzes nicht mehr als sechs Monate verstrichen sind. Bei der Begründung des ordentlichen Wohnsitzes im Inland ist entscheidend, dass die betreffende Person nicht lediglich postalisch gemeldet sein darf. Erforderlich ist eine nachweisliche Verlegung des Lebensmittelpunktes (z.B. Familie, Schulbesuch der Kinder, Arbeitgeber/Arbeitsstelle usw.) ins Inland.

Nach § 4 Abs. 1 IntVO (i.d.F. von 1934) durften ausländische Fahrzeugführer vorübergehend im damaligen Reichsgebiet ein Kraftfahrzeug führen. Mit Neufassung des § 4 IntVO durch die »Dritte Verordnung zur Änderung straßenverkehrsrechtlicher Vorschriften« v. 23. November 1982[1] wurde anstelle der Formulierung »vorübergehenden Verkehr« nunmehr auf den »ständigen Aufenthalt« abgestellt. 7

Die Verwaltungspraxis gestaltete sich in der Folgezeit allerdings uneinheitlich, da ein ständiger Aufenthalt je nach Bundesland unterschiedlich mit sechs, neun oder zwölf Monaten angenommen wurde.

Zur Herstellung einer einheitlichen Verwaltungspraxis wurde in Anlehnung an die Definition des Begriffs »ordentlicher Wohnsitz« in Art. 9 der Rili 91/439/EWG durch den neuen § 4 Abs. 3 IntVO[2] eine gesetzliche Definition des Begriffs »ständiger Aufenthalt« eingeführt und der Zeitpunkt für einen ständigen Aufenthalt auf 185 Tage festgesetzt.

Mit der Neufassung des § 4 durch die »Verordnung über die Zulassung von Personen zum Straßenverkehr und zur Änderung straßenverkehrsrechtlicher Vorschriften« v. 18. August 1998[3] wurde schließlich durch die Bezugnahme auf § 7 FeV der in Art. 9 der Rili 91/439/EWG als auch in Art. 41 Abs. 6 WÜ enthaltene Begriff »ordentlicher Wohnsitz«, unter Beibehaltung der zeitlichen Fixierung von 185 Tagen, übernommen.

Definition »**ordentliche Wohnsitz**« nach § 7 Abs. 1 FeV:

»(1) Eine Fahrerlaubnis darf nur erteilt werden, wenn der Bewerber seinen ordentlichen Wohnsitz in der Bundesrepublik Deutschland hat. Dies wird angenommen, wenn der Bewerber wegen persönlicher und beruflicher Bindungen oder – bei fehlenden beruflichen Bindungen – wegen persönlicher Bindungen, die enge Beziehungen zwischen ihm und dem Wohnort erkennen lassen, gewöhnlich, das heißt während mindestens 185 Tage im Jahr, im Inland wohnt. Ein Bewerber, dessen persönliche Bindungen im Inland liegen, der sich aber aus beruflichen Gründen in einem oder mehreren Mitgliedstaaten der EU oder EWR-Vertragsstaaten aufhält, hat seinen ordentlichen Wohnsitz im Sinne dieser Vorschrift im Inland, sofern er regelmäßig hierher zurückkehrt. Die Voraussetzung entfällt, wenn sich der Bewerber

---
1 BGBl. 1982 I, S. 1533, amtliche Begründung VkBl. 1982, S. 495.
2 14. VO zur Änderung straßenverkehrsrechtlicher Vorschriften v. 1. April 1993: BGBl. 1993 I, S. 412, amtliche Begründung VkBl. 1993 S. 402.
3 BGBl. 1998 I, S. 2214. amtliche Begründung VkBl. 1993, S. 1066, 1100.

zur Ausführung eines Auftrages von bestimmter Dauer in einem solchen Staat aufhält.«

Da die IntVO nur die Erleichterung des zwischenstaatlichen Verkehrs bezweckt, hat sich für die Geltung der auslandischen Fahrerlaubnis schon früh der Grundsatz herausgebildet, dass sie endet, wenn der Verkehr aufhört, ein internationaler zu sein. Mit dem Wechsel der Begriffe »vorübergehender Verkehr« über den »ständigen Aufenthalt« zum »ordentlichen Wohnsitz« war eine inhaltliche Änderung nicht beabsichtigt; sie dienen lediglich der Abgrenzung zwischen Inland- und Auslandaufenthalt.

Einen ordentlichen Wohnsitz begründet eine Person demnach dort, wo sie über einen zusammenhängenden Zeitraum von mindestens 185 Tagen wohnt. Trifft dies zu, besteht der ständige Aufenthalt vom **ersten Tag** des Aufenthalts an. Dieser Tag ist dann für die Begründung der 6-Monats-Frist i.S.d. § 4 Abs. 1 S. 3 IntVO ausschlaggebend.[1]

Die zeitliche Befristung auf 185 Tage ist jedoch als Auslegungshilfe gedacht; sie allein reicht für die Annahme eines ordentlichen Wohnsitzes im Inland nicht aus. Wie früher beim »ständigen Aufenthalt« ist z.B. ein »ordentlicher Wohnsitz« auch dann anzunehmen, wenn der Zeitraum weniger als 185 Tage beträgt, der Betroffene jedoch glaubhaft machen kann, dass er ursprünglich mehr als 185 Tage in Deutschland bleiben wollte. Im Gegensatz dazu kann ein Aufenthalt auch mehr als 185 Tage betragen, ohne dass ein ordentlicher Wohnsitz im Inland begründet wird, da z.B. der Besuchs-, Kur-, Krankenhausaufenthalt nur als vorübergehend gedacht ist.

Prinzipiell liegt daher ein »ordentlichen Wohnsitz« immer dann vor, wenn jemand den Willen hat, die Lebensbeziehungen für längere Zeit mit einem bestimmten Ort zu verbinden und diesen Willen auch ausführt. § 7 Abs. 1 FeV spricht hier von den »persönlichen und beruflichen Bindungen« die i.d.R. zusammen vorliegen müssen. Die Wohnsitznahme im Inland ist eine schlüssige Beweistatsache dafür, dass der Inhaber der ausländischen Fahrerlaubnis von diesem Zeitpunkt ab nicht mehr nur »vorübergehend« am inländischen Kraftfahrzeugverkehr teilnimmt.[2]

Ausschlaggebend sind daher die wesentlichen Lebensumstände, aus denen auf den Schwerpunkt der Lebensverhältnisse geschlossen werden kann. Dazu gehören Feststellungen über Bindungen und Beziehungen persönlicher (Angehörige, Familie, Freunde, Wohnung, Schule, Kindergarten) oder wirtschaftlicher/

---

1   Abweichend von § 4 Abs. 1 S. 3 dürfen Inhaber einer ausländischen FE, die ihren ordentlichen Wohnsitz bis zum 31.12.1998 im Inland begründen, noch bis zum Abiauf von zwölf Monaten Kraftfahrzeuge im Inland führen.
2   Zur Frage des »ordentlichen Wohnsitzes« bei einem Binnenschiffer – OVG Bremen, VRS 62, S. 393.

beruflicher/steuerlicher Art im Inland.[1] Eine nur formale Abmeldung bei der Meldebehörde reicht daher nicht aus (zur Frage Erst- oder Zweitwohnsitz bzw. Doppelwohnsitz siehe Rdnr. 8 und 9).

Im Zusammenhang mit dem ordentlichen Wohnsitz spielen die aus dem Melderecht stammenden Begriffe »**Erstwohnsitz**« und »**Zweitwohnsitz**« keine Rolle. Ein ordentlicher Wohnsitz im Ausland wird z.B. nicht dadurch begründet, dass man sich hier abmeldet und seinen Wohnsitz ins Ausland verlegt (oder dort mit Erst- oder Zweitwohnsitz anmeldet). Die Wohnsitzverlegung kann nur ein Indiz sein, beweist aber nicht schon die Aufgabe des ordentlichen Wohnsitzes im Inland. Entscheidend ist, wo man tatsächlich seinen Lebensmittelpunkt hat. Hat ein Deutscher als Inhaber einer ausländischen Fahrerlaubnis zum Zeitpunkt des Erwerbs seinen ordentlichen Wohnsitz in Deutschland nicht aufgegeben (z.B. weil er weiterhin hier wohnt und arbeitet), wird diese Fahrerlaubnis nach § 4 Abs. 3 Nr. 2 IntVO nicht anerkannt. 8

In den Fällen, in denen ein ausländischer Fahrzeugführer durch einen regelmäßigen Wechsel zwischen seinem Wohnort im Inland und seinem Wohnort im Ausland einen »**Doppelwohnsitz**« schafft, fehlt es an dem für die Benutzung eines ausländischen Führerscheins ausreichenden »vorübergehenden« Aufenthalt im Inland. Vielmehr ist dann ein ständiger Aufenthalt und in diesem Sinne ein »ordentlicher Wohnsitz« sowohl im Inland wie im Ausland anzunehmen.[2] 9

Bereits für die vor 1982 geltende Fassung der §§ 4 und 5 IntVO wurde angenommen, dass es in den Fällen eines regelmäßigen Wechsels zwischen dem im In- und Ausland geschaffenen »Doppelwohnsitzes« an dem für die Benutzung eines ausländischen Führerscheins ausreichenden »vorübergehenden« Aufenthalt im Inland fehlt. Vielmehr sei dann ein ständiger Aufenthalt und in diesem Sinne ein »Wohnsitz« sowohl im In- wie im Ausland anzunehmen, ohne dass es weiter darauf ankommt, wo der tatsächliche Schwerpunkt der Lebensverhältnisse liegt.[3]

Keinen **ordentlichen Wohnsitz** haben z.B. ausländische Berufskraftfahrer, Geschäftsreisende, Besucher von Messen, Märkten oder sonstigen Veranstaltungen, Berufspendler oder Touristen, da es hier an den persönlichen und beruflichen Bindungen fehlt und ihr Aufenthalt im Inland nur von kurzer bzw. entsprechend zeitlich befristeter Dauer ist. 10

Unter »**Berufspendler**« ist der Inhaber einer ausländischen Fahrerlaubnis zu verstehen, der seinen Wohnsitz im Ausland hat, aber wegen eines im Inland bestehenden Arbeitsverhältnisses hier Kraftfahrzeuge führt und regelmäßig an seinen ausländischen Wohnsitz zurückkehrt.

---

1 BayObLG, NZV 2000, S. 262 = VM 2000, S. 43 (Nr. 49).
2 Vgl. dazu OLG Hamm, VRS 29, S. 153; OLG Stuttgart, DAR 1968, S. 55; a.A. OLG Karlsruhe, DAR 1963, S. 359.
3 OLG Zweibrücken, VM 1991, S. 95 (Nr. 121) mit weiteren Nachweisen.

»Berufspendler« in diesem Sinne begründen keinen ordentlichen Wohnsitz im Inland. Ihr ausländischer Führerschein wird, solange er selbst gültig ist, ohne zeitliche Begrenzung anerkannt.

Hierbei handelt es sich vornehmlich um Personen, die im Grenzgebiet wohnen und (meist) täglich in das Grenzgebiet des Nachbarstaates zur Arbeit fahren (z.B. deutsch-französisches, deutsch-niederländisches oder deutsch-polnisches Grenzgebiet). Zu den »Berufspendlern« können auch Studenten oder Schüler zählen.

Die nicht immer einheitlich beantwortete Frage, ob im Ausland wohnende Berufspendler mit ihrer ausländischen Fahrerlaubnis Kraftfahrzeuge inländischer Unternehmen auf unbefristete Zeit führen dürfen, wurde durch die »3. VO zur Änderung straßenverkehrsrechtlicher Vorschriften« v. 23.11.1982 zugunsten der Berufspendler geklärt. Dies folgte unmittelbar aus § 4 Abs. 1, da Berufspendler im Inland keinen ständigen Aufenthalt (a.F.) begründen, trug der Protokollerklärung zu Artikel 1 der EG-Richtlinie v. 4. Dezember 1980 (Gleichstellung der Berufspendler mit den Besuchern) Rechnung und ist auch auf Berufspendler aus nicht EU-/EWR-Staaten anwendbar.

Bei Beurteilung der Frage nach einem »ordentlichen Wohnsitz« bei Berufspendlern im Zusammenhang mit den »persönlichen und beruflichen Bindungen«, ist nach wie vor zwischen Tagespendlern, Wochenendpendlern und Saisonarbeitern zu unterscheiden.

Der »**Tagespendler**« kehrt i.d.R. täglich an seinen ausländischen Wohnort zurück und hat im Inland keine Wohnung und somit auch keinen »ordentlichen Wohnsitz«; seine ausländische Fahrerlaubnis wird von der zeitlichen Befristung nicht erfasst.

Der »**Wochenendpendler**« arbeitet und wohnt im Inland und kehrt i.d.R. einmal wöchentlich an seinen ausländischen Wohnort zurück. Auch er hat im Inland keinen »ordentlichen Wohnsitz«; seine ausländische Fahrerlaubnis wird von der zeitlichen Befristung nicht erfasst.

Der »**Saisonarbeiter**« arbeitet regelmäßig mehrere Monate im Jahr im Inland und begründet für diesen Zeitraum hier einen »Wohnsitz«; die übrige Zeit des Jahres verbringt er an seinem ausländischen Wohnort. In diesen Fällen fehlt es an den persönlichen Bindungen im Inland, so dass wohl kaum von einem »ordentlichen Wohnsitz« gesprochen werden kann.

Auch nach dem alten Recht wurde in diesen Fällen der »ständige Aufenthalt« verneint. Wird während des Inlandaufenthalts die zeitliche Dauer von 185 Tagen überschritten, ist es Tatfrage, ob der ausländische Fahrzeugführer berechtigt ist, jedes Jahr erneut mit seiner ausländischen Fahrerlaubnis im Inland ein Kraftfahrzeug zu führen oder ob er einen »Doppelwohnsitz« geschaffen hat (vgl. Rdnr. 9).

Andernfalls kann mit jeder Ein-/Ausreise die 6-Monats-Frist neu in Gang gesetzt werden. Ist dies der Fall, ist bei einmaligen Aufenthalten von mehr als 185 Tagen die zuständige Fahrerlaubnisbehörde (§§ 73, 74 FeV) nach § 4 Abs. 1 S. 4 berechtigt, auf Antrag die 6-Monats-Frist entsprechend zu verlängern.

Nicht zur Gruppe der Berufspendler gehören diejenigen Inhaber ausländischer Führerscheine, die im Inland ein Arbeits- oder Beschäftigungsverhältnis aufgenommen haben (z.B. **Gastarbeiter** aus der Türkei), aber nur gelegentlich (zwecks Urlaub) zu ihrem weiter im Ausland bestehenden Familienwohnsitz zurückkehren; diese ausländischen Fahrerlaubnisse werden von der zeitlichen Befristung erfasst.

**Wahlrecht der Studenten und Schüler aus EU-/EWR-Staaten** 11

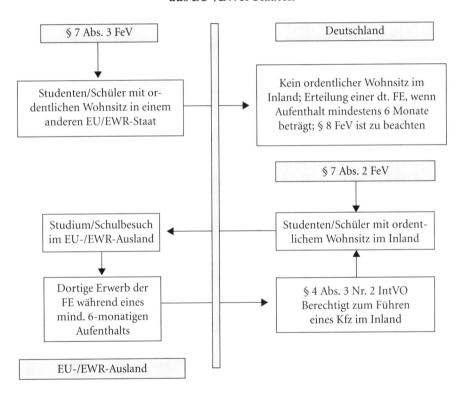

Die Regelung des § 4 Abs. 2 und 3 gilt nur innerhalb der EU bzw. des EWR. Für Personen aus Drittstaaten, die hier eine Schule oder Hochschule besuchen, oder Personen aus Deutschland, die dies in einem Drittstaat tun, beurteilt sich der Wohnsitz nach § 4 Abs. 1 IntVO. Das bedeutet, dass die Fahrerlaubnis, die ein Student aus einem Drittstatt während der Semesterferien in seinem Heimatstaat erwirbt, nach § 4 Abs. 3 Nr. 2 IntVO nicht anerkannt wird.

12  Inhaber von EU- und EWR-Fahrerlaubnissen **mit ordentlichem Wohnsitz im Inland** sind nach den Führerschein-Richtlinien Inhabern inländischer Fahrerlaubnisse gleichgestellt. Ihre Teilnahme am Straßenverkehr ist nicht mehr dem internationalen Verkehr zuzuordnen und wird deshalb in den §§ 28 bis 31 FeV geregelt.[1]

13  Inhaber von **Fahrerlaubnissen aus Drittstaaten** (z.B. Polen, Schweiz, Tschechien, Türkei usw.) dürfen nach Begründung des ordentlichen Wohnsitzes im Inland[2] nach wie vor noch einen bestimmten Zeitraum mit ihrer ausländischen Fahrerlaubnis im Inland Kraftfahrzeuge führen, allerdings nicht mehr wie bisher ein Jahr, sondern grundsätzlich nur noch sechs Monate. Diese Übergangsfrist wird den betreffenden Personen nach wie vor eingeräumt, um ihnen die Eingliederung zu erleichtern. Kann der Inhaber einer solchen Fahrerlaubnis glaubhaft machen, dass er sich nicht länger als zwölf Monate im Inland aufhalten wird, kann die Frist auf Antrag um bis zu sechs Monate also auf insgesamt ein Jahr verlängert werden. Diese Regelung schließt eine weitere Verlängerung auf Grund der allgemeinen Ausnahmeregelung in § 13 IntVO i.V.m. § 74 FeV nicht aus. Diese Möglichkeit sollte aus grundsätzlichen Überlegungen heraus nur eine restriktive, einzelfallbezogene Anwendung finden.

Liegen die Voraussetzungen des § 4 Abs. 1 S. 3 IntVO nicht mehr vor, bedarf der Inhaber einer solchen ausländischen Fahrerlaubnis für Fahrten im öffentlichen Straßenverkehr eine deutsche Fahrerlaubnis; führt er in einem solchen Fall im Inland ein Kraftfahrzeug ohne Inhaber einer deutschen Fahrerlaubnis zu sein, macht er sich wegen Fehlens der »erforderlichen« Fahrerlaubnis nach § 21 Abs. 1 Nr. 1 StVG strafbar.[3]

Nach der Begründung eines ordentlichen Wohnsitzes im Inland hat ein vorübergehender Auslandsaufenthalt keinerlei Bedeutung, wenn die Wohnsitznahme im Inland erhalten bleibt.[4] Wird dagegen nachweislich Deutschland nach Ablauf der 6-Monats-Frist nicht nur zum Zwecke kurzer Auslandsreisen verlassen, die den »ordentlichen Wohnsitz« im Inland nicht aufheben, sondern mit dem Ziel ausgereist, diesen Inlandsaufenthalt vorläufig, auf immer oder auf bestimmte Zeit zu beenden, ist durch eine auf einem neuen Entschluss beruhende Einreise mit dem Ziel, wieder in Deutschland zu arbeiten, eine neue Frist gemäß § 4 Abs. 1 IntVO in Lauf gesetzt worden.[5]

---

1  Siehe dazu OLG Hamm, VM 1963, S. 95 (Nr. 143); OLG Stuttgart, NZV 1989, S. 402, mit Anmerkung Wasmuth; EuGH, DAR 1996, S. 193, mit Anmerkung Ludovisy; PVT 1996, S. 245.
2  BGH, NJW 1964, S. 1566.
3  BayObLG, VkBl. 1963, S. 431; OLG Köln, VRS 91, S. 302.
4  Jagow, »Geltung ausländischer Fahrerlaubnisse«, VD 1983, S. 198; OLG Hamm, NJW 1963, S. 1262.
5  BayObLG, VRS 92, S. 264 = PVT 1996, S. 350.

Nach § 4 Abs. 1 S. 5 IntVO hat der ausländische Fahrzeugführer Auflagen zur 14
ausländischen Fahrerlaubnis auch im Inland zu beachten. Bei EU- bzw. EWR-
Scheckkartenführerscheinen sind nach § 25 Abs. 3 FeV i.V.m. Anlage 9 einzelfallbezogene Eintragungen – unabhängig von der jeweiligen Sprache – in co-
dierter Form vorzunehmen.

Werden die entsprechenden Auflagen nicht beachtet, handelt der ausländische
Fahrzeugführer ordnungswidrig i.S.d. §§ 4 Abs. 1 S. 5, 14 Nr. 3 IntVO i.V.m.
§ 24 StVG.

*Amtliche Begründung der Neufassung zu § 4 Abs. 2 IntVO v. 18.8.1998 (VkBl.* 15
*1998, S. 1100):*

»**Absatz 2** regelt, welche Dokumente zum Nachweis der Fahrerlaubnis anerkannt werden. Er entspricht der bisherigen Regelung. Ausdrücklich genannt
werden jetzt auch internationale Führerscheine nach dem Übereinkommen
über den Straßenverkehr vom 19. September 1949. Diese Führerscheine wurden bisher als »Fahrausweis« im Sinne von § 4 Abs. 1 Buchstabe c der Verordnung über internationalen Kraftfahrzeugverkehr a.F. anerkannt und wurden
nicht ausdrücklich erwähnt, weil die Bundesrepublik Deutschland diesem Abkommen nicht beigetreten ist. Nicht mehr aufgeführt sind »Fahrausweise«. Der
Nachweis der Fahrerlaubnis wird heute allgemein als »Führerschein« bezeichnet, so dass das in diesem Zusammenhang nicht mehr gebräuchliche Wort gestrichen werden kann. Eine inhaltliche Änderung ist damit nicht verbunden.«

Durch § 4 Abs. 2 IntVO werden die sich aus Artikel 7 IntAbk und Artikel 41 16
WÜ ergebenden völkerrechtlichen Verpflichtungen umgesetzt und weiter-
gehende Rechte, insbesondere die Anerkennung nationaler ausländischer Füh-
rerscheine gewährt. Die Vorschrift selbst knüpft an ausländisches Recht an.
Nur soweit der ausländische Fahrzeugführer nach der Rechtsordnung seines
Heimat- bzw. Aufenthaltsstaates eine Fahrerlaubnis erhalten hat, wird diese in
Deutschland anerkannt. Hierbei muss es sich aber im Interesse der Verkehrssi-
cherheit um ein volles, endgültiges und **nachweisbares** Recht handeln.

Der Nachweisbarkeit kommt hier eine zentrale Bedeutung zu, da die deutschen
Behörden nicht in der Lage sind, einem ausländischen Fahrzeugführer nachzuweisen, dass dieser nicht im Besitz der erforderlichen Fahrerlaubnis seines Heimatstaates ist.

Der Umfang der Fahrberechtigung bestimmt sich nach der nachgewiesenen
ausländischen Fahrerlaubnis. Dieser Umfang darf nicht überschritten werden.
Unbeachtlich ist, welcher ausländische Staat die Fahrerlaubnis erteilt hat; diese
muss nicht von einer Behörde des Heimatstaates erteilt worden sein.

Ebenfalls unbeachtlich ist, in welchem Staat das geführte Fahrzeug zugelassen ist
und wem es gehört. Die Altersgrenze des deutschen Fahrerlaubnisrechts (§ 10

FeV) findet ebenfalls keine Anwendung. Die Erlaubnis gilt für private und berufliche Fahrten, für letztere auch dann, wenn sie als inländischer Unternehmer oder im Dienste eines inländischen Unternehmens durchgeführt werden; für Fahrzeuge nach der Selbstfahrer-Verordnung an ausländische Touristen.[1]

**17** Der ausländische Fahrzeugführer muss im Besitz eines »gültigen« nationalen oder Internationalen Führerscheins sein. Als Nachweis wird zunächst jeder nationale Führerschein anerkannt. Auf die Erteilungsvoraussetzungen des ausstellenden Staates oder das Mindestalter für die Erteilung der Fahrerlaubnis kommt es nicht an.

Neben dem nationalen Führerschein wird auch der Internationale Führerschein nach

– Artikel 7 und Anlage E des IntAbk,

– Artikel 41 und Anhang 7 des WÜ sowie

– Artikel 24 und Anlage 10 des Genfer Abkommens i.V.m. Art. 43 WÜ anerkannt.

Während sich die Verpflichtung der Anerkennung der Internationalen Führerscheine nach Artikel 7 IntAbk und Artikel 41 WÜ aus diesen multilateralen Vereinbarungen ergibt, erfolgte die Anerkennung des Internationalen Führerscheins nach Artikel 24 des Genfer Abkommens bisher durch die Verltb. des BMV v. 17. Dezember 1982[2] und wird nun in § 4 Abs. 2 der VO ausdrücklich erwähnt. Diese Regelung entspricht inhaltlich Art. 43 WÜ, der bestimmt, dass nach dem Genfer Abkommen ausgestellte Internationale Führerscheine hinsichtlich der Anwendung der Art. 41 und 42 den in diesem Übereinkommen vorgesehenen Internationalen Führerscheinen gleichgestellt werden.

Von einer deutschen Behörde für einen Inländer ausgestellte Internationale Führerscheine berechtigen nicht zum Führen eines Kraftfahrzeugs im Inland;[3] ebenso keine Geltung ausländischer Internationaler Führerscheine für deutsche Kraftfahrer im Bundesgebiet.[4]

Grundsätzlich darf ein ausländischer Fahrzeugführer mit seiner ausländischen Fahrerlaubnis im Fremdstaat nur die Rechte in Anspruch nehmen, die ihm seine Fahrerlaubnis im Ausstellungsstaat erlaubt. Ausschlaggebend ist, welche Rechte mit der ausländischen Fahrerlaubnis verbunden sind und nicht, welche Rechte der ausländische Fahrzeugführer hätte, wenn er auf Grund seiner ausländischen Fahrerlaubnis eine deutsche Fahrerlaubnis beantragen würde.

---

1  Verltb. des BMV v. 6. 11. 1962, VkBl. 1962, S. 629.
2  VkBl. 1983, S. 7.
3  BGH, VRS 11, S. 61; Verltb. des BMV v. 27. 2. 1962, VkBl. 1962, S. 146; AA zu § 9.
4  OLG Hamm, VRS 29, S. 153.

Ist der **Geltungsbereich** der ausländischen Fahrerlaubnisklasse z.B. auf das Führen von Kraftfahrzeugen mit einem zGG bis 3,5 t (Klasse B) beschränkt und wird im Inland ein Kraftfahrzeug mit einem zGG von 7,49 t (Klasse 3 – alt) geführt, ist die Voraussetzung nicht erfüllt und es liegt ein Fahren ohne ausreichende Fahrerlaubnis vor – § 21 Abs. 1 StVG.

Gleiches gilt, wenn ein ausländischer Berufskraftfahrer im Inland ein Sattelkraftfahrzeug mit der Fahrerlaubnisklasse C fährt, obwohl das Heimatrecht für die Führung einer solchen Fahrzeugkombination die Fahrerlaubnisklasse CE verlangt.

Eine ab dem **27.4.1997** erworbene türkische Fahrerlaubnis der Klasse E berechtigt lediglich zum Führen von Lkw **ohne** Anhänger. Die Berechtigung, mit der Klasse E auch Lkw mit Anhänger führen zu dürfen, muss durch einen zusätzlichen Vermerk im Führerschein nachgewiesen werden. Im Führerschein wird in der dafür vorgesehenen Spalte »Systeme und Anhänger« ein entsprechender Vermerk angebracht. Fehlt dieser Vermerk und es wird ein Lastzug geführt, liegt ein Fahren ohne ausreichende Fahrerlaubnis vor – § 21 Abs. 1 StVG.

Diese Regelung gilt jedoch **nicht** für die Inhaber einer Fahrerlaubnis der Klasse E, wenn diese vor dem 27.4.1997 erworben wurde. Mit einer vor diesem Stichtag ausgestellten Fahrerlaubnis der Klasse E dürfen auch Lkw mit Anhänger geführt werden.

Die Türkei ist keine Vertragspartei des WÜ, aber Vertragspartei des IntAbk, welches als Nachweis den Internationalen Führerschein vorsieht. Auf dieses Erfordernis hat Deutschland in § 4 Abs. 2 IntVO verzichtet. Der türkische nationale Führerschein ist aber, da er nicht dem Anhang 6 des WÜ entspricht und kein bilateraler Übersetzungsverzicht vorliegt, mit einer deutschsprachigen Übersetzung zu versehen; ohne diese Übersetzung wird das fahrerlaubnisrechtliche Problem wohl kaum erkannt werden.

Ist die ausländische nationale Fahrerlaubnis mit einer **zeitlichen Befristung** versehen und diese abgelaufen, handelt es sich nicht mehr um einen »gültigen« ausländischen Führerschein und es liegt ein Fahren ohne Fahrerlaubnis vor – § 21 Abs. 1 StVG. Die Voraussetzungen für die Verlängerung der Fahrerlaubnis (z.B. Kaufen und Einkleben einer Gebührenmarke) sind dabei unbeachtlich.

Die zeitliche Befristung der Internationalen Führerscheine ergibt sich aus § 9 Abs. 4 IntVO. Danach beträgt die Gültigkeit eines Internationalen Führerscheins nach Muster 7 (Artikel 7 und Anlage E IntAbk) ein Jahr[1], eines nach Muster 6a (Artikel 41 und Anhang 7 WÜ) drei Jahre vom Zeitpunkt der Ausstellung an; eine Verlängerungsmöglichkeit besteht nicht.

---

1 Diese zeitliche Befristung gilt auch für die nun ausdrücklich genannten Internationalen Führerscheine nach Anh. 10 des Genfer Abkommens v. 19. 9. 1949.

Bei einem Internationalen Führerschein nach Muster 6a darf die Gültigkeitsdauer die zeitliche Befristung des nationalen Führerscheins nicht überschreiten; dessen Nummer muss auf dem Internationalen Führerschein vermerkt sein (vgl. auch Artikel 41 Abs. 5 WÜ).

Laut Artikel 41 Abs. 1 WÜ erkennen die Vertragsparteien[1] u.a. jeden nationalen Führerschein als gültig an, der dem Anhang 6 entspricht, um auf ihrem Gebiet ein Fahrzeug zu führen, das zu den Klassen gehört, für den der Führerschein gilt. Nach Anhang 6 des WÜ berechtigt die Führerscheinklasse B zum Führen von Kraftfahrzeugen mit einem zGG von nicht mehr als 3,5 t und mit nicht mehr als 8 Sitzplätzen außer dem Führersitz.

Nach Artikel 41 Abs. 4 Buchst. a) des WÜ kann mit Kraftfahrzeugen der in den Anhängen 6 und 7 angeführten Klasse B ein leichter Anhänger verbunden werden; damit kann auch ein Anhänger, dessen zGG 750 kg, aber nicht das Leergewicht des ziehenden Fahrzeugs übersteigt, verbunden werden, wenn die Summe der zGG der so verbundenen Fahrzeuge 3,5 t nicht übersteigt.

Diese Erweiterung der Gültigkeit für die Klasse B auf das Mitführen von Anhängern mit einer Gesamtmasse von mehr als 750 kg (ohne das Erfordernis der zusätzlichen Fahrerlaubnisklasse E zu begründen) bereitet in der Praxis besondere Schwierigkeiten, da es sich dabei nicht um eine allgemein gültige Erweiterung handelt, sondern diese ausdrücklich in das nationale Fahrerlaubnisrecht des jeweiligen Vertragsstaates übernommen werden muss (siehe nachfolgende Aufstellung). Da es sich u.U. um eine nachträgliche Maßnahme handelt, wird dadurch i.d.R. die im Führerschein enthaltene Klasseneinteilung nicht berührt, was das eigentliche Problem darstellt.

---

1 **Stand:** Dezember 1999 – Bahrain, Belarus, Belgien, Bosnien-Herzegowina, Brasilien, Bulgarien, Côte d'Ivoire (Elfenbeinküste), Dänemark, Deutschland, Estland, Finnland, Frankreich, Georgien, Griechenland, Guyana, Iran, Israel, Italien, Jugoslawien (ehem.), Kasachstan, Kongo (Demokr. Rep.), Kroatien, Kuba, Kuwait, Lettland, Litauen, Luxemburg, Marokko, Mazedonien, Moldau (Rep.), Monaco, Niger, Norwegen, Österreich, Pakistan, Philippinen, Polen, Rumänien, Russische Föderation, San Marino, Schweden, Schweiz, Senegal, Seychellen, Simbabwe, Slowakei, Slowenien, Sowjetunion (ehem.), Südafrika, Tadschikistan, Tschechien, Tschechoslowakei (ehem.), Turkmenistan, Ukraine, Ungarn, Uruguay, Usbekistan, Zentralafrikanische Republik.

| Möglichkeit der Erweiterung des Geltungsbereichs der Führerscheinklasse B nach Artikel 41 Abs. 4 Buchst. a) des WÜ ||||
|---|---|---|---|
| Umsetzung in das nationale Recht der Vertragsparteien als ||| **Keine** Umsetzung in das nationale Recht der jeweiligen Vertragsparteien |
| EU-Staaten[1] | EWR-Staaten[1] | übrige | |
| Belgien<br>Dänemark<br>Deutschland<br>Finnland<br>Frankreich<br>Griechenland<br>Italien<br>Luxemburg<br>Österreich<br>Schweden | Norwegen | Estland<br>Georgien<br>Jugoslawien (ehem.)<br>Kroatien<br>Lettland<br>Mazedonien<br>Monaco<br>Rumänien<br>Russische Föderation<br>Schweiz<br>Slowakei<br>Slowenien<br>Ungarn | Belarus<br>Bosnien-Herzegowina<br>Bulgarien<br>Litauen<br>Polen<br>Tadschikistan<br>Tschechien<br>Ukraine |

Von den übrigen Vertragsstaaten liegen zur Zeit keine Erkenntnisse darüber vor, ob und in welcher Form Artikel 41 Abs. 4 Buchst. a) WÜ angewendet wird.

Führerscheine, die in der früheren Sozialistischen Föderativen Republik Jugoslawien (SFRJ) ausgestellt wurden, haben in

– **Bosnien-Herzegowina** mit Stichtag v. 1.1.1996 (in einer Übergangsfrist wurden von den bosnisch-herzegowinischen Behörden seit 1994 eigene Führerscheine mit den Kennbuchstaben BiH ausgegeben);

– **Kroatien** mit Stichtag v. 4.1.1996 und

– **Slowenien** mit Stichtag v. 25.6.1994 ihre Gültigkeit verloren;

In der Bundesrepublik Jugoslawien sind die Führerscheine, die im früheren Jugoslawien ausgestellt wurden, weiterhin gültig.

---

1 Die Umsetzung erfolgt durch Art. 3 der Rili 91/439/EWG; diese Rili umfasst seit dem 1. 7. 1996 die Gesamtheit des EWR-Raumes. Selbst wenn einige Staaten die Rili noch nicht ganz oder erst teilweise umgesetzt haben, sind die Bestimmungen der Rili gültig – Schreiben der Europäischen Kommission (Genraldirektion Verkehr) v. 16. 10. 1996. Die Rili ist dabei auch auf Großbritannien, Irland, die Niederlande, Portugal und Spanien anwendbar, obwohl diese EU-Staaten keine Vertragsstaaten des WÜ sind; gleiches gilt für die EWR-Vertragsstaaten Island und Liechtenstein.

In der ehemaligen UdSSR ausgestellte Führerscheine haben z.B. in **Lettland** mit Stichtag v. 1.1.1996 ihre Gültigkeit verloren.

**18** Der ausländische Fahrzeugführer hat seine Berechtigung zum Führen eines Kraftfahrzeugs »nachzuweisen«. »**Nachweisen**« ist mehr als das Mitführen, Vorzeigen und Aushändigen; unter »nachweisen« ist beweisen, belegen, nachweislich, den Tatbestand (Besitz der FE) nachgewiesen zu verstehen. Das bedeutet, dass der ausländische Fahrzeugführer den Besitz einer Fahrerlaubnis nachweisen, also beweisen muss.

Es handelt sich um eine materiell-rechtliche Voraussetzung, da das Recht, in Deutschland ein Kraftfahrzeug mit einem ausländischen Führerschein führen zu dürfen, von diesem Nachweis abhängig gemacht wird. Das bedeutet, dass nur der das Recht hat, im Inland ein Kraftfahrzeug zu führen, der seine Berechtigung auch nachweisen kann. Die deutschen Behörden sollen durch diese Regelung davon befreit werden, dem ausländischen Fahrzeugführer, der hier ein Kraftfahrzeug führt, obwohl er den dazu erforderlichen Führerschein nicht im Besitz hat, nachweisen zu müssen, dass er nicht im Besitz der erforderlichen Fahrerlaubnis ist. Dahinter verbirgt sich die logische Konsequenz, dass es in den meisten Fällen für deutsche Behörden praktisch unmöglich ist, den Nachweis der Fahrerlaubnis oder den des Nichtbesitzes zu führen.

Bei der rechtlichen Beurteilung ist zunächst von der Überlegung auszugehen, dass die deutsche Fahrerlaubnis durch einen formgebundenen Verwaltungsakt, nämlich durch Aushändigung des Führerscheins erteilt wird. An diese Fahrerlaubniserteilung knüpft das weitere Recht an und verlangt in § 4 Abs. 2 FeV den Nachweis der Berechtigung. Um dieser Pflicht zu genügen, verlangt § 4 Abs. 2 S. 2 FeV, dass der Führerschein beim Führen von Kraftfahrzeugen mitzuführen und zuständigen Personen auf Verlangen zur Üprüfung auszuhändigen ist. Kann der Kraftfahrzeugführer dieser Verpflichtung nicht nachkommen, ist auch in diesem Fall zunächst vom Verdacht des Fahrens ohne Fahrerlaubnis auszugehen. Im Interesse der Verkehrssicherheit, unter Berücksichtigung des Verkehrsaufkommens, der heutigen Möglichkeiten der Fahrerlaubnisentziehung sowie der Verhängung von Fahrverboten ist eine großzügige Handhabung nicht angezeigt.

Der BGH hat in seinem Entschluss[1] v. 20.10.1954 (4 StR 490/54) dazu ausgeführt:

*»Der herrschenden Ansicht schließt sich der Senat mit folgender Maßgabe an: Wie die vorstehend mitgeteilte Begründung des Regierungsentwurfs zu der dem § 24 Abs. 1 Nr. 1 StVG entsprechenden Vorschrift des § 20 Abs. 1 Nr. 1 KFG ergibt, sollte diese Bestimmung den Verkehrsbeamten die Kontrolle der Fahrzeug-*

---

1 VRS 7, S. 466.

*führer über ihre Berechtigung, ein Kraftfahrzeug im öffentlichen Verkehr zu steuern, erleichtern. Deshalb stellt das Gesetz hier – im Gegensatz zu § 24 Abs. 1 Nr. 2 StVG – nicht auf das Innehaben einer Fahrerlaubnis, sondern auf den Besitz des Führerscheins, also auf die förmliche Seite ab (RGSt. Bd. 72 S. 158, 159). Der § 24 Abs. 1 Nr. 1 StVG betrifft demnach nicht nur den Fall, dass jemand ein Fahrzeug führt, dem eine Fahrerlaubnis und der diese ausweisende Führerschein überhaupt noch nicht erteilt war. Den Tatbestand der Vorschrift erfüllt auch, wer die ihm erteilte Fahrerlaubnis nicht durch einen Führerschein nachweisen kann. Um den Tatbestand des »Fahrens ohne Führerschein« im Sinne dieser Vorschrift auszuschließen, genügt es, wenn der Fahrer in der Lage ist, Auskunft darüber zu geben, wo sich sein Fahrausweis befindet, so dass sich die Kontrollbehörde oder ihre Beamte an Hand des Führerscheins von der Erteilung und dem Fortbestehen der Fahrerlaubnis überzeugen können. In diesem Sinne ist das Tatbestandsmerkmal »besitzen« im § 24 Abs. 1 Nr. 1 StVG auszulegen. . .*

*Wer also den Führerschein auf der Fahrt zufällig nicht bei sich hat (z.B. weil er ihn zu Hause liegen ließ), der »besitzt« ihn noch. Er hat ihn nur im Augenblick nicht zur Hand und wird nach §§ 4, 71 StVZO und nur nach dieser Vorschrift bestraft (RGSt. Bd. 69 S. 350, 353). Wem aber der Führerschein gestohlen, verloren gegangen oder sonst abhanden gekommen ist, der »besitzt« ihn nicht mehr. Er kann sich durch ihn über seine Fahrerlaubnis nicht mehr ausweisen. Fährt er dennoch selbst, ohne sich eine Ersatzurkunde (DA Abs. 2 zu § 10 StVZO) beschafft zu haben, so wird er nach § 24 Abs. 1 Nr. 1 StVG bestraft (RGSt. Bd. 72 S. 158 ff.) sofern der innere Tatbestand gegeben ist.«*

Etwas anderes kann für einen ausländischen Fahrzeugführer nicht gelten. Er muss seinen Führerschein **besitzen**, um seine Berechtigung zum Führen eines Kraftfahrzeugs im Inland **nachweisen** zu können.

In der Literatur wurde dieses Problem – soweit ersichtlich – bisher nicht mehr diskutiert. In der neueren Rechtsprechung haben sich zwei Gerichte, das LG München I[1] und das BayObLG[2] damit beschäftigt.

Kann ein ausländischer Fahrzeugführer seinen Führerschein nicht vorweisen, geht die Entscheidung des LG München I davon aus, dass dem Betroffenen nun eine Gelegenheit zum Nachweis des Führerscheins gegeben werden muss. Dies kann durch die Polizei geschehen, die dem Betroffenen – ggf. auch bei Entgegennahme einer Sicherheitsleistung – eine Frist setzt, innerhalb derer er eine vollständige Ablichtung seines Führerscheins sowie eine amtliche Bestätigung der zuständigen ausländischen Behörde übersendet. Die Nichteinhaltung der

---

1 VRS 66, S. 74.
2 VM 1992, S. 41 (Nr. 48).

Frist würde dann ein Vergehen i.S.d. § 21 Abs. 1 StVG begründen. Diese Entscheidung berücksichtigt einerseits die Intention des § 4 Abs. 1 IntVO (a.F.) und andererseits die Belange der Verkehrssicherheit.

Die Entscheidung des BayObLG geht von der Überlegung aus, dass die Fahrerlaubnis von der Mitführung des Führerscheins nicht abhängt und verweist in diesem Zusammenhang auf die §§ 10 Nr. 2, 14 Nr. 3 IntVO.

> »Diese Bußgeldvorschrift wäre sinnlos, wenn das Nichtmitführen des Führerscheins bereits zur Erfüllung des Tatbestandes i.S.d. § 21 StVG ausreichen würde. Ist aber das Mitführen des Führerscheins bei der Fahrt nicht Voraussetzung der Erlaubnis, in Deutschland ein Fahrzeug zu führen, hängt die Verwirklichung des objektiven Tatbestands von der Existenz und dem Umfang der ausländischen Fahrerlaubnis ab.«

Die Aussage, dass die Fahrerlaubnis nicht von der Mitführung des Führerscheins abhängig ist, ist richtig, sie trifft aber nicht den Kern der Sache, da sie nicht zwischen der unterschiedlichen Bedeutung der Formulierung »nachweisen« und »mitführen« unterscheidet. Unabhängig von der Frage, ob das jeweilige ausländische Fahrerlaubnisrecht zwischen einer Fahrerlaubnis und einem Führerschein unterscheidet, ist allein das durch § 4 Abs. 2 IntVO vermittelte Recht im Inland ein Kraftfahrzeug mit einer ausländischen Fahrerlaubnis führen zu dürfen, ausschlaggebend. Nach Auffassung des BayObLG hängt die Verwirklichung des objektiven Tatbestands von der **Existenz und dem Umfang** der ausländischen Fahrerlaubnis ab; auf die durch § 4 Abs. 2 IntVO verknüpfte Nachweispflicht wird nicht eingegangen.

Verkannt wird auch die Bedeutung der Bußgeldvorschrift der §§ 10 Nr. 2, 14 Nr. 3 IntVO. Wenn einem ausländischen Fahrzeugführer das Recht zugestanden wird, mit einem ausländischen Führerschein im Inland ein Kraftfahrzeug zu führen, und dieses Recht von einer Nachweispflicht abhängig gemacht wird, ist die normierte Mitführungs- und Aushändigungspflicht logisch.

Dieser Ordnungswidrigkeitentatbestand ist auch berechtigt, da ein ausländischer Fahrzeugführer durchaus seinen Führerschein bei der Gastfamilie, im Hotel, auf dem Campingplatz usw. vergessen haben kann; er kann also seiner Nachweispflicht, wenn auch verzögert, nachkommen. Gerade dieser Umstand unterscheidet aber den Ordnungswidrigkeitentatbestand vom Verdacht des Vergehens.

> »Kann ein solcher Fahrzeugführer keines der nach Abs. 1 S. 1 (a.F.) anzuerkennenden Dokumente nachweisen (z.B. weil er seinen ausländischen Führerschein während der Reise verloren hat), **ergeben jedoch die Ermittlungen**, dass er die entsprechende ausländische Fahrerlaubnis besitzt, so ist trotz der Verknüpfung der Fahrberechtigung mit dem Nachweis der genannten Doku-

mente durch den Wortlaut des Absatzes 1 S. 1 nach dem Zweck der Vorschrift anzunehmen, dass kein Fahren ohne Fahrerlaubnis (§ 21 StVG) vorliegt, sondern lediglich ein Verstoß gegen § 10 Nr. 2 IntVO und damit eine Ordnungswidrigkeit nach § 14 Buchst. c IntVO gegeben ist.«[1]

Auch Bouska geht grundsätzlich von der Verknüpfung der Fahrberechtigung mit dem Nachweis der genannten Dokumente aus. Die Aussage »ergeben jedoch die Ermittlungen« kann aber nur so verstanden werden, dass der ausländische Fahrzeugführer seinen Führerschein im Gastland zwar zur Verfügung hat, diesen aber auf Grund eines besonderen Umstandes – auf den sich nun die Ermittlungen beziehen – während dieser Fahrt nicht mitführt.

Damit nicht gemeint ist die Forderung, dem ausländischen Fahrzeugführer nachzuweisen, dass er keine ausländische Fahrerlaubnis besitzt. § 4 Abs. 2 S. 1 IntVO stellt mit der Formulierung »Die Fahrerlaubnis ist durch einen gültigen nationalen oder internationalen Führerschein nachzuweisen« ganz bewusst auf eine Prüfung der formellen Voraussetzungen ab. Die deutschen Behörden sollen dadurch einer nicht zu erfüllenden Pflicht enthoben werden, einem ausländischen Fahrzeugführer nachweisen zu müssen, dass er nicht im Besitz der erforderlichen ausländischen Fahrerlaubnis ist.

Bei einer Fahrzeugüberprüfung erklärte z.B. ein türkische Fahrer, er habe während des Militärdienstes die nationale türkische Fahrerlaubnis erworben, den Führerschein jedoch zwischenzeitlich verloren. Mitgeführt wurde lediglich eine Einstellungsnachricht der Staatsanwaltschaft in der erklärt wird, dass ein hinreichender Verdacht für ein Vergehen nach § 21 StVG nicht gegeben sei und es **Aufgabe der Polizei wäre, zu beweisen, dass die Person keine Fahrerlaubnis besitzt.**

Wenn dadurch die Forderung erhoben wird, dem ausländischen Fahrzeugführer nachzuweisen, dass er keine ausländische Fahrerlaubnis besitzt, um die Strafbarkeit nach § 21 StVG zu begründen, dann wird die Bedeutung des § 21 Abs. 1 StVG verkannt.

Da der ausländische Fahrzeugführer seine Berechtigung nun nicht nachweisen kann, ist die vom Grundsatz des § 2 Abs. 1 StVG abweichende Regelung des § 4 IntVO nicht mehr anwendbar (vgl. auch Rdnr. 2) mit der Folge, dass nun die deutsche Fahrerlaubnis benötigt wird.

Wer aber entgegen der Bestimmung des § 2 Abs. 1 StVG im Inland ein Kraftfahrzeug führt, verwirklicht den Vergehenstatbestand des § 21 StVG. Im Hinblick auf die Stellung des Straftatbestandes innerhalb des StVG bestehen keine Zweifel darüber, dass das Tatbestandsmerkmal des § 21 Abs. 1 Nr. 1 StVG »die

---

1 Bouska »Fahrerlaubnisrecht«, § 4 IntVO, Nr. 13.

dazu erforderliche Fahrerlaubnis nicht hat« auf die Forderung des § 2 Abs. 1 StVG Bezug nimmt. Gemeint ist die von einer deutschen Behörde erteilte Fahrerlaubnis; die Nachweisführung muss sich also darauf erstrecken im nachzuweisen, dass er keine **deutsche** Fahrerlaubnis hat.

In diesem Zusammenhang wird oft die Frage aufgeworfen, wer im konkreten Einzelfall die eigentliche Beweislast trägt; teilweise wird auch (unzutreffender Weise) von einer Beweislastumkehr gesprochen.

Diese Frage, zu wessen Lasten Gültigkeitszweifel an einem vorgelegten Führerschein für die Beurteilung des Vorliegens einer Fahrerlaubnis gehen, wurde in der obergerichtlichen Rechtsprechung zunächst kontrovers beurteilt.

Im Streit um die Umschreibung einer ausländischen Fahrerlaubnis trägt die gemäß § 15 Abs. 3 S. 1 StVZO (a.F.) zur Überprüfung der Gültigkeit der ausländischen Fahrerlaubnis berechtigte Fahrerlaubnisbehörde die Beweislast für die Ungültigkeit.[1]

Kann – nach Erschöpfung der Aufklärungsmöglichkeiten – nicht festgestellt werden, dass der Kläger eine nach dem Recht des Ausstellungslandes wirksame Fahrerlaubnis erworben hat, so geht das bei der Entscheidung über eine prüfungsfreie deutsche Fahrerlaubnis zu Lasten des Klägers (entgegen OVG NW, Beschluss vom 16.5.1991, NZV 91, 444).[2]

Beruft sich der Inhaber eines gefälschten ausländischen Führerscheins darauf, er besitze gleichwohl die ausländische Fahrerlaubnis, so gehört es zu seinen Mitwirkungspflichten, dies etwa unter Vorlage eines neuen Führerscheindokumentes darzutun, genügt er seiner Mitwirkungspflicht nicht, ist eine weitere Aufklärung von Amts wegen nicht veranlasst.[3]

»Der Einwand des Klägers, aus der Vorlage eines gefälschten Führerscheins könne noch nicht geschlossen werden, dass es an der Fahrerlaubnis selbst fehle, bleibt ohne Erfolg. Hierbei wird nicht ausreichend beachtet, dass der Nachweis über eine umschreibungsfähige Fahrerlaubnis grundsätzlich nur mit einem von einer zuständigen Stelle ausgestellten Führerschein erbracht werden kann.

Das ist für deutsche Fahrerlaubnisinhaber in § 2 Abs. 2 StVG ausdrücklich normiert und muss auch für Inhaber ausländischer Fahrerlaubnisse gelten.«

Zur Frage, wer nach § 15 StVZO a.F. die Beweislast dafür trägt, dass im Heimatstaat (hier: Libanon) eine Fahrerlaubnis wirksam erworben wurde (§ 15 Abs. 2 StVZO a.F.) und noch gültig ist (§ 15 Abs. 3 S. 2 StVZO).[4]

---

1 OVG Münster, NZV 1991, S. 444 = DÖV 1992, S. 38.
2 OVG Bremen, DAR 1993, S. 108.
3 VGH Bad.-Württ., VM 1995, S. 24 (Nr. 25).
4 BVerwG, VM 1995, S. 10 (Nr. 9).

»Nach den Regeln der materiellen Beweislast geht die Nichterweislichkeit der anspruchsbegründenden Tatsache zu Lasten dessen, der daraus für sich günstige Rechtsfolgen herleitet, sofern nicht das materielle Recht eine andere Verteilung der Beweislast vorsieht. Von diesem Grundsatz ist das BG zutreffend ausgegangen. Nach seinen tatsächlichen Feststellungen, die mit begründeten Verfahrensrügen nicht angegriffen wurden und deshalb für das BVerwG maßgebend sind (§ 137 Abs. 2 VwGO), ist nicht aufklärbar, ob der Kl. im Libanon eine Fahrerlaubnis (wirksam) erworben hat und ob die von ihm dazu vorgelegten Unterlagen richtig und echt sind. Die Nichterweislichkeit dieser anspruchsbegründenden Tatbestandsvoraussetzung geht daher zu seinen Lasten.«

Es kann durchaus die Ansicht vertreten werden, dass ein ausländischer Fahrzeugführer, der für sich das Recht in Anspruch nehmen will, mit seiner ausländischen Fahrerlaubnis im Inland ein Kraftfahrzeug zu führen, zunächst nachweisen muss, dass er eine solche besitzt. Kann er diese anspruchsbegründende Tatsache nicht nachweisen, geht die Beweislast zu seinen Lasten. Von dieser Überlegung kann auch das LG München I ausgegangen sein, indem es dem ausländischen Kraftfahrzeugführer eine Gelegenheit zum nachträglichen Nachweis des Führerscheins einräumte.

Wird von dieser Gelegenheit kein Gebrauch gemacht, weil der ausländische Fahrzeugführer z.B. keine Fahrerlaubnis besitzt, ist konsequenterweise von einem Fahren ohne Fahrerlaubnis i.S.d. § 21 Abs. 1 StVG auszugehen, da er die nun erforderliche deutsche Fahrerlaubnis nicht besitzt. Im Interesse der Verkehrssicherheit, aber auch des Betroffenen selbst, sind die nun erforderlichen Maßnahmen einzuleiten und die Weiterfahrt zu unterbinden.

Wer eine ausländische Fahrerlaubnis besitzt und die Voraussetzungen hinsichtlich des »ordentlichen Wohnsitzes« erfüllt, darf **auf Grund seiner ausländischen Fahrerlaubnis** im Inland Kraftfahrzeuge führen. Er muss allerdings über die in § 4 Abs. 2 S. 1 IntVO abschließend genannten Dokumente verfügen, diese bei jeder Fahrt mitführen und auf Verlangen vorzeigen (§ 10 Nr. 2 IntVO). 19

»Ausländische nationale Führerscheine« nach S. 2, die

1. nicht in deutscher Sprache abgefasst sind,
2. nicht in einem anderen Mitgliedstaat der EU oder EWR-Vertragsstaat ausgestellt worden sind oder
3. nicht dem Anhang 6[1] WÜ entsprechen, müssen mit einer **deutschen Übersetzung**[2] versehen sein.

---
1 Muster siehe Texte S. 328.
2 Grünning, »Probleme bei der Übersetzung/Umschreibung osteuropäischer Führerscheine«, NZV 1994, S. 169.

Für die Übersetzung zuständige Stellen – siehe § 1, Rdnr. 12. Auch für die Übersetzung gilt die **Mitführungs- und Vorzeigepflicht** aus § 10 Nr. 3 IntVO.

Auf die danach erforderliche Übersetzung wurde jedoch in bestimmten Fällen aus § 4 Abs. 2 S. 2 IntVO heraus verzichtet. Dieser Verzicht basiert auf der Grundlage der Gegenseitigkeit im Verhältnis zu zahlreichen Staaten.[1] Diese Gegenseitigkeitsabkommen sind allerdings durch die spätere Fassung des § 4 Abs. 1 (heute Abs. 2) IntVO weitgehendst als »überholt« anzusehen, da in ihr auf eine Übersetzung der oben unter Nr. 2 und 3 aufgeführten Dokumente verzichtet wurde bzw. wird.

20 Für Personen, die ihren ständigen Aufenthalt in einem Staat haben, der bestimmte Kraftfahrzeuge nicht der Führerscheinpflicht unterwirft, genügt als Nachweis die Bescheinigung einer Behörde des Heimatstaates oder eines amtlich anerkannten Automobilclubs über die Führerscheinfreiheit.[2] Eine Übersetzung der Bescheinigung ist in gleichem Umfang erforderlich wie bei den übrigen Führerscheinen.

Die Aussage bezog sich damals insbesondere auf belgische Kraftfahrzeugführer i.V.m. der damals bestehenden belgischen Führerscheinfreiheit. Heute dürfte es wohl kaum noch Länder geben, die das Führen mehrspuriger Kraftfahrzeuge erlaubnisfrei halten; etwas anders liegt der Fall beim Führen von Motorfahrrädern.

Nach Artikel 3 Abs. 5 WÜ sind die Vertragsparteien gehalten, zum internationalen Straßenverkehr in ihrem Hoheitsgebiet die Fahrräder und die Motorfahrräder zuzulassen, welche den in Kapitel V festgelegten technischen Bedingungen entsprechen und deren Führer ihren ordentlichen Wohnsitz im Hoheitsgebiet einer anderen Vertragspartei haben. Eine Vertragspartei kann nicht verlangen, dass die Führer von Fahrrädern oder Motorfahrrädern im internationalen Verkehr Besitzer eines Führerscheins sind; jedoch können die Vertragsparteien, die nach Artikel 54 Abs. 2 eine Erklärung abgegeben haben, welche die Motorfahrräder den Krafträdern gleichstellt, von den Führern von Motorfahrrädern im internationalen Verkehr einen Führerschein verlangen.

Deutschland hat dazu folgende Erklärung abgegeben: »Für die Anwendung des Übereinkommens über den Straßenverkehr stellt die Bundesrepublik Deutsch-

---

1 Andorra, Belgien, Dänemark, Finnland, Frankreich, Griechenland, Großbritannien, Irland, Italien, Luxemburg, Monaco, Neuseeland, Niederlande, Norwegen, Österreich, Portugal, San Marino, Schweden, Schweiz, Spanien, Senegal, Ungarn, Zypern. Mit Ausnahme von Neuseeland und Senegal gilt dieser Verzicht auch für die von den Behörden dieser Staaten ausgestellten ausländischen Zulassungsscheine.
2 VkBl. 1961, S. 415; die Verltb. wurde bisher – soweit bekannt – nicht aufgehoben, dürfte aber durch das WÜ von 1968 an Aktualität verloren haben.

land die Motorfahrräder den Krafträdern gleich (Artikel 3 Abs. 5; Artikel 54 Abs. 2).[1]

Aber schon in der Verltb. v. 29.7.1961, VkBl. 1961, S. 415, führte der BMV aus:

»Fahrräder mit Hilfsmotor sind in den meisten europäischen Staaten führerscheinfrei, vor allem in den Niederlanden, in Frankreich und in Österreich. Die Führer dieser Fahrzeuge werden in der Regel keinen Führerschein besitzen und von der Forderung, Bescheinigungen über die Führerscheinfreiheit mitzuführen, oft noch nichts wissen, weil diese Forderung erst seit dem 1. April 1961 erhoben wird.

Zur Vermeidung unnötigen Schriftverkehrs empfehle ich, bei außerdeutschen Führern der aus dem Ausland mitgebrachten Fahrrädern mit Hilfsmotor einen Fahrausweis oder eine Bescheinigung über die Führerscheinfreiheit erst zu verlangen, wenn ich auf Grund der Auskünfte der ausländischen Regierungen eine Liste der Staaten bekanntgegeben habe, die die Fahrräder mit Hilfsmotor der Fahrerlaubnispflicht ganz oder teilweise unterworfen haben. Die Kontrollen könnten sich dann auf Führer solcher Fahrzeuge aus diesen Staaten beschränken.«

Eine entsprechende Liste ist nicht bekannt. Mit den Fahrrädern mit Hilfsmotor dürften die heutigen Mofas gemeint sein, deren Prüfbescheinigungspflicht (§ 5 Abs. 1 FeV) damals noch nicht bestand. Nach § 5 Abs. 1 S. 2 FeV ist, wer eine zum Führen von Kraftfahrzeugen im Inland berechtigende ausländische Erlaubnis besitzt, von der Prüfbescheinigungspflicht befreit. Zur Frage der Führung von Motorfahrrädern gibt es widersprüchliche Aussagen am Beispiel Österreichs.

a) Im Rahmen von § 4 IntVO ist für die Berechtigung, in der Bundesrepublik Deutschland ein Kraftfahrzeug führen zu können, grundsätzlich das Recht des Heimatstaates des Besuchers maßgeblich. Wer in seinem Heimatstaat berechtigt ist, ein Kraftfahrzeug zu führen, darf dieses im internationalen Verkehr unter denselben Bedingungen auch in der Bundesrepublik Deutschland.

Die betreffenden Mopedfahrer aus Österreich benötigen hier also keinen Führerschein. Ein Nachweis über die Führerscheinfreiheit wird von den deutschen Behörden grundsätzlich nicht verlangt. Wer jedoch Rückfragen vermeiden möchte, die sich insbesondere bei Reisen über das Grenzgebiet hinaus ergeben können, sollte einen solchen Nachweis mit sich führen.[2]

---

1 Bekanntmachung über das Inkrafttreten der Übereinkommen über den Straßenverkehr und über Straßenverkehrszeichen und der Europäischen Zusatzübereinkommen zu diesen Übereinkommen v. 1. August 1979, BGBl. 1979 II, S. 932.
2 Schreiben des BMV v. 4. 6. 1987, Az StV 11/6 V 87.

Österreich hat z.B. mit Wirkung v. 1.7.1991 auf Grund der 13. KFG-Novelle für das Motorfahrrad (bbH von 40 km/h) den in § 68a KFG festgelegten Mopedausweis eingeführt. Dieser Mopedausweis stellt keinen Führerschein dar, er entspricht der deutschen Prüfbescheinigung i.S.d. § 5 Abs. 1 FeV.

b) Eine Mitführung des österreichischen Mopedausweises kann (über § 10 IntVO) nicht gefordert werden, da es sich nicht um einen Führerschein handelt. Im Zusammenhang mit Artikel 3 Abs. 5, 54 Abs. 2 WÜ ist jedoch zu beachten, dass nach deutschem Recht (§ 5 Abs. 1 FeV) motorisierte Zweiräder, die die technischen Anforderungen des Mofas erfüllen, führerscheinfrei sind. Für alle anderen Krafträder, die die Kriterien des § 5 FeV nicht erfüllen, ist ein Führerschein erforderlich und mitzuführen.[1]

Entsprechend dem Territorialitätsprinzip gilt in Deutschland zunächst deutsches Recht. Ob für das Führen eines Kraftfahrzeugs in Deutschland eine Fahrerlaubnis erforderlich ist und um welche Fahrerlaubnis es sich ggf. handeln muss, richtet sich nach § 2 StVG i.V.m. §§ 4 ff. FeV. Zur Erleichterung des internationalen Kraftfahrzeugverkehrs und in Erfüllung der Verpflichtungen aus dem IntAbk und dem WÜ sah und sieht das in Änderung und Ergänzung des Gesetzes über den Verkehr mit Kraftfahrzeugen v. 3.5.1909[2] am 19.12.1959 neu bekanntgemachte StVG[3] in § 6 Abs. 1 Nr. 2 vor, dass Ausnahmen von dem Erfordernis, eine deutsche Fahrerlaubnis zu besitzen, für ausländische Fahrzeugführer gemacht werden können. Dies ist durch § 4 IntVO in der jeweils gültigen Fassung geschehen.

Bei einer fahrerlaubnisrechtliche Beurteilung sind daher im Verhältnis der Vertragsparteien die Regelung des IntAbk bzw. die des WÜ zu beachten. Eine fahrerlaubnisfreie Führung kommt danach nur bei den Motorfahrrädern in Betracht. Diese sind nach deutschem Recht als Mofas definiert und im Inland fahrerlaubnisfrei. Alle anderen motorisierten Zweiradfahrzeuge sind auf Grund des deutschen Vorbehalts fahrerlaubnispflichtig.

**21** *Amtliche Begründung der Neufassung zu § 4 Abs. 3 IntVO v. 18.8.1998 (VkBl. 1998, S. 1100):*

»**Absatz 3** nennt die Fälle, in denen eine ausländische Fahrerlaubnis nicht anerkannt wird. Nummer 1 entspricht § 4 Abs. 1 S. 2 der Verordnung über internationalen Kraftfahrzeugverkehr a.F. Nummer 2 übernimmt im ersten Halbsatz die Regelung aus dem früheren § 4 Abs. 2 Buchst. a und aus Artikel 4 Nr. 1 Verordnung zur Umsetzung der Richtlinie 91/439/EWG des Rates vom 29. Juli 1991 über den Führerschein und zur Änderung straßenverkehrsrechtlicher

---
1 Schreiben des BMV v. 28. 2. 1993, Az StV 11/6 V 93.
2 RGBl. 1909 I, S. 437.
3 BGBl. 1953 I, S. 832.

Vorschriften vom 19. Juni 1996 (BGBl. I S. 885). Personen, die sich ausschließlich zum Zwecke des Besuchs einer Hochschule oder Schule in einem anderen EU- oder EWR-Staat aufhalten, behalten ihren ordentlichen Wohnsitz im Inland (vgl. § 7 der Fahrerlaubnis-Verordnung). Gleichwohl können sie in dem betreffenden EU- oder EWR-Staat nach der Richtlinie eine Fahrerlaubnis erwerben, sofern sie sich dort mindestens sechs Monate aufhalten (vgl. Artikel 7 Abs. 1 Buchstabe b der Richtlinie). Diese Fahrerlaubnis muss auch im Inland anerkannt werden.

Nummer 3 entspricht § 4 Abs. 2 Buchstabe b und c a.F. Anders als bisher berechtigt aber eine ausländische Fahrerlaubnis nach Ablauf der vom Gericht verhängten Sperre nicht wieder automatisch zum Führen von Kraftfahrzeugen im Inland. Dies beruht auf der Änderung von § 69b StGB durch Artikel 3 Nr. 4 des Gesetzes zur Änderung des Straßenverkehrsgesetzes und anderer Gesetze vom 24. April 1998 (BGBl. I S. 747). Mit der Entziehung erlischt danach das Recht zum Führen von Kraftfahrzeugen im Inland. Die Entziehung hat nicht mehr nur die Wirkung eines Verbots, während der Sperre im Inland Kraftfahrzeuge zu führen. Nummer 3 enthält die notwendige Anpassung an die geänderte Rechtslage.

Nummer 4 stellt klar, dass die Berechtigung nach Absatz 1 trotz formellen Bestehens der Fahrerlaubnis auch dann nicht gilt, wenn die Inhaber im Inland einem Fahrverbot unterliegen. Dasselbe gilt für den Fall, dass der Staat, der die Fahrerlaubnis erteilt hatte, oder der Wohnsitzstaat ein Fahrverbot ausgesprochen hat. Der Fall, dass in einem Drittstaat ein Fahrverbot besteht, ist ausgenommen, da der Betreffende in der Regel trotzdem im Besitz seines Führerscheins sein wird und sich das bestehende Fahrverbot nicht kontrollieren lässt.«

Abs. 3 Nr. 1 entspricht Artikel 41 Abs. 1 S. 2 WÜ und § 4 Abs. 1 S. 2 IntVO (a.F.) **Lernführerscheine** sind solche Fahrausweise, die – i.d.R. nach einer theoretischen Prüfung – mit der Maßgabe zum Führen von Kraftfahrzeugen berechtigen, dass der Lernende dabei von dem Inhaber einer vollgültigen Fahrerlaubnis begleitet wird.

Andere **vorläufig ausgestellte Führerscheine** sind i.d.R. solche, die spezielle nationale Verwaltungsverfahren im Zusammenhang mit der Fahrerlaubniserteilung und/oder -erweiterung regeln und daher sehr unterschiedlich sein können. Auch das deutsche Fahrerlaubnisrecht kennt den vorläufigen Fahrausweis.

Es gibt Fälle, in denen der Kraftfahrzeugführer aus tatsächlichen Gründen nicht in der Lage ist, der Forderung des § 4 Abs. 2 FeV nachzukommen, da er seinen Führerschein der unteren Verwaltungsbehörde zur

– Erneuerung/Erweiterung vorgelegt oder

– als verloren/gestohlen gemeldet hat.

In diesen Fällen ist die Verwaltungsbehörde aufgrund landesrechtlicher Regelung nach § 74 Abs. 1 Nr. 1 FeV ermächtigt, vorläufige Fahrausweise auszustellen. Der vorläufige Fahrausweis ist nur im Zusammenhang mit einem Identitätspapier gültig und zeitlich befristet. Es ist daher verständlich, dass solche vorläufig ausgestellte Fahrausweise nicht zur Teilnahme am internationalen Straßenverkehr berechtigen. Ein Indiz für einen vorläufig ausgestellten Fahrausweis ist das fehlende Lichtbild bzw. eine Fotokopie vom Originalführerschein (mit oder ohne Zusätze), da auch im internationalen Straßenverkehr fotokopierte Führerscheine grundsätzlich nicht anerkannt werden.

In Portugal liegt z.B. zwischen der Prüfung und Ausstellung des Führerscheins ein längerer Zeitraum, der durch Ausstellung einer Bescheinigung, die zum Führen von Kraftfahrzeugen in Portugal berechtigt, überbrückt wird. Diese Bescheinigung berechtigt jedoch nicht zum Führen von Kraftfahrzeugen im Ausland.[1]

Nicht »vorläufig« i.d.S. sind Führerscheine, die zunächst nur befristet oder »auf Probe« erteilt werden (vergleichbar dem § 2a StVG). Besondere Verhaltensvorschriften für Fahranfänger berühren die Anerkennung im Rahmen des § 4 Abs. 1 IntVO nicht.

Bei der vom Bundesstaat Minnesota (USA) erteilten »Driver's License Provisional«, die an Personen zwischen 16 und 19 Jahren ausgegeben wird und eine Geltungsdauer von höchstens 3 Jahren besitzt, handelt es sich nicht um einen Lernführerschein oder einen anderen nur vorläufig geltenden Führerschein oder Fahrausweis i.S.v. § 4 (1) S. 2 IntVO (a.F.), sondern um eine zwar befristete, aber vollgültige Fahrerlaubnis, die unter den weiteren Voraussetzungen des § 15 Abs. 2 bis 4 StVZO in eine deutsche Fahrerlaubnis »umgeschrieben« werden kann.[2]

Die an Personen über 19 Jahre erteilte »Regular Driver's License« hat eine Geltungsdauer von 4 Jahren und muss vor Zeitablauf immer wieder erneuert werden.

23 Abs. 3 Nr. 2 entspricht im 1. Halbsatz der Regelung aus Artikel 41 Abs. 6 Buchst. b WÜ und § 4 Abs. 2 Buchst. a) IntVO (a.F.) und übernimmt ohne inhaltliche Änderung den Grundsatz, dass durch die Begründung des **ordentlichen Wohnsitzes** im Inland die örtlich und sachliche Zuständigkeit der deutschen Behörden begründet wird und diese entsprechend dem Territorialitäts-

---

1 Schreiben des Consulado-General de Portugal em Estugarda, Stuttgart v. 5. 5. 1998.
2 VG Braunschweig, NZV 1991, S. 447.

prinzip über das Recht entscheiden, ob jemand im Inland ein Kraftfahrzeug führen darf oder nicht. Diese Regelung betrifft insbesondere die Angebote von Ferienfahrschulen während eines Urlaubes im Ausland beziehungsweise diejenigen, die durch einen Scheinwohnsitz im Ausland einer Entziehung der Fahrerlaubnis im Inland begegnen wollen.

In Deutschland werben inzwischen mehrere Firmen mit dem Angebot, Personen, denen hier die Fahrerlaubnis wegen Nichteignung versagt wurde, beim Erwerb der Fahrerlaubnis in den Niederlanden oder Frankreich behilflich zu sein. Diese Firmen übermitteln den Antrag an eine Vertragsfahrschule in Frankreich oder Holland, welche dann die Ausbildung und Anmeldung zur Prüfung übernimmt. Die Interessenten melden sich in Deutschland ab und im jeweiligen Land an. Dabei wird offenbar darauf geachtet, dass die Wohnsitzverlegung länger als ein halbes Jahr dauert. Es wird außerdem empfohlen, im Ausland ein Gewerbe anzumelden.

§ 4 Abs. 3 Nr. 2 IntVO schließt die Fahrberechtigung im Inland auf Grund einer ausländischen Fahrerlaubnis dann aus, wenn der Betreffende im Zeitpunkt der Erteilung der ausländischen Fahrerlaubnis seinen ordentlichen Wohnsitz im Inland hatte.[1] Ein ordentlicher Wohnsitz im Ausland wird nicht dadurch begründet, dass man sich hier abmeldet und seinen Wohnsitz ins Ausland verlegt. Die Wohnsitzverlegung kann nur ein Indiz sein, beweist aber nicht schon die Aufgabe des ordentlichen Wohnsitzes im Inland (vgl. dazu Rdnr. 8 und 9).

Im 2. Halbsatz wird die Regelung aus § 4 Nr. 1 der VO zur Umsetzung der Rili 91/439/EWG v. 29.7.1991 übernommen. Personen, die sich ausschließlich zum Zwecke des Besuchs einer Hochschule oder Schule in einem anderen EU- oder EWR-Staat aufhalten, behalten nach § 7 Abs. 2 FeV ihren ordentlichen Wohnsitz im Inland. Allerdings können sie in dem betreffenden EU- oder EWR-Staat eine Fahrerlaubnis erwerben, sofern sie sich dort mindestens sechs Monate aufhalten (siehe auch Rdnr. 11).

Damit werden deutsche Schüler und Studenten, die Hochschulen oder Schulen in anderen EU-/EWR-Staaten besuchen, den ausländischen Schülern und Studenten aus diesen Staaten gleichgestellt (vgl. § 7 Abs. 3 FeV). Sind die Voraussetzungen erfüllt, dürfen sie mit dieser Fahrerlaubnis auch im Inland ein Kraftfahrzeug führen. Unschädlich ist, wenn sie während dieses Zeitraums in verschiedenen Staaten der EU oder des EWR Hochschulen oder Schulen besuchen bzw. besucht haben.

Abs. 3 Nr. 3 entspricht Artikel 42 Abs. 6 WÜ und § 4 Abs. 2 Buchst. b) IntVO 24 (a.F.) und will verhindern, dass der Betroffene nach Entzug der deutschen

---
1 LG Aurich, VM 1961, S. 89 (Nr. 145); OLG Hamm, NJW 1963, S. 1262; BVerwG, DÖV 1984, S. 432 = VRS 66, S. 302; VG Frankfurt/M., NZV 1992, S. 296.

### Verordnung über internationalen Kraftfahrzeugverkehr

Fahrerlaubnis seinen ordentlichen Wohnsitz in das Ausland verlegt, dort eine Fahrerlaubnis erwirbt und auf Grund dieser Fahrerlaubnis zunächst bei vorübergehenden Aufenthalt im Inland und später nach Rückübersiedlung Kraftfahrzeuge im Inland führt.[1]

Erfasst wird die vorläufige Entziehung der Fahrerlaubnis nach § 111a StPO bzw. die endgültige Entziehung nach § 69 StGB i.V.m. einer zu verhängenden Sperre nach § 69a StGB. Voraussetzung dafür ist die vermutete bzw. festgestellte Ungeeignetheit des Betroffenen zum Führen von Kraftfahrzeugen, auf die Art seiner Erlaubnis kommt es dabei nicht an. Wird die vorläufige Entziehung nach § 111a Abs. 2 StPO aufgehoben, leben die Rechte aus § 4 Abs. 1 IntVO wieder auf.

Dies galt nach dem alten Recht auch für den Fall, dass dem ausländischen Fahrzeugführer die Fahrerlaubnis nach § 111a Abs. 6 StPO (vorläufige Entziehung) bzw. § 69b StGB entzogen und eine Sperrfrist nach § 69a StGB verhängt wurde für den Fall der abgelaufenen Sperrfrist.

Durch diese Vorschriften wurde dem ausländischen Fahrzeugführer unmittelbar das Recht entzogen, im Inland ein Kraftfahrzeug zu führen. Heute berechtigt eine ausländische Fahrerlaubnis nach Ablauf der vom Gericht verhängten Sperrfrist **nicht** wieder automatisch zum Führen von Kraftfahrzeugen im Inland. Dies beruht auf der Änderung des § 69b StGB[2].

§ 69 b StGB (a.F.)
(1) Darf der Täter nach den für den internationalen Kraftfahrzeugverkehr geltenden Vorschriften im Inland Kraftfahrzeuge führen, ohne dass ihm von einer deutschen Behörde ein Führerschein erteilt worden ist, so hat die Entziehung der Fahrerlaubnis die **Wirkung eines Verbots, während der Sperre** im Inland Kraftfahrzeuge zu führen, soweit es dazu im innerdeutschen Verkehr einer Fahrerlaubnis bedarf.

§ 69 b StGB (n.F.)
(1) Darf der Täter auf Grund einer im Ausland erteilten Fahrerlaubnis im Inland Kraftfahrzeuge führen, ohne dass ihm von einer deutschen Behörde eine Fahrerlaubnis erteilt worden ist, so hat die Entziehung der Fahrerlaubnis die Wirkung **einer Aberkennung des Rechts**, von der Fahrerlaubnis im Inland Gebrauch zu machen. Mit der Rechtskraft der Entscheidung **erlischt das Recht zum Führen von Kraftfahrzeugen im Inland**. Während der Sperre darf weder das Recht, von der ausländischen Fahrerlaubnis wieder Gebrauch zu machen, noch eine inländische Fahrerlaubnis erteilt werden.

---
1 OLG Hamm, VRS 67, S. 457; Slapnicar, »Teilnahme des Inhabers eines ausländischen Führerscheins nach Entzug der deutschen Fahrerlaubnis«, NJW 1985, S. 2861.
2 Gesetz zur Änderung des Straßenverkehrsgesetzes und anderer Gesetze v. 24. 4. 1998 (BGBl. 1998 I, S. 747).

Abs. 3 Nr. 3 erfasst nun auch die Entziehung der Fahrerlaubnis nach § 3 Abs. 1 StVG durch die Verwaltungsbehörde, die zuvor in § 4 Abs. 2 Buchst. c) IntVO (a.F.) zu finden war. Widerspruch und Anfechtungsklage haben zwar nach § 80 Abs. 1 VwGO aufschiebende Wirkung, die jedoch nach Abs. 2 Nr. 4 versagt wurde (sofort vollziehbar). »Bestandskräftig versagt« deutet dabei auf die rechtskräftige Entziehung nach § 3 Abs. 1 StVG hin. Als weiterhin ungeeignet anzusehen ist auch derjenige, der z.B. nach einer Entziehung auf die Wiedererteilung der deutschen Fahrerlaubnis verzichtet, da er die Beibringung eines MPU-Gutachtens fürchtet und deswegen auf eine ausländische Fahrerlaubnis ausweichen will.

Abs. 3 Nr. 4 stellt klar, dass die Berechtigung nach Abs. 1 trotz formellen Bestehens der Fahrerlaubnis auch dann nicht gilt, wenn die Inhaber im Inland einem Fahrverbot unterliegen. Dasselbe gilt für den Fall, dass der Staat, der die Fahrerlaubnis erteilt hatte, oder der Wohnsitzstaat ein Fahrverbot ausgesprochen hat. 25

In diesen Fällen, davon geht § 4 Abs. 3 Nr. 4 wohl aus, ist der Führerschein, der deutschen Regelung vergleichbar, in amtliche Verwahrung zu geben. Ist das nicht der Fall, ist die Berechtigung zum Führen eines Kraftfahrzeugs im Inland durch den ausländischen Führerschein nachgewiesen; ein möglicherweise verhängtes Fahrverbot dann nicht kontrollierbar. Die Regelung geht offensichtlich auf Harmonisierungsbestrebungen der Strafvollstreckung innerhalb der EU zurück, lässt aber außer Betracht, dass es innerhalb der EU keine Harmonisierung des Verkehrsrechts gibt. Aus der amtlichen Begründung ist nicht zu entnehmen, welche Überlegungen den Verordnungsgeber zu dieser Änderung bewogen haben.

Der Fall, dass in einem Drittstaat ein Fahrverbot besteht, ist ausgenommen, da der Betreffende in der Regel trotzdem im Besitz seines Führerscheins sein wird, keine Eintrag in denselben erfolgt und sich das bestehende Fahrverbot daher nicht kontrollieren lässt.[1]

»Nach **Absatz 4** muss der von einer der in Absatz 3 Nr. 3 genannten Entscheidungen Betroffene das Recht, von seiner Fahrerlaubnis im Inland wieder Gebrauch machen zu können, beantragen. Dabei wird nicht auf die Regelungen für die Neuerteilung einer Fahrerlaubnis nach vorangegangener Entziehung in der Fahrerlaubnis-Verordnung Bezug genommen, weil die ausländische Fahrerlaubnis weiter bestanden hat und der Betreffende im Ausland fahren konnte. 26

Es muss vielmehr nur nachgewiesen werden, dass die Gründe, die zur Aberkennung des Rechts geführt haben, nicht mehr bestehen. Zuständig ist nach § 13 der Verordnung über internationalen Kraftfahrzeugverkehr in Verbindung mit

---
1 Siehe dazu § 8, Rdnr. 4.

§ 73 Abs. 3 der Fahrerlaubnis-Verordnung jede untere Verwaltungsbehörde. Bei einer verwaltungsbehördlichen Entziehung sollte der Antrag zweckmäßigerweise bei der Behörde gestellt werden, die die Entziehung ausgesprochen hat.«

## § 5

**Als vorübergehend im Sinne des § 1 Abs. 1 gilt ein Zeitraum bis zu einem Jahr; der Zeitablauf beginnt**

**a) bei Internationalen Zulassungsscheinen nach dem Internationalen Abkommen über Kraftfahrzeugverkehr vom 24. April 1926 mit dem Ausstellungstage,**

**b) bei ausländischen Zulassungsscheinen mit dem Tage des Grenzübertritts.**

### Änderungen

1. Neufassung des § 5 durch die »Dritte Verordnung zur Änderung straßenverkehrsrechtlicher Vorschriften« v. 23. November 1982; amtliche Begründung VkBl. 1982, S. 495.

### Übersicht

|  | Rdnr. |
|---|---|
| Amtliche Begründung | 1 |
| Bedeutung der Vorschrift | 2 |
| »Vorübergehend« i.S.d. § 1 | 3 |

Die »3. VO zur Änderung straßenverkehrsrechtlicher Vorschriften« enthält im wesentlichen die Umsetzung der Ersten Richtlinie des Rates der Europäischen Gemeinschaft zur Einführung eines EG-Führerscheins v. 4. Dezember 1980 in das nationale Recht. **1**

*Amtliche Begründung zur Änderung der IntVO v. 23.11.1982 (VkBl. 1982, S. 488):*

»Die in Artikel 2 der Verordnung enthaltenen Änderungen der IntVO sind bewusst auf die zur Umsetzung der EG-Richtlinie und der Einführung des Musters des Internationalen Führerscheins nach dem Wiener Übereinkommen zwingend erforderlichen Regelungen sowie auf die sich daraus aus Rechtsgründen ergebenden Folgeänderungen beschränkt.

Die aus dem Jahre 1934 stammende IntVO ist zwar in ihrer Gesamtheit reformbedürftig. Vor einer grundlegenden Novellierung sind jedoch zahlreiche Grundsatzfragen – insbesondere zur Zulassung von Fahrzeugen, zur Gestaltung des sog. »Zollkennzeichens«, etc. – zu klären. Der von der EG-Richtlinie gesetzte Zeitraum zur Umsetzung der obligatorischen Regelungen bis zum 1. Januar 1983 reicht hierfür nicht aus. Die Verordnung verzichtet daher bewusst auch auf die an zahlreichen Stellen nötige Ersetzung veralteter Begriffe, um von vornherein den Eindruck zu vermeiden, dass nicht nur die Formalien geändert, sondern auch der materielle Gehalt der Vorschrift vom Verordnungsgeber geprüft und gebilligt worden wäre.«

2 Die durch die 3. ÄnderungsVO neugefasste Vorschrift des § 4 IntVO stellte darauf ab, dass der ausländische Fahrzeugführer im Geltungsbereich der IntVO »keinen ständigen Aufenthalt« hat oder dass »seit der Begründung eines ständigen Aufenthalts im Geltungsbereich der IntVO nicht mehr als 12 Monate verstrichen sind«. Der überkommene Begriff des »vorübergehenden Verkehrs« spielte damit für den fahrerlaubnisrechtlichen Bereich keine Rolle mehr. Die Änderung des § 5 folgte aus der Neufassung des § 4 IntVO. Der Begriff des »vorübergehenden Verkehrs« war nun nur noch für den Fahrzeugbereich von Bedeutung.

Eine weitere Einschränkung des § 5 erfolgte durch die Änderung des § 1 Abs. 1 IntVO durch die »7. VO zur Änderung straßenverkehrsrechtlicher Vorschriften« v. 2.12.1988. Zwar ergab sich begrifflich, was unter »vorübergehenden Verkehr« zu verstehen ist, nach wie vor aus § 5 der VO. Es erfolgte jedoch eine weitere Einschränkung des vorübergehenden Verkehrs, da von nun an für das ausländische Fahrzeug im Inland kein regelmäßiger Standort bestehen durfte. Das bedeutet, dass ausländische Fahrzeuge mit einem regelmäßigen Standort im Inland unverzüglich nach der StVZO zugelassen werden müssen. Die auf den internationalen Straßenverkehr ausgerichteten Bestimmungen der IntVO sind auf sie nicht mehr anwendbar.

Es sind kaum Fälle denkbar, in denen sich ein ausländisches Fahrzeug bis zu einem Jahr im Inland aufhält, ohne hier einen regelmäßigen Standort zu begründen. Die zeitliche Befristung des »vorübergehenden Verkehrs« auf ein Jahr ist daher heute nahezu bedeutungslos.

3 Formal bestimmt § 5 IntVO den Zeitraum für den **»vorübergehenden Verkehr«**; er beträgt ein Jahr. Der Zeitablauf beginnt bei Internationalen Zulassungsscheinen nach dem IntAbk mit dem Ausstellungstag. Die zeitliche Dauer des Aufenthalts in Deutschland ist dabei unbeachtlich, eine Verlängerung der Geltungsdauer ist nicht möglich. Nach Ablauf der Geltungsdauer ist daher ein neuer Internationaler Fahrzeugschein auszustellen.[1]

Bei ausländischen Zulassungsscheinen beginnt die Frist mit dem Tag des Grenzübertritts. Kann der Tag der Einreise nicht genau festgestellt werden, sollte der Tag der polizeilichen Anmeldung, Tag der ausländerpolizeilichen Erfassung oder der Tag der Arbeitsaufnahme zur Begründung der Jahresfrist angenommen werden.

---

1 VkBl. 1963, S. 264.

## § 6

### (aufgehoben)

Mit der Streichung des § 6 IntVO durch die »7. VO zur Änderung straßenverkehrsrechtlicher Vorschriften« v. 2. Dezember 1988 wurde die gesamte Regelung über das länglich-runde **Zollkennzeichen** aufgehoben. Für die Fahrzeuge, die aus Deutschland ausgeführt werden sollen, ist nun nach § 7 Abs. 2 das Ausfuhrkennzeichen vorgesehen.

## § 7

(1) Für Kraftfahrzeuge oder Kraftfahrzeuganhänger, für die nach § 23 der Straßenverkehrs-Zulassungs-Ordnung ein amtliches Kennzeichen zugeteilt ist, wird auf Antrag ein Internationaler Zulassungsschein nach Artikel 4 und Anlage B des Internationalen Abkommens über Kraftfahrzeugverkehr vom 24. April 1926 (RGBl. 1930 I, S. 1234) ausgestellt.

(2) Soll ein zum Verkehr nicht zugelassenes Kraftfahrzeug, das im Geltungsbereich dieser Verordnung keinen regelmäßigen Standort haben soll, mit eigener Triebkraft aus dem Geltungsbereich dieser Verordnung verbracht werden, sind die Vorschriften der §§ 16 bis 62, des § 72 Abs. 2 sowie die damit im Zusammenhang stehenden Bußgeldvorschriften der Straßenverkehrs-Zulassungs-Ordnung mit folgender Maßgabe anzuwenden:

1. Es genügt, wenn die den §§ 30 bis 62 der Straßenverkehrs-Zulassungs-Ordnung entsprechenden Vorschriften erfüllt werden, die in dem Gebiet gelten, in das das Fahrzeug verbracht werden soll. Das Fahrzeug muss jedoch mindestens verkehrssicher sein; dies ist grundsätzlich anzunehmen, wenn der nächste Termin zur Durchführung der Hauptuntersuchung und Sicherheitsprüfung nach dem Ablauf der Zulassung im Geltungsbereich dieser Verordnung liegt; ansonsten ist eine Untersuchung im Umfang einer Hauptuntersuchung oder Sicherheitsprüfung durchzuführen. Unberührt bleiben die Vorschriften über Abmessungen und Gewichte nach den §§ 32 und 34 der Straßenverkehrs-Zulassungs-Ordnung. Der Nachweis über das Vorliegen der Voraussetzungen nach den Sätzen 1 und 2 für erstmals in den Verkehr kommende Fahrzeuge kann vom Fahrzeughersteller erbracht werden, wenn er Inhaber einer Allgemeinen Betriebserlaubnis für Fahrzeuge ist.

2. Das Fahrzeug darf nur zugelassen werden, wenn nachgewiesen ist, dass eine Haftpflichtversicherung nach dem Gesetz über die Haftpflichtversicherung für ausländische Kraftfahrzeuge und Kraftfahrzeuganhänger vom 24. Juli 1956 (BGBl. 1956 I, S. 667, 1957 I, S. 368) in der jeweils geltenden Fassung besteht.

3. Die Zulassung im Geltungsbereich dieser Verordnung ist auf die Dauer der nach Nummer 2 nachgewiesenen Haftpflichtversicherung, längstens auf ein Jahr, zu befristen. Unberührt bleibt die Befugnis der Zulassungsbehörde, durch Befristung der Zulassung und durch Auflagen sicherzustellen, dass das Fahrzeug in angemessener Zeit den Geltungsbereich dieser Verordnung verlässt.

4. An die Stelle des amtlichen Kennzeichens tritt das Ausfuhrkennzeichen nach Muster 1.

5. Zur Abstempelung des Kennzeichens ist das Fahrzeug der Zulassungsbehörde vorzuführen und von ihr zu identifizieren; diese kann auf die Vorführung verzichten, wenn das Fahrzeug erstmals in den Verkehr gebracht werden soll und ein Nachweis des Fahrzeugherstellers über die Vorschriftsmäßigkeit und Identität des Fahrzeugs vorgelegt wird. Zur Abstempelung sind Stempelplaketten nach § 23 Absatz 4 der Straßenverkehrs-Zulassungs-Ordnung, jedoch mit dem Dienstsiegel der Zulassungsbehörde mit einem Durchmesser von 35 mm mit rotem Untergrund (RAL 2002) zu verwenden.

6. An die Stelle des Fahrzeugscheins oder des Nachweises über die Betriebserlaubnis tritt der Internationale Zulassungsschein. Auf der Vorderseite des Zulassungsscheins ist ein Vermerk über den Ablauf der Gültigkeitsdauer der Zulassung im Geltungsbereich dieser Verordnung anzubringen.

7. Der Fahrzeugbrief, falls ein solcher ausgefertigt wurde, ist der Zulassungsbehörde vorzulegen und von ihr unbrauchbar zu machen.

8. Die §§ 28, 29, 29a bis h, 47a und 57b der Straßenverkehrs-Zulassungs-Ordnung finden keine Anwendung.

Die vorstehenden Bestimmungen gelten entsprechend für die Zulassung von Kraftfahrzeuganhängern, die hinter einem Kraftfahrzeug aus dem Geltungsbereich dieser Verordnung verbracht werden sollen.

## Änderungen

1. § 7 Abs. 1 geändert (redaktionell) durch die »VO zur Änderung der VO über internationalen Kraftfahrzeugverkehr« v. 18. April 1940.

2. Neufassung des § 7 durch die »Siebente Verordnung zur Änderung straßenverkehrsrechtlicher Vorschriften« v. 2. Dezember 1988; amtliche Begründung VkBl. 1988, S. 806.

3. § 7 Abs. 2 Nr. 4 i.V.m. Muster 1 geändert durch die »Einundzwanzigste Verordnung zur Änderung straßenverkehrsrechtlicher Vorschriften« v. 6. Januar 1995; amtliche Begründung VkBl. 1995, S. 112.

4. § 7 Abs. 2 Nr. 5 geändert durch die »Siebenundzwanzigste Verordnung zur Änderung straßenverkehrsrechtlicher Vorschriften« v. 9. März 1998; amtliche Begründung VkBl. 1998, S. 287.

5. § 7 Abs. 2 Nr. 2, 3, 5 und 7 geändert durch die »Zweiunddreißigste Verordnung zur Änderung straßenverkehrsrechtlicher Vorschriften« v. 20. Juli 2000; amtliche Begründung VkBl. 2000, S. 465.

**Verordnung über internationalen Kraftfahrzeugverkehr**

## Übersicht

| | Rdnr. |
|---|---|
| Ausführungsanweisung (AA) zu § 7 | 1 |
| Ausstellung des Int. Zulassungsscheins | 2 |
| Ausfuhrkennzeichen | 3 |
| Zulassung | 4 |
| Dauer der Zulassung | 5 |
| Nachweis der Zulassung | 6 |
| Verkehrssicherer Zustand | 7 |
| Haftpflichtversicherung | 8 |
| Steuerrecht | 9 |
| Zollrecht | 10 |

**1** AA zu § 7 Abs. 1
(1) Die Erteilung eines Internationalen Zulassungsscheins für ein außerdeutsches Kraftfahrzeug ist der Zollstelle, die das länglichrunde Kennzeichen ausgegeben hat, unverzüglich mitzuteilen – durch Streichung des § 6 IntVO überholt.
(2) Bestehen Zweifel über die Richtigkeit der in dem Kraftfahrzeugschein (Zulassungsschein) enthaltenen Angaben oder fehlen Angaben, die zur Ausstellung des Internationalen Zulassungsscheins notwendig sind, so kann die erteilende Stelle die Vorführung des Kraftfahrzeugs anordnen.

**2** Nach § 7 Abs. 1 kann für Fahrzeuge, die nach der StVZO zugelassen sind, auf Antrag ein Internationaler Zulassungsschein nach dem IntAbk[1] ausgestellt werden. Als wesentlicher Anknüpfungspunkt wird in der Vorschrift darauf abgestellt, dass dem betreffenden Fahrzeug ein amtliches Kennzeichen nach § 23 StVZO zugeteilt ist. Mit der Zuteilung des amtlichen Kennzeichens als eine Säule des Zulassungsrechts wird gewährleistet, dass die fahrzeugbezogenen Daten bei der Zulassungsbehörde registriert wurden. Nur auf dieser Grundlage ist es vertretbar, den Internationalen Zulassungsschein auszustellen.

Der Internationale Zulassungsschein ist jedoch nur noch erforderlich, im Verkehr zwischen den Vertragsstaaten des IntAbk, da das WÜ den Internationalen Zulassungsschein nicht mehr kennt und den nationalen Fahrzeugschein genügen lässt. Selbst die Vertragsstaaten des IntAbk haben heute (Mai 2000) mit Ausnahme von Ägypten, Indien, Libanon, Sri Lanka und Syrien[2] auf die Vorlage des Internationalen Zulassungsscheins verzichtet.

Durch die 7. ÄnderungsVO v. 2.12.1988 wurde in § 7 Abs. 1 die bisherige Voraussetzung, dass die Fahrzeuge Artikel 3 IntAbk erfüllen müssen, gestrichen. Der Inhalt der Bestimmungen von Artikel 3, der die technischen Mindeststandards für Fahrzeuge im internationalen Verkehr festlegt, ist in den Bau- und

---
1 Muster-Texte, S. 271.
2 Schreiben des ADAC v. 26.3.1999, JZ-99-04672.

Ausrüstungsvorschriften der §§ 30 ff. StVZO enthalten, soweit er nicht ohnehin zwischenzeitlich überholt ist. Des Weiteren wurde die in § 7 Abs. 1 S. 2 enthaltene Bestimmung über das Führen des Nationalitätszeichens »D« aufgehoben – siehe dazu § 7a, Rdnr. 1.

Das **Ausfuhrkennzeichen**[1] besteht aus dem Unterscheidungzeichen, der Erkennungsnummer und dem Ausfuhrmerkzeichen. Das Unterscheidungszeichen ergibt sich aus § 23 Abs. 2 StVZO. Die Erkennungsnummer enthält eine ein- bis dreistellige Zahl und nachfolgend einen Buchstaben; sofern eine solche Erkennungsnummer nicht zugeteilt werden kann, ist eine vierstellige Zahl zulässig. Die Beschriftung von Unterscheidungszeichen und Erkennungsnummer erfolgt nach dem Schriftmuster Normvorschriften. 3

Das wesentliche Charakteristikum ist das Ausfuhrmerkzeichen; es besteht aus einem roten Untergrund mit schwarzer Beschriftung. Die obere Zahl verweist auf das Jahr, die untere Zahl auf den Monat, in welchem die Gültigkeit der Zulassung im Geltungsbereich der VO endet. Der rote Untergrund darf nicht retroreflektierend sein. Mit Hilfe dieses auch nach außen hin deutlich dokumentierten Verfalldatums soll die straßenverkehrsrechtliche Überwachung verbessert und deren missbräuchliche Verwendung erschwert werden.

Das Unterscheidungszeichen, die Erkennungsnummer und die Zahlen des Ausfuhrmerkzeichens müssen geprägt sein. Im Übrigen gelten die Bestimmungen der StVZO. Durch die Vorschrift, wonach namentlich die Zahlen von Monat und Jahr geprägt sein müssen, sollen nachträgliche Manipulationen am Ausfuhrkennzeichen erschwert werden.

Da das Fahrzeug nach deutschem Recht zugelassen wurde und ausgeführt werden soll, also am internationalen Straßenverkehr teilnimmt, muss es das Nationalitätszeichen »D« führen. Die Verpflichtung ergibt sich aus Artikel 5 IntAbk i.V.m. Anlage C bzw. aus Artikel 37 i.V.m. Anhang 3 WÜ. Für diesen Fall schreibt § 7a IntVO vor, dass das Nationalitätszeichen »D« Artikel 37 und Anhang 3 des WÜ entsprechen muss.

Als zum Verkehr »noch nicht zugelassen« sind folgende Kraftfahrzeuge anzusehen: 4

– fabrikneue Fahrzeuge,
– gebrauchte Fahrzeuge, die für den neuen Besitzer noch nicht zugelassen sind,
– gebrauchte Fahrzeuge, die gemäß § 27 Abs. 5 StVZO aus dem Verkehr gezogen worden sind.

Die Tatsache, dass diese Kraftfahrzeuge mit eigener Antriebskraft ausgeführt werden sollen, somit im Inland keinen regelmäßigen Standort haben, macht

---

1 Muster-Texte, S. 345.

das besondere **Zulassungsverfahren** nach § 7 Abs. 2 erforderlich. Die Frage nach dem ordentlichen Wohnsitz des Antragstellers ist daher bedeutungslos. Ist ein Fahrzeug, welches nach § 7 Abs. 2 ausgeführt werden soll, nach § 23 StVZO noch zugelassen, muss diese Zulassung zunächst beendet werden, bevor eine Zulassung nach § 7 Abs. 2 erfolgen kann. Durch diese Regelung sollen Doppelzulassungen vermieden werden.

Diese Zulassung steht zwischen der regulären Zulassung nach §§ 18 Abs. 1 ff. StVZO und der vorübergehenden Zulassung nach § 28 StVZO. Als provisorische, d.h. befristete Zulassung steht sie dem Verfahren nach § 28 näher als dem nach § 18 Abs. 1 StVZO.

5 Die **Zulassungsdauer** wird auf die Dauer des nachgewiesenen Versicherungsschutzes begrenzt. Diese Begrenzung ist erforderlich, da diese Fahrzeuge mit Ausfuhrkennzeichen der Überwachung des Versicherungsschutzes nach §§ 29a ff. StVZO nicht unterliegen.

Die von der Vorschrift der Zulassungsbehörde eingeräumte Möglichkeit, durch Befristung der Zulassung und entsprechende Auflagen sicherzustellen, dass das Fahrzeug in angemessener Zeit das Bundesgebiet verlässt, wird namentlich für ältere Gebrauchtwagen in Betracht kommen.

Auf den Internationalen Zulassungsschein wird der Vermerk »Dieser Zulassungsschein gilt nur in Verbindung mit einer gültigen Versicherungsbescheinigung« angebracht. Er kann, unabhängig von der Gültigkeitsdauer von 1 Jahr gemäß Artikel 4 II IntAbk und §§ 1 Abs. 1, 5 IntVO, zeitlich befristet werden.

Da diese Befristung aber im Widerspruch zum IntAbk steht, wird auf der Vorderseite der Vermerk »Auf Grund des nachgewiesenen Versicherungsschutzes gültig in der Bundesrepublik Deutschland bis zum . . . . .« angebracht. Kann das Kraftfahrzeug innerhalb einer gesetzten Frist von z.B. 10 Tagen nicht ausgeführt werden, kann der Internationale Zulassungsschein durch die ausstellende Behörde oder in Amtshilfe mit Zustimmung der ausstellenden Behörde verlängert werden. Außerhalb des Geltungsbereichs der IntVO hat der Internationale Zulassungsschein seine volle Gültigkeit von 1 Jahr. Diese Aussage gilt jedoch nur im Verkehr zwischen den Vertragsstaaten des IntAbk.

Nach Artikel 48 WÜ hebt dieses Übereinkommen das IntAbk auf. Das WÜ kennt keinen Internationalen Zulassungsschein. Folglich gilt ein in Deutschland ausgestellter Internationaler Zulassungsschein im Verkehr mit Vertragsstaaten des WÜ als nationaler Zulassungsschein und damit nur für die Geltungsdauer im Ausstellungsstaat; er ist im Sinne des Artikels 35 WÜ zeitlich befristet.[1]

---

1 Verltb. des BMV v. 24.3.1983, VkBl. 1983, S. 164.

Unter Berücksichtigung einer Gültigkeitsdauer der Zulassung von max. 1 Jahr und einer Auslaufzeit von weiteren 6 Monaten, sollte das gleiche Kennzeichen frühestens 18 Monaten nach der vorhergehenden Zuteilung wieder neu ausgegeben werden.

An die Stelle des normalen Fahrzeugscheins tritt der **Internationale Zulassungsschein**, der – vom Tag der Ausstellung an gerechnet – ein Jahr gültig ist und nicht verlängert werden kann (Artikel 4 II IntAbk).[1] Für die Ausgabe des Internationalen Zulassungsscheins ist es unerheblich, ob diese auf Antrag eines Inländers (z.B. eines Kraftfahrzeughändlers, der Gebrauchtwagen nach Polen überführt) oder auf Antrag eines Ausländers (z.B. eines Türken, der einen gebrauchten Lkw in die Türkei überführen will) erfolgt. Die im Zusammenhang mit dem Zulassungsverfahren nach § 7 Abs. 2 zu erhebenden Fahrzeug- und Halterdaten ergeben sich aus §§ 1 Abs. 3, 2 FahrzeugregisterV i.V.m. § 33 Abs. 1 S. 1 Nr. 2 StVG. Ist das Kraftfahrzeug zum Verkehr zugelassen, muss es mit einem amtlichen Kennzeichen versehen werden. Hier tritt an Stelle des normalen Kennzeichens das Ausfuhrkennzeichen. 6

Die Vorschrift über die Abstempelung der Kennzeichen nach § 7 Abs. 2 Nr. 5 IntVO lehnt sich an die für das normale Kennzeichen geltende Vorschrift des § 23 Abs. 4 StVZO an. Die zu verwendenden Stempelplaketten sind jedoch mit einem roten Untergrund als solche besonders gekennzeichnet. Damit soll ein Missbrauch dieser Plaketten für die normalen Kennzeichen verhindert werden.

§ 7 Abs. 2 Nr. 1 will für die Ausfuhr der Fahrzeuge deren **verkehrssicheren Zustand** gewährleisten. **Neufahrzeuge** mit ABE oder EWG-BE erhalten eine internationale Zulassung für max. 1 Jahr. Neufahrzeuge ohne ABE oder EWG-BE benötigen eine EBE nach § 21 StVZO. Hier gelten die gleichen Maßstäbe wie bei einer normalen Zulassung nach der StVZO. Neufahrzeuge, die in Deutschland hergestellt wurden und schon den technischen Vorschriften des Exportlandes entsprechen, erhalten eine internationale Zulassung. Der Nachweis, dass das Fahrzeug die technischen Vorschriften eines bestimmten Exportlandes erfüllt, kann vom Hersteller des Fahrzeugs erbracht werden. Auf die Anwendung der Bau- und Ausrüstungsvorschriften der StVZO wird in diesem Fall verzichtet. 7

Bei **zugelassenen** oder **vorübergehend** (endgültig) **stillgelegten Fahrzeugen** wird von der Zulassungsbehörde ein bis zur nächsten Hauptuntersuchung (HU) befristeter Internationaler Zulassungsschein ausgestellt. Ist die HU abgelaufen oder wird eine längere Zulassungsfrist als bis zur nächsten HU gewünscht, ist eine HU und unter Umständen auch eine Abgasuntersuchung (AU) durchzuführen. Die Mängelbeurteilung und -bewertung bei der HU

---

[1] Verltb. des BMV v. 22. 10. 1963, VkBl. 1963, S. 546.

## Verordnung über internationalen Kraftfahrzeugverkehr

erfolgt nach der »HU-Richtlinie« vom 2.6.1998.[1] Ist die BE erloschen, ist eine Wiedererteilung im Verfahren nach §§ 19, 21 StVZO erforderlich. Bei bereits endgültig stillgelegten Fahrzeugen ist zunächst eine Begutachtung sowie die Erteilung einer neuen BE nach §§ 19, 21 StVZO erforderlich.

Bei **älteren Gebrauchtfahrzeugen,** die unmittelbar ausgeführt werden und im Zielland ihren Standort haben sollen, kann abweichend von den Regelungen der StVZO folgende Erleichterung bei gleichzeitiger Erteilung von Auflagen angewendet werden:

– Vorhandensein einer BE ist nicht zwingend erforderlich,
– auf die Durchführung einer fälligen HU, AU oder SP-Prüfung kann verzichtet werden.
– Als endgültig stillgelegt gelten die Fahrzeuge erst nach Ablauf von 18 Monaten.

Es ist jedoch eine technische Untersuchung im Umfang einer HU, bei endgültig stillgelegten Fahrzeugen im Umfang nach § 21 StVZO mit folgenden Besonderheiten durchzuführen:

– Im Untersuchungsbericht ist die Untersuchungsart »Ausfuhrkennzeichen« anzugeben,
– der jeweils zutreffende Vermerk »Umfang § 21 StVZO« oder »Umfang HU § 29 StVZO« ist anzubringen und alle Mängel wie bei einer regulären Prüfung festzuhalten.

Bei der Mängelbewertung kann von der Bewertung nach der »HU-Richtlinie« abgewichen werden. Das Fahrzeug muss jedoch mindestens verkehrssicher sein, wenn es für Ausfuhrzwecke mit »GM« eingestuft werden soll.

In diesen Fällen ist auf dem Untersuchungsbericht abschließend eine zeitliche Befristung als Auflage zu vermerken, wie z.B.:

»Gegen eine Überführungsfahrt im Leerzustand ins Ausland innerhalb der nächsten . . . . . . . Tage bestehen keine Bedenken.« oder

»Gegen eine Überführungsfahrt ins Ausland bestehen keine Bedenken, sofern das Fahrzeug das Bundesgebiet bis zum . . . . . . . . . verlässt.«

Bei der zeitlichen Befristung ist die Gültigkeit des Kurzzeitkennzeichens zu berücksichtigen; durch sie wird sichergestellt, dass die technische Untersuchung und der dazugehörige Untersuchungsbericht nach der für die Überführungsfahrt abgestimmten Frist ungültig werden und folglich nicht unbegrenzt für die

---
1 VkBl. 1998, S. 519.

Beantragung eines Ausfuhrkennzeichens bei der Zulassungsbehörde verwendet werden können.

Da diese Kraftfahrzeuge im Inland keinen regelmäßigen Standort haben, fallen 8 sie gemäß § 1 Abs. 2 unter das AuslPflVG; im Hinblick auf die Versicherung der Kraftfahrzeuge ist nach der Verltb. des BMV v. 26.5.1977[1] zu verfahren.

Die Zulassung dieser Fahrzeuge erfolgt, abgesehen von einigen Besonderheiten wie Kennzeichen, Fahrzeugpapiere, Dauer der Zulassung, nach § 7 Abs. 2 S. 1 IntVO unter Anwendung der §§ 18 ff. StVZO. Nach § 7 Abs. 2 Nr. 2 IntVO ist der Zulassungsbehörde ein ausreichender Versicherungsschutz nachzuweisen. Die Dauer der Zulassung für das Bundesgebiet wird auf die Dauer des nachgewiesenen Versicherungsschutzes begrenzt.

Als Nachweis für das Bestehen einer Haftpflichtversicherung wird von einem im Bundesgebiet zum Geschäftsbetrieb zugelassenen Kraftfahrtversicherer eine gelbe Versicherungsbescheinigung ausgestellt. Diese besteht aus drei Ausfertigungen (je 1 Stück für den Versicherungsnehmer, zum Verbleib bei der Zulassungsbehörde sowie zur Rücksendung an den Versicherer). Die Versicherungsbescheinigungen sind sorgfältig auf ihre Gültigkeit zu überprüfen.[2]

Die Ausfertigung für den Versicherungsnehmer stellt zugleich einen Versicherungsnachweis i.S.d. § 1 Abs. 2 AuslPflVG dar, solange das Fahrzeug im Inland verwendet wird; sie ist mitzuführen und auf Verlangen auszuhändigen. Sie gilt aber nur für das Bundesgebiet. Wird das Kraftfahrzeug mit Ausfuhrkennzeichen im Ausland geführt, ist eine »Grüne Internationale Versicherungskarte« erforderlich, die im Übrigen ihre rechtliche Wirkung nur dort (im »besuchten« Land), jedoch nicht im »Zulassungsland« entfalten kann. Zulassungsland für Fahrzeuge nach § 7 Abs. 2 IntVO ist Deutschland, aus diesem Grund kann die Grüne Karte auch nicht mehr für die Zulassung als Versicherungsnachweis anerkannt werden.

Kraftfahrzeuge, die aus dem Geltungsbereich des KraftStG ausgeführt oder ver- 9 bracht werden sollen und hierzu ein besonderes Kennzeichen (Ausfuhrkennzeichen) erhalten, sind nach § 3 Nr. 12 KraftStG[3] von der Steuer befreit.

Dies gilt nicht, sofern das Ausfuhrkennzeichen für mehr als 3 Monate gültig ist oder ein über diesen Zeitraum hinaus gültiges weiteres Ausfuhrkennzeichen erteilt wird.

---
1 VkBl. 1977, S. 295.
2 Verltb. des BMV v. 8. 3. 1967, VkBl. 1967, S. 177.
3 Näheres dazu Strodthoff »Kraftfahrzeugsteuer«, Kommentar, § 3, Rdnr. 137–150.

### Verordnung über internationalen Kraftfahrzeugverkehr

**10** Handelt es sich um Kraftfahrzeuge des »freien Verkehrs«, werden sie zollrechtlich nicht behandelt.

Wird das Kraftfahrzeug jedoch aus einem Zollaufschublager erworben, wird es formlos zur allgemein bewilligten vorübergehenden Zollgutverwendung abgefertigt. (Für die Entnahme aus dem Zollaufschublager bestimmtes förmliches Verfahren erforderlich.) Im Internationalen Zulassungsschein wird dann der Vermerk »Zollgut« und Dienststempel angebracht. Da das Kraftfahrzeug aus einem Zollager kommt, ist es als ausländische Ware noch nicht mit den Eingangsabgaben belastet worden. Wird dieses Kraftfahrzeug allerdings nicht ausgeführt, sondern im Inland weiter veräußert, sind zunächst die Eingangsabgaben zu entrichten, damit das Kraftfahrzeug »Freigut« wird und somit zum so genannten »freien Verkehr« zählt. Erfolgt die Ausfuhr des Kraftfahrzeugs, wird der Vermerk »ausgeführt am . . . . .« und Dienststempel angebracht. Diese ordnungsgemäße Ausfuhr bewirkt, dass die Zollschuld nicht entsteht.

## § 7 a

Führen Kraftfahrzeuge oder Kraftfahrzeuganhänger außer den nach § 7 Abs. 2 Satz 1 Nr. 4 oder den nach der Straßenverkehrs-Zulassungs-Ordnung vorgesehenen Kennzeichen auch das Nationalitätszeichen »D«, so muss dieses Artikel 37 und Anhang 3 des Übereinkommens über den Straßenverkehr vom 8. November 1968 (BGBl. 1977 I, S. 809) entsprechen.

### Änderungen

1. § 7a eingefügt durch die »Siebente Verordnung zur Änderung straßenverkehrsrechtlicher Vorschriften« v. 2. Dezember 1988; amtliche Begründung VkBl. 1988, S. 806.

### Übersicht

| | Rdnr. |
|---|---|
| Aus der amtlichen Begründung | 1 |
| § 60 Abs. 6 StVZO | 2 |

Die Vorschrift über die Führung des Nationalitätszeichens »D« war früher in § 7 Abs. 1 S. 2 IntVO enthalten. Die damalige Regelung setzte voraus, dass für das Fahrzeug ein Internationaler Zulassungsschein ausgestellt war. Dies ist aber durch die Entwicklung seit Schaffung der Vorschrift im Jahr 1934 längst überholt. Der Internationale Zulassungsschein ist in den meisten Fällen, in denen Fahrten in das Ausland unternommen werden, nicht mehr notwendig. Deshalb und wegen der allgemeinen Bedeutung des Nationalitätszeichens wird die Vorschrift hierüber aus § 7 IntVO herausgenommen und als eigene selbständige Bestimmung in einen neuen § 7a eingestellt.[1]   1

Nach § 60 Abs. 6 StVZO besteht für nationale Fahrzeuge keine Verpflichtung, im Inland das Nationalitätszeichen »D« zu führen. Ist das »D« jedoch am Fahrzeug angebracht, muss es den Bestimmungen des WÜ entsprechen – siehe dazu § 2, Rdnr. 13.   2

---

1 Siehe dazu Verltb. des BMV v. 29.10.1957, VkBl. 1957, S. 255; § 2, Rdnr. 12.

## § 8

(1) Kraftfahrzeugführer erhalten auf Antrag den Internationalen Führerschein, wenn sie das achtzehnte Lebensjahr vollendet haben und eine Fahrerlaubnis nach der Fahrerlaubnis-Verordnung oder eine ausländische Erlaubnis zum Führen von Kraftfahrzeugen gemäß § 4 nachweisen. § 4 Abs. 2 Satz 2 ist entsprechend anzuwenden.

(2) Dem Antrag sind ein Lichtbild (Brustbild in der Größe von 35 mm × 45 mm bis 40 mm × 50 mm, das den Antragsteller ohne Kopfbedeckung im Halbprofil zeigt) und der Führerschein beizufügen.

### Änderungen

1. Lichtbildgröße »Verordnung über die Regelung des Straßenverkehrs« v. 13. November 1937.

2. Lichtbildgröße »Dritte Verordnung zur Änderung straßenverkehrsrechtlicher Vorschriften« v. 23. November 1982; amtliche Begründung VkBl. 1982, S. 495.

3. Neufassung des § 8 durch die »Siebente Verordnung zur Änderung straßenverkehrsrechtlicher Vorschriften« v. 2. Dezember 1988; amtliche Begründung VkBl. 1988, S. 808.

4. Redaktionelle Anpassung durch die »Verordnung über die Zulassung von Personen zum Straßenverkehr und zur Änderung straßenverkehrsrechtlicher Vorschriften« v. 18. August 1998; amtliche Begründung VkBl. 1998, S. 1100.

### Übersicht

|  | Rdnr. |
|---|---|
| Kraftfahrzeugführer | 1 |
| Internationaler Führerschein | 2 |
| Mindestalter | 3 |
| Erteilungsvoraussetzungen | 4 |
| Internationaler Führerschein und Fahrverbot | 5 |
| Übersetzung | 6 |

1 **Kraftfahrzeugführer** i.S.d. § 8 Abs. 1 ist, wer eine nationale oder ausländische Fahrerlaubnis besitzt; auf die Staatsangehörigkeit kommt es nicht an. Der Antragsteller hat einen Rechtsanspruch auf Erteilung des Internationalen Führerscheins, wenn er die deutsche Fahrerlaubnis erworben hat oder sich mit einer ausländischen Fahrerlaubnis in Deutschland aufhält. Als ausländische Erlaub-

nisse i.d.S. gelten auch die nach Artikel 9 ZA ausgestellten Führerscheine oder Berechtigungen, siehe Teil 5, Rdnr. 2 auf S. 240.

Im Falle einer ausländischen Fahrerlaubnis sind die Fälle denkbar, in denen

a) der Inhaber einer EU-/EWR-Fahrerlaubnis mit ordentlichem Wohnsitz im Inland einen Internationalen Führerschein beantragt oder

b) der Inhaber einer ausländischen Fahrerlaubnis von Deutschland aus in ein Land weiterreisen will, das von ihm einen Internationalen Führerschein verlangt, siehe § 9, Rdnr. 6.

Der **Internationale Führerschein** wird zum Zwecke des Verkehrs im Ausland ausgestellt. Ein Kraftfahrzeugführer mit ordentlichem Wohnsitz im Inland ist allein auf Grund des Internationalen Führerscheins nicht berechtigt, im Inland ein Kraftfahrzeug zu führen.[1] Der Internationale Führerschein ermöglicht lediglich den Kraftfahrzeugverkehr in den Vertragsländern des IntAbk bzw. WÜ, soweit dort der Besitz eines Internationalen Führerscheins erforderlich ist. Die Gültigkeitsdauer der Internationalen Führerscheine ergibt sich aus § 9 Abs. 4 IntVO. Die Gültigkeitsdauer der dort nicht genannten Internationalen Führerscheine nach Anhang 10 des Genfer Abkommens beträgt ein Jahr.

Auslandsdeutsche können den Internationalen Führerschein nur erhalten, wenn sie ihn für den vorübergehenden zwischenstaatlichen Verkehr benutzen wollen; für den dauernden Verkehr im Aufenthaltsstaat müssen sie – entsprechend der jeweiligen Rechtslage – die Fahrerlaubnis des Gastlandes erwerben.[2]

Bei der Ausstellung eines Internationalen Führerscheins ist die Fahrerlaubnisbehörde an das sich aus Artikel 6 III IntAbk bzw. aus Artikel 41 Abs. 2 Buchst. b) WÜ ergebende Mindestalter von 18 Jahren gebunden. Während nach Artikel 6 III IntAbk die Erlaubnis an Personen unter 18 Jahren nicht erteilt werden darf, können die Vertragsparteien nach Artikel 41 Abs. 2 Buchst. b) WÜ die Anerkennung jedes Führerscheins verweigern, dessen Besitzer das 18. Lebensjahr nicht vollendet hat.

§ 8 Abs. 1 S. 1 nennt als **Voraussetzung** für die Ausstellung eines Internationalen Führerscheins »eine Fahrerlaubnis nach der Fahrerlaubnis-Verordnung oder eine ausländische Erlaubnis zum Führen von Kraftfahrzeugen gemäß § 4«. Diese Erlaubnis ist nachzuweisen; das »wie« lässt die Vorschrift offen. Auf Grund der allgemeinen Rechtssystematik kann aber davon ausgegangen werden, dass der Nachweis der entsprechenden Fahrerlaubnis durch den jeweiligen Führerschein erfolgt. Kann dieser nicht vorgelegt werden, da er sich zur Zeit

---
1 BGH, VRS 11, S. 61; Verltb. des BMV v. 27. 2. 1962, VkBl. 1962, S. 146; AA zu § 9.
2 Verltb. des BMV v. 4. 12. 1951, VkBl. 1951, S. 475.

nach § 25 Abs. 2 S. 2 StVG in amtlicher Verwahrung befindet, ist der Besitz der Fahrerlaubnis auf andere Art und Weise – z.B. durch die Aktenlage oder eine Bescheinigung der zuständigen Fahrerlaubnisbehörde – nachzuweisen. Es ist jedoch zunächst zu klären, ob ein Fahrerlaubnisinhaber, gegen den ein Fahrverbot rechtskräftig verhängt worden ist, im internationalen Straßenverkehr ein Kraftfahrzeug führen darf.

5 Die Frage, ob ein im Besitz des Betroffenen befindlicher Internationaler Führerschein nach den Vorschriften des § 25 Abs. 5 S. 1 StVG bzw. des § 44 Abs. 3 S. 1 StGB ebenfalls in amtliche Verwahrung zu geben ist, um die Fahrverbotsfrist in Gang zu setzen, ist durch die Änderung des § 25 Abs. 2 S. 2 StVG bzw. § 44 Abs. 2 S. 2 StGB durch das Gesetz zur Änderung des Straßenverkehrsgesetzes und anderer Gesetze vom 24.4.1998[1] durch den Gesetzgeber entschieden worden.

Diese weite Auslegung wird jedoch der eigentlichen Zielrichtung der Vorschrift nicht gerecht und stößt auf durchgreifende rechtliche Bedenken, da das Fahrverbot nun über seinen eigentlichen räumlichen Geltungsbereich hinaus ausgedehnt wird. Von der Verwahrungspflicht können nämlich nur die von einer deutschen Behörde ausgestellten Führerscheine betroffen werden, die das Recht beinhalten, im Inland ein Kraftfahrzeug zu führen.

Der Internationale Führerschein berechtigt aber gerade nicht zum Führen von Kraftfahrzeugen im Inland, wenn der Inhaber des Internationalen Führerscheins in Deutschland einen Wohnsitz i.S.d. § 7 BGB hat.[2] Des Weiteren ist zu berücksichtigen, dass

a) das Fahrverbot als nationales deutsches Recht dem Territorialitätsprinzip unterliegt und dessen Wirkung an der deutschen Grenze endet;

b) im Zusammenhang mit dem Fahrverbot die Eignung zum Führen von Kraftfahrzeugen nicht in Frage gestellt wird;

c) die deutsche Fahrerlaubnis weiter besteht, von ihr während der Dauer des Fahrverbots im Inland nur kein Gebrauch gemacht werden darf;

d) der Internationale Führerschein seine Ausfertigungsgrundlage nach Artikel 6 II IntAbk bzw. Artikel 41 Abs. 5 WÜ behält, wonach ein Internationaler Führerschein (nach der deutschen Terminologie) nur für den Inhaber einer nationalen Fahrerlaubnis ausgefertigt werden darf.

Von einem Fahrverbot i.S.d. § 25 StVG/§ 44 StGB ist danach nur das Führen von Kraftfahrzeugen im Inland betroffen. Das bedeutet, dass nur der von einer

---
1 BGBl. 1998 I, S. 747.
2 BGH, VRS 11, S. 61; Verltb. des BMV v. 27. 2. 1962, VkBl. 1962, S. 146; AA zu § 9.

deutschen Behörde ausgestellte Führerschein in amtliche Verwahrung zu geben ist, der auch zum Führen von Kraftfahrzeugen im Inland berechtigt. Ein Internationaler Führerschein berechtigt indessen grundsätzlich nicht dazu, ein Kraftfahrzeug im Inland zu führen; er ist daher von der Inverwahrungnahme ausgeschlossen.[1]

Die Ausstellungsvoraussetzungen des § 8 Abs. 1 der VO, nämlich der Besitz einer entsprechenden Fahrerlaubnis, liegen vor. Für eine Durchsetzung eines Fahrverbots über die nationalen Grenzen hinaus, fehlt bis heute jede Rechtsgrundlage.

Durch die Bezugnahme auf § 4 Abs. 2 S. 2 IntVO wird klargestellt, dass die ausländischen Fahrausweise i.S.d. § 8 Abs. 1 ebenfalls mit einer Übersetzung verbunden sein müssen; siehe dazu § 4, Rdnr. 19.   **6**

---

[1] A.A. Bouska »Fahrverbot und internationaler Kraftfahrzeugverkehr«, DAR 1995, S. 93.

## § 9

(1) Internationale Zulassungs- und Führerscheine müssen nach Muster 6, 6a und 7 in deutscher Sprache mit lateinischen Druck- oder Schriftzeichen ausgestellt werden.

(2) Beim internationalen Führerschein nach Muster 7[1] (Artikel 7 und Anlage E des Internationalen Abkommens über Kraftfahrzeugverkehr vom 24. April 1926) entsprechen der Fahrerlaubnis

1. der Klasse A (unbeschränkt) die Klasse C,

2. der Klasse B die Klasse A,

3. der Klasse C die Klasse B.

Außerdem wird erteilt:

1. dem Inhaber einer Fahrerlaubnis der Klasse A (beschränkt) die Klasse C beschränkt auf Krafträder mit einer Leistung von nicht mehr als 25 kW und einem Verhältnis Leistung/Leergewicht von nicht mehr als 0,16 kW/kg,

2. dem Inhaber einer Fahrerlaubnis der Klasse A1 die Klasse C beschränkt auf Krafträder mit einem Hubraum von nicht mehr als 125 $cm^3$ und einer Leistung von nicht mehr als 11 kW,

3. dem Inhaber einer Fahrerlaubnis der Klasse C1 die Klasse B beschränkt auf Kraftfahrzeuge mit einer zulässigen Gesamtmasse von nicht mehr als 7500 kg,

4. dem Inhaber einer Fahrerlaubnis der Klasse D die Klasse B beschränkt auf Kraftomnibusse,

5. dem Inhaber einer Fahrerlaubnis der Klasse D1 die Klasse B beschränkt auf Kraftomnibusse mit nicht mehr als 16 Plätzen außer dem Führersitz.

(3) Beim internationalen Führerschein nach Muster 6a[2] (Artikel 41 und Anhang 7 des Übereinkommens über Straßenverkehr vom 8. November 1968) entsprechen, soweit die Klassen nicht übereinstimmen, der Fahrerlaubnis

1. der Klasse A (beschränkt) die Klasse A auf Krafträder mit einer Leistung von nicht mehr als 25 kW und einem Verhältnis Leistung/Leergewicht von nicht mehr als 0,16 kW/kg,

2. der Klasse A1 die Klasse A beschränkt auf Krafträder mit einem Hubraum von nicht mehr als 125 $cm^3$ und einer Leistung von nicht mehr als 11 kW,

---

1 Muster-Texte, S. 227.
2 Muster-Texte, S. 331.

3. der Klasse C1 die Klasse C beschränkt auf Kraftfahrzeuge mit einer zulässigen Gesamtmasse von nicht mehr als 7500 kg,

4. der Klasse D1 die Klasse D beschränkt auf Kraftomnibusse mit nicht mehr als 16 Sitzplätzen außer dem Führersitz.

Bei den Klassen C1E und D1E ist die zulässige Gesamtmasse des Zuges auf 12 000 kg zu beschränken und bei der Klasse D1E zu vermerken, dass der Anhänger nicht zur Personenbeförderung benutzt werden darf. Weitere Beschränkungen der Fahrerlaubnis sind zu übernehmen.

(4) Die Gültigkeitsdauer internationaler Führerscheine nach Muster 7 beträgt ein Jahr, solcher nach Muster 6a drei Jahre vom Zeitpunkt ihrer Ausstellung. Bei internationalen Führerscheinen nach Muster 6a darf die Gültigkeitsdauer jedoch nicht über die entsprechende Dauer des nationalen Führerscheins hinausgehen; dessen Nummer muss auf dem Internationalen Führerschein vermerkt sein.

## Änderungen

1. »VO zur Änderung der VO über internationalen Kraftfahrzeugverkehr« v. 18. April 1940.

2. Neufassung des § 9 durch die »Dritte Verordnung zur Änderung straßenverkehrsrechtlicher Vorschriften« v. 23. November 1982; amtliche Begründung VkBl. 1982, S. 495.

3. Neufassung des § 9 Abs. 2 und 3 durch die »Verordnung über die Zulassung von Personen zum Straßenverkehr und zur Änderung straßenverkehrsrechtlicher Vorschriften« v. 18. August 1998; amtliche Begründung VkBl. 1998, S. 1100.

## Übersicht

| | Rdnr. |
|---|---|
| Ausführungsanweisung (AA) zu § 9 | 1 |
| Amtl. Begründung zur 3. ÄnderungsVO | 2 |
| Amtl. Begründung zur Änderung v. 18.8.1998 | 3 |
| Berechtigung im Inland | 4 |
| Int. Zulassungsscheine | 5 |
| Int. Führerscheine | 6 |
| Keine Anerkennung der grauen FS in Polen | 7 |

1  AA zu § 9

Im Inland für deutsche Kraftfahrzeuge und Kraftfahrzeugführer erteilte Internationale Zulassungs- und Führerscheine sind mit Ausnahme der nach § 7 Abs. 2 ausgestellten Internationalen Zulassungsscheine keine gültigen Ausweise im Sinne von § 16 Abs. 2 und § 4 Abs. 2 RStVO (jetzt § 24 StVZO und § 4 Abs. 2 FeV).

2  *Amtliche Begründung zur Neufassung des § 9 IntVO v. 23.11.1982 (VkBl. 1982, S.495):*

»Die Absätze 1 und 2 entsprechen der bisherigen Regelung, wobei allerdings in Absatz 2 die Änderungen in der Klasseneinteilung bei motorisierten Zweirädern durch die Verordnung zur Änderung straßenverkehrsrechtlicher Vorschriften v. 6. November 1979 (BGBl. I S. 1794) berücksichtigt worden sind. Im Übrigen tragen die Absätze 3 und 4 dem Umstand Rechnung, dass künftig auch der Internationale Führerschein nach dem Muster des Wiener Übereinkommens ausgestellt wird;

Absatz 3 enthält dabei die notwendigen Vorschriften über die den inländischen Fahrerlaubnisklassen äquivalenten internationalen Fahrerlaubnisklassen.«

3  *Amtliche Begründung zur Neufassung des § 9 Abs. 2 und 3 IntVO v. 18.8.1998 (VkBl. 1998, S. 1100):*

»In Abs. 2 und 3 wird neu geregelt, in welchen Klassen ein Internationaler Führerschein auszustellen ist. Strikter als bisher wird dabei das Prinzip eingehalten, dass der Internationale Führerschein beschränkt auf den Umfang der nationalen Fahrerlaubnis ausgestellt wird.

Beantragt der Inhaber einer Fahrerlaubnis alten Rechts, die noch nicht auf die neuen Klassen umgestellt ist, die Ausstellung eines Internationalen Führerscheins, sind zunächst gemäß Anlage 3 zur Fahrerlaubnis-Verordnung die entsprechenden neuen Klassen zu bestimmen und danach der Internationale Führerschein auszustellen.«

4  Für inländische Kraftfahrzeuge und Kraftfahrzeugführer ausgegebene Internationale Zulassungs- und Führerscheine sind mit Ausnahme der nach § 7 Abs. 2 Nr. 6 IntVO ausgegebenen Internationalen Zulassungsscheine keine gültigen Ausweise i.S.d. § 24 StVZO und § 4 Abs. 2 FeV; sie berechtigen nicht zum Führen von Kraftfahrzeugen im Inland.

5  Den Internationalen Zulassungsschein kennt nur noch das IntAbk; das WÜ kennt den Internationalen Zulassungsschein nicht mehr und lässt den nationalen Fahrzeugschein genügen. Internationale Zulassungsscheine werden daher im Verhältnis der Vertragsstaaten Ägypten, Albanien, Argentinien, Chile, Libanon, Liechtenstein, Mexiko, Niederlande, Spanien, Sri Lanka, Syrien, Thailand,

Indien, Irak, Irland, Island, Peru, Portugal, Türkei, Vatikanstadt und Vereinigtes Königreich benötigt und, wenn nicht zwischenzeitlich auf den Internationalen Zulassungsschein verzichtet wurde, nach Artikel 4 I IntAbk i.V.m. § 9 Abs. 1 IntVO ausgestellt. Auf die Ausstellung besteht ein Rechtsanspruch.

Der Internationale Zulassungsschein wird heute noch, soweit Informationen vorliegen, von den Vertragsstaaten des IntAbk Ägypten, Indien, Libanon, Sri Lanka und Syrien verlangt.[1]

Erfüllt der Antragsteller die entsprechenden Voraussetzungen, hat er einen Rechtsanspruch auf Ausstellung eines Internationalen Führerscheins. Grundsätzlich sollten Internationale Führerscheine nach Artikel 41 Abs. 1 WÜ i.V.m. § 9 Abs. 1 IntVO nach dem Muster 6a ausgefertigt werden, da diese eine Gültigkeitsdauer von 3 Jahren erhalten, sofern nicht die zugrundeliegende nationale Fahrerlaubnis für einen kürzeren Zeitraum gilt (§ 9 Abs. 4).

6

Auf Antrag ist jedoch ein Internationaler Führerschein nach Artikel 7 I IntAbk i.V.m. § 9 Abs. 1 IntVO mit einer Gültigkeitsdauer von einem Jahr auszustellen, wenn der Antragsteller dies wünscht, da er z.B. in einen Staat reist, der den Internationalen Führerschein nach Artikel 41 Abs. 1 WÜ nicht anerkennt.

Der Internationale Führerschein wird von folgenden Vertragsstaaten des IntAbk verlangt: Ägypten, Argentinien, Chile, Indien, Libanon, Peru, Sri Lanka, Syrien und Thailand.[1]

Bei Reisen in folgende Vertragsstaaten des WÜ ist ebenfalls ein Internationaler Führerschein erforderlich: Bahrein, Côte d'Ivoire (Elfenbeinküste), Estland, Guyana, Iran, Demokratische Republik Kongo, Kuwait, Lettland, Litauen, Niger, Pakistan, Uruguay, Zentralafrikanische Republik.[2]

Unabhängig vom IntAbk bzw. WÜ wird die Mitnahme des Internationalen Führerscheins bei Reisen in folgende Länder dringend **empfohlen**: Albanien, Belarus, Kuba, Moldawien, Russische Föderation, Simbabwe, Südafrika, Tadschikistan, Turkmenistan, Ukraine und Usbekistan.[2]

Polen akzeptiert die deutschen grauen Führerscheine nicht mehr und beruft sich dabei auf das WÜ, das sowohl von Polen als auch von Deutschland unterzeichnet wurde. Deutschland vertritt die Auffassung, dass dieses Übereinkommen alle Führerscheine zulässt, wenn eine beglaubigte Übersetzung beiliegt (vgl. Artikel 41 Abs. 1 Buchst. a) WÜ). Die deutsche Seite ist bemüht, durch Verhandlungen mit der polnischen Seite die Anerkennung aller in Deutschland existierenden Führerscheine zu erreichen.

7

---

1 Schreiben des ADAC v. 26.3.1999, JZ-99-04672.
2 Schreiben des BMV v. 15.1.1999, Az.: S 35/36.06.05/2 V 98.

Gegenwärtig (Mai 2000) ist es jedoch nicht anzuraten, mit einem grauen Führerschein in Polen zu fahren, da die polnische Polizei entsprechende Weisung hat, die Führerscheine nicht zu akzeptieren. Es wird daher die Ausstellung eines Internationalen Führerscheins bzw. die Umstellung der alten Fahrerlaubnis auf die neue Klasseneinteilung und Ausstellung eines Scheckkartenführerscheins empfohlen.[1]

---

[1] Schreiben des BMV v. 15.1.1999, Az.: S. 35/36.06.05/2 V 98.

## § 10

Der Führer eines Kraftfahrzeugs hat

1. den Internationalen oder ausländischen Zulassungsschein nach § 1 Absatz 1 oder den Internationalen Zulassungsschein nach § 7 Absatz 2 Satz 1 Nr. 6, auch in Verbindung mit Satz 2,

2. den Internationalen Führerschein oder den nationalen ausländischen Führerschein und

3. eine Übersetzung des ausländischen Zulassungsscheins nach § 1 Absatz 3 und des ausländischen Führerscheins nach § 4 Absatz 2 Satz 2

mitzuführen und zuständigen Personen auf Verlangen zur Prüfung auszuhändigen.

## Änderungen

1. Neufassung des § 10 durch die »Siebente Verordnung zur Änderung straßenverkehrsrechtlicher Vorschriften« v. 2. Dezember 1988; amtliche Begründung VkBl. 1988, S. 806.

2. Redaktionelle Anpassung des § 10 durch die »Verordnung über die Zulassung von Personen zum Straßenverkehr und zur Änderung straßenverkehrsrechtlicher Vorschriften« v. 18. August 1998; amtliche Begründung VkBl. 1998, S. 1100.

## Übersicht

|   | Rdnr. |
|---|---|
| Amtl. Begründung zur Neufassung | 1 |
| Mitführungs- und Aushändigungspflichten | 2 |

*Amtliche Begründung zur Neufassung des § 10 IntVO v. 2.12.1988 (VkBl. 1988, S. 806):* 1

»Die Neufassung hat lediglich klarstellende und redaktionelle Bedeutung. Der im bisherigen § 10 enthaltene Begriff der mitzuführenden und auszuhändigenden »erforderlichen Ausweispapiere« wird konkretisiert unter Bezugnahme auf die betreffenden Vorschriften über die Zulassungsscheine, Führerscheine und deren Übersetzungen. Damit wird auch eine ausreichende Grundlage für die entsprechende Bußgeldbewehrung in § 14 geschaffen. Die Formulierung »zuständigen Personen auf Verlangen zur Prüfung auszuhändigen« wird an die einschlägigen Bestimmungen über den Fahrzeugschein (§ 24 StVZO) und den Führerschein (§ 4 Abs. 2 StVZO – neu § 4 Abs. 2 FeV) angepasst. Die Verpflichtung zur Mitführung und Aushändigung des Zulassungsscheins erstreckt sich nicht nur auf Kraftfahrzeuge, sondern auch auf Kraftfahrzeuganhänger.«

**2 Mitführungs- und Aushändigungspflicht**

| Zulassungsscheine | Führerscheine |
|---|---|
| § 10 Nr. 1<br>Internationalen oder ausländischen Zulassungsschein nach § 1 Abs. 1 oder den Internationalen Zulassungsschein nach § 7 Abs. 2 Nr. 6 auch i. V. m. S. 2 (Kraftfahrzeuganhänger) | § 10 Nr. 2<br>Internationalen oder nationalen ausländischen Führerschein |
| § 10 Nr. 3<br>Übersetzung des ausländischen Zulassungsscheins nach § 1 Abs. 3 und des ausländischen Führerscheins nach § 4 Abs. 2 S. 2 (soweit erforderlich). ||

Die oft vertretene Meinung, neben dem Internationalen Führerschein sei zusätzlich der nationale Führerschein mitzuführen, findet durch die alternative Verbindung und die Formulierung »nationalen ausländischen Führerschein« in der Vorschrift des § 10 Nr. 2 selbst keine Stütze.

Sie entspricht jedoch der Realität, da bei einem Inländer der Internationale Führerschein nicht zur Führung von Kraftfahrzeugen im Inland berechtigt. Um seine Berechtigung zum Führen von Kraftfahrzeugen auf der Fahrtstrecke bis zur Grenze nachzuweisen, muss er daher seinen nationalen Führerschein nach § 4 Abs. 2 FeV mitführen.

## § 11

(1) Erweist sich ein ausländisches Fahrzeug als unvorschriftsmäßig, so ist nach § 17 der Straßenverkehrs-Zulassungs-Ordnung zu verfahren; muss der Betrieb des Fahrzeugs untersagt werden, so wird der (ausländische oder Internationale) Zulassungsschein an die ausstellende Stelle zurückgesandt.

(2) Erweist sich der Inhaber einer ausländischen Fahrerlaubnis (§ 4) als ungeeignet oder nicht befähigt zum Führen von Kraftfahrzeugen, ist ihm das Recht abzuerkennen, von der ausländischen Fahrerlaubnis Gebrauch zu machen. Erweist er sich als noch bedingt geeignet, ist die Fahrerlaubnis soweit wie notwendig einzuschränken oder es sind die erforderlichen Auflagen anzuordnen. Im übrigen sind die §§ 3 und 46 der Fahrerlaubnis-Verordnung entsprechend anzuwenden. Die Aberkennung des Rechts, von einer ausländischen Fahrerlaubnis Gebrauch zu machen, ist auf dem ausländischen Führerschein, bei Internationalen Führerscheinen durch Ausfüllen des dafür vorgesehenen Vordrucks zu vermerken und der ausstellenden Stelle des Auslandes und dem Kraftfahrt-Bundesamt mitzuteilen.

(3) Im Inland ausgestellte Internationale Zulassungs- und Führerscheine sind, wenn der Betrieb eines Fahrzeugs oder das Führen eines Kraftfahrzeugs untersagt (die Fahrerlaubnis entzogen) wird, der untersagenden Behörde abzuliefern.

## Änderungen

1. Redaktionelle Änderung des § 11 Abs. 2 durch die »VO über die Regelung des Straßenverkehrs« v. 13. November 1937.

2. Redaktionelle Anpassung durch die »Siebente Verordnung zur Änderung straßenverkehrsrechtlicher Vorschriften« v. 2. Dezember 1988; amtliche Begründung VkBl. 1988, S. 806.

3. Redaktionelle Anpassung durch die »Verordnung über die Zulassung von Personen zum Straßenverkehr und zur Änderung straßenverkehrsrechtlicher Vorschriften« v. 18. August 1998; amtliche Begründung VkBl. 1998, S. 1100.

## Übersicht

|  | Rdnr. |
|---|---|
| Unvorschriftsmäßiger Zustand | 1 |
| Sachliche Zuständigkeit der Polizei | 2 |
| Ausführungsanweisung (AA) zu § 11 Abs. 2 | 3 |
| Entziehung der Fahrerlaubnis | 4 |

### Verordnung über internationalen Kraftfahrzeugverkehr

**1** Ob sich ein ausländisches Fahrzeug in einem unvorschriftsmäßigen Zustand befindet, ist zunächst nach § 3 Abs. 1 IntVO zu beurteilen (siehe dort Rdnr. 2 und 3). Welche Maßnahmen im Interesse der Verkehrssicherheit auf Grund des unvorschriftsmäßigen Zustandes einzuleiten sind, orientiert sich am Grundsatz des Mindesteingriffs und der Verhältnismäßigkeit; die in § 17 StVZO enthaltenen Maßnahmen tragen dem Rechnung.

Erweist sich ein ausländisches Fahrzeug als unvorschriftsmäßig i.S.d. § 11 Abs. 1 IntVO, ist nach § 17 StVZO zu verfahren; muss der Betrieb des Fahrzeugs untersagt werden, wird der (ausländische oder Internationale) Zulassungsschein an die ausstellende Stelle zurückgesandt. Zuständig für diese Maßnahme ist nach § 68 Abs. 2 StVZO die untere Verwaltungsbehörde, in deren Zuständigkeitsbereich das unvorschriftsmäßige Fahrzeug beanstandet wird.

Maßnahmen nach § 17 StVZO fallen ausschließlich in den Zuständigkeitsbereich der unteren Verwaltungsbehörde. Bei Gefahr im Verzuge bleibt der Polizei bis zur Entscheidung der Behörde daher nur die Möglichkeit der Anordnung von polizeirechtlichen Maßnahmen. Die einzelne Vorgehensweise sollte daher zwischen der Polizei und der zuständigen Behörde vorher abgesprochen werden. Es empfiehlt sich auch die Anfertigung von Musterverfügungen für die Stilllegung des ausländischen Fahrzeugs für den Fall, dass die Behörde nicht erreichbar ist.

Der VGH Baden-Württemberg hat in seiner Entscheidung v. 8.3.1993, Az. 1 S 1606/92, ausgeführt:

»Befindet sich ein Kraftfahrzeug wegen nicht vorschriftsmäßiger Bereifung in einem nicht vorschriftsmäßigen Zustand, so kann die Straßenverkehrsbehörde dem Eigentümer oder Halter eine angemessene Frist zur Behebung der Mängel setzen und nötigenfalls den Betrieb des Fahrzeugs im öffentlichen Straßenverkehr untersagen oder beschränken (§ 17 Abs. 1 StVZO). Diese bundesrechtliche Normierung der Maßnahmen, die gegen Eigentümer oder Halter nicht vorschriftsmäßiger Fahrzeuge durch die Straßenverkehrsbehörde zulässig sind, dient ersichtlich dem Zweck, den Gefahren, die von solchen Fahrzeugen ausgehen können, zu begegnen. § 17 Abs. 1 StVZO schließt daher als spezialgesetzliche Regelung für seinen Anwendungsbereich den Rückgriff auf die polizeiliche Generalklausel aus. Gleiches gilt hinsichtlich der Beschlagnahme gemäß § 33 Abs. 1 Nr. 1 PolG.«

Bei der Anwendung dieser Entscheidung ist zu berücksichtigen, dass bei dem der Entscheidung zugrunde liegenden Sachverhalt die Behörde erreichbar war. Die Frage, welche Maßnahmen bei Gefahr im Verzug erforderlich und zulässig gewesen wären, brauchte daher nicht entschieden zu werden.

Zur Begründung einer sachlichen Zuständigkeit der Polizei bieten sich zwei  2
Möglichkeiten an:

a) Nach den Polizeigesetzen der Länder hat die Polizei die ihr durch andere Rechtsvorschriften übertragenen Aufgaben wahrzunehmen (§ 1 Abs. 2 PolG BW). Eine solche Vorschrift ist u.a. § 44 Abs. 2 S. 2 StVO. Danach kann die Polizei bei Gefahr im Verzug (anstelle der an sich zuständigen Behörde) die vorläufig notwendigen Maßnahmen treffen; sie bestimmt dann die Mittel zur Sicherung des Verkehrs.

Ob es sich bei § 44 Abs. 2 S. 2 StVO nur um eine Zuständigkeitsvorschrift handelt, die selbst nicht zur Durchführung von Maßnahmen ermächtigt[1] oder auch um eine materielle Rechtsgrundlage für Sofortmaßnahmen der Polizei, kann dahingestellt bleiben. In jedem Fall ergibt sich aus ihr die polizeiliche Pflicht zum Handeln. Welche Maßnahmen erforderlich (notwendig und zweckmäßig) sind, liegt im pflichtmäßigen Ermessen der Polizei. Dabei sind die polizeirechtlichen Grundsätze des Mindesteingriffs und der Verhältnismäßigkeit zu beachten.[2]

b) Nach dem allgemeinen Polizeirecht der Länder ist es Aufgabe der Polizei, vom Einzelnen und dem Gemeinwesen (der Allgemeinheit) Gefahren abzuwehren, durch die die öffentliche Sicherheit oder Ordnung bedroht wird, und Störungen der öffentlichen Sicherheit oder Ordnung zu beseitigen, soweit es im öffentlichen Interesse geboten ist (§ 1 Abs. 1 PolG BW).

Die Aufgabenwahrnehmung fällt zunächst unter das Primat der Behörde (§ 60 PolG BW), jedoch enthalten die Polizeigesetze der Länder eine Subsidiaritätsklausel bzw. originäre Zuständigkeitsregelung, wonach (bei Gefahr im Verzug) der Polizeivollzugsdienst die erforderlich werdenden Maßnahmen in eigener Zuständigkeit anordnen kann. Die zuständige Behörde ist zu unterrichten.

Auch hier entscheidet der einschreitende Beamte nach pflichtmäßigem Ermessen darüber, welche Maßnahmen er für erforderlich, d.h. für notwendig und zweckmäßig hält.

Der Ermessensspielraum kann durch Erlasse, Verfügungen sowie dienstliche Weisungen eingeschränkt, aber nicht aufgehoben werden.

§ 44 Abs. 2 S. 2 StVO konkretisiert die allgemeine Polizeiklausel für den Bereich des Straßenverkehrs.[3] Auf welche Rechtsgrundlage die Polizei ihre Maßnahme

---
1 Gintzel, »Die Polizei« 1968, S. 20.
2 OVG Münster, DAR 1973, S. 334.
3 OLG Stuttgart, NPA 928, § 44 StVO, Blatt 1.

stützt, bleibt ihr überlassen. Der VGH BW[1] ließ in seiner Entscheidung v. 5.5.1971 offen, ob sich die Polizei bei Verkehrsstörungen auf die allgemeine Subsidiaritätsklausel des Polizeigesetzes oder auf die der StVO stützen soll. In beiden Fällen kann sie nur bei »Gefahr im Verzug« tätig werden. »Gefahr im Verzug« liegt vor, wenn ein rechtzeitiges Tätigwerden der an sich zuständigen Behörde nicht erreichbar erscheint.

Es sollen die Fälle erfasst werden, bei denen durch ein Abwarten bis zum Eingreifen der Behörde ein drohender Schaden entstehen würde, mithin ein sofortiges Einschreiten der Polizeibeamten dringend notwendig ist. Maßgebend ist der Gedanke, dass die »prompte Abwehr öffentlicher Gefahren« nicht darunter leiden darf, dass für die Arbeit der Polizei verschiedene Zuständigkeitsschichten eingerichtet sind.

Da § 44 Abs. 2 S. 2 StVO nur von »vorläufigen Maßnahmen« spricht, diese aber nicht nennt, empfiehlt es sich, die sachliche Zuständigkeit des ausführenden Beamten auf das Polizeirecht zu stützen, da die zu ergreifenden Maßnahmen dort im Einzelnen geregelt sind.

Erweist sich der Zustand eines ausländischen Fahrzeugs als unvorschriftsmäßig, haben sich die einzuleitenden Maßnahmen am Grad der Unvorschriftsmäßigkeit und den damit verbundenen Auswirkungen auf die Verkehrssicherheit zu orientieren.[2]

**3** AA zu § 11 Abs. 2

Die Mitteilung an die ausländische Stelle kann denjenigen Ländern gegenüber unterbleiben, in denen die Fahrerlaubnis (der Fahrausweis) ohne Eignungsprüfung erworben wird; Mitteilungen dieser Länder bleibt vorbehalten.

**4** § 11 Abs. 2 IntVO regelt die Entziehung der ausländischen Fahrerlaubnis durch die Verwaltungsbehörde; die gerichtliche Entziehung regelt § 69b StGB und die vorläufige Entziehung § 111a Abs. 1 und 6 StPO.

Eine »Entziehung« der ausländischen Fahrerlaubnis ist nach § 46 Abs. 1 FeV i.V.m. § 3 StVG durch die Fahrerlaubnisbehörde möglich. Nach § 46 Abs. 5 S. 2 FeV »erlischt das Recht zum Führen von Kraftfahrzeugen im Inland«. Damit stimmt die Rechtsfolge des § 46 Abs. 5 S. 2 FeV mit der des § 69b StGB überein. Danach hat die Entziehung der Fahrerlaubnis die Wirkung einer Aberkennung

---

1 NPA 730 Gefahrenabwehr Blatt 18 ff.
2 Um eine klare Mängeleinordnung zu erreichen, kann auf folgendes Hilfsmittel zurückgegriffen werden: »Richtlinie für die Durchführung von Hauptuntersuchungen (HU) und die Beurteilung der dabei festgestellten Mängel an Fahrzeugen nach § 29, Anlage VIII und VIIIa StVZO (HU-Richtlinie)« v. 2. 6. 1998, VkBl. 1998, S. 519; »Richtlinie für die Durchführung von Sicherheitsprüfungen (SP) nach § 29 und Anlage VIII StVZO (SP-Richtlinie)« v. 2. 6. 1998, VkBl. 1998, S. 528.

des Rechts, von der Fahrerlaubnis im Inland Gebrauch zu machen. Mit Rechtskraft der (gerichtlichen) Entscheidung erlischt das Recht zum Führen von Kraftfahrzeugen im Inland (siehe § 4, Rdnr. 24).

Die Prüfung, ob ein Kraftfahrer mit ausländischer Fahrerlaubnis ungeeignet zum Führen von Kraftfahrzeugen im Inland ist, ist nicht auf Tatsachen beschränkt, die zeitlich nach dem Erwerb der ausländischen Fahrerlaubnis eingetreten sind.[1]

Der Betroffene kann zu einem späteren Zeitpunkt die Wiedererteilung beantragen, wenn er deren Voraussetzungen für die Antragszeit nachweist.[2] Bei der gerichtlichen Überprüfung einer Aberkennung des Rechts, von einer ausländischen Fahrerlaubnis im Bundesgebiet Gebrauch zu machen, ist ebenso wie bei der Entziehung einer inländischen Fahrerlaubnis die Sach- und Rechtslage zur Zeit der letzten behördlichen Entscheidung maßgebend.[3]

§ 11 Abs. 2 gibt weder für sich allein noch i.V.m. § 36 Abs. 2 Nr. 2 LVwVfG der Verkehrsbehörde die Befugnis, einem ungeeigneten Kraftfahrzeugführer, der keine ausländische Fahrerlaubnis besitzt, für den ungewissen Fall des zukünftigen Erwerbs einer solchen Erlaubnis das Recht zu deren Nutzung im Inland abzuerkennen; eine derartige vorsorgliche Aberkennung verstößt gegen den rechtsstaatlichen Grundsatz des Vorbehalts des Gesetzes (Artikel 20 Abs. 3 GG).[4]

Unter den Voraussetzungen des § 25 Abs. 1 StVG kommen verwaltungsbehördliche Fahrverbote auch bei ausländischen Fahrausweisen in Betracht (§ 25 Abs. 3 StVG); Entsprechendes gilt nach dem Verkehrsstrafrecht für gerichtliche Fahrverbote (vgl. § 44 Abs. 2 StGB). § 3 FeV hat im Rahmen des § 11 Abs. 2 nur noch für fahrerlaubnisfreie Kraftfahrzeuge Bedeutung.

Wird nach der gerichtlichen bzw. behördlichen Entscheidung ein Kraftfahrzeug im Inland geführt, verwirklicht der Betroffene den Tatbestand des § 21 StVG. Werden dagegen von der Verwaltungsbehörde erforderliche Auflagen angeordnet und diese vom Betroffenen nicht beachtet, handelt dieser ordnungswidrig i.S.d. §§ 11 Abs. 2, 14 Nr. 5 IntVO i.V.m. § 24 StVG.

---

[1] BVerwG, NJW 1983, S. 1279.
[2] VGH München, NJW 1994, S. 604.
[3] BayVGH, VRS 86, S. 238 = NZV 1994, S. 207.
[4] VGH B.-W., VM 1996, S. 87 (Nr. 125) = VRS 92, S. 61.

## § 12

Im grenznahen Raum haben die Beamten des Grenzzolldienstes dieselben Befugnisse wie die Polizeibeamten über alle auf öffentlichen Straßen verkehrenden Kraftfahrzeuge oder Kraftfahrzeuganhänger und ihrer Führer, gleichviel, ob sie dem internationalen Verkehr dienen oder nicht.

### Änderungen

1. Geändert durch die »Siebente Verordnung zur Änderung straßenverkehrsrechtlicher Vorschriften« v. 2. Dezember 1988; amtliche Begründung VkBl. 1988, S. 806.

2. Geändert durch die »Zweiunddreißigste Verordnung zur Änderung straßenverkehrsrechtlicher Vorschriften« v. 20. Juli 2000; amtliche Begründung VkBl. 2000, S. 465.

### Übersicht

|  | Rdnr. |
|---|---|
| Amtliche Begründung | 1 |
| Zollgrenzbezirk | 2 |
| Kennzeichnung | 3 |
| Grenznaher Raum | 4 |

1 *Amtliche Begründung zur Änderung der IntVO v. 2.12.1988 (VkBl. 1988, S. 806):*

»Absatz 1 wird – weil entbehrlich – aufgehoben. Absatz 2 wird um den Begriff »Kraftfahrzeuganhänger« ergänzt. Die im bisherigen Absatz 3 enthaltene Zuständigkeitsregelung für die Erteilung von Internationalen Zulassungs- und Führerscheinen wird ebenfalls aufgehoben. Eine neue allgemeine Zuständigkeitsregelung befindet sich in dem neugefassten § 13.«

2 Zollgrenzbezirk (alt) ist der innerhalb der Zollgrenze und einer im Abstand von höchstens 15 km parallel dazu verlaufenden Binnenlinie gelegene Raum. Im Zollgrenzbezirk bestehen für Grundstücke, Bauten, Warenbeförderungen, Handel und Gewerbe zur Sicherung der Zollbelange besondere Überwachungsvorschriften.

3 Nach Ziff. VI der VwV-StVO zu Zeichen 310 nennt das Zeichen 310 den amtlichen Namen der Ortschaft und den Verwaltungsbezirk; ggf. ist die Bezeichnung »Zollgrenzbezirk« beizufügen.

4 Der Zollgrenzbezirk wurde 1993 durch den »grenznahen Raum« i.S.d. § 14 Abs. 1 Zollverwaltungsgesetz ersetzt; mit der 32. ÄndVStVR wurde § 12 redaktionell angepasst. Der grenznahe Raum erstreckt sich am deutschen Teil der

Zollgrenze der Gemeinschaft bis zu einer Tiefe von 30 Kilometern, von der seewärtigen Begrenzung des Zollgebiets der Gemeinschaft an bis zu einer Tiefe von 50 Kilometern. Die Befugnisse der Zollverwaltung im grenznahen Raum (z.B. die Überprüfung von Personen und Beförderungsmitteln) ergeben sich u.a. aus §§ 10 und 11 Zollverwaltungsgesetz.

**Verordnung über internationalen Kraftfahrzeugverkehr**

### § 13

**Soweit diese Verordnung keine besonderen Regelungen trifft, gelten für die Zuständigkeiten und für die Ausnahmen von dieser Verordnung die §§ 68, 70 und 71 der Straßenverkehrs-Zulassungs-Ordnung und die §§ 73 und 74 der Fahrerlaubnis-Verordnung entsprechend.**

### Änderungen

1. Neufassung des § 13 durch die »Siebente Verordnung zur Änderung straßenverkehrsrechtlicher Vorschriften« v. 2. Dezember 1988; amtliche Begründung VkBl. 1988, S. 806.

2. Redaktionelle Änderung durch die »Verordnung über die Zulassung von Personen zum Straßenverkehr und zur Änderung straßenverkehrsrechtlicher Vorschriften« v. 18. August 1998; amtliche Begründung VkBl. 1998, S. 1100.

### Übersicht

| | Rdnr. |
|---|---|
| Amtliche Begründung | 1 |

**1** *Amtliche Begründung zur Änderung der IntVO v. 2.12.1988 (VkBl. 1988, S. 806):*

»Wegen der ohnehin bestehenden engen Verklammerung mit der StVZO verweist der neugefasste § 13 hinsichtlich Zuständigkeit und Erteilung von Ausnahmen auf die einschlägigen Vorschriften der StVZO (§§ 68, 70 und 71), soweit nicht die IntVO im einzelnen besondere Regelungen trifft.«

Durch die Änderung v. 18.8.1998 wurden die Ermächtigungsnormen im Bereich des Fahrerlaubnisrechts – §§ 73 und 74 FeV – aufgenommen.

## § 13 a

**Abweichend von § 4 Absatz 1 Satz 3 dürfen Inhaber einer ausländischen Fahrerlaubnis, die ihren ordentlichen Wohnsitz bis zum 31. Dezember 1998 im Inland begründen, noch bis zum Ablauf von zwölf Monaten Kraftfahrzeuge im Inland führen.**

## Änderungen

1. Eingeschoben durch die »Verordnung über die Zulassung von Personen zum Straßenverkehr und zur Änderung straßenverkehrsrechtlicher Vorschriften« v. 18. August 1998; amtliche Begründung VkBl. 1998, S. 1100.

## Übersicht

| | Rdnr. |
|---|---|
| Amtliche Begründung | 1 |

*Amtliche Begründung zur Änderung der IntVO v. 18. August 998 (VkBl. 1998, S. 1100):*  **1**

»Die Regelung enthält eine Übergangsbestimmung für diejenigen Inhaber einer ausländischen Fahrerlaubnis, die ihren ordentlichen Wohnsitz zum Zeitpunkt des Inkrafttretens der Verordnung bereits im Inland haben. Sie sind von der Verkürzung der Jahresfrist auf sechs Monate nicht betroffen und können weiterhin noch zwölf Monaten nach Begründung des ordentlichen Wohnsitzes mit ihrer ausländischen Fahrerlaubnis im Inland Kraftfahrzeuge führen.«

## § 14

**Ordnungswidrig im Sinne des § 24 des Straßenverkehrsgesetzes handelt, wer vorsätzlich oder fahrlässig**

1. entgegen § 2 Absatz 1 Satz 1, 3 oder Absatz 2 an einem ausländischen Kraftfahrzeug oder Kraftfahrzeuganhänger das Kennzeichen oder das Nationalitätszeichen nicht oder nicht wie dort vorgeschrieben führt,

2. entgegen § 3a Satz 2 ein Fahrzeug kennzeichnet oder entgegen § 3a Satz 3 ein Zeichen anbringt,

3. einer vollziehbaren Auflage nach § 4 Absatz 1 Satz 5 zuwiderhandelt,

4. entgegen § 10 den Zulassungsschein, den Führerschein oder die Übersetzung des ausländischen Zulassungsscheins oder Führerscheins nicht mitführt oder zuständigen Personen auf Verlangen zur Prüfung nicht aushändigt,

5. einer vollziehbaren Auflage nach § 11 Absatz 1 Satz 2 zuwiderhandelt.

### Änderungen

1. Neufassung des § 14 durch die »Dritte Verordnung zur Änderung straßenverkehrsrechtlicher Vorschriften« v. 23. November 1982; amtliche Begründung VkBl. 1982, S. 495.

2. Redaktionelle Anpassung durch die »Fünfte Verordnung zur Änderung straßenverkehrsrechtlicher Vorschriften« v. 13. Dezember 1985; amtliche Begründung VkBl. 1986, S. 127.

3. Neufassung des § 14 durch die »Siebente Verordnung zur Änderung straßenverkehrsrechtlicher Vorschriften« v. 2. Dezember 1988; amtliche Begründung VkBl. 1988, S. 806.

4. Redaktionelle Anpassung durch die »Achtzehnte Verordnung zur Änderung straßenverkehrsrechtlicher Vorschriften« v. 20. Juni 1994; amtliche Begründung VkBl. 1994, S. 448.

5. Redaktionelle Anpassung durch die »Verordnung über die Zulassung von Personen zum Straßenverkehr und zur Änderung straßenverkehrsrechtlicher Vorschriften« v. 18. August 1998; amtliche Begründung VkBl. 1998, S. 1100.

## Übersicht

| | Rdnr. |
|---|---|
| Entwicklung der Vorschrift | 1 |
| Amtl. Begründung der Neufassung vom 23. 11. 1982 | 2 |
| Nicht zugelassene Fahrzeuge | 3 |
| Fahren ohne Fahrerlaubnis | 4 |
| Nichtmitführen des Führerscheins | 5 |
| Deutsche Übersetzung | 6 |

§ 14 war früher Strafvorschrift für die Zuwiderhandlungen gegen die IntVO. **1** Als Übertretungsstrafe war ursprünglich DM 150,00 oder Haft (bis zu 6 Wochen) angedroht. Die höchstzulässige Geldstrafe wurde später durch Artikel 7 des 2. Straßenverkehrsgesetzes auf DM 500,00 erhöht.

Durch die Neufassung des § 24 StVG durch Artikel 3 EGOWiG wurden diejenigen Handlungen zu Ordnungswidrigkeiten, die vorsätzlich oder fahrlässig gegen eine Vorschrift verstoßen hatten, die auf Grund des § 6 Abs. 1 Nr. 1 bis 5 StVG (a.F.) erlassen worden war. Die IntVO erging auf Grund der damaligen §§ 6 und 27 StVG und ist daher auch auf § 6 StVG gestützt. Zuwiderhandlungen gegen die in ihr enthaltenen Bestimmungen wurden deshalb mit Wirkung vom 1.1.1969 (Artikel 167 EGOWiG) Ordnungswidrigkeiten und sind als solche mit einer Geldbuße zu ahnden. Eine ausdrückliche Verweisung auf die Vorschrift des § 24 StVG bedurfte es nicht, da die IntVO vor dem 1.1.1969 erlassen worden ist – siehe nachfolgend Rdnr. 2. § 21 StVG wurde von dieser Entwicklung nicht berührt.

*Amtliche Begründung zur Neufassung des § 14 IntVO v. 23.11.1982 (VkBl. 1982,* **2** *S. 495):*

»Die Neufassung von § 14 beruht auf zwingenden rechtlichen Gründen. Die IntVO ist vor dem 01.01.1969 erlassen worden und bedurfte bislang keiner Konkretisierung der Bußgeldtatbestände (§ 24 Abs. 1 Satz 2 StVG). Da sie aber nunmehr durch Rechtsverordnung geändert wird, bedarf es jetzt einer Einzelaufführung der Bußgeldtatbestände entsprechend § 24 Abs. 1 Satz 1 StVG.

Soweit außerdeutsche Kraftfahrzeuge am Verkehr teilnehmen, ohne dass dies von § 1 IntVO gedeckt ist, handelt es sich um eine Ordnungswidrigkeit nach § 69a Abs. 2 Nr. 3 StVZO; § 14 IntVO ist daher nicht einschlägig. Entsprechendes gilt für außerdeutsche Kraftfahrzeugführer, die unter Verstoß gegen § 4 IntVO ein Kraftfahrzeug führen, jedoch mit der Maßgabe, dass sie nach § 21 StVG wegen Fahrens ohne Fahrerlaubnis bestraft werden können.«

Ist ein ausländisches Fahrzeug nicht zum internationalen Verkehr zugelassen, **3** unterliegt es dem deutschen Zulassungsrecht. Bei einer fehlenden Zulassung liegt daher eine Ordnungswidrigkeit i.S.d. §§ 18 Abs. 1, 69a Abs. 2 Nr. 3 StVZO i.V.m. § 24 StVG vor. Da das ausländische Fahrzeug im Inland keinen regelmäßigen Standort hat, empfiehlt sich für die erforderliche Ausfuhr des Fahrzeugs eine Zulassung nach § 7 Abs. 2 IntVO.

4 Ausländische Fahrzeugführer verwirklichen den Vergehenstatbestand nach § 21 Abs. 1 StVG, wenn sie im Inland ein Kraftfahrzeug führen, ohne dass die Voraussetzungen der Ausnahmeregelung des § 4 Abs. 1 IntVO vorliegen, die Erlaubnis nach § 3 Abs. 1 FeV i.V.m. § 11 Abs. 2 IntVO entzogen wurde oder die 6-Monats-Frist verstrichen ist.[1] In diesen Fällen ist von einem Fahren ohne Fahrerlaubnis auszugehen und dies anzuzeigen. Zusätzlich sind polizeirechtliche Maßnahmen wie die Unterbindung der Weiterfahrt erforderlich.

Bei der Anwendung des § 21 Abs. 1 Nr. 1 StVG ist es insoweit ohne Bedeutung, dass das Gesetz über den Verkehr mit Kraftfahrzeugen v. 3.5.1909 und auch das insoweit gleichlautende StVG v. 19.12.1952 das Fahren ohne Fahrerlaubnis als Vergehen – nach altem Recht – unter Strafe stellten (ursprünglich § 24, seit der grundlegenden Reform durch das EGOWiG[2] § 21) und § 14 IntVO für allgemeine Zuwiderhandlungen gegen die IntVO einen Straftatbestand (Übertretungen nach altem Recht) schuf. Genauso wenig wurde die Anwendung des Straftatbestandes des Fahrens ohne Fahrerlaubnis nach § 24 StVG (a.F.) bzw. § 21 StVG (n.F.) dadurch berührt, dass bezüglich des § 14 IntVO erst durch die 3. VO zur Änderung straßenverkehrsrechtlicher Vorschriften v. 23.11.1982 (Rdnr. 2) die grundlegende Reform durch das oben angegebene EGOWiG, nämlich die Umwandlung des Großteils der ursprünglich als Übertretungen, also Straftaten, geahndeten Verstöße gegen straßenverkehrsrechtliche Vorschriften in Ordnungswidrigkeiten (vgl. § 21 StVG a.F. und § 24 StVG n.F.) nachgeholt wurde; indem nur noch einige Verstöße gegen die IntVO als Ordnungswidrigkeiten mit einem Bußgeld bewehrt wurden.

Bei einem Fahren ohne Fahrerlaubnis geht es jedoch nicht um einen Verstoß gegen Vorschriften der IntVO, sondern um einen solchen gegen § 21 StVG direkt. Ein Verweis in der IntVO auf den Straftatbestand des § 21 StVG ist daher nicht erforderlich.[3]

5 Führt der ausländische Fahrzeugführer seinen Führerschein nicht mit, kann aber seiner Nachweispflicht – wenn auch verzögert – nachkommen, handelt er ordnungswidrig i.S.d. §§ 10 Nr. 2, 14 Nr. 4 IntVO i.V.m. § 24 StVG.

Kann der ausländische Fahrzeugführer seine Fahrtberechtigung nicht nachweisen (Dokumente wurden gestohlen oder gingen verloren), **ergeben jedoch die Ermittlungen,** dass er die entsprechende ausländische Fahrerlaubnis besitzt, ist

---
1 Eine andere Auffassung vertritt das LG Memmingen, DAR 1994, S. 412 aus unzutreffenden Gründen; dagegen Hentschel, NZV 1995, S. 60 sowie Brauckmann, PTV 1995, S. 39.
2 Vom 24. 5. 1968, BGBl. 1968 I, S. 503.
3 OLG Köln, NZV 1996, S. 289; OLG Celle, NZV 1996, S. 327.

trotz der Verknüpfung der Fahrtberechtigung mit dem Nachweis der genannten Dokumente durch den Wortlaut der Vorschrift von einer Ordnungswidrigkeit auszugehen. Diese Ermittlungen sind so zu verstehen, dass der ausländische Fahrzeugführer zu seiner Entlastung entsprechende Angaben macht und diese ohne großen zusätzlichen Ermittlungsaufwand überprüft werden können.

In den Fällen, in denen der Besitz der ausländischen Fahrerlaubnis gegenüber der Fahrerelaubnisbehörde (z.B. durch Vermittlung der zuständigen Vertretung des Heimatstaates im Inland oder durch FS der Heimatbehörde) zweifelsfrei nachgewiesen wurde, kann zur Vermeidung von Härten ein Internationaler Führerschein nach § 8 Abs. 1 IntVO ausgestellt werden, um die Fortsetzung der Fahrt zu ermöglichen.

Durch die »5. VO zur Änderung straßenverkehrsrechtlicher Vorschriften« v. **6** 13.12.1985 wurde in § 14 der Ordnungswidrigkeitentatbestand »die nach § 4 erforderliche deutsche Übersetzung nicht besitzt« eingefügt.

Aus der amtlichen Begründung dazu:

»Es ist rechtlich unklar, ob die nach § 4 in bestimmten Fällen vorgeschriebene deutsche Übersetzung eines ausländischen Führerscheins die nach der gleichen Vorschrift bestehende Fahrberechtigung im Inland berührt. Besitzt der Fahrzeugführer die erforderliche ausländische Fahrerlaubnis und weist diese auch durch einen ausländischen Führerschein nach, so ist es ausreichend, den Nichtbesitz der erforderlichen deutschen Übersetzung als Ordnungswidrigkeit einzustufen.«

Durch die »7. VO zur Änderung straßenverkehrsrechtlicher Vorschriften« v. 2.12.1988 wurde in § 14 der Ordnungswidrigkeitentatbestand »die nach § 4 erforderliche deutsche Übersetzung nicht besitzt« wieder aufgehoben. Da die bei der Einführung des Bußgeldtatbestandes geäußerten Befürchtungen nicht eingetreten waren, konnte auf eine Klarstellung durch Schaffung eines Bußgeldtatbestandes für den Nichtbesitz der deutschen Übersetzung verzichtet werden.

Besitzt der ausländische Fahrzeugführer zwar einen Führerschein nach § 4 Abs. 2 S. 1, verfügt aber nicht über die nach S. 2 vorgeschriebene Übersetzung, wird teilweise auch heute noch die Meinung vertreten, dass er nun nicht ordnungswidrig handelt, da eine Verletzung des § 4 Abs. 2 S. 2 in § 14 nicht normiert ist.

In diesem Zusammenhang ist jedoch zu berücksichtigen, dass die Verpflichtung nach § 4 Abs. 2 S. 2 zunächst eine Mitführungs- und Aushändigungspflicht i.S.d. § 10 Nr. 3 IntVO begründet. Wird nun eine bestehende oder nicht bestehende Übersetzung nicht mitgeführt, handelt der Betroffene ordnungswidrig i.S.d. §§ 10 Nr. 3, 14 Nr. 4 IntVO i.V.m. § 24 StVG.

ZWEITER TEIL

# Versicherungspflicht für den Gebrauch ausländischer Fahrzeuge

## Einführung

### Übersicht

| | Rdnr. |
|---|---|
| **Geschichtliche Entwicklung** | |
| Anfänge der Kraftverkehrsversicherung | 1 |
| Allgemeine Verkehrsgesetze | 2 |
| Haftpflichtgesetze | 3 |
| Haftpflichtversicherungsbestimmungen | 4 |
| Erste internationale Regelungen | 5 |
| Einführung der Zwangshaftpflichtversicherung | 6 |
| Situation im 2. Weltkrieg und unmittelbar danach | 7 |
| **System der Grünen Versicherungskarte** | |
| UNO-Empfehlung Nr. 5 v. 25.1.1949 | 8 |
| Council of Bureaux und seine Mitglieder | 9 |
| Londoner Abkommen (LA) | 10 |
| Grüne Versicherungskarte | 11 |
| Multilaterales Garantieabkommen (M.G.A.) | 12 |
| Grenzversicherung | 13 |
| Gegenüberstellung der Vertragsstaaten von LA und M.G.A. | 14 |
| Harmonisierung der Rahmenbedingungen in der EU | 15 |

Entstehung und Entwicklung der Kraftverkehrsversicherung sind eng mit der Entwicklung und Verbreitung der Kraftfahrzeuge verknüpft. Dieser heute wirtschaftlich so bedeutende Versicherungszweig[1] entstand wenige Jahre nach der ersten serienmäßigen Herstellung von Automobilen (in Deutschland etwa um die Jahrhundertwende). Nach anfänglichen Schwierigkeiten bei der Einordnung des neuen Versicherungszweiges in die vorhandene Versicherungswirtschaft und der Festlegung geeigneter Tarifgruppierungen gewann die Kraftverkehrsversicherung (abgesehen von dem zwangsläufigen Stillstand der Versicherungsgeschäfte während des 1. Weltkrieges und den Rückschlägen in der Wirtschaftskrise) schnell an Umfang und Bedeutung. 1

---

1 Die Prämieneinnahmen betrugen 1994 EU-weit 141 Mrd. DM, im Europäischen Wirtschaftsraum (EU und EFTA) ca. 148 Mrd. DM. Der Anteil der Kraftfahrtversicherung an den Prämieneinnahmen sämtlicher Versicherungszweige entspricht damit EU- bzw. EWR-weit zwischen 17 und 18%.

## Versicherungspflicht für den Gebrauch ausländischer Fahrzeuge

Die Zeiten nach der Inflation bis in die dreißiger Jahre brachten erhebliche technische Fortschritte im Fahrzeug- und Motorenbau, die wiederum den Versicherungen zu geeigneten Anhaltspunkten für die Einschätzung der gefahrerheblichen Umstände verhalfen. Aus den Erfahrungen dieser Jahre und den Erkenntnissen aus den ersten modernen Schadensstatistiken konnte sich die Kraftverkehrs-Versicherung schließlich zu der Form entwickeln, die sie im Wesentlichen bis heute beibehielt.

2   Die schnell zunehmende Zahl der Automobile führte alsbald zu **nationalen Gesetzgebungen** über den Kraftfahrzeugverkehr. Schon in den ersten Jahren nach der Jahrhundertwende hatten nahezu alle europäischen Staaten nach englischem und insbesondere französischem Vorbild einheitliche Vorschriften über den Kraftfahrzeugverkehr erlassen. Diese Vorschriften beschränkten sich jedoch auf Vorschriften über technische Einrichtungen am Kraftfahrzeug zur Erhöhung der Verkehrssicherheit, Zulassung und Kennzeichnung der Kraftfahrzeuge, Geschwindigkeitsbegrenzungen und sonstige Verhaltensregeln im Verkehr.

3   Auf diese ersten Gesetzgebungen folgten bald besondere **Haftpflichtgesetze**. Man hatte erkannt, dass die herkömmlichen Haftungsnormen (z.B. Hinterlegung einer Barkaution in bestimmter Höhe) den durch den Kraftfahrzeugverkehr verursachten Schäden nicht gerecht werden konnten. Als erstes Land hatte Österreich mit seinem Gesetz vom 9.8.1908 ein besonderes Haftpflichtgesetz zur Schadensregulierung erlassen. Es folgten besondere Automobilhaftpflichtgesetze in Deutschland,[1] Griechenland (1911), Italien (1912), Schweden (1916), Dänemark (1918), Holland (1925), Norwegen (1926), der Schweiz (1932) und der Tschechoslowakei (1936).

4   Den Verkehrsopfern war jedoch mit **Haftpflichtbestimmungen** nur insoweit geholfen, als ihre Ansprüche beim haftpflichtigen Schädiger auch realisiert werden konnten. Da dies in zahlreichen Fällen (z.B. wegen fehlendem Eigenvermögen) nicht bzw. nicht im ausreichenden Maße möglich war, mussten neue Wege gefunden werden, um eine Schadensregulierung zu gewährleisten. Norwegen z. B. hatte bereits durch ein Gesetz von 1912 die Zulassung eines Kraftfahrzeugs davon abhängig gemacht, dass eine Barkaution in Höhe von 20 000 norwegischen Kronen bei der Verkehrsbehörde zur Deckung etwaiger Schadensersatzansprüche hinterlegt wurde. Von diesem Kautionssystem machte zunächst außer Norwegen auch England und die Tschechoslowakei Gebrauch.

In den folgenden ersten gesetzlichen Vorschriften über Kraftfahrzeugversicherungen fand das System der allgemeinen **Zwangshaftpflichtversicherung**

---
1   Gesetz über den Verkehr mit Kraftfahrzeugen v. 3.5.1909, RGBl. 1909 I, S. 437.

allerdings noch keine uneingeschränkte Verwendung. Die Entwicklung ging vielmehr über den mittelbaren Versicherungszwang (mit nachteiligen Folgen für den unversicherten Kraftfahrer) und den partiellen Versicherungszwang für bestimmte Kraftfahrzeuge (insbesondere des öffentlichen Personenverkehrs) zur generellen Versicherungspflicht. Daneben bestand noch die Möglichkeit, sich durch Zahlung einer Barkaution vom Versicherungszwang zu befreien.

Ein partieller Versicherungszwang wurde in Belgien, Bulgarien, Deutschland, Frankreich, Jugoslawien, Polen und Rumänien eingeführt. Der allgemeine Versicherungszwang setzte sich in Dänemark, England, Finnland, Luxemburg, Norwegen, Österreich, Schweden und der Schweiz durch.

Schon 1914 wurde in der Schweiz zwischen den einzelnen Kantonen ein Vertrag über den Automobilverkehr (sog. Automobilkonkordat) abgeschlossen, der auch Vorschriften über die Verpflichtung zum Abschluss eines Haftpflichtversicherungsvertrages zu bestimmten Mindestdeckungssummen enthielt. Zum erstenmal wurden hier von staatlicher Seite das Kraftfahrzeug- und das Versicherungswesen miteinander verbunden.

Die rasante Entwicklung des Straßenverkehrs ließ sich aber nicht auf einzelne 5 Nationalstaaten beschränken. Schon frühzeitig wurden **völkerrechtliche Regelungen** erforderlich, um der grenzüberschreitenden Funktion des sich zügig entwickelnden modernen Massenverkehrs auf der Straße gerecht zu werden. Diese internationalen Vereinbarungen waren das

– Internationale Abkommen über den Verkehr mit Kraftfahrzeugen v. 11. 10. 1909 (RGBl. 1910 II, S. 603 ff.);

– Internationale Abkommen über Kraftfahrzeugverkehr v. 24. 4. 1926 (RGBl. 1930 II, S. 1233 ff.). Nach Artikel 15 IntAbk wurde das bis dahin geltende Abkommen von 1909 gekündigt und trat am 27. 10. 1930 außer Kraft.

– Übereinkommen über den Straßenverkehr v. 8. 11. 1968 (BGBl. 1977 II, S. 809). Nach Art. 48 des Übereinkommens hebt dieses bei seinem Inkrafttreten das IntAbk sowie das Genfer Abkommen von 1949 (von Deutschland nicht ratifiziert) auf und ersetzt sie.

Ziel dieser Verträge war die Festlegung bestimmter technischer Normen für die Fahrzeuge sowie die gegenseitige Anerkennung der bestehenden nationalen Erlaubnisverfahren für die Zulassung von Fahrzeugen und der nationalen Berechtigungen zum Führen von Kraftfahrzeugen; die Regelung der Haftpflichtversicherung für die am internationalen Kraftfahrzeugverkehr teilnehmenden Fahrzeuge zählte **nicht** zum Regelungsinhalt dieser internationalen Vereinbarungen.

## Versicherungspflicht für den Gebrauch ausländischer Fahrzeuge

Nach diesen durch die internationale Abkommen von 1909 bzw. 1926 begonnenen Auftakt zur Regelung des internationalen Straßenverkehrs wurden während der Zeit des Völkerbundes keine weiteren Schritte unternommen, um den von nationalen Gesetzen inzwischen vorgezeichneten Weg über die Kraftfahrzeug-Haftpflichtversicherung auch auf internationaler Ebene zu verfolgen. Die Probleme schienen damals auf einem ganz anderen Gebiet, nämlich dem des Zollwesens, gelegen zu haben. Die meisten Staaten verlangten bei der – auch nur vorübergehenden- Einreise die Hinterlegung der vollen Zollsätze für das eingeführte Kraftfahrzeug.

Da jedoch die Wiedererlangung der hinterlegten Zollschuld bei der späteren Ausreise i.d.R. mit Schwierigkeiten verbunden war, führten die führenden nationalen Automobilclubs mit staatlicher Genehmigung untereinander ein besonderes Grenzkarten-System ein.

Die Grenzkarten – je nach Anzahl der in ihnen enthaltenen Blätter auch Triptyques oder Quintyques genannt – wurden 1913 von der internationalen Vereinigung anerkannter Automobilclubs einheitlich mit gleichen Texten ausgestattet.

Das System funktionierte in der Art, dass die Automobilclubs für die von ihren Mitgliedern zu hinterlegenden Zollschulden Bürgschaft leisteten und dafür die Zollbeträge als Depot bei der Club-Kasse einzogen; das Mitglied erhielt die Grenzkarte (weiter bei »Zollrechtliche Beurteilung ausländischer Fahrzeuge«).

**6** Nach 1933 wurde in Deutschland damit begonnen, das gesamte Wirtschaftsleben staatlich zu organisieren oder zumindest zu beeinflussen, der Schritt von der zunächst freiwilligen Versicherung zur **Pflichtversicherung** war damit nicht mehr groß.

Der Abschluss von Haftpflichtversicherungen wurde zunächst für einzelne, besonders gefahrengeneigte Berufsgruppen gesetzlich zur Pflicht gemacht, und zwar:

– Für Autofahrlehrer durch § 3 Abs. 1 Buchst. e) der VO v. 21.12.1933 über die Ausbildung von Kraftfahrzeugführern,[1]

– für Unternehmer auf dem Gebiet der Personenbeförderung mit Kraftfahrzeugen durch § 26 des Gesetzes v. 4.12.1934 über die Beförderung von Personen zu Lande,[2]

– für Unternehmer auf dem Gebiet des Güterfernverkehrs durch § 19 des Gesetzes v. 26.6.1935 über den Güterfernverkehr mit Kraftfahrzeugen.[3]

---
1 RGBl. 1934 I, S. 13.
2 RGBl. 1934 I, S. 1217 und Durchführungs-VO v. 26.3.1935, RGBl. 1935 I, S. 473.
3 RGBl. 1935 I, S.788 und Durchführungs-VO v. 27.3.1936, RGBl. 1936 I, S. 320.

Es folgten die Festsetzung eines Zwangstarifs für Kraftfahrzeugversicherungen mit Wirkung v. 1.3.1938[1] und im folgenden Jahr durch Gesetz v. 7.11.1939[2] die Einführung der Pflichtversicherung für **inländische** Kraftfahrzeughalter mit Wirkung v. 1.7.1940. In der Präambel des Gesetzes wird die wirksame Gestaltung des Schutzes der Verkehrsopfer in Deutschland als Zweck der neuen Bestimmungen betont. Die Tatsache, dass Deutschland verhältnismäßig spät die obligatorische Haftpflichtversicherung für inländische Kraftfahrzeuge einführte, lässt sich zum einen mit den politischen Umständen (1. Weltkrieg und den nachfolgenden Wirren), zum anderen mit der hohen Zahl freiwillig versicherter Kraftfahrzeuge erklären.

Dabei war der Gedanke an eine Pflichtversicherung für Kraftfahrzeuge in Deutschland nicht neu. Er war bereits in der Begründung zum Entwurf des Gesetzes über den Verkehr mit Kraftfahrzeugen v. 3.5.1909 aufgetaucht. Eine mittelbare Verpflichtung zum Abschluss einer Haftpflichtversicherung ergab sich bereits durch Erlass des Reichsverkehrsministers v. 11.6.1936.[3] Darin hieß es, dass ein nicht gegen Haftpflicht versicherter Kraftfahrer, der einen Schaden verursacht, den er selbst nicht decken kann, als unzuverlässig und ungeeignet zum Führen von Kraftfahrzeugen anzusehen sei, so dass im die Fahrerlaubnis entzogen werden müsse.

Den entscheidenden Anstoß gab 1938 schließlich die Eingliederung Österreichs und des Sudetenlandes in das Deutsche Reich, da in diesen Gebieten bereits eine gesetzliche Versicherungspflicht bestand. Durch Begründung der gesetzlichen Versicherungspflicht für inländische Kraftfahrzeuge wurde das Problem der Versicherungspflicht für **ausländische** Kraftfahrzeuge im Inland jedoch **nicht gelöst**. Der in den Jahren nach dem 1. Weltkrieg ständig anwachsende grenzüberschreitende Reise- und Güterverkehr mit Kraftfahrzeugen ließ dieses Problem immer dringlicher werden und verlangte nach einer internationalen Lösung.

Zur Förderung der Zusammenarbeit unter den Nationen sah die Satzung des **Völkerbundes** in Art. 23 e) Anordnungen zur Gewährleistung der Freiheit des Verkehrs und der Durchfahrt vor. Zur Bewältigung der damit verbundenen Aufgaben wurde auf der 17. Plenarsitzung v. 9.12.1920 die Verkehrs- und Transitorganisation geschaffen, deren beratende Fachkommission für Verkehr und Transit (CCT)[4] dem Ständigen Ausschuss für Sicherheit im Straßenverkehr angehörte. Die Arbeit der CCT kam jedoch über eine Bestandsaufnahme der rechtlichen Situation in den einzelnen Ländern nicht hinaus.

---

1 Durch VO v. 14.2.1938, RGBl. 1938 I, S. 200.
2 RGBl. 1939 I, S. 2223 und Durchführungs-VO v. 6.4.1940, RGBl. 1940 I, S. 617.
3 RVkBl. Nr. 25, S. 261.
4 Abkürzung nach der französischen Bezeichnung »Commission consultative et technique des communications et du transit«.

## Versicherungspflicht für den Gebrauch ausländischer Fahrzeuge

Des Weiteren hat sich das 1926 in Rom gegründete Institut für Vereinheitlichung des Privatrechts mit dem gesamten Fragekomplex beschäftigt, wobei es mit dem Ständigen Ausschuss für Verkehrssicherheit in Verbindung stand. Die vom römischen Institut erarbeiteten Entwürfe einheitlicher Gesetze über die Kraftfahrzeug-Haftpflichtversicherung sowie die Zwangshaftpflichtversicherung der Kraftfahrer wurden 1937 auf der 20. Sitzung der CCT besprochen.

Wegen der internationalen Lage hat die CCT 1939 resigniert und regte lediglich noch an, dass das römische Institut Ausarbeitungen zur Schadensregulierung entweder auf der Grundlage einer **Versicherungspolice mit internationaler Gültigkeit** oder der Übernahme von Haftungsgarantien durch die Versicherer der einzelnen Länder in Angriff nehmen könnte.

7 Der **Ausbruch des 2. Weltkrieges** verhinderte die Durchführung aller weiteren Arbeiten auf europäischer Ebene. Der internationale Reise- und Güterverkehr kam zum Erliegen. Mit Einziehung der meisten Kraftfahrzeuge für Wehrmachtszwecke und Stillegung nicht kriegswichtiger Fahrzeuge in den kriegführenden oder vom Krieg unmittelbar betroffenen Staaten, verlor die Kraftverkehrsversicherung schnell an Bedeutung.

Nach **Beendigung** des 2. Weltkrieges war der Bestand an fahrtüchtigen Kraftfahrzeugen in den vom Krieg betroffenen Staaten und besonders in Deutschland dermaßen zusammengeschmolzen, dass auf dem Gebiet der Kraftverkehrsversicherung zunächst keine (und schon gar keine internationalen) Probleme aufkamen. Diese Probleme ruhten, bis im Zuge der allgemeinen wirtschaftlichen Konsolidierung (in Deutschland nach der Währungsreform vom 20.6.1948) die europäische Autoindustrie wieder auflebte und die Zahl der Kraftfahrzeuge, die z.B. in Deutschland Mitte des Jahres 1948 mit etwa 0,9 Millionen weit unter der Hälfte des Standes von 1939 mit rund 2,1 Millionen gesunken war, wieder zunahm.[1]

8 Wie nach dem 1. Weltkrieg der Völkerbund,[2] so entstand als Folge der Kriegsallianz nach dem 2. Weltkrieg die **Organisation der Vereinten Nationen** (UNO).

Das Problem der Erleichterung des grenzüberschreitenden Straßenverkehrs wurde 1947 auf Anregung der Schweiz von dem Ausschuss für Landverkehr der Europäischen Wirtschaftskommission der UNO in Genf erneut aufgenommen. Mit der Lösung der Aufgabe wurde ein besonderer Unterausschuss Straßenver-

---

1 Zum Vergleich: Bestand zulassungspflichtiger Kraftfahrzeuge 1970 (ABL) ca. 16,7 Mio. 1996 (D) ca.48,1 Mio. und 31.7.2000 (D) ca. 51,36 Mio.
2 Die zur Sicherung des Weltfriedens von 1920 bis 1946 bestehende Staatenvereinigung mit Sitz in Genf.

kehr beauftragt. Seine Aufgabe bestand im Wesentlichen darin, die Verwirklichung folgender Ziele voranzubringen:

a) Kein Verkehrsopfer sollte dadurch schlechter gestellt sein, dass der ihm entstandene Schaden durch ein ausländisches Kraftfahrzeug verursacht wurde.

b) Der grenzüberschreitende Reiseverkehr sollte nicht durch die Notwendigkeit, an der Grenze den erforderlichen Versicherungsschutz zu beschaffen, behindert werden.

Eine Rechtsvereinheitlichung auf dem Gebiet des Haftungs- und Haftpflichtversicherungsrechts in ganz Europa, die diese Probleme zweifellos am besten gelöst haben würde, war in absehbarer Zeit (wie auch die langjährigen, vergeblichen Bemühungen des römischen Instituts gelehrt hatten) nicht durchführbar.[1]

Die Beratungen in der Europäischen Wirtschaftskommission wurden mit der **UN-Empfehlung Nr. 5** am 25.1.1949 zum Abschluss gebracht und mit Beschluss Nr. 43 des Unterausschusses für Straßenverkehr v. 5.6.1952 das Inkrafttreten auf den 1.1.1953 festgesetzt.

In dieser Empfehlung sind die Grundzüge des späteren Grüne Karte-Systems niedergelegt:

a) Die Kraftfahrzeug-Haftpflichtversicherer jeden Landes schaffen eine zentrale **Gemeinschaftseinrichtung** (»Büro« genannt), das für die Durchführung der Aufgaben des Grüne Karte-Systems zuständig ist.

b) Jedes Büro hat eine doppelte Funktion: Als **Zahlendes Büro** gibt es über seine Mitgliedsunternehmen Grüne Karten an die Versicherungsnehmer aus und übernimmt die Garantie für die Rückerstattung der Aufwendungen des Behandelnden Büros. Die Aufgabe des Zahlenden Büros erschöpft sich somit in der Versorgung seiner Mitglieder mit Grünen Karten (Art. 4 LA) und dem Einstehen für die Regresszahlung seiner Mitglieder; das macht die eigentliche Bedeutung des Zahlenden Büros aus.

Als **Behandelndes Büro** wickelt es die Schadenersatzansprüche ab, die gegen Fahrer ausländischer Kraftfahrzeuge in seinem Land erhoben werden, sofern eine Grüne Karte vorliegt (Art. 6–9 LA). In der Funktion des Behandelnden Büros wird die Garantiewirkung des Grüne Karte-Systems deutlich, welches die Unterschiede in den Rechtsgrundlagen der dem System an-

---

1 Eine Harmonisierung des auf Verkehrsunfälle anwendbaren Schadenersatzrechts wird auch heute noch als politisch nicht durchsetzbar angesehen. 1988 antwortete die EG-Kommission auf eine entsprechende Anfrage, dass die »Angleichung der zivilrechtlichen Haftungsvorschriften in diesem Bereich..... ein schwieriges, komplexes Unterfangen« wäre.

geschlossenen Länder überbrückt. Die sich aus dem LA ergebenden Pflichten sind im Text Ziff. 1 des Vordruckes der Grünen Karte zusammengefasst:

»In jedem besuchten Land übernimmt das Büro dieses Landes hinsichtlich des Gebrauchs des in dieser Versicherungskarte bezeichneten Fahrzeugs die Verpflichtungen eines Haftpflichtversicherers, und zwar in Übereinstimmung mit den Gesetzen über die Pflichtversicherung in diesem Lande.«

Die Grüne Karte bewirkt damit die Anpassung des im Heimatland des Kraftfahrzeugs mit der Kraftfahrzeughaftpflichtversicherung erworbenen Deckungsschutzes an die in dem jeweils besuchten Land geltenden Vorschriften (Versicherungsverhältnis mit wechselnder Rechtszuständigkeit). Anwendbares Recht ist somit das Recht des besuchten Landes.

c) Das Zahlende Büro **erstattet** dem Behandelnden Büro die an den Geschädigten erbrachten **Aufwendungen**.

d) Die an dem System beteiligten Büros vereinbaren diese Grundsätze in **bilateralen Verträgen**.

Die Einführung des Systems der Grünen Karte brachte zwar keine Fortschritte auf dem Gebiet der Rechtsvereinfachung in Europa. Es brachte aber dafür den bedeutenden Fortschritt, dass nunmehr die Möglichkeit bestand, einen von einem ausländischen Kraftfahrzeug verursachten Schaden ohne weiteres nach den Haftpflichtbestimmungen des Unfallortes durch das Büro des Landes regulieren zu lassen, ohne dass der ausländische Kraftfahrzeugführer dort selbst einen Versicherungsvertrag abgeschlossen haben musste.

**9** Für dieses Interburaux-Abkommen hat die UN-Empfehlung v. 25.1.1949 zwar die elementarsten Richtlinien aufgestellt, die Einzelheiten der Durchführung waren jedoch noch offen geblieben. Hier setzt die Arbeit des Council of Bureaux (CoB) ein.

Zur Umsetzung dieser UN-Empfehlung war die Einrichtung einer Organisation erforderlich, in der die betreffenden Versicherungsverbände vertreten waren. Auf englische Initiative gründeten die Vertreter der nationalen Versicherungsverbände 1949 eine Dachorganisation (den **Council of Bureaux, CoB**), dessen Generalsekretariat seinen Sitz in London nahm. Die wesentlichen Aufgaben des CoB sind die Erarbeitung und Fortentwicklung der zwischen den Büros geschlossenen Abkommen, Schiedsgerichtsregelung bei Streitigkeiten sowie die Überwachung der Einhaltung der Abkommen durch die Büros. Das gesamte System untersteht der Kontrolle des Straßenverkehrsausschusses der Europäischen Wirtschaftskommission.

Der CoB hat zwischenzeitlich 41 **Mitglieder**.[1] In Einzelfällen werden die Funktionen von dem Büro eines anderen Staates (z.B. im Falle Liechtenstein durch das Schweizer Büro, San Marino und Vatikan durch das italienische Büro oder Monaco durch das französische Büro) wahrgenommen.

Eine territoriale Erweiterung des Grüne Karte-Systems soll in zwei Richtungen erfolgen. Zum einen soll das System alle noch nicht integrierten osteuropäischen Staaten umfassen (Litauen, Russland und Weißrussland). Die Einbeziehung dieser Staaten ist schon aus Gründen des Verkehrsflusses in Europa wünschenswert und notwendig.

Zum anderen soll das System um die sog. Mittelmeer-Anrainerstaaten arrondiert werden, die heute noch nicht Mitglieder sind (Algerien, Libyen, Ägypten, Syrien und Libanon); dies ist allerdings derzeit nicht aktuell. Weitere Mitglieder sollen nicht aufgenommen werden, da das System seinen Charakter als europäisches System beibehalten will.

Bis zum 31.12.1993 hat in **Deutschland** der HUK-Verband die Aufgaben des Grüne-Karte-Büros wahrgenommen. Mitglied waren alle Kraftfahrtversicherer mit Sitz oder Niederlassung in Deutschland.

Seit dem 1.1.1994 ist das »**Deutsche Büro Grüne Karte e.V.**«[2] zuständig. Der neu gegründete Verein übernimmt die Aufgaben des bisherigen Grüne-Karte-Büros, das als Abteilung des HUK-Verbandes geführt wurde. Die Neuorganisation bzw. Ausgliederung war im Hinblick auf den am 1.7.1994 entstandenen europäischen Binnenmarkt und der damit verbundenen Dienstleistungsfreiheit notwendig geworden.

Die im Wege des direkt grenzüberschreitenden Geschäfts in Deutschland (ohne Niederlassung im Inland) tätigen Versicherer müssen jedoch Mitglied in Büro und Garantiefonds werden. Da weder die Mitgliedschaft im HUK-Verband noch die finanzielle Beteiligung an den über die Grüne Karte hinausgehenden Aufgaben europarechtlich verlangt werden konnte, haben ausländische Versicherer nun die Möglichkeit, dem deutsche Grüne-Karte-Büro beizutreten ohne Mitglied des HUK-Verbandes werden zu müssen.

---

1 **Mitglieder:** Albanien, Andorra, Belgien, Bulgarien, Dänemark, Deutschland, Estland, Finnland, Frankreich, Griechenland, Großbritannien, Irak, Islamische Republik Iran, Irland, Island, Israel, Italien, Jugoslawien, Kroatien, Lettland, Luxemburg, Malta, Marokko, Mazedonien, Niederlande, Norwegen, Österreich, Polen, Portugal, Rumänien, Schweden, Schweiz, Slowakei, Slowenien, Spanien, Tschechien, Tunesien, Türkei, Ukraine, Ungarn und Zypern.
2 20095 Hamburg, Glockengießerwall 1; Telefon (040) 33440-0 / Telefax (040) 33440-7040.

**10** Zur praktischen Durchführung der UN-Empfehlung Nr. 5 v. 25.1.1949 wurde das »Muster-Abkommen zwischen Büros« (das **Londoner Abkommen – LA**, genannt nach seinem Entstehungsort) erarbeitet. Es handelt sich um einen vom CoB erarbeitet Mustervertrag, von dem keine abweichenden Bestimmungen getroffen werden dürfen.[1]

Die erste Fassung des Londoner Abkommens von 1951 ist durch eine von der Vollversammlung einstimmig gebilligten Neufassung von 1989 (Texte, S. 374). ersetzt worden. Diese war erforderlich geworden, um den Text des Abkommens den zwischenzeitlich eingetretenen Entwicklungen anzupassen.

Die auf der Grundlage des LA geschlossenen bilateralen Verträge sind rechtlich als Verträge des **Internationalen Privatrechts** zu werten.[2] Dies gilt auch ungeachtet der Tatsache, dass das Grüne-Karte-System der Billigung und Mitwirkung der zuständigen staatlichen Stellen bedarf. Der jeweilige Staat muss das nationale Büro anerkennen. Die Regierungen der Länder, die in das System einbezogen sind, müssen eine Garantie für die ungehinderte Ausfuhr der zur Erstattung der Schadenaufwendungen erforderlichen Geldmittel abgeben. Letztendlich ist ein Gesetz, eine Verordnung oder eine Verwaltungsanweisung erforderlich, damit die Grüne Karte als Versicherungsbescheinigung an der Grenze anerkannt wird. Die **zentralen Bestimmungen** des LA betreffen die Ausgabe und Wirkung der Grünen Karte, die Aufgaben und Verpflichtungen des Behandelnden Büros sowie die Rückerstattung der Schadenaufwendungen durch das Zahlende Büro.

Um Probleme zu lösen, die sich erst nach Abschluss des Londoner Abkommens im Zuge der weiteren Entwicklung ergeben hatten, wurden in den späteren Jahren folgende Zusatzabkommen geschlossen:

a) Die bilateralen **Zusatzabkommen** v. 12.12.1973, die den Wegfall der Grünen Karte zum Gegenstand hatten (Umsetzung der Rili EWG/Nr. 166/72).

b) Das **Multilaterale Garantieabkommen** v. 15.3.1991 zwischen den nationalen Versicherungsbüros, das die Zusatzabkommen ersetzte (Texte, S. 382).

Des Weiteren wurde zur Klärung von Einzelfragen folgende Abkommen unterzeichnet:

a) Das **Luxemburger Protokoll** v. 19.7.1977 als Interpretationsabkommen zum Zusatzabkommen vom 12.12.1973 (Texte, S. 391) und

b) die Zusatzvereinbarung über gefälschte Kennzeichen (AuslPflVG § 8a, Rdnr. 5).

---
1 Elvers, »Gültige Versicherungsunterlagen für Ausländer«, PVT 1988, S. 193.
2 Schmitt, VersR 1975, S. 2.

Die **Grüne Versicherungskarte** als solche ist kein Versicherungsvertrag, sondern eine **Beweisurkunde** gegenüber den ausländischen Behörden über das Bestehen einer Versicherungsdeckung im Rahmen der in ihr angegebenen räumlichen und zeitlichen Gültigkeit.[1] Mit der Grünen Karte gewährleistet der ausstellende Versicherer, dass er dem Geschädigten in den Staaten, für die die Grüne Karte geschrieben worden ist, entsprechend den dortigen Bestimmungen Schadenersatz leisten wird. Der Inhaber der Grünen Karte wird deshalb so behandelt, als habe er eine Kraftfahrzeug-Haftpflichtversicherung nach den gesetzlichen Bestimmungen des Besuchslandes abgeschlossen. 11

Der Umfang der durch die Grüne Karte gewährten Deckung ändert sich also mit jedem Grenzübergang, indem er sich den jeweiligen nationalen Vorschriften über den obligatorischen Deckungsumfang anpasst. Grundsätzlich

— wird die **Grüne Karte** nur ausgegeben, wenn ein **Versicherungsverhältnis** besteht, das den durch die Bescheinigung dokumentierten Versicherungsschutz deckt.

— sollen Sitz des **Büros**, dessen Grüne Karte ausgegeben werden, und der Ort, in dem das betreffende Fahrzeug zugelassen ist, in demselben **Staat** liegen.

In der Praxis besteht jedoch Bedarf, für bestimmte Fallkonstellationen Ausnahmen von diesen Grundsätzen zu gewähren. Das ist insbesondere dann der Fall, wenn die Geltungsdauer der Grünen Karte nicht mit der Laufzeit des Vertrages identisch ist (in der Kontrollpraxis nicht feststellbar). In diesen Fällen ist davon auszugehen, dass der Grünen Karte eine über die reine Beweisfunktion hinausgehende Wirkung zukommt. Sie hat dann eine selbständige, von dem zugrundeliegenden (nicht mehr bestehenden) Versicherungsvertrag losgelöste **Garantiefunktion**.[2] Für die Schadensregulierung kommt es entscheidend nur auf die formale Gültigkeit der Grünen Karte an, wodurch sie jedoch **nicht die Eigenschaft** eines eigenständigen Versicherungsvertrages erlangt.

**Inhalt** und äußere **Form** der Grünen Karte stehen unter dem Genehmigungsvorbehalt des Straßenverkehrsausschusses der Europäischen Wirtschaftskommission. Die formelle Aufteilung der Bescheinigung sowie ihre Farbe sind verbindlich festgelegt. Gültigkeit, Nummer des Versicherungsscheins, amtliches Kennzeichen, Art des Fahrzeugs und Name des Versicherers sind in den vorgesehenen und durchnummerierten Rubriken einzutragen.[3] Das Format kann

---

1 Vgl. Stiefel/Hofmann, AKB § 2 Rdnr. 14.
2 OLG Hamm, VersR 1979, S. 926; Schmitt, VersR 1968, S. 111.
3 Die Forderung nach der Angabe des amtlichen Kennzeichens bedingt eine ordnungsgemäße Zulassung des Fahrzeugs. Daran fehlt es, wenn in dieser Rubrik das deutsche Kennzeichen auf französischer Platine oder lediglich die Fahrzeug-Identifizierungsnummer (bei belgische Kennzeichendubletten) eingetragen wird. Ein solcher Eintrag indiziert einen fehlenden Versicherungsvertrag als Ausstellungsgrundlage einer Grünen Karte.

sowohl horizontal als auch vertikal sein. Die Kürzel (Nationalitätszeichen) der einbezogenen Länder befinden sich ebenfalls auf der Vorderseite der Grünen Karte. Die Länder, für die die Grüne Karte nicht gültig geschrieben ist, sind zu streichen. Das **EWR-Gebiet** ist dabei wie ein einziges Territorium zu behandeln. Fahrzeuge aus Drittstaaten müssen einen das gesamte EWR-Gebiet umfassenden Deckungsbereich haben. Die EWR- Staaten können nur als Gesamtheit in die Deckung einbezogen werden, ohne dass die Möglichkeit besteht, einzelne Staaten zu streichen.

Das LA legt für die Grünen Karten eine **Mindestgültigkeitsdauer** von 15 Tagen fest (Art. 4 LA). Diese Bestimmung soll helfen, die Zahl der nichtversicherten Fahrzeuge zu begrenzen. Eine maximale Geltungsdauer ist nicht vorgesehen. Die Eintrittspflicht ist nach Art. 4 LA auf die Gültigkeit der Grünen Karte beschränkt.

Darüber hinaus gibt es in Deutschland nach § 6 Abs. 2 AuslPflVG eine **Nachhaftung**, wonach das deutsche Büro auch nach Ablauf der Gültigkeit der Grünen Karte eintrittspflichtig ist. Ein Anspruch auf Erstattung durch das Büro des Herkunftsstaates besteht dann nicht; die strafrechtliche Verantwortung nach § 9 AuslPflVG wird dadurch nicht berührt.

Art. 5 LA stellt ausdrücklich klar, dass auch **gefälschte, unbefugt ausgegebene, widerrechtlich** geänderte oder **gestohlene** Grüne Karten zur Erfüllung des Abkommens als gültige Versicherungsbescheinigungen anzusehen sind. Das Zahlende Büro hat auch in diesen Fällen einzutreten. Diese weite Auslegung erfolgt im Interesse eines zügigen Verkehrsflusses. Die Grenzbeamten wären ohnehin kaum in der Lage, Fälschungen und ähnliche Manipulationen zu erkennen; die strafrechtliche Verantwortung wird dadurch aber nicht berührt.

Dies gilt allerdings nur für die Länder, die das Multilaterale Garantieabkommen **nicht** unterzeichnet haben, da dort das Kriterium für die Eintrittspflicht des Zahlenden Büros nicht die Grüne Karte, sondern der gewöhnliche Standort (nachgewiesen durch das amtliche Kennzeichen) des Fahrzeugs ist.

12 Das auf dem LA beruhende Grüne Karte-System setzt zur effizienten Handhabung Grenzkontrollen, mit entsprechenden Behinderungen des grenzüberschreitenden Verkehrs, voraus. Der zunehmenden Reiseverkehr und die abnehmenden Grenzkontrollen machten daher die Weiterentwicklung des Systems erforderlich. Als Vorbild diente die inner-skandinavische Regelung. Die Büros der skandinavischen Staaten hatten vereinbart, dass anstelle der Grünen Karte das **Kraftfahrzeugkennzeichen** als ausreichender Nachweis des Versicherungsschutzes gelten sollte. Vergleichbare Zusatzabkommen zum LA wurden bilateral ab Ende der 50er Jahre zwischen den Büros der Bundesrepublik Deutschland, Österreich und Ungarn abgeschlossen.

Der Durchbruch zur Anerkennung des **amtlichen Kennzeichens** als Versicherungsnachweis wurde mit der Rili 72/166/EWG v. 24.4.1972 erzielt. Die Rili verpflichtet die Mitgliedstaaten auf die Kontrolle der Grünen Karte bei den Fahrzeugen zu verzichten, die ihren gewöhnlichen Standort in einem anderen Mitgliedstaat haben. Dabei wird der gewöhnliche Standort durch das amtliche Kennzeichen des Fahrzeugs nachgewiesen.

Die Rili sieht des Weiteren vor, dass bei Fahrzeugen mit regelmäßigen Standort in einem Drittland, bei Einreise aus dem Gebiet eines anderen Mitgliedstaates ebenfalls auf die Kontrolle der Grünen Karte verzichtet wird. Bei diesen Fahrzeugen ist der Nachweis des notwendigen Versicherungsschutzes lediglich bei der Einreise in das Gemeinschaftsgebiet zu erbringen. Die Rili sieht auch die Möglichkeit der Einbeziehung von Drittstaaten in das System vor.

Voraussetzung für das Inkrafttreten der Rili war zum einen die Umsetzung in das nationale Recht der Mitgliedstaaten sowie zunächst der Abschluss von bilateralen Zusatzabkommen zum LA zwischen den Büros der betreffenden EG-Mitgliedstaaten und Drittländern. Diese Zusatzabkommen wurden am 12.12.1973 geschlossen und später durch das **Multilaterale Garantieabkommen** (M.G.A.) v. 15.3.1991 abgelöst.

Das M.G.A. (Texte, S. 382) ist inhaltlich soweit wie möglich an das LA angeglichen. Der entscheidende Unterschied besteht darin, dass die Schadensregulierung nicht von der Vorlage einer Grünen Karte abhängig ist. Vielmehr reguliert das Behandelnde Büro jeden Schadensfall, an dem ein Fahrzeug mit gewöhnlichem Standort in einem der Unterzeichnerstaaten[1] beteiligt ist.

Das Zahlende Büro wiederum übernimmt die Garantie für alle Fahrzeuge mit gewöhnlichem Standort in seinem Staatsgebiet. Der gewöhnliche Standort wird nach Art. 2 Buchst. h) M.G.A. bei zulassungspflichtigen Fahrzeugen durch das amtliche Kennzeichen und bei zulassungsfreien Fahrzeugen durch den ständigen Wohnsitz des Halters nachgewiesen.

Mit der Anknüpfung an das amtliche Kennzeichen folgt das M.G.A. der Rili 72/166/EWG v. 24.4.1972, welche die Kontrolle der Haftpflichtversicherung im grenzüberschreitenden Verkehr zum Gegenstand hat. Danach gilt auch hier jedes Fahrzeug mit gewöhnlichem Standort in einem Vertragsstaat in allen anderen Vertragsstaaten als versichert.

In Anhang I des M.G.A. haben die meisten Büros bestimmte dort genannte Fahrzeuge von der Garantieerklärung ausgenommen, für die der notwendige Ver-

---

1 Belgien, Dänemark (ohne Grönland), Deutschland, Finnland, Frankreich (ohne Überseegebiete), Griechenland, Grönland, Großbritannien, Irland, Island, Italien, Kroatien, Liechtenstein, Luxemburg, Monaco, Niederlande, Norwegen, Österreich, Portugal, San Marino, Schweden, Schweiz, Slowakei, Slowenien, Spanien, Tschechien, Ungarn und Vatikanstadt.

sicherungsschutz durch eine Versicherungsbescheinigung (Grüne Karte, Grenzversicherung oder normale Kraftfahrzeug-Haftpflichtversicherung) nachzuweisen ist. In diesen Fälle ist somit das LA anzuwenden.

Das Problem der **gefälschten Kennzeichen** wird im M.G.A. nicht angesprochen. Im CoB gab es lange Zeit unterschiedliche Auffassungen zu dieser Frage. Einige Büros (z.B. das deutsche) sahen in diesen Fällen das Kriterium des »amtlichen« Kennzeichens als nicht erfüllt an, so dass es sich um Fahrzeuge ohne die erforderliche Garantie handele und daher der Garantiefonds des Unfallstaates eintrittspflichtig sei. Andere Büros vertraten dagegen die Auffassung, auch diese Fälle unterlägen dem Garantieabkommen, so dass eine Erstattungspflicht des Büros, in dessen Gebiet das Fahrzeug aufgrund des gefälschten Kennzeichens seinen regelmäßigen Standort zu haben scheine, gegeben sei.

Das Urteil des **Europäischen Gerichtshofs** v. 12.11.1992[1] hatte zur Lösung der unterschiedlichen Meinungen wenig beigetragen. Bei der Entscheidung ging es allein um die Frage, ob sich das Französische Büro als Behandelndes Büro oder der Garantiefonds mit den Ansprüchen zu befassen hat. Die Frage, welches ausländische Büro im Regresswege in Anspruch zu nehmen sei, blieb offen. Es ging aber nicht um die Frage einer ordnungsgemäßen Zulassung des Fahrzeugs.

Im CoB wurde das Problem schließlich durch eine **Zusatzvereinbarung** gelöst. Die Zusatzvereinbarung bestimmte: Entscheidend ist der **letzte nachweisbare** gewöhnliche **Standort** des Fahrzeugs.

Das Büro dieses Staates ist in dem **internen** Ausgleichsverhältnis nun zur Rückerstattung verpflichtet. Als gefälschtes Kennzeichen wird jedes Kennzeichen definiert, das nicht durch die zuständige behördliche Stelle dem Fahrzeug zugeteilt worden ist. Diese Zusatzvereinbarung betrifft aber ausschließlich das interne Ausgleichsverhältnis zwischen den Büros und hat **keine** Auswirkung auf Grund und Umfang der den Geschädigten zu leistende Entschädigung.

13 Die **Grenzversicherung** (§§ 3 ff. DV zur Rili des Rates der EG bez. Kfz-Haftpfl.Vers. für Kfz/Anh. – Texte, S. 366) ist eine Kraftfahrzeug-Haftpflichtversicherung, die das Haftpflichtrisiko für Halter und Fahrer von Fahrzeugen deckt, die **keinen** regelmäßigen Standort in einem EU/EWR-Staat oder einem Staat haben, der in das System des M.G.A. einbezogen ist. Sie muss darüber hinaus immer dann erworben werden, wenn

1. trotz Einbindung des Herkunftsstaates in das Grüne Karte-Abkommen der Fahrzeugführer die Grüne Karte oder eine sonstige Versicherungsbescheinigung nicht nachweisen kann oder

---

1 92/C 316/10, ABl. EG Nr. C 316, S. 13.

2. ein Fahrzeug nur vorübergehend in Deutschland zugelassen wird, um mit eigener Antriebskraft in das Ausland verbracht zu werden; das Fahrzeug erhält dann nach § 7 Abs. 2 IntVO ein Ausfuhrkennzeichen.[1]

Die **Gültigkeitsdauer** der Grenzversicherung beträgt mindestens einen Monat und höchstens ein Jahr. Bei einer längeren Gültigkeitsdauer sind die zulassungs- und fahrerlaubnisrechtlichen Voraussetzungen separat zu prüfen.

Nach Art. 6 der Rili 72/166/EWG muss die Grenzversicherung das EU/EWR-Gebiet umfassen und in jedem dieser Staaten den dort gesetzlich vorgeschriebenen Mindestversicherungsschutz gewähren. Die Grenzversicherung kann bei der Einreise nach Deutschland an den **Außengrenzen** des EU/EWR-Gebietes bei den dortigen Zolldienststellen/Verkaufsbüros der Automobilclubs **erworben** werden; eine postalische Vorabübersendung ist möglich. Wird ein Erwerb im Inland erforderlich (Ablauf der Gültigkeitsdauer, Erwerb eines Ausfuhrkennzeichens), so kann dieser bei den Binnenzollstellen oder den Verkaufsbüros der Automobilclubs erfolgen.

Durch gemeinsame Vertragsgrundsätze der Versicherer wurde der **Vertragsinhalt** der Grenzversicherung sowie die äußere **Aufmachung** einheitlich geregelt. Durch eine weitestgehend harmonisierte äußere Aufmachung des Grenzversicherungsscheins soll dessen Kontrolle erleichtert werden. Zu den einheitlichen Regelungen gehört u.a. der territoriale Geltungsumfang, der Art. 6 der Rili 72/166/EWG entsprechend das Gebiet des EWR und zusätzlich die Schweiz umfasst. In Abstimmung mit dem CoB wurde weiterhin die geltende Praxis bestätigt, dass den Grenzversicherungen Grüne Versicherungskarten angefügt werden dürfen.

Führer von Fahrzeugen aus Vertragsstaaten des Londoner-Abkommens (LA-Staaten) weisen ihre Haftpflichtversicherung durch die Grüne-Versicherungskarte nach. Ist der LA-Staat zugleich Vertragsstaat des Multilateralen Garantieabkommens (M.G.A.-Staat), tritt an die Stelle der Grünen-Karte der regelmäßige Standort und somit das amtliche Kennzeichen des Fahrzeugs. Besonderheiten ergeben sich bei den M.G.A.-Staaten Dänemark (ohne Grönland, Grönland wird gesondert aufgeführt) und Frankreich (ohne Überseegebiete).

**14**

Die Zulassung französischer Fahrzeuge erfolgt auf der Ebene der einzelnen Départements. Fahrzeuge aus den französischen Übersee-Départements sind durch eine Gruppe von drei Ziffern (Guadeloupe – 971, Martinique – 972, Guyane Française – 973, Réunion – 974, Saint-Pierre-et-Miquelon – 975 und Mayotte – 976) auf dem Kennzeichen zu erkennen.

Die Erweiterung des Grüne-Karte-Systems für die noch nicht integrierten osteuropäischen Staaten (Litauen, Russland und Weißrussland) bleibt abzuwarten.

---

1 Jagow, »Das neue Ausfuhrkennzeichen«, VD 1988, S. 267.

### Versicherungspflicht für den Gebrauch ausländischer Fahrzeuge

| LA-Staaten | M.G.A.-Staaten | LA-Staaten | M.G.A.-Staaten | LA-Staaten | M.G.A.-Staaten |
|---|---|---|---|---|---|
| Albanien | | Island | Island | Portugal | Portugal |
| Andorra | | Israel | | Rumänien | |
| Belgien | Belgien | Italien | Italien San Marino Vatikan | Schweden | Schweden |
| Bulgarien | | Jugoslawien | | Schweiz | Schweiz / Liechtenstein |
| Dänemark | Dänemark | Kroatien | Kroatien | Slowakei | Slowakei |
| Deutschland | Deutschland | Lettland | | Slowenien | Slowenien |
| Estland | | Luxemburg | Luxemburg | Spanien | Spanien |
| Finnland | Finnland | Malta | | Tschechien | Tschechien |
| Frankreich | Frankreich / Monaco | Marokko | | Tunesien | |
| Griechenland | Griechenland | Mazedonien | | Türkei | |
| Großbritannien | Großbritannien | Niederlande | Niederlande | Ukraine* | |
| Irak | | Norwegen | Norwegen | Ungarn | Ungarn |
| Iran | | Österreich | Österreich | Zypern | |
| Irland | Irland | Polen | | | |

\* Die Ukraine ist noch kein Vollmitglied, sondern ein vorläufiges Mitglied.

**15** Die **Rili 72/166/EWG** v. 24.4.1972 hatte vorrangig die Aufhebung der Kontrolle der Grünen Karte an den innergemeinschaftlichen Grenzen zum Ziel. Voraussetzungen hierfür waren insbesondere:

a) Alle Fahrzeuge, die ihren gewöhnlichen Standort in der Gemeinschaft haben, unterliegen der Haftpflichtversicherungspflicht;

b) der Pflichtversicherungsschutz erstreckt sich automatisch auf das gesamte Gemeinschaftsgebiet und

c) beinhaltet zumindest den am jeweiligen Unfallort vorgeschriebenen Versicherungsschutz.

Die **Transformation** der Rili in deutsches Recht erfolgte durch

– Gesetz zur Änderung des AuslPflVG v. 11.1.1974, BGBl. 1974 I, S. 43 sowie einer darauf gestützten Rechts-VO;

– VO zur Durchführung der Richtlinie des Rates der Europäischen Gemeinschaft vom 24. April 1972 betreffend die Angleichung der Rechtsvorschriften der Mitgliedstaaten bezüglich der Kraftfahrzeug-Haftpflichtversicherung und der Kontrolle der entsprechenden Versicherungspflicht v. 8.5.1974 – DV zur Richtlinie des Rates der EG bez. Kfz-Haftpflichtversicherung –; BGBl. 1974 I, S. 1062.

Mit der **Rili 84/5/EWG** v. 30.12.1983 wurden u.a. Maßnahmen zur Gewährleistung eines gewissen Mindestversicherungsschutzes eingeführt.

– Es werden obligatorische Mindestdeckungssummen festgesetzt;
– die Pflichtversicherung erstreckt sich auch auf Personenschäden von Familienangehörigen des Haftpflichtigen sowie auf Sachschäden;
– bestimmte Ausschlussklauseln sind nicht mehr zulässig;
– die Errichtung oder Anerkennung eines Entschädigungsfonds wird vorgeschrieben.

Die **Transformation** der Rili in deutsches Recht erfolgte durch das

– Erste Gesetz zur Änderung des PflVersG v. 22.3.1988, BGBl. 1988 I, S. 358.

Mit der **Rili 90/232/EWG** v. 14.5.1990 wurden verbliebene Lücken im Versicherungsschutz und praktische Schwierigkeiten bei der Durchsetzung Entschädigungsansprüchen geschlossen:

– Die Möglichkeit, Personenschäden von Fahrzeuginsassen auszunehmen wird – außer für Fahrer und Insassen gestohlener Fahrzeuge –, grundsätzlich ausgeschlossen;
– die bereits in der Rili 72/166/EWG vorgeschriebene Europa-Deckung wird näher präzisiert;
– die Stellung der Verkehrsopfer gegenüber dem Entschädigungsfonds wird gestärkt;
– der Begriff des »gewöhnlichen Standorts« eines Fahrzeugs wird neu gefasst;
– die Mitgliedstaaten werden zur Einführung von Maßnahmen zur unverzüglichen Feststellung des Kraftfahrzeughaftpflichtversicherers verpflichtet.

Die **Transformation** der Rili in deutsches Recht wurde zunächst mangels Regelungsbedarfs nicht für erforderlich gehalten. Die Festlegung einer Mindestdeckungssumme bei Auslandsunfällen erfolgte schließlich durch § 1 Abs. 1 der neuen KfzPflVV v. 29.7.1994, BGBl. 1994 I, S. 1837.

# Gesetz
## über die Haftpflichtversicherung für ausländische Kraftfahrzeuge und Kraftfahrzeuganhänger

Vom 24. Juli 1956[1]

Rechtsänderungen

| Änderungsgesetz | Veröffentlichung | betroffene Vorschrift |
| --- | --- | --- |
| Zweites Gesetz zur Sicherung des Straßenverkehrs v. 26.11.1964 (Artikel 5 Nr. 2) | BGBl. 1964, Teil I, S. 921 | §§ 1, 8a und 9 |
| Gesetz zur Änderung von Vorschriften über die Pflichtversicherung von Kraftfahrzeugen v. 5.4.1965 (Artikel 3) | BGBl. 1965, Teil I, S. 213 | §§ 1, 3, 4, 6 und 8a |
| Einführungsgesetz zum Gesetz über Ordnungswidrigkeiten v. 24.5.1968 (Artikel 140) | BGBl. 1968, Teil I, S. 503 | §§ 9 und 9a |
| Gesetz zur Änderung des Gesetzes über die Haftpflichtversicherung für ausländische Kraftfahrzeuge und Kraftfahrzeuganhänger v. 11.1.1974 | BGBl. 1974, Teil I, S. 43 | §§ 7a, 8 und 9a |
| Einführungsgesetz zum Strafgesetzbuch v. 2.3.1974 (Artikel 270) | BGBl. 1974, Teil I, S. 469 | § 9 |
| Gesetz zur Anpassung gesetzlich festgelegter Zuständigkeiten an die Neuabgrenzung der Geschäftsbereiche von Bundesministern v. 18.3.1975 (Artikel 7) | BGBl. 1975, Teil I, S. 705 | § 7 |
| Drittes Gesetz zur Durchführung versicherungsrechtlicher Richtlinien des Rates der Europäischen Gemeinschaft v. 21.7.1994 (Artikel 6) | BGBl. 1994, Teil I, S. 1630 | § 4 |

Literaturhinweise:

| | |
| --- | --- |
| Schmitt | »System der Grünen Karte«; Feuermann Verlag Basel 1968 |
| Feyock/Jacobsen/Lemor | »Kraftfahrtversicherung«, C. H. Beck Verlag München |

---

[1] BGBl. 1956 I, S. 667.

## Versicherungspflicht für den Gebrauch ausländischer Fahrzeuge

### § 1
### Notwendigkeit und Nachweis des Versicherungsschutzes

(1) Kraftfahrzeuge (auch Fahrräder mit Hilfsmotor) und Kraftfahrzeuganhänger, die im Inland keinen regelmäßigen Standort haben, dürfen im Geltungsbereich dieses Gesetzes auf öffentlichen Straßen oder Plätzen nur gebraucht werden, wenn für den Halter, den Eigentümer und den Führer zur Deckung der durch den Gebrauch verursachten Personen- und Sachschäden eine Haftpflichtversicherung nach den §§ 2 bis 6 besteht.

(2) Der Führer des Fahrzeugs hat eine Bescheinigung des Versicherers über die Haftpflichtversicherung (Versicherungsbescheinigung) mitzuführen. Sie ist auf Verlangen den zuständigen Beamten zur Prüfung auszuhändigen. § 8a bleibt unberührt.

(3) Besteht keine diesem Gesetz entsprechende Haftpflichtversicherung oder führt der Führer des Fahrzeugs die erforderliche Versicherungsbescheinigung nicht mit, so darf der Halter des Fahrzeugs nicht anordnen oder zulassen, dass das Fahrzeug im Geltungsbereich dieses Gesetzes auf öffentlichen Straßen oder Plätzen gebraucht wird.

(4) Fehlt bei der Einreise eines Fahrzeugs die erforderliche Versicherungsbescheinigung, so müssen es die Grenzzollstellen zurückweisen. Stellt sich der Mangel während des Gebrauchs heraus, so kann das Fahrzeug sichergestellt werden, bis die Bescheinigung vorgelegt wird.

(5) Die Absätze 1 bis 4 gelten nicht für Fahrzeuge der ausländischen Streitkräfte, die zum Aufenthalt im Geltungsbereich dieses Gesetzes befugt sind.

### Änderungen

1. § 1 Abs. 2 und 4 geändert durch »Zweites Gesetz zur Sicherung des Straßenverkehrs« v. 26. November 1964 (Artikel 5 Nr. 2);

2. § 1 Abs. 1 und 3 geändert durch »Gesetz zur Änderung von Vorschriften über die Pflichtversicherung von Kraftfahrzeugen« v. 5. April 1965 (Artikel 3).

## Übersicht

|  | Rdnr. |
|---|---|
| Anwendungsbereich | 1 |
| Ausfuhrkennzeichen | 2 |
| Versicherungspflicht | 3 |
| Nachweispflicht | 4 |
| Grüne Versicherungskarte | 5 |
| Amtliches Kennzeichen | 6 |
| Grenzversicherungsschein | 7 |
| Ausländische Anhänger | 8 |

Versicherungsrechtlicher Anknüpfungspunkt für die Anwendung des PflVG ist **1** nach § 1 Abs. 1 ein regelmäßiger Standort im Inland (§ 1 IntVO, Rdnr. 9). Fahrzeuge hingegen, die keinen regelmäßigen Standort im Inland haben, fallen nach § 1 Abs. 1 unter den Anwendungsbereich des AuslPflVG. Unwesentlich ist dabei, ob ein regelmäßiger Standort im Ausland besteht. Über das Zulassungsverfahren des ausländischen Fahrzeugs wird aber dessen regelmäßiger Standort i.d.R. im Zulassungsbezirk des Heimatstaates liegen.

Sind bestimmte Kraftfahrzeuge einschließlich Fahrräder mit Hilfsmotor in deren Heimatland nicht versicherungspflichtig und werden diese im Geltungsbereich dieses Gesetzes auf öffentlichen Straßen gebraucht, kann sich der Benutzer/Führer nicht auf sein heimisches Recht berufen.

Die Tatsache, dass ein nicht zugelassenes Kraftfahrzeug mit eigener Antriebs- **2** kraft aus Deutschland ausgeführt werden soll, somit im Inland keinen regelmäßigen Standort hat, macht zum einen ein besonderes Zulassungsverfahren nach § 7 Abs. 2 IntVO mit **Ausfuhrkennzeichen** erforderlich und begründet zum anderen nach § 7 Abs. 2 Nr. 2 IntVO die Anwendbarkeit des AuslPflVG (§ 7 IntVO, Rdnr. 3/4).

Das Bestreben des Gesetzgebers ging dahin, zwischen dem PflVG und dem **3** AuslPflVG eine weitestmögliche Parallelität herzustellen. Wegen der für ausländische Fahrzeuge abweichenden Besonderheiten war es aber nicht möglich, die für inländische Fahrzeuge geltenden Vorschriften in vollem Umfang zu übernehmen.[1] Während § 1 PflVG die **Versicherungspflicht** dem Halter des Kraftfahrzeugs auferlegt und damit die Nachweispflicht an das Zulassungsverfahren anknüpfen kann, wendet sich das AuslPflVG in erster Linie an den Kraftfahrzeugführer. Das AuslPflVG bestimmt daher auch nicht, dass eine bestimmte Person versicherungspflichtig ist. Es beschränkt sich vielmehr darauf, den Nachweis einer ausreichenden Haftpflichtversicherung beim Gebrauch des Fahrzeuges zu verlangen. Der Fahrzeugführer wird nun dazu verpflichtet, das Bestehen einer solchen Haftpflichtversicherung nachzuweisen.

---

1 Begründung vor § 1, BT-Drucks. II/2191 v. 7.3.1956.

**4** Nach § 1 Abs. 2 ist der **Nachweis** über eine mitzuführende Versicherungsbescheinigung zu führen. Als möglicher Nachweis kommen die Grüne Versicherungskarte, ein Rosa Grenzversicherungsschein oder eine sonstige Versicherungsbescheinigung in Betracht. Für die meisten Fahrzeuge genügt jedoch das amtliche Kennzeichen als Nachweis für den erforderlichen Versicherungsschutz.

**5** Die **Grüne Versicherungskarte** (»Einführung«, Rdnr. 11) wird grundsätzlich nur ausgegeben, wenn ein Versicherungsverhältnis besteht; Sitz des ausgebenden Büros und der Zulassungsort des Fahrzeugs müssen i.d.R. in demselben Staat liegen. Die Grüne Versicherungskarte selbst ist kein Versicherungsvertrag, sondern eine Beweisurkunde gegenüber den ausländischen Behörden über das Bestehen einer Versicherung im Rahmen der in ihr angegebenen räumlichen und zeitlichen Gültigkeit. Inhalt und äußere Form der Grünen Karte stehen unter dem Genehmigungsvorbehalt des Straßenverkehrsausschusses der Europäischen Wirtschaftskommission.

Die formelle Aufteilung der Bescheinigung sowie ihre Farbe sind verbindlich festgelegt. Gültigkeit,[1] Nummer des Versicherungsscheins, amtliches Kennzeichen, Fahrzeugart und Name des Versicherers sind in den vorgesehenen und durchnummerierten Rubriken einzutragen.

Nach Art. 5 LA sind auch gefälschte, unbefugt ausgegebene, widerrechtlich geänderte oder gestohlene Grüne Karten zur Erfüllung des Abkommens als »gültige Versicherungsbescheinigungen« anzusehen. Diese weite Auslegung erfolgt ausschließlich im Interesse des Opferschutzes im Falle eines Verkehrsunfalles, die strafrechtliche Verantwortung wird dadurch nicht berührt. Das bedeutet, dass z.B. bei einer gefälschten Grünen Karte der für eine echte Beweisurkunde zugrundeliegende Versicherungsvertrag fehlt; es handelt sich (neben der Urkundenfälschung) versicherungsrechtlich um ein Vergehen i.S.d. §§ 1, 9 AuslPflVG

Die Grüne Versicherungskarte ist allerdings nur noch für die Länder erforderlich, die das Multilaterale Garantieabkommen nicht unterzeichnet haben, da im M.G.A. das Nachweiskriterium nicht die Grüne Karte, sondern der gewöhnliche Standort (nachgewiesen durch das amtliche Kennzeichen) des Fahrzeugs ist (»Einführung«, Rdnr. 12 und nachfolgend Rdnr. 6).

---

1 Aus dem Umstand, dass ein unfallverursachender ausländischer Kraftfahrer zum Unfallzeitpunkt eine von einer ausländischen Kraftfahrzeug-Haftpflichtversicherung (hier: polnischen Kraftfahrzeug-Haftpflichtversicherung) ausgestellte »Grüne Karte« mitgeführt hat, ergibt sich nicht ohne weiteres, dass zum Unfallzeitpunkt auch Versicherungsschutz bestand. Bei befristeten Versicherungsverhältnissen, bei denen die Zeitdauer des Versicherungsschutzes auf der Karte vermerkt wird, kann auch aus der bloßen Tatsache, dass der Versicherungsnehmer die »Grüne Karte« schon im Besitz hat, kein Vertrauensschutz hergeleitet werden – LG Hamburg, VersR 1997, S. 1527.

Die Mitnahme einer Grünen Versicherungskarte bei Auslandsfahrten ist nach einer Mitteilung des Deutschen Büros Grüne Karte v. 25.11.1999 für Inländer nur noch bei Fahrten in folgende europäische Länder erforderlich: Albanien, Andorra, Bosnien-Herzegowina, Bulgarien, Estland, Lettland, Malta, Mazedonien, Polen, Rumänien, Türkei, Ukraine und Zypern. Im Verhältnis zu Zypern wird bald das M.G.A. gelten. Das Abkommen steht kurz vor der Unterzeichnung.

Das auf dem LA beruhende Grüne Karte-System setzt zu seiner effizienten Handhabung entsprechende Grenzkontrollen voraus. Der zunehmende Reiseverkehr und die abnehmenden Grenzkontrollen machten daher eine Weiterentwicklung des Systems erforderlich (»Einführung«, Rdnr. 12). Ziel der Weiterentwicklung war nach einer inner-skandinavischen Regelung die Anerkennung des **amtlichen Kennzeichens** als Versicherungsnachweis. 6

Das Ziel wurde über eine Reihe bilateraler Zusatzabkommen und das diese ablösende Multilaterale Garantieabkommen (M.G.A.) v. 15.3.1991 erreicht. Danach reguliert das Behandelnde Büro jeden Schadensfall, an dem ein Fahrzeug mit gewöhnlichem Standort in einem der Unterzeichnerstaaten beteiligt ist.[1]

Das Zahlende Büro übernimmt die Garantie für alle Fahrzeuge mit gewöhnlichem Standort in seinem Staatsgebiet. Der gewöhnliche Standort wird nach Art. 2 Buchst. h) M.G.A. bei zulassungspflichtigen Fahrzeugen durch das amtliche Kennzeichen und bei zulassungsfreien Fahrzeugen durch den ständigen Wohnsitz des Halters nachgewiesen (weiter siehe § 8a).

Innerhalb der EU erfolgte die Anpassung durch die Rili 72/166/EWG v. 24.4.1972. Die nach Art. 189 EWG-Vertrag erforderliche **Transformation** der Rili in das nationale Recht der Mitgliedstaaten wurde in Deutschland durch das Gesetz zur Änderung des AuslPflVG v. 11.1.1974 (BGBl. 1974 I, S. 43) sowie einer hierauf gestützten Rechts-VO; der DV zur Rili des Rates der EG bez. Kfz-Haftpfl.Vers. für Kfz/Anh. v. 8.5.1974 (BGBl. 1974 I, S. 1062) vollzogen.

Eine Grenzversicherung und damit als Nachweis ein (rosa) **Grenzversicherungsschein** ist erforderlich für Fahrzeuge, die **keinen** regelmäßigen Standort in einem EU/EWR-Staat oder einem Staat haben, der in das System des M.G.A. einbezogen ist. Darüber hinaus muss eine Grenzversicherung immer dann erworben werden, wenn 7

---

1 Belgien, Dänemark (ohne Grönland), Deutschland, Finnland, Frankreich (ohne Überseegebiete), Griechenland, Grönland, Großbritannien, Irland, Island, Italien, Kroatien, Liechtenstein, Luxemburg, Monaco, Niederlande, Norwegen, Österreich, Portugal, San Marino, Schweden, Schweiz, Slowakei, Slowenien, Spanien, Tschechien, Ungarn und Vatikanstadt.

### Versicherungspflicht für den Gebrauch ausländischer Fahrzeuge

1. trotz Einbindung des Herkunftsstaates in das Grüne Karte-Abkommen der Fahrzeugführer die Grüne Karte oder eine sonstige Versicherungsbescheinigung nicht nachweisen kann oder

2. ein Fahrzeug nur vorübergehend in Deutschland zugelassen wird, um mit eigener Antriebskraft in das Ausland verbracht zu werden; das Fahrzeug erhält dann nach § 7 Abs. 2 IntVO ein Ausfuhrkennzeichen.

Durch gemeinsame Vertragsgrundsätze der Versicherer wurde der Vertragsinhalt der Grenzversicherung sowie die äußere Aufmachung einheitlich geregelt und dem der Grünen Karte angepasst.

Als Versicherungsnachweis bei einer Weiterreise in andere Staaten kann dem Grenzversicherungsschein eine Gründe Karte angeschlossen sein.

**8** Die Regelungen über den Versicherungsnachweis gelten auch für ausländische Anhänger, die hinter einem im Ausland zugelassenem Zugfahrzeug mitgeführt werden.

Wird der ausländische Anhänger dagegen hinter einem **im Inland zugelassenen Zugfahrzeug** mitgeführt, ist auf den erforderlichen Versicherungsnachweis besonders zu achten. Der Nachweis wird je nach Herkunftsland des Anhängers durch eine Grüne Versicherungskarte oder einen Grenzversicherungsschein erbracht. Handelt es sich bei dem Herkunftsland um einen M.G.A.-Staat, erfolgt der Nachweis über das amtliche Kennzeichen des Anhängers (vgl. § 1 IntVO, Rdnr. 3, 7 und 13).

Anhäger, die nach dem Recht ihres Heimatstaates von der Zulassung des ziehenden Kraftfahrzeugs miterfasst werden (vgl. auch Art. 35 Abs. 2 sowie Art. 36 Abs. 2 WÜ), müssen an der Rückseite das Kennzeichen des ziehenden Kraftfahrzeugs führen.

Diese Folgekennzeichen gelten i.S.d. M.G.A. als amtliche Kennzeichen, da die Vertragsstaaten hinsichtlich dieser Kennzeichen keine Vorbehalte geäußert haben. Werden dagegen solche Anhänger, wie in der Praxis oft feststellbar, ohne ein Kennzeichen zu führen mitgeführt, ist der Vergehenstatbestand der §§ 1, 9 AuslPflVG verwirklicht.

Zu berücksichtigen ist, dass auch seitens des deutschen Zugfahrzeugs Versicherungsschutz nach § 10a Abs. 1 AKB besteht, solange der Anhänger angekoppelt ist. Die Vorschrift regelt hingegen nur das Verhältnis zwischen der Motorwagen- und der Anhängerversicherung, berührt also die Versicherungspflicht als solche nicht.

## § 2
## Zugelassene Versicherer

(1) Die Haftpflichtversicherung kann genommen werden

a) bei einem im Geltungsbereich dieses Gesetzes zum Geschäftsbetrieb befugten Versicherer,

b) bei einem anderen Versicherer nur dann, wenn neben ihm ein im Geltungsbereich dieses Gesetzes zum Geschäftsbetrieb befugter Versicherer oder ein Verband solcher Versicherer die Pflichten eines Haftpflichtversicherers nach den folgenden Vorschriften übernimmt.

(2) Für die Zwecke dieses Gesetzes können sich Versicherer, die im Geltungsbereich dieses Gesetzes die Kraftfahrzeughaftpflichtversicherung betreiben, zu einer Versicherungsgemeinschaft zusammenschließen. Die Satzung der Versicherungsgemeinschaft bedarf der Genehmigung des Bundesaufsichtsamts für das Versicherungs- und Bausparwesen.

### Übersicht

|  | Rdnr. |
|---|---|
| Abs. 1 Buchst. a) | 1 |
| Abs. 1 Buchst. b) | 2 |
| Versicherergemeinschaft | 3 |

Nach Abs. 1 Buchst. a) kann die Haftpflichtversicherung bei einem **im Geltungsbereich dieses Gesetzes** zum Geschäftsbetrieb **befugten** Versicherer genommen werden. Die zugelassenen Versicherungsunternehmen werden fortlaufend durch Verltb. des BMV im VkBl. bekannt gegeben. 1

Da sich die Anwendbarkeit des Gesetzes auf Fahrzeuge ohne regelmäßigen Standort im Inland begrenzt, dürften hier (neben den ausländischen Fahrzeugen) insbesondere die Fahrzeuge erfasst werden, die ohne regelmäßigen Standort im Inland und ohne eigene Zulassung **mit eigener Triebkraft ins Ausland** verbracht werden sollen; im Hinblick auf die Versicherung dieser Kraftfahrzeuge ist nach der Verltb. des BMV v. 26.5.1977[1] zu verfahren (§ 7 IntVO, Rdnr. 8).

Die Zulassung dieser Fahrzeuge erfolgt, abgesehen von einigen Besonderheiten wie Kennzeichen, Fahrzeugpapiere, Dauer der Zulassung, nach § 7 Abs. 2 S. 1 IntVO unter Anwendung der §§ 18 ff. StVZO. Nach § 7 Abs. 2 Nr. 2 IntVO ist der Zulassungsbehörde ein ausreichender Versicherungsschutz nachzuweisen. Die Dauer der Zulassung für das Bundesgebiet wird auf die Dauer des nachgewiesenen Versicherungsschutzes begrenzt. Als Nachweis für das Bestehen einer

---
[1] VkBl. 1977, S. 295.

Haftpflichtversicherung wird von einem im Bundesgebiet zum Geschäftsbetrieb zugelassenen Kraftfahrtversicherer eine gelbe Versicherungsbescheinigung ausgestellt. Diese besteht aus drei Ausfertigungen (je 1 Stück für den Versicherungsnehmer, zum Verbleib bei der Zulassungsbehörde sowie zur Rücksendung an den Versicherer).

Die Ausfertigung für den Versicherungsnehmer stellt zugleich einen Versicherungsnachweis i.S.d. § 1 Abs. 2 AuslPflVG dar, solange das Fahrzeug im Inland verwendet wird; sie ist mitzuführen und auf Verlangen auszuhändigen. Sie gilt aber nur für das Bundesgebiet. Wird das Kraftfahrzeug mit Ausfuhrkennzeichen im Ausland geführt, ist eine »Grüne Versicherungskarte« erforderlich, die im Übrigen ihre rechtliche Wirkung nur dort (im »besuchten« Land), jedoch nicht im »Zulassungsland« entfalten kann. Zulassungsland für Fahrzeuge nach § 7 Abs. 2 IntVO ist Deutschland, aus diesem Grund kann die Grüne Karte auch nicht für die Zulassung als Versicherungsnachweis anerkannt werden.

Eine weitere Möglichkeit nach Abs. 1 Buchst. a) ist der Abschluss einer Grenzversicherung, die grundsätzlich an der Außengrenze des EU/EWR-Gebietes zu erwerben ist. Diese Grenzversicherung hat eine Gültigkeitsdauer von mindestens 1 Monat oder höchstens einem Jahr. Wenn die Aufenthaltsdauer in Deutschland über den Gültigkeitszeitraum der Grenzversicherung hinausgeht, muss eine Anschlußpolice erworben werden (vgl. § 5, Rdnr. 1). Aus diesem Grund gibt es auch die Erwerbsmöglichkeit einer solchen Versicherung im Inland.

2 Nach **Abs. 1 Buchst. b)** kann die Haftpflichtversicherung bei einem anderen Versicherer nur dann abgeschlossen werden, wenn ein in Deutschland ansässiger Versicherer/Versicherungsverband die **Pflichten eines Haftpflichtversicherers** (vgl. § 8a) für diesen anderen Versicherer übernimmt. Abs. 1 Buchst. b) stellt den gesetzlichen Rahmen dar, mit dem der mit den privatrechtlichen Abkommen geschaffenen Mechanismus zur Schadensregulierung bei Unfällen mit ausländischen Fahrzeugen in vollem Umfang anerkannt wird.

Für die Regulierung von Schäden, die Autofahrer im Inland durch ein im Ausland zugelassenes Fahrzeug erleiden, ist seit dem 1.1.1994 das »**Deutsche Büro Grüne Karte e.V.**« in Hamburg zuständig. Der neu gegründete Verein übernimmt die Aufgabe des früheren Grüne-Karte-Büros, das als Abteilung des HUK-Verbandes geführt wurde. Die Neuorganisation war im Hinblick auf den am 1.7.1994 vollzogenen europäischen Binnenmarkt und der damit verbundenen Dienstleistungsfreiheit notwendig geworden. Ausländische Versicherer, die künftig auf dem deutschen Markt ohne Niederlassung tätig werden wollen, haben nun die Möglichkeit, dem deutschen Grüne-Karte-Büro beizutreten ohne Mitglied des HUK-Verbandes werden zu müssen.

Das **Büro** übernimmt an Stelle des ausländischen Versicherers die Verpflichtungen eines Haftpflichtversicherers, soweit sich dies auf die Schadensregulierung in Deutschland bezieht. Dabei lässt es sich wiederum regelmäßig durch eines seiner Mitglieder – die Versicherungsunternehmen – vertreten.

Das Gesetz lässt in Abs. 2 zu, dass für die Zwecke des Gesetzes eine **Versicherergemeinschaft** gebildet wird. Die in Deutschland zum Betrieb der Kraftfahrzeug-Haftpflichtversicherung befugten Versicherer haben sich zur **Gemeinschaft der Grenzversicherer** zusammengeschlossen.

Aufgabe der Gemeinschaft der Grenzversicherer ist die Gewährung von Versicherungsschutz für Fahrzeuge ohne regelmäßigen Standort im Inland, für deren Gebrauch in Deutschland die notwendige Versicherung nachgewiesen werden muss.

## Versicherungspflicht für den Gebrauch ausländischer Fahrzeuge

### § 3
### Pflicht der Versicherer zum Vertragsabschluss

(1) Die Versicherer, die im Geltungsbereich dieses Gesetzes zum Abschluss von Verträgen über die Haftpflichtversicherung für Kraftfahrzeuge und Anhänger befugt sind, haben den Halter, den Eigentümer und Führer der in § 1 genannten Fahrzeuge nach den gesetzlichen Bestimmungen Versicherung gegen Haftpflicht zu gewähren.

(2) Der Versicherer darf den Antrag auf Abschluss eines Versicherungsvertrages nur ablehnen, wenn sachliche oder örtliche Beschränkungen im Geschäftsplan des Versicherers dem Abschluss entgegenstehen oder wenn der Antragsteller bei dem Versicherer bereits versichert war und dieser

a) den Versicherungsvertrag wegen Drohung oder arglistiger Täuschung angefochten hat oder

b) vom Versicherungsvertrag wegen Verletzung der vorvertraglichen Anzeigepflicht oder wegen Nichtzahlung der ersten Prämie zurückgetreten ist oder

c) den Versicherungsvertrag wegen Prämienverzug oder nach Eintritt eines Versicherungsfalls gekündigt hat.

### Änderungen

1. § 3 Abs. 1 geändert durch »Gesetz zur Änderung von Vorschriften über die Pflichtversicherung von Kraftfahrzeugen« v. 5. April 1965 (Artikel 3).

### Übersicht

|  | Rdnr. |
|---|---|
| Amtliche Begründung | 1 |
| Annahmezwang | 2 |
| Praktische Bedeutung | 3 |

1 Der Annahmezwang, der sich an die im Geltungsbereich des Gesetzes zum Geschäftsbetrieb befugten Versicherer richtet, wurde vom Gesetzgeber für erforderlich gehalten, um den internationalen Kraftfahrzeugverkehr durch die Forderung einer Haftpflichtversicherung nicht zu behindern (BT-Drucksache II/2191 zu § 3).

2 Der **Annahmezwang** richtet sich an alle im Geltungsbereich des Gesetzes zum Abschluss von Kraftfahrzeug-Haftpflichtversicherungsverträgen befugten Versicherer. Das schließt nach der nunmehr geltenden Systematik Niederlassungen

und ausländische Versicherer ein. Die Durchsetzung dieses Grundsatzes dürfte jedoch in der Praxis erhebliche Schwierigkeiten bereiten.

Da die Gemeinschaft der Grenzversicherer als Mitversicherungsgemeinschaft den gleichen Verpflichtungen unterworfen ist, unterliegt auch sie dem Annahmezwang.

Die **praktische Bedeutung** der Vorschrift ist gering, da Fahrzeuge aus M.G.A.- Staaten über ihr amtliches Kennzeichen einen Versicherungsschutz für das gesamte EU/EWR-Gebiet nachweisen und Fahrzeuge aus Drittstaaten beim Überschreiten der Außengrenze der Gemeinschaft eine Grenzversicherung abschließen müssen. 3

### Versicherungspflicht für den Gebrauch ausländischer Fahrzeuge

§ 4

Versicherungsbedingungen und Mindestversicherungssummen

Der Versicherungsvertrag nach § 3 muss den für die Versicherung von Kraftfahrzeugen und Anhängern mit regelmäßigem Standort im Inland geltenden gesetzlichen Bestimmungen über Inhalt und Umfang des Versicherungsschutzes sowie über die Mindestversicherungssummen entsprechen.

**Änderungen**

1. § 4 geändert durch »Gesetz zur Änderung von Vorschriften über die Pflichtversicherung von Kraftfahrzeugen« v. 5. April 1965 (Artikel 3);
2. Neufassung des § 4 durch »Drittes Gesetz zur Durchführung versicherungsrechtlicher Richtlinien des Rates der Europäischen Gemeinschaft« v. 21. Juli 1994 (Artikel 6).

**Übersicht**

|  | Rdnr. |
|---|---|
| Rili 90/232/EWG | 1 |
| Europadeckung | 2 |

**1** Mit der **Rili 90/232/EWG** v. 14.5.1990 wurden verbliebene Lücken im Versicherungsschutz und praktische Schwierigkeiten bei der Durchsetzung von Entschädigungsansprüchen geschlossen:

1. Die Möglichkeit, Personenschäden von Fahrzeuginsassen auszunehmen wird – außer für Fahrer und Insassen gestohlener Fahrzeuge –, grundsätzlich ausgeschlossen;
2. die bereits in der Rili 72/166/EWG vorgeschriebene **Europadeckung** wird näher präzisiert;
3. die Stellung der Verkehrsopfer gegenüber dem Entschädigungsfonds wird gestärkt;
4. der Begriff des »gewöhnlichen Standorts« eines Fahrzeugs wird neu gefasst;
5. die Mitgliedstaaten werden zur Einführung von Maßnahmen zur unverzüglichen Feststellung des Kraftfahrzeughaftpflichtversicherers verpflichtet.

Die **Transformation** der Rili in deutsches Recht wurde zunächst mangels Regelungsbedarfs nicht für erforderlich gehalten. Die Festlegung einer Mindestdeckungssumme bei Auslandsunfällen erfolgte schließlich durch § 1 Abs. 1 KfzPflVV v. 29.7.1994 (BGBl. 1994 I, S. 1837).

§ 1 KfzPflVV schreibt eine **Europadeckung** vor. Für das AuslPflVG gilt aber die Sonderregelung des § 7a, der eine abweichende Interpretation zulässt. 2

Seit der Transformation der Rili 72/166/EWG durch § 7a in deutsches Recht, muss für Fahrzeuge aus Drittstaaten ein geographischer Deckungsumfang nachgewiesen werden, der das gesamte Gemeinschaftsgebiet (einschließlich EWR) umfasst. Eine darüber hinausgehende Deckung, die das geographische Europa in seiner Ganzheit umfasst, ist nicht obligatorisch. Dies ist weder europarechtlich zu begründen noch aus Gründen des Allgemeininteresses geboten, so dass sich der territoriale Geltungsbereich der Grenzversicherung auf das EU/EWR-Gebiet beschränkt.

# Versicherungspflicht für den Gebrauch ausländischer Fahrzeuge

## § 5
### Befristung der Versicherungsbescheinigung, Vorauszahlung der Prämie

Der Versicherer kann die Geltung der Versicherungsbescheinigung (§ 1) befristen und die Aushändigung von der Zahlung der Prämie für den angegebenen Zeitraum abhängig machen. Wird die Geltung nicht befristet, so kann der Versicherer die Aushändigung von der Zahlung der ersten Prämie abhängig machen.

### Übersicht

|  | Rdnr. |
|---|---|
| Befristung | 1 |
| Aushändigung | 2 |

1 Die Möglichkeit der **zeitlichen Befristung** ist im Zusammenhang mit einer nur vorübergehenden Verwendung (Zulassung) ausländischer Fahrzeuge im Inland zu sehen (§ 1, Rdnr. 9). Die zeitliche Befristung der Grenzversicherung beträgt mindestens einen Monat und höchstens ein Jahr.

Wird das ausländische Fahrzeug nach Fristablauf einer z.B. zeitlich befristeten Grenzversicherung / Grüne Versicherungskarte auf öffentlichen Straßen weiter gebraucht, fehlt die nach § 1 Abs. 1 AuslPflVG erforderliche Haftpflichtversicherung; der **Vergehenstatbestand** des § 9 Abs. 1 S. 1 wurde verwirklicht. Die Frage einer möglichen Nachhaftungsfrist ist in diesem Zusammenhang unbedeutend, da die Nachhaftung kein Tatbestandsmerkmal des § 9 darstellt. Die weitere Benutzung des Fahrzeugs ist nach § 1 Abs. 4 S. 2 AuslPflVG zu unterbinden.

2 Die **Aushändigung** der Versicherungsbescheinigung steht im Zusammenhang mit § 1 Abs. 2, der eine Mitführungs- und Aushändigungspflicht beinhaltet. Eine Verletzung dieser Pflicht wäre als Ordnungswidrigkeit nach § 9a Abs. 1 Nr. 1 zu ahnden. Voraussetzung einer Verfolgung dieser Zuwiderhandlung als Ordnungswidrigkeit ist das Bestehen eines ordentlichen Versicherungsverhältnisses.

Mit der Möglichkeit, die Aushändigung der Versicherungsbescheinigung von der Zahlung der (ersten) Prämie abhängig zu machen, werden praktische Erwägungen berücksichtigt.

## § 6
### Haftung in Ansehung von Dritten

(1) § 3 Nrn. 1 bis 4 und 6 bis 11 des Pflichtversicherungsgesetzes ist anzuwenden; an die Stelle von Nr. 5 des Pflichtversicherungsgesetzes tritt die Regelung des Absatzes 2.

(2) Ein Umstand, der das Nichtbestehen oder die Beendigung des Versicherungsverhältnisses zur Folge hat, kann dem Anspruch des Dritten nach § 3 Nr. 1 des Pflichtversicherungsgesetzes nur entgegengehalten werden, wenn er aus der Versicherungsbescheinigung ersichtlich oder wenn die Versicherungsbescheinigung dem Versicherer zurückgegeben worden ist. Weiterhin muss, wenn das Versicherungsverhältnis durch Zeitablauf beendet oder die Versicherungsbescheinigung dem Versicherer zurückgegeben worden ist, zwischen dem in der Versicherungsbescheinigung angegebenen Zeitpunkt der Beendigung des Versicherungsverhältnisses oder dem Zeitpunkt der Rückgabe der Versicherungsbescheinigung und dem Schadensereignis eine Frist von fünf Monaten, im Falle einer Gesamtlaufzeit des Versicherungsverhältnisses von weniger als zehn Tagen eine Frist von fünf Wochen verstrichen sein.

### Änderungen

1. Neufassung des § 6 durch »Gesetz zur Änderung von Vorschriften über die Pflichtversicherung von Kraftfahrzeugen« v. 5. April 1965 (Artikel 3).

### Übersicht

|  | Rdnr. |
|---|---|
| Direktanspruch | 1 |
| Nachhaftung | 2 |
| Verhältnis zu § 9 | 3 |

Die Ratifizierung des Straßburger Abkommens von 1959 machte es notwendig, den **Direktanspruch** des geschädigten Dritten gegen den zuständigen Haftpflichtversicherer einzuführen. 1

Gegen wen sich der Direktanspruch richtet, hängt von der Art der Kraftfahrzeug-Haftpflicht des ausländischen Fahrzeugs ab. Liegt z.B. eine Grenzversicherung vor, kann die **Gemeinschaft der Grenzversicherer** direkt in Anspruch genommen werden.

Wird das Bestehen einer Kraftfahrzeug-Haftpflicht über eine Grüne Karte oder auf Grund des Kennzeichens gem. dem M.G.A. nachgewiesen, ist das **Deutsche**

**Büro Grüne Karte e.V.** passiv legitimiert.[1] Als der Verband, der nach § 2 Abs. 1 Buchst. b) an die Stelle der zuständigen Versicherung tritt, kann er auf Grund des Verweises auf § 3 Nr. 1 PflVG direkt in Anspruch genommen werden.

Da das Büro nur »neben« dem »anderen Versicherer« die Pflichten eines Haftpflichtversicherers übernommen hat, wird der Direktanspruch gegen den **ausländischen Versicherer** nicht ausgeschlossen, sofern ein solcher Direktanspruch nach dem anzuwendenden Recht gegeben ist.

Keinen Direktanspruch hat der Geschädigte jedoch gegen den im Auftrag des Büros die Schadenregulierung durchführenden Versicherer, da dieser nur als Bevollmächtigter des Büros handelt.

2  Abs. 2 regelt eine **Nachhaftung** für die Fälle, in denen Deckung über eine Grüne Karte oder eine Grenzversicherung nachgewiesen wird. Diese Nachhaftungsregelung berücksichtigt, dass bei ausländischen Fahrzeugen das Verfahren nach § 29 c StVZO mangels einer zuständigen Behörde nicht durchgeführt werden kann. Aus diesem Grund kommt es hier nur auf die Versicherungsbescheinigung und deren zeitliche Befristung an.

Eine Nachhaftungsregelung für die Fälle, in denen ein Verzicht auf die Versicherungsbescheinigung zugelassen wurde, enthält § 8a Abs. 2 AuslPflVG.

3  Der **objektive Tatbestand des § 9** verlangt u.a. »obwohl für das Fahrzeug das nach § 1 erforderliche Versicherungsverhältnis nicht oder nicht mehr besteht«. Durch die Bezugnahme auf § 1 wird deutlich gemacht, dass damit das Bestehen einer Haftpflichtversicherung nach den §§ 2 bis 6 gemeint ist. Das Vorliegen eines bloßen »Versicherungsschutzes« gem. § 3 Nr. 5 PflVG bzw. § 6 Abs. 2 AuslPflVG im Wege der Nachhaftung genügt nicht, da der Gesetzgeber nicht wollte, dass die zugunsten der Verkehrsopfer zeitlich beschränkte Fortdauer des Versicherungsschutzes (nach Beendigung des Versicherungsvertrages) dem zu Gute kommen soll, der ohne gültigen Kraftfahrzeug-Haftpflichtversicherungsvertrag öffentlich fährt.

---

1  Voraussetzung für die Passivlegitimation ist es, dass der Nachweis für die Beteiligung eines bestimmten ausländischen Kfz (hier: aus Großbritannien) an dem in Rede stehenden Verkehrsunfall geführt wird. Bestehen Zweifel hinsichtlich des Kennzeichens des ausländischen Fahrzeugs, gehen diese zu Lasten des Geschädigten – AG Aichach, VersR 1990, S. 1221.

## § 7
### Durchführungsbestimmungen

Zur Durchführung der §§ 1 bis 5 können erlassen

a) der Bundesminister für Verkehr mit Zustimmung des Bundesrates Rechtsverordnungen über den Inhalt und die Prüfung der Versicherungsbescheinigungen und die beim Fehlen der Bescheinigung nötigen Sicherungsmaßnahmen,

b) der Bundesminister der Finanzen ohne Zustimmung des Bundesrates Rechtsverordnungen über Maßnahmen der Versicherer zur Gewährleistung der Möglichkeit, Versicherungsverträge nach diesem Gesetz zu schließen,

c) der Bundesminister für Verkehr mit Zustimmung des Bundesrates allgemeine Verwaltungsvorschriften.

### Änderungen

1. § 7 Buchst. b) geändert durch »Gesetz zur Anpassung gesetzlich festgelegter Zuständigkeiten an die Neuabgrenzung der Geschäftsbereiche von Bundesministern« v. 18. März 1975 (Artikel 7)

### Übersicht

|  | Rdnr. |
|---|---|
| Bedeutung der Vorschrift | 1 |

Mit der Verordnungsermächtigung für den Bundesminister für Verkehr in **1** Buchst. a) soll die gleichmäßige und wirksame Anwendung des Gesetzes sichergestellt werden (BT-Drucks. II/2191 v. 7.3.1956). Bisher brauchte von der Ermächtigung des § 7 **kein Gebrauch gemacht** werden, da sich – bis auf wenige Fälle – die Anwendung der Grünen Karte sowie der Grenzversicherungspolice herausgebildet hat.

## Versicherungspflicht für den Gebrauch ausländischer Fahrzeuge

### § 7 a
### Erfordernis erweiterten Versicherungsschutzes

**Zur Erfüllung völkerrechtlicher Verpflichtungen oder zur Durchführung von Rechtsakten des Rates oder der Kommission der Europäischen Gemeinschaften wird der Bundesminister für Verkehr ermächtigt, für Fahrzeuge ohne regelmäßigen Standort im Geltungsbereich dieses Gesetzes durch Rechtsverordnung ohne Zustimmung des Bundesrates nach Anhörung der obersten Landesbehörden zu bestimmen, dass sie auf öffentlichen Straßen oder Plätzen im Geltungsbereich dieses Gesetzes nur gebraucht werden dürfen und ihnen die Einreise hierhin nur gestattet werden darf, wenn die durch das Fahrzeug verursachten Schäden in allen Staaten, in die das Fahrzeug ohne die Kontrolle einer Versicherungsbescheinigung weiterreisen kann, nach den dort geltenden Vorschriften gedeckt sind. Die Rechtsverordnung kann auch Vorschriften über den Abschluss der Haftpflichtversicherung, deren Nachweis durch eine Versicherungsbescheinigung, den Inhalt und die Prüfung der Versicherungsbescheinigung und die beim Fehlen der erforderlichen Bescheinigung nötigen Sicherungsmaßnahmen enthalten.**

### Änderungen

1. § 7 a eingefügt durch »Gesetz zur Änderung des Gesetzes über die Haftpflichtversicherung für ausländische Kraftfahrzeuge und Kraftfahrzeuganhänger« v. 11. Januar 1974.

### Übersicht

|  | Rdnr. |
|---|---|
| Rili 72/166/EWG | 1 |
| Amtliche Begründung (VkBl. 1974, S. 327) | 2 |

1 Die **Rili 72/166/EWG** v. 24.4.1972 hatte vorrangig die Aufhebung der Kontrolle der Grünen Karte an den innergemeinschaftlichen Grenzen zum Ziel. Voraussetzungen hierfür waren insbesondere:

1. Alle Fahrzeuge, die ihren gewöhnlichen Standort in der Gemeinschaft haben, unterliegen der Haftpflichtversicherungspflicht;
2. der Pflichtversicherungsschutz erstreckt sich automatisch auf das gesamte Gemeinschaftsgebiet und
3. beinhaltet zumindest den am jeweiligen Unfallort vorgeschriebenen Versicherungsschutz.

Die **Transformation** der Rili in deutsches Recht erfolgte durch das Gesetz zur Änderung des AuslPflVG v. 11.1.1974 (BGBl. 1974 I, S. 43) sowie einer hierauf gestützten Rechts-VO; »VO zur Durchführung der Richtlinie des Rates der Europäischen Gemeinschaft vom 24. April 1972 betreffend die Angleichung der Rechtsvorschriften der Mitgliedstaaten bezüglich der Kraftfahrzeug-Haftpflichtversicherung und der Kontrolle der entsprechenden Versicherungspflicht« v. 8.5.1974 (BGBl. 1974 I, S. 1062).

Mit dieser DV (Texte, S. 366) ist von deutscher Seite die Voraussetzung dafür geschaffen worden, dass insbesondere Fahrzeuge aus Drittländern beim Verkehr in der EU nicht mehr auf den Bestand einer ausreichenden Haftpflichtversicherung kontrolliert werden müssen, da diese Kontrolle bereits bei Einreise über eine Außengrenze erfolgte.

»Diese Vorschrift ermächtigt den Bundesminister für Verkehr, zur Durchführung von Rechtsakten der Organe der Europäischen Gemeinschaften oder zur Erfüllung völkerrechtlicher Verpflichtungen sicherzustellen, dass Fahrzeuge, die ihren gewöhnlichen Standort nicht in der Bundesrepublik Deutschland haben, nur dann in das Gebiet der Bundesrepublik Deutschland einreisen und dort verkehren dürfen, wenn die durch die Teilnahme dieser Fahrzeuge am Verkehr verursachten Schäden in bestimmten anderen Ländern, in die diese Fahrzeuge ohne Kontrolle der Haftpflichtversicherung weiterreisen dürfen, nach Maßgabe der dortigen nationalen Rechtsvorschriften über die Pflichtversicherung gedeckt sind. Durch eine solche Verordnung wird seitens der Bundesrepublik Deutschland die Voraussetzung dafür geschaffen, dass insbesondere die EG-Richtlinie v. 24. April 1972 durchgeführt werden kann und Drittlandsfahrzeuge beim Verkehr zwischen den einzelnen Mitgliedstaaten der Europäischen Wirtschaftsgemeinschaft nicht mehr auf den Bestand einer ausreichenden Haftpflichtversicherung von dem betreffenden Einreisestaat kontrolliert werden müssen, da diese Kontrolle bereits an der Grenze der Bundesrepublik Deutschland erfolgt, soweit diese zugleich Außengrenze der Europäischen Wirtschaftsgemeinschaft ist.

Die zu erlassende Rechtsverordnung kann auch bestimmte Modalitäten – die von Fall zu Fall unterschiedlich sein können – regeln, wie den Abschluss der Haftpflichtversicherung und deren Nachweis, Inhalt und Prüfung der Versicherungsbescheinigung sowie eventuell nötige Sicherungsmaßnahmen (z.B. Zurückweisung des Fahrzeugs an der Grenze, Sicherstellung bis zum Nachweis der Haftpflichtversicherung).

Die neue Vorschrift des § 7a erfasst auch den Fall, dass sich über Art. 7 Abs. 2 und 3 der EG-Richtlinie Staaten, die nicht EWG-Mitgliedstaaten sind, der EWG-Regelung anschließen und damit ohne Vorliegen einer Versicherungsbescheinigung deren einzelne Fahrzeuge einreisen können, und zwar nach der Feststellung der EG-Kommission, dass für Fahrzeuge aus solchen Drittländern eine ausreichende EWG-Deckung besteht.«

## Versicherungspflicht für den Gebrauch ausländischer Fahrzeuge

### § 8
### Ausnahmen

(1) Zur Pflege der Beziehungen mit dem Ausland kann der Bundesminister für Verkehr Einzelausnahmen von diesem Gesetz oder den auf § 7 Buchstabe a beruhenden Rechtsverordnungen genehmigen, wenn die Entschädigung der Verkehrsopfer gewährleistet bleibt.

(2) Zur Pflege der Beziehungen mit dem Ausland, zur Erfüllung völkerrechtlicher Verpflichtungen oder zur Durchführung von Rechtsakten des Rates oder der Kommission der Europäischen Gemeinschaften kann der Bundesminister für Verkehr unter derselben Voraussetzung durch Rechtsverordnung ohne Zustimmung des Bundesrates nach Anhörung der obersten Landesbehörden allgemeine Ausnahmen von § 1 Abs. 1 bis 4 oder von den Vorschriften über den Inhalt von Versicherungsbescheinigungen genehmigen.

### Änderungen

Neufassung des § 8 Abs. 2 durch »Gesetz zur Änderung des Gesetzes über die Haftpflichtversicherung für ausländische Kraftfahrzeuge und Kraftfahrzeuganhänger« v. 11. Januar 1974.

### Übersicht

|  | Rdnr. |
|---|---|
| Einzelausnahmen | 1 |
| Ausnahmen durch RechtsVO | 2 |

1 Von der Möglichkeit der Gewährung von **Einzelausnahmen** wurde bisher kein Gebrauch gemacht; gleiches gilt für die nicht existenten Rechtsverordnungen nach § 7 Buchst. a).

2 Die **Transformation** der Rili 72/166/EWG in das deutsche Recht stützt sich auf § 8 Abs. 2 und erfolgte durch eine sich darauf beziehende Durchführungs-VO. Ausnahmen vom Nachweis der Versicherungspflicht nach § 1 Abs. 2 AuslPflVG ergeben sich z.B. aus § 1 Nr. 1 bis 3 der DV (Texte, S. 366).

## § 8a
## Wegfall des Erfordernisses der Versicherungsbescheinigung

(1) Hat für die Fahrzeuge, die bei der Einreise das vorgeschriebene Kennzeichen eines bestimmten ausländischen Gebietes führen, ein im Geltungsbereich dieses Gesetzes zum Geschäftsbetrieb befugter Versicherer oder ein Verband solcher Versicherer die Pflichten eines Haftpflichtversicherers nach den Vorschriften dieses Gesetzes übernommen, so kann der Bundesminister für Verkehr durch Rechtsverordnung ohne Zustimmung des Bundesrates nach Anhörung der obersten Landesbehörden bestimmen, dass für die das vorgeschriebene Kennzeichen dieses Gebietes führenden Fahrzeuge die Ausstellung einer Versicherungsbescheinigung nicht erforderlich ist.

(2) Ist nach Abs. 1 die Ausstellung einer Versicherungsbescheinigung nicht erforderlich, so kann abweichend von § 6 Abs. 2 ein Umstand, der das Nichtbestehen oder die Beendigung der nach Abs. 1 übernommenen Verpflichtungen zur Folge hat, dem Anspruch des Dritten nach § 3 Nr. 1 des Pflichtversicherungsgesetzes nicht entgegengehalten werden, wenn sich das Fahrzeug im Zeitpunkt des Schadensereignisses mit dem bei der Einreise geführten Kennzeichen im Geltungsbereich dieses Gesetzes befunden hat.

## Änderungen

1. § 8a eingefügt durch »Zweites Gesetz zur Sicherung des Straßenverkehrs« v. 26. November 1964 (Artikel 5 Nr. 2);
2. Neufassung des § 8 a durch »Gesetz zur Änderung von Vorschriften über die Pflichtversicherung von Kraftfahrzeugen« v. 5. April 1965 (Artikel 3).

## Übersicht

| | Rdnr. |
|---|---|
| Verzicht auf Versicherungsbescheinigung | 1 |
| Voraussetzung | 2 |
| Amtliches Kennzeichen | 3 |
| Gefälschte Kennzeichen | 4 |
| Zusatzvereinbarung | 5 |
| Nachhaftung | 6 |

Mit dem Änderungsgesetz v. 5.4.1965 wurde der Bundesminister für Verkehr 1 ermächtigt, unter bestimmten Voraussetzungen durch Rechtsverordnung zu bestimmen, dass für Fahrzeuge, die das vorgeschriebene Kennzeichen eines bestimmten Gebietes führen, die **Ausstellung einer Versicherungsbescheinigung nicht mehr erforderlich** ist. Diese Änderung war »auf Wunsch und zur

Entlastung der Versicherungswirtschaft sowie zur Erleichterung des grenzüberschreitenden Verkehrs« geschehen (BT-Drucks. IV/2252, S. 29).

2 **Voraussetzung** für die Befreiung ist, dass ein »inländischer Versicherer oder Versicherungsverband für die Gesamtheit der so gekennzeichneten Fahrzeuge die Pflichten eines Haftpflichtversicherers nach den im Inland geltenden Vorschriften übernommen hat. Die Bedingungen zur Übernahme dieser Verpflichtungen wurden zunächst durch bilaterale Zusatzabkommen v. 12.12.1973 und später durch das **Multilaterale Garantieabkommen** (M.G.A.) v. 15.3.1991 geschaffen. Nach dem M.G.A. (Texte, S. 382) ist die Eintrittspflicht bzw. Rückerstattungspflicht nicht mehr an die Vorlage einer gültigen Grünen Karte gebunden. Vielmehr übernehmen die Büros die Verantwortlichkeit als Zahlendes und als Behandelndes Büro für alle Fahrzeuge, die ihren regelmäßigen Standort in einem der Staaten der Unterzeichnerbüros haben (Einführung, Rdnr. 14). Dieser wird angenommen, wenn das Fahrzeug ein amtliches Kennzeichen eines der beteiligten Staaten trägt.

Diese ursprüngliche Regelung der Versicherungswirtschaft[1] fand ihren Niederschlag in der Rili 72/166/EWG, die am 8.5.1974 in nationales Recht umgesetzt wurde. Die DV zur Richtlinie des Rates der EG bez. Kfz-Haftpflichtversicherung (Texte, S. 366) stützt sich dabei auf die Ermächtigungsnorm des § 8 a Abs. 1.

§ 1 DV enthält die Befreiung vom Erfordernis einer Versicherungsbescheinigung nach § 1 Abs. 2 AuslPflVG für Fahrzeuge, die ein vorgeschriebenes Kennzeichen aus im einzelnen benannten EWG-Mitgliedstaaten führen. In § 2 DV werden entsprechend den Ausnahmen, die einige Büros im M.G.A. erklärt haben, Fahrzeuge mit bestimmten Kennzeichen von der Befreiung ausgenommen. Für diese Fahrzeuge kann der Versicherungsnachweis nur über die Grüne Karte, eine kurzlaufende Haftpflichtversicherungspolice oder eine Grenzversicherung geführt werden.

Die Rili beinhaltet auch die Möglichkeit, Drittstaaten in das System mit einzubeziehen. Die Befreiung vom Erfordernis einer Versicherungsbescheinigung für Fahrzeuge aus diesen Drittstaaten ergibt sich aus § 8 Abs. 1 DV; bestimmte Vorbehalte ergeben sich aus § 8 Abs. 2 DV.

Solange sich also ein vorgeschriebenes amtliches Kennzeichen eines bestimmten ausländischen Gebietes an dem Fahrzeug befindet, gilt dies versicherungstechnisch als versichert. Das gilt selbst für den Fall, dass das Fahrzeug selbst nicht mehr zugelassen ist, das amtliche Kennzeichen sich aber noch am Fahrzeug befindet.

---

1 Elvers, »Gültige Versicherungsunterlagen für Ausländer«, PVT 1988, S. 193.

**Beispiel:**
> Bei der Überprüfung eines im Kanton Basel-Land zugelassenen Kraftrades im Inland stellte sich heraus, dass der Fahrer mit der Zahlung der Versicherungsprämie in Verzug war und das Kraftrad aus diesem Grund in der Schweiz zwangsabgemeldet worden war. Da sich das vorgeschriebene amtliche Kennzeichen noch am Kraftrad befand (Fahrzeugschein wurde mitgeführt), gilt das Kraftrad im Rahmen des § 8 a versicherungstechnisch als versichert.[1]

Auf Grund der durch § 8 a gegebenen Fiktion, die Versicherung durch das zugeteilte amtliche Kennzeichen nachzuweisen, gibt es insoweit keine unversicherten ausländischen Fahrzeuge aus den genannten Staaten oder Gebieten (M.G.A.-Staaten) mehr. Diese Aussage gilt aber nicht uneingeschränkt (§ 9, Rdnr. 4–7).

Die Vorschrift spricht von einem »vorgeschriebenen Kennzeichen eines bestimmten ausländischen Gebietes«. Darunter sind amtliche Kennzeichen zu verstehen, die von der zuständigen Stelle im Rahmen der Zulassung des Fahrzeugs ausgegeben werden. Grundsätzlich können daher entstempelte und damit ungültige Kennzeichen keine Haftung des Büros auslösen;[2] gleiches gilt für gefälschte Kennzeichen.

3

Der **Europäischen Gerichtshof** hat aber in seiner Entscheidung v. 12.11.1992[3] eine für das Recht der Mitgliedstaaten verbindliche Entscheidung zu einem Teilaspekt der Definition des »gewöhnlichen Aufenthalts« getroffen.

Art. 1 Nr. 4 der Rili EWG/Nr. 166/72 definiert wie folgt:

»Gebiet, in dem das Fahrzeug seinen gewöhnlichen Standort hat:

– das Gebiet des Staates, in dem das Fahrzeug zugelassen ist oder....«

Diese Definition wurde durch Art. 4 der Rili 84/5/EWG durch folgende Formulierung ersetzt: »– das Gebiet des Staates, dessen amtliches Kennzeichen das Fahrzeug trägt, oder...«.

Ausgehend von dieser Rechtslage hat der EuGH Art. 1 Nr. 4 der Rili 72/166/EWG dahingehend ausgelegt, dass »ein Fahrzeug, das bei Überschreiten der

---
1 Schreiben des HUK-Verbandes v. 18.4.1990, Az.: 688/18.04.90/ls.
2 Verursacht ein in Frankreich wohnhafter deutscher Fahrzeugführer, ohne im Besitz der »Grünen Karte« zu sein, in Deutschland einen Verkehrsunfall mit einem Fahrzeug mit einem entstempelten und damit ungültigen Kennzeichen, so kommt ein Schadenersatzanspruch des Unfallgeschädigten gegen den Verein »Grüne Karte e.V.« nicht in Betracht – OLG Karlsruhe, NZV 1998, S. 287.
3 92/C 316/10, ABl. EG Nr. C 316, S. 13; vgl. auch Entscheidung des EuGH v. 9. 2. 1984, EuGHE 1984, S. 591.

## Versicherungspflicht für den Gebrauch ausländischer Fahrzeuge

Grenze ein amtliches Kennzeichen trägt, das zwar von den Behörden eines Mitgliedstaates ordnungsgemäß vergeben wurde, das aber falsch ist, weil es in Wahrheit einem anderen Fahrzeug zugeteilt wurde, so zu behandeln ist, als ob es seinen gewöhnlichen Standort im Gebiet des Staates hätte, der das fragliche Kennzeichen vergeben hat.«

Im Zusammenhang mit möglichen weiteren Schlussfolgerungen ist zu berücksichtigen, dass es bei der Entscheidung lediglich um die Frage ging, ob sich das Französische Büro als Behandelndes Büro oder der Garantiefonds mit den Ansprüchen zu befassen hat. Die Frage, welches ausländische Büro im Regresswege in Anspruch zu nehmen sei, blieb offen.

Es ging auch nicht um die Frage einer ordnungsgemäßen Zulassung des Fahrzeugs sondern darum, dass durch die Rili die Grenzkontrolle der Grünen Karte aufgehoben werden soll. Dies macht es erforderlich, dass der Standortstaat mühelos bestimmt werden kann, was durch die Zuteilung eines amtlichen Kennzeichens sichergestellt wird. Wenn dagegen verlangt würde, dass dieses Kennzeichen noch gültig ist, so liefe das darauf hinaus, dass die Kontrolle der Grünen Karte durch eine systematische Überprüfung der Zulassung ersetzt und der Rili damit jegliche praktische Wirksamkeit genommen würde.

Folglich **muss für die Anwendung der Rili** davon ausgegangen werden, dass ein Fahrzeug mit einem amtlichen Kennzeichen seinen Standort auch dann im Gebiet der Zulassung hat, wenn seine Zulassung inzwischen entzogen worden ist. Durch diese Auslegung wird die strafrechtliche Verantwortung nicht berührt.

4 Das Problem der **gefälschten Kennzeichen** wird im Multilateralen Garantieabkommen nicht angesprochen. Im CoB gab es lange Zeit unterschiedliche Auffassungen zu dieser Frage. Einige Büros (z.B. das deutsche) sahen in diesen Fällen das Kriterium des »amtlichen« Kennzeichens als nicht erfüllt an, so dass es sich um Fahrzeuge **ohne die erforderliche Garantie** handele und daher der Garantiefonds des Unfallstaates eintrittspflichtig sei. Andere Büros vertraten dagegen die Auffassung, auch diese Fälle unterlägen dem Garantieabkommen, so dass eine Erstattungspflicht des Büros, in dessen Gebiet das Fahrzeug aufgrund des gefälschten Kennzeichens seinen regelmäßigen Standort zu haben scheine, gegeben sei.

5 Im CoB wurde das Problem schließlich im September 1993 durch eine **Zusatzvereinbarung** gelöst. Die Zusatzvereinbarung bestimmte: Entscheidend ist der **letzte nachweisbare** gewöhnliche **Standort** des Fahrzeugs. Das Büro dieses Staates ist in dem **internen** Ausgleichsverhältnis nun zur Rückerstattung verpflichtet. Als gefälschtes Kennzeichen wird jedes Kennzeichen definiert, dass nicht durch die zuständige behördliche Stelle dem Fahrzeug zugeteilt worden

ist. Diese Zusatzvereinbarung betrifft aber ausschließlich das interne Ausgleichsverhältnis zwischen den Büros und hat **keine** direkte Auswirkung auf Grund und Umfang der den Geschädigten zu leistende Entschädigung. Die Zusatzvereinbarung hat aber eine indirekte Auswirkung in dem Sinne, dass, wenn sich der letzte regelmäßige Standort des Fahrzeugs nicht ermitteln lässt, der jeweilige Garantiefonds des Besuchslandes eintrittspflichtig ist. Hier bestehen aber oftmals Leistungseinschränkungen.

Die strafrechtliche Verantwortlichkeit desjenigen, der das Kennzeichen gefälscht hat bzw. das Kraftfahrzeug mit einem gefälschten Kennzeichen gebraucht, wird dadurch nicht berührt.

§ 8 a Abs. 2 regelt die **Nachhaftung**, die abweichend von § 6 Abs. 2 ausgestaltet werden musste, da der Nachweis über eine zeitlich befristete »Grüne Karte« entfallen ist. Aus diesem Grund kann dem Geschädigten auch kein Umstand, der das Nichtbestehen oder die Beendigung der übernommenen Garantie zur Folge hat, entgegengehalten werden. Alleinige Voraussetzung der Haftung des Büros ist die Einreise in den Geltungsbereich des Gesetzes mit einem Fahrzeug, welches das Kennzeichen eines bestimmten Staates führt. Die Nachhaftungsregelung bedeutet im Ergebnis, dass die Eintrittspflicht des Büros im Verhältnis zum geschädigten Dritten erst endet, wenn das Fahrzeug Deutschland wieder verlässt.[1] Dieser Auffassung kann heute entgegengehalten werden, dass es eigentlich keine Nachhaftung mehr gibt, da aufgrund der Fiktion immer Deckung besteht. 6

Zur zeitlichen Begrenzung ihrer Eintrittspflicht haben einige Büros das sog. **Luxemburger Protokoll** unterzeichnet. Die Eintrittspflicht der Büros, die dieses Protokoll unterzeichnet haben, wird auf ein Jahr begrenzt. Sie erstreckt sich daher nicht auf Schäden, die nach Ablauf einer Jahresfrist eingetreten sind. Die Jahresfrist wird dabei für jedes einzelne Büro individuell bestimmt.

---
1 Schmitt, VersR 1965, S. 549.

## § 9
## Straftaten

(1) Wer im Geltungsbereich dieses Gesetzes ein Fahrzeug auf öffentlichen Wegen oder Plätzen gebraucht oder einen solchen Gebrauch gestattet, obwohl für das Fahrzeug das nach § 1 erforderliche Versicherungsverhältnis nicht oder nicht mehr besteht und die Pflichten eines Haftpflichtversicherers auch nicht nach § 2 Abs. 1 Buchstabe b oder § 8 a Abs. 1 von einem im Geltungsbereich dieses Gesetzes zum Geschäftsbetrieb befugten Versicherer oder einem Verband solcher Versicherer übernommen worden sind, wird mit Gefängnis bis zu einem Jahr oder mit Geldstrafe bestraft.

(2) Handelt der Täter fahrlässig, so ist die Freiheitsstrafe bis zu sechs Monaten oder Geldstrafe bis zu einhundertachtzig Tagessätzen.

(3) Ist die Tat vorsätzlich begangen worden, so kann das Fahrzeug eingezogen werden, wenn es dem Täter oder Teilnehmer zur Zeit der Entscheidung gehört.

### Änderungen

1. Neufassung des § 9 Abs. 1 und 3 durch »Zweites Gesetz zur Sicherung des Straßenverkehrs« v. 26. November 1964 (Artikel 5 Nr. 2);
2. § 9 geändert durch »Einführungsgesetz zum Gesetz über Ordnungswidrigkeiten« v. 24. Mai 1968 (Artikel 140);
3. § 9 geändert durch »Einführungsgesetz zum Strafgesetzbuch« v. 2. März 1974 (Artikel 270).

### Übersicht

| | Rdnr. |
|---|---|
| Ziel der Vorschrift | 1 |
| Tatort | 2 |
| Kraftfahrzeug gebrauchen / Gebrauch gestatten | 3 |
| Voraussetzungen der Strafbarkeit | 4 |
| Fernzulassung | 5 |
| Belgische Kennzeichendubletten | 6 |
| Deutsche Buchstaben- und Zahlenkombination auf französischer Platine | 7 |
| Subjektiver Tatbestand | 8 |

1 Das AuslPflVG geht von der Überlegung aus, dass kein ausländisches Fahrzeug unversichert am inländischen Straßenverkehr teilnehmen darf. Um dieses Ziel zu erreichen, ist eine entsprechende Nachweispflicht erforderlich,

deren Überprüfung wiederum die Freizügigkeit des Reiseverkehrs beeinträchtigt. Letztendlich will das Gesetz noch einen umfangreichen Opferschutz gewährleisten.

Die Lösung dieser Probleme kann durch ein **Versicherungsgarantiesystem** nur zwischen den Staaten erfolgen, in denen die obligatorische Kraftfahrzeug-Haftpflichtversicherung (auch für ausländische Fahrzeuge), als anknüpfungsfähige Versicherung, eingeführt worden ist.

Für das Garantiesystem stehen zwei Möglichkeiten zur Verfügung:

1. Abschluss einer Kraftfahrzeug-Haftpflichtversicherung bei einem im Besucherland tätigen Versicherer (oder Versicherergemeinschaft), in Form einer normalen, meist kurzlaufenden Kraftfahrzeug-Haftpflichtversicherung oder einer Grenzversicherung.
2. Anerkennung einer ausländischen Kraftfahrzeug-Haftpflichtversicherung (eine gültige Zulassung vorausgesetzt) durch Nachweis mit einer »Grünen Versicherungskarte«, oder weitergehend die Anerkennung schon des Kennzeichens des einreisenden Kraftfahrzeugs als Garantie für den notwendigen Versicherungsschutz bei Übernahme der Aufgaben eines Haftpflichtversicherers durch eine Stelle im Inland.

»**Tatort**« sind »öffentliche Wege oder Plätze« im verkehrsrechtlichen Sinne (neue Terminologie: »öffentliche Straßen«). Der Begriff der »Öffentlichkeit« bezieht sich zum einen auf die Zweckbestimmung der Straße als öffentliche Straße i.S. des Straßenrechts und zum anderen auf den auf öffentlichen Straßen stattfindenden öffentlichen Straßenverkehr. 2

Sinn und Zweck der Vorschrift orientiert sich am öffentlichen Interesse und konzentriert sich auf Handlungen, die eine besondere Gefährdung dieses Interesses bewirken. »**Gebrauchen**« bedeutet daher auch die bestimmungsgemäße Benutzung des Fahrzeugs zur Fortbewegung und den damit im Zusammenhang stehenden Verkehrsvorgängen. 3

Den »**Gebrauch gestatten**« stimmt mit den Begriffen »Anordnen« und »Zulassen« in § 21 Abs. 1 Nr. 2 StVG überein. Das »**Anordnen**« setzt dabei einen bestimmten, auf ein Über- und Unterordnungsverhältnis gegründeten Willensakt voraus; also einen Befehl oder eine klare Anordnung, das Kraftfahrzeug zu gebrauchen.

Das »**Zulassen**« verlangt dagegen keine klare Anweisung. Es ist gleichbedeutend mit »sich ereignen, sich gefallen lassen, es nicht verhindern, nichts dagegen unternehmen, es dulden, etwas geschehen lassen, etwas aus Nachsicht oder Bequemlichkeit fortbestehen lassen«.

**4** Die Vorschrift nennt zwei Voraussetzungen der Strafbarkeit, nämlich zum einen das Nichtbestehen eines nach § 1 erforderlichen Versicherungsverhältnisses und zum anderen die fehlende Übernahmeerklärung von einem im Geltungsbereich dieses Gesetzes zum Geschäftsbetrieb befugten Versicherers oder eines Versicherungsverbandes nach § 2 Abs. 1 Buchst. b bzw. nach § 8 a Abs. 1. Beide Voraussetzungen müssen kumulativ vorliegen und sind daher, entsprechend der jeweiligen Nachweispflicht, im Zusammenhang zu prüfen.

Führer von Fahrzeugen aus Vertragsstaaten des Londoner-Abkommens (LA-Staaten) weisen ihre Haftpflichtversicherung durch die **Grüne Versicherungskarte** nach. Ist der LA-Staat zugleich Vertragsstaat des Multilateralen Garantieabkommens (M.G.A.-Staat), tritt an die Stelle der Grünen-Karte der regelmäßige Standort und somit das **amtliche Kennzeichen** des Fahrzeugs (Einführung, Rdnr. 12/14).

a) Die formelle Aufteilung der **Grünen Karte** (Einführung«, Rdnr. 11) sowie ihre Farbe sind verbindlich festgelegt. Gültigkeit, Nummer des Versicherungsscheins, amtliches Kennzeichen, Art des Fahrzeugs und Name des Versicherers sind in den vorgesehenen und durchnummerierten Rubriken einzutragen. Das LA legt für die Grünen Karten eine **Mindestgültigkeitsdauer** von 15 Tagen fest (Art. 4 LA ). Die Eintrittspflicht ist nach Art. 4 LA auf die Gültigkeit der Grünen Karte beschränkt. Ist die Gültigkeitsdauer abgelaufen, ist das Fahrzeug nicht mehr versichert und der Vergehenstatbestand der §§ 1 Abs. 1, 9 Abs. 1 AuslPflVG verwirklicht. Bei der Erfüllung des Straftatbestandes kommt es nicht darauf an, ob eine »Nachhaftung i.S.d. § 6 AuslPflVG eintritt oder nicht«.[1]

Gleiches gilt, wenn das Fahrzeug mit der Grünen Karte z.B. am 15. d.M. einreist, die Gültigkeit der Grünen Karte jedoch erst mit dem 18. d.M. beginnt. In diesem Fall ist das Fahrzeug noch nicht versichert.

b) Das **Multilaterale Garantieabkommen** (M.G.A.) ist inhaltlich soweit wie möglich an das LA angeglichen. Der entscheidende Unterschied besteht darin, dass die Schadensregulierung nicht von der Vorlage einer Grünen Karte abhängig ist. Vielmehr reguliert das Behandelnde Büro jeden Schadensfall, an dem ein Fahrzeug mit gewöhnlichem Standort in einem der Unterzeichnerstaaten beteiligt ist. In diesem Fall tritt an die Stelle der Grünen Karte der regelmäßige Standort und somit das **amtliche Kennzeichen** des Fahrzeugs.

Wird daher z.B. ein in Deutschland gestohlenes Fahrzeug mit einem bulgarischen Kennzeichen versehen, handelt es sich nicht um ein »vorgeschriebenes Kennzeichen«, da das Fahrzeug nicht zugelassen und damit auch nicht versichert ist.

---

1 Generalstaatsanwalt beim OLG München v. 14.11.1984, Az.: 73-2-256/84; § 6, Rdnr. 3.

Die Verweisung auf § 1 bedeutet, dass die verlangte Haftpflichtversicherung den §§ 2 bis 6 entsprechen muss. Nach § 2 Abs. 1 Buchst. a) kann die Haftpflichtversicherung bei einem **im Geltungsbereich dieses Gesetzes** zum Geschäftsbetrieb **befugten** Versicherer genommen werden.

Da sich die Anwendbarkeit des Gesetzes auf Fahrzeuge ohne regelmäßigen Standort im Inland begrenzt, dürften hier (neben den ausländischen Fahrzeugen) insbesondere die Fahrzeuge erfasst werden, die ohne regelmäßigen Standort im Inland und ohne eigene Zulassung **mit eigener Triebkraft ins Ausland** verbracht werden sollen. Die Anwendung dieser Vorschrift ist unproblematisch, da sie im Zusammenhang mit dem deutschen Zulassungsverfahren nach § 7 Abs. 2 IntVO zu sehen ist. Es handelt sich also hier um die Fahrzeuge mit einem deutschen Ausfuhrkennzeichen (§ 7 IntVO, Rdnr. 8).

Problematisch wird es dann, wenn das deutsche Zulassungsverfahren nach § 7 Abs. 2 IntVO umgangen und das auszuführende Fahrzeug im Wege einer sog. »Fernzulassung« – quasi pro forma – zugelassen wird.

Unter einer »**Fernzulassung**« ist die Anbringung ausländischer (Überführungs-)Kennzeichen an einem im Inland gekauften Fahrzeug ohne Beteiligung der (auch nicht zuständigen) ausländischen Behörde (oder der Transit eines solchen Fahrzeugs durch Deutschland) zu verstehen. Das ist z.B. dann der Fall, wenn 5

1. ein türkischer Autohändler einen gebrauchten Lkw in Deutschland kauft und diesen mit türkischen Überführungskennzeichen versehen in die Türkei überführen will;

2. ein italienischer Autohändler zwei gebrauchte Pkw in Deutschland kauft und diese mit italienischen Überführungskennzeichen versehen nach Italien überführen will.

Bei der zulassungsrechtlichen Beurteilung ist zu berücksichtigen, dass diese Fahrzeuge im Inland keinen regelmäßigen Standort haben und daher das reguläre Zulassungsverfahren i.S.d. §§ 18 ff. StVZO nicht angewendet werden kann. An diese Fiktion knüpft die Überlegung des § 7 Abs. 2 IntVO an, der in den vorliegenden Fällen aber nicht angewendet wurde (vgl. § 1 IntVO, Rdnr. 14).

Im Falle einer sog. »Fernzulassung« ist keine Behörde mit der ordentlichen Zulassung und Versicherung der Fahrzeuge befasst, es liegt daher keine, auch keine anknüpfungsfähige Versicherung vor. Der Vergehenstatbestand der §§ 1 Abs. 1, 9 Abs. 1 AuslPflVG ist verwirklicht.

Fahrzeuge, die aus **Belgien** ausgeführt werden, sind häufig mit sog. **Kennzeichendubletten** versehen. Das ist eine Dublette vom Kennzeichen des früheren 6

### Versicherungspflicht für den Gebrauch ausländischer Fahrzeuge

Besitzers, der jedoch dieses Kennzeichen i.d.R. bereits an einem anderen Kraftfahrzeug angebracht hat, da ein Kennzeichen in Belgien personen- und nicht fahrzeuggebunden ist (§ 2 IntVO, Rdnr. 4).

Die Benutzer der Dublettenkennzeichen legen i.d.R. eine Grüne Versicherungskarte vor, die nicht auf das Kennzeichen, sondern auf die Fahrzeug-Identifizierungsnummer ausgestellt ist. Dieser Umstand und die Tatsache selbst, dass eine Grüne Karte vorgelegt wird, indiziert den fehlenden Versicherungsvertrag. Belgien ist Vertragsstaat des M.G.A., der Nachweis der Versicherung erfolgt daher über das zugeteilte amtliche Kennzeichen.

Die Grüne Versicherungskarte als solche ist **kein** Versicherungsvertrag, sondern eine Beweisurkunde gegenüber den ausländischen Behörden über das Bestehen einer Versicherungsdeckung im Rahmen der in ihr angegebenen räumlichen und zeitlichen Gültigkeit. Grundsätzlich ist die Gründe Karte daher nur auszugeben, wenn ein **Versicherungsvertrag** besteht, der den durch die Bescheinigung dokumentierten Versicherungsschutz deckt.

In der Praxis ist jedoch feststellbar, dass Grüne Karten bei jedem Versicherer »erschlichen« werden können, indem sich der »potentielle Versicherungsnehmer« eine vorläufige Deckungskarte bei einer x-beliebigen Versicherungsgesellschaft besorgt und diese eine entsprechende Deckung auch ohne Zulassung des Fahrzeugs gewährt und in die Grüne Karte anstelle des Kennzeichens die Fahrzeug-Identifizierungsnummer einträgt. De facto ist also der Erwerb einer Grünen Karte ohne die erforderliche Zulassung des Fahrzeugs möglich.

Bezogen auf die belgische Kennzeichendubletten bedeutet das, dass kein Versicherungsvertrag besteht, der Vergehenstatbestand der §§ 1 Abs. 1, 9 Abs. 1 AuslPflVG ist verwirklicht.

7  Da es für die mehrmonatige französische Immatriculation keine Übergangsregelung gibt, wird die **Nachprägung** ausländischer Kennzeichen auf einer französischen Platine de facto für den vorübergehenden Verkehr **in Frankreich** toleriert. Diese Fahrzeuge haben tatsächlich weder eine deutsche noch eine französische Zulassung. Für die Dauer des erforderlichen Zulassungsverfahrens erfolgt lediglich eine auf das französische Mutterland beschränkte Tolerierung (§ 2 IntVO, Rdnr. 7).

Da diese Fahrzeuge (noch) nicht zum Verkehr zugelassen sind, werden die Fahrzeugbesitzer ausdrücklich darauf hingewiesen, dass diese Fahrzeuge in Deutschland nicht mehr benutzt werden dürfen.

Die Weiterverwendung des früheren deutschen Kennzeichens von deutschen Staatsbürgern mit Wohnsitz in Frankreich für die Dauer des französischen Zulassungsverfahrens ist auch nach französischem Recht unzulässig; gleiches gilt für die Verwendung von Nachprägungen auf der französischen Platine.

Da Fahrzeuge mit deutschen Kennzeichen bei in Deutschland tätigen Versicherern versichert sein müssen, bedeutet das, dass, selbst wenn Fahrzeuge mit den ursprünglich rechtmäßig zugeteilten amtlichen Kennzeichen ins Ausland verbracht werden, der Versicherungsschutz inzwischen erloschen ist. Über eine Grüne Karte kann kein Versicherungsschutz erworben werden. Sofern es um eine deutsche Grüne Karte geht, hat diese im Inland keine Wirkung. Handelt es sich um eine französische Grüne Karte, hat diese deshalb keine Wirkung, weil der Versicherungsvertrag nicht bei einem in Deutschland tätigen Haftpflichtversicherer abgeschlossen wurde.

Ein Fahrzeug, mit nachgeprägten oder entwerteten deutschen Kennzeichen besitzt weder die französische noch die deutsche Zulassung und ist daher mit oder ohne französischen Versicherungsnachweis[1] in Deutschland pflichtwidrig nicht versichert; der Vergehenstatbestand der §§ 1 Abs. 1, 9 Abs. 1 AuslPflVG ist verwirklicht.

Ein Deutscher mit Wohnsitz im Elsass kauft in einer Werkstatt im Inland einen gebrauchten Pkw. Dieser ist mit einem dem Werkstattinhaber zugeteilten und noch gültigen Kurzzeitkennzeichen versehen. Der Deutsche überführt den Pkw nach Frankreich und schließt dort (ohne französische Zulassung) eine Kraftfahrzeug-Haftpflichtversicherung für den Pkw ab. Den nach französischem Recht erforderlichen Aufkleber bringt er an der Windschutzscheibe an. In der Folgezeit benutzt er den Pkw mit dem zwischenzeitlich abgelaufenen Kurzzeitkennzeichen für Fahrten im Grenzbereich. Auch in diesem Fall ist die französische Versicherung rechtlich unbeachtlich. Das Fahrzeug ist pflichtwidrig i.S.d. § 1 Abs. 1 i.V.m. § 2 Abs. 1 Buchst. a) AuslPflVG nicht versichert; der Vergehenstatbestand der §§ 1 Abs. 1, 9 Abs. 1 AuslPflVG wurde auch in diesem Fall verwirklicht.

**Vorsatz** und **Fahrlässigkeit** führen nach Abs. 1 bzw. 2 zu einem unterschiedlichen Strafmaß. Vorsatz verlangt die Kenntnis aller Tatumstände und den Willen zur Tatbestandsverwirklichung. Der Täter muss also wissen, dass das Fahrzeug nicht versichert ist, obwohl eine Versicherungspflicht besteht. Fahrlässig handelt, wer den Straftatbestand verwirklicht ohne diese Verwirklichung zu kennen oder zu wollen und dabei die nach den Umständen gebotene und ihm persönlich zumutbare Sorgfalt außer Acht lässt.

8

---

1  Gilt nur für das französische Mutterland.

### § 9 a

### Ordnungswidrigkeiten

(1) Ordnungswidrig handelt, wer vorsätzlich oder fahrlässig

1. als Führer eines Fahrzeugs entgegen § 1 Abs. 2 die erforderliche Versicherungsbescheinigung nicht mit sich führt oder auf Verlangen nicht aushändigt oder als Halter des Fahrzeugs einen solchen Verstoß duldet, oder

2. als Führer oder Halter eines Fahrzeugs einer Vorschrift einer nach § 7 Buchstabe a oder § 7 a erlassenen Rechtsverordnung zuwider handelt, soweit die Rechtsverordnung für einen bestimmten Tatbestand auf diese Bußgeldvorschrift verweist.

(2) Die Ordnungswidrigkeit kann mit einer Geldbuße geahndet werden.

(3) Verwaltungsbehörde im Sinne des § 36 Abs. 1 Nr. 1 des Gesetzes über Ordnungswidrigkeiten ist die Straßenverkehrsbehörde.

### Änderungen

1. § 9 a eingefügt durch »Einführungsgesetz zum Gesetz über Ordnungswidrigkeiten« v. 24. Mai 1968 (Artikel 140);

2. § 9 a Abs. 1 Nr. 2 geändert durch »Gesetz zur Änderung des Gesetzes über die Haftpflichtversicherung für ausländische Kraftfahrzeuge und Kraftfahrzeuganhänger« v. 11. Januar 1974.

### Übersicht

|  | Rdnr. |
|---|---|
| Ahndung nach Abs. 1 | 1 |
| Grenzversicherung | 2 |

**1** Als Ordnungswidrigkeit geahndet wird nach § 9 a Abs. 1 das Nichtmitführen der Versicherungsbescheinigung nach § 1 Abs. 2 trotz nachgewiesenem Bestehen eines Versicherungsverhältnisses i.S.d. § 1 Abs. 1. Ebenfalls ordnungswidrig handelt, wer auf Verlangen die Versicherungsbescheinigung nicht aushändigt bzw. als (mitfahrender) Halter des Fahrzeugs einen solchen Verstoß duldet.

**2** § 9 der DV zur Rili des Rates der EG bez. Kfz-Haftpfl.Vers. für Kfz/Anh. verweist mit drei Tatbeständen auf § 9 a Abs. 1 Nr. 2: Einreise aus einem Drittland in das EWR-Gebiet ohne die notwendige Grenzversicherung abgeschlossen zu haben; Nichtmitführen bzw. Nichtaushändigung des Grenzversicherungsscheins sowie die Duldung einer dieser Handlungen durch den (mitfahrenden) Halter.

Die fehlende Grenzversicherung stellt eine Ordnungswidrigkeit dar, da der Gesetzgeber bei der Gestaltung des Ahndungsrahmens davon ausgegangen ist, dass bei diesen Fahrzeugen ein Grundversicherungsvertrag des Zulassungslandes vorliegt. Ist dieser Grundversicherungsvertrag nicht vorhanden, dass Fahrzeug demnach nicht versichert, würde ein Vergehen i.S.d. §§ 1 Abs. 1, 9 Abs. 1 AuslPflVG vorliegen.

## § 10

### Geltung in Berlin

(nicht abgedruckt, da überholt)

## § 11

### Inkrafttreten

Dieses Gesetz tritt am ersten Tag des auf die Verkündung folgenden sechsten Kalendermonats in Kraft.

# DRITTER TEIL

# Steuerpflicht
# für das Halten ausländischer Fahrzeuge[1]

Kraftfahrzeugsteuergesetz
(KraftStG 1994[2])

– Auszug –

## § 1

### Steuergegenstand

(1) Der Kraftfahrzeugsteuer unterliegt

1. ...;

2. das Halten von ausländischen Fahrzeugen zum Verkehr auf öffentlichen Straßen, solange die Fahrzeuge sich im Inland befinden. Ausgenommen sind hiervon ausschließlich für den Güterkraftverkehr bestimmte Kraftfahrzeuge und Fahrzeugkombinationen mit einem verkehrsrechtlich zulässigen Gesamtgewicht von mindestens 12 000 kg, die nach Artikel 5 der Richtlinie 93/89/EWG des Rates vom 25. Oktober 1993 (ABl. EG Nr. L 279 S. 32) in einem anderen Mitgliedstaat der Europäischen Gemeinschaft zugelassen sind; dies gilt nicht für Fälle der Nummer 3;

3. die widerrechtliche Benutzung von Fahrzeugen;

4. ...

---

1 Die Kraftfahrzeugsteuer wurde im Jahr 1906 durch das Reichsstempelgesetz als **Luxusaufwandsteuer** eingeführt; sie belastete das Halten von Personenkraftwagen. Fahrzeuge, die der gewerbsmäßigen Personen- oder Güterbeförderung dienten, blieben bis 1922 von der Steuer befreit. Durch das Kraftfahrzeugsteuergesetz v. 8.4.1922 (RGBl. 1922, S. 396) wurde diese Befreiung mit der Begründung aufgehoben, dass durch die zunehmende Zahl der Kraftfahrzeuge die Straßen stark abgenutzt würden und daher Mittel für deren Unterhaltung und Verbesserung geschaffen werden müssten. Ein Steuer für hinter Kraftfahrzeugen mitgeführte Anhänger wurde seit 1931 erhoben.

2 BGBl. 1994 I, S. 1102.

# Steuerpflicht für das Halten ausländischer Fahrzeuge

**Übersicht**

| | Rdnr. |
|---|---|
| Halten ausländischer Fahrzeuge | 1 |
| Ausländische Fahrzeuge | 2 |
| Benutzung öffentlicher Straßen | 3 |
| Art. 5 der Rili 93/89/EWG | 4 |
| Widerrechtliche Benutzung | 5 |

1  Das »Halten« beinhaltet das Recht auf Benutzung öffentlicher Straßen. Ausländische Fahrzeuge (§ 1 IntVO, Rdnr. 8) werden gehalten, wenn sie nach dem Recht des Heimatstaates zugelassen sind oder (mit Einschränkung) als zugelassen gelten. Diese Voraussetzung ist gegeben, wenn für sie von zuständiger Stelle ein gültiger nationaler oder Internationaler Zulassungsschein ausgestellt wurde. Diese Fahrzeuge sind zum vorübergehenden Verkehr in Deutschland zugelassen, solange kein regelmäßiger Standort im Inland begründet wird.

2  Nach § 2 Abs. 4 KraftStG sind ausländische Fahrzeuge solche, die im Zulassungsverfahren eines anderen Staates zugelassen worden sind. Grundsätzlich werden von der Steuerpflicht ausländische Fahrzeuge jeder Art erfasst. Auf die Art der Verwendung, ob zur Personen- oder Güterbeförderung benutzt, kommt es nicht an. Der Entrichtungszeitraum ergibt sich aus § 11 Abs. 3 KraftStG. Danach kann bei einem vorübergehenden Aufenthalt bis zu 30 Tagen die Steuer auch tageweise entrichtet werden, wenn entsprechende Gegenseitigkeit besteht. Diese Voraussetzung, die EU/EWR-Staaten ohnehin nicht betrifft, wird bei allen Staaten unterstellt. Die Steuerberechnung ergibt sich dann aus § 9 Abs. 3 KraftStG. Eine Verpflichtung zu dieser Berechnung besteht nicht. Wünscht der Benutzer des Fahrzeugs die tageweise Berechnung nicht, ergibt sich die Steuerfestsetzung aus § 11 Abs. 1 bzw. Abs. 2 KraftStG. Von dieser grundsätzlichen Steuerpflicht gibt es jedoch eine Vielzahl von **Befreiungen**, die bestimmte Fahrzeugarten betreffen und sich aus bilateralen bzw. multilateralen Abkommen ergeben.

3  Es ist nicht Voraussetzung für die Besteuerung, dass diese Fahrzeuge tatsächlich auf öffentlichen Straßen benutzt werden; es genügt nach § 1 Abs. 1 Nr. 2, dass sich diese Fahrzeuge im Inland befinden. Solange die Fahrzeuge zugelassen bleiben, kann – ebenso wie bei inländischen Fahrzeugen – Steuerfreiheit dann nicht beantragt werden, wenn sie tatsächlich auf nichtöffentlichen Straßen verwendet würden.

4  Nach Art. 5 der Rili 93/89/EWG wird die Kraftfahrzeugsteuer für die in § 1 Abs. 1 Nr. 2 genannten Fahrzeuge, die in einem EU-Staat zugelassen sind und ausschließlich der Güterbeförderung dienen, nur von dem Staat der Zulassung erhoben. Das alleinige Besteuerungsrecht des Zulassungsstaates gilt auch für

Kraftfahrzeuganhänger, sofern sie in einer Fahrzeugkombination mit einem zGG von mindestens 12 000 kg verwendet werden.

Der Begriff der widerrechtlichen Benutzung war bis zum 31.5.1979 im Gesetz nicht erläutert. Erst mit dem KraftStG von 1979 wurde der Begriff definiert. Durch diese besondere Regelung für widerrechtlich benutzte Fahrzeuge sollen sonst zu erwartende Steuerumgehungen durch Zulassung in sog. Steueroasen verhindert werden. Nach § 2 Abs. 5 KraftStG liegt eine widerrechtliche Benutzung im Sinne dieses Gesetzes vor:

»..., wenn ein Fahrzeug auf öffentlichen Straßen im Inland ohne die verkehrsrechtlich vorgeschriebene Zulassung benutzt wird. Eine Besteuerung wegen widerrechtlicher Benutzung entfällt, wenn das Halten des Fahrzeugs von der Steuer befreit sein würde oder die Besteuerung bereits nach § 1 Abs. 1 Nr. 1 oder 2 vorgenommen worden ist.«

Kraftfahrzeuge und Fahrzeugkombinationen i.S.d. § 1 Abs. 1 Nr. 2 unterliegen dann der deutschen Kraftfahrzeugsteuer, wenn sie im Inland ohne die erforderliche Zulassung benutzt werden. Dies liegt insbesondere dann vor, wenn der Aufenthalt dieser Fahrzeuge im Inland nicht mehr nur vorübergehend ist, da der Standort (Einsatzmittelpunkt) ins Inland verlegt worden ist. Mit der Begründung eines regelmäßigen Standorts im Inland unterliegen diese Fahrzeuge sofort dem deutschen Zulassungsrecht; dies gilt auch für z.B. gemietete oder geleaste Anhänger (§ 1 IntVO, Rdnr. 7).

Nach der Rechtsprechung des BFH[1] ist eine widerrechtliche Benutzung bei gemieteten/geleasten ausländischen Kraftfahrzeuganhängern dann gegeben, wenn sie nach Ablauf der vorübergehenden Zulassung im Inland nicht im inländischen Zulassungsverfahren zugelassen werden; etwaige Gegenseitigkeitsabkommen sind dann nicht mehr anwendbar.

Für den Fall der widerrechtlichen Benutzung ergibt sich die Steuerpflicht aus § 5 Abs. 1 Nr. 3 KraftStG. Sie erstreckt sich über die gesamte Zeitdauer der widerrechtlichen Benutzung, mindestens aber über einen Monat.

Eine **Ahndung** ist allerdings nicht möglich. Die steuererklärungspflichtigen Personen sind in § 3 Abs. 1 Nr. 1 bis 3 KraftStDV abschließend aufgeführt. Danach besteht für den widerrechtlichen Benutzer keine Erklärungspflicht. Dadurch ist die **Subsumtion** des widerrechtlichen Benutzers z.B. unter § 370 Abs. 1 Nr. 2 AO (bzw. §§ 377, 378 AO) nicht möglich, da er es wegen der fehlenden Normierung nicht »pflichtwidrig unterlässt«, entsprechende Angaben zu machen.

---

[1] BFH-Urteil v. 14.5.1986, BStBl. 1986 II, S. 765.

## § 3
## Ausnahmen von der Besteuerung

Von der Steuer befreit ist das Halten von

13. ausländischen Personenkraftfahrzeugen und ihren Anhängern, die zum vorübergehenden Aufenthalt in das Inland gelangen, für die Dauer bis zu einem Jahr. Die Steuerbefreiung entfällt, wenn die Fahrzeuge der entgeltlichen Beförderung von Personen oder Gütern dienen oder von Personen benutzt werden, die ihren Wohnsitz oder ständigen Aufenthalt im Inland haben;

14. ausländischen Fahrzeugen, die zur Ausbesserung in das Inland gelangen und für die nach den Zollvorschriften ein Ausbesserungsverkehr bewilligt wird;

15. ausländischen Fahrzeugen, solange sie öffentliche Straßen benutzen, die die einzige oder die gegebene Verbindung zwischen verschiedenen Orten eines anderen Staates bilden und das Inland auf kurzen Strecken durchschneiden;

16. Dienstfahrzeugen von Behörden anderer Staaten, die auf Dienstfahrten zum vorübergehenden Aufenthalt in das Grenzgebiet gelangen. Voraussetzung ist, dass Gegenseitigkeit gewährt wird.

### Übersicht

|  | Rdnr. |
|---|---|
| Allgemeines | 1 |
| Übernahme der Rili 83/182 / EWG | 2 |
| Von Nr. 13 erfasste Fahrzeuge | 3 |
| Vorübergehender Aufenthalt | 4 |
| Berufspendler und Studenten | 5 |
| Entgeltliche Beförderung, Fahrgemeinschaften | 6 |
| Benutzung durch Inländer | 7 |

1 In § 3 werden die begünstigten Fahrzeuge aufgeführt. Daneben sind jedoch weitere Befreiungen und Vergünstigungen besonderer Art auch außerhalb des KraftStG zu beachten. Infrage kommen hier insbesondere die bilateralen Abkommen, als auch das multilaterale Genfer Abkommen. Diese Vergünstigungen haben u.a. zur Folge, dass die Steuerbefreiungen nach § 3 Nr. 14 bis 16 heute keine große Bedeutung mehr haben.

Die **Steuerbefreiungen** nach § 3 gelten nur so lange, wie die Fahrzeuge zu den begünstigten Zwecken verwendet werden bzw. die erforderlichen Voraussetzungen vorliegen. Wird ein Fahrzeug nur vorübergehend für andere nicht begünstigte Zwecke verwendet, ist die Steuer für den entsprechenden Zeitraum nachzuentrichten.

Die Vorschriften sind, wenn der Wortlaut Zweifel zulässt, unter sinnvoller Würdigung des mit der Bestimmung verfolgten Zwecks auszulegen und anzuwenden.[1] Es gibt nämlich keinen Rechtsgrundsatz, der vorschreibt, dass Steuerbefreiungsvorschriften eng auszulegen sind.

Die Steuerbefreiung für ausländische Personenkraftfahrzeuge, die zum vorübergehenden Aufenthalt nach Deutschland kommen, ergibt sich generell aus § 3 Nr. 13 KraftStG. Diese Befreiung ist jedoch zum einen fahrzeugbezogen und zum andern nicht abschließend. Sie wird ergänzt und zum Teil überlagert durch weitere fahrzeugbezogene Befreiungen, wie

- einer Vielzahl von bilateralen Verträgen, sog. Doppelbesteuerungsabkommen bzw.
- dem multilateralen (Genfer) »Abkommen über die Besteuerung von Straßenfahrzeugen zum privaten Gebrauch im internationalen Verkehr« v. 18.5.1956.[2]

Hinzu kommt, dass verschiedene Befreiungen mit dem Zollrecht verknüpft wurden, so dass ergänzend noch eine zollrechtliche Beurteilung nach Gemeinschaftsrecht, der VO (EWG) Nr. 2913/92, dem sog. Zollkodex (ZK) vorzunehmen ist.

Nach Art. 1 Abs. 1 der Rili 83/182/EWG gewähren die Mitgliedstaaten bei der vorübergehenden Einfuhr von Straßenkraftfahrzeugen – einschließlich ihrer Anhänger –, von Wohnwagen usw. eine Befreiung von den im Anhang (dort ist die Kraftfahrzeugsteuer genannt) aufgeführten Steuern. Diese Befreiung gilt nach Abs. 3 nicht für Nutzfahrzeuge. Bei der vorübergehenden Einfuhr von Personenfahrzeugen, Wohnwagen usw. wird nach Art. 3 der Rili je 12-Monats-zeitraum für höchstens 6 Monate mit oder ohne Unterbrechung Befreiung von der Kraftfahrzeugsteuer unter folgenden **Bedingungen** gewährt:

2

Die Privatperson, die diese Gegenstände einführt, muss

- ihren gewöhnlichen Wohnsitz in einem anderen Mitgliedstaat haben,
- diese Verkehrsmittel zur privaten Nutzung gebrauchen,
- die Verkehrsmittel dürfen im Mitgliedstaat der vorübergehenden Einfuhr weder veräußert noch vermietet oder an einen Gebietsansässigen dieses Staates verliehen werden.

---
1 BFH-Urteil v. 12.5.1965, BStBl. 1965 III, S. 425.
2 BGBl. 1960 II, S. 2397; 1961 II, S. 837, 922; 1983 II, S. 658; 1994 II, S. 446.

### Steuerpflicht für das Halten ausländischer Fahrzeuge

Besondere Fälle der vorübergehenden Einfuhr von Personenfahrzeugen ergeben sich aus Art. 5 der Rili und betreffen zum einen Berufspendler und zum anderen Studenten, die sich ausschließlich zum Zweck eines Studiums im betreffenden Mitgliedstaat aufhalten. Nach Art. 10 der Rili musste diese bis zum 1.1.1984 in das nationale Recht transformiert werden, was durch Anpassung des § 3 Nr. 13 erfolgte.

Diese Befreiung ist jedoch generell auf alle ausländischen Fahrzeuge anwendbar; die bilateralen Doppelbesteuerungsabkommen sowie das multilaterale Genfer Abkommen sind gesondert zu prüfen.

3  Nach § 3 Nr. 13 KraftStG ist die Befreiung auf »**Personenkraftfahrzeuge** und deren Anhänger« anwendbar. Personenkraftfahrzeuge sind alle Fahrzeuge, die dazu bestimmt und geeignet sind, Personen zu befördern; darunter fallen alle zwei- und dreirädrigen Kraftfahrzeuge, Personenkraftwagen, Wohnmobile und Kraftomnibusse. Eine Beschränkung dieser Befreiung erfolgt durch die entgeltliche Beförderung von Personen.

4  Die Befreiung wird für den »**vorübergehenden Aufenthalt**« bis zu einem Jahr gewährt. Dessen ungeachtet entfällt die Steuerbefreiung, wenn vor Ablauf der Jahresfrist Eingangsabgaben zu entrichten sind. Der Begriff »vorübergehender Aufenthalt« ist mit dem des »vorübergehenden Verkehrs« i.S.d. §§ 1 Abs. 1, 5 IntVO identisch und daher auch in diesem Sinne zu interpretieren.

Eine Einschränkung des § 5 erfolgte durch die Änderung des § 1 Abs. 1 IntVO durch die »7. VO zur Änderung straßenverkehrsrechtlicher Vorschriften« v. 2.12.1988. Zwar ergab sich begrifflich, was unter »vorübergehenden Verkehr« zu verstehen ist, nach wie vor aus § 5 der VO. Es erfolgte jedoch eine weitere Einschränkung des vorübergehenden Verkehrs, da von nun an für das ausländische Fahrzeug im Inland kein regelmäßiger Standort bestehen durfte. Das bedeutet, dass ausländische Fahrzeuge mit einem **regelmäßigen Standort im Inland** unverzüglich nach der StVZO zugelassen werden müssen. Die auf den internationalen Straßenverkehr ausgerichteten Bestimmungen der IntVO sind auf sie nicht mehr anwendbar.

Es sind kaum Fälle denkbar, in denen sich ein ausländisches Fahrzeug bis zu einem Jahr im Inland aufhält, ohne hier einen regelmäßigen Standort zu begründen. Die zeitliche Befristung des »vorübergehenden Verkehrs« auf ein Jahr ist daher heute nahezu bedeutungslos. Des Weiteren ist zu berücksichtigen, dass bei grenzüberschreitenden Beförderungen der Aufenthalt im Inland immer nur vorübergehend ist, da der Einreise kurze Zeit später die Ausreise folgt und die Jahresfrist bei jeder erneuten Einreise neu beginnt.

5  Eine unbefristete Befreiung von der Kraftfahrzeugsteuer ergibt sich aus Art. 5 Abs. 1 Buchst. a) der Rili 83/182/EWG für **Berufspendler**, die ihr Fahrzeug zu

regelmäßigen Fahrten zwischen Wohnsitz und Arbeitsplatz in verschiedenen Mitgliedstaaten verwenden. Diese Befreiung ist in § 3 Nr. 13 enthalten, da der »vorübergehende Aufenthalt« bis zu einem Jahr mit jedem Grenzübertritt erneut zu laufen beginnt.

**Studenten** aus einem anderen EU/EWR-Staat begründen z.B. nach § 7 Abs. 3 FeV keinen ordentlichen Wohnsitz im Inland. Nach Art. 5 Abs. 1 Buchst. b) der Rili 83/182/EWG wird die Steuerbefreiung für Pkw mit Zulassung im Mitgliedstaat des gewöhnlichen Wohnsitzes bei Benutzung durch einen Studenten im Inland für die gesamte Dauer des Studiums gewährt.

Ob und wenn ja wie diese Steuerbefreiung in das nationale Recht transformiert wurde, ist nicht klar erkennbar. Auf jeden Fall steht ihrer Anwendung die Änderung des § 1 Abs. 1 IntVO durch die »7. VO zur Änderung straßenverkehrsrechtlicher Vorschriften« v. 2.12.1988 entgegen. Durch diese Änderung erfolgte eine weitere Einschränkung des vorübergehenden Verkehrs, da von nun an für das ausländische Fahrzeug im Inland kein regelmäßiger Standort bestehen durfte.

Das bedeutet, dass ausländische Fahrzeuge von Studenten mit einem regelmäßigen Standort im Inland unverzüglich nach der StVZO zugelassen werden müssen. Die auf den internationalen Straßenverkehr ausgerichteten Bestimmungen der IntVO sind auf sie nicht mehr anwendbar.

Zwar werden ordentlicher Wohnsitz und regelmäßiger Standort in vielen Fällen identisch sein. Die personenbezogene Frage nach einem ordentlichen Wohnsitz im Inland spielt aber im Zusammenhang mit der Fahrzeugzulassung eine nur untergeordnete Rolle. Die fahrzeugbezogene Frage nach einem regelmäßigen Standort geht von anderen Überlegungen aus. Von besonderer Bedeutung sind hierbei u.a. die Fahndung und schnelle Fahrzeugidentifizierung im Zusammenhang mit der Feststellung des Fahrzeugführers und/oder -halters.

Die Befreiung gilt nicht für Personenkraftfahrzeuge, die der **entgeltlichen Beförderung** von Personen dienen; darunter fallen insbesondere Taxen, Mietwagen und Kraftomnibusse. Unter »Entgelt« ist i.d.R. die Entrichtung des Fahrpreises zu verstehen. Darunter fallen aber auch wirtschaftliche Vorteile, die mittelbar für die Wirtschaftlichkeit einer auf diese Weise geförderten Erwerbstätigkeit erstrebt werden, z.B. Zubringer oder Abholdienste, Werkpersonenverkehr sowie Gegenleistungen jeder Art (Geld-, Natural- oder Dienstleistungen). Eine Beförderung ist daher immer dann entgeltlich, wenn sie den wirtschaftlichen Interessen des Unternehmens dient.

Dies ist nicht der Fall bei **Fahrgemeinschaften**, die z.B. regelmäßig grenzüberschreitend zwischen Wohnung und Arbeitsstätte verkehren, wenn das Gesamtentgelt der Mitfahrer die Betriebskosten (nicht Selbstkosten) der Fahrt nicht übersteigt.

**7** Die Befreiung entfällt bei einer Fahrzeugbenutzung durch Personen mit gewöhnlichem Aufenthalt im Inland. Der Begriff »gewöhnlicher Aufenthalt« ist mit dem des »**ordentlichen Wohnsitzes**« i.S.d. § 7 Abs. 1 FeV identisch.

Bei doppeltem oder mehrfachem Wohnsitz gilt als gewöhnlicher Aufenthalt einer Person der Ort, zu dem sie wegen persönlicher Bindungen enge Beziehungen hat, sofern sie regelmäßig (im Allgemeinen mindestens einmal im Monat) dorthin zurückkehrt. Diese Voraussetzung ist nicht erforderlich, wenn sich die Person in Deutschland zur Ausführung eines Auftrages von bestimmter Dauer aufhält (z.B. Montagearbeiten in der Bauwirtschaft).[1]

Die Benutzung durch einen Inländer ist dann steuerunschädlich, wenn

– sie ausschließlich im Interesse des ausländischen Fahrers/Halters erfolgt, z.B. Probefahrt durch eine Reparaturwerkstatt,
– sich der Fahrer/Halter während der Fahrt mit im Fahrzeug befindet,
– das benutzte Fahrzeug in einem EU/EWR-Staat zugelassen ist,
– sich die Steuerbefreiung aus einem bilateralen Abkommen oder
– dem Genfer Abkommen ergibt.

Nach Art. 3 der Rili 83/182/EWG ist die Befreiung von der Kraftfahrzeugsteuer u.a. verwirkt, wenn das Kraftfahrzeug an einen Gebietsansässigen dieses Staates verliehen wird. Die Transformation der Rili in das deutsche Recht erfolgte durch Anpassung des § 3 Nr. 13 KraftStG mit der Folge der Überlagerung bzw. Ergänzung durch bilaterale Doppelbesteuerungsabkommen bzw. das multilaterale Genfer Abkommen.

Wird dagegen ein ausländischer Pkw von seinem im Inland wohnenden Eigentümer regelmäßig zu Fahrten zwischen seiner Wohnung und seinem im Ausland gelegenen Arbeitsplatz eingesetzt, hat das Fahrzeug seinen regelmäßigen Standort im Inland und muss hier verkehrsrechtlich zugelassen werden. Die Benutzung des Fahrzeugs ist daher **widerrechtlich** i.S.d. § 1 Abs. 1 Nr. 3 KraftStG und führt folglich zur Steuerpflicht.

---

1 Schreiben des BMF v. 4.10.1989, Az. III B 1 – Z 1904 – 8/89.

## Gegenseitigkeitsabkommen
## zur Vermeidung von Doppelbesteuerung
(Bilaterale Abkommen)

Die Steuerbefreiungen für ausländische Fahrzeuge, die zum vorübergehenden Aufenthalt nach Deutschland gelangen bzw. für Fahrzeuge, die aus dem Geltungsbereich des KraftStG ausgeführt oder verbracht werden, ergeben sich aus § 3 Nr. 12 bis 16 KraftStG. Neben diesen Steuerbefreiungen sind die zum Teil weiterreichenden Steuervergünstigungen zu beachten, die nach § 15 Abs. 1 Nr. 7 KraftStG mit zahlreichen Staaten aufgrund von Doppelbesteuerungsabkommen vereinbart worden sind.

Nach diesen Gegenseitigkeitsabkommen sind **Kraftfahrzeuge und deren Anhänger**, die im Gebiet einer Vertragspartei zugelassen sind und zum vorübergehenden Aufenthalt in das Gebiet der anderen Vertragspartei gelangen, von den Steuern und Abgaben befreit, die im Gebiet der anderen Vertragspartei für die Benutzung oder das Halten von Kraftfahrzeugen und deren Anhänger erhoben werden. Die bilateralen Vereinbarungen beschränken sich nicht nur auf Personenkraftfahrzeuge; sie können für die verschiedenen Fahrzeugarten unterschiedliche Befreiungszeiträume enthalten.

Als »**vorübergehender Aufenthalt**« gilt, wenn er nicht anders fixiert wird, ein Inlandsaufenthalt von bis zu einem Jahr, beginnend mit dem Tag des Grenzübertritts – vgl. § 5 IntVO. Die jeweils vereinbarten Fristen beginnen jedoch nach jedem – auch nur kurzfristigen – Grenzübertritt erneut zu laufen. Bei Berechnung der Aufenthaltsdauer sind der Einreise- und Ausreisetag jeweils als voller Tag zu rechnen.

Wenn Fahrzeuge betriebsunfähig werden oder für Messen, Ausstellungen oder ähnliche Veranstaltungen verwendet werden, können i.d.R. von den bestimmten Fristen Ausnahmen zugelassen werden.

Mit den Nachfolgestaaten der ehem. **Tschechoslowakei**, Slowakei und Tschechien wurde vereinbart (BGBl. 1993 II, S. 762), dass die mit der CSSR geschlossenen Verträge im Verhältnis zwischen Deutschland und den Nachfolgestaaten weiter anzuwenden sind.

**UdSSR** – aufgelöst durch die Alma Ata-Deklaration v. 21.12.1991 der Staatschefs von Armenien, Aserbaidschan, Belarus, Georgien, Kasachstan, Kirgisistan, Moldau, der Russischen Föderation, Tadschikistan, Ukraine und Usbekistan: »Mit der Schaffung der Gemeinschaft Unabhängiger Staaten hört die Union der Sozialistischen Sowjetrepubliken auf zu bestehen.«

Mit den Nachfolgestaaten der ehem. Sowjetunion wurde vereinbart, dass mit der UdSSR geschlossene Verträge im Verhältnis zwischen Deutschland und den Nachfolgestaaten weiter anzuwenden sind.

**Europäischer Teil:** Armenien (BGBl. 1993 II, S. 169), Aserbaidschan (BGBl. 1996 II, S. 2471), Georgien (BGBl. 1992 II, S. 1128), Moldau (BGBl. 1996 II, S. 768), Russische Föderation (BGBl. 1992 II, S. 1016), Ukraine (BGBl. 1993 II, S. 1189), Weißrussland (Belarus, BGBl. 1994 II, S. 2533);

**Asiatischer Teil:** Kasachstan (BGBl. 1992 II, S. 1120), Kirgisistan (Kirgistan, BGBl. 1992 II, S. 1015), Tadschikistan (BGBl. 1995 II, S. 255), Turkmenistan und Usbekistan (BGBl. 1993 II, S. 2038).

Folgende **Gegenseitigkeitsabkommen** (Stand 1999), die sich inhaltlich einander entsprechen, wurden von Deutschland abgeschlossen:

| Vertragsstaaten | Steuerbefreiung für | | | Fundstelle |
|---|---|---|---|---|
| | Pkw auch mit Anh. | Lkw auch mit Anh. | KOM | BGBl. Teil II |
| Belgien | 1 Jahr | 14 Tage | 1 Jahr | 1966, S. 1508 |
| Bulgarien | – | 14 Tage | 1 Jahr | 1980, S. 888 |
| Dänemark | 14 Tage | 14 Tage | 14 Tage | RStBl. 1931, S. 562; BAnz. 1954, S. 2 |
| Finnland | 1 Jahr | 14 Tage | 1 Jahr | 1979, S. 1317 |
| Frankreich | – | 14 Tage | 1 Jahr | 1970, S. 1317 |
| Griechenland | 1 Jahr | 14 Tage | 1 Jahr | 1979, S. 406 |
| Großbritannien und Nordirland | 1 Jahr | 14 Tage | 1 Jahr | 1973, S. 340 |
| Iran | 1 Jahr | 21 Tage | 1 Jahr | 1993, S. 914 |
| Irland | 1 Jahr | 14 Tage | 1 Jahr | 1978, S. 1009 |
| Israel | 1 Jahr | 14 Tage | 60 Tage | 1984, S. 964 |
| Italien | – | 14 Tage | 1 Jahr | 1978, S. 1005 |
| Kroatien | 1 Jahr | 14 Tage | 1 Jahr | 1998, S. 182 |
| Lettland | 1 Jahr | 14 Tage | 1 Jahr | 1998, S. 958 |
| Liechtenstein | 14 Tage | 14 Tage | 14 Tage | RStBl. 1934, S. 288 |
| Luxemburg | 14 Tage | 14 Tage | 14 Tage | RStBl. 1930, S. 454 |

| Vertragsstaaten | Steuerbefreiung für | | | Fundstelle |
|---|---|---|---|---|
| | Pkw auch mit Anh. | Lkw auch mit Anh. | KOM | BGBl. Teil II |
| Niederlande | 14 Tage | 14 Tage | 14 Tage | RStBl. 1930, S. 454 |
| Norwegen | 1 Jahr | 21 Tage | 1 Jahr | 1984, S. 674 |
| Österreich | 1 Jahr | 14 Tage | 1 Jahr | 1970, S. 1320 |
| Polen | 1 Jahr | 14 Tage | 1 Jahr | 1978, S. 1012 |
| Portugal | 1 Jahr | 14 Tage | 1 Jahr | 1980, S. 886 |
| Rumänien | 1 Jahr | 14 Tage | 1 Jahr | 1975, S. 453 |
| San Marino | 1 Jahr | 14 Tage | 1 Jahr | 1987, S. 339 |
| Schweden | 1 Jahr | 14 Tage | 1 Jahr | 1979, S. 409 |
| Schweiz[1] | 14 Tage | 14 Tage | 14 Tage | RStBl. 1929, S. 207 |
| Spanien | 1 Jahr | 14 Tage | 1 Jahr | 1979, S. 1320 |
| Tschechoslowakei | 1 Jahr | 14 Tage | 1 Jahr | 1991, S. 662 |
| Türkei | 1 Jahr | 21 Tage | 1 Jahr | 1984, S. 594 |
| Tunesien | – | 14 Tage | 1 Jahr | 1984, S. 962 |
| Ungarn | – | 14 Tage | 1 Jahr | 1982, S. 291 |
| UdSSR | 1 Jahr | 21 Tage | 1 Jahr | 1980, S. 890 |
| Zypern | 1 Jahr | 14 Tage | 1 Jahr | 1981, S. 1019 |

Entsprechend den bilateralen Abkommen mit Bulgarien, Frankreich, Italien, Tunesien und Ungarn ergibt sich die Steuerbefreiung für Pkw allein aus § 3 Nr. 13 KraftStG, da diese Verträge keine Befreiungen für Pkw enthalten.

Die Gegenseitigkeitsabkommen kennen bei der Steuerfreiheit keine Beschränkung hinsichtlich der Person, die das Fahrzeug benutzt. Es ist dabei unerheblich, ob das Fahrzeug von einem Inländer oder von einem Ausländer geführt wird.

Wurde das ausländische Fahrzeug jedoch in einem Staat zugelassen, der mit Deutschland kein Gegenseitigkeitsabkommen abgeschlossen hat (z.B. Slowe-

---

1 Abgeschlossen am 20.6.1928: in Kraft getreten am 15.7.1928. Heute ist die »VO über die kraftfahrzeugsteuerliche Behandlung von schweizerischen Straßenfahrzeugen im grenzüberschreitenden Verkehr« v. 27.3.1985, BGBl. 1985 I, S. 615; geändert 18.5.1994, BGBl. 1994 I, S. 1076, zu beachten. Nach § 1 Abs. 2 der VO bleibt die für Pkw vorgesehene Steuerbefreiung nach § 3 Nr. 13 KraftStG unberührt.

nien) und wird das Fahrzeug nun von einem Inländer geführt, ist die Steuerbefreiung des § 3 Nr. 13 KraftStG verwirkt; das Genfer Abkommen (vgl. dort Rdnr. 6) ist gesondert zu prüfen.

Nach der Rechtsprechung des BFH[1] ist bei gemieteten/geleasten ausländischen Kraftfahrzeuganhängern eine widerrechtliche Benutzung dann gegeben, wenn sie nach Ablauf der vorübergehenden Zulassung im Inland nicht im deutschen Zulassungsverfahren zugelassen werden (vgl. § 1 IntVO, Rdnr. 7); etwaige Gegenseitigkeitsabkommen sind dann nicht mehr anwendbar.

Mit der Schaffung des EU-Binnenmarktes am 1.1.1993 werden **Einfuhrabgaben** für Fahrzeuge aus anderen EU-Mitgliedstaaten, die vorübergehend eingeführt werden, auch dann nicht erhoben, wenn sie von Inländern – auch für eigene Zwecke – zu Inlandsfahrten benutzt werden. Diese Regelung betrifft nach § 1 Abs. 1 ZollVG allein die zollamtliche Überwachung als Aufgabe der Zollverwaltung. Die Kraftfahrzeugsteuer zählt nicht zu den Einfuhrabgaben, deren Erhebung/Befreiung erfolgt ausschließlich durch den Staat der Fahrzeugzulassung. Die bilateralen Abkommen werden dadurch nicht berührt.

---

[1] BFH-Urteil v. 14.5.1986, BStBl. 1986 II, S. 765.

## Abkommen über die Besteuerung von Straßenfahrzeugen zum privaten Gebrauch im internationalen Verkehr

Genfer Abkommen v. 18.5.1956[1]

## Artikel 1

Im Sinne dieses Abkommens

a) bedeutet der Begriff »Fahrzeug« alle Fahrräder, alle Straßenkraftfahrzeuge und alle Anhänger, die an solche Fahrzeuge angehängt werden können und mit dem Fahrzeug oder gesondert eingeführt werden, ausgenommen jedoch Fahrzeuge oder Züge miteinander verbundener Fahrzeuge für die Personenbeförderung, die außerdem Führersitz mehr als acht Sitzplätze haben;

b) schließt der Begriff »privater Gebrauch« die Personenbeförderung gegen Entgelt, Entlohnung oder andere materielle Vorteile sowie die gewerbliche oder kommerzielle Güterbeförderung gegen oder ohne Entgelt aus.

## Artikel 2

Fahrzeuge, die im Gebiet einer der Vertragsparteien zugelassen sind, sowie Fahrzeuge, die in diesem Gebiet geführt werden dürfen und in diesem Gebiet von der Zulassungspflicht befreit sind, sind, wenn sie vorübergehend zum privaten Gebrauch in das Gebiet einer anderen Vertragspartei eingeführt werden, unter den nachstehend angeführten Voraussetzungen von den Abgaben befreit, die für die Benutzung oder das Halten von Fahrzeugen im Gebiet der letzteren Vertragspartei erhoben werden. Diese Befreiung gilt nicht für Wege- und Brückengelder oder Verbrauchssteuern.

## Artikel 3

(1) Diese Befreiung wird im Gebiet jeder Vertragspartei so lange gewährt, als die in den geltenden Zollvorschriften dieses Gebietes vorgeschriebenen Voraussetzungen für die vorübergehende eingangsabgabenfreie Einfuhr der in Artikel 2 angeführten Fahrzeuge erfüllt sind.

(2) Jede Vertragspartei kann jedoch die Dauer dieser Befreiung auf dreihundertfünfundsechzig aufeinanderfolgende Tage beschränken, auch wenn die vorübergehende eingangsabgabenfreie Einfuhr für einen längeren Zeitraum zugelassen ist.

---
1  BGBl. 1960 II, S. 2397; 1961, S. 837, 922; 1983, S. 658; 1994, S. 446.

### Artikel 4

Sobald ein Land, das Vertragspartei des Abkommens vom 30. März 1931 über die Besteuerung ausländischer Kraftfahrzeuge ist, Vertragspartei des vorliegenden Abkommens wird, trifft es die in Artikel 17 des Abkommens von 1931 vorgesehenen Maßnahmen zu dessen Kündigung.

### Übersicht

| | Rdnr. |
|---|---|
| Beitritt der Bundesrepublik Deutschland | 1 |
| Vertragsstaaten | 2 |
| Verhältnis zum EU-Recht | 3 |
| »Privaten Gebrauch« | 4 |
| »Vorübergehender Aufenthalt« | 5 |
| Benutzung durch Inländer | 6 |
| Überlagerung des § 3 Nr. 13 KraftStG | 7 |

1 Der Beitritt der Bundesrepublik Deutschland zum Genfer Abkommen erfolgte durch Gesetz v. 19.12.1960.[1] Nach Art. 3 Abs. 2 des Gesetzes ist der Tag, an dem das Abkommen in Kraft tritt, im BGBl. bekannt zu geben. Das Abkommen ist zum 05.10.1961 in Kraft getreten, die Bekanntmachung erfolgte am 25.08.1961.[2]

2 
| Vertragsstaaten | in Kraft am | Fundstelle BGBl. Teil II |
|---|---|---|
| Australien | 01.08.1961 | 1961, S. 1608 |
| Bosnien-Herzegowina | 06.03.1992 | 1995, S. 211 |
| Dänemark | 09.05.1968 | 1968, S. 539 |
| Finnland | 18.08.1959 | 1961, S. 1608 |
| Frankreich | 18.08.1959 | 1961, S. 1608 |
| Ghana | 18.08.1959 | 1961, S. 1608 |
| Irland | 29.08.1962 | 1963, S. 395 |
| Jugoslawien (ehem.)[3] | 07.07.1960 | 1961, S. 1608 |
| Kambodscha | 21.12.1959 | 1961, S. 1608 |
| Luxemburg | 26.08.1965 | 1965, S. 1444 |
| Malta | 20.02.1967 | 1967, S. 938 |
| Moldau, Republik | 24.08.1993 | 1994, S. 2656 |
| Niederlande | 18.08.1959 | 1961, S. 1608 |
| Norwegen | 07.10.1965 | 1969, S. 766 |
| Österreich | 18.08.1959 | 1961, S. 1608 |
| Polen | 03.12.1969 | 1970, S. 108 |
| Rumänien | 08.10.1967 | 1969, S. 766 |

---

1 BGBl. 1960 II, S. 2397.
2 BGBl. 1961 II, S. 1608.
3 Die Nachfolgestaaten Bosnien-Herzegowina, Kroatien, Mazedonien, Serbien, Montenegro und Slowenien sind bis auf weiteres gleich zu behandeln – vgl. Strodthoff, »Kraftfahrzeugsteuer«, § 3, Rdnr. 154.

| Vertragsstaaten | in Kraft am | Fundstelle BGBl. Teil II |
|---|---|---|
| Schweden | 18.08.1959 | 1961, S. 1608 |
| Slowakei | 01.01.1993 | 1995, S. 211 |
| Tschechien | 01.01.1993 | 1995, S. 211 |
| Tschechoslowakei (ehem.) | 30.09.1962 | 1963, S. 395 |
| Vereinigtes Königreich | 15.04.1963 | 1964, S. 1318 |

Mit der Schaffung des EU-Binnenmarktes am 1.1.1993 werden Einfuhrabgaben für Fahrzeuge aus anderen EU-Mitgliedstaaten, die vorübergehend eingeführt werden, auch dann nicht erhoben, wenn sie von Inländern – auch für eigene Zwecke – zu Inlandsfahrten benutzt werden. Diese Regelung betrifft nach § 1 Abs. 1 ZollVG allein die zollamtliche Überwachung als Aufgabe der Zollverwaltung. Die Kraftfahrzeugsteuer zählt nicht zu den Einfuhrabgaben, deren Erhebung/Befreiung erfolgt ausschließlich durch den Staat der Fahrzeugzulassung. Das Genfer Abkommen wird dadurch nicht berührt. 3

Nach Art. 1 Buchst. b) des Abkommens schließt der Begriff »**privater Gebrauch**« die Personenbeförderung gegen Entgelt, Entlohnung oder andere materielle Vorteile sowie die gewerbliche oder kommerzielle Güterbeförderung gegen oder ohne Entgelt aus. 4

Aussagen zum »privaten Gebrauch« finden sich auch im Unterzeichnerprotokoll zum Abkommen:

**a)** Bei Anwendung dieses Abkommens gilt die Benutzung eines gemieteten Fahrzeugs als privater Gebrauch des Fahrzeugs, wenn das Fahrzeug ohne Fahrer gemietet wird (Leihwagen nach der SelbstfahrerVO), selbst wenn der Mieter einen Fahrer in Dienst nimmt.

b) Die Beförderung des persönlichen Gepäcks der Reisenden oder bei Handelsreisenden die Beförderung von Warenmustern nehmen der Verwendung des Fahrzeugs nicht den Charakter des privaten Gebrauchs.

Ein privater Gebrauch ist auch dann anzunehmen, wenn ein ausländischer Arbeitgeber einem inländischen Arbeitnehmer ein ausländisches Fahrzeug für betriebliche Zwecke – z.B. zu Fahrten zwischen Wohnung und Arbeitsstätte – gegen Entgelt oder unentgeltlich zur Verfügung stellt, da die Überlassung an den inländischen Arbeitnehmer **nicht** als entgeltliche Personenbeförderung angesehen werden kann.

Die Steuerbefreiung wird für den »vorübergehenden Aufenthalt« von Fahrzeugen gewährt, die in einem anderen Vertragsstaat des Genfer Abkommens zugelassen sind. 5

Als »**vorübergehender Aufenthalt**« i.S.d. Genfer Abkommens ist der Zeitraum anzusehen, in dem nach den geltenden Zollvorschriften des Empfangsstaates die Voraussetzungen für die vorübergehende eingangsabgabenfreie Einfuhr des Fahrzeugs erfüllt sind. Dieser Zeitraum beträgt für Straßenfahrzeuge zum privaten Gebrauch nach Art. 719 Abs. 6 ZK-DV 6 Monate mit oder ohne Unterbrechung innerhalb eines Zeitraums von 12 Monaten; Unterbrechung der Frist ist nach Art. 719 Abs. 12 ZK-DV möglich.

6 Neben den bilateralen Abkommen wird nun die Vorschrift des § 3 Nr. 13 KraftStG durch das multilaterale Genfer Abkommen überlagert. Die steuerrechtliche Beurteilung eines ausländischen Fahrzeugs zum privaten Gebrauch sollte daher immer in drei Schritten erfolgen:

### 1. Schritt

Befreiung nach § 3 Nr. 13 KraftStG

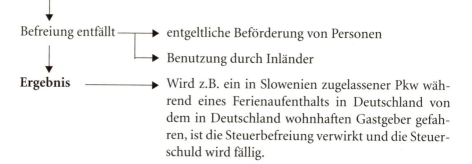

Befreiung entfällt → entgeltliche Beförderung von Personen
→ Benutzung durch Inländer

Ergebnis → Wird z.B. ein in Slowenien zugelassener Pkw während eines Ferienaufenthalts in Deutschland von dem in Deutschland wohnhaften Gastgeber gefahren, ist die Steuerbefreiung verwirkt und die Steuerschuld wird fällig.

### 2. Schritt

Überlagerung des nationalen Rechts durch bilaterale Gegenseitigkeitsabkommen; dabei ist zu berücksichtigen, dass diese Abkommen keine Beschränkung hinsichtlich der Person kennen, die das Kraftfahrzeug benutzt.

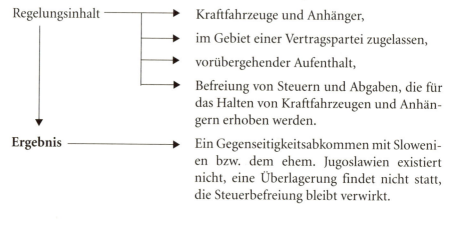

Regelungsinhalt → Kraftfahrzeuge und Anhänger,
→ im Gebiet einer Vertragspartei zugelassen,
→ vorübergehender Aufenthalt,
→ Befreiung von Steuern und Abgaben, die für das Halten von Kraftfahrzeugen und Anhängern erhoben werden.

Ergebnis → Ein Gegenseitigkeitsabkommen mit Slowenien bzw. dem ehem. Jugoslawien existiert nicht, eine Überlagerung findet nicht statt, die Steuerbefreiung bleibt verwirkt.

### 3. Schritt

Überlagerung des nationalen Rechts durch das multilaterale Genfer Abkommen; auch dabei ist zu berücksichtigen, dass dieses Abkommen keine Beschränkung hinsichtlich der Person kennt, die das Kraftfahrzeug benutzt.

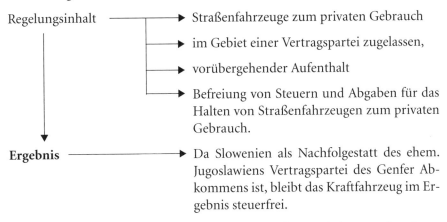

Regelungsinhalt
- Straßenfahrzeuge zum privaten Gebrauch
- im Gebiet einer Vertragspartei zugelassen,
- vorübergehender Aufenthalt
- Befreiung von Steuern und Abgaben für das Halten von Straßenfahrzeugen zum privaten Gebrauch.

**Ergebnis** → Da Slowenien als Nachfolgestaat des ehem. Jugoslawiens Vertragspartei des Genfer Abkommens ist, bleibt das Kraftfahrzeug im Ergebnis steuerfrei.

Das Genfer Abkommen kennt bei der Steuerbefreiung keine Beschränkung hinsichtlich der Person, die das Fahrzeug benutzt. Es ist dabei unerheblich, ob das Fahrzeug von einem Inländer oder von einem Ausländer geführt wird. 7

Steuerpflicht für das Halten ausländischer Fahrzeuge

**Gesetz zur Durchführung
des Übereinkommens vom 9. Februar 1994
über die Erhebung von Gebühren für die
Benutzung bestimmter Straßen mit schweren Nutzfahrzeugen**[1]

§ 1

Autobahnbenutzungsgebühr

(1) Im Geltungsbereich dieses Gesetzes wird nach diesem Übereinkommen für die Benutzung von Bundesautobahnen mit Kraftfahrzeugen im Sinne des Artikels 2 der Richtlinie 93/89/EWG des Rates der Europäischen Gemeinschaften vom 25. Oktober 1993 über die Besteuerung bestimmter Kraftfahrzeuge zur Güterbeförderung sowie die Erhebung von Maut- und Benutzungsgebühren für bestimmte Verkehrswege durch die Mitgliedstaaten (ABl. EG Nr. L 279, S. 32) eine Gebühr erhoben.

(2) Hiervon ausgenommen sind folgende Bundesautobahnabschnitte:

1. Die Bundesautobahn A 6 von der deutsch-französischen Grenze bis zur Anschlussstelle Saarbrücken-Fechingen in beiden Fahrtrichtungen.
2. Die Bundesautobahn A 5 von der deutsch-schweizerischen Grenze und der deutsch-französischen Grenze bis zur Anschlussstelle Müllheim-Neuenburg in beiden Fahrtrichtungen.

(3) Das Bundesministerium für Verkehr wird ermächtigt, durch Rechtsverordnung mit Zustimmung des Bundesrates die Gebührenpflicht nach Artikel 3 Abs. 2 des Übereinkommens über die Erhebung von Gebühren für die Benutzung bestimmter Straßen mit schweren Nutzfahrzeugen vom 9. Februar 1994 (BGBl. 1994 II, S. 1768) und unter den dort genannten Voraussetzungen auf andere genau bezeichnete Abschnitte von Bundesfernstraßen auszudehnen. In diesem Fall ist auf die Gebührenpflichtigkeit dieser Straßenabschnitte in geeigneter Weise hinzuweisen.

§ 2

Gebührenentrichtung

(1) Die Gebühren nach dem Übereinkommen sind an das Bundesamt für Güterverkehr zu entrichten.

(2) Verpflichtet sich ein Dritter zur Entrichtung der Gebühr und stellt er hierüber dem Gebührenschuldner eine Bescheinigung aus, so kann das Bundesamt

---

[1] Autobahnbenutzungsgebührengesetz für schwere Nutzfahrzeuge – ABBG v. 30.8.1994, BGBl. 1994 II, S. 1765.

für Güterverkehr diese Bescheinigung der Bescheinigung nach Artikel 9 des Übereinkommens gleichstellen. Die Entscheidung ist im Bundesanzeiger bekannt zu machen.

§ 3

Kontrolle

(1) Das Bundesamt für Güterverkehr überwacht die Einhaltung der Vorschriften dieses Gesetzes. Daneben überwachen auch die Zollbehörden im Rahmen von zollamtlichen Überwachungsmaßnahmen und im Rahmen ihrer sonstigen Aufgaben die Grenzpolizeidienststellen und die Polizei der Länder die Einhaltung der Vorschriften dieses Gesetzes. Die mit der Kontrolle Beauftragten des Bundesamtes für Güterverkehr sind Vollzugsbeamte im Sinne des Gesetzes über den unmittelbaren Zwang durch Vollzugsbeamte des Bundes.

(2) Die Beauftragten des Bundesamtes für Güterverkehr und der Zollbehörden im Rahmen von zollamtlichen Überwachungsmaßnahmen können Kraftfahrzeuge nach § 1 Abs. 1 zum Zwecke der Kontrolle anhalten. Die Zeichen und Weisungen der zur Kontrolle befugten Personen sind zu befolgen. Dies entbindet den Verkehrsteilnehmer nicht von seiner Sorgfaltspflicht.

(3) Der Fahrzeugführer hat der zur Kontrolle befugten Person die Bescheinigung nach Artikel 9 des Übereinkommens, den Fahrzeugschein, die Beförderungspapiere und den Reisepass oder Personalausweis zur Prüfung auszuhändigen. Er hat Auskunft über alle Tatsachen zu erteilen, die für die Durchführung der Kontrolle von Bedeutung sind.

(4) Die Beauftragten des Bundesamtes für Güterverkehr sind berechtigt, die Gebühr für die Weiterfahrt am Ort der Kontrolle zu erheben. Auch die Beauftragten der Zollbehörden im Rahmen von zollamtlichen Überwachungsmaßnahmen sind berechtigt, die Gebühr für die Weiterfahrt am Ort der Kontrolle zu erheben. Sie können die Weiterfahrt bis zur Entrichtung der Gebühr untersagen, wenn die Gebühr trotz Aufforderung am Ort der Kontrolle nicht entrichtet wird und Zweifel an der späteren Einbringlichkeit der Gebühr bestehen.

§ 4

Bußgeldvorschriften

(1) Ordnungswidrig handelt, wer vorsätzlich oder fahrlässig

1. a) als Fahrzeugführer eine Bundesautobahn oder einen durch Rechtsverordnung nach § 1 Abs. 3 bezeichneten anderen Abschnitt einer Bundesfernstraße mit einem Kraftfahrzeug im Sinne des § 1 Abs. 1 benutzt oder

### Steuerpflicht für das Halten ausländischer Fahrzeuge

b) als Halter des Motorfahrzeuges oder als Person, die über den Gebrauch des Motorfahrzeuges bestimmt, oder als Eigentümer des Motorfahrzeuges eine solche Benutzung anordnet oder zulässt,

2. als Fahrzeugführer entgegen § 3 Abs. 2 Satz 2 ein Zeichen oder eine Weisung einer zur Kontrolle befugten Person nicht befolgt oder

3. a) als Fahrzeugführer entgegen Artikel 9 Abs. 3 des Übereinkommens die Bescheinigung nicht mitführt oder entgegen § 3 Abs. 3 Satz 1 einer zur Kontrolle befugten Person ein dort genanntes Dokument nicht aushändigt oder

b) als Halter des Motorfahrzeuges oder als Person, die über den Gebrauch des Motorfahrzeuges bestimmt, oder als Eigentümer des Motorfahrzeuges anordnet oder zulässt, dass die Bescheinigung entgegen Artikel 9 Abs. 3 des Übereinkommens nicht mitgeführt wird oder ein nach § 3 Abs. 3 Satz 1 genanntes Dokument nicht ausgehändigt wird.

(2) Die Ordnungswidrigkeit kann mit einer Geldbuße bis zu zehntausend Deutsche Mark geahndet werden.

(3) Verwaltungsbehörde im Sinne des § 36 Abs. 1 Nr. 1 des Gesetzes über Ordnungswidrigkeiten ist das Bundesamt für Güterverkehr.

§§ 5, 6

(hier nicht abgedruckt)

### Übersicht

| | Rdnr. |
|---|---|
| Vertragsparteien des Übereinkommens | 1 |
| Begriff »Kraftfahrzeug« i.S.d. Rili 93/89/ EWG | 2 |
| Gebührenpflichtige Straßen | 3 |
| Gebührenpflichtige Fahrzeuge | 4 |
| Beförderungszweck | 5 |
| Ausnahmen | 6 |
| »ausschließliche Bestimmung« | 7 |
| Gebührenhöhe und -bezahlung | 8 |
| Gebührenbescheinigung | 9 |
| Mitführungs- und Aushändigungspflicht | 10 |
| Ahndung | 11 |
| Sicherheitsleistung | 12 |

**1** Das ABBG dient der Umsetzung des in Brüssel am 9.2.1994 von Deutschland unterzeichneten Übereinkommens (Texte, S. 411) über die Erhebung von Gebühren für die Benutzung bestimmter Straßen mit schweren Nutzfahrzeugen.

Bei dem Übereinkommen handelt es sich um eine multilaterale Vereinbarung zwischen Belgien, Dänemark, Deutschland, Luxemburg, Niederlande und Schweden aufgrund der Rili 93/89/EWG (Texte, S. 403).

Im Sinne von Art. 2 der Rili 93/89/EWG bezeichnet der Ausdruck »Kraftfahrzeug« ein Kraftfahrzeug oder eine Fahrzeugkombination, die ausschließlich für den Güterkraftverkehr bestimmt sind und deren zulässiges Gesamtgewicht mindestens 12 t beträgt. **2**

Unter diese Definition fallen daher alle Fahrzeugarten, die für die Güterbeförderung auf der Straße in Betracht kommen, wie z.B. Lastkraftwagen mit oder ohne Anhänger, Zugmaschinen mit oder ohne Anhänger, Sattelzugmaschinen oder Sattelkraftfahrzeuge.

»**Lastkraftwagen**« ist nach § 4 Abs. 4 Nr. 3 PBefG ein nach Bauart und Einrichtung zur Beförderung von Gütern bestimmtes und geeignetes Kraftfahrzeug. »**Anhänger**« sind Fahrzeuge, die nach ihrer Bauart dazu bestimmt und geeignet sind, von Kraftfahrzeugen gezogen zu werden und bei denen nach ihrer Bauart kein wesentlicher Teil ihres Gewichts auf dem ziehenden Fahrzeug liegt. Nach Art. 1 Buchst. q) WÜ ist »Anhänger« jedes Fahrzeug, das dazu bestimmt ist, an ein Kraftfahrzeug angehängt zu werden; dieser Begriff schließt die Sattelanhänger ein.

»**Sattelkraftfahrzeuge**« sind nach Art. 1 Buchst. u) WÜ miteinander verbundene Fahrzeuge, die aus einem Kraftfahrzeug und einem damit verbundenen Sattelanhänger bestehen; »**Sattelanhänger**« ist dagegen nach Buchst. r) jeder Anhänger, der dazu bestimmt ist, mit einem Kraftfahrzeug so verbunden zu werden, dass er teilweise auf diesem aufliegt und dass ein wesentlicher Teil seines Gewichts und des Gewichts seiner Ladung von diesem getragen wird.

»**Zugmaschinen**« sind dagegen ausschließlich oder überwiegend zum Ziehen von Anhängern gebaute Kraftfahrzeuge.

Die Gebühr wird für die Benutzung von Bundesautobahnen erhoben. Der Begriff der Bundesautobahn ergibt sich aus § 1 Abs. 3 FStrG: **3**

»Bundesautobahnen sind Bundesfernstraßen, die nur für den Schnellverkehr mit Kraftfahrzeugen bestimmt und so angelegt sind, dass sie frei von höhengleichen Kreuzungen und für Zu- und Abfahrten mit besonderen Anschlussstellen ausgestattet sind. Sie sollen getrennte Fahrbahnen für den Richtungsverkehr haben.«

Die Begriffsdefinition aus § 1 Abs. 3 FStrG entspricht daher der aus Art. 2 der Rili 93/89/EG; Ausnahmen für gebührenpflichtige Straßen ergeben sich aus § 1 Abs. 2 ABBG.

**4** Die Gebührenpflicht besteht für Kraftfahrzeuge oder Fahrzeugkombinationen, die ausschließlich für den Güterkraftverkehr bestimmt sind und deren zGG mindestens 12 t beträgt (vgl. Rdnr. 2).

Bei einer Fahrzeugkombination (Züge und Sattelkraftfahrzeuge) ist die Gebührenpflicht einheitlich zu beurteilen. Ein Aufsplitten in z.B. gebührenpflichtiges Zugfahrzeug und gebührenfreien Anhänger ist nach dem ABBG nicht vorgesehen.

**5** Die Rili 93/89/EWG regelt u.a. die »Besteuerung bestimmter Kraftfahrzeuge **zur Güterbeförderung**«. Nach Art. 2 der Rili müssen die Kraftfahrzeuge »ausschließlich für den Güterkraftverkehr bestimmt« sein. Wesentliches Anwendungskriterium ist somit der **Beförderungszweck**.

Dabei bedeutet »Beförderung« das Verbringen/Transportieren eines Gutes vom Absender zum Empfänger. Die Beförderung beginnt demnach mit dem Beladen des Fahrzeugs und endet mit dessen Entladung. Ob es sich dabei um einen erlaubnispflichtigen Güterkraftverkehr oder um einen erlaubnisfreien Werksverkehr handelt, ist rechtlich unbeachtlich. Erfasst wird jede Fortbewegung eines zur Güterbeförderung benutzten leeren oder beladenen Fahrzeugs.

Die Fahrt einer Sattelzugmaschine, um an einem anderen Ort einen Sattelanhänger aufzunehmen, ist eine im Zusammenhang mit der Beförderung stehende Leerfahrt und fällt daher unter den Anwendungsbereich des ABBG.

Werkstattwagen, Ausstellungsfahrzeuge, Verkaufswagen oder Fahrzeuge für ambulante Bank-, Wechsel- oder Spargeschäfte sind nach Bauart und Einrichtung nicht zur Güterbeförderung bestimmt. Die im Fahrzeug befindlichen speziellen Einrichtungen bzw. Gegenstände sind keine Güter, sondern Teil der zweckorientierten Ausstattung oder Zubehör im Sinne des § 97 BGB. **Zubehör** sind bewegliche Sachen, die, ohne Bestandteil der Hauptsache zu sein, dem wirtschaftlichen Zweck der Hauptsache zu dienen bestimmt sind und zu ihr in einem dieser Bestimmung entsprechenden räumlichen Verhältnis stehen. Zubehör wird aber nicht befördert, so dass diese Fahrzeuge nicht unter den Anwendungsbereich des ABBG fallen.

**6** Die Gebühr ist nach § 1 Abs. 1 ABBG für bestimmte Kraftfahrzeuge zur Güterbeförderung zu entrichten. Kraftfahrzeuge, die ausschließlich der Beförderung von Personen dienen, z.B. Kraftomnibusse, sind daher nicht gebührenpflichtig. Das gilt auch für den Fall der Mitbeförderung von Reisegepäck sowie (vgl. § 2 Abs. 1 Nr. 4 GüKG) der Beförderung von Gütern bei der Durchführung von nach dem PBefG genehmigten Verkehrsdiensten.

Nach Art. 4 des Übereinkommens (Texte, S. 411) sind Kraftfahrzeuge der Streitkräfte, des Zivil- und Katastrophenschutzes, der Feuerwehr und anderer Notdienste, der Ordnungsbehörden und des Straßenunterhaltungs- oder Straßenbetriebsdienstes von der Gebühr befreit (1). Diese Fahrzeuge müssen äußerlich als für die in Abs. 1 genannten Zwecke bestimmt erkennbar sein (3). Im Falle von Fahrzeugkombinationen ist das Motorfahrzeug für die Gebührenbefreiung der Kombination maßgebend (4).

Jede Vertragspartei kann nach Art. 4 Abs. 2 des Übereinkommens für ihr Hoheitsgebiet Kraftfahrzeuge, die in Art. 6 Abs. 3 2. Anstrich der Rili bezeichnet sind, von der Gebühr befreien.

Die Aussage betrifft Kraftfahrzeuge, die nur gelegentlich im Straßenverkehr des Mitgliedstaates eingesetzt werden, in dem sie zugelassen sind, und die von natürlichen oder juristischen Personen benutzt werden, deren Hauptgewerbe nicht der Güterverkehr ist, sofern die mit den Fahrzeugen durchgeführten Transporte keine Wettbewerbsverzerrungen verursachen

Im Zusammenhang mit Art. 4 Abs. 2 des Übereinkommens sowie in Abgrenzung zum Kraftfahrzeugbegriff »die ausschließlich für den Güterkraftverkehr bestimmt sind«, ergeben sich weitere Befreiungen für

- selbstfahrende Arbeitsmaschinen i.S.d. § 18 Abs. 2 StVZO;
- Fahrschulfahrzeuge, die ausschließlich zu Ausbildungszwecken eingesetzt werden;
- Zugmaschinen, wenn sie zum Schneeräumen, als Bergungsfahrzeug oder zum Ziehen eines Wohnwagens, einer Baubude oder einer Arbeitsmaschine benutzt werden; Gleiches gilt bei einem entsprechenden Einsatz von Sattelzugmaschinen;
- teilmontierte Fahrzeuge, bei denen die Zweckbestimmung zur Güterbeförderung noch nicht erfolgte;
- Schaustellerfahrzeuge, wenn sie nach § 3 Nr. 8 KraftStG von der Kraftfahrzeugsteuer befreit und äußerlich als Schaustellerfahrzeuge erkennbar sind;
- Erprobungsfahrzeuge gemäß § 19 Abs. 6 bzw. § 70 Abs. 1 StVZO sowie
- Bergungs- und Abschleppfahrzeuge, die für Notdienste eingesetzt werden.

Der Begriff **»ausschließliche Bestimmung«** für den Güterkraftverkehr beinhaltet ein wesentliches Unterscheidungsmerkmal. Das bedeutet, dass Kraftfahrzeuge, die auch oder gar vorwiegend zu anderen Zwecken als der Güterbeförderung eingesetzt werden (das dem Sachverhalt zugrunde liegende Fahrzeug diente in erster Linie als Ausstellungsraum), nicht unter den Anwendungsbereich des ABBG für schwere Nutzfahrzeuge fallen (vgl. auch Rdnr. 5).[1]

7

---

[1] OLG Köln, NZV 1997, S. 368.

### Steuerpflicht für das Halten ausländischer Fahrzeuge

Nach Auffassung des EuGH[1] werden von Art. 2 der Rili die Fahrzeuge erfasst, die aufgrund ihrer Merkmale dazu bestimmt sind, regelmäßig und auf Dauer und nicht nur gelegentlich am Wettbewerb im Güterverkehr teilzunehmen. Dieses Ergebnis wird durch die Untersuchung des Wortlauts des Art. 2 der Rili bestätigt, der in allen Sprachfassungen übereinstimmend von Fahrzeugen, die ausschließlich für den Güterkraftverkehr bestimmt sind, spricht. Es ist demnach generell auf die Zweckbestimmung des Fahrzeugs zur Güterbeförderung, unabhängig vom Verwendungszweck im Einzelfall, abzustellen.

Eine (ausschließlich zur Güterbeförderung bestimmte) Sattelzugmaschine mit einem zulässigen Gesamtgewicht von mindestens 12 t unterliegt der Gebührenpflicht nach § 1 Abs. 1 ABBG auch im Falle der Autobahnbenutzung ohne Sattelanhänger.[2]

**8** Die **Gebührensätze** werden nach Art. 8 des Übereinkommens in ECU festgesetzt und müssen in DM bezahlt werden. Die Gebührenhöhe ist abhängig von der Geltungsdauer sowie der Fahrzeugart / Fahrzeugkombination und beträgt für

|  | bis zu drei Achsen | mindestens 4 Achsen |
|---|---|---|
| **1 Jahr** | 1 466, 87 DM | 2 444, 79 DM |
| **1 Monat** | 146, 69 DM | 244, 48 DM |
| **1 Kalenderwoche** | 39, 12 DM | 64, 54 DM |
| **1 Kalendertag** | 11,73 DM | 11,73 DM |

Für Kraftfahrzeuge, die in Griechenland zugelassen sind, ist ab 1.7.2000 eine Ermäßigung auf die Hälfte der genannten Gebührensätze vorgesehen.

Ausschlaggebend ist die rechnerische Zahl der Achsen; Tandem- oder Doppelachsen zählen unabhängig vom Achsabstand immer als zwei Achsen. Die Eingruppierung des Fahrzeugs in eine Gebührenklasse wird daher nicht durch die Anzahl der bei der jeweiligen Fahrt tatsächlich benutzten, sondern durch die Anzahl der vorhandenen Achsen bestimmt. Für die Höhe der zu entrichtenden Gebühr kommt es somit allein auf die Anzahl der vorhandenen Achsen des Kraftfahrzeugs oder der Fahrzeugkombination an, und zwar unabhängig davon, ob eine Fahrzeugachse während der Fahrt beansprucht wird oder hochgezogen ist (Liftachse).[3]

Die Gebühr kann an besonders gekennzeichneten Tankstellen, Raststätten, Werkstätten und Autohöfen, die an Autobahnen oder in deren Nähe zu finden sind, sowie über Verbände, das Bundesamt für Güterverkehr und seinen Außen-

---
1 NZV 2000, S. 182 = VM 2000, S. 33 (Nr. 35).
2 OLG Köln, DAR 2000, S. 178.
3 OLG Köln, NZV 1999, S. 305 und S. 481.

stellen bezahlt werden. Bei Einreise aus dem Ausland gibt es im Grenzgebiet genügend Verkaufsstellen für den Erwerb einer Gebührenbescheinigung.

Über die Entrichtung der Gebühr wird eine **Bescheinigung** erteilt. Die nach Art. 9 Abs. 2 des Übereinkommens folgende Angaben enthalten muss:  9

– das Datum und die Uhrzeit der Ausstellung,
– den Zeitraum, für den die Gebühr entrichtet wird,
– die Gebührenklasse,
– die Höhe der Gebühr sowie
– das amtliche Kennzeichen des Motorfahrzeuges einschließlich der Nationalität.

Die **Mitführungs- und Aushändigungspflicht** bezieht sich nach § 3 Abs. 3 ABBG auf die Originalbescheinigung. Eine bloße Ablichtung der Gebührenbescheinigung kann wegen der Manipulationsmöglichkeiten nicht als Nachweis für die inhaltliche Richtigkeit einer Originalbescheinigung anerkannt werden. Auch bei vergleichbaren Berechtigungen wie z.B. beim Fahrzeug- und Führerschein unterliegt **grundsätzlich** die Originalurkunde der Mitführungs- und Aushändigungspflicht. Hätte der Gesetzgeber eine Ablichtung der Bescheinigung als ausreichend angesehen, hätte er dies besonders zum Ausdruck gebracht.[1]  10

Die Bescheinigung ist fahrzeugbezogen, das heißt, sie gilt nur für das Kraftfahrzeug, dessen amtliches Kennzeichen auf der Bescheinigung vermerkt ist. Eingetragen wird das amtliche Kennzeichen des Motorfahrzeugs, so dass jeder beliebige Anhänger (unter Berücksichtigung der Achszahl) mitgeführt werden kann.

Ändert sich das amtliche Kennzeichen des Kraftfahrzeugs z.B. infolge einer Standortverlegung, so kann der Gebührenschuldner die Bescheinigung beim Bundesamt zur Kennzeichenänderung zusammen mit dem Fahrzeugbrief einreichen. Durch Vorlage des Fahrzeugbriefs wird sichergestellt, dass lediglich ein Kennzeichen- und kein Fahrzeugwechsel vorliegt.

In der Vergangenheit wurden Fahrer kontrolliert, die während der Kontrolle angaben, die Autobahnbenutzungsgebühr entrichtet, den Gebührenbescheid jedoch beim Verlassen der Autobahn »gerade« fortgeworfen zu haben.

In diesen Fällen empfiehlt sich die Übersendung eines Kontrollberichts an das Bundesamt für Güterverkehr, 50498 Köln, Postfach 19 01 80, da alle Gebührenbescheinigungen mit den Angaben über Nr. des Gebührenbescheids, amtliches

---
1 AG Köln, NZV 1997, S. 427.

# Steuerpflicht für das Halten ausländischer Fahrzeuge

Kennzeichen, Ausgabe-Datum, Uhrzeit, Gültigkeit und Gebührenklasse vom Rechner in Köln im Online-Betrieb gespeichert werden.

Der Kontrollbericht soll Angaben über den zurückgelegten Weg auf der Autobahn sowie die fotokopierten Schaublätter enthalten. Wegen den langen Verjährungszeiten nach § 31 Abs. 2 Nr. 2 OWiG von 2 Jahren sind fernmündliche Anfragen nur in den dringendsten Fällen erforderlich.

**11 Ahndung**

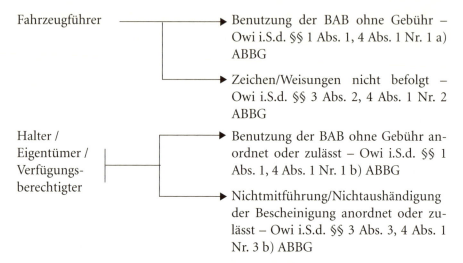

12  Bei gebietsfremden Betroffenen ist eine **Sicherheitsleistung** anzuordnen; deren Höhe beträgt bei

- Nichtmitführung der Gebührenbescheinigung für den Fahrer 125,00 DM, für den Halter/Veranlasser 325,00 DM,

- Nichtentrichten der Gebühr für den Fahrer 225,00 DM, für den Halter/Veranlasser 525,00 DM.

Unter Berücksichtigung der wirtschaftlichen Situation verschiedener ost- und südosteuropäischer Staaten werden folgende **Rabatte** gewährt:

| | |
|---|---|
| Albanien, Bosnien-Herzegowina, Bulgarien, Jugoslawien, Makedonien, Rumänien und ehem. Sowjetunion | 50% |
| Kroatien, Polen, Slowakei, Slowenien, Tschechien, Türkei und Ungarn | 25% |

Die **Zuständigkeit** für die Durchführung von Ordnungswidrigkeitenverfahren gegen **Gebietsfremde** ist beim Bundesamt für Güterverkehr wie folgt geregelt:

| Betriebs- oder Wohnsitz des Betroffenen in | Außenstelle |
|---|---|
| Kroatien (HR), Slowenien (SLO) | München |
| Dänemark (DK), Großbritannien und Nordirland (GB), Irland (IRL), Island (IS), Niederlande (NL) | Bremen |
| Albanien (AL), Bosnien-Herzegowina (BIH), Jugoslawien (YU), Makedonien (MK), Österreich (A), Rumänien (RO), Slowakei (SK), Zypern (CY) | Erfurt |
| Belgien (B), Bulgarien (BG), Frankreich (F), Griechenland (GR), Italien (I), Liechtenstein (FL), Luxemburg (L), Malta (M), Portugal (P), Schweiz (CH), Spanien (E), Türkei (TR) und alle anderen außereuropäischen Staaten (ausgenommen die der ehemaligen Sowjetunion) | Saarbrücken |
| Estland (EST), Finnland (FN), Georgien (GE), Lettland (LV), Litauen (LT), Moldau (MD), Norwegen (N), Russische Föderation (RUS), Schweden (S), Tschechien (CZ), Ukraine (UA), Ungarn (H), Weißrussland (BY) und alle anderen Staaten der ehemaligen Sowjetunion | Kiel |
| Polen (PL) | Münster |

VIERTER TEIL
# Zollrechtliche Beurteilung ausländischer Fahrzeuge und zollrechtliche Behandlung der Ware

– Überblick –

Alles, was in das Zollgebiet eingeführt wird, unterliegt der zollamtlichen Überwachung als Aufgabe der Zollverwaltung. Einfuhr bedeutet dabei das körperliche Verbringen von Gegenständen in das Zollgebiet. Nach § 1 Zollverwaltungsgesetz (ZollVG) ist in diesem Zusammenhang folgendes zu beachten:

1. Der Verkehr mit Waren über **die Grenze des Zollgebiets der Europäischen Gemeinschaft** (Zollgebiet der Gemeinschaft) sowie über **die Freizonengrenzen** wird im Geltungsbereich dieses Gesetzes zollamtlich überwacht;

2. die zollamtliche Überwachung sichert insbesondere die Erhebung der Einfuhr- und Ausfuhrabgaben, den Verkehr mit verbrauchssteuerpflichtigen Waren sowie die Einhaltung des Zollrechts.

Grundsätzlich ist zu unterscheiden zwischen der zollrechtlichen Beurteilung der Fahrzeuge, die am internationalen Verkehr teilnehmen und zwischen der zollrechtlichen Behandlung der Waren, die im internationalen Verkehr befördert werden. Die rechtliche Beurteilung erfolgt nach Gemeinschaftsrecht – der VO (EWG) Nr. 2913/92, dem sog. Zollkodex (ZK).

## Zollrechtliche Beurteilung der Fahrzeuge

Außerhalb des Zollgebiets der Gemeinschaft zugelassene Fahrzeuge sind beim Überschreiten der Gemeinschaftsgrenze zollamtlich zu behandeln. Dabei unterliegen sie dem Zollstraßenzwang, d.h., sie müssen nach § 2 ZollVG über eine Zollstraße in das Zollgebiet der Gemeinschaft gelangen. Des Weiteren ist es unbeachtlich, ob sie mit eigener Maschinenkraft einfahren oder auf Beförderungsmitteln verladen, eingeführt werden.

Nach Art. 84 Abs. 1 Buchst. a) ZK wird dabei auf Straßenfahrzeuge das Zollverfahren (»Nichterhebungsverfahren«) der **vorübergehenden Verwendung** (Benutzung) i.S. der Art. 137 bis 144 ZK angewandt.

Im Verfahren der vorübergehenden Verwendung können nach Art. 137 ZK **Nichtgemeinschaftswaren,** die zur Wiederausfuhr bestimmt sind, ohne dass sie, abgesehen von der normalen Gebrauchswertminderung, Veränderungen erfahren hätten, unter vollständiger oder teilweiser Befreiung von den Einfuhrabgaben im Zollgebiet der Gemeinschaft verwendet werden.

Nach Art. 138 ZK wird die Bewilligung des Verfahrens auf Antrag der Person erteilt, welche die Ware verwendet oder verwenden lässt.

Die Zollbehörden setzen eine ausreichende Frist fest, in der die Einfuhrwaren wieder ausgeführt werden oder eine neue zollrechtliche Bestimmung erhalten müssen.

Unbeschadet der nach **Art. 141** festgesetzten besonderen Fristen beträgt die Verbleibdauer von Waren im Verfahren der vorübergehenden Verwendung 24 Monate – Art. 140 ZK.

In welchen Fällen und unter welchen besonderen Voraussetzungen das Verfahren der vorübergehenden Verwendung unter **vollständiger Befreiung von den Einfuhrabgaben** in Anspruch genommen werden kann, wird nach dem sog. Ausschussverfahren in der Durchführungs-VO zum Zollkodex (ZK-DVO) festgelegt – Art. 141 ZK.

Art. 717 ZK-DVO verbietet grundsätzlich das Verleihen, Vermieten, Verpfänden usw. von Straßenfahrzeugen; Art. 719 Abs. 11 ZK-DVO lässt davon bestimmte **Ausnahmen** zu:

a) Neuvermietung von Mietwagen mit Zulassung außerhalb des Zollgebiets zum Zwecke der Wiederausfuhr ist auch an Personen mit Wohnsitz in der EU - dazu gehören auch Angestellte des Unternehmens – zulässig.

b) Eine Person mit Wohnsitz in der EU kann außerhalb der EU ein Fahrzeug mit dortiger Zulassung mieten oder ausleihen, um damit an seinen Wohnort zurückzukehren.

c) Die vorübergehende Verwendung nach Art. 719 Abs. 4 ZK-DVO kann auch von Personen mit Wohnsitz in der EU in Anspruch genommen werden, die ihren ständigen Wohnsitz in ein Drittland verlegen wollen. Voraussetzung ist der Nachweis der Wohnsitzverlegung sowie die Ausfuhr des Fahrzeugs innerhalb von 3 Monaten nach seiner Zulassung im Drittland.

d) Eine Person mit Wohnsitz in der EU kann ein außerhalb der EU zugelassenes und aufgrund eines schriftlichen Vertrags gemietetes Fahrzeug im Zollgebiet verwenden. Das Fahrzeug ist 8 Tage nach Vertragsbeginn wieder auszuführen bzw. einem Mietwagenunternehmen im Zollgebiet zur Wiederausfuhr zurückzugeben. Auf Verlangen ist der Vertrag der Zollbehörde vorzuweisen. Die Bewilligung einer solchen Verwendung unterliegt der Gegenseitigkeit; diese hat bisher nur die Schweiz gewährt.

Nach Art. 719 Abs. 10 Buchst. b) kann ein Fahrzeug im Verfahren der vorübergehenden Verwendung **gelegentlich** an eine Person mit Wohnsitz in der EU überlassen werden, wenn dies auf Rechnung und Weisung des sich im Zollgebiet aufhaltenden Bewilligungsinhabers (= derjenige, der das Fahrzeug eingeführt hat) erfolgt.

> Jede andere Verwendung der Fahrzeuge bedarf der förmlichen Zulassung (Verwendungsschein) durch eine Zollstelle für den jeweiligen Verwendungszweck. Jede zweckwidrige Verwendung des Fahrzeugs mit Zulassung in einem Drittland im Zollgebiet fuhrt zur Entstehung der Zollschuld.

Werden z.B. von Speditionen mit Betriebssitz außerhalb der EU zur Durchführung innergemeinschaftlicher Warentransporte gefälschte CEMT-Genehmigungen benutzt, erfolgt dadurch eine Entnahme des eingesetzten Fahrzeugs aus der allgemein bewilligten vorübergehenden Verwendung mit der Folge, dass nun die Zollschuld fällig wird.

**Maßnahmen:** Unterbindung der Weiterfahrt und Benachrichtigung der nächsten Zolldienststelle.

## Zollrechtl. Behandlung ausl. Fahrzeuge u. zollrechtl. Behandlung d. Ware

Vorübergehende Verwendung von
**Beförderungsmittel**

Unbeschadet der Art. 718 Abs. 7, Art. 719 Abs. 10 Buchst. b) und Abs. 11 dürfen Straßenfahrzeuge **weder verliehen, vermietet, verpfändet oder abgegeben** noch einer in der Gemeinschaft ansässigen Person zur Verfügung gestellt werden – Art. 717 ZK-DVO

Beförderungsmittel **gewerblich verwendet**
Art. 718 ZK-DVO

Beförderungsmittel **privater Gebrauch**
Art. 719 ZK-DVO

- **vorübergehende Verwendung** wird für gewerblich verwendete Straßenfahrzeuge bewilligt – (1)
- alle Fahrzeuge einschl. deren Anhänger – (2)
- Voraussetzungen – (3), dass Fahrzeuge
  - von einer außerhalb des Zollgebiets der Gemeinschaft ansässigen Person oder für deren Rechnung (Besitz einer ordnungsgemäßen Vollmacht nach Abs. 6) eingeführt werden;
  - von dieser Person oder für deren Rechnung (Besitz einer ordnungsgemäßen Vollmacht nach Abs. 6) gewerblich verwendet werden;
  - **Abweichung** – für Kraftfahrzeug aus EU-Staat mit einem Anhänger von außerhalb der EU – vorübergehende Verwendung kann auch dann genehmigt werden, wenn obige Voraussetzungen nicht vorliegen – (4)
  - außerhalb des Zollgebiets der Gemeinschaft auf den Namen einer außerhalb dieses Zollgebiets ansässigen Person (amtlich) zugelassen sind;
  - ausschließlich für Beförderungen verwendet werden, die außerhalb des Zollgebietes der Gemeinschaft beginnen und/oder enden.
- Verwendungsdauer – (5) – so lange, wie dies zur Ausführung der Tätigkeit (beantragt wurde), z.B. Heranführen, Aus- oder Einsteigen, Be- oder Entladen, Beförderungen sowie Durchführung von Wartungsarbeiten erforderlich ist.

Ausnahmen nach Abs. 7
- Beim Vorliegen einer ordnungsgemäßen Vollmacht dürfen die Fahrzeuge von einer Person mit Wohnsitz im Zollgebiet der Gemeinschaft geführt werden.
- Zollstelle kann zulassen, dass eine im Zollgebiet der Gemeinschaft ansässige Person
  - ein solches Fahrzeug für bestimmte Zeit in dieses Zollgebiet einführt und dort verwendet, Verwendungsdauer wird in jedem Einzelfall festgelegt.
  - mit Arbeitsvertrag in einem Drittland ein Firmenfahrzeug aus dem Nicht-EU-Staat in das Zollgebiet einführt und hier verwendet. Fahrzeug kann auch privat genutzt werden, wenn dieses von untergeordneter Bedeutung ist, nur gelegentlich erfolgt und im Anstellungsvertrag ausdrücklich vorgesehen ist.
- Können gewerblich verwendete Fahrzeuge im EU-Binnenverkehr eingesetzt werden, wenn güterkraftverkehrsrechtliche Vorschriften (CEMT-Genehmigung, Dreiländerverkehr aufgrund bilateraler Vereinbarungen) diese Möglichkeit vorsehen.

# Zollrechtliche Beurteilung der Fahrzeuge

Beförderungsmittel
**privater Gebrauch**

Art. 719 ZK-DVO

- **vorübergehende Verwendung** – wird für <u>Straßenfahrzeuge</u> zum privaten Gebrauch bewilligt – (1)
  - alle Fahrzeuge einschließlich Wohnwagen und Anhänger, die an derartige Fahrzeuge angehängt werden können – (2)
    - **Verweildauer** – (6) beträgt sechs Monate mit oder ohne Unterbrechung innerhalb eines Zeitraums von zwölf Monaten, Unterbrechung der Frist nach Abs. 12 ist möglich.
  - in folgenden Fällen nach Abs. 5 auch bewilligt
    - **Berufspendler** für die grenzüberschreitenden Fahrten zwischen Wohnort außerhalb und Arbeitsstelle in der EU (ohne zeitliche Begrenzung)
    - **Studenten** mit gewöhnlichem Wohnsitz außerhalb für die Zeit des Studienaufenthalts in der EU (diese Regelung gilt nach Abs. 7 auch für Personen mit einem bestimmten beruflichen Auftrag – z.B. Monteure – für die Zeit des beruflichen Auftrags)

**Voraussetzungen** – (3), dass Fahrzeuge
- von außerhalb des Zollgebiets der Gemeinschaft ansässigen Personen eingeführt werden;
- von diesen Personen (gilt nach Abs. 10 a auch für Ehegatten und Verwandte in gerader Linie) privat verwendet werden;
- außerhalb des Zollgebiets der Gemeinschaft auf den Namen einer außerhalb dieses Zollgebiets ansässigen Person (amtlich) zugelassen sind.

**Ausnahmen** – (4),
- befristete vorübergehende Verwendung für Nichtgemeinschaftsfahrzeuge im Zollgebiet, die zur Wiederausfuhr mit einem Kennzeichen zugelassen sind, das einer außerhalb des Zollgebiets ansässigen Person erteilt wurde;
- Zollstelle kann zulassen, dass eine im Zollgebiet ansässige Person mit Arbeitsvertrag in einem Drittland ein Firmenfahrzeug aus dem Nicht-EU-Staat einführt und dort privat oder zur Ausübung einer entgeltlichen (nicht gewerblichen) Tätigkeit verwendet, wenn dies im Anstellungsvertrag ausdrücklich vorgesehen ist.

---

Fahrzeuge zum privaten Gebrauch dürfen nach der Einfuhr nicht zu anderen Zwecken als der unmittelbaren Wiederausfuhr vermietet, verliehen oder zur Verfügung gestellt werden oder, wenn sie das zum Zeitpunkt der Einfuhr schon waren, im Zollgebiet weiter- oder untervermietet, weiterverliehen oder einer anderen Person überlassen werden – (8).

**Ausnahmen**
- Neuvermietung von Mietwagen mit Zulassung außerhalb des Zollgebietes zum Zwecke der Wiederausfuhr an Personen mit Wohnsitz außerhalb der EU – (9).
- Gelegentliche Überlassung des Fahrzeugs an Person mit Wohnsitz im Zollgebiet, wenn dies auf Rechnung und Weisung des sich im Zollgebiet aufhaltenden Bewilligungsinhabers erfolgt – (10) Buchst. b).

## Bewilligung und Überführung in das Verfahren der vorübergehenden Verwendung sowie Beendigung des Verfahrens

Nach Art. 138 ZK wird die **Bewilligung des Verfahrens** auf Antrag der Person erteilt, welche die Ware verwendet oder verwenden lässt.

Nach Art. 730 ZK-DVO wird die vorübergehende Verwendung der Beförderungsmittel ohne schriftlichen Antrag (formlos) bewilligt. In diesem Fall gelten

a) die Willensäußerung nach Art. 232, 233 ZK-DVO – Passieren der Zollstelle – als Antrag und

b) das Nichttätigwerden der Zollbehörden als Bewilligung der vorübergehenden Verwendung.

Die **Überführung** der Beförderungsmittel in das Verfahren der vorübergehenden Verwendung erfolgt nach Art. 735 ZK-DVO unter den Voraussetzungen des Art. 232 Abs. 1 Buchst. b) ZK-DVO, d.h. Abgabefreiheit der Beförderungsmittel.

> Die Überführung der Beförderungsmittel ohne (schriftliche oder mündliche) Zollanmeldung in das Verfahren der vorübergehenden Verwendung ist nach Art. 735 ZK-DVO **nicht** von einer Sicherheitsleistung abhängig.

Nach Art. 740 Abs. 1 ZK-DVO erfolgt die **Beendigung des Verfahrens** der vorübergehenden Verwendung für die **Beförderungsmittel**, die nach Maßgabe des Art. 735 ZK-DVO – also ohne Zollanmeldung – in das Verfahren überführt worden sind, im Falle

– der **Wiederausfuhr** nach Art. 232 Abs. 2 ZK-DVO, also durch Passieren der Zollstelle;

– der **Zollanmeldung** zu einer anderen zollrechtlichen Bestimmung (z.B. Übergang in den freien Verkehr, Vernichtung oder Zerstörung) unter den zu diesen Bestimmungen vorgesehenen Voraussetzungen.

Die vorübergehende Verwendung wird für

– Ersatzteile,

– Zubehör und übliche Ausrüstung einschließlich der

– Vorrichtungen zum Befestigen, Abstützen oder Schützen der Ware

nach Art. 729 Abs. 1 ZK-DVO bewilligt, die mit oder getrennt von den Beförderungsmitteln eingeführt werden, für die sie bestimmt sind.

Regelmäßige **Reparatur- und Wartungsarbeiten** dürfen an den Beförderungsmitteln während der Dauer des Verfahrens der vorübergehenden Verwendung durchgeführt werden – Art. 729 Abs. 3 ZK-DVO.

Das **Zollabkommen v. 18.5.1956 über die vorübergehende Einfuhr gewerblicher Straßenfahrzeuge**[1] wird heute praktisch nicht mehr angewendet. Nach Art. 32 des Abkommens stehen weitergehende Erleichterungen dessen Anwendung nicht entgegen. Den Vertragsparteien wird empfohlen, auf die Vorlage von Zollpapieren für die vorübergehende Einfuhr und auf die Erhebung von Sicherheitsleistungen zu verzichten. Der Empfehlung wurde durch die Regelung des Art. 735 ZK-DVO entsprochen.

Die Aussage gilt auch für das **Zollabkommen v. 4.6.1954 über die vorübergehende Einfuhr privater Straßenfahrzeuge**.[2] Nach Art. 32 des Abkommens i. V. m. Art. 753 ZK-DVO wird für die vorübergehende Einfuhr ebenfalls auf die Vorlage von Zollpapieren sowie auf die Erhebung von Sicherheitsleistungen verzichtet.

---

1 Gesetz v. 3.7.1961, BGBl. 1961 II, S. 837, 922.
2 Gesetz v. 24.12.1956, BGBl. 1956 II, S. 1886, 1948.

## Zollrechtliche Behandlung der Ware

Da die Einfuhr der Beförderungsmittel zur vorübergehenden Verwendung in das Zollgebiet der Gemeinschaft eine besondere zollrechtliche Behandlung erforderlich machte, so wurden auch entsprechende Vorschriften für den umfangreichen Straßengütertransport erforderlich.

Dabei ist zunächst von dem Grundsatz auszugehen, dass die Ware bei der Einfuhr durch Entrichtung der Eingangsabgaben »zollfrei« gemacht und anschließend in den »freien Verkehr« überführt wird. Es ist aber auch denkbar, dass der Spediteur den Empfänger der Ware bei der Einfuhr noch nicht angeben kann, oder dass die Ware lediglich im Transit durch das Zollgebiet transportiert werden soll. In diesen Fällen ist es erforderlich, die Ware an ein Bestimmungszollamt oder eine andere Grenzzollstelle weiterzuleiten. Man spricht dann vom sog. »**Versandverfahren**«. Dieses wird im Zollgebiet der Gemeinschaft im »Gemeinschaftlichen Versandverfahren« abgewickelt. Erfolgt der Gütertransport international – folglich über das Zollgebiet der Gemeinschaft hinaus –, können die Spediteure der Staaten, die der T.I.R.-Konvention v. 15.01.1959 beigetreten sind, das »Carnet-TIR-Verfahren« anwenden.

## Das Versandverfahren

Das an der Grenzzollstelle eingehende Fahrzeug wird wie vorstehend beschrieben zollrechtlich abgefertigt. Für die Ladung, die nun an einen Bestimmungsort im Inland oder eine andere Grenzzollstelle weitergeleitet werden soll, wird das »**Versandverfahren**« eingeleitet. Dazu werden an der Grenzzollstelle Versandscheine ausgefertigt. In diesen Versandscheinen ist u.a. das Zollamt des Zielortes oder das andere Grenzzollamt angegeben und die Zeit, in welcher dies zu erreichen ist. Durch diese Fristsetzung soll erreicht werden, dass der Transport zügig durchgeführt wird, um einer möglichen Manipulation am Fahrzeug und/oder der Ladung vorzubeugen. Der Transport der Ladung erfolgt i.d.R. unter Zollverschluss. Ist das Fahrzeug jedoch nicht verschlussfähig, sind bestimmte Ausnahmen (z.B. Einzelaufstellung der Ware) möglich. Am Zielort wird die Ladung durch Erhebung der Eingangsabgaben »zollfrei« gemacht und in den »freien Verkehr« überführt.

Bei dem Versandverfahren ist zu unterscheiden zwischen dem

– Gemeinschaftlichen Versandverfahren innerhalb der EU

– Gemeinsamen Versandverfahren zwischen EU und EFTA

– Internationalen Versandverfahren nach »Carnet-TIR« und »Carnet-ATA«.

Bei dem gemeinschaftlichen/gemeinsamen Versandverfahren (gVV) ist zu trennen zwischen

– externes gVV für **Nichtgemeinschaftswaren;** es wird das Versandpapier **T1** verwendet;

– internes gVV für **Gemeinschaftswaren;** es wird das Versandpapier **T2** verwendet.

Das **externe Versandverfahren** mit T1 ist für den Transport von Nichtgemeinschaftswaren zwischen zwei Orten der EU zwingend anzuwenden. Das Versandpapier T1 ist aber auch bei der **Ausfuhr** von Gemeinschaftsware **mit Erstattung** zu verwenden.

Beim Transport von Nichtgemeinschaftswaren zwischen der EU und EFTA-Staaten ist das Versandpapier T1 fakultativ (freigestellt/wahlfrei) anwendbar. In diesem Fall kann aber auch das »Carnet-TIR« oder das »Carnet-ATA« verwendet werden.

Das **interne Versandverfahren** mit T2 ist für den Transport von Gemeinschaftswaren zwischen zwei Orten der EU über einen EFTA-Staat (Deutschland – Schweiz – Italien) sowie im Eisenbahnverkehr mit Griechenland zwingend anzuwenden.

Beim Transport von Gemeinschaftswaren zwischen der EU und EFTA-Staaten ist das Versandpapier »T« fakultativ (freigestellt/wahlfrei) anwendbar. In diesem Fall kann aber auch das »Carnet-TIR« oder das »Carnet-ATA« verwendet werden.

### Ablauf des Verfahrens

Die zu befördernde Ware wird nach Gestellung und nach Anmeldung mit Einheitspapier von der **Abgangsstelle** zum Versandverfahren abgefertigt und dem Antragsteller (Hauptverpflichteter) gegen Sicherheitsleistung (Befreiungen sind möglich) mit der Verpflichtung überlassen, diese innerhalb der festgesetzten Frist (i.d.R. 8 Tage) der **Bestimmungsstelle** unverändert zu gestellen. Ein Exemplar des Versandscheins bleibt bei der Abgangsstelle, drei Exemplare begleiten die Sendung bis zur Bestimmungsstelle, die ein Exemplar (Rückschein) an die Abgangsstelle zurückschickt. Beim Transport ist die Ware den vorgesehenen **Grenzübergangsstellen** vorzuführen und ggf. ein Grenzübergangsschein abzugeben.

## Das »Carnet-TIR-Verfahren«[1]

Um einen Zollversand von einer Grenzzollstelle (Eingangszollamt) zu einer anderen Grenzzollstelle (Ausgangszollamt) durchführen zu können, mussten zunächst drei Probleme gelöst werden:

1. Um ein zeitraubendes Warten an den Grenzzollstellen zu vermeiden, soll die Zollabfertigung möglichst am Zielort durchgeführt werden;
2. beim Transitverkehr durch mehrere Länder soll die Ladung in den Durchgangszollämtern nicht verzollt werden;
3. es muss verhindert werden, dass während des Transports heimlich Ware in den freien Verkehr gelangt.

Diese Probleme wurden durch das »Carnet-TIR-Verfahren« gelöst, welches folgenden Ablauf vorsieht und nur bei grenzüberschreitenden Warentransporten im Straßenverkehr zwischen den Vertragsparteien[2] anwendbar ist:

Der Transportunternehmer, der das Carnet-TIR-Verfahren benutzen will, muss sich zunächst von seiner Heimatbehörde bescheinigen lassen, dass sein Fahrzeug bestimmten, international vereinbarten Anforderungen an die zollsichere Verschlussmöglichkeit entspricht. Ist das der Fall, kann er das beladene Fahrzeug beim Beginn des Transports von seinem Heimatzollamt zollamtlich verschließen lassen. Er lässt sich dann von einem ermächtigten Verband[3] (Anlage 9, Teil I des Übereinkommens) ein Carnet-TIR[4] ausstellen, welches für die Ladung dieselbe Funktion erfüllt wie früher das Triptyk oder Carnet des Passages für das Fahrzeug. Besitzt der Unternehmer ein i.d.R. zeitlich befristetes Carnet-TIR, wird der Zollverschluss an der Grenze (Durchgangszollamt) nicht geöffnet, die Ladung wird nicht kontrolliert und es wird kein Warenzoll verlangt. Das Fahrzeug kann dabei im Durchgangsverkehr mehrere Länder passieren. Das endgültige Zollverfahren findet erst am Zollamt des Bestimmungsortes statt.

---

1 Gesetz zu dem Zollübereinkommen v. 14.11.1975 über den Internationalen Warentransport mit Carnets TIR (TIR-Übereinkommen), BGBl. 1979 II, S. 445; 1981 II, S. 453; 1983 II, S. 642; 1987 II, S. 316, 416; 1991 II, S. 606; 1995 II, S. 931; 1996 II, S. 314; 1999 II, S. 185.
2 (Stand 1999) Afghanistan, Albanien, Algerien, Aserbeidschan, Belgien, Bosnien-Herzegowina, Bulgarien, Chile, Dänemark, Deutschland, Estland, Europäische Union, Finnland, Frankreich, Griechenland, Indonesien, Iran, Irland, Israel, Italien, Jordanien, Kanada, Kasachstan, Kirgisistan, Korea, Kroatien, Kuwait, Libanon, Liechtenstein, Litauen, Luxemburg, Malta, Marokko, Mazedonien, Moldau, Niederlande, Norwegen, Österreich, Polen, Portugal, Rumänien, Schweden, Schweiz, Slowakei, Spanien, Tadschikistan, Tschechien, Türkei, Tunesien, Turkmenistan, Ukraine, Ungarn, Uruguay, Usbekistan, Vereinigtes Königreich, Vereinigte Staaten, Zypern.
3 Bundesverband Güterkraftverkehr, Logistik und Entsorgung (BGL) e.V., In der Breitenbachstraße 1, 60487 Frankfurt am Main (Tel. 0 69/79 19-0; FAX 0 69/79 19-227) mit seinen Landesverbänden.
4 Muster des Carnet-TIR (Anlage 1 – BGBl. 1979 II, S. 483).

In dieses Zollgutversandverfahren ist eine zweifache Sicherung eingebaut:

– Zunächst muss dafür Sorge getragen werden, dass die Waren nicht hinterzogen, d.h., dem Bestimmungsort nicht zugeführt werden. Dieses Ziel wird durch das Carnet-TIR erreicht, da der ausstellende Verband die Bürgschaft über die Zollschuld übernimmt. Das bedeutet, dass der Verband das Carnet-TIR (mit oder ohne Vorbehalt) nur an zugelassene Transportunternehmer (Anlage 9, Teil II des Übereinkommens) ausgibt.

– Des weiteren muss dafür gesorgt werden, dass während des Transportes keine Waren aus dem Fahrzeug entfernt oder ausgetauscht werden. Um das zu verhindern, werden zum Transport nur solche Fahrzeuge und Container zugelassen, die ganz bestimmten Bauvorschriften entsprechen. Dadurch wird gewährleistet, dass das Fahrzeug durch eine einfache Verplombung zollsicher verschlossen werden kann.

Entspricht das Fahrzeug diesen Vorschriften, wird von der überprüfenden Behörde des Heimatstaates ein Verschlussanerkenntnis[1] ausgestellt. Es ist in der Sprache des Ausstellungslandes sowie in französischer und englischer Sprache zu drucken. Es können beglaubigte Fotografien und Zeichnungen als Anlage beigefügt werden. Das Verschlussanerkenntnis hat eine Gültigkeit von zwei Jahren und ist im Straßenfahrzeug mitzuführen.

Fährt ein Fahrzeug im Carnet-TIR-Verfahren nach Deutschland ein, muss es einmal plombiert sein und zum anderen muss der Fahrer das Carnet-TIR und das Verschlussanerkenntnis vorlegen. An der Grenzzollstelle wird dann in der Regel der Raumverschluss überprüft und in die Carnet-TIR-Papiere das Ausgangszollamt, u.U. die Fahrtstrecke sowie die Zeit, innerhalb der es zu erreichen ist, eingetragen.

Die Fahrzeuge, die am Carnet-TIR-Verfahren teilnehmen, sind vorn und hinten äußerlich gut sichtbar durch ein blaues Schild (250 × 400 mm) mit den Buchstaben T.I.R. – Transport international de marchandises par la Route- gekennzeichnet. Ist das Fahrzeug entladen worden, muss diese Leerfahrt äußerlich erkennbar sein. Dies erfolgt durch Abnahme bzw. Abdeckung des T.I.R.-Schildes oder dadurch, dass ein Diagonalband angebracht wird.

Bei Unfällen, Verletzungen der Plomben, Beschädigung der Ladung, Abweichungen von der Fahrtstrecke oder größerem Fristverzug muss der Fahrzeugführer die nächste Zoll- oder Polizeidienststelle aufsuchen und ein besonderes

---

[1] Vorschriften über die technischen Bedingungen (Anlage 2 – BGBl. 1979 II, S. 490); Verfahren über die Zulassung der Straßenfahrzeuge (Anlage 3 – BGBl. 1979 II, S. 501); Muster des Verschlussanerkenntnisses für Straßenfahrzeuge (Anlage 4 – BGBl. 1996 II, S. 314).

Formular[1] welches er stets mitführt, ausgefüllt abgeben. Erfolgt die Abgabe bei der Polizei, hat diese das Formular an die nächste Zollstelle weiterzuleiten.

Bei der Verkehrsüberwachung bedeutet das, dass bei der Kontrolle solcher Fahrzeuge die Besonderheiten des Zollgutverkehrs zu beachten sind. Werden dabei Unregelmäßigkeiten, insbesondere Verletzung der Plomben oder der Plane festgestellt, ist die Weiterfahrt zu unterbinden und die nächste Zollstelle zu benachrichtigen.

Nach einem Erlass des Bundesministeriums für Finanzen[2] können die Oberfinanzdirektionen den Polizeidienststellen die Befugnis übertragen, z.B. bei Gefahrgut- sowie Lebensmitteltransporten im Bedarfsfall Zollplomben abzunehmen und polizeieigene Plomben anzulegen. Dabei ist wie folgt zu verfahren:

### Beförderungen im TIR-Verfahren

– Frachtpapier »Carnet-TIR« aushändigen lassen;

– im »Carnet-TIR« vorhandenes Protokoll (Procès Verbal de constant) soweit erforderlich ausfüllen, unterzeichnen und Dienststempel anbringen;

– »Carnet-TIR« mit Protokoll dem Fahrzeugführer aushändigen;

– dieser ist anzuweisen, die nächste vom »Carnet-TIR« berührte Zollstelle aufzusuchen;

– wird die Fortsetzung der Fahrt nicht gestattet, ist die nächste Zollstelle unverzüglich zu unterrichten.

### Beförderungen im gemeinschaftlichen/gemeinsamen Versandverfahren mit Versandschein T1 oder T2

– Versandschein T1 oder (heute selten) T2 aushändigen lassen;

– Protokoll mit Dienststempel (siehe Muster) anfertigen und unterzeichnen;

– Vermerk im Feld 56 oder Feld G des Versandscheins T (Rückseite der Exemplare 4 und 5 des Versandscheins) anbringen, dass polizeiliches Protokoll gefertigt wurde und angeschlossen ist;

– Versandschein T1 oder T2 und Mehrfertigung des Protokolls dem Fahrzeugführer aushändigen.

---

1 In der Regel entsprechende Rubrik auf der Rückseite der mitgeführten Versandscheinausfertigung – beachte auch Art. 25 VO (EWG) Nr. 222/77.
2 Erlass v. 7.12.1988, Az. III B7-SV 8100-10/88; Erlass v. 28.4.1989, Az. III B7-SV 8100-12/89; Erlass der OFD Freiburg v. 22.2.1989, Az. SV 8100 B-Z31-1; Schreiben der OFD Stuttgart v. 2.3.1989, Az. SV 8100 A – 1410/88 – Z 32.

– Besonderheiten:

1. Wird die Weiterfahrt nicht gestattet, ist unverzüglich die nächste Zollstelle zu unterrichten (siehe Ziff. 6 des Protokolls);

2. ist in Feld 53 auf der Vorderseite des Versandscheins eine ausländische Bestimmungszollstelle eingetragen, ist der Fahrzeugführer aufzufordern, die Ware unter Vorlage des Versandscheins und des polizeilichen Protokolls der nächsten Zollstelle vorzuführen (siehe Ziff. 8 des Protokolls).

## Muster eines Protokolls gem. Art. 355 Zollkodex-Durchführungs-VO

1. (Feld 1) Versandschein T1 oder T2 (Feld C)     Nr. ................., vom..................
2. (Feld C) Abgangs(zoll)stelle und Land     ............................................
3. (Feld 53) Bestimmungs(zoll)stelle und Land     ............................................
4. Amtliches Kennzeichen des Fahrzeugs, Erkennungszeichen des Behälters     ............................................
5. (Feld D) Vorhandene Verschlüsse......................... unverletzt/verletzt/abgenommen
6. Angelegte neue Verschlüsse (polizeieigene)     ............................................
7. Anlässlich der Überwachung von Gefahrgut-/Lebensmitteltransporten wurde heute die Ladung des oben genannten Fahrzeugs/Behälters kontrolliert. Die Fortsetzung der Fahrt wurde gestattet.[1]
8. Der Fahrzeugführer wurde aufgefordert, unter Vorlage des Versandscheins und dieses Protokolls die Waren der nächsten Zollstelle vorzuführen.
9. Bemerkungen

................................................        ................................................
      (Ort/Datum)                               (Dienststelle/Unterschrift)

---

[1] Wird die Fortsetzung der Fahrt nicht gestattet, ist die nächste Zollstelle unverzüglich zu unterrichten.

FÜNFTER TEIL

# Vorbemerkungen zum NATO-Truppenstatut sowie zum Streitkräfteaufenthaltsgesetz

Für die Rechtsstellung der Stationierungsstreitkräfte (einschließlich der Übungsstreitkräfte) Belgiens, Frankreichs, Kanadas, der Niederlande, Großbritanniens und der Vereinigten Staaten von Amerika innerhalb der Bundesländer Baden-Württemberg, Bayern, Bremen, Hamburg, Hessen, Niedersachsen, Nordrhein-Westfalen, Rheinland-Pfalz, Saarland und Schleswig-Holstein sind in der jeweils geltenden Fassung anzuwenden:

– Das Abkommen zwischen den Parteien des Nordatlantikvertrags v. 19. Juni 1951 über die Rechtsstellung ihrer Truppe (NATO-Truppenstatut – BGBl. 1961 II, S. 1190),

– das Zusatzabkommen v. 3. August 1959 zu dem Abkommen zwischen den Parteien des Nordatlantikvertrags über die Rechtsstellung ihrer Truppen hinsichtlich der in der Bundesrepublik Deutschland stationierten ausländischen Truppen (ZA – BGBl. 1961 II, S. 1218),

– das Unterzeichnungsprotokoll zum Zusatzabkommen v. 3. August 1959 (UP – BGBl. 1961 II, S. 1313),

– das Gesetz zu dem Abkommen zwischen den Parteien des Nordatlantikvertrags v. 19. Juni 1951 über die Rechtsstellung ihrer Truppen und zu den Zusatzvereinbarungen v. 3. August 1959 zu diesem Abkommen (Gesetz zum NATO-Truppenstatut und zu den Zusatzvereinbarungen) v. 18. August 1961 (BGBl. 1961 II, S. 1183), geändert durch Artikel 2 des Gesetzes v. 29. November 1966 (BGBl. 1966 I, S. 653).[1]

Die Übereinkommen sind am 1. Juli 1963 für die Bundesrepublik Deutschland in Kraft getreten (vgl. Bekanntmachung über das Inkrafttreten des NATO-Truppenstatuts und der Zusatzvereinbarungen zu diesem Abkommen v. 16. Juni 1963 – BGBl. 1963 II, S. 745). Ihre vorläufige Weitergeltung nach Herstellung

---

1 »Gesetz zu dem Abkommen v. 18. März 1993 zur Änderung des Zusatzabkommens zum NATO-Truppenstatut und zu weiteren Übereinkünften« v. 28. September 1994 (BGBl. 1994 II, S. 2594);
»Gesetz zu dem Abkommen v. 16. Mai 1994 zur Änderung des Unterzeichnungsprotokolls zum Zusatzabkommen zum Natotruppenstatut« v. 23. November 1994 (BGBl. 1994 II, S. 3710).

der deutschen Einheit wurde mit Notenwechsel v. 25. September 1990 bestätigt (BGBl. 1990 II, S. 1250, 1251; Änderung durch Notenwechsel v. 12. September 1994, BGBl. 1994 II, S. 3716).

In den Bundesländern Brandenburg, Mecklenburg-Vorpommern, Sachsen, Sachsen-Anhalt und Thüringen haben die Streitkräfte der sechs Entsendestaaten nach Nr. 4 des o.g. Notenwechsels v. 25. September 1990 bei Privatreisen und bei (durch deutsche Behörden) genehmigten dienstlichen Aufenthalt die gleiche Rechtsstellung, die ihnen in den in Abs. 1 genannten Bundesländern gewährt wird.

Für die Rechtsstellung der in Berlin stationierten Streitkräfte Frankreichs, Großbritanniens und der Vereinigten Staaten von Amerika gilt der Notenwechsel v. 25. September 1990 (BGBl. 1990 II, S. 1250, 1252).

Zur Ausführung der zoll- und steuerrechtlichen Bestimmungen des NATO-Truppenstatuts und des Zusatzabkommens erging das Truppenzollgesetz v. 17. Januar 1963 (BGBl. 1963 I, S. 51) und die VO zur Durchführung des Truppenzollgesetzes (Truppenzollordnung) v. 1. Juli 1963 (BGBl. 1963 I, S. 451).

Auf das Abkommen zwischen der Bundesrepublik Deutschland und den Vereinigten Staaten von Amerika über die Rechtsstellung von Urlaubern v. 3. August 1959 (BGBl. 1961 II, S. 1384) wird hingewiesen.

Die Rechtsstellung der dänischen, griechischen, italienischen, luxemburgischen, norwegischen, portugiesischen, spanischen und türkischen Streitkräfte bei vorübergehenden Aufenthalten in der Bundesrepublik Deutschland ergibt sich aus dem Notenwechsel v. 29. April 1998. Der Notenwechsel regelt das Aufenthaltsrecht und die Rechtsstellung der Streitkräfte der genannten NATO-Staaten. Die Regelung wurde erforderlich, da das NATO-Truppenstatut und das Zusatzabkommen räumlich auf die alten Länder beschränkt sind. Inhaltlich orientiert sich die getroffene Regelung am NATO-Truppenstatut und dem Streitkräfteaufenthaltsgesetz. Die Bundesrepublik Deutschland hat diesen Notenwechsel durch Gesetz v. 9. Juli 1999[1] angenommen.

Der Beitritt von Polen, Tschechien und Ungarn zum Nordatlantikvertrag wurde durch die Protokolle v. 16. Dezember 1997 vereinbart. Die Bundesrepublik Deutschland hat der Vereinbarung durch Gesetz v. 6. April 1998[2] zugestimmt.

---

1 BGBl. 1999 II. S. 506: Bekanntmachung des Inkrafttretens im Verhältnis zu den Staaten Dänemark, Türkei und Spanien v. 14.4.2000, BGBl. 2000 II, S. 782.
2 BGBl. 1998 II, S. 362.

### Streitkräfte aus Nicht-NATO-Staaten

Nach Artikel 1 des Gesetzes über die Rechtsstellung ausländischer Streitkräfte bei vorübergehenden Aufenthalten in der Bundesrepublik Deutschland (Streitkräfteaufenthaltsgesetz – SkAufG) wird die Bundesregierung ermächtigt, Vereinbarungen mit ausländischen Staaten über Einreise und vorübergehenden Aufenthalt ihrer Streitkräfte in Deutschland durch Rechtsverordnungen in Kraft zu setzen.

Nach Artikel 2 werden in den Vereinbarungen – soweit im Einzelfall erforderlich – Regelungen[1] mit folgendem Inhalt aufgenommen:

| | | | |
|---|---|---|---|
| § 1 | Allgemeine Voraussetzungen | § 11 | Gesundheitswesen |
| § 2 | Grenzübertritt, Einreise | § 12 | Umweltschutz |
| § 3 | Meldewesen | § 13 | Führerscheine, Luftfahrscheine usw. |
| § 4 | Kriegswaffen | § 14 | Verkehr mit eigenen Fahrzeugen des ausländischen Staates |
| § 5 | Waffen | § 15 | Haftpflichtversicherung |
| § 6 | Uniformtragen | § 16 | Haftung |
| § 7 | Gerichtsbarkeit | § 17 | Übungen zu Lande |
| § 8 | Disziplinargewalt | § 18 | Übungen im Luftraum |
| § 9 | Zwangsmaßnahmen | § 19 | Übungen in deutschen Hoheitsgewässern |
| § 10 | Telekommunikation | § 20 | Befreiung von Steuern und sonstigen Abgaben |

### Veröffentlichungen – Auszug

Berberich »Zulassung von Privatfahrzeugen der US-Armee-Angehörigen in Deutschland«, PVT 1983. S. 40.

Burkhardt »Das Abkommen zur Änderung des Zusatzabkommens zum NATO-Truppenstatut«: NJW 1995, S. 424.

Burkhardt »Die Rechtsgrundlagen für den Aufenthalt von ausländischen Streitkräften in der Bundesrepublik Deutschland«, NZWehrr 1995, S. 133 (betrifft vorrangig das SkAufG).

Dunn »Vollzug des Gewahrsams im Rahmen der konkurrierenden Gerichtsbarkeit nach dem NATO-Truppenstatut«, NJW 1979, S. 1747.

---
1 Z.B.: Regelung des Aufenthalts polnischer Streitkräfte für die Übung »Spessart 95« v. 10.11.1995; Regelung des Aufenthalts polnischer Streitkräfte für die Übung »Lausitzer Brücke« v. 30.7.1997.

| | |
|---|---|
| Fauß | »Rechtliche Grundlage für die Zusammenarbeit zwischen deutschen und amerikanischen Polizeibehörden (der NATO-Streitkräfte)«, Kriminalist 1982, S. 75. |
| Fertig | »Die strafprozessualen Eingriffsbefugnisse und die Verfolgung von Ordnungswidrigkeiten gegenüber Stationierungsstreitkräften«, ÖTV, Fachbeilage Oktober 1978, S. 61. |
| Fertig | »Übersicht über die strafprozessualen Eingriffsbefugnisse und die Verfolgung von Ordnungswidrigkeiten gegenüber Stationierungsstreitkräften«, Das Polizeiblatt 1978, S. 98. |
| Fleck | »Vertragsgrundlagen für multinationale Verbände«, NZWehrr 1998, S. 133. |
| Fleck | »Zur Neuordnung des Aufenthaltsrechts für ausländische Streitkräfte in Deutschland«, ZaöRV 1996, S. 389. |
| Fuchs | »Das NATO-Truppenstatut und die Souveränität der Bundesrepublik Deutschland«, ZRP 1989, S. 181. |
| Kraatz | »NATO-Truppenstatut und Zusatzabkommen«, DÖV 1990, S. 382. |
| Maar | »Analyse des Abkommens zur Änderung des Zusatzabkommens zum NATO-Truppenstatut«, NZWehrr 1995, S. 89. |
| Marenbach | »Aktuelle Probleme des NATO-Truppenstatuts«, NJW 1974, S. 394, 1070 und 1598. |
| Marenbach | »Probleme der konkurrierenden Gerichtsbarkeit nach dem NATO-Truppenstatut«, NJW 1978, S. 2434. |
| Oehler | »Zur Konkurrenz der Gerichtsbarkeiten nach dem NATO-Truppenstatut bei Entlassung aus der Armee«, JR 1980, S. 126. |
| Pursch | »Die Rechtsstellung der Stationierungsstreitkräfte – Auswirkung für Polizei und Verwaltung«, Polizei 1963, S. 335. |
| Raap | »Das Truppenstationierungsrecht im vereinten Deutschland«, DÖV 1994, S. 294. |
| Rheinwald | »Die Auswirkungen der Pariser Verträge auf die Tätigkeit der deutschen Polizei«, Das Polizeiblatt 1955, S. 133. |
| Schwenk | »Die zivilprozessualen Bestimmungen des NATO-Truppenstatuts und der Zusatzvereinbarungen«, NJW 1976, S. 1562. |
| Schwenk | »Strafprozessuale Probleme des NATO-Truppenstatuts«, JZ 1976, S. 581. |
| Tempel | »Die Sicherheitsorgane der US-Landstreitkräfte – Organisation und Aufgabe in Europa«, Das Polizeiblatt 1977, S. 169. |
| XX | »Deutsche Strafgerichtsbarkeit und NATO-Truppenstatut«, DRiZ 1989, S. 394. |

# NATO-Truppenstatut

## Übersicht

|   | Rdnr. |
|---|---|
| Betroffener Personenkreis | 1 |
| Fahrerlaubnisrecht | 2 |
| Zulassung / Kennzeichnung / Bau- und Ausrüstung | 3 |
| Gerichtsbarkeit | 4 |
| Haftpflichtversicherung | 5 |
| Steuerrecht | 6 |
| Zollrecht | 7 |

**Truppe** ist das zu den Land-, See- und Luftstreitkräften gehörende Personal 1 einer Vertragspartei, wenn es sich im Zusammenhang mit seinen Dienstobliegenheiten im Bundesgebiet befindet.

Zur amerikanischen Truppe zählt auch das uniformierte Personal von Organisationen, die aus wirtschaftlichen oder sozialen Gründen der Truppe angegliedert sind – vgl. dazu Teil I zu Art. 1 Abs. 4 Buchst. a) des Unterzeichnungsprotokolls (UP).

Urlauber der Streitkräfte der USA aus Standorten außerhalb des Bundesgebietes sind, wenn sie sich durch einen Ausweis mit Standortangabe ausweisen, wie Mitglieder der Truppe zu behandeln[1] – diese Regelung gilt auch für das zivile Gefolge.

**Ziviles Gefolge** ist das die Truppe begleitende und bei ihr beschäftigte Zivilpersonal. Ausgenommen sind:

– Staatenlose,

– Staatsangehörige eines Staates, der nicht Partei des Nordatlantikvertrages ist,

– Deutsche und

– Personen, die ihren Wohnsitz oder gewöhnlichen Aufenthalt im Bundesgebiet haben.

**Angehörige** sind

– der Ehegatte eines Mitglieds der Truppe oder des zivilen Gefolges,

– Kinder, die einem Mitglied der Truppe oder des zivilen Gefolges gegenüber unterhaltsberechtigt sind und

---

1 Abkommen zischen der Bundesrepublik Deutschland und der USA über die Rechtsstellung von Urlaubern v. 3.8.1959.

– sonstige nahe Verwandte eines Mitglieds der Truppe oder des zivilen Gefolges, die von diesem aus wirtschaftlichen oder gesundheitlichen Gründen abhängig sind, von ihm tatsächlich unterhalten werden, die Wohnung teilen, die das Mitglied der Truppe inne hat und sich mit Genehmigung der Truppe im Bundesgebiet aufhalten.

Stirbt ein Mitglied der Truppe oder des zivilen Gefolges oder wird es aus dem Bundesgebiet wegversetzt, so gelten seine Angehörigen bis 90 Tage nach dem Tag des Todes oder der Versetzung weiter als Angehörige.

Abschließend ist festzustellen, dass »Truppe« und »ziviles Gefolge« stets unter militärisch-dienstlichen Gesichtspunkten zu sehen sind. Privatpersonen, auch Soldaten in ihrer Freizeit, werden von diesen zwei Gruppen nicht erfasst. Sind Soldaten oder ziviles Gefolge als Privatpersonen gemeint, so werden sie als »Mitglieder« der Truppe oder des zivilen Gefolges bezeichnet.

2 Gemäß Artikel IV NTS ist die Bundesrepublik Deutschland verpflichtet, die Fahrerlaubnis (nachgewiesen durch Führerschein oder Militärführerschein) des Entsendestaates für ein Mitglied der Truppe oder eines zivilen Gefolges als gültig anzuerkennen.

Dementsprechend sind die Mitglieder der Truppe oder eines zivilen Gefolges nach Artikel 9 Abs. 1 ZA berechtigt, im Bundesgebiet **Dienstfahrzeuge** zu führen. Voraussetzung ist, dass sie im Besitz eines gültigen Führerscheins oder eines anderen Erlaubnisscheins sind, welcher von einer Behörde des Entsendestaates ausgestellt wurde und zum Führen von Dienstfahrzeugen berechtigt.

Dienstführerscheine berechtigen, soweit dies nach dem Recht des Entsendestaates zulässig ist, auch zum Führen entsprechender **Privatfahrzeuge**. Die Behörden des Entsendestaates oder seiner Truppen sind befugt, auf Grund dienstlicher Führerscheine auch Führerscheine zum Führen entsprechender Privatfahrzeuge zu erteilen.

Die zeitliche Befristung des § 4 IntVO ist nicht anzuwenden, wenn der Inhaber eine Bescheinigung einer Behörde der Truppe besitzt, in welcher sein Status (Mitglied der Truppe, des zivilen Gefolges oder Angehöriger) bestätigt und ihm bescheinigt wird, dass er über ausreichende Kenntnisse der deutschen Verkehrsvorschriften verfügt. Diese Bescheinigung muss mit einer deutschen **Übersetzung** versehen sein – Artikel 9 Abs. 2 ZA.

Ein Mitglied einer Truppe oder eines zivilen Gefolges oder ein Angehöriger kann mit Genehmigung der Behörden der Truppe einen **deutschen Führerschein** beantragen, der den Inhaber ermächtigt, ein privates Kraftfahrzeug zu führen. Solche Führerscheine werden von den zuständigen deutschen Behörden im Einklang mit geltenden deutschen Vorschriften ausgestellt.

Mit Wirkung v. 1.4.1991 erteilen die Britischen Streitkräfte in Deutschland keine Fahrerlaubnis mehr für das Führen von Privatfahrzeugen. Die Berechtigung zum Führen privater Kraftfahrzeuge wird ab diesem Zeitpunkt durch den britischen Führerschein bzw. den EG-Führerschein nachgewiesen. Zusätzlich ist der als »BFG Driving Permit – Fahrerlaubnis« bezeichnete Ausweis mitzuführen. Es handelt sich dabei um eine Bescheinigung der Britischen Streitkräfte in Deutschland, durch die dem Inhaber bestätigt wird, dass er Mitglied der Truppe ist und über ausreichende Kenntnis der deutschen Verkehrsvorschriften verfügt. Der »BFG Driving Permit« Ausweis ersetzt **nicht** die britische Fahrerlaubnis bzw. den EG-Führerschein.[1]

Die **Fahrausbildung** von Personen, die auf Grund dieser Regelung einen Führerschein beantragen, kann in von Truppen betriebenen Fahrschulen stattfinden, wenn die Ausbilder in diesen Schulen über berufliche Eignungen verfügen, die den Vorschriften des jeweiligen Entsendestaates entsprechen. Diese Ausbilder müssen über eine von den Behörden der Truppe auszustellende Bescheinigung mit einer deutschen Übersetzung verfügen, die sie zur Ausbildung von Fahrschülern ermächtigt und müssen diese Bescheinigung während der Ausbildung mit sich führen.

Der Inhalt der schriftlichen und praktischen Führerscheinprüfung für diese Personen wird von den deutschen Behörden im Benehmen mit den Behörden der Truppe festgelegt. Die deutschen Behörden haben das Recht, im Benehmen mit den Behörden der Truppe die ordnungsgemäße Durchführung sicherzustellen – Artikel 9 Abs. 3 ZA.

Personen, die nicht als Fahrlehrer ausgebildet sind, dürfen in dieser Eigenschaft in einer Fahrschule der Truppe nicht eingesetzt werden.

Wird die Bescheinigung nicht (oder nicht mit einer deutschen Übersetzung versehen) vorgelegt, ist zunächst vom Verdacht eines Vergehens i.S.d. § 21 StVG auszugehen.

Die Behörden einer Truppe entziehen die im Bundesgebiet gültigen Kraftfahrzeugführerscheine oder die erwähnten Bescheinigungen, wenn begründete Bedenken gegen die Zuverlässigkeit oder Eignung der Inhaber zum Führen von Kraftfahrzeugen bestehen. In Fällen, in denen die deutschen Gerichte die Gerichtsbarkeit auf Grund des Artikels VII NTS und der Artikel 17, 18 und 19 des ZA ausüben, bleiben die Vorschriften des deutschen Strafrechts über die Entziehung der Fahrerlaubnis auf die von einer deutschen Behörde ausgestellten Führerscheine, soweit es um die Berechtigung zum Führen privater Landfahrzeuge geht, sowie auf die erwähnte Ausbildungsbescheinigung anwendbar. Die

---

[1] Schreiben des BMV v. 22.7.1991, Az. StV 11/36.10.22/16 G 91.

Entziehung der Fahrerlaubnis ist auf dem Führerschein, der dem Inhaber zu belassen ist, zu vermerken – Artikel 9 Abs. 6 ZA.

3 Kraftfahrzeuge und Anhänger der Truppe, des zivilen Gefolges, ihren Mitgliedern und deren Angehörigen, können von den Behörden der Truppe registriert und **zugelassen** werden – Artikel 10 Abs. 1 ZA.

In Einzelfällen können zusätzlich deutsche Kennzeichen für bestimmte Fahrzeuge durch die zuständigen deutschen Behörden genehmigt werden. Die Haftpflicht nach Artikel 11 Abs. 1 bleibt unberührt. In den Fällen des Artikel 11 Abs. 2 S. 1 muss sich die Garantie des Versicherers oder des Verbandes solcher Versicherer auch auf Schadensfälle in Staaten oder Gebieten erstrecken, in die Fahrzeuge mit amtlichen deutschen Kennzeichen ohne Kontrolle des Versicherungsnachweises einreisen dürfen.[1]

Über die **Genehmigung des deutschen Kennzeichens** ist eine besondere Bescheinigung auszustellen oder ein Vermerk auf dem Zulassungsschein anzubringen. Weitere Einzelheiten werden zwischen den deutschen Behörden und den Behörden der Truppe vereinbart – Artikel 10 Abs. 1 Unterabsatz 1 ZA.

Die deutschen Behörden können verlangen, dass die Zulassungen nach den Absätzen 1 und Unterabsatz 1 von den Behörden der Truppe den zuständigen deutschen Behörden zur dortigen Erfassung mitgeteilt werden. Einzelheiten, insbesondere welche Zulassungsdaten mitzuteilen sind, werden zwischen den deutschen Behörden und den Behörden der Truppe vereinbart – Artikel 10 Abs. 1 Unterabsatz 2 ZA.

Kraftfahrzeuge und Kraftfahrzeuganhänger, die nach Abs. 1 registriert und zugelassen oder von einer Truppe im Bundesgebiet benutzt werden, sind in regelmäßigen Abständen einer **technischen Untersuchung** zu unterziehen. Die deutschen Behörden können verlangen, dass deutsche Prüfer Stationen oder Werkstätten der Entsendestaaten, in denen **private** Kraftfahrzeuge und Kraftfahrzeuganhänger technisch untersucht werden, auf ihre Eignung zur Durchführung von Untersuchungen überprüfen. Außerdem können sie dort diese Fahrzeuge auf ihre Verkehrssicherheit überprüfen. Unberührt bleibt die Möglichkeit, dass Fahrzeug in deutschen Prüfstellen nach deutschen Vorschriften begutachten und geprüft werden – Artikel 10 Abs. 1 Unterabsatz 3 ZA.

Die Zulassung **privater Kraftfahrzeuge und Anhänger** wird durch einen Zulassungsschein nachgewiesen. Der Zulassungsschein muss mit einer deutschen Übersetzung versehen sein und

---

1 Schadensfälle i.S. von Artikel 2 Abs. 2 der Richtlinie 72/166/EWG v. 24.4.1972 in der jeweils geltenden Fassung.

– die Erkennungsnummer,

– den Namen oder die Marke des Herstellers,

– die Fabrik- oder Seriennummer,

– den Tag der Erstzulassung im Bundesgebiet sowie

– den Namen und Vornamen des Inhabers

enthalten – Artikel 10 Abs. 4 ZA.

Die Behörden einer Truppe treffen hinsichtlich der von ihnen registrierten und zugelassenen oder im Bundesgebiet von der Truppe benutzten Kraftfahrzeuge und Anhänger die angemessenen Sicherheitsmaßnahmen – Artikel 10 Abs. 5 ZA.

Nach Artikel V Abs. 2 NTS haben die **Dienstfahrzeuge**[1] einer Truppe oder eines zivilen Gefolges außer ihrer Kenn-Nummer ein deutliches Staatszugehörigkeitszeichen (Nationalitätszeichen) zu führen.

Weitere Bestimmungen zur Kennzeichnung der Fahrzeuge enthält Artikel 10 Abs. 3 ZA. Danach sind die von der Truppenbehörde registrierten und zugelassenen Kraftfahrzeuge und Anhänger oder die von einer Truppe benutzten Fahrzeuge mit einer Erkennungsnummer (deutlich lesbar und nicht abwaschbar) oder einem anderen geeigneten Erkennungszeichen (Tatfrage!) und einem deutlichen (gut lesbaren) Nationalitätszeichen zu versehen.

Die Erkennungszeichen für private Fahrzeuge müssen sich von denen der Dienstfahrzeuge deutlich unterscheiden.

Die Behörden der Truppe teilen den deutschen Behörden das von ihnen angewandte Kennzeichnungssystem mit. In begründeten Fällen ist den deutschen Behörden (auch dem Polizeivollzugsdienst als Teil der Verwaltung) Name und Anschrift der Person mitzuteilen, auf welche das private Fahrzeug zugelassen ist.

---

1 Kraftfahrzeuge und Anhänger der internationalen militärischen Hauptquartiere werden nach § 1 Abs. 2 der 15. AusnahmeVO zur StVZO mit dem Unterscheidungszeichen X und einer vierstelligen Zahl gekennzeichnet; im Übrigen gelten die Vorschriften des § 60 Abs. 1 S. 5 StVZO für Kennzeichen der Bundeswehrfahrzeuge entsprechend.
Vorn und hinten tragen die Fahrzeuge ein zusätzliches Sonderzeichen, welches aus einem rechteckigen weißen Schild mit der Bezeichnung SHAPE in schwarzen Buchstaben besteht. Auskunft über diese Fahrzeuge erteilt die Zentrale Militärkraftfahrstelle (ZMK), Winkelsfelder Straße 36-38, 40477 Düsseldorf, Tel. (0211) 63 30 01 / Telex 85 86 896 bw d – Verltb. des BMV v. 2.2.1983, VkBl. 1983, S. 72.

Bei den **Zulassungsvoraussetzungen** für die Fahrzeuge ist folgendes zu beachten:

Nach Artikel II NTS haben die Mitglieder der Truppe, des zivilen Gefolges sowie deren Angehörige die Pflicht, das Recht der Bundesrepublik Deutschland zu achten. Dieser Grundsatz wird für den Bereich des Straßenverkehrsrechts durch Artikel 57 Abs. 3 ZA konkretisiert, in dem er bestimmt:

»Eine Truppe, ein ziviles Gefolge, ihre Mitglieder und Angehörigen befolgen die deutschen Verkehrsvorschriften einschließlich der Vorschriften über das Verhalten am Unfallort und der Vorschriften über den Transport gefährlicher Güter, soweit nicht in diesem Abkommen etwas anderes bestimmt ist. Die Einhaltung dieser Vorschriften überwachen die zuständigen Behörden. Um die Kontrolle der Einhaltung dieser Bestimmungen zu erleichtern, kann diese Überwachung gemeinsam durchgeführt werden. Die Durchführung dieser Überwachung kann durch örtliche Absprachen geregelt werden. Bestehende Absprachen bleiben bestehen, es sei denn, sie werden überarbeitet.«

Zu den »Verkehrsvorschriften« in diesem Sinne zählen die StVO, die StVZO mit den Dienstanweisungen, die verkehrsrechtlichen Vorschriften des StGB und des StVG und überhaupt alle den öffentlichen Straßenverkehr betreffenden Regelungen, gleichgültig, ob sie durch Gesetze, Rechtsverordnungen oder Verwaltungsanordnungen veröffentlicht werden.

Dieser Grundsatz gilt aber nur, wenn in diesem Abkommen nicht etwas anderes bestimmt ist. Eine abweichende Regelung ergibt sich jedoch aus Artikel 57 Abs. 5 ZA:

»Die Behörden des Entsendestaates beachten grundlegende deutsche Verkehrssicherheitsvorschriften. Innerhalb dieses Rahmens können sie ihre eigenen Normen auf den Bau, die Ausführung und die Ausrüstung der Kraftfahrzeuge, Kraftfahrzeuganhänger, Binnenschiffe und Luftfahrzeuge anwenden. Die deutschen Behörden und die Behörden der Truppe arbeiten bei der Durchführung dieser Bestimmungen eng zusammen.«

Bei einer verkehrspolizeilichen Kontrolle findet daher eine technische Überprüfung dieser Fahrzeuge nicht statt. Das heißt, die Kontrolle beschränkt sich im Allgemeinen auf eine Ausweiskontrolle sowie die Überprüfung der Fahrzeugzulassung und der Berechtigung, im öffentlichen Straßenverkehr ein Kraftfahrzeug führen. Wird dabei festgestellt, dass sich das Fahrzeug offensichtlich in einem verkehrsunsicherem Zustand befindet, ist nun die polizeirechtliche Beschlagnahme des Fahrzeugs möglich, da eine schwere Störung der öffentlichen (Sicherheit und) Ordnung beseitigt werden muss. Die zuständige Militärpolizei ist unverzüglich zu benachrichtigen.[1]

---

1 Dazu Fauß, »Rechtliche Grundlage für die Zusammenarbeit zwischen deutschen und amerikanischen Polizeibehörden (der NATO-Streitkräfte)«, Kriminalist 1982, S. 75.

Hat eine Person in der Bundesrepublik Deutschland den Tatbestand einer Ordnungswidrigkeit erfüllt, kann der Verstoß von der zuständigen deutschen Stelle nur geahndet werden, wenn der Betroffene dem deutschen Ordnungswidrigkeitenrecht unterliegt. Das Ordnungswidrigkeitenrecht gilt nach § 5 OWiG innerhalb der räumlichen Grenzen der Bundesrepublik sowohl für Deutsche als auch für Ausländer. Ausländische Soldaten aus Staaten, die der NATO angehören, genießen jedoch in der Bundesrepublik Deutschland aufgrund des NATO-Truppenstatuts eine partielle Exterritorialität, dass heißt, eine teilweise Nichtverfolgbarkeit durch deutsche Stellen. Dabei ist zwischen der ausschließlichen und der konkurrierenden Strafgerichtsbarkeit zu unterscheiden.[1] **4**

Eine **ausschließliche Strafgerichtsbarkeit** zugunsten der Behörden des Entsendestaates besteht dann, wenn Personen, die dem Militärrecht des Entsendestaates unterstehen, eine Tat begehen, die nur nach dem Recht des Entsendestaates, nicht aber nach dem des Aufnahmestaates (Bundesrepublik) strafbar ist – Art. VII Abs. 2a NTS.

Eine ausschließliche Strafgerichtsbarkeit zugunsten des Aufnahmestaates (Bundesrepublik) besteht dann, wenn Mitglieder einer Truppe oder eines zivilen Gefolges oder deren Angehörige eine Tat begehen, die nur nach dem Recht des Aufnahmestaates strafbar ist – Art. VII Abs. 2b NTS. So sind z.B. Verkehrsordnungswidrigkeiten von Mitgliedern der Truppe der USA, sofern sie nicht während einer Dienstfahrt begangen wurden, nach dem Militärstrafrecht der USA nicht strafbar.[2]

In allen übrigen Fällen, wenn also die Tat nach dem Recht beider beteiligten Staaten strafbar ist, besteht nach Art. VII Abs. 1 NTS eine sog. **konkurrierende Strafgerichtsbarkeit.**

Die Tatsache, dass im NATO-Truppenstatut stets von »Strafbarkeit« und »Strafgerichtsbarkeit« die Rede ist, bedeutet nicht, dass die Vorschrift bei Ordnungswidrigkeiten nicht zur Geltung käme. Vielmehr bestimmt das Unterzeichnungsprotokoll (UP) zum ZA v. 3.8.1959 zu Art. VII NTS:

»Die Bundesrepublik betrachtet Handlungen, die durch Verwaltungsverfahren als Ordnungswidrigkeiten geahndet werden, als nach dem Recht des Aufnahmestaates strafbare Handlungen im Sinne des Artikels VII und der mit ihm im Zusammenhang stehenden Bestimmungen des Zusatzabkommens.«

Das bedeutet, dass das NATO-Truppenstatut auch bei der Verfolgung von Ordnungswidrigkeiten anzuwenden ist.

---

1 Vgl. »Durchführung des NATO-Truppenstatuts und der Zusatzvereinbarungen im Bereich der Strafgerichtsbarkeit«, Die Justiz 1981, S. 409.
2 Vgl. Rebmann/Roth/Herrmann, OWiG, § 46 Rdnr. 22.

Bei einem tatbestandsmäßigen Verstoß eines ausländischen Soldaten in der Bundesrepublik gegen eine Vorschrift der StVO/StVZO ist demnach zu prüfen, welcher Strafgerichtsbarkeit der Soldat unterliegt. Ist die Ahndung des Verstoßes sowohl nach deutschem Recht als auch nach dem Recht des Heimatstaates des Soldaten möglich, besteht eine konkurrierende Gerichtsbarkeit. In diesem Fall hat die Bundesrepublik aber einen generellen, nur in besonderen Fällen zurücknehmbaren Verzicht auf Strafverfolgung ausgesprochen,[1] so dass eine Ahndung durch deutsche Stellen ausscheiden würde.

Weitere Einzelheiten ergeben sich aus Art. 19 Abs. 2 und 3 des ZA i.V.m. dem UP zu Art. 19:

»(2) Unbeschadet anderer Unterrichtungspflichten nach dem NATO-Truppenstatut oder diesem Abkommen teilen die Militärbehörden des Entsendestaates den zuständigen deutschen Behörden mit, wenn sie beabsichtigen, das ihnen nach Art. VII Abs. 2 Buchst. a) des NATO-Truppenstatuts gewährte Vorrecht auf Ausübung der Gerichtsbarkeit im Hinblick auf einzelne Straftaten in Anspruch zu nehmen, die in dem auf diesen Artikel Bezug nehmenden Abschnitt des Unterzeichnerprotokolls, Abs. 2 Buchst. a), aufgeführt sind.«

»(3) Sind die zuständigen deutschen Behörden der Ansicht, dass **Belange der deutschen Rechtspflege** die Ausübung der deutschen Gerichtsbarkeit erfordern, so können sie den nach Abs. 1 gewährten Verzicht durch eine Erklärung zurücknehmen, die sie den zuständigen Zivil- oder Militärbehörden innerhalb von einundzwanzig Tagen nach Eingang der in Abs. 2 vorgesehenen Mitteilung oder innerhalb einer etwa gemäß Abs. 7 vereinbarten kürzeren Frist abgeben. Die deutschen Behörden können die Erklärung auch vor dem Eingang der Mitteilung abgeben.«

Das UP führt zu Artikel 19 Abs. 2 aus:

(a) Belange der deutschen Rechtspflege im Sinne von Artikel 19 Abs. 3 können die Ausübung der deutschen Gerichtsbarkeit insbesondere bei folgenden Straftaten erfordern:

   (i) Straftaten, die zur Zuständigkeit der Oberlandesgerichte im ersten Rechtszuge gehören oder deren Verfolgung der Generalbundesanwalt beim Bundesgerichtshof übernehmen kann;

   (ii) Straftaten, durch die der Tod eines Menschen verursacht wird, Raub, Vergewaltigung, soweit sich diese Straftat nicht gegen ein Mitglied einer Truppe, eines zivilen Gefolges oder gegen einen Angehörigen richtet;

   (iii) Versuch solcher Straftaten oder Teilnahme an ihnen.

---

[1] Vgl. Art. VII Abs. 3 NTS, Art. 19 Abs. 1 ZA.

Ist die Ahndung eines Verstoßes hingegen allein nach deutschem Recht möglich, weil es im Heimatland des Soldaten keine entsprechende Strafbestimmung gibt, sind die deutschen Behörden und Gerichte zur Ahndung berufen.

**Straftatbezogene Ahndungsfaktoren**

Das Militärstrafrecht der **Vereinigten Staaten** (Uniform Code of Military Justice – UCMJ) kennt im Bereich der Straßenverkehrsdelikte im Wesentlichen nur folgende Tatbestände:

- Fahrlässige Tötung, Art. 119 (b) oder Art. 134 UCMJ;
- Verkehrsunfallflucht, Art. 134 UCMJ;
- Fahren ohne FE, Art. 92 UCMJ i.V.m. USAREUR Regulation No. 632-10 sect. II par. 6 sowie Ermächtigung zum Fahren ohne FE;
- Trunkenheit oder Rücksichtslosigkeit am Steuer, Art. 111 UCMJ;[1]
- Führen eines nicht versicherten und nicht zugelassenen Kraftfahrzeugs, Art. 92 UCMJ i.V.m. USAREUR Regulation No. 632-10, sect. II par. 7;
- Führen eines defekten Fahrzeugs, Art. 92 UCMJ i.V.m. USAREUR Regulation No. 632-10, par. 4, No. 4 bzw. USAREUR Regulation No. 190-1 Anl. c.

Die USAREUR Regulation No. 190-1 Anl. c führt diejenigen Bestandteile eines Kraftfahrzeugs auf, die am Fahrzeug vorhanden bzw. nicht beschädigt sein dürfen. Zuwiderhandlungen dagegen erfüllen den Tatbestand des Art. 92 UCMJ.

- Beleuchtung,
- Hupe (hörbar auf 200 Fuß,[2] Bremsen (2 getrennte Bremsanlagen),
- Reifen (Mindestprofiltiefe: 1 mm, bei Gürtelreifen: 2 oder 4, bei 2: auf Antriebsrädern),
- Kotflügel: äußerste Begrenzung,
- Lenkungsspiel bei Durchmesser des Lenkrades von 18 Zoll[3] max. 3 Zoll, bei über 18 Zoll: 4 Zoll,
- Scheibenwischer,
- Innenspiegel, Linksaußenspiegel (Rückblickweite: 200 Fuß),
- Auspuff,

---

[1] Dazu Marenbach, »Aktuelle Probleme des NATO-Truppenstatuts«, NJW 1974, S. 1598.
[2] 1 Fuß – ca. 30 cm.
[3] 1 Zoll – 2,54 cm.

- Sicherheitsglas rundum (oder Plexiglas), nicht gebrochen, keine Aufkleber,
- Kraftstofftank (dicht und befestigt),
- Türschlösser,
- keine militärische oder andere behördliche Markierung des Fahrzeugs,
- keine reflektierenden Farben – außer hinten,
- Gurtzwang (ab Baujahr 1.1.1964: Gurte vorn, ab 1.1.1968: Gurte vorn und hinten),
- Stoßdämpfer, Federung,
- Warnblinkanlage,
- Warndreieck,
- Sanitätskasten,
- Tachometer,
- 2 Rückstrahler hinten,
- Stoßstangen vorn und hinten.

Bei **französischem** und **britischem Recht** ist davon auszugehen, dass Verkehrsordnungswidrigkeiten ebenfalls strafbar sind.

Nach § 121 des kanadischen Verteidigungsgesetzes sind alle Handlungen und Unterlassungen, die nach dem Recht des Stationierungsortes strafbar sind, zugleich Straftaten nach dem **kanadischem** Militärrecht.

Das Vorrecht des Entsendestaates besteht nach Art. VII Abs. 3a NTS bei allen strafbaren Handlungen

- gegen das Vermögen oder die Sicherheit des Entsendestaates,
- gegen Personen oder das Vermögen eines anderen Mitglieds der Truppe, des zivilen Gefolges oder eines Angehörigen,
- in Ausübung des Dienstes.

Letzteres bedeutet, dass ein verhaltensrechtlicher Verstoß (StVO), der von einem Mitglied der Truppe während einer Dienstfahrt begangen wurde, von den zuständigen Stellen des Entsendestaates zu ahnden ist. Dabei ist zu berücksichtigen, dass von US-Soldaten Dienstfahrten auch mit Privatfahrzeugen durchgeführt werden. Als Nachweis der Dienstfahrt dient die vom Fahrzeugführer mitzuführende schriftliche Bestätigung des Einheitsführers. In diesen Fällen ist ebenfalls die US-Militärgerichtsbarkeit gegeben.

Werden dagegen verhaltenrechtliche Verstöße während einer Privatfahrt begangen, ist das deutsche Ahndungsrecht voll anwendbar.

**Personenbezogene Ahndungsfaktoren**

Die Militärgerichtsbarkeit der Entsendestaaten ist in personeller Hinsicht sowohl durch den Geltungsbereich ihres Militärstrafrechts als auch durch die im NTS selbst aufgestellten Schranken begrenzt.

Das NTS geht davon aus, dass die Militärgerichtsbarkeit der Entsendestaaten nicht nur auf die Mitglieder der Truppe, sondern auch auf Mitglieder des zivilen Gefolges sowie deren Angehörige anwendbar ist. Dazu gibt es jedoch umfangreiche Sonderregelungen:

a) Nach dem Recht der **Vereinigten Staaten** und der **Niederlande** sind Mitglieder des zivilen Gefolges und Angehörige in Friedenszeiten dem Militärstrafrecht **nicht** unterworfen. Sie unterliegen daher uneingeschränkt der deutschen Strafgerichtsbarkeit.

b) Die Mitglieder des zivilen Gefolges und Angehörige der Entsendestaaten **Belgien, Frankreich** und **Großbritannien** unterliegen dagegen nach deren Recht auch in Friedenszeiten der Militärgerichtsbarkeit. Auf sie findet daher die Gerichtsbarkeit des NTS Anwendung.

c) Nach dem Recht **Kanadas** erstreckt sich die Militärgerichtsbarkeit nur dann auf Mitglieder des zivilen Gefolges und auf Angehörige von Mitgliedern der Truppe, wenn sie sich dieser ausdrücklich unterworfen haben. Nicht anwendbar ist die Militärgerichtsbarkeit dagegen auf Angehörige von Mitgliedern des zivilen Gefolges; dieser Personenkreis unterliegt daher uneingeschränkt der deutschen Strafgerichtsbarkeit.

**Anzeigenvorlage, Mängelberichtsverfahren und Verwarnung mit Verwarnungsgeld**

Die Ahndung von Ordnungswidrigkeiten in den Fällen der konkurrierenden Gerichtsbarkeit obliegt den zuständigen Militärbehörden. Die Anzeigen sind der zuständigen Staatsanwaltschaft vorzulegen, welche eine mögliche Rücknahme des Verzichts auf Strafverfolgung prüft (in der Regel jedoch verneint).

In den Fällen der ausschließlichen deutschen Gerichtsbarkeit erfolgt die Ahndung von Zuwiderhandlungen von den deutschen Bußgeldbehörden. Die Anzeigen sind daher den jeweils zuständigen deutschen Bußgeldbehörden vorzulegen.

Werden an Dienst- oder Privatfahrzeugen technische Mängel festgestellt, ist ein Mängelbericht auszustellen. Die Durchschrift des Mängelberichts ist der jeweils zuständigen Militärpolizei zu übersenden, welche die Behebung der beanstandeten Mängel veranlasst.

Eine Verwarnung mit Verwarnungsgeld ist bei geringfügigen Ordnungswidrigkeiten nicht nur im Bereich der ausschließlichen deutschen sondern auch im Bereich der konkurrierenden Gerichtsbarkeit zulässig. Die Anwendung des Verwarnungsverfahrens resultiert aus der Feststellung, dass die Erteilung einer Verwarnung mit Verwarnungsgeld von den Behörden der Entsendestaaten bislang nicht als Ausübung der Gerichtsbarkeit angesehen worden ist.[1]

5 Kraftfahrzeuge und Anhänger, die im Inland keinen regelmäßigen Standort haben, dürfen im Bundesgebiet nur gebraucht werden, wenn nach § 1 Abs. 1 AuslPflVG eine ausreichende Kraftfahrzeug-Haftpflichtversicherung besteht.

Das gilt nach § 1 Abs. 5 AuslPflVG nicht für Fahrzeuge der ausländischen Streitkräfte, die zum Aufenthalt im Geltungsbereich des Gesetzes befugt sind.

Die Ersatzpflicht bei Unfällen durch **Dienstfahrzeuge** der Stationierungsstreitkräfte richtet sich, ebenso wie bei Unfällen mit Dienstfahrzeugen der Bundeswehr, nach deutschem Recht – § 839 BGB, Art. 34 GG, §§ 12, 16 StVG. Das bedeutet, dass bei Verkehrsunfällen mit Dienstfahrzeugen eine haftungsrechtliche Verantwortung des Mitglieds der Stationierungsstreitkräfte nicht besteht; verantwortlich ist vielmehr die Streitkraft des Entsendestaates.

Die Ansprüche richten sich nach Art. VIII Abs. 5 NTS und Art. 41 ZA. Sie sind an eine 90-Tage-Frist gebunden und bei der Verteidigungslastenverwaltung geltend zu machen.

Die **privaten Kraftfahrzeuge und Anhänger**[2] werden nach Art. 10 Abs. 2 ZA von den Behörden der Truppe nur registriert und zugelassen, wenn eine Kraftfahrzeug- Haftpflichtversicherung nach Art. 11 ZA besteht.

Mitglieder der Truppe, eines zivilen Gefolges und Angehörige dürfen nach Art. 11 Abs. 1 ZA private Kraftfahrzeuge und Anhänger im Bundesgebiet nur gebrauchen oder ihren Gebrauch gestatten, wenn eine Haftpflichtversicherung nach Maßgabe des deutschen Rechts besteht.

Die Ersatzansprüche bei Verkehrsunfällen mit Privatfahrzeugen der Stationierungsstreitkräfte richten sich gegen den Versicherer.

---

1 Vgl. Göhler, OWiG, S 380.
2 Privatfahrzeuge im Inland stationierter Mitglieder der Truppe, des zivilen Gefolges und deren Angehöriger unterliegen nicht dem Anwendungsbereich des AuslPflVG, wenn sie von den Behörden der Truppe des Entsendestaates in Deutschland zugelassen werden – AG Siegburg, VersR 1984, S. 432.

Erfolgt eine Schadensverursachung durch ein nicht versichertes Privatfahrzeug, richten sich die Ersatzansprüche wegen Amtspflichtverletzung der Truppenbehörde gegen die deutsche Verteidigungslastenverwaltung; ansonsten gegen den Verein Verkehrsopferhilfe e.V. in Hamburg.[1]

Nach Art. 63 Abs. 2 ZA sind **Dienstfahrzeuge** der Truppe und des zivilen Gefolges von allen Abgaben befreit, die wegen der Verwendung der Fahrzeuge im Straßenverkehr erhoben werden; von dieser Bestimmung wird auch die Kraftfahrzeugsteuer erfasst.  6

Bei **privaten Fahrzeugen** der Mitglieder der Truppe, eines zivilen Gefolges und deren Angehörigen liegt eine Steuerbefreiung nach dem NTS und dem ZA nicht vor.

Diese ergibt sich vielmehr aus dem Unterzeichnerprotokoll zum Zusatzabkommen, indem zu Art. 62 Abs. 2 in der Liste deutscher Steuern unter Buchstabe d) aufgeführt wird:

> »Die Kraftfahrzeugsteuer wird nur für private Personenkraftfahrzeuge, die mit einem deutschen Erkennungszeichen versehen sind, erhoben.«

Diese Steuerbefreiung ist fahrzeugbezogen. Es ist daher unbeachtlich, ob das Kraftfahrzeug von einer unter das NTS fallende Person oder von einem Inländer geführt wird.

Die abgabenrechtlichen Bestimmungen des NTS (Art. XI) und des ZA (Art. 65 bis 67) enthalten u.a. Zollvergünstigungen für Waren, die die ausländischen Streitkräfte oder ihre Mitglieder aus dem Ausland einführen oder im Inland beziehen. Die Abgabenvergünstigungen hängen davon ab, dass die Waren ausschließlich von den Streitkräften oder ihren Mitgliedern verwendet werden.  7

Das deutsche Zollrecht hat für Fälle, in denen die Zollfreiheit oder die Anwendung eines ermäßigten Zollsatzes davon abhängt, dass das Zollgut unter zollamtlicher Überwachung für einen begünstigten Zweck verwendet wird, das Rechtsinstitut der »Zollgutverwendung« geschaffen. Die Ausführung der Abkommen wird dadurch erleichtert, dass das Truppenzollgesetz an dieses Rechtsinstitut anknüpft.

Nach Art. XI Abs. 2 Buchst. a) und b) ist die vorübergehende Einfuhr und die Wiederausfuhr von **Dienstfahrzeugen** einer Truppe oder eines zivilen Gefolges gegen Vorlage eines Triptiks (Zollpassierschein) ohne Erhebung von Zöllen statthaft.

Nach Art. XI Abs. 6 NTS und Art. 66 ZA können Mitglieder der Truppe oder eines zivilen Gefolges ihre **privaten Kraftfahrzeuge** für ihren persönlichen Gebrauch oder für den ihrer Angehörigen vorübergehend zollfrei einführen.

---

1 Schreiben des BMV v. 21.3.1972, Az. 9/83.07.03-18/4071 72.

»**Vorübergehend**« bedeutet in beiden Fällen die zeitliche Dauer der dienstlichen bzw. persönlichen Verwendung der Kraftfahrzeuge.

Eine Erweiterung ergibt sich aus § 2 Abs. 1 Truppenzollgesetz. Danach können Mitglieder ausländischer Streitkräfte Kraftfahrzeuge ausländischen Ursprungs zu ihrer ausschließlichen Verwendung auch aus privaten Zollgutlagern, aktiven Veredlungsverkehren oder Zollaufschublagern frei von Eingangsabgaben beziehen, wenn der Erwerb von den zuständigen Behörden der Streitkräfte genehmigt ist.

Will dagegen eine Person, die nicht Mitglied der ausländischen Streitkräfte ist, Zollgut aus der Zollgutverwendung der ausländischen Streitkräfte oder ihrer Mitglieder übernehmen (z.B. ein Deutscher will den privaten Pkw eines Angehörigen der amerikanischen Streitkräfte erwerben), hat sie dies nach § 3 Abs. 2 Truppenzollgesetz der zuständigen Zollstelle vor der Übernahme des Zollguts anzuzeigen und das Zollgut unverzüglich nach der Übernahme zu gestellen.

Mit der Entnahme von Zollgut aus der Zollgutverwendung der ausländischen Streitkräfte oder deren Mitgliedern in den freien Verkehr, entsteht nach § 4 Abs. 1 Truppenzollgesetz eine Abgabenschuld, wie sie bei der Einfuhr von Waren entstehen würde.

Nach § 4 Abs. 2 Truppenzollgesetz ist Abgabenschuldner die Person,

- die mit der Entnahme des Zollguts in den freien Verkehr unmittelbarer Besitzer wird,

- die im Zeitpunkt der Entnahme in den freien Verkehr unmittelbarer Besitzer des Zollguts ist,

- daneben aber auch das Mitglied der ausländischen Streitkräfte, welches das Zollgut veräußert hat.

Wird das Zollgut durch einen Nichtberechtigten ohne vorherige Anzeige bei einer Zollstelle ge- oder verbraucht, gilt die Ware als aus der Zollgutverwendung entnommen.

Dieser Sachverhalt ist z.B. dann gegeben, wenn ein US-Soldat seinen Pkw einem Nichtberechtigten zur Benutzung überlässt. Damit entsteht eine Abgabenschuld, wie sie bei der Einfuhr der Ware in die Bundesrepublik Deutschland entstehen würde.

Da das zuständige Hauptzollamt von dem Sachverhalt durch die Nichtanzeige keine Kenntnis hat und damit die Abgaben nicht fristgerecht festsetzen kann, ist im Einzelfall der Tatbestand der Steuerhinterziehung (§ 370 AO) oder der leichtfertigen Steuerverkürzung (§ 378 AO) zu prüfen.

Erhält die Polizei im Rahmen ihrer Tätigkeit Kenntnis von einer Steuerstraftat oder -ordnungswidrigkeit (§ 163 StPO/§ 53 OWiG), ist das zuständige Zollfahndungsamt einzuschalten. Die weiteren Ermittlungen werden dann von dort aus geführt.

### NATO-Truppenstatut und Streitkräfteaufenthaltsgesetz

## Gesetz
## über die Rechtsstellung ausländischer Streitkräfte bei vorübergehendem Aufenthalt in der Bundesrepublik Deutschland[1]

(Streitkräfteaufenthaltsgesetz – SkAufG)

vom 20. Juli 1995

– Auszug –

### Artikel 1

(1) Die Bundesregierung wird ermächtigt, Vereinbarungen mit ausländischen Staaten über Einreise und vorübergehenden Aufenthalt ihrer Streitkräfte in der Bundesrepublik Deutschland für Übungen, Durchreise auf dem Landweg und Ausbildung von Einheiten durch Rechtsverordnungen ohne Zustimmung des Bundesrates in Kraft zu setzen.

(2) Vereinbarungen dürfen nur mit solchen Staaten geschlossen werden, die auch der Bundeswehr den Aufenthalt in ihrem Hoheitsgebiet gestatten.

(3) Die betroffenen Länder werden beteiligt.

### Artikel 2

In den Vereinbarungen werden, soweit nach ihrem Gegenstand und Zweck erforderlich, Regelungen mit folgendem Inhalt aufgenommen.

### § 1
### Allgemeine Voraussetzungen

(1) Für Einreise und Aufenthalt bestimmen sich die Rechte und Pflichten der ausländischen Streitkräfte und ihrer Mitglieder nach den deutschen Gesetzen und Rechtsvorschriften.

(2) In der Vereinbarung sind die Rahmenbedingungen für den Aufenthalt der ausländischen Streitkräfte nach Art, Umfang und Dauer festzulegen.

### §§ 2 bis 6

(nicht abgedruckt)

---

[1] BGBl. 1995 II, S. 554.

## § 7
### Gerichtsbarkeit

(1) Mitglieder ausländischer Streitkräfte unterliegen, insbesondere auch hinsichtlich der Straf- und Zivilgerichtsbarkeit, deutschem Recht.

(2) Von der Ausübung der deutschen Gerichtsbarkeit bei Straftaten soll abgesehen werden, es sei denn, dass wesentliche Belange der deutschen Rechtspflege die Ausübung erfordern.[1] Wird von der Ausübung der Gerichtsbarkeit abgesehen, so hat der Entsendestaat den Täter unverzüglich aus dem Gebiet der Bundesrepublik Deutschland zu entfernen.

(3) Die zuständigen Behörden und Gerichte leisten einander im Rahmen ihres innerstaatlichen Rechts Rechtshilfe zur Unterstützung von Strafverfahren. Der ausländische Staat wirkt im Rahmen seiner Rechtsordnung darauf hin, dass Mitglieder seiner Streitkräfte, die verdächtigt werden, während des Aufenthalts auf deutschem Hoheitsgebiet eine Straftat begangen zu haben, sich dem Strafverfahren der zuständigen deutschen Behörde stellen. Ist ein Mitglied ausländischer Streitkräfte, das einer Straftat verdächtigt wird, in den ausländischen Staat zurückgekehrt, so wird dieser auf Ersuchen des betroffenen Staates den Fall seinen zuständigen Behörden zum Zwecke der Strafverfolgung unterbreiten.

## §§ 8 bis 12

(nicht ausgedruckt)

## § 13
### Führerscheine

(1) Führerscheine oder andere Erlaubnisscheine, die den Mitgliedern ausländischer Streitkräfte von einer Behörde des ausländischen Staates zum Führen **dienstlicher** Land-, Wasser- oder Luftfahrzeuge erteilt worden sind, berechtigen zum Führen solcher Land-, Wasser- oder Luftfahrzeuge auch im Bundesgebiet. Sie sind in einer deutschen Übersetzung mitzuführen.

(2) Die Behörden des ausländischen Staates stellen eine Bescheinigung in deutscher Sprache aus, aus der sich ergibt, dass der Inhaber dieser Führerscheine oder Erlaubnisscheine Mitglied der Streitkräfte des ausländischen Staates ist und diese gültig sind. Diese Bescheinigung ist zusammen mit dem ausländischen Führerschein oder Erlaubnisschein zu führen. Entsprechendes gilt für die im ausländischen Staat erworbenen Befähigungszeugnisse zum Führen oder Bedienen militärischer Wasserfahrzeuge.

---

1 Der Verzicht auf die Ausübung der deutschen Gerichtsbarkeit gemäß Art. 2 § 7 Abs. 2 wird von der Staatsanwaltschaft erklärt.

(3) Führerscheine für dienstliche Fahrzeuge berechtigen, soweit das nach dem Recht des ausländischen Staates zulässig ist, auch zum Führen entsprechender **privater** Landfahrzeuge. Eine entsprechende Bescheinigung, die mit einer deutschen Übersetzung zu versehen ist, muss beim Führen privater Kraftfahrzeuge ständig mitgeführt werden.

## § 14
### Verkehr mit eigenen Fahrzeugen des ausländischen Staates

(1) Kraftfahrzeuge und Kraftfahrzeuganhänger werden von dem ausländischen Staat registriert und zugelassen. Sie führen außer ihrer Kenn-Nummer ein deutliches Nationalitätszeichen.

(2) Transporte und andere Bewegungen im Rahmen deutscher Rechtsvorschriften und anderer internationaler Übereinkünfte, denen die Bundesrepublik Deutschland und einer oder mehrere der ausländischen Staaten als Vertragspartei angehören, sowie damit im Zusammenhang stehender technischer Vereinbarungen und Verfahren gelten als genehmigt. Soweit Sonder- und Ausnahmeerlaubnisse sowie Befreiungen von den Rechtsvorschriften für den Transport gefährlicher Güter für militärische Bewegungen und Transporte erforderlich sind, werden sie durch die Dienststellen der Bundeswehr erteilt oder eingeholt.

(3) Die zuständigen Stellen der Bundeswehr koordinieren die Wahrnehmung militärischer Interessen des ausländischen Staates in Verkehrsangelegenheiten gegenüber den zivilen Behörden. Sie koordinieren ferner die Durchführung militärischer Verkehrsbewegungen der ausländischen Staaten untereinander und mit dem zivilen Verkehr. Art und Umfang dieser Koordinierung werden durch die zuständigen deutschen Stellen festgelegt. Einzelheiten hierzu werden zwischen dem ausländischen Staat und der Bundeswehr vereinbart.

(4) Hier nicht abgedruckt.

(5) Für die Mitglieder der ausländischen Streitkräfte gelten die deutschen Rechtsvorschriften einschließlich der Vorschriften über das Verhalten am Unfallort und der Vorschriften über den Transport gefährlicher Güter. Die zuständigen deutschen Behörden überwachen die Einhaltung dieser Vorschriften. Um die Kontrolle der Einhaltung dieser Bestimmungen zu erleichtern, **kann** diese Überwachung gemeinsam mit den zuständigen Dienststellen der ausländischen Streitkräfte durchgeführt werden.

(6) Der ausländische Staat beachtet grundlegende deutsche Verkehrssicherheitsvorschriften. Innerhalb dieses Rahmens kann er seine eigenen Normen auf den Bau, die Ausführung und die Ausrüstung der Kraftfahrzeuge, Kraftfahr-

zeuganhänger, Binnenschiffe und Luftfahrzeuge anwenden. Die deutschen Behörden und die des ausländischen Staates arbeiten bei der Umsetzung dieser Bestimmungen eng zusammen.

(7) Über die Bestimmung und Benutzung eines Straßennetzes für den militärischen Verkehr mit Kraftfahrzeugen und Kraftfahrzeuganhängern, deren Abmessungen, Achslast, Gesamtgewicht oder Anzahl die nach dem deutschen Straßenverkehrsrecht geltenden Begrenzungen überschreiten, sind Vereinbarungen zwischen den Behörden des ausländischen Staates und den deutschen Behörden zu schließen. Der Verkehr mit derartigen Kraftfahrzeugen und Kraftfahrzeuganhängern auf Straßen außerhalb des vereinbarten Straßennetzes wird außer bei Unglücksfällen nur mit Erlaubnis der zuständigen deutschen Behörden durchgeführt.

(8) Hier nicht abgedruckt.

(9) Hier nicht abgedruckt.

## § 15
### Haftpflichtversicherung

Für seine Dienstkraftfahrzeuge, militärischen Luft- und Wasserfahrzeuge sowie das Führen von Waffen entfällt die Pflicht zum Abschluss einer Haftpflichtversicherung des ausländischen Staates. Die Risiken hieraus werden von dem ausländischen Staat selbst übernommen.

## §§ 16 bis 19

(nicht abgedruckt)

### § 20 Befreiung von Steuern und sonstigen Abgaben

Die Befreiung der ausländischen Streitkräfte und ihrer Mitglieder von Steuern und sonstigen Abgaben richtet sich nach dem in der Bundesrepublik Deutschland geltenden Recht.

SECHSTER TEIL

# Texte

## Übersicht

| | Seite |
|---|---|
| Internationales Abkommen über Kraftfahrzeugverkehr (IntAbk) | 260–284 |
| Übereinkommen über den Straßenverkehr (WÜ) | 285–335 |
| Verordnung über internationalen Kraftfahrzeugverkehr (IntVO) | 336–352 |
| Liste der Nationalitätszeichen im internationalen Kraftfahrzeugverkehr v. 8.12.1999 | 353 |
| – Alphabetische Ordnung nach Nationalitätszeichen | 354–356 |
| – Alphabetische Ordnung nach Vertragsstaaten | 357–359 |
| Gesetz über die Haftpflichtversicherung für ausländische Kraftfahrzeuge und Kraftfahrzeuganhänger (AuslPflVG) | 360–365 |
| Verordnung zur Durchführung der Richtlinie des Rates der Europäischen Gemeinschaft v. 24. April 1972 betreffend die Angleichung der Rechtsvorschriften der Mitgliedstaaten bezüglich der Kraftfahrzeug-Haftpflichtversicherung und der Kontrolle der entsprechenden Versicherungspflicht (DV zur Rili des Rates der EG bez. Kfz-Haftpfl.Vers. für Kfz/Anh.[1]) v. 8.5.1974 | 366–273 |
| Londoner Muster-Abkommen (LA) | 274–381 |
| Multilaterales Garantieabkommen zwischen den nationalen Versicherungsbüros (M.G.A.) | 382–390 |
| Luxemburger Protokoll – Interpretationsabkommen zum Zusatzabkommen | 391–393 |
| Richtlinie 83/182/EWG des Rates v. 28. März 1993 über Steuerbefreiungen innerhalb der Gemeinschaft bei vorliegender Einfuhr bestimmter Verkehrsmittel | 394–402 |
| Richtlinie 93/89/EWG des Rates v. 25. Oktober 1993 über die Besteuerung bestimmter Kraftfahrzeuge zur Güterbeförderung sowie die Erhebung von Maut- und Benutzungsgebühren für bestimmte Verkehrswege durch die Mitgliedstaaten | 403–410 |
| Übereinkommen über die Erhebung von Gebühren für die Benutzung bestimmter Straßen mit schweren Nutzfahrzeugen v. 9. Februar 1994 | 411–420 |

---

1 Nicht amtliche Abkürzung.

# Internationales Abkommen über Kraftfahrzeugverkehr

Vom 24. April 1926[1]

## Gliederungsübersicht

1. Vorbemerkung
2. Inhaltsübersicht und Wortlaut des Abkommens
3. Vertragsstaaten

## 1. Vorbemerkung

Das Internationale Abkommen über Kraftfahrzeug (nachfolgend IntAbk genannt) v. 24. April 1926 wurde vom damaligen Deutschen Reich ratifiziert; die Ratifikationsurkunde am 13. Dezember 1929 in Paris hinterlegt. Auf Grund des Artikel 14 ist das IntAbk für Deutschland am 13. Oktober 1930 in Kraft getreten. Die Veröffentlichung erfolgte am 27. Oktober 1930 im RGBl. 1930 II, auf S. 1233 ff.

Gleichzeitig wurde auf Grund des Artikel 15 IntAbk das bis dahin geltende Internationale Abkommen über den Verkehr mit Kraftfahrzeugen v. 11. Oktober 1909 (RGBl. 1910 II, S. 603 ff.) gekündigt und trat am 27. Oktober 1930 außer Kraft.

Das IntAbk regelt die Zulassung von Kraftfahrzeugen und deren Führer zum internationalen Straßenverkehr; Anhänger werden in dem Abkommen nicht genannt. Das Verhalten der Kraftfahrzeugführer wird nicht, die anzuwendenden Bau- und Ausrüstungsvorschriften für Fahrzeuge nicht näher bzw. dem damaligen Stand der Technik entsprechend geregelt. Versicherungs- und steuerrechtliche Aspekte fehlen. Vorschriften über die Befugnis zur Durchführung von gewerblichen Transporten bleiben vorbehalten.

## 2. Inhaltsübersicht und Wortlaut des Abkommens

| | |
|---|---|
| Präambel | |
| Allgemeine Bestimmungen ................................... | Art. 1 bis 2 |
| – Anwendungsbereich ....................................... | Artikel 1 |
| – Begriff »Kraftfahrzeug« ................................... | Artikel 2 |
| Anforderungen, denen Kraftfahrzeuge zu genügen haben, um zum internationalen Verkehr auf öffentlichen Wegen zugelassen zu werden ........................................ | Artikel 3 |
| Ausstellung und Anerkennung der Internationalen Zulassungsscheine ............................................ | Artikel 4 |
| – Muster des Internationalen Zulassungsschein ................ | Anlage A + B |

---

[1] RGBl. 1930 II, S. 1234.

| | |
|---|---|
| Unterscheidungszeichen............................................ | Artikel 5 |
| – Buchstaben, Abmessungen, Farbe der Unterscheidungszeichen ... | Anlage C[1] |
| Anforderungen, denen die Führer von Kraftfahrzeugen zu genügen haben, um international zur Führung von Kraftfahrzeugen auf öffentlichen Wegen zugelassen zu werden ....................... | Artikel 6 |
| – Muster des Internationalen Führerscheins ..................... | Anlage D + E |
| Ausstellung und Anerkennung der Internationalen Führerscheine.... | Artikel 7 |
| Beachtung der Landesgesetze und Landesbestimmungen ............ | Artikel 8 |
| Kennzeichnung gefährlicher Stellen ............................. | Artikel 9 |
| – Muster der Zeichen zur Kennzeichnung gefährlicher Stellen[2] ..... | Anlage F[2] |
| Mitteilung von Auskünften ...................................... | Artikel 10 |
| Schlussbestimmungen ............................................. | Art. 11 bis 17 |

## Internationales Abkommen über Kraftfahrzeugverkehr

Die unterzeichneten Bevollmächtigten der Regierungen der unten aufgeführten Staaten, die v. 20. bis 24. April 1926 in Paris zu einer Konferenz versammelt waren, um zu prüfen, welche Änderungen des Internationalen Abkommens über den Verkehr mit Kraftfahrzeugen v. 11. Oktober 1909 vorzunehmen sind, haben folgende Bestimmungen vereinbart:

### Allgemeine Bestimmungen

### Artikel 1

Das Abkommen gilt für den Straßenverkehr mit Kraftfahrzeugen im allgemeinen, ohne Rücksicht auf Gegenstand und Art der Beförderung, vorbehaltlich der besonderen Vorschriften der einzelnen Staaten über öffentliche Betriebe zur gemeinsamen Beförderung von Personen und über solche zur Beförderung von Gütern.

### Artikel 2

Als Kraftfahrzeuge im Sinne der Vorschriften dieses Abkommens gelten alle mit einer mechanischen Antriebsvorrichtung ausgerüsteten Fahrzeuge, die auf öffentlichen Wegen verkehren, ohne an ein Schienengleis gebunden zu sein, und der Beförderung von Personen oder Gütern dienen.

---

1 Abgelöst durch – »Liste der Nationalitätszeichen im internationalen Kraftfahrzeugverkehr (Stand: Dezember 1999) v. 8. 12. 1999 (VkBl. 1999, S. 771; abgedruckt auf S. 353.
2 Hier nicht abgedruckt, da heute bedeutungslos.

## Anforderungen, denen Kraftfahrzeuge zu genügen haben, um zum internationalen Verkehr auf öffentlichen Wegen zugelassen zu werden

### Artikel 3

Jedes Kraftfahrzeug muss, um zum internationalen Verkehr auf öffentlichen Wegen zugelassen zu werden, entweder nach Prüfung durch die zuständige Behörde oder einen von dieser damit betrauten Verein als für den Verkehr geeignet anerkannt sein oder mit einem auf die gleiche Weise genehmigten Typ übereinstimmen. Es muss auf alle Fälle den nachstehend festgelegten Bedingungen genügen:

I. Das Kraftfahrzeug muss mit folgenden Vorrichtungen versehen sein:

a) mit einer kräftigen Lenkvorrichtung, die leicht und sicher zu wenden gestattet;

b) entweder mit zwei voneinander unabhängigen Bremseinrichtungen oder mit einer Bremseinrichtung, die durch zwei voneinander unabhängige Bedienungsvorrichtungen betätigt wird, von denen eine auch dann wirken kann, wenn die andere versagt; auf alle Fälle müssen beide Bremseinrichtungen hinreichend und sofort wirksam sein;

c) wenn das Leergewicht des Kraftfahrzeugs 350 Kilogramm übersteigt, mit einer Vorrichtung, durch die man es vom Führersitz aus mit Hilfe des Motors in Rückwärtsgang bringen kann;

d) wenn das Gesamtgewicht des Kraftfahrzeugs, bestehend aus dem Leergewicht und der bei der Abnahme für zulässig erklärten größten Belastung 3 500 Kilogramm übersteigt, mit einer besonderen Vorrichtung, die unter allen Verhältnissen die Rückwärtsbewegung zu verhindern vermag, sowie mit einem Spiegel für die Beobachtung nach rückwärts.

Die Griffe zur Bedienung des Fahrzeugs müssen derart angeordnet sein, dass der Führer sie sicher handhaben kann, ohne sein Augenmerk von der Fahrbahn abzulenken.

Die Vorrichtungen müssen betriebssicher und derart angebracht sein, dass jede Feuers- und Explosionsgefahr nach Möglichkeit ausgeschlossen ist, auch sonst keinerlei Gefahr für den Verkehr entsteht und weder Schrecken noch ernstliche Belästigungen durch Geräusche, Rauch oder Geruch eintreten. Das Kraftfahrzeug muss mit einer Einrichtung zur Schalldämpfung des Auspuffs versehen sein.

Die Räder der Kraftfahrzeuge und ihrer Anhänger müssen mit Gummireifen oder mit anderen Einrichtungen, die hinsichtlich ihrer Elastizität gleichwertig sind, ausgerüstet sein.

Das Ende der Achsschenkel darf über die übrige Außenfläche des Fahrzeugs nicht vorstehen.

II. Das Kraftfahrzeug muss versehen sein:

1. Vorn und hinten mit dem auf Tafeln oder auf dem Fahrzeug selbst angebrachten Zulassungskennzeichen, das ihm von der zuständigen Behörde zugeteilt ist. Das hinten angebrachte Zulassungskennzeichen und das im Artikel 5 vorgesehene Unterscheidungszeichen müssen beleuchtet werden, sobald sie bei Tagesleicht nicht mehr erkennbar sind.

Wenn ein Kraftfahrzeug einen Anhänger mitführt, so müssen das Zulassungskennzeichen und das im Artikel 5 vorgesehene Unterscheidungszeichen auch am hinteren Ende des Anhängers angebracht sein; die Vorschrift bezüglich der Beleuchtung dieser Zeichen gilt dann für den Anhänger.

2. An einer leicht zugänglichen Stelle mit folgenden Angaben in leicht leserlicher Schrift:

Bezeichnung des Herstellers des Fahrgestells,

Fabriknummer des Fahrgestells,

Fabriknummer des Motors.

III. Jedes Kraftfahrzeug muss mit einer wohlklingenden Warnungsvorrichtung von ausreichender Stärke versehen sein.

IV. Jedes einzeln fahrende Kraftfahrzeug muss während der Nacht und nach Anbruch der Dunkelheit vorn mit mindestens zwei weißen Lichtern, von denen eins rechts, das andere links angebracht ist, und hinten mit einem roten Lichte versehen sein.

Bei zweirädrigen Krafträdern ohne Beiwagen genügt jedoch vorn ein Licht.

V. Jedes Kraftfahrzeug muss ferner mit einer oder mehreren Vorrichtungen versehen sein, die eine wirksame Beleuchtung der Straße nach vorn auf genügende Entfernung erlauben, sofern die oben vorgeschriebenen weißen Lichter dieser Bedingung nicht genügen.

Wenn das Fahrzeug mit einer Geschwindigkeit von mehr als 30 Kilometer in der Stunde fahren kann, darf diese Entfernung nicht weniger als 100 Meter betragen.

VI. Beleuchtungseinrichtungen, die eine Blendwirkung hervorrufen können, müssen so beschaffen sein, dass das Abblenden bei Begegnungen mit anderen Wegebenutzern und in jedem Falle, in dem das Abblenden nützlich sein könnte, möglich ist. Nach dem Abblenden muss jedoch noch genügend Licht für eine wirksame Beleuchtung der Straße auf mindestens 25 Meter Entfernung vorhanden sein.

VII. Kraftfahrzeuge, die einen Anhänger mitführen, unterliegen hinsichtlich der vorderen Beleuchtung den gleichen Vorschriften wie einzeln fahrende Kraftfahrzeuge; das rote hintere Licht ist an der Rückseite des Anhängers anzubringen.

VIII. Hinsichtlich der Begrenzung des Gewichts und der Außenabmessungen müssen Kraftfahrzeuge und Anhänger den allgemeinen Vorschriften der Länder, in denen sie verkehren, genügen.

## Ausstellung und Anerkennung der Internationalen Zulassungsscheine

### Artikel 4

Zum Nachweis, dass den im Artikel 3 vorgesehenen Anforderungen genügt ist oder genügt werden kann, werden für Kraftfahrzeuge, die zum internationalen Verkehr auf öffentlichen Wegen zugelassen werden, Internationale Zulassungsscheine nach dem Muster und den Angaben, die sich in den Anlagen A und B dieses Abkommens befinden, ausgestellt.

Diese Scheine sind vom Zeitpunkt ihrer Ausstellung an ein Jahr gültig. Die darin enthaltenen handschriftlichen Angaben sollen stets mit lateinischen Druck- oder Schriftzeichen geschrieben werden.

Internationale Zulassungsscheine, die von den Behörden eines der Vertragsstaaten oder von einem durch diese damit betrauten Verein unter Gegenzeichnung der Behörde ausgestellt sind, gewähren freie Zulassung zum Verkehr in allen anderen Vertragsstaaten und werden dort ohne neue Prüfung als gültig anerkannt. Das Recht, von einem Internationalen Zulassungsschein Gebrauch zu machen, kann jedoch verweigert werden, wenn die im Artikel 3 festgesetzten Bedingungen augenscheinlich nicht mehr erfüllt sind.

## Unterscheidungszeichen

### Artikel 5

Jedes Kraftfahrzeug muss, um zum internationalen Verkehr auf öffentlichen Wegen zugelassen zu werden, mit einem an der Rückseite augenfällig auf einer Tafel oder auf dem Fahrzeug selbst angebrachten Unterscheidungszeichen versehen sein, das aus einem bis drei Buchstaben besteht.

Für die Anwendung dieses Abkommens entspricht das Unterscheidungszeichen entweder einem Staate oder einem Gebiete, das hinsichtlich der Zulassung von Kraftfahrzeugen eine besondere Einheit darstellt.

Die Abmessungen und die Farbe dieses Zeichens, die Buchstaben sowie ihre Abmessungen und ihre Farbe sind in der in der Anlage C[1] dieses Abkommens enthaltenen Beschreibung festgesetzt.

### Anforderungen, denen die Führer von Kraftfahrzeugen zu genügen haben, um international zur Führung von Kraftfahrzeugen auf öffentlichen Wegen zugelassen zu werden

### Artikel 6

Der Führer eines Kraftfahrzeugs muss diejenigen Eigenschaften besitzen, die eine hinreichende Gewähr für die öffentliche Sicherheit bieten.

Im internationalen Verkehr darf niemand ein Kraftfahrzeug führen, ohne zu diesem Behufe nach erbrachtem Nachweis seiner Befähigung die Erlaubnis der zuständigen Behörde oder eines von dieser damit betrauten Vereins erhalten zu haben.

Die Erlaubnis darf Personen unter 18 Jahren nicht erteilt werden.

### Ausstellung und Anerkennung der Internationalen Führerscheine

### Artikel 7

Zum Nachweis, dass den im vorstehenden Artikel vorgesehenen Anforderungen genügt ist, werden für den internationalen Verkehr Internationale Führerscheine nach dem Muster und den Angaben, die in den Anlagen D und E dieses Abkommens enthalten sind, ausgestellt.

Diese Scheine sind ein Jahr vom Zeitpunkt ihrer Ausstellung an und für die Klassen von Kraftfahrzeugen gültig, für die sie ausgestellt sind.

Für den internationalen Verkehr sind folgende Klassen festgesetzt worden:

A. Kraftfahrzeuge, deren Gesamtgewicht, bestehend aus dem Leergewicht und der bei der Zulassung für zulässig erklärten größten Belastung, 3 500 Kilogramm nicht übersteigt,

B. Kraftfahrzeuge, deren wie oben gebildetes Gesamtgewicht 3 500 Kilogramm übersteigt,

C. Krafträder mit und ohne Beiwagen.

Die handschriftlichen Angaben auf den internationalen Scheinen sollen stets mit lateinischen Druck- oder Schriftzeichen geschrieben werden.

---

1 Neu »Liste der Nationalitätszeichen« – abgedruckt auf S. 353.

Internationale Führerscheine, die von den Behörden eines Vertragsstaats oder von einem durch diese damit betrauten Verein unter Gegenzeichnung der Behörde ausgestellt sind, gestatten die Führung von Kraftfahrzeugen derjenigen Klassen, für die sie ausgestellt sind, in allen anderen Vertragsstaaten und werden in allen Vertragsstaaten ohne neue Prüfung als gültig anerkannt. Das Recht, von einem Internationalen Führerschein Gebrauch zu machen, kann jedoch verweigert werden, wenn die im vorstehenden Artikel festgesetzten Bedingungen augenscheinlich nicht erfüllt sind.

### Beachtung der Landesgesetze und Landesbestimmungen

### Artikel 8

Der Führer eines Kraftfahrzeugs ist bei dem Verkehr in einem Lande gehalten, sich nach den in diesem Lande für den Verkehr geltenden Gesetzen und Bestimmungen zu richten.

Ein Auszug aus diesen Gesetzen und Bestimmungen kann dem Inhaber des Fahrzeugs beim Eintritt in ein Land durch die mit der Erledigung der Zollförmlichkeiten befasste Stelle ausgehändigt werden.

### Kennzeichnung gefährlicher Stellen

### Artikel 9

Jeder der Vertragsstaaten verpflichtet sich, soweit es in seiner Macht steht, darüber zu wachen, dass längs der Wege zur Kennzeichnung gefährlicher Stellen nur die Zeichen angebracht werden, die sich in der Anlage F[1] dieses Abkommens befinden.

Diese Zeichen werden auf dreieckigen Tafeln angebracht; jeder Staat verpflichtet sich, nach Möglichkeit die dreieckige Form ausschließlich für die angegebene Kennzeichnung vorzubehalten und die Anwendung dieser Form in allen Fällen zu verbieten, in denen sich eine Verwechslung mit der Kennzeichnung, um die es sich hier handelt, ergeben könnte. Das Dreieck ist grundsätzlich gleichseitig und hat mindestens 0,7 Meter Seitenlänge.

Wenn die atmosphärischen Verhältnisse der Anwendung voller Tafeln entgegenstehen, kann die dreieckige Tafel mit einem Ausschnitt versehen werden.

In diesem Falle braucht sie das Zeichen für die besondere Art des Hindernisses nicht zu tragen; ihre Abmessungen können auf 0,46 Meter Seitenlänge verkleinert werden.

---

1 Hier nicht abgedruckt, da heute bedeutungslos.

Die Zeichen sind im rechten Winkel zur Fahrtrichtung und in einer Entfernung von mindestens 150 Meter und höchstens 250 Meter von dem Hindernis aufzustellen, sofern die örtlichen Verhältnisse nicht entgegenstehen.

Wenn die Entfernung des Zeichens von dem Hindernis merklich weniger als 150 Meter beträgt, müssen besondere Vorkehrungen getroffen werden.

Jeder der Vertragsstaaten wird, soweit es in seiner Macht steht, zu verhindern suchen, dass längs der öffentlichen Wege Zeichen oder Tafeln irgendwelcher Art aufgestellt werden, die Veranlassung zu Verwechslungen mit den vorschriftsmäßigen Zeichen geben oder deren Lesbarkeit beeinträchtigen könnten.

Die Aufstellung der dreieckigen Tafeln wird in jedem Staate nach Maßgabe der Aufstellung neuer oder der Erneuerung zur Zeit vorhandener Zeichen erfolgen.

## Mitteilung von Auskünften

## Artikel 10

Die Vertragsstaaten verpflichten sich, die Auskünfte sich mitzuteilen, die zur Feststellung der Persönlichkeit der Inhaber von Internationalen Zulassungsscheinen oder Internationalen Führerscheinen geeignet sind, wenn deren Kraftfahrzeug einen schweren Unfall veranlasst hat oder wenn sie sich einer Zuwiderhandlung gegen Bestimmungen über den Verkehr schuldig gemacht haben.

Sie verpflichten sich andererseits, den Staaten, die die Internationalen Zulassungsscheine oder Führerscheine ausgestellt haben, Namen, Vornamen und Anschrift der Personen mitzuteilen, denen sie das Recht, von den genannten Scheinen Gebrauch zu machen, aberkannt haben.

## Schlussbestimmungen

## Artikel 11

Dieses Abkommen soll ratifiziert werden.

A. Jede Regierung wird, sobald sie zur Hinterlegung der Ratifikationsurkunde bereit ist, die Französische Regierung davon benachrichtigen. Sobald zwanzig durch das Abkommen vom 11. Oktober 1909 gegenwärtig gebundene Staaten sich zu dieser Hinterlegung bereit erklärt haben, soll sie im Laufe des Monats, der dem Empfange der letzten Erklärung durch die Französische Regierung folgt, und an dem von dieser Regierung festgesetzten Tage stattfinden.

Die an dem Abkommen vom 11. Oktober 1909 nicht beteiligten Staaten, die vor dem so für die Hinterlegung der Ratifikationsurkunden festgesetzten Datum sich bereit erklärt haben, die Ratifizierungsurkunde des gegenwärtigen Abkommens zu hinterlegen, nehmen an der vorstehend angegebenen Hinterlegung teil.

B. Die Ratifikationsurkunden sollen im Archiv der Französischen Republik hinterlegt werden.

C. Die Hinterlegung der Ratifikationsurkunden wird durch ein Protokoll festgestellt, das von den Vertretern der daran teilnehmenden Staaten und von dem Minister der Auswärtigen Angelegenheiten der Französischen Republik unterzeichnet wird.

D. Die Regierungen, die nicht in der Lage sind, ihre Ratifikationsurkunde unter den im Abs. A dieses Artikels vorgeschriebenen Bedingungen zu hinterlegen, können dies mittels einer schriftlichen an die Regierung der Französischen Republik gerichteten Anzeige tun, der die Ratifikationsurkunde beizufügen ist.

E. Beglaubigte Abschriften des Protokolls über die erste Hinterlegung von Ratifikationsurkunden, der im vorstehenden Absatz erwähnten Anzeigen sowie der ihnen beigefügten Ratifikationsurkunden werden durch die Französische Regierung den Regierungen, die dieses Abkommen unterzeichnet haben, auf diplomatischem Wege unverzüglich mitgeteilt werden. In den Fällen des vorstehenden Absatzes wird die Französische Regierung ihnen zugleich bekanntgeben, an welchem Tage sie die Anzeige erhalten hat.

### Artikel 12

A. Dieses Abkommen findet ohne weiteres nur auf die Stammländer der Vertragsstaaten Anwendung.

B. Wünscht ein Vertragsstaat die Inkraftsetzung des Abkommens in seinen Kolonien, Besitzungen, Protektoraten, überseeischen Gebieten oder Mandatsgebieten, so hat er seine Absicht in der Ratifikationsurkunde selbst zu erklären oder in einer besonderen an die Französische Regierung gerichteten schriftlichen Anzeige kundzugeben, die im Archiv dieser Regierung hinterlegt werden wird. Wählt er letzteren Weg, so wird die genannte Regierung unverzüglich allen anderen Vertragsstaaten beglaubigte Abschrift der Anzeige übersenden und zugleich angeben, an welchem Tage sie die Anzeige erhalten hat.

### Artikel 13

A. Jeder Staat, der dieses Abkommen nicht gezeichnet hat, kann ihm im Zeitpunkt der im Artikel 11 Abs. A bezeichneten Hinterlegung der Ratifikationsurkunden oder nach diesem Tage beitreten.

B. Der Beitritt erfolgt durch Übersendung der Beitrittsurkunde an die Französische Regierung auf diplomatischem Wege, die im Archiv der bezeichneten Regierung hinterlegt werden wird.

C. Diese Regierung wird unverzüglich allen Vertragsstaaten beglaubigte Abschrift der Anzeige wie der Beitrittsurkunde übersenden und zugleich angeben, an welchem Tage sie die Anzeige erhalten hat.

## Artikel 14

Dieses Abkommen wird wirksam für die Vertragsstaaten, die an der ersten Hinterlegung von Ratifikationsurkunden teilgenommen haben, ein Jahr nach dem Tage dieser Hinterlegung, und für die später ratifizierten oder beitretenden Staaten ebenso wie hinsichtlich der nicht in den Ratifikationsurkunden erwähnten Kolonien, Besitzungen, Protektorate, überseeischen Gebiete oder Mandatsgebiete ein Jahr nach dem Tage, an dem die Französische Regierung die im Artikel 11 Abs. D, Artikel 12 Abs. B und Artikel 13 Abs. B vorgesehenen Anzeigen erhalten hat.

## Artikel 15

Jeder an dem Abkommen vom 11. Oktober 1909 beteiligte Vertragsstaat verpflichtet sich, das genannte Abkommen gleichzeitig mit der Hinterlegung seiner Ratifikationsurkunde oder der Mitteilung seines Beitritts zu diesem Abkommen zu kündigen.

Das gleiche Verfahren findet im Falle der im Artikel 12 Abs. B bezeichneten Erklärungen Anwendung.

## Artikel 16

Sollte einer der Vertragsstaaten dieses Abkommen kündigen, so soll die Kündigung schriftlich der Französischen Regierung erklärt werden, die unverzüglich beglaubigte Abschrift der Erklärung allen anderen Staaten mitteilt und ihnen zugleich bekanntgibt, an welchem Tage sie die Erklärung erhalten hat.

Die Kündigung soll nur in Ansehung des Staates wirksam sein, der sie erklärt hat, und erst ein Jahr, nachdem die Erklärung bei der Französischen Regierung eingegangen ist.

Das gleiche gilt hinsichtlich der Kündigung dieses Abkommens für die Kolonien, Besitzungen, Protektorate, überseeische Gebiete und Mandatsgebiete.

## Artikel 17

Die Staaten, die auf der Konferenz in Paris vom 20. bis 24. April 1926 vertreten waren, sind zur Zeichnung dieses Abkommens bis zum 30. Juni 1926 zugelassen.

Geschehen in Paris am 24. April 1926 in einer einzigen Ausfertigung, die in beglaubigter Abschrift jeder der Signatarregierungen übermittelt werden wird.

Es folgen die Unterschriften der Teilnehmer.

## Anlage A

Die Internationalen Zulassungsscheine, wie sie in einem einzelnen Vertragsstaat ausgestellt werden, werden in der durch die Gesetzgebung dieses Staates vorgeschriebenen Sprache abgefasst.

Die endgültige Übersetzung der Abschnitte des Ausweisheftes in die verschiedenen Sprachen wird der Regierung der Französischen Republik von einer jeden der übrigen Regierungen, soweit es sie angeht, mitgeteilt werden.

Internationales Abkommen über Kraftfahrzeugverkehr (IntAbk)

(Name des Landes) **Anlage B**

## Internationaler Kraftfahrzeugverkehr
## Internationaler Zulassungsschein

Internationales Abkommen vom 24. April 1926

Ausstellung des. Scheines

Ort: ...........................................................................................................

Tag: ...........................................................................................................

..........................................................................

(Stempel der Behörde)

---

1 Unterschrift der Behörde oder Unterschrift des von der Behörde damit betrauten Vereins und Gegenzeichnung der Behörde.

**(Seite 2)**

Dieser Schein ist in den Gebieten aller nachstehend angegebenen Vertragsstaaten ein Jahr vom Ausstellungstag an gültig.

**Liste der Vertragsstaaten**

## Internationales Abkommen über Kraftfahrzeugverkehr (IntAbk)

### (Seite 3)
### (In der Sprache des Landes, das den Ausweis ausstellt)

| | | |
|---|---|---|
| Eigentümer oder Halter { | Name ................................................................................ | (1) |
| | Vorname ........................................................................... | (2) |
| | Wohnort ........................................................................... | (3) |
| Art des Fahrzeugs ................................................................................................ | | (4) |
| Bezeichnung des Herstellers des Fahrgestells .......... } | ................................................................................ | (5) |
| Angabe des Typs des Fahrgestells ................................................................... | | (6) |
| Nummer in der Typenreihe oder Fabriknummer des Fahrgestells ............. } | ................................................................................ | (7) |
| Motor ....... { | Anzahl der Zylinder ...................................................... | (8) |
| | Nummer des Motors ..................................................... | (9) |
| | Kolbenhub ..................................................................... | (10) |
| | Zylinderbohrung ........................................................... | (11) |
| | Leistung in PS .............................................................. | (12) |
| Aufbauten ... { | Form ................................................................................ | (13) |
| | Farbe ............................................................................... | (14) |
| | Gesamtzahl der Plätze ................................................. | (15) |
| Leergewicht des Fahrzeugs (in Kilogramm) ................................................... | | (16) |
| Gewicht des Fahrzeugs bei voller Belastung (in Kilogramm), sofern es 3500 Kilogramm übersteigt ........ } | ................................................................................ | (17) |
| Polizeiliches Kennzeichen ................................................................................... | | (18) |

**(Seite 4)**

........................................................................................................... (1)

........................................................................................................... (2)

........................................................................................................... (3)

........................................................................................................... (4)

........................................................................................................... (5)

........................................................................................................... (6)

........................................................................................................... (7)

........................................................................................................... (8)

........................................................................................................... (9)

........................................................................................................... (10)

........................................................................................................... (11)

........................................................................................................... (12)

........................................................................................................... (13)

........................................................................................................... (14)

........................................................................................................... (15)

........................................................................................................... (16)

........................................................................................................... (17)

........................................................................................................... (18)

A n m e r k u n g : Auf Seite 4 und den folgenden Seiten ist der Wortlaut der Seite 3 zu wiederholen, und zwar übersetzt in so viele Sprachen wie nötig, damit der Internationale Zulassungsschein auf dem Gebiet aller an dem Abkommen beteiligten auf Seite 2 aufgeführten Staaten benutzt werden kann.

Internationales Abkommen über Kraftfahrzeugverkehr (IntAbk)

**(Neue Seite)**
**Visa beim Eintritt (in allen Sprachen).**

..................................................................................................................
..................................................................................................................
..................................................................................................................
..................................................................................................................
..................................................................................................................

———

(1) Land (in allen Sprachen)
........................................................................ (1) ...............................
........................................................

(2) Ort (in allen Sprachen)
........................................................................ (2) ...............................
........................................................

(3) Tag (in allen Sprachen)
........................................................................ (3) ...............................
........................................................ (4) ...............................

(4) Unterschrift (in allen Sprachen)
........................................................
........................................................

(5) Stempel (in allen Sprachen)              (5)
........................................................
........................................................

**Anlage D**

Die Internationalen Führerscheine (Anlage E), wie sie in einem einzelnen Vertragsstaat ausgestellt werden, werden in der durch die Gesetzgebung dieses Staates vorgeschriebenen Sprache abgefasst.

Die endgültige Übersetzung der Abschnitte des Ausweisheftes in die verschiedenen Sprachen wird der Regierung der Französischen Republik von einer jeden der übrigen Regierungen, soweit es sie angeht, mitgeteilt werden.

**Anlage E**

(Name des Landes)

## Internationaler Kraftfahrzeugverkehr

# Internationaler Führerschein

Internationales Abkommen vom 24. April 1926

Ausstellung des Scheines

Ort: ..................................................................................................

Tag: ..................................................................................................

```
  . - - .
 '       '
'  Stempel  '
'    der     '      ....................................................................... [1]
'  Behörde  '
 '         '
  ' - . - '
```

---

[1] Unterschrift der Behörde oder Unterschrift des von der Behörde damit betrauten Vereins.

(Seite 2)

Dieser Schein ist in den Gebieten aller nachstehend angegebenen Vertragsstaaten ein Jahr vom Ausstellungstag an für die Führung von Fahrzeugen der auf der letzten Seite angegebenen Klasse oder Klassen gültig.

**Liste der Vertragsstaaten**

Dieser Schein entbindet den Inhaber in keiner Weise von der Verpflichtung, sich in jedem Lande, in dem er ein Fahrzeug führt, vollständig nach den daselbst geltenden Gesetzen und Bestimmungen über Niederlassung und Ausübung eines Berufes zu richten.

(Seite 3)

Angaben über den Führer

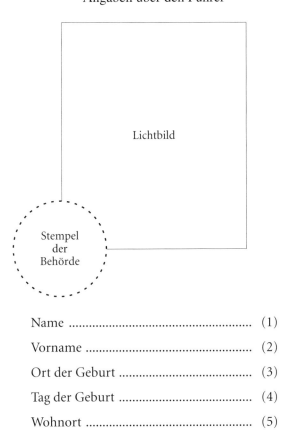

Name ..................................................... (1)

Vorname ................................................ (2)

Ort der Geburt ....................................... (3)

Tag der Geburt ....................................... (4)

Wohnort ................................................. (5)

A n m e r k u n g   z u   S e i t   3   u n d   4 :

Dieses Blatt ist zu wiederholen, übersetzt in so viele Sprachen wie nötig, damit der Internationale Führerschein auf dem Gebiet aller an dem Abkommen beteiligten, auf Seite 2 aufgeführten Staaten benutzt werden kann.

**Texte**

**(Seite 4)**

(Name des Landes)

# Ausschließung

Dem (Namen und Vornamen) ..................................................................

der vorstehend durch die Behörde von (Land) ...........................................

einen Internationalen Führerschein erhalten hat, wird das Recht, Kraftfahrzeuge auf dem Gebiete des ..................................................................

zu führen, aberkannt, weil ..................................................................

................................................................

Stempel der Behörde

Ort: ..................................................................

Tag: ..................................................................

..................................................................
(Unterschrift)

## Neue Seite

(1) A. Kraftfahrzeuge, deren Gesamtgewicht (Artikel 7)
3 500 Kilogramm, nicht übersteigt.
(In allen Sprachen.)

(2) B. Kraftfahrzeuge, deren Gesamtgewicht (Artikel 7)
8 500 Kilogramm übersteigt.
(In allen Sprachen.)

(3) C. Krafträder, mit oder ohne Beiwagen.
(In allen Sprachen.)

**3. Vertragsstaaten**

a) Die formelle Geltung des IntAbk wurde durch die Folgen des 2. Weltkriegs und territoriale Änderungen der Vertragsstaaten beeinflusst.

b) Im Verhältnis zwischen Deutschland und den Ländern, mit denen Deutschland sich im 2. Weltkrieg nicht im Kriegszustand befunden hat, ist das IntAbk ohne Unterbrechung wirksam geblieben.

c) Bei den kriegführenden Parteien musste dagegen erst durch einen späteren Notenwechsel Einverständnis darüber festgestellt werden, dass das IntAbk wieder angewandt wird.[1]

d) Nach Art. 48 des Übereinkommens über den Straßenverkehr v. 8. November 1968 hebt dieses Übereinkommen bei seinem Inkrafttreten das IntAbk sowie das Genfer Abkommen v. 1949 (von Deutschland nicht ratifiziert) auf und ersetzt sie.

Aufgrund dieser Überlegungen ist das IntAbk (Stand: 1.1.2000) nur noch zwischen Deutschland und den Vertragsstaaten anwendbar, die dem Übereinkommen über den Straßenverkehr v. 8. November 1968 (WÜ) nicht beigetreten sind.

### Vertragsstaaten des IntAbk[2]

| Vertragsstaaten | in Kraft am | RGBl./Jg. | Seite |
|---|---|---|---|
| Ägypten | 24. 10. 1930 | 1930 II BGBl. 1952 II | 1233, 978 |
| Albanien | 1. 5. 1934 | 1934 II | 738 |
| Argentinien | 29. 1. 1936 | 1936 II BGBl. 1953 II | 104, 130 |
| Belgien | 24. 10. 1930 | 1930 II BGBl. 1952 II | 1233. 978 |
| Brasilien | 3. 12. 1930 | 1930 II BGBl. 1952 II | 1233. 978 |
| Bulgarien | 24. 10. 1930 | 1930 II | 1233 |
| Chile | 24. 10. 1930 | 1931 II | 498 |
| Dänemark | 12. 2. 1931 | 1930 II BGBl. 1952 II | 1233, 978 |
| Estland | 24. 10. 1930 | 1930 II | 1233 |
| Finnland | 24. 10. 1930 | 1930 II BGBl. 1952 II | 1233, 978 |
| Frankreich | 24. 10. 1930 | 1930 II BGBl. 1952 II | 1233, 978 |
| Griechenland | 24. 10. 1930 | 1930 II | 1233 |
| Indien | 26. 10. 1930 | 1931 II BGBl. 1952 II | 498, 978 |
| Irak | 4. 12. 1930 | 1930 II | 1233 |

---

1 Vgl. zum Beispiel Verltb. des BMV v. 5. 11. 1952, VkBl. 1953, S. 2.
2 Die nicht mehr existierenden Staaten Sowjetunion und Tschechoslowakei werden nicht mehr aufgeführt.

| Vertragsstaaten | in Kraft am | RGBl./Jg. | Seite |
|---|---|---|---|
| Iran (Persien) | 18. 4. 1936 | 1936 II | 104 |
| Irland | 24. 10. 1930 | 1930 II BGBl. 1952 II | 1233. 978 |
| Island | 01. 3. 1936 | 1936 II | 211 |
| Italien | 24. 10. 1930 | 1930 II | 1233 |
| Jugoslawien (ehem.) | 24. 10. 1930 | 1930 II BGBl. 1952 II | 1233, 978 |
| Kuba | 24. 10. 1930 | 1930 II | 1233 |
| Lettland | 24. 10. 1930 | 1930 II | 1233 |
| Libanon | 26. 5. 1931 | 1930 II BGBl. 1952 II | 1233, 978 |
| Liechtenstein | 19. 9. 1932 | 1931 II | 555 |
| Litauen | 20. 10. 1931 | 1931 II | 498 |
| Luxemburg | 24. 10. 1930 | 1930 II BGBl. 1952 II | 1233, 978 |
| Malta | 4. 12. 1930 | 1930 II | 1233 |
| Mexiko | – | BGBl. 1955 II | 188 |
| Monaco | 24. 10. 1930 | 1930 II BGBl. 1952 II | 1233, 978 |
| Niederlande | 24. 10. 1930 | 1930 II BGBl. 1952 II | 1233, 978 |
| Norwegen | 24. 10. 1930 | 1930 II BGBl. 1952 II | 1233, 978 |
| Österreich | 1. 9. 1931 | 1931 II BGBl. 1952 II | 498, 978 |
| Peru | 5. 11. 1937 | 1938 II | 154 |
| Polen | 24. 10. 1930 | 1930 II | 1233 |
| Portugal | 24. 10. 1930 | 1930 II | 1233 |
| Rumänien | 24. 10. 1930 | 1930 II | 1233 |
| San Marino | 9. 6. 1932 | 1938 II | 154 |
| Schweden | 24. 10. 1930 | 1931 II | 498 |
| Schweiz | 21. 10. 1931 | 1930 II | 1233 |
| Seychellen | 17. 3. 1938 | 1937 II | 160 |
| Spanien | 24. 10. 1930 | 1930 II | 1233 |
| Sri Lanka | 14. 8. 1932 | 1931 II | 555 |
| Syrien | 26. 5. 1931 | 1930 II | 1233 |
| Thailand | 24. 10. 1930 | 1930 II BGBl. 1952 II | 1233, 978 |
| Türkei | 31. 5. 1935 | 1934 II | 738 |
| Ungarn | 24. 10. 1930 | 1930 II | 1233 |
| Uruguay | 24. 10. 1930 | 1930 II | 1233 |
| Vatikanstadt | 7. 2. 1931 | 1930 II | 1233 |
| Vereinigtes Königreich | 24. 10. 1930 | 1930 II BGBl. 1953 II | 1233, 116 |

## Vertragsstaaten/Gegenüberstellung[1]

| IntAbk | WÜ | IntAbk | WÜ | IntAbk | WÜ |
|---|---|---|---|---|---|
| Ägypten | | | Kasachstan | | Russische Föderation |
| Albanien | | | Kongo[3] | San Marino | San Marino |
| Argentinien | | | Kroatien | Schweden | Schweden |
| | Bahrain | Kuba | Kuba | Schweiz | Schweiz |
| | Belarus | | Kuwait | | Senegal |
| Belgien | Belgien | Lettland | Lettland | | Seychellen |
| | Bosnien-Herzegowina | Libanon | | | Simbabwe |
| Brasilien | Brasilien | Liechtenstein | | | Slowakei |
| Bulgarien | Bulgarien | Litauen | Litauen | | Slowenien |
| Chile | | Luxemburg | Luxemburg | Spanien | |
| | Côte d'Ivoire[2] | Malta | | Sri Lanka | |
| Dänemark | Dänemark | | Marokko | | Südafrika |
| Estland | Estland | | Mazedonien | Syrien | |
| Finnland | Finnland | Mexiko | | | Tadschikistan |
| Frankreich | Frankreich | | Moldau | Thailand | |
| | Georgien | Monaco | Monaco | | Tschechien |
| Griechenland | Griechenland | Niederlande | | Türkei | |
| | Guyana | | Niger | | Turkmenistan |
| Indien | | Norwegen | Norwegen | | Ukraine |
| Irak | | Österreich | Österreich | Ungarn | Ungarn |
| Iran | Iran | | Pakistan | Uruguay | Uruguay |
| Irland | | Peru | | | Usbekistan |
| Island | | | Philippinen | Vatikanstadt | |
| | Israel | Polen | Polen | Vereinigtes Königreich | |
| Italien | Italien | Portugal | | | Zentralafrikan. Republik |
| Jugoslawien | Jugoslawien | Rumänien | Rumänien | | |

---

1 Die nicht mehr existierenden Staaten Jugoslawien (ehem.), Sowjetunion und Tschechoslowakei werden als Vertragsstaaten des IntAbk als auch des WÜ nicht aufgeführt.
2 Elfenbeinküste
3 Demokratische Republik

## Übereinkommen
## über den Straßenverkehr

Vom 8. November 1968[1]

### Gliederungsübersicht

1. Vorbemerkung
2. Gesetz zu den Übereinkommen v. 8. November 1968 über den Straßenverkehr und über Straßenverkehrszeichen, zu den Europäischen Zusatzabkommen v. 1. Mai 1971 zu diesen Übereinkommen sowie zum Protokoll v. 1. März 1973 über Straßenmarkierungen (Vertragsgesetz) – v. 21. September 1977
3. Inhaltsübersicht und Wortlaut des Wiener Übereinkommens
4. Vertragsstaaten

### 1. Vorbemerkungen

Die Übereinkommen über den Straßenverkehr und über Verkehrszeichen sind das Ergebnis der Weltkonferenz der Vereinten Nationen über den Straßenverkehr v. 7.10. bis zum 8.11.1968 in Wien (daher »Wiener Übereinkommen«, nachfolgend WÜ genannt)[2].

Aufgabe der Konferenz war die Erörterung des Entwurfs eines Übereinkommens über den Straßenverkehr sowie des Entwurfs eines Übereinkommens über Straßenverkehrszeichen. Diese Entwürfe waren auf der Grundlage eines Vorschlags der ECE nach Einbeziehung der Diskussionsergebnisse anderer regionaler Wirtschaftskommissionen, insbesondere der Wirtschaftskommission für Asien und den Fernen Osten (ECAFE), entstanden. Sie hatten zum Ziel, die geltenden internationalen Straßenverkehrsabkommen zu ersetzen; das sind:

– das Internationale Abkommen über Kraftfahrzeugverkehr v. 24.4.1926,

– das Abkommen über die Regelungen des Interamerikanischen Kraftfahrzeugverkehrs v. 15.12.1943,

– das Abkommen über Straßenverkehr v. 19.9.1949 und hinsichtlich der Verkehrszeichen

– das Abkommen betreffend die Vereinheitlichung von Straßenverkehrszeichen v. 30.3.1931 sowie

– das Protokoll über Straßenverkehrszeichen v. 19.9.1949.

---

1 BGBl. 1977 II, S. 809.
2 Seidenstecher, »VN-Weltkonferenz über Straßenverkehr in Wien vom 7.10. bis 8.11.1968«, DAR 1969, S. 66.

Das WÜ enthält neben den notwendigen Begriffsbestimmungen (Artikel 1) insbesondere

- Verkehrsregeln (Kapitel II),
- Bedingungen für die Zulassung der Kraftfahrzeuge und Anhänger zum internationalen Verkehr (Kapitel III, Anhänge 1 bis 3),
- Vorschriften über Führerscheine im internationalen Verkehr (Kapitel IV, Anhänge 6 und 7),
- technische Anforderungen an die Ausrüstung der Fahrzeuge und Anhänger (Artikel 39 i.V.m. Anhang 5).

Das Kernstück des WÜ enthält Artikel 3 mit der Verpflichtung der Vertragsparteien,

a) angemessene Schritte zu unternehmen, dass die in ihrem Hoheitsgebiet geltenden Verkehrsregeln in ihrem sachlichen Gehalt mit den in Kapitel II enthaltenen Bestimmungen übereinstimmen. Die verhaltensrechtlichen Vereinbarungen des WÜ richten sich an den Gesetz- bzw. Verordnungsgeber, nicht aber an den einzelnen Verkehrsteilnehmer. Die in Kapitel II enthaltenen Verkehrsregeln haben in Deutschland die Neufassung der StVO v. 16.11.1970[1] wesentlich mitbestimmt, d.h., die international vereinbarten Verkehrsregeln sind in die StVO eingearbeitet worden.

b) ausländische Fahrzeuge und ausländische Fahrzeugführer zum vorübergehenden Verkehr auf ihrem Hoheitsgebiet zuzulassen, wenn sie die Bedingungen des WÜ für die Teilnahme am internationalen Verkehr erfüllen. In diesem Zusammenhang wurden auch die Vorschriften des Anhangs 5 über die technischen Anforderungen an Kraftfahrzeuge und Anhänger gegenüber den bisherigen IntAbk wesentlich erweitert und der technischen Entwicklung angepasst.

Bei der Zulassung zum internationalen Verkehr wird durch das WÜ auf den »Internationalen Zulassungsschein« verzichtet. An seine Stelle tritt als Nachweis der Zulassung der nationale Zulassungsschein, wenn er die in Artikel 35 WÜ aufgeführten Mindestanforderungen enthält.

Negativ für die Überwachung ausländischer Fahrzeuge ist die Tatsache, dass zu diesen Mindestanforderungen nicht die Angabe der zulässigen Achslasten sowie die Angabe des zulässigen Gesamtgewichts, mit Ausnahme bei Lastkraftwagen, gehört. Auch kann nach Anlage 1 die Einhaltung der nationalen Vorschriften über die Anhängelast und die Motorleistung von ausländischen Fahrzeugen nicht verlangt werden.

---

1 BGBl. 1970 I, S. 1565; amtl. Begründung VkBl. 1970, S. 797.

Das Wesentliche der Führerscheinvorschriften liegt darin, dass die nationalen Führerscheine mehr als bisher zum Führen eines Kraftfahrzeugs im internationalen Verkehr berechtigen und demgemäß der »Internationale Führerschein« an Bedeutung verlieren wird. An dem schon bisher geltenden Grundsatz, dass Aufenthalte über ein Jahr hinaus nicht mehr internationaler Verkehr im Sinne des WÜ sind, wurde festgehalten. Die Einteilung der Fahrerlaubnisklassen ist gegenüber dem Abkommen über den Straßenverkehr v. 19.09.1949 unverändert geblieben.

Die bei den Verhandlungen eingegangenen Kompromisse bedeuten zwar einen gewissen Abstrich von dem Ziel, das internationale Straßenverkehrsrecht möglichst weitgehend zu vereinheitlichen. Sie waren aber in der Sache notwendig, um bestimmten nationalen oder regionalen Besonderheiten, insbesondere dort üblichen Verkehrsgewohnheiten Rechnung zu tragen. Die an zahlreichen Stellen im Abkommen enthaltenen fakultativen Regelungen schaffen andererseits aber auch die Basis für eine noch weitergehende Vereinheitlichung des Straßenverkehrsrechts etwa auf kontinentaler Ebene oder, wie dies im Grundsatz schon vollzogen wird, unter den CEMT-Vertragsstaaten.

Am 21. Mai 1976 hat der 15. Staat seine Ratifikationsurkunde bei den Vereinten Nationen hinterlegt. Damit trat das »Wiener Übereinkommen über den Straßenverkehr« nach seinem Artikel 47 Abs. 1 am 21. Mai 1977 in Kraft.

Die Ratifikationsurkunde Deutschlands zu den genannten Übereinkommen wurde am 03.08.1978 bei dem Generalsekretär der Vereinten Nationen hinterlegt. Das WÜ ist danach für Deutschland am 03.08.1979 in Kraft getreten.[1]

---

[1] »Bekanntmachung über das Inkrafttreten der Übereinkommen über den Straßenverkehr und über Straßenverkehrszeichen und der Europäischen Zusatzübereinkommen zu diesen Übereinkommen« v. 01.08.1979, BGBl. 1979 II, S. 932.

## 2. Vertragsgesetz

### Gesetz
zu den Übereinkommen vom 8. November 1968
über den Straßenverkehr und über Straßenverkehrszeichen,
zu den Europäischen Zusatzübereinkommen vom 1. Mai 1971
zu diesen Übereinkommen
sowie zum Protokoll vom 1. Mai 1973 über Straßenmarkierungen

Vom 21. September 1977[1]

Der Bundestag hat mit Zustimmung des Bundesrates das folgende Gesetz beschlossen:

### Artikel 1

(1) Den folgenden von der Bundesrepublik Deutschland unterzeichneten völkerrechtlichen Vereinbarungen wird zugestimmt:

1. Dem in Wien am 8. November 1968 unterzeichneten Übereinkommen über den Straßenverkehr,

2. dem in Wien am 8. November 1968 unterzeichneten Übereinkommen über Straßenverkehrszeichen,

3. dem in Genf am 28. Mai 1971 unterzeichneten Europäischen Zusatzübereinkommen vom 1. Mai 1971 zum Übereinkommen vom 8. November 1968 über den Straßenverkehr,

4. dem in Genf am 28. Mai 1971 unterzeichneten Europäischen Zusatzübereinkommen vom 1. Mai 1971 zum Übereinkommen vom 8. November 1968 über Straßenverkehrszeichen und

5. dem in Genf am 15. November 1973 unterzeichneten Protokoll vom 1. März 1973 über Straßenmarkierungen zum Europäischen Zusatzübereinkommen vom 1. Mai 1971 zum Übereinkommen vom 8. November 1968 über Straßenverkehrszeichen.

Die Übereinkommen sowie die Schlussakte vom 8. November 1968 der Konferenz der Vereinten Nationen über den Straßenverkehr werden nachstehend veröffentlicht.

(2) Die Zustimmung erfolgt mit der Maßgabe, dass – mit Ausnahme des Artikels 3 Abs. 3, 5 und 6 des Übereinkommens über den Straßenverkehr vom 8. November 1968 und den dort in Bezug genommenen Bestimmungen dieses

---

[1] BGBl. 1977 II, S. 809: Begründung zum Vertragsgesetz und Denkschrift zum Übereinkommen – VkBl. 1977, S. 583.

Übereinkommens – die Bestimmungen der Übereinkommen innerstaatlich keine unmittelbare Anwendung finden.

### Artikel 2

Dieses Gesetz gilt auch im Land Berlin, sofern das Land Berlin die Anwendung dieses Gesetzes feststellt.

### Artikel 3

(1) Dieses Gesetz tritt am Tage nach seiner Verkündung in Kraft.

(2) Die Tage, an denen

1. das Übereinkommen über den Straßenverkehr nach seinem Artikel 47,
2. das Übereinkommen über Straßenverkehrszeichen nach seinem Artikel 39,
3. das Europäische Zusatzübereinkommen zum Übereinkommen über den Straßenverkehr nach seinem Artikel 4,
4. das Europäische Zusatzübereinkommen zum Übereinkommen über Straßenverkehrszeichen nach seinem Artikel 4,
5. das Protokoll über Straßenmarkierungen zum Europäischen Zusatzübereinkommen zum Übereinkommen über Straßenverkehrszeichen nach seinem Artikel 4

in Kraft treten, sind im Bundesgesetzblatt bekanntzugeben.

**Bemerkung:**

Artikel 1 Abs. 2 Vertragsgesetz stellt klar, dass die Zustimmung zu den Übereinkommen dessen Bestimmungen – mit Ausnahme des Artikel 3 Abs. 3, 5 und 6 – nicht zu unmittelbar anwendbaren Recht machen soll und, dass das Vertragsgesetz in diesem Sinne keine Transformation der Übereinkommen in das nationale Recht bewirkt. Die Verpflichtungen aus den Übereinkommen werden vielmehr durch geltendes innerstaatliches Recht (insbesondere StVO, StVZO und IntVO) bzw. durch dessen Anpassung erfüllt.

### 3. Inhaltsübersicht und Wortlaut des Wiener Übereinkommens

Präambel

| | | | |
|---|---|---|---|
| Kapitel I | Allgemeines | Art. 1 | Begriffsbestimmungen |
| | | Art. 2 | Anhänge zu dem Übereinkommen |
| | | Art. 3 | Verpflichtungen der Vertragsparteien |
| | | Art. 4 | Verkehrszeichen |
| Kapitel II | Verkehrsregeln | Art. 5 bis Art. 34 | Hier nicht abgedruckt, da die international vereinbarten Verkehrsregeln ihren Niederschlag in der StVO gefunden haben. |
| Kapitel III | Bedingungen für die Zulassung der KfZ (Art. 1 p) und Anhänger zum internationalen Verkehr | Art. 35 | Zulassung; **Anlage 1** Abweichungen von der Verpflichtung zur Zulassung von Kfz und Anhängern |
| | | Art. 36 | Kennzeichen; **Anlage 2** Kennzeichen der Kfz und Anhänger |
| | | Art. 37 | Unterscheidungszeichen des Zulassungsstaates; **Anlage 3**[1] Unterscheidungszeichen der Kfz und Anhänger |
| | | Art. 38 | Erkennungsmerkmale; **Anlage 4** Erkennungsmerkmale der Kfz und Anhänger |
| | | Art. 39 | Technische Vorschriften; **Anlage 5** Technische Anforderungen an Kfz und die Anhänger |
| | | Art. 40 | Übergangsbestimmungen |
| Kapitel IV | Führer von Kraftfahrzeugen (Art. 1 p) | Art. 41 | Geltung der Führerscheine; **Anhang 6** – nationaler FS **Anhang 7** – Internationaler FS |
| | | Art. 42 | Vorübergehende Aufhebung der Geltung des Führerscheins |
| | | Art. 43 | Übergangsbestimmungen |
| Kapitel V | Bedingungen für die Zulassung der FmH und Motorräder zum internationalen Verkehr | Art. 44 | – |
| Kapitel VI | Schlussbestimmungen | Art. 45 bis Art. 56 | – |

### Übereinkommen über den Straßenverkehr

DIE VERTRAGSPARTEIEN,

IN DEM WUNSCH, den internationalen Straßenverkehr zu erleichtern und die Sicherheit auf den Straßen durch die Annahme einheitlicher Verkehrsregeln zu erhöhen,

HABEN die folgenden Bestimmungen VEREINBART:

---

1 Abgelöst durch – »Liste der Nationalitätszeichen im internationalen Kraftfahrzeugverkehr (Stand: Dezember 1999) v. 8.12. 1999, VkBl. 1999, S. 771; abgedruckt auf S. 353.

## Kapitel I
## Allgemeines

### Artikel 1
### Begriffsbestimmungen

Im Sinne dieses Übereinkommens haben die nachstehenden Begriffe die ihnen in diesem Artikel zugeordneten Bedeutungen:

a) »Innerstaatliche Rechtsvorschriften« einer Vertragspartei sind alle im Hoheitsgebiet dieser Vertragspartei in Kraft befindlichen nationalen oder örtlichen Gesetze und Regelungen;

b) ein Fahrzeug gilt als »im internationalen Verkehr« im Hoheitsgebiet eines Staates, wenn

   i) es einer natürlichen oder juristischen Person gehört, die ihren ordentlichen Wohnsitz außerhalb dieses Staates hat;

   ii) es in diesem Staat nicht zugelassen ist, und

   iii) es vorübergehend in diesen Staat eingeführt wird;

dabei steht es jedoch jeder Vertragspartei frei, es abzulehnen, ein Fahrzeug als »im internationalen Verkehr« befindlich anzusehen, das ohne nennenswerte Unterbrechung, deren Dauer sie festsetzen kann, länger als ein Jahr in ihrem Hoheitsgebiet geblieben ist.

Miteinander verbundene Fahrzeuge gelten als »im internationalen Verkehr«, wenn wenigstens eines dieser Fahrzeuge der Begriffsbestimmung entspricht;

c) »Ortschaft« ist ein Gebiet, das bebaute Grundstücke umfasst und dessen Ein- und Ausfahrten als solche besonders gekennzeichnet sind oder das in den innerstaatlichen Rechtsvorschriften in anderer Weise bestimmt ist;

d) »Straße« ist die gesamte Fläche jedes dem öffentlichen Verkehr dienenden Weges;

e) »Fahrbahn« ist der Teil der Straße, der üblicherweise von den Fahrzeugen benutzt wird; eine Straße kann mehrere Fahrbahnen haben, die insbesondere durch einen Mittelstreifen oder einen Höhenunterschied deutlich voneinander getrennt sind;

f) auf Fahrbahnen, wo ein seitlicher Fahrstreifen oder ein Weg oder mehrere seitliche Fahrstreifen oder Wege dem Verkehr bestimmter Fahrzeuge vorbehalten sind, ist »Fahrbahnrand« für die anderen Verkehrsteilnehmer der Rand des übrigen Teils der Fahrbahn;

g) »Fahrstreifen« ist jeder der Längsstreifen, in welche die Fahrbahn unterteilt werden kann, mag er durch Straßenmarkierungen in der Längsrichtung gekennzeichnet sein oder nicht, dessen Breite für die Fortbewegung einer Reihe mehrspuriger Kraftfahrzeuge (Artikel 1 Buchstabe p) ausreicht;

h) »Kreuzung« ist jede höhengleiche Kreuzung, Einmündung oder Gabelung von Straßen einschließlich der durch solche Kreuzungen, Einmündungen oder Gabelungen gebildeten Plätze;

i) »Bahnübergang« ist jede höhengleiche Kreuzung zwischen einer Straße und Eisenbahn- oder Straßenbahnschienen auf eigenem Schienenkörper;

j) »Autobahn« ist eine Straße, die für den Verkehr mit Kraftfahrzeugen besonders bestimmt und gebaut ist, zu der von den angrenzenden Grundstücken aus keine unmittelbare Zufahrt besteht und die:

   i) – außer an einzelnen Stellen oder vorübergehend – für beide Verkehrsrichtungen besondere Fahrbahnen hat, die durch einen nicht für den Verkehr bestimmten Geländestreifen oder in Ausnahmefällen durch andere Mittel voneinander getrennt sind;

   ii) keine höhengleiche Kreuzung mit Straßen, Eisenbahn- oder Straßenbahnschienen oder Gehwegen hat;

   iii) als Autobahn besonders gekennzeichnet ist;

k) ein Fahrzeug gilt als:

   i) »haltendes Fahrzeug«, wenn es während der Zeit die zum Ein- oder Aussteigen oder zum Be- und Entladen erforderlich ist, hält;

   ii) »parkendes Fahrzeug«, wenn es aus einem anderen Grunde als zur Vermeidung eines Zusammentreffens mit einem anderen Verkehrsteilnehmer oder mit einem Hindernis oder zur Einhaltung von Verkehrsvorschriften hält und wenn sich sein Halten nicht auf die Zeit beschränkt, die zum Ein- oder Aussteigen oder zum Be- und Entladen erforderlich ist.

Die Vertragsparteien können jedoch die nach Ziffer ii stillstehenden Fahrzeuge als »haltende Fahrzeuge« ansehen, wenn die Dauer dieses Stillstehens eine durch die innerstaatlichen Rechtsvorschriften festgesetzte zeitliche Beschränkung nicht überschreitet, und sie können die nach Ziffer i stillstehenden Fahrzeuge als »parkende Fahrzeuge« ansehen, wenn die Dauer dieses Stillstehens eine durch die innerstaatlichen Rechtsvorschriften festgesetzte zeitliche Beschränkung überschreitet;

l) »Fahrrad« ist jedes Fahrzeug mit wenigstens zwei Rädern, das ausschließlich durch die Muskelkraft auf ihm befindlicher Personen, insbesondere mit Hilfe von Pedalen oder Handkurbeln, angetrieben wird;

m) »Motorfahrräder« sind zwei- oder dreirädrige Fahrzeuge mit einem Verbrennungsmotor, dessen Zylinderinhalt 50 cm$^3$ (3,05 Kubikzoll) und dessen durch die Bauart bestimmte Höchstgeschwindigkeit 50 km (30 Meilen) in der Stunde nicht übersteigt. Die Vertragsparteien haben jedoch das Recht, in ihren innerstaatlichen Rechtsvorschriften solche Fahrzeuge nicht als Motorfahrräder anzusehen, die nicht hinsichtlich ihrer Verwendungsmöglichkeiten die Merkmale von Fahrrädern haben – insbesondere das Merkmal, durch Pedale angetrieben werden zu können – oder deren durch die Bauart bestimmte Höchstgeschwindigkeit, deren Gewicht oder gewisse Merkmale des Motors gegebene Grenzen übersteigen. Nichts in dieser Begriffsbestimmung ist so auszulegen, als hindere es die Vertragsparteien, hinsichtlich der Anwendung ihrer innerstaatlichen Rechtsvorschriften für den Straßenverkehr, die Motorfahrräder völlig den Fahrrädern gleichzustellen;

n) »Kraftrad« ist jedes zweirädrige Fahrzeug mit oder ohne Beiwagen, das einen Antriebsmotor hat. Die Vertragsparteien können in ihren innerstaatlichen Rechtsvorschriften dreirädrige Fahrzeuge mit einem Leergewicht von nicht mehr als 400 kg (900 Pfund) den Krafträdern gleichstellen. Der Begriff »Kraftrad« schließt die Motorfahrräder nicht ein; die Vertragsparteien können jedoch unter der Bedingung, dass sie nach Artikel 54 Absatz 2 eine entsprechende Erklärung abgeben, für die Anwendung dieses Übereinkommens die Motorfahrräder den Krafträdern gleichstellen;

o) »Kraftfahrzeug«[1] ist jedes auf der Straße mit eigener Kraft verkehrende Fahrzeug mit Antriebsmotor mit Ausnahme der Motorfahrräder in dem Hoheitsgebiet der Vertragsparteien, die sie nicht den Krafträdern gleichgestellt haben, und mit Ausnahme der Schienenfahrzeuge;

p) »Kraftfahrzeuge«[1] im Sinne dieses Buchstabens sind nur die Kraftfahrzeuge, die üblicherweise auf der Straße zur Beförderung von Personen oder Gütern oder zum Ziehen von Fahrzeugen, die für die Personen- oder Güterbeförderung benutzt werden, dienen. Dieser Begriff schließt die Oberleitungsomnibusse – das heißt die mit einer elektrischen Leitung verbundenen und nicht auf Schienen fahrenden Fahrzeuge – ein. Er umfasst nicht Fahrzeuge, die auf der Straße nur gelegentlich zur Beförderung von Personen oder Gütern oder zum Ziehen von Fahrzeugen, die der Personen- oder Güterbeförderung dienen, benutzt werden, wie landwirtschaftliche Zugmaschinen;

q) »Anhänger« ist jedes Fahrzeug, das dazu bestimmt ist, an ein Kraftfahrzeug angehängt zu werden; dieser Begriff schließt die Sattelanhänger ein;

---

1 Der Begriff »Kraftfahrzeug« wird in zwei verschiedenen Bedeutungen gebraucht. Wird er ohne Zusatz gebraucht, so hat er die ihm unter Buchstabe o zugeordnete Bedeutung. Wird er mit dem Zusatz »(Artikel 1 Buchstabe p)« gebraucht, so hat er die ihm unter Buchstabe p zugeordnete Bedeutung.

r) »Sattelanhänger« ist jeder Anhänger, der dazu bestimmt ist, mit einem Kraftfahrzeug (Artikel 1 Buchstabe p) so verbunden zu werden, dass er teilweise auf diesem aufliegt und dass ein wesentlicher Teil seines Gewichts und des Gewichts seiner Ladung von diesem getragen wird;

s) »leichter Anhänger« ist jeder Anhänger, dessen höchstes zulässiges Gesamtgewicht 750 kg (1 650 Pfund) nicht übersteigt;

t) »miteinander verbundene Fahrzeuge« sind solche miteinander verbundenen Fahrzeuge, die am Straßenverkehr als eine Einheit teilnehmen;

u) »Sattelkraftfahrzeuge« sind miteinander verbundene Fahrzeuge, die aus einem Kraftfahrzeug (Artikel 1 Buchstabe p) und einem damit verbundenen Sattelanhänger bestehen;

v) »Führer« ist jede Person, die ein Kraftfahrzeug oder ein anderes Fahrzeug (Fahrräder eingeschlossen) lenkt oder die auf einer Straße Vieh, einzeln oder in Herden, oder Zug-, Saum- oder Reittiere leitet;

w) »höchstes zulässiges Gesamtgewicht« ist das Höchstgewicht des beladenen Fahrzeugs, das von der zuständigen Behörde des Zulassungsstaates als zulässig erklärt wurde;

x) »Leergewicht« ist das Gewicht des Fahrzeugs ohne Besatzung, Fahrgäste oder Ladung, aber mit seinem gesamten Kraftstoffvorrat und seinem üblichen Bordwerkzeug;

y) »Gesamtgewicht« ist das tatsächliche Gewicht des beladenen Fahrzeugs einschließlich der Besatzung und der Fahrgäste;

z) »Verkehrsrichtung« und »entsprechend der Verkehrsrichtung« bedeuten rechts, wenn nach den innerstaatlichen Rechtsvorschriften der Fahrzeugführer ein entgegenkommendes Fahrzeug links vorbeilassen muss; im umgekehrten Falle bedeuten diese Ausdrücke links;

## Artikel 2
### Anhänge zu dem Übereinkommen

Die Anhänge zu diesem Übereinkommen, nämlich:

Anhang 1: Abweichungen von der Verpflichtung zur Zulassung von Kraftfahrzeugen (Artikel 1 Buchstabe p) und Anhängern zum internationalen Verkehr,

Anhang 2: Kennzeichen der Kraftfahrzeuge (Artikel 1 Buchstabe p) und Anhänger im internationalen Verkehr,

Anhang 3: Unterscheidungszeichen der Kraftfahrzeuge (Artikel 1 Buchstabe p) und Anhänger im internationalen Verkehr,

Anhang 4: Erkennungsmerkmale der Kraftfahrzeuge (Artikel 1 Buchstabe p) und Anhänger im internationalen Verkehr,

Anhang 5: Technische Anforderungen an die Kraftfahrzeuge (Artikel 1 Buchstabe p) und Anhänger,

Anhang 6: Nationaler Führerschein und

Anhang 7: Internationaler Führerschein

sind Bestandteile dieses Übereinkommens.

## Artikel 3
### Verpflichtungen der Vertragsparteien

(1) a) Die Vertragsparteien treffen die erforderlichen Maßnahmen, damit die in ihrem Hoheitsgebiet geltenden Verkehrsregeln in ihrem sachlichen Gehalt mit den in Kapitel II enthaltenen Bestimmungen übereinstimmen. Unter der Bedingung, dass sie in keinem Punkte mit den genannten Bestimmungen unvereinbar sind,

i) brauchen diese Regeln jene Bestimmungen nicht zu übernehmen, die für Verhältnisse gelten, die im Hoheitsgebiet der betreffenden Vertragsparteien nicht vorkommen;

ii) können diese Regeln Bestimmungen enthalten, die in Kapitel II nicht vorgesehen sind.

b) Dieser Absatz verpflichtet die Vertragsparteien nicht, Strafmaßnahmen für jede Verletzung der Bestimmungen des Kapitels II, die in ihre Verkehrsregeln übernommen wurden, vorzusehen.

(2) a) Die Vertragsparteien treffen auch die erforderlichen Maßnahmen, damit die in ihrem Hoheitsgebiet geltenden Regeln für die von den Kraftfahrzeugen

(Artikel 1 Buchstabe p) und den Anhängern zu erfüllenden technischen Bedingungen mit Anhang 5 übereinstimmen; unter der Bedingung, dass sie in keinem Punkte den diesen Bestimmungen zugrunde liegenden Sicherheitsgrundsätzen widersprechen, können diese Regeln Bestimmungen enthalten, die in diesem Anhang nicht vorgesehen sind. Die Vertragsparteien treffen darüber hinaus die erforderlichen Maßnahmen, damit die in ihrem Hoheitsgebiet zugelassenen Kraftfahrzeuge (Artikel 1 Buchstabe p) und Anhänger mit Anhang 5 übereinstimmen, wenn diese im internationalen Verkehr eingesetzt werden.

b) Dieser Absatz bindet die Vertragsparteien nicht in bezug auf die in ihrem Hoheitsgebiet geltenden technischen Bedingungen für diejenigen Kraftfahrzeuge, die keine Kraftfahrzeuge (Artikel 1 Buchstabe p) im Sinne dieses Übereinkommens sind.

(3) Vorbehaltlich der im Anhang 1 vorgesehenen Abweichungen sind die Vertragsparteien gehalten, zum internationalen Verkehr in ihrem Hoheitsgebiet die Kraftfahrzeuge (Artikel 1 Buchstabe p) und die Anhänger zuzulassen, welche den in Kapitel III festgelegten Bedingungen entsprechen und deren Führer die in Kapitel IV festgelegten Bedingungen erfüllen; sie sind auch gehalten, die nach Kapitel III ausgestellten Zulassungsscheine bis zum Nachweis des Gegenteils als Beweis dafür anzuerkennen, dass die Fahrzeuge, auf die sich diese Zulassungsscheine beziehen, die den in Kapitel III festgelegten Bedingungen entsprechen.

(4) Maßnahmen, welche die Vertragsparteien entweder einseitig oder durch zwei- oder mehrseitige Übereinkommen getroffen haben oder treffen werden, um in ihrem Hoheitsgebiet Kraftfahrzeuge (Artikel 1 Buchstabe p) und Anhänger, die nicht allen in Kapitel III festgelegten Anforderungen entsprechen, zum internationalen Verkehr zuzulassen und um, außer den in Kapitel IV vorgesehenen Fällen, die Gültigkeit von Führerscheinen in ihrem Hoheitsgebiet anzuerkennen, die von einer anderen Vertragspartei ausgestellt wurden, werden als dem Sinn und Zweck dieses Übereinkommens entsprechend angesehen.

(5) Die Vertragsparteien sind gehalten, zum internationalen Verkehr in ihrem Hoheitsgebiet die Fahrräder und die Motorfahrräder zuzulassen, welche den in Kapitel V festgelegten technischen Bedingungen entsprechen und deren Führer ihren ordentlichen Wohnsitz im Hoheitsgebiet einer anderen Vertragspartei haben. Eine Vertragspartei kann nicht verlangen, dass die Führer von Fahrrädern oder Motorfahrrädern im internationalen Verkehr Besitzer eines Führerscheins sind; jedoch können die Vertragsparteien, die nach Artikel 54 Absatz 2 eine Erklärung abgegeben haben, welche die Motorfahrräder den Krafträdern gleichstellt, von den Führern von Motorfahrrädern im internationalen Verkehr einen Führerschein verlangen.

(6) Die Vertragsparteien sind verpflichtet, jeder darum ersuchenden Vertragspartei die notwendigen Auskünfte zur Ermittlung der Person zu geben, auf deren Namen ein Kraftfahrzeug (Artikel 1 Buchstabe p) oder ein mit einem Kraftfahrzeug (Artikel 1 Buchstabe p) verbundener Anhänger in ihrem Hoheitsgebiet zugelassen ist, wenn aus dem vorgelegten Ersuchen hervorgeht, dass dieses Fahrzeug im Hoheitsgebiet der ersuchenden Vertragspartei in einen Unfall verwickelt war.

(7) Maßnahmen, welche die Vertragsparteien entweder einseitig oder über zwei- oder mehrseitige Übereinkommen getroffen haben oder treffen werden, um den internationalen Straßenverkehr durch Vereinfachung der Vorschriften für das Zoll-, Polizei- oder Gesundheitswesen oder auf anderen ähnlichen Gebieten zu erleichtern sowie Maßnahmen, die gewährleisten sollen, daß Zollämter an ein und derselben Grenzübergangsstelle dieselben Zuständigkeiten und dieselben Öffnungszeiten haben, werden als dem Sinn und Zweck dieses Übereinkommens entsprechend angesehen.

(8) Die Absätze 3, 5 und 7 stehen dem Recht jeder Vertragspartei nicht entgegen, die Zulassung von Kraftfahrzeugen (Artikel 1 Buchstabe p) und Anhängern, von Fahrrädern und Motorfahrrädern sowie deren Führern und Mitfahrern zum internationalen Verkehr in ihrem Hoheitsgebiet ihrer Regelung über den gewerblichen Personen- und Güterverkehr, ihrer Regelung über die Haftpflichtversicherung der Führer, ihrer Regelung bezüglich der Verzollung sowie ganz allgemein ihren Vorschriften außerhalb des Bereiches des Straßenverkehrs zu unterwerfen.

## Artikel 4
### Verkehrszeichen

Die Vertragsparteien dieses Übereinkommens, die nicht Vertragsparteien des Übereinkommens über Straßenverkehrszeichen sind, das am selben Tage wie dieses Übereinkommen in Wien zur Unterschrift aufgelegt worden ist, verpflichten sich,

a) dafür zu sorgen, dass alle Straßenverkehrszeichen, Verkehrslichtzeichen und Straßenmarkierungen, die in ihrem Hoheitsgebiet angebracht sind, ein zusammenhängendes System bilden;

b) die Zahl der Arten der Verkehrszeichen zu beschränken und diese nur an den Stellen anzubringen, wo sie als nützlich angesehen werden;

c) Gefahrenwarnzeichen in genügendem Abstand vor der Gefahrenstelle anzubringen, um die Führer rechtzeitig zu warnen; und

d) zu verbieten, dass

i) an einem Verkehrszeichen, an dessen Träger oder an irgendeiner anderen Einrichtung zur Verkehrsregelung irgend etwas angebracht wird, was nicht in Beziehung zum Sinn und Zweck dieses Verkehrszeichens oder dieser Einrichtung steht; wenn jedoch die Vertragsparteien oder ihre Teilgebiete eine Gesellschaft ohne Erwerbszweck ermächtigen, Hinweiszeichen aufzustellen, können sie gestatten, dass das Emblem dieser Gesellschaft auf dem Zeichen oder dessen Träger erscheint, sofern das Verständnis des Zeichens dadurch nicht erschwert wird;

ii) Tafeln, Schilder, Kennzeichen oder Einrichtungen angebracht werden, die zu Verwechslungen mit Verkehrszeichen oder anderen Einrichtungen zur Verkehrsregelung führen, deren Sichtbarkeit oder Wirksamkeit verringern oder die Verkehrsteilnehmer blenden oder ihre Aufmerksamkeit in für die Sicherheit des Verkehrs gefährlicher Weise ablenken könnten.

## Kapitel II
## Verkehrsregeln

(Hier nicht abgedruckt)

Die in Kapitel II enthaltenen Verkehrsregeln haben in Deutschland die Neufassung der StVO v. 16. 11. 1970[1] wesentlich mitbestimmt, d. h., die international vereinbarten Verkehrsregeln sind in die StVO eingearbeitet worden.

## Kapitel III
## Bedingungen für die Zulassung der Kraftfahrzeuge
## (Artikel 1 Buchstabe p)
## und Anhänger zum internationalen Verkehr

### Artikel 35
### Zulassung

(1) a) Um unter die Vergünstigungen dieses Übereinkommens zu fallen, muss im internationalen Verkehr jedes Kraftfahrzeug (Artikel 1 Buchstabe p) und jeder mit einem Kraftfahrzeug (Artikel 1 Buchstabe p) verbundene Anhänger mit Ausnahme eines leichten Anhängers von einer Vertragspartei oder einem ihrer Teilgebiete zugelassen sein, und der Führer des Kraftfahrzeugs (Artikel 1 Buchstabe p) muss eine gültige Bescheinigung über diese Zulassung haben, die entweder von einer zuständigen Behörde dieser Vertragspartei oder ihres Teilgebiets oder im Namen der Vertragspartei oder ihres Teilgebiets von einem Verband ausgestellt worden ist, der dazu von dieser Vertragspartei oder ihrem Teil-

---
[1] BGBl. 1970, S. 1565; amtl. Begründung VkBl. 1970, S. 797.

gebiet ermächtigt wurde. Diese Bescheinigung, Zulassungsschein genannt, muss wenigstens enthalten:

– ein Kennzeichen, dessen Zusammensetzung in Anhang 2 angegeben ist;

– den Tag der ersten Zulassung des Fahrzeugs;

– den vollständigen Namen und den Wohnsitz desjenigen, für den die Bescheinigung ausgestellt ist;

– den Namen oder die Fabrikmarke des Fahrzeugherstellers;

– die Fahrgestellnummer (Fabrik- oder Seriennummer des Herstellers);

– wenn es sich um ein Fahrzeug zur Güterbeförderung handelt, das höchste zulässige Gesamtgewicht;

– die Gültigkeitsdauer, wenn diese nicht unbegrenzt ist.

Die Eintragungen in dieser Bescheinigung müssen entweder in lateinischen Buchstaben oder in der sogenannten englischen Kursivschrift vorgenommen oder so wiederholt werden.

b) Die Vertragsparteien oder ihre Teilgebiete können jedoch bestimmen, dass auf den in ihrem Hoheitsgebiet ausgestellten Bescheinigungen anstelle des Tages der ersten Zulassung das Herstellungsjahr angegeben wird.

(2) Abweichend von Absatz 1 soll ein nicht getrenntes Sattelkraftfahrzeug, während es sich im internationalen Verkehr befindet, selbst dann unter die Vergünstigungen dieses Übereinkommens fallen, wenn für den Sattelschlepper und den Sattelanhänger, aus denen das Fahrzeug besteht, nur eine einzige Zulassung und eine einzige Bescheinigung vorliegen.

(3) Nichts in diesem Übereinkommen ist so auszulegen, als beschränke es das Recht der Vertragsparteien oder ihrer Teilgebiete, bei einem Fahrzeug im internationalen Verkehr, das nicht für eine im Fahrzeug befindliche Person zugelassen ist, den Nachweis der Berechtigung des Führers zur Benutzung des Fahrzeugs zu verlangen.

(4) Es wird empfohlen, dass die Vertragsparteien, sofern dies noch nicht geschehen ist, eine Stelle schaffen, die beauftragt ist, auf nationaler oder regionaler Ebene die im Verkehr befindlichen Kraftfahrzeuge (Artikel 1 Buchstabe p) zu erfassen und die in jedem Zulassungsschein für jedes Fahrzeug enthaltenen Angaben zentral zu sammeln.

### Artikel 36
### Kennzeichen

(1) Im internationalen Verkehr muss jedes Kraftfahrzeug (Artikel 1 Buchstabe p) an der Vorderseite und an der Rückseite sein Kennzeichen führen, Krafträder brauchen jedoch nur ein hinteres Kennzeichen.

(2) Jeder zugelassene Anhänger muss im internationalen Verkehr an der Rückseite sein Kennzeichen führen. Zieht ein Kraftfahrzeug (Artikel 1 Buchstabe p) einen oder mehrere Anhänger, so muss der einzige oder der letzte Anhänger, wenn er nicht zugelassen ist, das Kennzeichen des Zugfahrzeugs führen.

(3) Ausgestaltung und Anbringung des in diesem Artikel genannten Kennzeichens müssen dem Anhang 2 entsprechen.

### Artikel 37
### Unterscheidungszeichen des Zulassungsstaates

(1) Außer dem Kennzeichen muss jedes Kraftfahrzeug (Artikel 1 Buchstabe p) im internationalen Verkehr hinten ein Unterscheidungszeichen des Staates führen, in dem es zugelassen ist.

(2) Jeder Anhänger, der mit einem Kraftfahrzeug (Artikel 1 Buchstabe p) verbunden ist und nach Artikel 36 an der Rückseite ein Kennzeichen führen muss, muss hinten auch das Unterscheidungszeichen des Staates, wo dieses Kennzeichen ausgegeben worden ist, führen. Dieser Absatz gilt auch, wenn der Anhänger in einem anderen Staat als dem Zulassungsstaat des Kraftfahrzeuges (Artikel 1 Buchstabe p), mit dem er verbunden ist, zugelassen ist; ist der Anhänger nicht zugelassen, so muss er hinten das Unterscheidungszeichen des Staates führen, in dem das Zugfahrzeug zugelassen ist, außer wenn er in diesem Staat verkehrt.

(3) Ausgestaltung und Anbringung des in diesem Artikel genannten Unterscheidungszeichens müssen dem Anhang 3[1] entsprechen.

### Artikel 38
### Erkennungsmerkmale

Jedes Kraftfahrzeug (Artikel 1 Buchstabe p) und jeder Anhänger im internationalen Verkehr müssen die Erkennungsmerkmale nach Anhang 4 tragen.

---

1 Neu »Liste der Nationalitätszeichen« – abgedruckt auf S. 353.

## Artikel 39
### Technische Vorschriften

Jedes Kraftfahrzeug (Artikel 1 Buchstabe p), jeder Anhänger und alle miteinander verbundenen Fahrzeuge im internationalen Verkehr müssen dem Anhang 5 entsprechen. Sie müssen ferner betriebssicher sein.

## Artikel 40
### Übergangsbestimmung

Auf die Dauer von zehn Jahren vom Inkrafttreten dieses Übereinkommens nach Artikel 47 Absatz 1 an sollen die Anhänger im internationalen Verkehr ohne Rücksicht auf ihr höchstes zulässiges Gesamtgewicht selbst dann unter die Vergünstigungen dieses Übereinkommens fallen, wenn sie nicht zugelassen sind.

## Kapitel IV
### Führer von Kraftfahrzeugen
### (Artikel 1 Buchstabe p)

## Artikel 41
### Geltung der Führerscheine

(1) Die Vertragsparteien erkennen an:

a) jeden nationalen Führerschein, der in ihrer Landessprache oder einer ihrer Landessprachen abgefasst ist, oder, falls er nicht in einer solchen Sprache abgefasst ist, wenn eine beglaubigte Übersetzung beiliegt,

b) jeden nationalen Führerschein, der dem Anhang 6 entspricht, und

c) jeden internationalen Führerschein, der dem Anhang 7 entspricht,

als gültig, um auf ihrem Gebiet ein Fahrzeug zu führen, das zu den Klassen gehört, für die der Führerschein gilt, vorausgesetzt, dass der Führerschein noch gültig ist und von einer anderen Vertragspartei oder einem ihrer Teilgebiete oder von einem Verband ausgestellt worden ist, der dazu von dieser anderen Vertragspartei oder einem ihrer Teilgebiete ermächtigt wurde. Dieser Absatz gilt nicht für Lernführerscheine.

(2) Ungeachtet des vorstehenden Absatzes:

a) wenn die Geltung des Führerscheins durch einen besonderen Vermerk davon abhängig gemacht wird, dass der Besitzer sich gewisser Geräte bedienen oder dass das Fahrzeug in bestimmter Weise ausgestattet sein muss, um der

Körperbehinderung des Führers Rechnung zu tragen, wird der Führerschein nur dann als gültig anerkannt, wenn diese Auflagen beachtet werden;

b) können die Vertragsparteien in ihrem Hoheitsgebiet die Anerkennung jedes Führerscheins verweigern, dessen Besitzer das 18. Lebensjahr nicht vollendet hat;

c) können die Vertragsparteien in ihrem Hoheitsgebiet die Anerkennung von Führerscheinen zum Führen von Kraftfahrzeugen (Artikel 1 Buchstabe p) oder miteinander verbundenen Fahrzeugen der Klassen C, D und E nach den Anhängen 6 und 7 verweigern, wenn die Besitzer dieser Führerscheine das 21. Lebensjahr nicht vollendet haben.

(3) Die Vertragsparteien verpflichten sich, die erforderlichen Maßnahmen zu treffen, damit die in Absatz 1 Buchstaben a, b und c angeführten nationalen und internationalen Führerscheine in ihrem Hoheitsgebiet nicht ohne eine vernünftige Gewähr für die Befähigung des Führers und seiner körperlichen Eignung ausgestellt werden.

(4) Für die Anwendung des Absatzes 1 und des Absatzes 2 Buchstabe c

a) kann mit Kraftfahrzeugen (Artikel 1 Buchstabe p) der in den Anhängen 6 und 7 angeführten Klasse B ein leichter Anhänger verbunden werden; damit kann auch ein Anhänger, dessen höchstes zulässiges Gesamtgewicht 750 kg (1 650 Pfund), aber nicht das Leergewicht des Kraftfahrzeugs (Artikel 1 Buchstabe p) übersteigt, verbunden werden, wenn die Summe der höchsten zulässigen Gesamtgewichte der so verbundenen Fahrzeuge 3 500 kg (6 600 Pfund) nicht übersteigt;

b) kann mit Kraftfahrzeugen (Artikel 1 Buchstabe p) der in den Anhängen 6 und 7 genannten Klassen C und D ein leichter Anhänger verbunden werden, ohne dass die so miteinander verbundenen Fahrzeuge ihre Zugehörigkeit zur Klasse C oder D verlieren.

(5) Ein internationaler Führerschein darf nur dem Besitzer eines nationalen Führerscheins ausgestellt werden, für dessen Erwerb die in diesem Übereinkommen bestimmten Mindestanforderungen erfüllt wurden. Die Gültigkeitsdauer darf nicht über die entsprechende Dauer des nationalen Führerscheins hinausgehen; dessen Nummer muss auf dem internationalen Führerschein vermerkt sein.

(6) Dieser Artikel verpflichtet die Vertragsparteien nicht:

a) nationale oder internationale Führerscheine anzuerkennen, die im Hoheitsgebiet einer anderen Vertragspartei für Personen ausgestellt worden sind, die im Augenblick dieser Ausstellung ihren ordentlichen Wohnsitz in ihrem

Hoheitsgebiet hatten oder deren ordentlicher Wohnsitz seit dieser Ausstellung in ihr Hoheitsgebiet verlegt worden ist;

b) die vorgenannten Führerscheine anzuerkennen, die für Personen ausgestellt worden sind, die zur Zeit der Ausstellung ihren ordentlichen Wohnsitz nicht im Hoheitsgebiet hatten, in dem der Führerschein ausgestellt wurde oder deren Wohnsitz seit dieser Ausstellung in ein anderes Hoheitsgebiet verlegt worden ist.

## Artikel 42
### Vorübergehende Aufhebung der Geltung der Führerscheine

(1) Die Vertragsparteien oder ihre Teilgebiete können einem Führer, der in ihrem Hoheitsgebiet eine Zuwiderhandlung begeht, die nach ihren Rechtsvorschriften den Entzug des Führerscheins zur Folge haben kann, das Recht aberkennen, in ihrem Hoheitsgebiet seinen nationalen oder internationalen Führerschein zu verwenden. In diesem Fall kann die zuständige Behörde der Vertragspartner oder ihres Teilgebiets, die das Recht auf Verwendung des Führerscheins aberkannt hat,

a) den Führerschein einziehen und ihn bis zum Ablauf der Aberkennungsfrist oder, wenn der Führer ihr Hoheitsgebiet früher verlässt, bis zu seiner Ausreise zurückbehalten;

b) die Behörde, die den Führerschein ausgestellt hat oder in deren Namen er ausgestellt wurde, von der Aberkennung benachrichtigen;

c) wenn es sich um einen internationalen Führerschein handelt, an der hierzu vorgesehenen Stelle vermerken, dass der Führerschein in ihrem Hoheitsgebiet nicht mehr gilt;

d) wenn sie nicht nach Buchstabe a verfahren hat, die unter Buchstabe b angeführte Benachrichtigung dahin ergänzen, dass sie die Behörde, die den Führerschein ausgestellt hat oder in deren Namen er ausgestellt wurde, bittet, dem Betroffenen die in bezug auf ihn getroffene Entscheidung mitzuteilen.

(2) Die Vertragsparteien bemühen sich, die ihnen entsprechend dem Verfahren nach Absatz 1 Buchstabe d zugegangenen Entscheidungen den Betroffenen mitzuteilen.

(3) Nichts in diesem Übereinkommen ist so auszulegen, dass es die Vertragsparteien oder eines ihrer Teilgebiete der Möglichkeit beraubt, einen Führer, der Besitzer eines nationalen oder internationalen Führerscheins ist, daran zu hindern, ein Fahrzeug zu führen, wenn es offensichtlich oder erwiesen ist, dass sein Zustand es ihm nicht erlaubt, ein Fahrzeug sicher zu führen oder wenn ihm das Recht, ein Fahrzeug zu führen in dem Staat aberkannt wurde, in dem er seinen ordentlichen Wohnsitz hat.

### Artikel 43
### Übergangsbestimmung

Die dem Genfer Abkommen über den Straßenverkehr vom 19. September 1949 entsprechenden und innerhalb von fünf Jahren, nachdem dieses Übereinkommen entsprechend seinem Artikel 47 Absatz 1 in Kraft getreten ist, ausgestellten internationalen Führerscheine werden hinsichtlich der Anwendung der Artikel 41 und 42 den in diesem Übereinkommen vorgesehenen internationalen Führerscheinen gleichgestellt.

## Kapitel V
### Bedingungen für die Zulassung der Fahrräder und Motorfahrräder zum internationalen Verkehr

### Artikel 44

(1) Fahrräder ohne Motor im internationalen Verkehr müssen:

a) eine wirksame Bremse haben;

b) mit einer Klingel versehen sein, die auf ausreichende Entfernung zu hören ist und dürfen keine andere akustische Warnvorrichtung haben;

c) mit einer roten Rückstrahlvorrichtung nach hinten und mit Vorrichtungen versehen sein, die es ermöglichen, ein weißes oder hellgelbes Licht nach vorn und ein rotes Licht nach hinten zu zeigen.

(2) Im Hoheitsgebiet der Vertragsparteien, die nicht nach Artikel 54 Absatz 2 eine Erklärung abgegeben haben, dass sie die Motorfahrräder den Krafträdern gleichstellen, müssen die Motorfahrräder im internationalen Verkehr:

a) zwei voneinander unabhängige Bremsen haben;

b) mit einer Klingel oder einer anderen akustischen Warnvorrichtung versehen sein, die auf ausreichende Entfernung zu hören ist;

c) mit einem wirksamen Auspuffschalldämpfer versehen sein;

d) mit Vorrichtungen versehen sein, die es ermöglichen, ein weißes oder hellgelbes Licht nach vorn und ein rotes Licht nach hinten zu zeigen, sowie hinten einen roten Rückstrahler haben;

e) das in Anhang 4 bestimmte Erkennungsmerkmal tragen.

(3) Im Hoheitsgebiet der Vertragsparteien, die nach Artikel 54 Absatz 2 eine Erklärung abgegeben haben, dass sie die Motorfahrräder den Krafträdern gleichstellen, müssen die Motorfahrräder für die Zulassung zum internationalen Verkehr den Bestimmungen genügen, die in Anhang 5 für die Krafträder festgelegt sind.

## Kapitel VI
## Schlussbestimmungen

### Artikel 45

(1) Dieses Übereinkommen liegt am Sitz der Vereinten Nationen in New York bis zum 31. Dezember 1969 allen Mitgliedstaaten der Vereinten Nationen oder Mitgliedern einer ihrer Sonderorganisationen oder der Internationalen Atomenergie-Organisation oder den Partnerstaaten des Status des Internationalen Gerichtshofs und jedem anderen Staat, der von der Generalversammlung der Vereinten Nationen eingeladen wird, dem Übereinkommen beizutreten, zur Unterzeichnung auf.

(2) Dieses Übereinkommen bedarf der Ratifikation. Die Ratifikationsurkunden sind beim Generalsekretär der Vereinten Nationen zu hinterlegen.

(3) Dieses Übereinkommen bleibt für jeden der in Absatz 1 bezeichneten Staaten zum Beitritt offen. Die Beitrittsurkunden sind beim Generalsekretär zu hinterlegen.

(4) Bei der Unterzeichnung dieses Übereinkommens oder der Hinterlegung seiner Ratifikations- oder Beitrittsurkunde notifiziert jeder Staat dem Generalsekretär der Vereinten Nationen das entsprechend Anhang 3 gewählte Unterscheidungszeichen, das die von ihm zugelassenen Fahrzeuge im internationalen Verkehr zu führen haben. Durch eine weitere an den Generalsekretär gerichtete Notifikation kann jeder Staat ein von ihm vorher gewähltes Unterscheidungszeichen ändern.

### Artikel 46

(1) Jeder Staat kann bei der Unterzeichnung, der Ratifikation, dem Beitritt oder jederzeit danach durch eine an den Generalsekretär gerichtete Notifikation erklären, dass dieses Übereinkommen auf alle oder einzelne Hoheitsgebiete anwendbar ist, deren internationale Beziehungen er wahrnimmt. Das Übereinkommen wird in den in der Notifikation genannten Gebieten dreißig Tage nach Eingang der Notifikation beim Generalsekretär anwendbar oder am Tage des Inkrafttretens des Übereinkommens für den notifizierenden Staat, wenn dieser Tag später ist.

(2) Jeder Staat, der nach Absatz 1 eine Erklärung abgegeben hat, kann jederzeit danach durch eine an den Generalsekretär gerichtete Notifikation erklären, dass dieses Übereinkommen auf das in der Notifikation genannte Hoheitsgebiet keine Anwendung mehr finden soll und das Übereinkommen tritt sodann ein Jahr nach dem Eingang dieser Notifikation beim Generalsekretär für das betreffende Hoheitsgebiet außer Kraft.

(3) Jeder Staat, der eine Notifikation nach Absatz 1 abgibt, notifiziert dem Generalsekretär die entsprechend Anhang 3 gewählten Unterscheidungszeichen, welche die in den in Betracht kommenden Hoheitsgebieten zugelassenen Fahrzeuge im internationalen Verkehr zu führen haben. Durch eine weitere an den Generalsekretär gerichtete Notifikation kann jeder Staat ein von ihm vorher gewähltes Unterscheidungszeichen ändern.

### Artikel 47

(1) Dieses Übereinkommen tritt zwölf Monate nach der Hinterlegung der fünfzehnten Ratifikations- oder Beitrittsurkunde in Kraft.

(2) Für jeden Staat, der dieses Übereinkommen nach der Hinterlegung der fünfzehnten Ratifikations- oder Beitrittsurkunde ratifiziert oder ihm beitritt, tritt es zwölf Monate nach der Hinterlegung seiner Ratifikations- oder Beitrittsurkunde in Kraft.

### Artikel 48

Im Verhältnis unter den Vertragsparteien hebt dieses Übereinkommen bei seinem Inkrafttreten das Internationale Abkommen über Kraftfahrzeugverkehr und das Internationale Abkommen über Straßenverkehr, beide unterzeichnet am 24. April 1926 in Paris, das am 15. Dezember 1943 in Washington zur Unterzeichnung aufgelegte Abkommen über die Regelung des interamerikanischen Kraftfahrzeugverkehrs sowie das am 19. September 1949 in Genf zur Unterzeichnung aufgelegte Abkommen über den Straßenverkehr auf und ersetzt sie.

### Artikel 49

(1) Ist dieses Übereinkommen ein Jahr in Kraft gewesen, so kann jede Vertragspartei eine oder mehrere Änderungen des Übereinkommens vorschlagen. Der Wortlaut jedes Änderungsvorschlags ist mit einer Begründung dem Generalsekretär der Vereinen Nationen mitzuteilen, der ihn allen Vertragsparteien übermittelt. Diese können dem Generalsekretär binnen zwölf Monaten nach dem Tage dieser Übermittlung mitteilen, ob sie: a) die Änderung annehmen; oder b) die Änderung ablehnen; oder c) die Einberufung einer Konferenz zur Prüfung dieser Änderung wünschen. Der Generalsekretär übermittelt den Text der vorgeschlagenen Änderung auch allen anderen in Artikel 45 Absatz 1 bezeichneten Staaten.

(2) a) Jeder Änderungsvorschlag, der nach Absatz 1 übermittelt wurde, gilt als angenommen, wenn während der vorerwähnten Zwölfmonatsfrist weniger als ein Drittel der Vertragsparteien dem Generalsekretär mitteilt, dass sie entweder die Änderung ablehnen oder die Einberufung einer Konferenz zur Prüfung dieser Änderung wünschen. Der Generalsekretär notifiziert allen Vertragsparteien alle Annahmen und Ablehnungen der vorgeschlagenen Änderung und alle

Wünsche nach Einberufung einer Konferenz. Wenn die Gesamtzahl der innerhalb der genannten Zwölfmonatsfrist eingegangenen Ablehnungen oder Wünsche nach Einberufung einer Konferenz weniger als ein Drittel aller Vertragsparteien beträgt, notifiziert der Generalsekretär allen Vertragsparteien, dass die Änderung sechs Monate nach Ablauf der im Absatz 1 festgesetzten Zwölfmonatsfrist für alle Vertragsparteien in Kraft tritt, ausgenommen für jene, die binnen der festgesetzten Frist die Änderung abgelehnt oder die Einberufung einer Konferenz zur Prüfung gewünscht haben.

b) Jede Vertragspartei, die während der erwähnten Zwölfmonatsfrist einen Änderungsvorschlag abgelehnt oder die Einberufung einer Konferenz zur Prüfung gewünscht hat, kann jederzeit nach Ablauf dieser Frist dem Generalsekretär notifizieren, dass sie die Änderung annimmt; der Generalsekretär übermittelt diese Notifikation allen anderen Vertragsparteien. Die Änderung tritt für die Vertragsparteien, die ihre Annahme notifiziert haben, sechs Monate nach Eingang ihrer Notifikation beim Generalsekretär in Kraft.

(3) Wenn ein Änderungsvorschlag nicht nach Absatz 2 angenommen wurde und während der im Absatz 1 festgesetzten Zwölfmonatsfrist weniger als die Hälfte der Gesamtzahl der Vertragsparteien dem Generalsekretär notifizieren, dass sie den Vorschlag ablehnen und wenn wenigstens ein Drittel der Gesamtzahl der Vertragsparteien, aber nicht weniger als zehn, ihm mitteilen, dass sie den Vorschlag annehmen oder dass sie die Einberufung einer Konferenz wünschen um die Änderung zu prüfen, beruft der Generalsekretär eine Konferenz zur Prüfung der vorgeschlagenen Änderung oder jedes anderen Vorschlags ein, der ihm gegebenenfalls auf Grund von Absatz 4 vorgelegt wird.

(4) Wenn nach Absatz 3 eine Konferenz einberufen wird, lädt der Generalsekretär alle in Artikel 45 Absatz 1 erwähnten Staaten dazu ein. Er bittet alle zur Konferenz eingeladenen Staaten, ihm spätestens sechs Monate vor deren Eröffnung alle Vorschläge zu unterbreiten, die sie außer der vorgeschlagenen Änderung auf der Konferenz geprüft zu sehen wünschen, und übermittelt diese Vorschläge mindestens drei Monate vor der Eröffnung der Konferenz allen zur Konferenz eingeladenen Staaten.

(5) a) Jede Änderung dieses Übereinkommens gilt als angenommen, wenn sie durch eine Zweidrittelmehrheit der auf der Konferenz vertretenen Staaten gebilligt wird, sofern diese Mehrheit mindestens zwei Drittel der Gesamtzahl der auf der Konferenz vertretenen Vertragsparteien umfasst. Der Generalsekretär notifiziert allen Vertragsparteien die Annahme der Änderung, und diese tritt für alle Vertragsparteien zwölf Monate nach dem Zeitpunkt dieser Notifizierung in Kraft, ausgenommen für jene, die binnen dieser Frist dem Generalsekretär notifizieren, dass sie die Änderung ablehnen.

b) Jede Vertragspartei, die während der erwähnten Zwölfmonatsfrist eine Änderung abgelehnt hat, kann jederzeit dem Generalsekretär notifizieren, dass sie die Änderung annimmt und der Generalsekretär übermittelt diese Notifikation allen anderen Vertragsparteien. Die Änderung tritt für die Vertragspartei, die ihre Annahme notifiziert hat, sechs Monate nach Eingang der Notifikation beim Generalsekretär oder nach Ablauf der genannten Zwölfmonatsfrist, wenn dieser Zeitpunkt später ist, in Kraft.

(6) Gilt der Änderungsvorschlag nach Absatz 2 als nicht angenommen und sind die in Absatz 3 vorgeschriebenen Bedingungen für die Einberufung einer Konferenz nicht erfüllt, so gilt der Änderungsvorschlag als abgelehnt.

### Artikel 50

Jede Vertragspartei kann dieses Übereinkommen durch eine an den Generalsekretär gerichtete schriftliche Notifikation kündigen. Die Kündigung wird ein Jahr nach Eingang der Notifikation beim Generalsekretär wirksam.

### Artikel 51

Dieses Übereinkommen tritt außer Kraft, wenn zu irgendeinem Zeitpunkt die Zahl der Vertragsparteien während zwölf aufeinanderfolgenden Monaten weniger als fünf beträgt.

### Artikel 52

Jede Streitigkeit zwischen zwei oder mehreren Vertragsparteien über die Auslegung oder Anwendung dieses Übereinkommens, die die Parteien nicht durch Verhandlungen oder auf andere Weise beilegen konnten, wird auf Antrag einer der beteiligten Vertragsparteien dem Internationalen Gerichtshof zur Entscheidung vorgelegt.

### Artikel 53

Dieses Übereinkommen ist nicht so auszulegen, als hindere es eine Vertragspartei, Maßnahmen zu ergreifen, die sie für ihre innere oder äußere Sicherheit als notwendig erachtet und die mit der Charta der Vereinten Nationen vereinbar und auf die Erfordernisse der Lage beschränkt ist.

### Artikel 54

(1) Jeder Staat kann bei der Unterzeichnung dieses Übereinkommens oder bei der Hinterlegung seiner Ratifikations- oder Beitrittsurkunde erklären, dass er sich durch Artikel 52 nicht als gebunden betrachtet. Die anderen Vertragsparteien sind gegenüber einer Vertragspartei, die eine solche Erklärung abgegeben hat, durch Artikel 52 nicht gebunden.

(2) Jeder Staat kann bei der Hinterlegung seiner Ratifikations- oder Beitrittsurkunde durch eine an den Generalsekretär gerichtete Notifikation erklären, dass er für die Anwendung dieses Übereinkommens die Motorfahrräder den Krafträdern gleichstellt (Artikel 1 Buchstabe n).

Jeder Staat kann jederzeit danach seine Erklärung durch eine an den Generalsekretär gerichtete Notifikation zurückziehen.

(3) Die Erklärungen nach Absatz 2 werden sechs Monate nach Eingang der Notifikation beim Generalsekretär oder am Tage des Inkrafttretens des Übereinkommens für den die Erklärung abgebenden Staat wirksam, wenn dieser Zeitpunkt später ist.

(4) Jede Änderung eines vorher gewählten Unterscheidungszeichens, die nach Artikel 45 Absatz 4 oder Artikel 46 Absatz 3 notifiziert wurde, tritt drei Monate nach Eingang der Notifikation beim Generalsekretär in Kraft.

(5) Andere Vorbehalte zu diesem Übereinkommen und seinen Anhängen als die nach Absatz 1 sind zulässig, wenn sie schriftlich erklärt und, wenn sie vor der Hinterlegung der Ratifikations- oder Beitrittsurkunde erklärt wurden, in dieser Urkunde bestätigt werden. Der Generalsekretär teilt diese Vorbehalte allen in Artikel 45 Absatz 1 bezeichneten Staaten mit.

(6) Jede Vertragspartei, die nach Absatz 2 oder 4 einen Vorbehalt gemacht oder eine Erklärung abgegeben hat, kann diese jederzeit durch eine an den Generalsekretär gerichtete Notifikation zurückziehen.

(7) Jeder Vorbehalt nach Absatz 5

a) ändert für die Vertragspartei, die diesen Vorbehalt gemacht hat, die Bestimmungen des Übereinkommens, auf die sich der Vorbehalt bezieht, nur in den Grenzen des Vorbehalts;

b) ändert diese Bestimmungen in den gleichen Grenzen für die anderen Vertragsparteien hinsichtlich ihrer Beziehungen zu der Vertragspartei, die den Vorbehalt notifiziert hat.

## Artikel 55

Außer den nach den Artikeln 49 und 54 vorgesehenen Erklärungen, Notifikationen und Mitteilungen notifiziert der Generalsekretär allen in Artikel 45 Absatz 1 bezeichneten Staaten

a) die Unterzeichnungen, Ratifikationen und Beitritte nach Artikel 45;

b) die Notifikationen und Erklärungen nach Artikel 45 Absatz 4 und Artikel 46;

c) die Zeitpunkte des Inkrafttretens dieses Übereinkommens nach Artikel 47;

d) den Zeitpunkt des Inkrafttretens von Änderungen zu diesem Übereinkommen nach Artikel 49 Absätze 2 und 5;

e) die Kündigungen nach Artikel 50;

f) das Außerkrafttreten dieses Übereinkommens nach Artikel 51.

## Artikel 56

Die Urschrift dieses Übereinkommens, hergestellt in einfacher Ausfertigung in chinesischer, englischer, französischer, russischer und spanischer Sprache, wobei jeder Wortlaut gleichermaßen verbindlich ist, wird beim Generalsekretär der Vereinten Nationen hinterlegt, der allen in Artikel 45 Absatz 1 bezeichneten Staaten beglaubigte Abschriften übersendet.

ZU URKUND DESSEN haben die von ihren Regierungen gehörig befugten Unterzeichneten dieses Übereinkommen unterschrieben.

GESCHEHEN zu Wien am heutigen achten Tag des Monats November eintausendneunhundertachtundsechzig.

## Anhang 1
### Abweichungen von der Verpflichtung zur Zulassung von Kraftfahrzeugen (Artikel 1 Buchstabe p) und Anhängern zum internationalen Verkehr

(1) Die Vertragsparteien brauchen in ihrem Hoheitsgebiet Kraftfahrzeuge (Artikel 1 Buchstabe p), Anhänger und miteinander verbundene Fahrzeuge, deren Gesamtgewicht, Achslasten oder Abmessungen die in ihren innerstaatlichen Rechtsvorschriften für die in ihrem Hoheitsgebiet zugelassenen Fahrzeuge festgesetzten Grenzen übersteigen, zum internationalen Verkehr nicht zuzulassen. Die Vertragsparteien, in deren Hoheitsgebiet sich Schwerfahrzeuge im internationalen Verkehr befinden, bemühen sich, regionale Vereinbarungen abzuschließen, um den Fahrzeugen und den miteinander verbundenen Fahrzeugen, deren Maße und Gewichte die in diesen Vereinbarungen festgelegten Werte nicht übersteigen, im internationalen Verkehr die Benutzung der Straßen des Gebietes, mit Ausnahme der Nebenstraßen, zu gestatten.

(2) Für die Anwendung des Absatzes 1 gilt nicht als Überschreitung der höchsten zulässigen Breite das Hinausragen

a) der Luftreifen in der Nähe ihrer Berührungsfläche mit dem Boden sowie der Verbindungen der Druckanzeiger der Luftreifen;

b) der an den Rädern angebrachten Gleitschutzvorrichtungen;

c) der Rückspiegel, die in beiden Richtungen unter mäßigem Druck nachgeben können, so dass sie dann nicht mehr über die höchste zulässige Breite hinausragen;

d) der seitlichen Fahrtrichtungsanzeiger und der Begrenzungsleuchten, wenn das Hinausragen nicht mehr als einige Zentimeter beträgt;

e) der an der Ladung angebrachten Zollsiegel und der Schutz- und Befestigungsvorrichtungen für diese Zollsiegel.

(3) Die Vertragsparteien brauchen in ihrem Hoheitsgebiet die nachstehend genannten miteinander verbundenen Fahrzeuge, soweit als ihre innerstaatlichen Rechtsvorschriften den Verkehr solcher miteinander verbundenen Fahrzeuge verbieten, nicht zum internationalen Verkehr zuzulassen;

a) Krafträder mit Anhängern;

b) miteinander verbundene Fahrzeuge bestehend aus einem Kraftfahrzeug (Artikel 1 Buchstabe p) und mehreren Anhängern;

c) Sattelkraftfahrzeuge zur Personenbeförderung.

(4) Die Vertragsparteien brauchen in ihrem Hoheitsgebiet keine Kraftfahrzeuge (Artikel 1 Buchstabe p) und Anhänger zum internationalen Verkehr zuzulassen, denen nach Absatz 60 des Anhangs 5 Ausnahmen zugestanden worden sind.

(5) Die Vertragsparteien brauchen in ihrem Hoheitsgebiet keine Motorfahrräder und Krafträder zum internationalen Verkehr zuzulassen, deren Führer und Beifahrer keinen Schutzhelm tragen.

(6) Die Vertragsparteien können die Zulassung aller Kraftfahrzeuge (Artikel 1 Buchstabe p) mit Ausnahme zweirädriger Motorfahrräder oder zweirädriger Krafträder ohne Beiwagen zum internationalen Verkehr in ihrem Hoheitsgebiet von der Mitführung einer Vorrichtung nach Absatz 56 des Anhangs 5 abhängig machen, die dazu dient, im Falle eines Haltens auf der Fahrbahn auf die durch das haltende Fahrzeug bestehende Gefahr hinzuweisen.

(7) Die Vertragsparteien können die Zulassung von Kraftfahrzeugen (Artikel 1 Buchstabe p), deren höchstes zulässiges Gesamtgewicht 3 500 kg (7 700 Pfund) übersteigt, zum internationalen Verkehr auf bestimmten schwierigen Straßen oder in bestimmten Gegenden ihres Hoheitsgebietes mit schwierigem Gelände davon abhängig machen, dass diese den durch ihre innerstaatlichen Rechtsvorschriften für die Zulassung der von ihnen zugelassenen Fahrzeuge des gleichen höchsten zulässigen Gesamtgewichts zum Verkehr auf diesen Straßen oder in diesen Gegenden bestimmten Sondervorschriften entsprechen.

(8) Die Vertragsparteien brauchen in ihrem Hoheitsgebiet keine Kraftfahrzeuge (Artikel 1 Buchstabe p) zum internationalen Verkehr zuzulassen, die mit Scheinwerfern für asymmetrisches Abblendlicht versehen sind, wenn deren Einstellung nicht der Verkehrsrichtung in ihrem Lande entspricht.

(9) Die Vertragsparteien brauchen in ihrem Hoheitsgebiet keine Kraftfahrzeuge (Artikel 1 Buchstabe p) oder damit verbundene Anhänger zum internationalen Verkehr zuzulassen, die ein anderes als das für dieses Fahrzeug nach Artikel 37 vorgeschriebene Unterscheidungszeichen führen.

## Anhang 2
## Kennzeichen der Kraftfahrzeuge
## (Artikel 1 Buchstabe p)
## und Anhänger im internationalen Verkehr

(1) Das in den Artikeln 35 und 36 erwähnte Kennzeichen muss sich entweder aus Ziffern oder aus Ziffern und Buchstaben zusammensetzen. Es sind arabische Ziffern und lateinische große Buchstaben zu verwenden. Andere Ziffern oder Buchstaben sind zulässig, wenn das Kennzeichen in arabischen Ziffern und lateinischen großen Buchstaben wiederholt wird.

(2) Das Kennzeichen muss so ausgestaltet und angebracht sein, dass es am Tage bei klarem Wetter und stehendem Fahrzeug auf mindestens 40 m (130 Fuß) für einen in der Verlängerung der Fahrzeuglängsachse stehenden Beobachter lesbar ist; die Vertragsparteien können jedoch bei den von ihnen zugelassenen Fahrzeugen diese Mindestentfernung für die Lesbarkeit bei Krafträdern und bei besonderen Kraftfahrzeugarten herabsetzen, bei denen es schwierig wäre, Kennzeichen in solcher Größe anzubringen, dass sie noch aus 40 m (130 Fuß) Entfernung lesbar sind.

(3) Befindet sich das Kennzeichen auf einem besonderen Schild, so muss das Schild eben und lotrecht oder annähernd lotrecht und senkrecht zur Längsmittelebene des Fahrzeugs angebracht sein. Ist das Kennzeichen auf dem Fahrzeug angebracht oder aufgemalt, so muss es sich auf einer ebenen oder annähernd ebenen und lotrechten oder annähernd lotrechten, senkrecht zur Längsmittelebene des Fahrzeugs stehenden Fläche befinden.

(4) Vorbehaltlich des Artikels 32 Absatz 5 darf das Schild oder die Fläche, worauf das Kennzeichen angebracht oder aufgemalt ist, aus rückstrahlendem Material bestehen.

## Anhang 3
### Unterscheidungszeichen der Kraftfahrzeuge
### (Artikel 1 Buchstabe p)
### und Anhänger im internationalen Verkehr

(1) Das Unterscheidungszeichen nach Artikel 37 muss sich aus einem bis drei lateinischen großen Buchstaben zusammensetzen. Die Buchstaben müssen mindestens 0,08 m (3,1 Zoll) hoch sein und eine Strichbreite von mindestens 0,01 m (0,4 Zoll) haben. Die Buchstaben müssen in schwarzer Farbe auf einer weißen elliptischen Fläche aufgemalt sein, deren lange Achse waagrecht liegt.

(2) Besteht das Unterscheidungszeichen nur aus einem Buchstaben, so darf die lange Achse der Ellipse lotrecht stehen.

(3) Das Unterscheidungszeichen darf weder in das Kennzeichen einbezogen noch so angebracht werden, dass es mit dem Kennzeichen verwechselt werden oder dessen Lesbarkeit beeinträchtigen kann.

(4) An Krafträdern und ihren Anhängern müssen die Ellipsenachsen mindestens 0,175 m (6,9 Zoll) und 0,115 m (4,5 Zoll) lang sein. An anderen Kraftfahrzeugen (Artikel 1 Buchstabe p) und ihren Anhängern müssen die Achsen der Ellipsen mindestens:

a) 0,24 m (9,4 Zoll) und 0,145 m (5,7 Zoll) lang sein, wenn das Unterscheidungszeichen aus drei Buchstaben besteht, und

b) 0,175 m (6,9 Zoll) und 0,115 m (4,5 Zoll), wenn das Unterscheidungszeichen aus weniger als drei Buchstaben besteht.

(5) Für die Anbringung des Unterscheidungszeichens an den Fahrzeugen gilt Absatz 3 des Anhangs 2.

## Anhang 4
### Erkennungsmerkmale der Kraftfahrzeuge
### (Artikel 1 Buchstabe p)
### und Anhänger im internationalen Verkehr

(1) Die Erkennungsmerkmale müssen umfassen:

a) für Kraftfahrzeuge (Artikel 1 Buchstabe p):

    i) den Namen oder die Fabrikmarke des Fahrzeugherstellers;

    ii) auf dem Fahrgestell oder beim Fehlen eines Fahrgestells auf der Karosserie die Fabrik- oder Seriennummer des Herstellers;

    iii) auf dem Motor die Fabriknummer des Motors, wenn der Hersteller eine solche Nummer anbringt;

b) für Anhänger die unter den Ziffern i und ii erwähnten Angaben;

c) für Motorfahrräder die Angabe des Hubraums und das Zeichen »CM«.

(2) Die in Absatz 1 erwähnten Merkmale müssen an zugänglicher Stelle gut lesbar angebracht und so gestaltet sein, dass sie nicht leicht entfernt oder geändert werden können. Die in den Merkmalen enthaltenen Buchstaben und Ziffern müssen entweder in lateinischen Buchstaben oder in der sogenannten englischen Kursivschrift und in arabischen Ziffern ausgeführt oder so wiederholt werden.

**Anhang 5
Technische Anforderungen an die Kraftfahrzeuge
(Artikel 1 Buchstabe p)
und die Anhänger**

(1) Die Vertrasparteien, die nach Artikel 1 Buchstabe n erklärt haben, dass sie dreirädrige Fahrzeuge mit einem Leergewicht von nicht mehr als 400 kg (900 Pfund) den Krafträdern gleichstellen wollen, müssen solche Fahrzeuge entweder den für Krafträder oder den für andere Kraftfahrzeuge (Artikel 1 Buchstabe p) geltenden Bestimmungen dieses Anhangs unterwerfen.

(2) Im Sinne dieses Anhangs findet der Ausdruck »Anhänger« nur auf solche Anhänger Anwendung, die dazu bestimmt sind, an ein Kraftfahrzeug (Artikel 1 Buchstabe p) angehängt zu werden.

(3) Unbeschadet des Artikels 3 Absatz 2 Buchstabe a kann jede Vertragspartei für die Kraftfahrzeuge (Artikel 1 Buchstabe p), die sie zulässt, und für die Anhänger, die entsprechend ihren innerstaatlichen Rechtsvorschriften verkehren dürfen, Vorschriften erlassen, die die Bestimmungen dieses Anhangs ergänzen oder verschärfen.

**Kapitel I
Bremsen**

(4) Im Sinne dieses Kapitels bedeuten:

a) »Räder einer Achse« die zur Längsmittelebene des Fahrzeugs symmetrischen oder nahezu symmetrischen Räder, selbst wenn sie nicht auf derselben Achse angebracht sind (eine Doppelachse zählt als zwei Achsen);

b) »Betriebsbremse« die üblicherweise verwendete Vorrichtung, um das Fahrzeug zu verlangsamen und zum Stillstand zu bringen;

c) »Feststellbremse« die üblicherweise verwendete Vorrichtung, um bei Abwesenheit des Führers das Fahrzeug oder den abgehängten Anhänger im Stillstand zu halten;

d) »Hilfsbremse« die Vorrichtung, um das Fahrzeug beim Versagen der Betriebsbremse zu verlangsamen und zum Stillstand zu bringen.

A. Bremsen der Kraftfahrzeuge (Artikel 1 Buchstabe p) außer den Krafträdern

(5) Jedes Kraftfahrzeug (Artikel 1 Buchstabe p) – ausgenommen Krafträder – muss Bremsen haben, die der Führer von seinem Sitz aus leicht betätigen kann. Diese Bremsen müssen die folgenden drei Bremsfunktionen gewährleisten:

a) eine Betriebsbremse, mit der das Fahrzeug bei jeder Beladung auf allen Steigungen und Gefällen der von ihm befahrenen Straße verlangsamt und sicher, schnell und wirksam zum Stillstand gebracht werden kann;

b) eine Feststellbremse, mit der das Fahrzeug bei jeder Beladung auf einer Steigung oder einem Gefälle von 16% im Stillstand gehalten werden kann, wobei die wirksamen Bremsflächen auf rein mechanische Weise in der Bremsstellung gehalten werden;

c) eine Hilfsbremse, mit der das Fahrzeug bei jeder Beladung auf eine genügend kurze Strecke verlangsamt und zum Stillstand gebracht werden kann, auch wenn die Betriebsbremse versagt.

(6) Vorbehaltlich des Absatzes 5 dürfen die Vorrichtungen, welche die drei Bremsfunktionen gewährleisten (Betriebs-, Hilfs- und Feststellbremse), gemeinsame Teile haben; die Zusammenfassung der Betätigungsvorrichtungen ist nur unter der Bedingung zulässig, dass wenigstens zwei getrennte Betätigungsvorrichtungen bleiben.

(7) Die Betriebsbremse muss auf alle Räder des Fahrzeugs wirken; bei Fahrzeugen mit mehr als zwei Achsen dürfen die Räder einer Achse jedoch ungebremst sein.

(8) Die Hilfsbremse muss auf wenigstens ein Rad auf jeder Seite der Längsmittelebene des Fahrzeugs wirken; gleiches gilt für die Feststellbremse.

(9) Die Betriebsbremse und die Feststellbremse müssen auf Bremsflächen wirken, die durch ausreichend widerstandsfähige Teile dauerhaft mit den Rädern verbunden sind.

(10) Keine Bremsfläche darf von den Rädern getrennt werden können. Eine solche Trennung ist jedoch für einige der Bremsflächen zulässig unter der Bedingung, dass

a) sie nur kurz, zum Beispiel während des Gangwechsels, erfolgt;

b) sie, soweit es sich um die Feststellbremse handelt, nicht ohne Betätigung durch den Führer möglich ist;

c) soweit es sich um die Betriebs- oder Hilfsbremse handelt, die Bremsung weiter mit der in Absatz 5 vorgeschriebenen Wirkung ausgeübt werden kann.

B. Bremsen der Anhänger

(11) Unbeschadet des Absatzes 17 Buchstabe c muss jeder Anhänger – ausgenommen leichte Anhänger – Bremsen haben, und zwar

a) eine Betriebsbremse, mit der das Fahrzeug bei jeder Beladung auf allen Steigungen und Gefällen der von ihm befahrenen Straße verlangsamt und sicher, schnell und wirksam zum Stillstand gebracht werden kann;

b) eine Feststellbremse, mit der das Fahrzeug bei jeder Beladung auf einer Steigung oder einem Gefälle von 16% im Stillstand gehalten werden kann, wobei die wirksamen Bremsflächen auf rein mechanische Weise in der Bremsstellung gehalten werden. Diese Bestimmung gilt nicht für Anhänger, die nur mittels Werkzeugen vom Zugfahrzeug getrennt werden können, vorausgesetzt, dass die Anforderungen an die Feststellbremse von den miteinander verbundenen Fahrzeugen erfüllt werden.

(12) Die Vorrichtungen, die beide Bremsfunktionen gewährleisten (Betriebs- und Feststellbremse), dürfen gemeinsame Teile haben.

(13) Die Betriebsbremse muss auf alle Räder des Anhängers wirken.

(14) Die Betriebsbremse muss über die Betriebsbremse des Zugfahrzeugs betätigt werden können; wenn jedoch das höchste zulässige Gesamtgewicht des Anhängers 3 500 kg (7 700 Pfund) nicht übersteigt, darf die Betriebsbremse so ausgestaltet sein, dass sie während der Fahrt durch die bloße Annäherung des Anhängers an das Zugfahrzeug betätigt wird (Auflaufbremse).

(15) Die Betriebsbremse und die Feststellbremse müssen auf Bremsflächen wirken, die durch ausreichend widerstandsfähige Teile dauerhaft mit den Rädern verbunden sind.

(16) Die Bremsanlagen müssen so ausgestaltet sein, dass sie beim Bruch der Anhängevorrichtung während der Fahrt den Anhänger selbsttätig zum Stehen bringen. Das gilt jedoch nicht für einachsige Anhänger oder für zweiachsige mit einem Achsabstand von weniger als 1 m (40 Zoll), wenn ihr höchstes zulässiges Gesamtgewicht 1 500 kg (3 300 Pfund) nicht übersteigt und wenn sie – ausgenommen Sattelanhänger – neben der üblichen Anhängevorrichtung die in Absatz 58 vorgesehene Hilfsverbindung haben.

C. Bremsen der miteinander verbundenen Fahrzeuge

(17) Außer den Bestimmungen der Teile A und B in bezug auf die Einzelfahrzeuge (Kraftfahrzeuge [Artikel 1 Buchstabe p] und Anhänger) gelten für miteinander verbundene Fahrzeuge folgende Bestimmungen:

a) die Bremsanlagen jedes dieser miteinander verbundenen Fahrzeuge müssen zueinander passen;

b) die Wirkung der Betriebsbremse muss zwischen den miteinander verbundenen Fahrzeugen angemessen verteilt und synchronisiert sein;

c) das höchste zulässige Gesamtgewicht eines nicht mit dieser Betriebsbremse ausgerüsteten Anhängers darf die Hälfte der Summe des Leergewichts des Zugfahrzeugs und des Gewichts des Führers nicht übersteigen.

D. Bremsen der Krafträder

(18) a) Jedes Kraftrad muss zwei Bremsen haben, von denen die eine mindestens auf das oder die Hinterräder und die andere mindestens auf das oder die Vorderräder wirkt; hat ein Kraftrad einen Beiwagen, so ist die Bremsung des Beiwagenrades nicht erforderlich. Mit diesen Bremsen muss das Fahrzeug bei jeder Beladung auf allen Steigungen und Gefällen der von ihm befahrenen Straße verlangsamt und sicher, schnell und wirksam angehalten werden können;

b) außer den unter Buchstabe a vorgesehenen Bremsen müssen Krafträder mit drei symmetrisch zur Längsmittelebene des Fahrzeugs angeordneten Rädern eine Absatz 5 Buchstabe b entsprechende Feststellbremse haben.

## Kapitel II
## Beleuchtungseinrichtungen und Rückstrahler

(19) Im Sinne dieses Kapitels bedeuten:

»Scheinwerfer für Fernlicht« die Scheinwerfer des Fahrzeugs, die der Beleuchtung der Straße vor dem Fahrzeug auf große Entfernung dienen;

»Scheinwerfer für Abblendlicht« die Scheinwerfer des Fahrzeugs, die der Beleuchtung der Straße vor dem Fahrzeug dienen, ohne entgegenkommende Führer und andere Verkehrsteilnehmer in unzumutbarer Weise zu blenden oder zu belästigen;

»Begrenzungsleuchten« die Leuchten des Fahrzeugs, die der Kenntlichmachung des Fahrzeugs und seiner Breite nach vorn dienen;

»Schlussleuchten« die Leuchten des Fahrzeugs, die der Kenntlichmachung des Fahrzeugs und seiner Breite nach hinten dienen;

»Bremsleuchten« die Leuchten des Fahrzeugs, die dazu dienen, anderen Verkehrsteilnehmern hinter dem Fahrzeug anzuzeigen, dass sein Führer die Betriebsbremse betätigt;

»Nebelscheinwerfer« die Scheinwerfer des Fahrzeugs, die dazu dienen, die Beleuchtung der Straße bei Nebel, Schneefall, starkem Regen oder Staubwolken zu verbessern;

»Rückfahrscheinwerfer« die Scheinwerfer des Fahrzeugs, die dazu dienen, die Straße hinter dem Fahrzeug zu beleuchten und andere Verkehrsteilnehmer davor zu warnen, dass das Fahrzeug rückwärts fährt oder im Begriff ist, rückwärts zu fahren;

»Blinkleuchten« die Leuchten des Fahrzeugs, die dazu dienen, anderen Verkehrsteilnehmern anzuzeigen, dass der Führer seine Fahrtrichtung nach rechts oder links ändern will;

»Rückstrahler« Vorrichtungen, die der Kenntlichmachung eines Fahrzeugs durch Rückstrahlung des Lichtes dienen, das von einer nicht mit diesem Fahrzeug verbundenen Lichtquelle ausgeht, für einen Beobachter, der sich in der Nähe dieser Lichtquelle befindet;

»Lichtaustrittsflächen« für Scheinwerfer und Leuchten die sichtbaren Austrittsflächen des ausgestrahlten Lichtes und für Rückstrahler die sichtbaren Rückstrahlflächen.

(20) Die in diesem Kapitel angeführten Farben des Lichtes müssen soweit wie möglich den in der Anlage dieses Anhangs angeführten Begriffsbestimmungen entsprechen.

(21) Jedes Kraftfahrzeug (Artikel 1 Buchstabe p), das auf ebener Straße eine Geschwindigkeit von 40 km (25 Meilen) in der Stunde überschreiten kann – ausgenommen Krafträder – muss vorn eine gerade Zahl von Scheinwerfern für weißes oder hellgelbes Fernlicht haben, die nachts bei klarem Wetter die Straße vor dem Fahrzeug auf mindestens 100 m (325 Fuß) wirksam beleuchten können. Die äußeren Ränder der Lichtaustrittsflächen der Scheinwerfer für Fernlicht dürfen in keinem Falle näher der breitesten Stelle des Fahrzeugumrisses liegen als die äußeren Ränder der Lichtaustrittsflächen der Scheinwerfer für Abblendlicht.

(22) Jedes Kraftfahrzeug (Artikel 1 Buchstabe p), das auf ebener Straße eine Geschwindigkeit von 10 km (6 Meilen) in der Stunde überschreiten kann – ausgenommen Krafträder – muss vorn zwei Scheinwerfer für weißes oder hellgelbes Abblendlicht haben, die nachts bei klarem Wetter die Straße vor dem Fahrzeug auf mindestens 40 m (130 Fuß) wirksam beleuchten können. Auf keiner Seite darf der von der Längsmittelebene des Fahrzeugs am weitesten entfernte Punkte der Lichtaustrittsfläche von der breitesten Stelle des Fahrzeugumrisses weiter als 0,40 m (16 Zoll) entfernt sein. Ein Kraftfahrzeug (Artikel 1 Buchstabe p) darf

nicht mehr als zwei Scheinwerfer für Abblendlicht haben. Die Scheinwerfer für Abblendlicht müssen so eingestellt sein, dass sie der Begriffsbestimmung in Absatz 19 entsprechen.

(23) Jedes Kraftfahrzeug (Artikel 1 Buchstabe p) – ausgenommen zweirädrige Krafträder ohne Beiwagen – muss vorn zwei Begrenzungsleuchten für weißes Licht haben. Jedoch ist hellgelbes Licht für Begrenzungsleuchten zugelassen, die in Scheinwerfer für hellgelbes Fern- oder Abblendlicht eingebaut sind. Diese Begrenzungsleuchten müssen, wenn sie die einzigen eingeschalteten vorderen Leuchten des Fahrzeugs sind, nachts bei klarem Wetter auf mindestens 300 m (1 000 Fuß) sichtbar sein, ohne andere Verkehrsteilnehmer in unzumutbarer Weise zu blenden oder zu belästigen. Auf keiner Seite darf der von der Längsmittelebene des Fahrzeugs am weitesten entfernte Punkt der Lichtaustrittsfläche von der breitesten Stelle des Fahrzeugumrisses weiter als 0,40 (16 Zoll) entfernt sein.

(24) a) Jedes Kraftfahrzeug (Artikel 1 Buchstabe p) – ausgenommen zweirädrige Krafträder ohne Beiwagen – muss hinten eine gerade Zahl von roten Schlussleuchten haben, die nachts bei klarem Wetter auf mindestens 300 m (1 000 Fuß) sichtbar sind, ohne andere Verkehrsteilnehmer in unzumutbarer Weise zu blenden oder zu belästigen. Auf keiner Seite darf der von der Längsmittelebene des Fahrzeugs am weitesten entfernte Punkt der Lichtaustrittsfläche von der breitesten Stelle des Fahrzeugumrisses weiter als 0,40 m (16 Zoll) entfernt sein.

b) Jeder Anhänger muss hinten eine gerade Zahl von roten Schlussleuchten haben, die nachts bei klarem Wetter auf mindestens 300 m (1 000 Fuß) sichtbar sind, ohne andere Verkehrsteilnehmer in unzumutbarer Weise zu blenden oder zu belästigen. Auf keiner Seite darf der von der Längsmittelebene des Fahrzeugs am weitesten entfernte Punkt der Lichtaustrittsfläche von der breitesten Stelle des Fahrzeugumrisses weiter als 0,40 m (16 Zoll) entfernt sein. Jedoch brauchen Anhänger, deren Gesamtbreite 0,80 m (32 Zoll) nicht übersteigt, nur eine dieser Leuchten zu haben, wenn sie mit einem zweirädrigen Kraftrad ohne Beiwagen verbunden sind.

(25) Kraftfahrzeuge (Artikel 1 Buchstabe p) und Anhänger, die hinten ein Kennzeichen führen, müssen eine Kennzeichenbeleuchtung haben, die das damit beleuchtete Kennzeichen nachts bei klarem Wetter und stehendem Fahrzeug auf 20 m (65 Fuß) hinter dem Fahrzeug lesbar macht; die Vertragsparteien können jedoch für die Fahrzeuge, für die sie nach Anhang 2 Absatz 2 die Mindestentfernung für die Lesbarkeit bei Tage herabgesetzt haben, die Mindestentfernung für die Lesbarkeit bei Nacht im gleichen Verhältnis herabsetzen.

(26) Bei jedem Kraftfahrzeug (Artikel 1 Buchstabe p) – einschließlich der Krafträder – und bei allen miteinander verbundenen Fahrzeugen – Kraftfahrzeug (Artikel 1 Buchstabe p) und ein oder mehrere Anhänger – muss die elek-

trische Schaltung so sein, dass die Scheinwerfer für Fernlicht, für Abblendlicht, die Nebelscheinwerfer, die Begrenzungsleuchten und die Kennzeichenbeleuchtung nach Absatz 25 nur zusammen mit den am weitesten hinten gelegenen Schlussleuchten des Kraftfahrzeugs (Artikel 1 Buchstabe p) oder der miteinander verbundenen Fahrzeuge eingeschaltet werden können.

Das gilt jedoch nicht für Scheinwerfer für Fern- oder für Abblendlicht, wenn diese zur Abgabe von optischen Warnzeichen nach Artikel 33 Absatz 5 verwendet werden. Außerdem muss die elektrische Schaltung so sein, dass die Begrenzungsleuchten des Kraftfahrzeugs (Artikel 1 Buchstabe p) immer zusammen mit den Scheinwerfern für Abblendlicht oder für Fernlicht oder den Nebelscheinwerfern eingeschaltet sind.

(27) Jedes Kraftfahrzeug (Artikel 1 Buchstabe p) – ausgenommen zweirädrige Krafträder ohne Beiwagen – muss hinten mindestens zwei rote, nicht dreieckige Rückstrahler haben. Auf keiner Seite darf der von der Längsmittelebene des Fahrzeugs am weitesten entfernte Punkt der Lichtaustrittsfläche von der breitesten Stelle des Fahrzeugumrisses weiter als 0,40 m (16 Zoll) entfernt sein. Die Rückstrahler müssen nachts bei klarem Wetter auf mindestens 150 m (500 Fuß) für einen Fahrzeugführer sichtbar sein, wenn sie vom Fernlicht seines Fahrzeugs getroffen werden.

(28) Jeder Anhänger muss hinten mindestens zwei rote Rückstrahler haben. Diese Rückstrahler müssen die Form eines gleichseitigen Dreiecks haben, von dem eine Spitze nach oben zeigt, eine Seite waagerecht liegt und die Seiten mindestens 0,15 m (6 Zoll) und höchstens 0,20 m (8 Zoll) lang sind; im Dreieck darf keine Beleuchtungseinrichtung sein. Diese Rückstrahler müssen den Sichtbarkeitsbestimmungen nach Absatz 27 genügen. Auf keiner Seite darf der von der Längsmittelebene des Fahrzeugs am weitesten entfernte Punkt der Lichtaustrittsfläche von der breitesten Stelle des Fahrzeugumrisses weiter als 0,40 m (16 Zoll) entfernt sein. Jedoch brauchen Anhänger, deren Gesamtbreite 0,80 m (32 Zoll) nicht übersteigt, nur einen Rückstrahler zu haben, wenn sie mit einem zweirädrigen Kraftrad ohne Beiwagen verbunden sind.

(29) Jeder Anhänger muss vorn zwei weiße, nicht dreieckige Rückstrahler haben. Diese Rückstrahler müssen den Anbringungs- und Sichtbarkeitsbestimmungen nach Absatz 27 genügen.

(30) Anhänger, deren Breite 1,60 m (64 Zoll) übersteigt, müssen vorn zwei Begrenzungsleuchten haben. Diese müssen möglichst nahe dem Seitenrand des Anhängers und auf jeden Fall so angebracht sein, dass der von der Längsmittelebene des Fahrzeugs am weitesten entfernte Punkt der Lichtaustrittsfläche von der breitesten Stelle des Fahrzeugumrisses nicht weiter als 0,15 m (6 Zoll) entfernt ist.

(31) Jedes Kraftfahrzeug (Artikel 1 Buchstabe p), das auf ebener Straße eine Geschwindigkeit von 25 km (15 Meilen) in der Stunde überschreiten kann – ausgenommen zweirädrige Krafträder mit oder ohne Beiwagen – muss hinten zwei rote Bremsleuchten haben, deren Lichtstärke deutlich größer ist als die der Schlussleuchten. Das gilt auch für jeden Anhänger, der das letzte von miteinander verbundenen Fahrzeugen ist; keine Bremsleuchten sind jedoch erforderlich bei kleinen Anhängern, deren Abmessungen so sind, dass die Bremsleuchten des Zugfahrzeugs sichtbar bleiben.

(32) Vorbehaltlich des Rechts der Vertragsparteien, die nach Artikel 54 Absatz 2 eine Erklärung abgegeben haben, dass sie die Motorfahrräder den Krafträdern gleichstellen, die Motorfahrräder von allen oder einem Teile dieser Vorschrift zu befreien:

a) muss jedes zweirädrige Kraftrad mit oder ohne Beiwagen einen Scheinwerfer für Abblendlicht haben, das den Farb- und Sichtbarkeitsbestimmungen nach Absatz 22 genügt;

b) muss jedes zweirädrige Kraftrad mit oder ohne Beiwagen, das auf ebener Straße eine Geschwindigkeit von 40 km (25 Meilen) in der Stunde überschreiten kann, zusätzlich zum Scheinwerfer für Abblendlicht mindestens einen Scheinwerfer für Fernlicht haben, das den Farb- und Sichtbarkeitsbestimmungen nach Absatz 21 genügt. Haben solche Krafträder mehr als einen Scheinwerfer für Fernlicht, so müssen diese so nahe wie möglich beieinander liegen;

c) darf ein zweirädriges Kraftrad mit oder ohne Beiwagen nicht mehr als einen Scheinwerfer für Abblendlicht und nicht mehr als zwei Scheinwerfer für Fernlicht haben.

(33) Jedes zweirädrige Kraftrad ohne Beiwagen darf vorn eine oder zwei Begrenzungsleuchten haben, deren Licht den Farb- und Sichtbarkeitsbestimmungen nach Absatz 23 genügt. Haben solche Krafträder zwei Begrenzungsleuchten, so müssen diese so nahe wie möglich beieinander liegen. Zweirädrige Krafträder ohne Beiwagen dürfen nicht mehr als zwei Begrenzungsleuchten haben.

(34) Jedes zweirädrige Kraftrad ohne Beiwagen muss hinten eine Schlussleuchte haben, deren Licht den Farb- und Sichtbarkeitsbestimmungen nach Absatz 24 Buchstabe a genügt.

(35) Jedes zweirädrige Kraftrad ohne Beiwagen muss hinten einen Rückstrahler haben, der den Farb- und Sichtbarkeitsbestimmungen nach Absatz 27 genügt.

(36) Vorbehaltlich des Rechts der Vertragsparteien, die nach Artikel 54 Absatz 2 eine Erklärung abgegeben haben, dass sie die Motorfahrräder den Kraft-

rädern gleichstellen, die zweirädrigen Motorfahrräder mit oder ohne Beiwagen von dieser Vorschrift zu befreien, muss jedes zweirädrige Kraftrad mit oder ohne Beiwagen eine Bremsleuchte haben, die den Bestimmungen nach Absatz 31 genügt.

(37) Unbeschadet der Bestimmungen über die Beleuchtungseinrichtungen und Rückstrahler für Krafträder ohne Beiwagen muss jeder mit einem zweirädrigen Kraftrad verbundene Beiwagen vorn eine Begrenzungsleuchte haben, deren Licht den Farb- und Sichtbarkeitsbestimmungen nach Absatz 23 genügt, und hinten eine Schlussleuchte, deren Licht den Farb- und Sichtbarkeitsbestimmungen nach Absatz 24 Buchstabe a genügt, sowie einen Rückstrahler, der den Farb- und Sichtbarkeitsbestimmungen nach Absatz 27 genügt. Die elektrische Schaltung muss so sein, dass die Begrenzungsleuchte und die Schlussleuchte des Kraftrades gleichzeitig eingeschaltet sind. In keinem Fall dürfen Beiwagen Scheinwerfer für Fern- oder Abblendlicht haben.

(38) Kraftfahrzeuge (Artikel 1 Buchstabe p) mit drei symmetrisch zur Längsmittelebene des Fahrzeugs angeordneten Rädern, die nach Artikel 1 Buchstabe n den Krafträdern gleichgestellt sind, müssen die in den Absätzen 21, 22, 23, 24 Buchstabe a, 27 und 31 vorgeschriebenen Einrichtungen haben. Übersteigt jedoch die Breite eines solchen Fahrzeugs nicht 1,30 m (4 Fuß 3 Zoll), so genügen ein Scheinwerfer für Fernlicht und ein Scheinwerfer für Abblendlicht. Die Vorschriften über den Abstand der Lichtaustrittsflächen von der breitesten Stelle des Fahrzeugumrisses gelten dann nicht.

(39) Jedes Kraftfahrzeug (Artikel 1 Buchstabe p) – ausgenommen solche, deren Führer mit dem Arm Richtungsänderungen anzeigen können, die nach allen Seiten für andere Verkehrsteilnehmer sichtbar sind – muss eine gerade Zahl von fest am Fahrzeug angebrachten Blinkleuchten für gelbes Licht haben, die bei Tag und bei Nacht für die Verkehrsteilnehmer sichtbar sind, für welche die Bewegung des Fahrzeugs von Bedeutung ist. Die Blinkfrequenz beträgt 90 ± 30 in der Minute.

(40) Haben Kraftfahrzeuge (Artikel 1 Buchstabe p) – ausgenommen zweirädrige Krafträder mit oder ohne Beiwagen – Nebelscheinwerfer, so dürfen diese nur weißes oder hellgelbes Licht ausstrahlen und müssen, zwei an der Zahl, so angebracht sein, dass kein Punkt ihrer Lichtaustrittsflächen höher liegt als der höchste Punkt der Lichtaustrittsflächen der Scheinwerfer für Abblendlicht und dass auf keiner Seite der von der Längsmittelebene des Fahrzeugs am weitesten entfernte Punkt der Lichtaustrittsflächen von der breitesten Stelle des Fahrzeugumrisses weiter als 0,40 m (16 Zoll) entfernt ist.

(41) Kein Rückfahrscheinwerfer darf andere Verkehrsteilnehmer in unzumutbarer Weise blenden oder belästigen. An Kraftfahrzeugen (Artikel 1 Buchstabe p) angebrachte Rückfahrscheinwerfer dürfen nur weißes, gelbes oder hell-

gelbes Licht ausstrahlen. Dieser Scheinwerfer darf nur bei eingelegtem Rückwärtsgang eingeschaltet sein können.

(42) Keine Beleuchtungseinrichtung an einem Kraftfahrzeug (Artikel 1 Buchstabe p) oder an einem Anhänger darf Blinklicht ausstrahlen, ausgenommen Blinkleuchten und Leuchten, die in Übereinstimmung mit den innerstaatlichen Rechtsvorschriften der Vertragsparteien verwendet werden, um einzelne oder miteinander verbundene Fahrzeuge anzukündigen, die nicht verpflichtet sind, die allgemeinen Verkehrsregeln zu beachten, oder deren Anwesenheit auf der Straße anderen Verkehrsteilnehmern besondere Vorsichtsmaßnahmen auferlegt, insbesondere bevorrechtigte Fahrzeuge, Fahrzeugkolonnen, Fahrzeuge mit außergewöhnlichen Abmessungen und Fahrzeuge oder Maschinen für Straßenbau und Instandhaltung. Die Vertragsparteien können jedoch zulassen oder vorschreiben, dass bestimmte Beleuchtungseinrichtungen – ausgenommen solche für rotes Licht – alle zusammen oder ein Teil von ihnen, Blinklicht ausstrahlen, um auf die besondere Gefahr hinzuweisen, die das Fahrzeug im Augenblick darstellt.

(43) Für die Anwendung der Bestimmungen dieses Anhangs gilt:

a) als eine einzige Beleuchtungseinrichtung jede Verbindung von zwei oder mehr gleichen oder verschiedenen Beleuchtungseinrichtungen mit gleicher Aufgabe und gleicher Farbe des Lichtes, wenn die Projektionen ihrer Lichtaustrittsflächen auf eine lotrechte, senkrecht zur Längsmittelebene des Fahrzeugs stehende Ebene mindestens 50% des kleinsten Rechtecks bedecken, das die Projektionen dieser Lichtaustrittsflächen umschreibt;

b) als zwei oder eine andere gerade Zahl von Beleuchtungseinrichtungen eine solche Einrichtung mit bandförmiger Lichtaustrittsfläche, wenn sie symmetrisch zur Längsmittelebene des Fahrzeugs liegt, an keiner Seite von der breitesten Stelle des Fahrzeugumrisses weiter als 0,40 m (16 Zoll) entfernt und mindestens 0,80 m (32 Zoll) lang ist. Eine solche Lichtaustrittsfläche muss durch mindestens zwei, möglichst nahe ihren äußersten Teilen liegende Lichtquellen ausgeleuchtet sein. Die Lichtaustrittsfläche darf aus einer Einheit von nebeneinanderliegenden Teilen bestehen, sofern die Projektionen der Lichtaustrittsflächen der einzelnen Teile auf eine lotrechte, senkrecht zur Längsmittelebene des Fahrzeugs stehende Ebene mindestens 50% des kleinsten Rechtecks bedecken, das die Projektionen der einzelnen Teile umschreibt.

(44) Bei einem Fahrzeug muss das Licht der Beleuchtungseinrichtungen, die dieselbe Aufgabe haben und in dieselbe Richtung wirken, dieselbe Farbe haben. Außer bei Fahrzeugen, deren äußere Form asymmetrisch ist, müssen in gerader Zahl vorhandene Scheinwerfer, Leuchten und Rückstrahler symmetrisch zur

Längsmittelebene des Fahrzeugs angeordnet sein. Paarweise zusammengehörende Beleuchtungseinrichtungen müssen nahezu die gleiche Lichtstärke haben.

(45) Beleuchtungseinrichtungen verschiedener Art und, vorbehaltlich der anderen Absätze dieses Kapitels, Beleuchtungseinrichtungen zusammen mit Rückstrahlern dürfen in einer Einrichtung zusammen- oder ineinandergebaut werden, wenn jede Beleuchtungseinrichtung und jeder Rückstrahler den auf sie anwendbaren Bestimmungen dieses Anhangs entsprechen.

## Kapitel III
## Weitere Vorschriften

Lenkvorrichtung

(46) Jedes Kraftfahrzeug (Artikel 1 Buchstabe p) muss eine widerstandsfähige Lenkvorrichtung haben, mit der der Führer die Richtung seines Fahrzeugs leicht, schnell und sicher ändern kann.

Rückspiegel

(47) Jedes Kraftfahrzeug (Artikel 1 Buchstabe p) – ausgenommen zweirädrige Krafträder mit oder ohne Beiwagen – muss einen oder mehrere Spiegel haben; Zahl, Größe und Anbringung dieser Spiegel müssen es dem Führer ermöglichen, den Verkehr hinter seinem Fahrzeug zu überblicken.

Akustische Warnvorrichtung

(48) Jedes Kraftfahrzeug (Artikel 1 Buchstabe p) muss mindestens eine akustische Warnvorrichtung von genügender Wirksamkeit haben. Der Klang muss gleichbleibend und einheitlich und darf nicht schrill sein. Die bevorrechtigten Fahrzeuge und die Fahrzeuge, die der öffentlichen Personenbeförderung dienen, dürfen zusätzliche akustische Warnvorrichtungen haben, die diesen Bestimmungen nicht unterliegen.

Scheibenwischer

(49) Jedes Kraftfahrzeug (Artikel 1 Buchstabe p) mit so großen und so gestalteten Windschutzscheiben, dass der Führer von seinem Sitz aus die Straße nur durch die durchsichtigen Teile dieser Scheibe nach vorn überblicken kann, muss mindestens einen wirksamen und widerstandsfähigen, an geeigneter Stelle angebrachten Scheibenwischer haben, der keine dauernde Bedienung durch den Führer erfordert.

Scheibenwaschanlage

(50) Jedes Kraftfahrzeug (Artikel 1 Buchstabe p), das mindestens einen Scheibenwischer haben muss, muss auch eine Scheibenwaschanlage haben.

Windschutzscheibe und andere Scheiben

(51) An jedem Kraftfahrzeug (Artikel 1 Buchstabe p) und an jedem Anhänger

a) müssen die durchsichtigen Stoffe, die Teile der Außenwand des Fahrzeugs einschließlich der Windschutzscheibe oder einer inneren Trennwand bilden, so beschaffen sein, dass bei Bruch die Gefahr von Körperverletzungen so gering wie möglich ist;

b) müssen die Windschutzscheiben aus einem Stoff hergestellt sein, dessen Durchsichtigkeit sich nicht verändert, und so beschaffen sein, dass sie keine erheblichen Verzerrungen der durch sie hindurch gesehenen Gegenstände hervorrufen und dass bei Bruch der Führer die Straße noch in ausreichendem Maße überblicken kann.

Rückwärtsgang

(52) Jedes Kraftfahrzeug (Artikel 1 Buchstabe p) muss eine vom Führersitz aus bedienbare Einrichtung zum Rückwärtsfahren haben. Jedoch brauchen Krafträder und Kraftfahrzeuge (Artikel 1 Buchstabe p) mit drei symmetrisch zur Längsmittelebene des Fahrzeugs angeordneten Rädern diese Einrichtung nur zu haben, wenn ihr höchstes zulässiges Gesamtgewicht 400 kg (900 Pfund) übersteigt.

Schalldämpfer

(53) Jeder Verbrennungsmotor zum Antrieb eines Kraftfahrzeugs (Artikel 1 Buchstabe p) muss mit einem wirksamen Auspuffschalldämpfer versehen sein; diese Vorrichtung muss so beschaffen sein, daß sie der Führer von seinem Sitz aus nicht außer Betrieb setzen kann.

Reifen

(54) Die Räder der Kraftfahrzeuge (Artikel 1 Buchstabe p) und ihrer Anhänger müssen mit Luftreifen versehen sein, deren Zustand so sein muss, dass die Sicherheit einschließlich der Bodenhaftung selbst auf nasser Fahrbahn gewährleistet ist. Diese Bestimmung hindert jedoch die Vertragsparteien nicht, die Verwendung von Vorrichtungen zu gestatten, deren Wirkungen denen der Luftreifen mindestens gleichwertig sind.

Geschwindigkeitsmesser

(55) Jedes Kraftfahrzeug (Artikel 1 Buchstabe p), das auf ebener Straße eine Geschwindigkeit von 40 km (25 Meilen) in der Stunde überschreiten kann, muss einen Geschwindigkeitsmesser haben, wobei die Vertragsparteien jedoch bestimmte Arten von Krafträdern und anderen leichten Fahrzeugen hiervon befreien können.

Warnvorrichtung, die in Kraftfahrzeugen (Artikel 1 Buchstabe p) mitgeführt werden muss

(56) Die Vorrichtung nach Artikel 23 Absatz 5 und Anhang 1 Absatz 6 muss sein

a) entweder ein gleichseitiges Warndreieck von mindestens 0,40 m (16 Zoll) Seitenlänge und mit mindestens 0,05 m (2 Zoll) breiter roter Umrandung, mit ausgesparter oder hellfarbiger Innenfläche; die rote Umrandung muss entweder von innen beleuchtet oder mit einem rückstrahlenden Streifen versehen sein; das Dreieck muss fest in lotrechter Stellung aufgestellt werden können;

b) oder eine andere gleichwertige Vorrichtung, die durch die innerstaatlichen Rechtsvorschriften des Landes bestimmt wird, in der das Fahrzeug zugelassen ist.

Diebstahlsicherung

(57) Jedes Kraftfahrzeug (Artikel 1 Buchstabe p) muss mit einer Diebstahlsicherung ausgerüstet sein, die beim Parken die Außerbetriebsetzung oder die Blockierung eines wesentlichen Teils des Fahrzeugs ermöglicht.

Anhängevorrichtungen für leichte Anhänger

(58) Anhänger außer Sattelanhängern müssen, wenn sie nicht die nach Absatz 16 vorgesehene selbsttätige Bremse haben, zusätzlich zur Anhängevorrichtung eine Hilfsverbindung (Kette, Seil und dergleichen) haben, die beim Bruch der Anhängevorrichtung verhindert, dass die Deichsel den Erdboden berührt, und die eine gewisse Führung des Anhängers aufrechterhält.

Allgemeine Bestimmungen

(59) a) Soweit wie möglich dürfen die mechanischen Teile und die Ausrüstung der Kraftfahrzeuge (Artikel 1 Buchstabe p) nicht feuer- oder explosionsgefährlich sein; sie dürfen weder schädliche Gase noch dichten Qualm, Gerüche oder Lärm im Übermaß erzeugen.

b) Soweit wie möglich dürfen die Hochspannungs-Zündanlagen von Fahrzeugmotoren keine belästigenden Funkstörungen im Übermaß erzeugen.

c) Jedes Kraftfahrzeug (Artikel 1 Buchstabe p) muss so gebaut sein, dass das Sichtfeld des Führers nach vorn, rechts und links ihm ein sicheres Führen erlaubt.

d) Soweit wie möglich müssen Kraftfahrzeuge (Artikel 1 Buchstabe p) und Anhänger so gebaut und ausgerüstet sein, dass für ihre Insassen und andere Verkehrsteilnehmer die Gefahr bei Unfällen so gering wie möglich ist. Insbesondere dürfen sich an den Fahrzeugen innen und außen keine Verzierungen und andere entbehrliche, Kanten bildende oder vorspringende Teile befinden, die für die Insassen und andere Verkehrsteilnehmer gefährlich werden könnten.

## Kapitel IV
### Ausnahmen

(60) Die Vertragsparteien können im innerstaatlichen Bereich in den folgenden Fällen von den Bestimmungen dieses Anhangs abweichen:

a) für Kraftfahrzeuge (Artikel 1 Buchstabe p) und Anhänger, deren durch die Bauart bestimmte Höchstgeschwindigkeit auf ebener Straße 25 km (15 Meilen) in der Stunde nicht übersteigt oder für die durch die innerstaatlichen Rechtsvorschriften die Geschwindigkeit auf 25 km in der Stunde beschränkt ist;

b) für Krankenfahrstühle, das sind kleine Kraftfahrzeuge (Artikel 1 Buchstabe p), die für den Gebrauch durch eine gebrechliche oder körperbehinderte Person besonders bestimmt und gebaut – nicht nur hergerichtet – sind und üblicherweise nur von dieser Person verwendet werden;

c) für Fahrzeuge zur Durchführung von Versuchen zur technischen Weiterentwicklung und Hebung der Verkehrssicherheit;

d) für Fahrzeuge besonderer Form oder Art oder für solche, die unter besonderen Bedingungen für besondere Zwecke verwendet werden.

(61) Die Vertragsparteien können außerdem von den Bestimmungen dieses Anhangs für die von ihnen zugelassenen Fahrzeuge, die am internationalen Verkehr teilnehmen dürfen, abweichen,

a) indem sie für die in den Absätzen 23 und 30 genannten Begrenzungsleuchten und für die in Absatz 29 genannten Rückstrahler gelbe Farbe zulassen;

b) indem sie für die in Absatz 39 genannten Blinkleuchten, die hinten am Fahrzeug angebracht sind, rote Farbe zulassen;

c) indem sie für die im letzten Satz des Absatzes 42 genannten Beleuchtungseinrichtungen, die hinten am Fahrzeug angebracht sind, rote Farbe zulassen;

d) hinsichtlich der Anbringung der Beleuchtungseinrichtungen an besonderen Fahrzeugen, deren Form die Beachtung dieser Bestimmungen nicht ohne Zuhilfenahme von Befestigungsvorrichtungen ermöglicht, die leicht beschädigt oder abgerissen werden könnten;

e) indem sie die Anbringung einer ungeraden Zahl von mehr als zwei Scheinwerfern für Fernlicht an den von ihnen zugelassenen Fahrzeugen zulassen; und

f) hinsichtlich der zur Beförderung von Langgut (Baumstämmen, Rohren und dergleichen) dienenden Anhänger, die während der Fahrt nur durch die Ladung mit dem Zugfahrzeug verbunden sind.

## Kapitel V
## Übergangsbestimmungen

(62) Kraftfahrzeuge (Artikel 1 Buchstabe p), die vor oder binnen zwei Jahren nach dem Inkrafttreten dieses Übereinkommens im Hoheitsgebiet einer Vertragspartei erstmals zugelassen und Anhänger, die zu einem solchen Zeitpunkt im Hoheitsgebiet einer Vertragspartei erstmals im Verkehr verwendet worden sind, unterliegen nicht diesem Anhang, vorausgesetzt, dass sie den Kapiteln I, II und III des Anhangs 6 des Abkommens über den Straßenverkehr von 1949 entsprechen.

## Anhang 6
## Nationaler Führerschein

(1) Der nationale Führerschein muss aus einem Blatt im Format A 7 (74 × 105 mm – 2,91 × 4,13 Zoll) bestehen oder aus einem Blatt im doppelten (148 × 105 mm – 5,82 × 4,13 Zoll) oder im dreifachen (222 x 105 mm – 8,78 × 4,13 Zoll) Format A 7, jeweils auf das Format A 7 zusammenfaltbar. Die Farbe des Führerscheins muss rosa sein.

(2) Der Führerschein ist in der (den) Sprache(n) zu drucken, die die Behörde, die ihn ausstellt oder zu seiner Ausstellung ermächtigt, vorschreibt; er muss jedoch die französische Überschrift »Permis de conduire« tragen, mit oder ohne Übersetzung in andere Sprachen.

(3) Eintragungen in Hand- oder Maschinenschrift in den Führerschein müssen entweder nur in lateinischen Buchstaben oder der sogenannten englischen Kursivschrift vorgenommen oder so wiederholt sein.

(4) Zwei der Seiten des Führerscheins müssen den nachstehenden Musterseiten 1 und 2 entsprechen. Vorausgesetzt, dass unter Berücksichtigung des Artikels 41 Absatz 4 weder die Rubriken A, B, C, D und E einschließlich dieser Buchstaben selbst, noch der wesentliche Inhalt der die Angaben zur Person des Besitzers des Führerscheins betreffenden Rubrik geändert werden, gilt diese Vorschrift auch dann als erfüllt, wenn gegenüber diesen Mustern Änderungen an Einzelheiten vorgenommen worden sind; insbesondere werden die nationalen Führerscheine nach dem Muster des Anhangs 9 des Genfer Abkommens über den Straßenverkehr vom 19. September 1949 als den Bestimmungen dieses Anhangs genügend angesehen.

(5) Die innerstaatlichen Rechtsvorschriften bestimmen, ob die Musterseite 3 Teil des Führerscheins sein und ob dieser zusätzliche Angaben enthalten soll; wenn ein Raum zum Eintragen von Wohnsitzänderungen vorgesehen wird, muss sich dieser, außer auf dem Führerschein nach dem Muster des Anhangs 9 des Abkommens von 1949, oben auf der Rückseite von Blatt 3 des Führerscheins befinden.

Texte

**Musterseite**

Nr. 1    Nr. 2    Nr. 3

| PERMIS DE CONDUIRE[1] FÜHRERSCHEIN[1] | | Fahrzeugklassen für die der Führerschein gültig ist | | |
|---|---|---|---|---|
| 1. Name ................... | | | Gültig bis ........... [9] | Verlängert bis: |
| 2. Vorname[3] | | A  Krafträder | ausgestellt am ........... | am ........... |
| 3. Geburtstag[4] und -ort[5] | | | Gültig bis ........... [9] | Verlängert bis: |
| 4. Wohnsitz ................... | | B  Kraftfahrzeuge (Artikel 1 Buchstabe p) ausgenommen jene der Klasse A – mit einem höchsten zulässigen Gesamtgewicht von nicht mehr als 3,5 t (7700 Pfund) und mit nicht mehr als 8 Sitzen außer dem Führersitz | ausgestellt am ........... | am ........... |
| Unterschrift des Besitzers:[6] | | | Gültig bis ........... [9] | Verlängert bis: |
| Lichtbild 35 × 40 mm (1,37 × 1,75 Zoll) | | C  Kraftfahrzeuge (Artikel 1 Buchstabe p) Güterbeförderung mit einem höchsten zulässigen Gesamtgewicht von 3,5 t (7700 Pfund) | ausgestellt am ........... | am ........... |
| | | | Gültig bis ........... [9] | Verlängert bis: |
| | | D  Kraftfahrzeuge (Artikel 1 Buchstabe p) zur Personenbeförderung mit mehr als 8 Personen außer dem Führersitz | ausgestellt am ........... | am ........... |
| 5. Ausgestellt durch ................... | | E  Miteinander verbundene Fahrzeuge, deren Zugfahrzeug in die Klassen B, C oder D fällt, zu dessen Führung der Fahrzeugführer berechtigt ist, die aber selbst nicht in diese Klasse(n) fallen | | |
| 6. in ........... am ........... | | | | |
| 7. gültig bis[7] ................... | | | | [10] |
| Nr. ................... | | | | |
| Unterschrift usw.[8] | | [11] | | |

1  Auf den in zwei Teilen faltbaren Mustern (wenn sie so gefaltet werden, daß die erste Umschlagseite keine Musterseite ist) und auf den in drei Teile faltbaren Mustern kann diese Aufgabe auf der ersten Umschlagseite erscheinen.
2  Hier ist der Name oder das Unterscheidungszeichen des Staates anzugeben entsprechend dem Anhang 3 dieses Übereinkommens. Die vorstehende Anmerkung 1 gilt auch für diese Rubrik.
3  Hier können die Namen des Vaters oder des Ehegatten eingetragen werden.
4  Wenn das Geburtsdatum nicht bekannt ist, ist das ungefähre Alter am Tage der Ausstellung des Führerscheins anzugeben.
5  Nicht auszufüllen, wenn der Geburtsort unbekannt ist.
6  »oder Daumenabdruck«. Daumenabdruck oder Unterschrift und »oder Daumenabdrucke« fehlen, wenn der Raum dafür fehlen kann.
7  Auf den Führerscheinen, die eine Musterseite 3 enthalten, kann diese Zeile fehlen.

8  Unterschrift und/oder Siegel oder Stempel der Behörde oder des zur Ausstellung ermächtigten Verbandes. Auf den in zwei Teilen faltbaren Mustern (wenn sie so gefaltet werden, daß die erste Seite keine Musterseite ist) und auf den in drei Teilen faltbaren Mustern kann das Siegel oder der Stempel auf der ersten Umschlagseite angebracht werden.

9  Siegel oder Stempel der ausstellenden Behörde und gegebenenfalls Tag der Anbringung des Stempels oder Siegels. Dieses Siegel oder dieser Stempel wird in der rechten Spalte der Musterseite 2 gegenüber den Begriffsbestimmungen der Fahrzeugklassen, für die der Führerschein gilt, und nur gegenüber diesen Feldern angebracht; das gilt auch für die Angaben in der rechten Spalte der Musterseite 2 das Siegel oder den Stempel der Behörde anzubringen auf der Musterseite 1 in einer neuen Zeile 8 »Klassen« die Buchstaben der

10  Klassen, für die der Führerschein gilt, und ein * für jede Klasse, für die er nicht gilt (z. B. »8. Klasse A, B ***«) eintragen. Raum für andere Fahrzeugklassen entsprechend den innerstaatlichen Rechtsvorschriften.

11  Raum für etwaige zusätzliche Vermerke der zuständigen Behörde des Staates, der den Führerschein ausstellt, einschließlich einschränkender Auflagen (z. B. »Muß Brille tragen«, »Nur gültig für das Führen des Fahrzeugs Nr. ...«, »Vorbehaltlich der Ausrüstung des Fahrzeugs für das Führen durch einen Beinamputierten«). Für den im zweiten Absatz der Anmerkung 9 vorgesehenen Fall empfiehlt es sich, diese zusätzlichen Vermerke auf die Musterseite 1 zu setzen. Weitere Vermerke können auf Seiten angebracht werden, die keine Musterseiten sind.

## Anhang 7

## Internationaler Führerschein

(1) Der Führerschein muss ein Heft im Format A 6 (148 × 105 mm – 5,82 × 4,13 Zoll) sein. Sein Umschlag ist grau, seine Innenseiten sind weiß.

(2) Vorder- und Rückseite des ersten Umschlagblattes müssen den nachstehenden Musterseiten 1 und 2 entsprechen; sie sind in der Landessprache oder mindestens in einer der Landessprachen des Ausstellungsstaates zu drucken. Am Schluss der Innenseiten müssen zwei einander gegenüberliegende Seiten dem nachstehenden Muster 3 entsprechen und in französischer Sprache gedruckt sein. Die Innenseiten davor geben in mehreren Sprachen, darunter auf jeden Fall in Englisch, Russisch und Spanisch, die erste der erwähnten beiden Seiten wieder.

(3) Eintragungen in Hand- oder Maschinenschrift in den Führerschein müssen in lateinischen Buchstaben oder in der sogenannten englischen Kursivschrift vorgenommen werden.

(4) Die Vertragsparteien, die internationale Führerscheine ausstellen oder zu deren Ausstellung ermächtigen, deren Umschlagblatt in einer Sprache gedruckt ist, die weder Englisch noch Französisch, Russisch oder Spanisch ist, teilen dem Generalsekretär der Vereinten Nationen die Übersetzung des Textes des nachstehenden Musters 3 in diese Sprache mit.

Musterseite 1
(Vorderseite des ersten Umschlagblattes)

.........................................<sup>1)</sup>

**Internationaler Kraftfahrzeugverkehr
Internationaler Führerschein**

Nr. ......................

Übereinkommen über den Straßenverkehr
vom 8. November 1968

Gültig bis .........................................<sup>2)</sup>

Ausgestellt durch .........................................

in .........................................

am .........................................

Nummer des nationalen Führerscheins .........................................<sup>3)</sup>

<sup>4)</sup>

1) Name und Unterscheidungszeichen des Ausstellungstaats nach Anhang 3.
2) Drei Jahre nach dem Ausstellungstag oder Tag des Erlöschens der Gültigkeit des nationalen Führerscheins, wobei der frühere Zeitpunkt maßgebend ist.
3) Unterschrift der ausstellenden Behörde oder des ausstellenden Verbandes.
4) Siegel oder Stempel der ausstellenden Behörde oder des ausstellenden Verbandes.

Musterseite 2
(Rückseite des ersten Umschlagblattes)

Dieser Führerschein ist nicht gültig für den Verkehr im Hoheitsgebiet von ................<sup>1)</sup>

Er ist gültig in den Hoheitsgebieten aller anderen Vertragsparteien. Die Fahrzeugklassen, für die er gültig ist, sind am Schluss des Heftes angegeben.

<sup>2)</sup>

Dieser Führerschein entbindet den Besitzer in keiner Weise von der Pflicht, in jedem Land, in dem er ein Fahrzeug führt, die dort geltenden Gesetze und Vorschriften über Niederlassung und Berufsausübung zu beachten. Insbesondere verliert der Schein seine Gültigkeit in einem Lande, in dem der Besitzer seinen ordentlichen Wohnsitz nimmt.

1) Hier ist der Name der Vertragspartei einzusetzen, wo der Besitzer seinen ordentlichen Wohnsitz hat.
2) Raum für etwaige Eintragungen der Liste der Vertragsstaaten.

# Übereinkommen über den Straßenverkehr (WÜ)

Musterseite 3
(Linke Seite)

Angaben zur Person des Führers

Name ............................................. 1.
Vornamen[1] .................................. 2.
Geburtsort[2] ................................. 3.
Geburtsdatum[3] ........................... 4.
Wohnort ........................................ 5.

| Fahrzeugklassen, für die der Führerschein gilt | |
|---|---|
| Krafträder | A |
| Kraftfahrzeuge (Artikel 1 Buchstabe p) ausgenommen jene der Klasse A – mit einem höchsten zulässigen Gesamtgewicht von nicht mehr als 3,5 t (7700 Pfund) und mit nicht mehr als 8 Sitzplätzen außer dem Führersitz | B |
| Kraftfahrzeuge (Artikel 1 Buchstabe p) zur Güterbeförderung mit einem höchsten zulässigen Gesamtgewicht von nicht mehr als 3,5 t (7700 Pfund) | C |
| Kraftfahrzeuge (Artikel 1 Buchstabe p) zur Personenbeförderung mit mehr als 8 Sitzen außer dem Führersitz | D |
| Miteinander verbundene Kraftfahrzeuge, deren Zugfahrzeug in die Klasse B, C oder D fällt, zu dessen Führung der Fahrzeugführer berechtigt ist, die aber selbst nicht in diese Klasse(n) fallen. | E |

Einschränkende Auflagen
........................................................
........................................................

1) Hier können die Namen des Vaters oder des Ehegatten eingetragen werden.
2) Nicht ausfüllen, wenn der Geburtsort unbekannt ist.
3) Wenn das Geburtsdatum unbekannt ist, ist das ungefähre Alter am Tage der Ausstellung des Führerscheines anzugeben.
4) Siegel oder Stempel der ausstellenden Behörde oder des ausstellenden Verbandes. Dieses Siegel oder dieser Stempel wird nur gegenüber den Klassen A, B, C und D angebracht, wenn der Besitzer zum Führen von Fahrzeugen der betreffenden Klasse berechtigt ist.
5) Z. B. »Muss Brille tragen«, »Nur gültig für das Führen des Fahrzeugs Nr. ...«, »Vorbehaltlich der Ausrüstung des Fahrzeugs für das Führen durch einen Beinamputierten«.

Musterseite 3
(Rechte Seite)

1. ............................................
2. ............................................
3. ............................................
4. ............................................
5. ............................................

| | |
|---|---|
| A | [4] |
| B | [4] | Lichtbild |
| C | [4] | |
| D | [4] | |
| E | [4] | [4] |

Unterschrift des Besitzers[6]

Ungültigkeitserklärungen:

Der Besitzer hat keine Fahrerlaubnis auf dem Hoheitsgebiet von ............. [7] bis ............. den ............. [8]

Der Besitzer hat keine Fahrerlaubnis auf dem Hoheitsgebiet von ............. [7] bis ............. den ............. [8]

6) Oder Daumenabdruck.
7) Name des Staates.
8) Siegel oder Stempel der Behörde, welche den Führerschein für ihr Hoheitsgebiet als ungültig erklärt hat. Falls der auf dieser Seite für die Ungültigkeitserklärungen vorgesehene Platz nicht ausreicht, können weitere auf der Rückseite eingetragen werden.

Fittkau-Koch

## 4. Vertragsstaaten

| Vertragsstaaten | in Kraft am | BGBl. / Jg. | Seite |
|---|---|---|---|
| Bahrain | 21.05.1977 | 1979 II | 932 |
| Belarus | 21.05.1977 | 1979 II | 932 |
| Belgien | 16.11.1989 | 1990 II | 82 |
| Bosnien-Herzegowina | 06.03.1992 | 1994 II | 1227 |
| Brasilien | 29.10.1981 | 1981 II | 143 |
| Bulgarien | 28.12.1979 | 1979 II | 932 |
| Côte d'Ivoire | 24.07.1986 | 1985 II | 1210 |
| Dänemark | 03.11.1987 | 1987 II | 387 |
| Estland | 24.08.1993 | 1993 II | 700 |
| Finnland | 01.04.1986 | 1985 II | 1136 |
| Frankreich | 21.05.1977 | 1979 II | 932 |
| Georgien | 23.07.1994 | 1994 II | 1227 |
| Griechenland | 18.12.1987 | 1987 II | 635 |
| Guyana | 21.05.1977 | 1979 II | 932 |
| Iran | 21.05.1977 | 1979 II | 932 |
| Israel | 21.05.1977 | 1979 II | 932 |
| Italien | 02.10.1997 | 1997 II | 751 |
| Jugoslawien, ehem. | 01.10.1977 | 1979 II | 932 |
| Kasachstan | 04.04.1995 | 1994 II | 3563 |
| Kongo, Dem. Rep. | 25.07.1978 | 1979 II | 932 |
| Kroatien | 08.10.1991 | 1993 II | 861 |
| Kuba | 30.09.1978 | 1979 II | 932 |
| Kuwait | 14.03.1981 | 1980 II | 893 |
| Lettland | 19.10.1993 | 1993 II | 700 |
| Litauen | 20.11.1992 | 1992 II | 1138 |
| Luxemburg | 21.05.1977 | 1979 II | 932 |
| Marokko | 29.12.1983 | 1983 II | 427 |
| Mazedonien | 17.09.1991 | 1994 II | 296 |
| Moldau, Rep. | 26.05.1994 | 1994 II | 1227 |
| Monaco | 06.06.1979 | 1979 II | 932 |
| Niger | 21.05.1977 | 1979 II | 932 |
| Norwegen | 01.04.1986 | 1985 II | 1136 |
| Österreich | 11.08.1982 | 1982 II | 100 |
| Pakistan | 19.03.1987 | 1987 II | 387 |
| Philippinen | 21.05.1977 | 1979 II | 932 |
| Polen | 23.08.1985 | 1985 II | 784 |
| Rumänien | 09.12.1981 | 1981 II | 143 |
| Russische Föderation | 21.05.1977 | 1979 II | 932 |
| San Marino | 21.05.1977 | 1979 II | 932 |

| Vertragsstaaten | in Kraft am | BGBl. / Jg. | Seite |
|---|---|---|---|
| Schweden | 25.07.1986 | 1986 II | 721 |
| Schweiz | 11.12.1992 | 1992 II | 1138 |
| Senegal | 21.05.1977 | 1979 II | 932 |
| Seychellen | 11.04.1978 | 1979 II | 932 |
| Simbabwe | 31.07.1982 | 1981 II | 1100 |
| Slowakei | 01.01.1993 | 1993 II | 1900 |
| Slowenien | 25.06.1991 | 1993 II | 861 |
| Sowjetunion, ehem. | 21.05.1977 | 1979 II | 932 |
| Südafrika | 01.11.1978 | 1979 II | 932 |
| Tadschikistan | 09.03.1995 | 1994 II | 3563 |
| Tschechien | 01.01.1993 | 1994 II | 1227 |
| Tschechoslowakei, ehem. | 07.06.1979 | 1979 II | 932 |
| Turkmenistan | 14.06.1994 | 1994 II | 1227 |
| Ukraine | 21.05.1977 | 1979 II | 932 |
| Ungarn | 21.05.1977 | 1979 II | 932 |
| Uruguay | 08.04.1982 | 1981 II | 526 |
| Usbekistan | 17.01.1996 | 1995 II | 431 |
| Zentralafrikanische Rep. | 03.02.1989 | 1988 II | 969 |

# Verordnung
## über internationalen Kraftfahrzeugverkehr

Vom 12. November 1934[1]

### § 1

(1) Ausländische Kraftfahrzeuge und Kraftfahrzeuganhänger sind zum vorübergehenden Verkehr im Inland zugelassen, wenn für sie von einer zuständigen Stelle ein gültiger

a) Internationaler Zulassungsschein nach Art. 4 und Anlage B des Internationalen Abkommens über Kraftfahrzeugverkehr vom 24. April 1926 (RGBl. 1930 II, S. 1234) oder

b) ausländischer Zulassungsschein

ausgestellt und im Inland kein regelmäßiger Standort begründet ist. Der ausländische Zulassungsschein muss mindestens die nach Art. 35 Übereinkommens über den Straßenverkehr vom 8. November 1968 (BGBl. 1977 II, S. 809)[2] erforderlichen Angaben enthalten.

(2) Ausländische Kraftfahrzeuge und Anhänger, die nach Absatz 1 zum vorübergehenden Verkehr zugelassen sind, müssen hinsichtlich Bau und Ausrüstung mindestens den Bestimmungen der Artikel 38 und 39 und der Anlage 4 und 5 des Übereinkommens über den Straßenverkehr vom 8. November 1968 (BGBl. 1977 II, S. 809), soweit dieses Abkommen anwendbar ist, sonst denen des Artikels 3 des Internationalen Abkommens über Kraftfahrzeugverkehr vom 24. April 1926 (RGBl. 1930 II, S. 1234) entsprechen.

(3) Ist der ausländische Zulassungsschein nicht in deutscher Sprache abgefasst, so muss er mit einer von einem Berufskonsularbeamten oder Honorarkonsul der Bundesrepublik Deutschland im Ausstellungsstaat bestätigten Übersetzung oder mit einer Übersetzung durch einen international anerkannten Automobilklub des Ausstellungsstaates oder durch eine vom Bundesminister für Verkehr bestimmte Stelle verbunden sein. Satz 1 gilt nicht für ausländische Zulassungsscheine, die den Bestimmungen des Artikels 35 des Übereinkommens vom 8. November 1968 über den Straßenverkehr (BGBl. 1977 II, S. 809) entsprechen.

---

[1] RGBl. 1934 I, S. 1137, in der im BGBl. Teil III, Gliederungsnummer 9232-4 veröffentlichten Fassung; zuletzt geändert durch Verordnung vom 20. Juli 2000, BGBl. 2000 I, S. 1090.
[2] Dieses Übereinkommen ersetzt im Verhältnis zwischen den Vertragsparteien das Internationale Abkommen v. 24. 4. 1926 über Kraftfahrzeugverkehr.

## § 2

(1) Ausländische Kraftfahrzeuge müssen an der Vorder- und Rückseite ihre heimischen Kennzeichen führen, die Artikel 36 und Anhang 2 des Übereinkommens über den Straßenverkehr vom 8. November 1968 (BGBl. 1977 II, S. 809), soweit dieses Abkommen anwendbar ist, sonst Artikel 3 Abschnitt II Nr. 1 des Internationalen Abkommens über Kraftfahrzeugverkehr vom 24. April 1926 (RGBl. 1930 I, S. 1234) entsprechen müssen. Krafträder benötigen nur ein Kennzeichen an der Rückseite. Ausländische Kraftfahrzeuganhänger müssen an der Rückseite ihr heimisches Kennzeichen nach Satz 1 oder, wenn ein solches nicht zugeteilt oder ausgegeben ist, das Kennzeichen des ziehenden Kraftfahrzeugs führen.

(2) Ausländische Kraftfahrzeuge und Kraftfahrzeuganhänger müssen außerdem ein Nationalitätskennzeichen führen, dass Artikel 5 und Anlage C des Internationalen Abkommens über Kraftfahrzeugverkehr vom 24. April 1926 (RGBl. 1930 I, S. 1234) oder Artikel 37 und Anhang 3 des Übereinkommens über den Straßenverkehr vom 8. November 1968 (BGBl. 1977 II, S. 809), entsprechen muss.[1] Bei ausländischen Kraftfahrzeugen und Kraftfahrzeuganhängern, die in einem Mitgliedstaat der Europäischen Union zugelassen sind und entsprechend dem Anhang der Verordnung (EG) Nr. 2411/98 des Rates vom 3. November 1998 (ABl. EG Nr. L 299, S. 1) am linken Rand des Kennzeichens das Unterscheidungszeichen des Zulassungsstaates führen, ist die Anbringung eines Nationalitätszeichens nach S. 1 nicht erforderlich.

## § 3

(1) Ausländische Kraftfahrzeuge und ihre Anhänger müssen in Gewicht und Abmessungen den §§ 32 und 34 der Straßenverkehrs-Zulassungs-Ordnung entsprechen.

(2) Ausländische Kraftfahrzeuge müssen an Sitzen, für die das Recht des Zulassungsstaates Sicherheitsgurte vorschreibt, über diese Sicherheitsgurte verfügen.

(3) Ausländische Kraftfahrzeuge, deren Internationaler oder ausländischer Zulassungsschein von einem Mitgliedstaat der Europäischen Union oder von einem anderen Vertragsstaat des Abkommens über den Europäischen Wirtschaftsraum ausgestellt worden ist und die in der Richtlinie 92/6/EWG des Rates vom 10. Februar 1992 über Einbau und Benutzung von Geschwindigkeitsbegrenzern für bestimmte Kraftfahrzeugklassen in der Gemeinschaft (ABl. EG Nr. L 57 S. 27) genannt werden, müssen über Geschwindigkeitsbegrenzer nach

---

[1] Verltb. des BMV v. 8. 12. 1999, VkBl. 1999, S. 771; Liste der Nationalitätszeichen abgedruckt auf S. 353.

Maßgabe des Rechts des Zulassungsstaates verfügen. Die Geschwindigkeitsbegrenzer müssen benutzt werden.

(4) Die Luftreifen ausländischer Kraftfahrzeuge und Kraftfahrzeuganhänger, deren Internationaler oder ausländischer Zulassungsschein von einem Mitgliedstaat der Europäischen Union oder von einem anderen Vertragsstaat des Abkommens über den Europäischen Wirtschaftsraum ausgestellt worden ist und die in der Richtlinie 89/459/EWG des Rates vom 18. Juli 1989 zur Angleichung der Rechtsvorschriften der Mitgliedstaaten über die Profiltiefe der Reifen an bestimmten Klassen von Kraftfahrzeugen und deren Anhängern (ABl. EG Nr. L 226 S. 4) genannt werden, müssen beim Hauptprofil der Lauffläche eine Profiltiefe von mindestens 1,6 mm aufweisen; als Hauptprofil gelten dabei die breiten Profilrillen im mittleren Bereich der Lauffläche, der etwa ¾ der Laufflächenbreite einnimmt. Dies gilt nicht, wenn das Recht des Zulassungsstaates eine geringere Profiltiefe vorsieht.

### § 3 a

Ausländische Kraftfahrzeuge, die gemäß Anlage XIV der Straßenverkehrs-Zulassungs-Ordnung zur Geräuschklasse G 1 gehören, gelten als geräuscharm; sie dürfen mit dem Zeichen »Geräuscharmes Kraftfahrzeug« gemäß Anlage XV der Straßenverkehrs-Zulassungs-Ordnung gekennzeichnet sein. Andere Fahrzeuge dürfen mit diesem Zeichen nicht gekennzeichnet werden. An Fahrzeugen dürfen keine Zeichen angebracht werden, die mit dem Zeichen nach S. 1 verwechselt werden können.

### § 4

(1) Inhaber einer ausländischen Fahrerlaubnis dürfen im Umfang ihrer Berechtigung im Inland Kraftfahrzeuge führen, wenn sie hier keinen ordentlichen Wohnsitz i.S.d. § 7 der Fahrerlaubnis-Verordnung haben. Begründet der Inhaber einer in einem anderen Mitgliedstaat der Europäischen Union oder einem anderen Vertragsstaat des Abkommens über den Europäischen Wirtschaftsraum erteilten Fahrerlaubnis einen ordentlichen Wohnsitz im Inland, richtet sich seine weitere Berechtigung zum Führen von Kraftfahrzeugen nach den §§ 28 und 29 der Fahrerlaubnis-Verordnung. Begründet der Inhaber einer in einem anderen Staat erteilten Fahrerlaubnis einen ordentlichen Wohnsitz im Inland, besteht die Berechtigung noch sechs Monate. Die Fahrerlaubnisbehörde kann die Frist auf Antrag bis zu sechs Monaten verlängern, wenn der Antragsteller glaubhaft macht, dass er seinen ordentlichen Wohnsitz nicht länger als zwölf Monate im Inland haben wird. Auflagen zur ausländischen Fahrerlaubnis sind auch im Inland zu beachten.

(2) Die Fahrerlaubnis ist durch einen gültigen nationalen oder Internationalen Führerschein (Artikel 7 und Anlage E des Internationalen Abkommens über

Kraftfahrzeugverkehr vom 24. April 1926 – RGBl. 1930 I, S. 1234 –, Artikel 41 und Anhang 7 des Übereinkommens über den Straßenverkehr vom 8. November 1968 – BGBl. 1977 II, S. 809 – oder Art. 24 und Anlage 10 des Übereinkommens über den Straßenverkehr vom 19. September 1949 – Vertragstext der Vereinten Nationen 1552, S. 22 –) nachzuweisen. Ausländische nationale Führerscheine, die nicht in deutscher Sprache abgefasst sind, die nicht in einem anderen Mitgliedstaat der Europäischen Union oder einem anderen Vertragsstaat des Abkommens über den Europäischen Wirtschaftsraum ausgestellt worden sind oder die nicht dem Anhang 6 des Übereinkommens über den Straßenverkehr vom 8. November 1968 entsprechen, müssen mit einer Übersetzung verbunden sein, es sei denn, die Bundesrepublik Deutschland hat auf das Mitführen der Übersetzung verzichtet.

(3) Die Berechtigung nach Abs. 1 gilt nicht für Inhaber ausländischer Fahrerlaubnisse,

1. die lediglich im Besitz eines Lernführerscheins oder eines anderen vorläufig ausgestellten Führerscheins sind,

2. die zum Zeitpunkt der Erteilung der ausländischen Erlaubnis zum Führen von Kraftfahrzeugen ihren ordentlichen Wohnsitz im Inland hatten, es sei denn, dass sie die Fahrerlaubnis in einem anderen Mitgliedstaat der Europäischen Union oder einem anderen Vertragsstaat des Abkommens über den Europäischen Wirtschaftsraum während eines mindestens sechsmonatigen, ausschließlich dem Besuch einer Hochschule oder Schule dienenden Aufenthalts erworben haben,

3. denen die Fahrerlaubnis im Inland vorläufig oder rechtskräftig von einem Gericht oder sofort vollziehbar oder bestandskräftig von einer Verwaltungsbehörde entzogen worden ist, denen die Fahrerlaubnis bestandskräftig versagt worden ist oder denen die Fahrerlaubnis nur deshalb nicht entzogen worden ist, weil sie zwischenzeitlich auf die Fahrerlaubnis verzichtet haben oder

4. solange sie im Inland, in dem Staat, der die Fahrerlaubnis erteilt hatte oder in dem Staat, in dem sie ihren ordentlichen Wohnsitz haben, einem Fahrverbot unterliegen oder der Führerschein nach § 94 StPO beschlagnahmt, sichergestellt oder in Verwahrung genommen worden ist.

(4) Das Recht, von einer ausländischen Fahrerlaubnis nach einer der in Absatz 3 Nr. 3 genannten Entscheidungen im Inland wieder Gebrauch zu machen, wird auf Antrag erteilt, wenn die Gründe für die Entziehung nicht mehr bestehen.

## § 5

Als vorübergehend im Sinne des § 1 Abs. 1 gilt ein Zeitraum bis zu einem Jahr; der Zeitablauf beginnt

a) bei Internationalen Zulassungsscheinen nach dem Internationalen Abkommen über Kraftfahrzeugverkehr vom 24. April 1926 mit dem Ausstellungstage,

b) bei ausländischen Zulassungsscheinen mit dem Tage des Grenzübertritts.

## § 6
(aufgehoben)

## § 7

(1) Für Kraftfahrzeuge oder Kraftfahrzeuganhänger, für die nach § 23 der Straßenverkehrs-Zulassungs-Ordnung ein amtliches Kennzeichen zugeteilt ist, wird auf Antrag ein Internationaler Zulassungsschein nach Artikel 4 und Anlage B des Internationalen Abkommens über Kraftfahrzeugverkehr vom 24. April 1926 (RGBl. 1930 I, S. 1234) ausgestellt.

(2) Soll ein zum Verkehr nicht zugelassenes Kraftfahrzeug, das im Geltungsbereich dieser Verordnung keinen regelmäßigen Standort haben soll, mit eigener Triebkraft aus dem Geltungsbereich dieser Verordnung verbracht werden, sind die Vorschriften der §§ 16 bis 62, des § 72 Abs. 2 sowie die damit im Zusammenhang stehenden Bußgeldvorschriften der Straßenverkehrs-Zulassungs-Ordnung mit folgender Maßgabe anzuwenden:

1. Es genügt, wenn die den §§ 30 bis 62 der Straßenverkehrs-Zulassungs-Ordnung entsprechenden Vorschriften erfüllt werden, die in dem Gebiet gelten, in das das Fahrzeug verbracht werden soll. Das Fahrzeug muss jedoch mindestens verkehrssicher sein; dies ist grundsatzlich anzunehmen, wenn der nächste Termin zur Durchführung der Hauptuntersuchung und Sicherheitsprüfung nach dem Ablauf der Zulassung im Geltungsbereich dieser Verordnung liegt; ansonsten ist eine Untersuchung im Umfang einer Hauptuntersuchung oder Sicherheitsprüfung durchzuführen. Unberührt bleiben die Vorschriften über Abmessungen und Gewichte nach den §§ 32 und 34 der Straßenverkehrs-Zulassungs-Ordnung. Der Nachweis über das Vorliegen der Voraussetzungen nach den Sätzen 1 und 2 für erstmals in den Verkehr kommende Fahrzeuge kann vom Fahrzeughersteller erbracht werden, wenn er Inhaber einer Allgemeinen Betriebserlaubnis für Fahrzeuge ist.

2. Das Fahrzeug darf nur zugelassen werden, wenn nachgewiesen ist, dass eine Haftpflichtversicherung nach dem Gesetz über die Haftpflichtversicherung

für ausländische Kraftfahrzeuge und Kraftfahrzeuganhänger vom 24. Juli 1956 (BGBl. 1956 I, S. 667, 1957 I, S. 368) in der jeweils geltenden Fassung besteht.

3. Die Zulassung im Geltungsbereich dieser Verordnung ist auf die Dauer der nach Nummer 2 nachgewiesenen Haftpflichtversicherung, längstens auf ein Jahr, zu befristen. Unberührt bleibt die Befugnis der Zulassungsbehörde, durch Befristung der Zulassung und durch Auflagen sicherzustellen, dass das Fahrzeug in angemessener Zeit den Geltungsbereich dieser Verordnung verlässt.

4. An die Stelle des amtlichen Kennzeichens tritt das Ausfuhrkennzeichen nach Muster 1.[1]

5. Zur Abstempelung des Kennzeichens ist das Fahrzeug der Zulassungsbehörde vorzuführen und von ihr zu identifizieren; diese kann auf die Vorführung verzichten, wenn das Fahrzeug erstmals in den Verkehr gebracht werden soll und ein Nachweis des Fahrzeugherstellers über die Vorschriftsmäßigkeit und Identität des Fahrzeugs vorgelegt wird. Zur Abstempelung sind Stempelplaketten nach § 23 Absatz 4 der Straßenverkehrs-Zulassungs-Ordnung, jedoch mit dem Dienstsiegel der Zulassungsbehörde mit einem Durchmesser von 35 mm mit rotem Untergrund (RAL 2002) zu verwenden.

6. An die Stelle des Fahrzeugscheins oder des Nachweises über die Betriebserlaubnis tritt der Internationale Zulassungsschein. Auf der Vorderseite des Zulassungsscheins ist ein Vermerk über den Ablauf der Gültigkeitsdauer der Zulassung im Geltungsbereich dieser Verordnung anzubringen.

7. Der Fahrzeugbrief, falls ein solcher ausgefertigt wurde, ist der Zulassungsbehörde vorzulegen und von ihr unbrauchbar zu machen.

8. Die §§ 28, 29, 29a bis h, 47a und 57b der Straßenverkehrs-Zulassungs-Ordnung finden keine Anwendung.

Die vorstehenden Bestimmungen gelten entsprechend für die Zulassung von Kraftfahrzeuganhängern, die hinter einem Kraftfahrzeug aus dem Geltungsbereich dieser Verordnung verbracht werden sollen.

§ 7 a

Führen Kraftfahrzeuge oder Kraftfahrzeuganhänger außer den nach § 7 Abs. 2 Satz 1 Nr. 4 oder den nach der Straßenverkehrs-Zulassungs-Ordnung vorgesehenen Kennzeichen auch das Nationalitätszeichen »D«, so muss dieses Artikel 37 und Anhang 3 des Übereinkommens über den Straßenverkehr vom 8. November 1968 (BGBl. 1977 I, S. 809) entsprechen.

---
1 Abgedruckt auf S. 346.

## § 8

(1) Kraftfahrzeugführer erhalten auf Antrag den Internationalen Führerschein, wenn sie das achtzehnte Lebensjahr vollendet haben und eine Fahrerlaubnis nach der Fahrerlaubnis-Verordnung oder eine ausländische Erlaubnis zum Führen von Kraftfahrzeugen gemäß § 4 nachweisen. § 4 Abs. 2 Satz 2 ist entsprechend anzuwenden.

(2) Dem Antrag sind ein Lichtbild (Brustbild in der Größe von 35 mm × 45 mm bis 40 mm × 50 mm, das den Antragsteller ohne Kopfbedeckung im Halbprofil zeigt) und der Führerschein beizufügen.

## § 9

(1) Internationale Zulassungs- und Führerscheine müssen nach Muster 6, 6a und 7 in deutscher Sprache mit lateinischen Druck- oder Schriftzeichen ausgestellt werden.

(2) Beim internationalen Führerschein nach Muster 7[1] (Artikel 7 und Anlage E des Internationalen Abkommens über Kraftfahrzeugverkehr vom 24. April 1926) entsprechen der Fahrerlaubnis

1. der Klasse A (unbeschränkt) die Klasse C,

2. der Klasse B die Klasse A,

3. der Klasse C die Klasse B.

Außerdem wird erteilt:

1. dem Inhaber einer Fahrerlaubnis der Klasse A (beschränkt) die Klasse C beschränkt auf Krafträder mit einer Leistung von nicht mehr als 25 kW und einem Verhältnis Leistung/Leergewicht von nicht mehr als 0,16 kW/kg,

2. dem Inhaber einer Fahrerlaubnis der Klasse A1 die Klasse C beschränkt auf Krafträder mit einem Hubraum von nicht mehr als 125 $cm^3$ und einer Leistung von nicht mehr als 11 kW,

3. dem Inhaber einer Fahrerlaubnis der Klasse C1 die Klasse B beschränkt auf Kraftfahrzeuge mit einer zulässigen Gesamtmasse von nicht mehr als 7500 kg,

4. dem Inhaber einer Fahrerlaubnis der Klasse D die Klasse B beschränkt auf Kraftomnibusse,

5. dem Inhaber einer Fahrerlaubnis der Klasse D1 die Klasse B beschränkt auf Kraftomnibusse mit nicht mehr als 16 Plätzen außer dem Führersitz.

---

1 Abgedruckt auf S. 277.

(3) Beim internationalen Führerschein nach Muster 6a[1] (Artikel 41 und Anhang 7 des Übereinkommens über Straßenverkehr vom 8. November 1968) entsprechen, soweit die Klassen nicht übereinstimmen, der Fahrerlaubnis

1. der Klasse A (beschränkt) die Klasse A beschränkt auf Krafträder mit einer Leistung von nicht mehr als 25 kW und einem Verhältnis Leistung/Leergewicht von nicht mehr als 0,16 kW/kg,

2. der Klasse A1 die Klasse A beschränkt auf Krafträder mit einem Hubraum von nicht mehr als 125 $cm^3$ und einer Leistung von nicht mehr als 11 kW,

3. der Klasse C1 die Klasse C beschränkt auf Kraftfahrzeuge mit einer zulässigen Gesamtmasse von nicht mehr als 7500 kg,

4. der Klasse D1 die Klasse D beschränkt auf Kraftomnibusse mit nicht mehr als 16 Sitzplätzen außer dem Führersitz.

Bei den Klassen C1E und D1E ist die zulässige Gesamtmasse des Zuges auf 12 000 kg zu beschränken und bei der Klasse D1E zu vermerken, dass der Anhänger nicht zur Personenbeförderung benutzt werden darf. Weitere Beschränkungen der Fahrerlaubnis sind zu übernehmen.

(4) Die Gültigkeitsdauer internationaler Führerscheine nach Muster 7 beträgt ein Jahr, solcher nach Muster 6a drei Jahre vom Zeitpunkt ihrer Ausstellung. Bei internationalen Führerscheinen nach Muster 6a darf die Gültigkeitsdauer jedoch nicht über die entsprechende Dauer des nationalen Führerscheins hinausgehen; dessen Nummer muss auf dem Internationalen Führerschein vermerkt sein.

## § 10

Der Führer eines Kraftfahrzeugs hat

1. den Internationalen oder ausländischen Zulassungsschein nach § 1 Absatz 1 oder den Internationalen Zulassungsschein nach § 7 Absatz 2 Satz 1 Nr. 6, auch in Verbindung mit Satz 2,

2. den Internationalen Führerschein oder den nationalen ausländischen Führerschein und

3. eine Übersetzung des ausländischen Zulassungsscheins nach § 1 Absatz 3 und des ausländischen Führerscheins nach § 4 Absatz 2 Satz 2

mitzuführen und zuständigen Personen auf Verlangen zur Prüfung auszuhändigen.

---

1 Abgedruckt auf S. 331.

## § 11

(1) Erweist sich ein ausländisches Fahrzeug als unvorschriftsmäßig, so ist nach § 17 der Straßenverkehrs-Zulassungs-Ordnung zu verfahren; muss der Betrieb des Fahrzeugs untersagt werden, so wird der (ausländische oder Internationale) Zulassungsschein an die ausstellende Stelle zurückgesandt.

(2) Erweist sich der Inhaber einer ausländischen Fahrerlaubnis (§ 4) als ungeeignet oder nicht befähigt zum Führen von Kraftfahrzeugen, ist ihm das Recht abzuerkennen, von der ausländischen Fahrerlaubnis Gebrauch zu machen. Erweist er sich als noch bedingt geeignet, ist die Fahrerlaubnis soweit wie notwendig einzuschränken oder es sind die erforderlichen Auflagen anzuordnen. Im übrigen sind die §§ 3 und 46 der Fahrerlaubnis-Verordnung entsprechend anzuwenden. Die Aberkennung des Rechts, von einer ausländischen Fahrerlaubnis Gebrauch zu machen, ist auf dem ausländischen Führerschein, bei Internationalen Führerscheinen durch Ausfüllung des dafür vorgesehenen Vordrucks zu vermerken und der ausstellenden Stelle des Auslandes und dem Kraftfahrt-Bundesamt mitzuteilen.

(3) Im Inland ausgestellte Internationale Zulassungs- und Führerscheine sind, wenn der Betrieb eines Fahrzeugs oder das Führen eines Kraftfahrzeugs untersagt (die Fahrerlaubnis entzogen) wird, der untersagenden Behörde abzuliefern.

## § 12

Im grenznahen Raum haben die Beamten der Grenzzolldienstes dieselben Befugnisse wie die Polizeibeamten über alle auf öffentlichen Straßen verkehrenden Kraftfahrzeuge oder Kraftfahrzeuganhänger und ihrer Führer, gleichviel, ob sie dem internationalen Verkehr dienen oder nicht.

## § 13

Soweit diese Verordnung keine besonderen Regelungen betrifft, gelten für die Zuständigkeiten und für die Ausnahmen von dieser Verordnung die §§ 68, 70 und 71 der Straßenverkehrs-Zulassungs-Ordnung und die §§ 73 und 74 der Fahrerlaubnis-Verordnung entsprechend.

## § 13 a

Abweichend von § 4 Absatz 1 Satz 3 dürfen Inhaber einer ausländischen Fahrerlaubnis, die ihren ordentlichen Wohnsitz bis zum 31. Dezember 1998 im Inland begründen, noch bis zum Ablauf von zwölf Monaten Kraftfahrzeuge im Inland führen.

## § 14

Ordnungswidrig im Sinne des § 24 des Straßenverkehrsgesetzes handelt, wer vorsätzlich oder fahrlässig

1. entgegen § 2 Absatz 1 Satz 1, 3 oder Absatz 2 an einem ausländischen Kraftfahrzeug oder Kraftfahrzeuganhänger das Kennzeichen oder das Nationalitätszeichen nicht oder nicht wie dort vorgeschrieben führt,
2. entgegen § 3a Satz 2 ein Fahrzeug kennzeichnet oder entgegen § 3a Satz 3 ein Zeichen anbringt,
3. einer vollziehbaren Auflage nach § 4 Absatz 1 Satz 5 zuwiderhandelt,
4. entgegen § 10 den Zulassungsschein, den Führerschein oder die Übersetzung des ausländischen Zulassungsschein oder Führerscheins nicht mitführt oder zuständigen Personen auf Verlangen zur Prüfung nicht aushändigt,
5. einer vollziehbaren Auflage nach § 11 Absatz 1 Satz 2 zuwiderhandelt.

## Anlage

**Muster**[1]
(zu § 7 Absatz 2).

**Vorbemerkungen:**

Das Kennzeichen besteht aus dem Unterscheidungzeichen, der Erkennungsnummer und dem Ausfuhrmerkzeichen.

Das Unterscheidungszeichen ergibt sich aus § 23 Abs. 2 der Straßenverkehrs-Zulassungs-Ordnung.

Die Erkennungsnummer enthält eine ein- bis dreistellige Zahl und nachfolgend einen Buchstaben; sofern eine solche Erkennungsnummer nicht zugeteilt werden kann, ist eine vierstellige Zahl zulässig.

Anlage Va zur Straßenverkehrs-Zulassungs-Ordnung ist mit Ausnahme der Vorschriften bezüglich des Euro-Feldes sowie der Abschnitte 1.3 und 2 entsprechend anzuwenden.

Das Ausfuhrmerkzeichen besteht aus einem roten Untergrund (Farbregister RAL 2002, herausgegeben vom RAL Deutsches Institut für Gütesicherung und Kennzeichnung e. V., Siegburger Straße 39, 53757 St. Augustin) mit schwarzer Beschriftung (RAL 9005). Die obere Zahl kennzeichnet den Tag, die mittlere Zahl den Monat und die untere Zahl das Jahr, in welchem die Gültigkeit der Zulassung im Geltungsbereich dieser Verordnung endet.

Der rote Untergrund darf nicht retroreflektierend sein.

---
1 VKBl. 2000, S. 465.

**Texte**

Das Unterscheidungszeichen, die Erkennungsnummer und die Zahlen des Ausfuhrmerkzeichens müssen geprägt sein. Im Übrigen gelten die Bestimmungen der Straßenverkehrs-Zulassungs-Ordnung.

a) Einzeiliges Kennzeichen

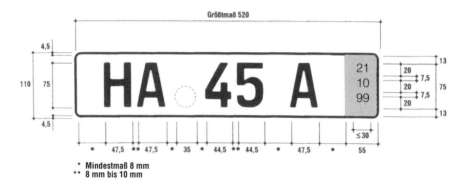

* Mindestmaß 8 mm
** 8 mm bis 10 mm

b) Zweizeiliges Kennzeichen

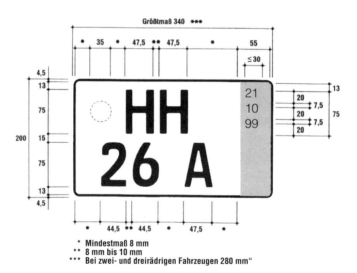

* Mindestmaß 8 mm
** 8 mm bis 10 mm
*** Bei zwei- und dreirädrigen Fahrzeugen 280 mm"

**Muster 6 a**
(zu § 9)

**Vorbemerkungen**

(1) Der Internationale Führerschein nach Artikel 41 und Anhang 7 des Übereinkommens über den Straßenverkehr vom 8. November 1968 ist ein Heft im Format DIN A 6 (148 mm × 105 mm) mit grauem Umschlag und acht weißen Innenseiten.

(2) Die Vorder- und Rückseite des ersten Umschlagblattes und die Seiten 1 bis 7 sind nachstehend wiedergegeben; die Seite 8 wird numeriert, bleibt aber frei.

(3) Die Fußnoten (Erläuterungen) und die zu ihnen gehörenden Zahlen im Text des Musters sind in den Vordruck nicht zu übernehmen.

(Vorderseite des ersten Umschlagblattes)

**BUNDESREPUBLIK DEUTSCHLAND**
**(D)**

**Internationaler Kraftfahrzeugverkehr**
**Internationaler Führerschein**

Nr. ..................

Übereinkommen über den Straßenverkehr
vom 8. Novmember 1968

Gültig bis ........................................... [1]
Ausgestellt durch ...............................
in .........................................................
am .......................................................
Nummer des nationalen Führerscheins .................... [2]

1) Drei Jahre nach dem Ausstellungstag oder Tag des Erlöschens der Gültigkeit des nationalen Führerscheins, wobei der frühere Zeitpunkt maßgebend ist.
2) Unterschrift der ausstellenden Behörde.
3) Siegel oder Stempel der ausstellenden Behörde.

(Rückseite des ersten Umschlagblattes)

Dieser Führerschein ist nicht gültig für den Verkehr im Hoheitsgebiet der Bundesrepublik Deutschland.

Er ist gültig in den Hoheitsgebieten aller anderen Vertragsparteien. Die Fahrzeugklassen, für die er gültig ist, sind am Schluss des Heftes angegeben.

Dieser Führerschein entbindet den Besitzer in keiner Weise von der Pflicht, in jedem Land, in dem er ein Fahrzeug führt, die dort geltenden Gesetze und Vorschriften über Niederlassung und Berufsausübung zu beachten. Insbesondere verliert der Schein seine Gültigkeit in einem Lande, in dem der Besitzer seinen ordentlichen Wohnsitz nimmt.

1) Raum für etwaige Eintragungen der Liste der Vertragsstaaten.

# Verordnung über internationalen Kraftfahrzeugverkehr (IntVO)

## Particulars concerning the driver

Surname .................. 1.
Other names ............ 2.
Place of birth ........... 3.
Date of birth ............ 4.
Home adress ........... 5.

| Categories of vehicles for which the permit is valid | |
|---|---|
| Motor cycles | A |
| Motor vehicles other than those in category A, having a permissible maximum weight not exceeding 3500 kg (7700 lb) and not more than eight seats in addition to the driver's seat. | B |
| Motor vehicles used for the carriage of goods and whose permissible maximum weight not exceding 3500 kg (7700 lb) | C |
| Motor vehicles used for the carriage of passengers and having more than eight seats in addition to the driver's seat. | D |
| Combinations of vehicles of which the drawing vehicles is in a category or categories for which the driver is licensed (B and/or C and/or d) but which are not themselves in a category or categories. | E |

Restrictive conditions of use
..................
..................

2

## Angaben zur Person des Führers

Name .................. 1.
Vornamen ............ 2.
Geburtsort ........... 3.
Geburtsdatum ...... 4.
Wohnort .............. 5.

| Fahrzeugklassen, für die der Führerschein gilt | |
|---|---|
| Krafträder | A |
| Kraftfahrzeuge (Artikel 1 Buchstabe p) ausgenommen jene der Klasse A – mit einem höchsten zulässigen Gesamtgewicht von nicht mehr als 3,5 t (7700 Pfund) und mit nicht mehr als 8 Sitzplätzen außer dem Führersitz | B |
| Kraftfahrzeuge (Artikel 1 Buchstabe p) zur Güterbeförderung mit einem höchsten zulässigen Gesamtgewicht von nicht mehr als 3,5 t (7700 Pfund) | C |
| Kraftfahrzeuge (Artikel 1 Buchstabe p) zur Personenbeförderung mit mehr als 8 Sitzen außer dem Führersitz | D |
| Miteinander verbundene Kraftfahrzeuge, deren Zugfahrzeug in die Klasse B, C oder D fällt, zu dessen Führung der Fahrzeugführer berechtigt ist, die aber selbst nicht in diese Klasse(n) fallen. | E |

Einschränkende Auflagen[1])
..................
..................

1

1) z. B. »Muss Sehhilfe tragen«.

| | |
|---|---|
| | INDICATIONES RELATIVAS ALS CONDUCTOR |
| Apellidos | ............................................. 1. |
| Nombres | ............................................. 2. |
| Lugar de nacimiento | ............................................. 3. |
| Fecha di nacimiento | ............................................. 4. |
| Domicilio | ............................................. 5. |

| CATEGORIA DE VEHICULOS PARA LOS CUALES ES VALIDO EL PERMISO | |
|---|---|
| Motocicletas | A |
| Automóviles no comprendidos la categoria A, cuyo peso máximo autorizado no exeda de 3500 kg (7700 libras) y cuyo numero de asientos sin contar el del conductor, no exeda de ocho. | B |
| Automóviles destinados al transporte de mercancias cuyo peso maxima autorizado excede de 3500 kg (7700 libras). | C |
| Automóviles destinados al transporte de personas y que tengas más de ocho asientos, sin contar el del conductor. | D |
| Cojuntos de vehiculos cuyo tractor esté comprendo el cualquiera de las categorias B, C o D para las cuales esté habilitado el conductor pero que por su naturaleza no queden incluidos en ningua de esas categorias. | E |
| CONDICIONES RESTRICTIVAS | |
| ............................................. | |
| ............................................. | |
| 4 | |

| | |
|---|---|
| | ЗАПИСИ, ОТНОСЯЩИЕСЯ К ВОДИТЕЛЮ |
| Фамилия | ............................................. 1. |
| Имя | ............................................. 2. |
| Место рождения | ............................................. 3. |
| Дата рождения | ............................................. 4. |
| Местожительство | ............................................. 5. |

| КАТЕГОРИИ ТРАНСПОРТНЫХ СРЕДСТВ, НА УПРАВЛЕНИЕ КОТОРЫМИ ВЫДАНО УДОСТОВЕРЕНИЕ | |
|---|---|
| Мотоциклы | A |
| Автомобили за исключением упомянутых в категории А, разрешенный максимальный вес которых не превышает 3 500 кг (7 700 фунтов) и число сидячих мест которых помимо сидения водителя, не превышает восьми | B |
| Автомобили, предназначенные для перевозки грузов разрешенный максимальный вес которых превышает 3 500 кг (7 700 фунтов) | C |
| Автомобили, предназначенные для перевозки пассажиров и имеющие более восьми сидячих мест, помимо сидения водителя | D |
| Составы транспортных средств с тягачом, относящимся к категориям В, С или D, которыми водитель имеет право управлять, но которые не входят сами в одну из этих категорий или в эти категории | E |
| УСЛОВИЯ, ОГРАНИЧИВАЮЩИЕ ИСПОЛЬЗОВАНИЕ | |
| ............................................. | |
| ............................................. | |
| 3 [1]) | |

---

[1]) Vgl. VkBl. 1983, S. 6.

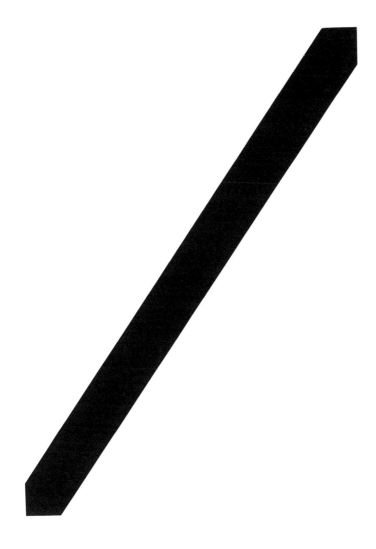

---

1 Die Seite 5 war bisher frei. Um den möglicherweise dadurch entstehenden Eindruck einer Fälschung des Führerscheins zu vermeiden, soll die Seite durch eingedruckten Balken entwertet werden. Von der Entwertung der Seite 8 ist abzusehen, da diese Seite für die Eintragung von Fahrverboten im Hoheitsgebiet einzelner Staaten vorgesehen ist (siehe Muster 3, rechte Seite, Fußnote 8 des Anhangs 7 zum WÜ) und darüber hinaus auch für die Eintragung von Auflagen und Beschränkungen benötigt wird.

# Texte

```
                    Indications relatives au conducteur

1. .................................................
2. .................................................
3. .................................................
4. .................................................
5. .................................................

A [ ¹⁾ ]
B [ ¹⁾ ]                                Photographie
C [ ¹⁾ ]
D [ ¹⁾ ]
E [ ¹⁾ ]
                                    Signature du titulaire .................

Exclusions:
Le titulaire es déchu
du droit de conduire
sur le territoire de _____ ²⁾ jusqu'au
A _____                        le _____ ³⁾

Le titulaire es déchu
du droit de conduire
sur le territoire de _____ ²⁾ jusqu'au
A _____                        le _____ ³⁾

                              7

1) Siegel oder Stempel der ausstellenden Behörde.
   Dieses Siegel oder dieser Stempel wird nur gegenüber den Klassen A, B, C und D ange-
   bracht, wenn der Besitzer zum Führen von Fahrzeugen der betreffenden Klasse berech-
   tigt ist.
2) Name des Staates.
3) Siegel oder Stempel der Behörde, welche den Führerschein für ihr Hoheitsgebiet als un-
   gültig erklärt hat. Falls der auf dieser Seite für die Ungültigkeitserklärungen vorgesehene
   Platz nicht ausreicht, können weitere auf der Rückseite eingetragen werden.
```

```
                    Indications relatives au conducteur

Nom _____ 1.
Prénom _____ 2.
Lieu de naissance _____ 3.
Date de naissance _____ 4.
Domicile _____ 5.

        Catégorie de véhicules pour lesquels le permis est valable

Motocycles                                                         A

Automobiles, autres que celles de la catégorie A, dont le poids
maximal autorisé n'excède pas 3500 kg (7700 livres) et dont le     B
nombre de places assises, outre le siège du conducteur, n'excède
pas huit.

Automobiles affectées au transport de merchandises et dont le      C
poids maximal autorisé 3500 kg (7700 livres).

Automobiles affectées au transport de personnes et ayant plus de   D
huit places assises, outre le siège conducteur.

Ensemble de véhicules dont le tracteur rentre dans la ou les
catégories B, C ou D pour lesquelles le conducteur est habilité,   E
mais qui ne rentrent pas eux-mêmes dans cette catégorie ou cas
catégories.

Conditions restrictives d'utilisation
_____

                              6
```

## Liste der Nationalitätszeichen im internationalen Kraftfahrzeugverkehr

Vom 8. Dezember 1999[1]

### Vorbemerkung des Bundesverkehrsministeriums

Nach § 2 der Verordnung über internationalen Kraftfahrzeugverkehr vom 12. November 1934 (RGBl. I S. 1137) müssen ausländische Kraftfahrzeuge im internationalen Verkehr außer ihrem heimischen Kennzeichen ein Nationalitätszeichen führen. Die **Nichteinhaltung** dieser Bestimmung führt immer wieder zu Schwierigkeiten bei der Feststellung des Halters eines im Ausland zugelassenen Kraftfahrzeugs. Die zur Kontrolle berechtigten Stellen, insbesondere diejenigen an der Grenze, soweit noch Grenzkontrollen bestehen, werden deshalb gebeten, **auf das Führen des Nationalitätszeichens besonders zu achten.**

Fahrzeuge, die in der Bundesrepublik Deutschland zugelassen sind, führen das Nationalitätszeichen »D«. Das Nationalitätszeichen »D« braucht jedoch bei Fahrten im Geltungsbereich der Straßenverkehrs-Zulassungs-Ordnung nicht geführt zu werden.

Die nachfolgende Liste enthält

– das Nationalitätszeichen und den Namen derjenigen Staaten oder Gebiete, die nach den hier vorliegenden Unterlagen einem internationalen Abkommen über Kraftfahrzeugverkehr beigetreten sind

und

– hier bekanntgewordene Nationalitätszeichen, die bereits verwendet werden, obwohl diese Länder noch nicht offiziell einem internationalen Abkommen über Kraftfahrzeugverkehr beigetreten sind.

Die Verlautbarungen im Verkehrsblatt 1998 S. 110, 187 und S. 204 werden hiermit aufgehoben.

---

[1] VkBl. 1999, S. 771.

## Alphabetische Ordnung nach **Nationalitätszeichen**

| Nationalitätszeichen | Vertragsstaat | Abk. | Nationalitätszeichen | Vertragsstaat | Abk. |
|---|---|---|---|---|---|
| A | Österreich | WÜ | CR | Costa Rica | – |
| AFG | Afghanistan | – | CY | Zypern | – |
| AL | Albanien | IntAbk | CZ | Tschechien | WÜ |
| AND | Andorra | – | DK | Dänemark | WÜ |
| ANG | Angola | – | DOM | Dominikanische Republik | – |
| AUS | Australien | – | | | |
| AZ | Aserbaidschan | – | DZ | Algerien | – |
| B | Belgien | WÜ | E | Spanien | IntAbk |
| BD | Bangladesch | – | EAK | Kenia | – |
| BDS | Barbados | – | EAT | Tansania | – |
| BF | Burkina Faso | – | EAU | Uganda | – |
| BG | Bulgarien | WÜ | EC | Ecuador | – |
| BH | Belize | – | ER | Eritrea | – |
| BIH | Bosnien-Herzegowina | WÜ | ES | El Salvador | – |
| | | | EST | Estland | WÜ |
| BOL | Bolivien | – | ET | Ägypten | IntAbk |
| BR | Brasilien | WÜ | | | |
| BRN | Bahrain | WÜ | ETH | Äthiopien | – |
| BRU | Brunei Darussalam | – | F | Frankreich | WÜ |
| | | | FIN | Finnland | WÜ |
| BS | Bahamas | – | FJI | Fidschi | – |
| BY | Belarus | WÜ | FL | Liechtenstein | IntAbk |
| C | Kuba | WÜ | FR | Färöer | – |
| CD | Kongo, Dem.R. | WÜ | GB | Vereinigtes Königreich | IntAbk |
| CND | Kanada | – | GBA | Alderney | |
| CH | Schweiz | WÜ | GBG | Guernsey | |
| CI | Côte d'Ivoire (Elfenbeinküste) | WÜ | GBJ | Jersey | |
| | | | GBM | Insel Man | |
| CO | Kolumbien | – | GBZ | Gibraltar | |

## Liste der Nationalitätskennzeichen i. internationalen Kraftfahrzeugverkehr

| Nationalitäts-zeichen | Vertragsstaat | Abk. |
|---|---|---|
| GCA | Guatemala | – |
| GE | Georgien | WÜ |
| GH | Ghana | – |
| GR | Griechenland | WÜ |
| GUY | Guyana | WÜ |
| H | Ungarn | WÜ |
| HK | Hongkong | – |
| HN | Honduras | – |
| HR | Kroatien | WÜ |
| I | Italien | WÜ |
| IL | Israel | WÜ |
| IND | Indien | IntAbk |
| IR | Iran | WÜ |
| IRL | Irland | IntAbk |
| IRQ | Irak | IntAbk |
| IS | Island | IntAbk |
| J | Japan | – |
| JA | Jamaika | – |
| JOR | Jordanien | – |
| K | Kambodscha | – |
| KS | Kirgisistan | – |
| KSA | Saudi Arabien | – |
| KWT | Kuwait | WÜ |
| KZ | Kasachstan | WÜ |
| L | Luxemburg | WÜ |
| LAO | Laos, Dem.R. | – |
| LS | Lesotho | – |
| LT | Litauen | WÜ |
| LV | Lettland | WÜ |
| M | Malta | IntAbk |
| MA | Marokko | WÜ |
| MAL | Malaysia | – |
| MC | Monaco | WÜ |
| MD | Moldau | WÜ |
| MEX | Mexiko | IntAbk |
| MGL | Mongolei | – |
| MK | Mazedonien | WÜ |
| MOC | Mosambik | – |
| MS | Mauritius | – |
| MW | Malawi | – |
| MYA | Myanmar | – |
| N | Norwegen | WÜ |
| NA | Niederländ. Antillen | – |
| NAM | Namibia | – |
| NIC | Nicaragua | – |
| NL | Niederland | IntAbk |
| NZ | Neuseeland | – |
| OM | Oman | – |
| P | Portugal | IntAbk |
| PA | Panama | – |
| PE | Peru | IntAbk |
| PK | Pakistan | WÜ |
| PL | Polen | WÜ |
| PY | Paraguay | – |
| Q | Katar | – |
| RA | Argentinien | IntAbk |
| RB | Botsuana | – |
| RC | China (Taiwan) | – |
| RCA | Zentralafrikanische Republik | WÜ |
| RCB | Kongo | – |
| RCH | Chile | IntAbk |

| Nationalitäts-zeichen | Vertragsstaat | Abk. |
|---|---|---|
| RH | Haiti | – |
| RI | Indonesien | – |
| RIM | Mauretanien | |
| RL | Libanon | IntAbk |
| RM | Madagaskar | |
| RMM | Mali | – |
| RN | Niger | WÜ |
| RO | Rumänien | WÜ |
| ROK | Korea (Rep.) | – |
| ROU | Uruguay | WÜ |
| RP | Philippinen | WÜ |
| RSM | San Marino | WÜ |
| RT | Togo | – |
| RUS | Russische Föderation | WÜ |
| RWA | Ruanda | – |
| S | Schweden | WÜ |
| SD | Swasiland | – |
| SGP | Singapur | – |
| SK | Slowakei | WÜ |
| SLO | Slowenien | WÜ |
| SME | Suriname | – |
| SN | Senegal | WÜ |
| SP | Somalia | – |
| SU | Sowjetunion (ehem.) | WÜ |
| SY | Seychellen | WÜ |
| SYR | Syrien | IntAbk |
| THA | Thailand | IntAbk |

| Vertragsstaat | Nationalitäts-zeichen | Abk. |
|---|---|---|
| TJ | Tadschikistan | WÜ |
| TM | Turkmenistan | WÜ |
| TN | Tunesien | – |
| TR | Türkei | IntAbk |
| TT | Trinidad und Tobago | – |
| UA | Ukraine | WÜ |
| UAE | Vereinigte Arab. Emirate | – |
| USA | Vereinigte Staaten | – |
| UZ | Usbekistan | WÜ |
| V | Vatikanstadt | IntAbk |
| VN | Vietnam | – |
| WAG | Gambia | – |
| WAL | Sierra Leone | – |
| WAN | Nigeria | – |
| WD | Dominica | – |
| WG | Grenada | – |
| WL | Santa Lucia | – |
| WS | Samoa | – |
| WV | St. Vincent und Grenadienen | – |
| YU | Jugoslawien | WÜ |
| YV | Venezuela | – |
| Z | Sambia | – |
| ZA | Südafrika | WÜ |
| ZW | Simbabwe | WÜ |

Liste der Nationalitätskennzeichen i. internationalen Kraftfahrzeugverkehr

## Alphabetische Ordnung nach **Vertragsstaaten**

| Vertrags-staat | Nationalitäts-zeichen | Abk. |
|---|---|---|
| Afghanistan | AFG | – |
| Ägypten | ET | IntAbk |
| Äthiopien | ETH | – |
| Albanien | AL | IntAbk |
| Alderney | GBA | |
| Algerien | DZ | – |
| Andorra | AND | – |
| Angola | ANG | – |
| Argentinien | RA | IntAbk |
| Australien | AUS | – |
| Aserbaidschan | AZ | – |
| Bahamas | BS | – |
| Bahrain | BRN | WÜ |
| Bangladesch | BD | – |
| Barbados | BDS | – |
| Belarus | BY | WÜ |
| Belgien | B | WÜ |
| Belize | BH | |
| Bolivien | BOL | – |
| Bosnien-Herzegowina | BIH | WÜ |
| Botsuana | RB | – |
| Brasilien | BR | WÜ |
| Brunei Darussalam | BRU | – |
| Bulgarien | BG | WÜ |
| Burkina Faso | BF | – |
| Chile | RCH | IntAbk |
| China (Taiwan) | RC | – |

| Vertrags-staat | Nationalitäts-zeichen | Abk. |
|---|---|---|
| Costa Rica | CR | – |
| Côte d'Ivoire (Elfenbein-küste) | CI | WÜ |
| Dänemark | DK | WÜ |
| Dominica | WD | – |
| Dominikani-sche Republik | DOM | – |
| Ecuador | EC | – |
| El Salvador | ES | – |
| Eritrea | ER | – |
| Estland | EST | WÜ |
| Färöer | FR | – |
| Fidschi | FJI | – |
| Finnland | FIN | WÜ |
| Frankreich | F | WÜ |
| Gambia | WAG | – |
| Georgien | GE | WÜ |
| Ghana | GH | – |
| Gibraltar | GBZ | |
| Grenada | WG | – |
| Griechenland | GR | WÜ |
| Guatemala | GCA | – |
| Guernsey | GBG | |
| Guyana | GUY | WÜ |
| Haiti | RH | – |
| Hongkong | HK | – |
| Honduras | HN | – |
| Indonesien | RI | – |

357

| Vertragsstaat | Nationalitätszeichen | Abk. | Vertragsstaat | Nationalitätszeichen | Abk. |
|---|---|---|---|---|---|
| Indien | IND | IntAbk | Liechtenstein | FL | IntAbk |
| Insel Man | GBM | | Litauen | LT | WÜ |
| Irak | IRQ | IntAbk | Luxemburg | L | WÜ |
| Irland | IRL | IntAbk | Madagaskar | RM | – |
| Iran | IR | WÜ | Malawi | MW | – |
| Island | IS | IntAbk | Malaysia | MAL | – |
| Israel | IL | WÜ | Mali | RMM | – |
| Italien | I | WÜ | Malta | M | IntAbk |
| Japan | J | – | Marokko | MA | WÜ |
| Jamaika | JA | – | Mauretanien | RIM | – |
| Jersey | GBJ | | Mauritius | MS | – |
| Jordanien | JOR | – | Mazedonien | MK | WÜ |
| Jugoslawien | YU | WÜ | Mexiko | MEX | IntAbk |
| Kambodscha | K | – | Moldau | MD | WÜ |
| Kanada | CDN | – | Monaco | MC | WÜ |
| Kasachstan | KZ | WÜ | Mongolei | MGL | – |
| Katar | Q | – | Mosambik | MOC | – |
| Kenia | EAK | – | Myanmar | MYA | – |
| Kirgisistan | KS | – | Namibia | NAM | – |
| Kolumbien | CO | – | Neuseeland | NZ | – |
| Kongo | RCB | – | Nicaragua | NIC | – |
| Kongo, Dem.R. | CD | WÜ | Niederlande | NL | IntAbk |
| | | | Niederl. Antillen | NA | – |
| Korea (Rep.) | ROK | – | Niger | RN | WÜ |
| Kroatien | HR | WÜ | Nigeria | WAN | – |
| Kuba | C | WÜ | Norwegen | N | WÜ |
| Kuwait | KWT | WÜ | Oman | OM | – |
| Laos, Dem.R. | LAO | – | Österreich | A | WÜ |
| Lesotho | LS | – | Pakistan | PK | WÜ |
| Lettland | LV | WÜ | Panama | PA | – |
| Libanon | RL | IntAbk | Paraguay | PY | – |
| | | | Peru | PE | IntAbk |

| Vertrags-staat | Nationalitäts-zeichen | Abk. | Vertrags-staat | Nationalitäts-zeichen | Abk. |
|---|---|---|---|---|---|
| Philippinen | RP | WÜ | Suriname | SME | – |
| Polen | PL | WÜ | Swasiland | SD | – |
| Portugal | P | IntAbk | Syrien | SYR | IntAbk |
| Ruanda | RWA | – | Tadschikistan | TJ | WÜ |
| Rumänien | RO | WÜ | Tansania | EAT | – |
| Russische Föderation | RUS | WÜ | Thailand | THA | IntAbk |
| | | | Togo | RT | – |
| Sambia | Z | – | Trinidad und Tobago | TT | – |
| Samoa | WS | – | | | |
| San Marino | RSM | WÜ | Tschechien | CZ | WÜ |
| Santa Lucia | WL | – | Tunesien | TN | – |
| Saudi Arabien | KSA | – | Türkei | TR | IntAbk |
| | | | Turkmenistan | TM | WÜ |
| Schweden | S | WÜ | Uganda | EAU | – |
| Schweiz | CH | WÜ | Ukraine | UA | WÜ |
| Senegal | SN | WÜ | Ungarn | H | WÜ |
| Seychellen | SY | WÜ | Uruguay | ROU | WÜ |
| Sierra Leone | WAL | – | Usbekistan | UZ | WÜ |
| Simbabwe | ZW | WÜ | Vatikanstadt | V | IntAbk |
| Singapur | SGP | – | Venezuela | YV | – |
| Slowakei | SK | WÜ | Vereinigte Arab. Emirate | UAE | – |
| Slowenien | SLO | WÜ | | | |
| Somalia | SP | – | Vereinigtes Königreich | GB | IntAbk |
| Sowjetunion (ehem.) | SU | WÜ | Vereinigte Staaten | USA | – |
| Spanien | E | IntAbk | Vietnam | VN | – |
| Sri Lanka | – | IntAbk | Zentral-afrikanische Republik | RCA | WÜ |
| St. Vincente und Grenadi-nen | WV | – | | | |
| Südafrika | ZA | WÜ | Zypern | CY | – |

## Gesetz
## über die Haftpflichtversicherung für ausländische Kraftfahrzeuge und Kraftfahrzeuganhänger

Vom 24. Juli 1956[1]

### § 1

### Notwendigkeit und Nachweis des Versicherungsschutzes

(1) Kraftfahrzeuge (auch Fahrräder mit Hilfsmotor) und Kraftfahrzeuganhänger, die im Inland keinen regelmäßigen Standort haben, dürfen im Geltungsbereich dieses Gesetzes auf öffentlichen Straßen oder Plätzen nur gebraucht werden, wenn für den Halter, den Eigentümer und den Führer zur Deckung der durch den Gebrauch verursachten Personen- und Sachschäden eine Haftpflichtversicherung nach den §§ 2 bis 6 besteht.

(2) Der Führer des Fahrzeugs hat eine Bescheinigung des Versicherers über die Haftpflichtversicherung (Versicherungsbescheinigung) mitzuführen. Sie ist auf Verlangen den zuständigen Beamten zur Prüfung auszuhändigen. § 8a bleibt unberührt.

(3) Besteht keine diesem Gesetz entsprechende Haftpflichtversicherung oder führt der Führer des Fahrzeugs die erforderliche Versicherungsbescheinigung nicht mit, so darf der Halter des Fahrzeugs nicht anordnen oder zulassen, dass das Fahrzeug im Geltungsbereich dieses Gesetzes auf öffentlichen Straßen oder Plätzen gebraucht wird.

(4) Fehlt bei der Einreise eines Fahrzeugs die erforderliche Versicherungsbescheinigung, so müssen es die Grenzzollstellen zurückweisen. Stellt sich der Mangel während des Gebrauchs heraus, so kann das Fahrzeug sichergestellt werden, bis die Bescheinigung vorgelegt wird.

(5) Die Absätze 1 bis 4 gelten nicht für Fahrzeuge der ausländischen Streitkräfte, die zum Aufenthalt im Geltungsbereich dieses Gesetzes befugt sind.

### § 2

### Zugelassene Versicherer

(1) Die Haftpflichtversicherung kann genommen werden

a) bei einem im Geltungsbereich dieses Gesetzes zum Geschäftsbetrieb befugten Versicherer,

---

[1] BGBl. 1956 I, S. 667.

b) bei einem anderen Versicherer nur dann, wenn neben ihm ein im Geltungsbereich dieses Gesetzes zum Geschäftsbetrieb befugter Versicherer oder ein Verband solcher Versicherer die Pflichten eines Haftpflichtversicherers nach den folgenden Vorschriften übernimmt.

(2) Für die Zwecke dieses Gesetzes können sich Versicherer, die im Geltungsbereich dieses Gesetzes die Kraftfahrzeughaftpflichtversicherung betreiben, zu einer Versicherungsgemeinschaft zusammenschließen. Die Satzung der Versicherungsgemeinschaft bedarf der Genehmigung des Bundesaufsichtsamts für das Versicherungs- und Bausparwesen.

## § 3

### Pflicht der Versicherer zum Vertragsabschluss

(1) Die Versicherer, die im Geltungsbereich dieses Gesetzes zum Abschluss von Verträgen über die Haftpflichtversicherung für Kraftfahrzeuge und Anhänger befugt sind, haben den Halter, den Eigentümer und Führer der in § 1 genannten Fahrzeuge nach den gesetzlichen Bestimmungen Versicherung gegen Haftpflicht zu gewähren.

(2) Der Versicherer darf den Antrag auf Abschluss eines Versicherungsvertrages nur ablehnen, wenn sachliche oder örtliche Beschränkungen im Geschäftsplan des Versicherers dem Abschluss entgegenstehen oder wenn der Antragsteller bei dem Versicherer bereits versichert war und dieser

a) den Versicherungsvertrag wegen Drohung oder arglistiger Täuschung angefochten hat oder

b) vom Versicherungsvertrag wegen Verletzung der vorvertraglichen Anzeigepflicht oder wegen Nichtzahlung der ersten Prämie zurückgetreten ist oder

c) den Versicherungsvertrag wegen Prämienverzug oder nach Eintritt eines Versicherungsfalls gekündigt hat.

## § 4

### Versicherungsbedingungen und Mindestversicherungssummen

Der Versicherungsvertrag nach § 3 muss den für die Versicherung von Kraftfahrzeugen und Anhängern mit regelmäßigem Standort im Inland geltenden gesetzlichen Bestimmungen über Inhalt und Umfang des Versicherungsschutzes sowie über die Mindestversicherungssummen entsprechen.

## § 5
### Befristung der Versicherungsbescheinigung, Vorauszahlung der Prämie

Der Versicherer kann die Geltung der Versicherungsbescheinigung (§ 1) befristen und die Aushändigung von der Zahlung der Prämie für den angegebenen Zeitraum abhängig machen. Wird die Geltung nicht befristet, so kann der Versicherer die Aushändigung von der Zahlung der ersten Prämie abhängig machen.

## § 6
### Haftung in Ansehung von Dritten

(1) § 3 Nrn. 1 bis 4 und 6 bis 11 des Pflichtversicherungsgesetzes ist anzuwenden; an die Stelle von Nr. 5 des Pflichtversicherungsgesetzes tritt die Regelung des Absatzes 2.

(2) Ein Umstand, der das Nichtbestehen oder die Beendigung des Versicherungsverhältnisses zur Folge hat, kann dem Anspruch des Dritten nach § 3 Nr. 1 des Pflichtversicherungsgesetzes nur entgegengehalten werden, wenn er aus der Versicherungsbescheinigung ersichtlich oder wenn die Versicherungsbescheinigung dem Versicherer zurückgegeben worden ist. Weiterhin muss, wenn das Versicherungsverhältnis durch Zeitablauf beendet oder die Versicherungsbescheinigung dem Versicherer zurückgegeben worden ist, zwischen dem in der Versicherungsbescheinigung angegebenen Zeitpunkt der Beendigung des Versicherungsverhältnisses oder dem Zeitpunkt der Rückgabe der Versicherungsbescheinigung und dem Schadensereignis eine Frist von fünf Monaten, im Falle einer Gesamtlaufzeit des Versicherungsverhältnisses von weniger als zehn Tagen eine Frist von fünf Wochen verstrichen sein.

## § 7
### Durchführungsbestimmungen

Zur Durchführung der §§ 1 bis 5 können erlassen

a) der Bundesminister für Verkehr mit Zustimmung des Bundesrates Rechtsverordnungen über den Inhalt und die Prüfung der Versicherungsbescheinigungen und die beim Fehlen der Bescheinigung nötigen Sicherungsmaßnahmen,

b) der Bundesminister der Finanzen ohne Zustimmung des Bundesrates Rechtsverordnungen über Maßnahmen der Versicherer zur Gewährleistung der Möglichkeit, Versicherungsverträge nach diesem Gesetz zu schließen,

c) der Bundesminister für Verkehr mit Zustimmung des Bundesrates allgemeine Verwaltungsvorschriften.

## § 7 a

### Erfordernis erweiterten Versicherungsschutzes

Zur Erfüllung völkerrechtlicher Verpflichtungen oder zur Durchführung von Rechtsakten des Rates oder der Kommission der Europäischen Gemeinschaften wird der Bundesminister für Verkehr ermächtigt, für Fahrzeuge ohne regelmäßigen Standort im Geltungsbereich dieses Gesetzes durch Rechtsverordnung ohne Zustimmung des Bundesrates nach Anhörung der obersten Landesbehörden zu bestimmen, dass sie auf öffentlichen Straßen oder Plätzen im Geltungsbereich dieses Gesetzes nur gebraucht werden dürfen und ihnen die Einreise hierhin nur gestattet werden darf, wenn die durch das Fahrzeug verursachten Schäden in allen Staaten, in die das Fahrzeug ohne die Kontrolle einer Versicherungsbescheinigung weiterreisen kann, nach den dort geltenden Vorschriften gedeckt sind. Die Rechtsverordnung kann auch Vorschriften über den Abschluss der Haftpflichtversicherung, deren Nachweis durch eine Versicherungsbescheinigung, den Inhalt und die Prüfung der Versicherungsbescheinigung und die beim Fehlen der erforderlichen Bescheinigung nötigen Sicherungsmaßnahmen enthalten.

## § 8

### Ausnahmen

(1) Zur Pflege der Beziehungen mit dem Ausland kann der Bundesminister für Verkehr Einzelausnahmen von diesem Gesetz oder den auf § 7 Buchstabe a beruhenden Rechtsverordnungen genehmigen, wenn die Entschädigung der Verkehrsopfer gewährleistet bleibt.

(2) Zur Pflege der Beziehungen mit dem Ausland, zur Erfüllung völkerrechtlicher Verpflichtungen oder zur Durchführung von Rechtsakten des Rates oder der Kommission der Europäischen Gemeinschaften kann der Bundesminister für Verkehr unter derselben Voraussetzung durch Rechtsverordnung ohne Zustimmung des Bundesrates nach Anhörung der obersten Landesbehörden allgemeine Ausnahmen von § 1 Abs. 1 bis 4 oder von den Vorschriften über den Inhalt von Versicherungsbescheinigungen genehmigen.

## § 8 a

### Wegfall des Erfordernisses der Versicherungsbescheinigung

(1) Hat für die Fahrzeuge, die bei der Einreise das vorgeschriebene Kennzeichen eines bestimmten ausländischen Gebietes führen, ein im Geltungsbereich dieses Gesetzes zum Geschäftsbetrieb befugter Versicherer oder ein Verband solcher Versicherer die Pflichten eines Haftpflichtversicherers nach den Vorschriften dieses Gesetzes übernommen, so kann der Bundesminister für Verkehr durch Rechtsverordnung ohne Zustimmung des Bundesrates nach Anhörung der obersten Landesbehörden bestimmen, dass für die das vorgeschriebene Kennzeichen dieses Gebietes führenden Fahrzeuge die Ausstellung einer Versicherungsbescheinigung nicht erforderlich ist.

(2) Ist nach Abs. 1 die Ausstellung einer Versicherungsbescheinigung nicht erforderlich, so kann abweichend von § 6 Abs. 2 ein Umstand, der das Nichtbestehen oder die Beendigung der nach Abs. 1 übernommenen Verpflichtungen zur Folge hat, dem Anspruch des Dritten nach § 3 Nr. 1 des Pflichtversicherungsgesetzes nicht entgegengehalten werden, wenn sich das Fahrzeug im Zeitpunkt des Schadensereignisses mit dem bei der Einreise geführten Kennzeichen im Geltungsbereich dieses Gesetzes befunden hat.

## § 9

### Straftaten

(1) Wer im Geltungsbereich dieses Gesetzes ein Fahrzeug auf öffentlichen Wegen oder Plätzen gebraucht oder einen solchen Gebrauch gestattet, obwohl für das Fahrzeug das nach § 1 erforderliche Versicherungsverhältnis nicht oder nicht mehr besteht und die Pflichten eines Haftpflichtversicherers auch nicht nach § 2 Abs. 1 Buchstabe b oder § 8 a Abs. 1 von einem im Geltungsbereich dieses Gesetzes zum Geschäftsbetrieb befugten Versicherer oder einem Verband solcher Versicherer übernommen worden sind, wird mit Gefängnis bis zu einem Jahr oder mit Geldstrafe bestraft.

(2) Handelt der Täter fahrlässig, so ist die Freiheitsstrafe bis zu sechs Monaten oder Geldstrafe bis zu einhundertachtzig Tagessätzen.

(3) Ist die Tat vorsätzlich begangen worden, so kann das Fahrzeug eingezogen werden, wenn es dem Täter oder Teilnehmer zur Zeit der Entscheidung gehört.

## § 9 a

### Ordnungswidrigkeiten

(1) Ordnungswidrig handelt, wer vorsätzlich oder fahrlässig

1. als Führer eines Fahrzeugs entgegen § 1 Abs. 2 die erforderliche Versicherungsbescheinigung nicht mit sich führt oder auf Verlangen nicht aushändigt oder als Halter des Fahrzeugs einen solchen Verstoß duldet, oder

2. als Führer oder Halter eines Fahrzeugs einer Vorschrift einer nach § 7 Buchstabe a oder § 7 a erlassenen Rechtsverordnung zuwiderhandelt, soweit die Rechtsverordnung für einen bestimmten Tatbestand auf diese Bußgeldvorschrift verweist.

(2) Die Ordnungswidrigkeit kann mit einer Geldbuße geahndet werden.

(3) Verwaltungsbehörde im Sinne des § 36 Abs. 1 Nr. 1 des Gesetzes über Ordnungswidrigkeiten ist die Straßenverkehrsbehörde.

## § 10

### Geltung in Berlin

(nicht abgedruckt, da überholt)

## § 11

### Inkrafttreten

Dieses Gesetz tritt am ersten Tag des auf die Verkündung folgenden sechsten Kalendermonats in Kraft.

Verordnung
zur Durchführung der Richtlinie des Rates
der Europäischen Gemeinschaft vom 24. April 1972
betreffend die Angleichung der Rechtsvorschriften der
Mitgliedstaaten bezüglich der Kraftfahrzeug-Haftpflichtversicherung
und der Kontrolle der entsprechenden Versicherungspflicht
(DV zur Rili des Rates der EG bez. Kfz-Haftpfl.Vers. für Kfz/Anh.[1])

Vom 8. Mai 1974[2]

## Rechtsänderungen

| Änderungsgesetz | Veröffentlichung | betroffene Vorschrift |
|---|---|---|
| Erste VO zur Änderung der DV zur Rili des Rates der EG bez. Kfz-Haftpfl.Vers. für Kfz/Anh. v. 17.12.1974 | BGBl. 1974 I, S. 3629 | §§ 2 und 8 |
| Zweite VO zur Änderung der DV zur Rili des Rates der EG bez. Kfz-Haftpfl.Vers. für Kfz/Anh. v. 20.7.1986 | BGBl. 1986 I, S. 1095 | §§ 1 und 2 |
| Dritte VO zur Änderung der DV zur Rili des Rates der EG bez. Kfz-Haftpfl.Vers. für Kfz/Anh. v. 29.9.1989 | BGBl. 1989 I, S. 1833 | §§ 1 und 2 |
| Gesetz zur Ausführung des Abkommens vom 2. Mai 1992 über den Europäischen Wirtschaftsraum v. 27.4.1993 (Artikel 109) | BGBl. 1993 I, S. 512 | §§ 3, 7 und 8 |
| Vierte VO zur Änderung der DV zur Rili des Rates der EG bez. Kfz-Haftpfl.Vers. für Kfz/Anh. v. 26.11.1999 | BGBl. 1999 I, S. 2406 | §§ 1, 2 und 8 |

## Erster Abschnitt

**Wegfall des Versicherungsnachweises bei Fahrzeugen aus den anderen Mitgliedstaaten der Europäischen Wirtschaftsgemeinschaft**

### § 1

Eine Versicherungsbescheinigung nach § 1 Abs. 2 des Gesetzes über die Haftpflichtversicherung für ausländische Kraftfahrzeuge und Kraftfahrzeuganhänger ist nicht erforderlich für

---

1 Nicht amtliche Abkürzung.
2 BGBl. 1974 I, S. 1062; amtliche Begründung VkBl. 1974, S. 323.

1. Kraftfahrzeuge und Kraftfahrzeuganhänger, die ein vorgeschriebenes Kennzeichen folgender Staaten oder Gebiete führen:

   Belgien
   Dänemark (ohne Grönland)
   Finnland
   Frankreich (ohne Überseegebiete)[1]
   Griechenland
   Irland
   Italien
   Luxemburg
   Niederlande
   Österreich
   Portugal
   Schweden
   Spanien
   Vereinigtes Königreich Großbritannien und Nordirland einschließlich der Kanalinseln, Gibraltar und der Insel Man;

2. zweirädrige Kraftfahrzeuge (einschließlich Fahrräder mit Hilfsmotor), für die ein Kennzeichen nicht vorgeschrieben ist und deren Führer seinen gesetzlichen Wohnsitz in

   Dänemark (ohne Grönland),
   Finnland,
   Irland oder
   Schweden hat;

3. zweirädrige Kraftfahrzeuge (einschließlich Fahrräder mit Hilfsmotor) mit einem Hubraum von nicht mehr als 50 ccm, für die ein Kennzeichen nicht vorgeschrieben ist und deren Führer seinen gesetzlichen Wohnsitz in

   Spanien hat.

4. Fahrräder mit Hilfsmotor, für die ein Kennzeichen nicht vorgeschrieben ist, die einen Hubraum von nicht mehr als 50 ccm haben und deren Führer seinen gesetzlichen Wohnsitz in

   Frankreich (ohne Überseegebiete) hat.

---

1   Die Zulassung französischer Fahrzeuge erfolgt auf der Ebene der einzelnen Départements. Fahrzeuge aus den französischen Übersee-Départements sind durch eine Gruppe von drei Ziffern (Guadeloupe – 971, Martinique – 972, Guyane Française – 973, Réunion – 974, Saint-Pierre-et-Miquelon – 975 und Mayotte – 976) auf dem Kennzeichen zu erkennen.

### § 2

Die Befreiung nach § 1 Nr. 1 erstreckt sich nicht auf

1. gestrichen;

2. folgende Fahrzeuge aus Gibraltar:
   Kraftfahrzeuge und Kraftfahrzeuganhänger, die zum vorübergehenden Verkehr zugelassen sind (Zollkennzeichen, dessen Beschriftung mit den Buchstaben »GG« beginnt);

3. folgende griechische Fahrzeuge:

   a) gestrichen;

   b) Kraftfahrzeuge und Kraftfahrzeuganhänger mit Testkennzeichen (Beschriftung »ΔOKIMH« mit nachfolgenden Zahlen auf weißem Grund);

   c) Kraftfahrzeuge und Kraftfahrzeuganhänger mit CD-Kennzeichen (Beschriftung »CD« und »DS« mit nachfolgenden Zahlen auf grünem Grund);

   d) private Kraftfahrzeuge und Kraftfahrzeuganhänger von Mitgliedern einer auf Grund des Nordatlantikvertrages in Griechenland stationierten Truppe oder ihres zivilen Gefolges oder von deren Angehörigen (Kennzeichen: Beschriftung »JA« mit nachfolgenden Zahlen auf gelbem Grund);

4. gestrichen;

5. folgende italienische Fahrzeuge:

   a) gestrichen;

   b) landwirtschaftliche Fahrzeuge, insbesondere landwirtschaftliche Zugmaschinen, ihre Anhänger sowie landwirtschaftliche Arbeitsgeräte;

   c) private Kraftfahrzeuge und Kraftfahrzeuganhänger von Mitgliedern einer auf Grund des Nordatlantikvertrages in Italien stationierten Truppe oder ihres zivilen Gefolges oder von deren Angehörigen (Kennzeichen: schwarze Beschriftung auf weißem Grund mit Zusatz »AFI«);

6. gestrichen;

7. folgende niederländische Fahrzeuge:

   a) gestrichen;

   b) private Kraftfahrzeuge und Kraftfahrzeuganhänger von Mitgliedern einer auf Grund des Nordatlantikvertrages in den Niederlanden stationierten deutschen Truppe oder ihres zivilen Gefolges oder von deren Angehörigen (Kennzeichen: zwei Buchstaben, zwei Ziffern, Buchstabe »D« in gelber Farbe auf schwarzem Grund);

c) private Kraftfahrzeuge und Kraftfahrzeuganhänger von Mitgliedern des Hauptquartiers der Alliierten Streitkräfte für Zentral-Europa (Kennzeichen: Buchstaben »AFC« und fünf Ziffern in weißer Farbe auf schwarzem Grund);

8. folgende portugiesische Fahrzeuge:

a) Kraftfahrzeuge und Kraftfahrzeuganhänger ausländischer Staaten oder internationaler Organisationen (Kennzeichen: weißer Grund und rote Beschriftung, die mit den Buchstaben »CD« oder »FM« beginnt);

b) Kraftfahrzeuge und Kraftfahrzeuganhänger des portugiesischen Staates (Kennzeichen: weißer Grund und schwarze Beschriftung, die mit den Buchstaben »AM«, »AP«, »EP«, »ME«, »MG« oder »MX« beginnt);

9. gestrichen.

## Zweiter Abschnitt

### Bestimmungen für Fahrzeuge aus Nicht-EWG-Mitgliedstaaten sowie aus außereuropäischen Gebieten von EWG-Mitgliedstaaten

### § 3

### Erweiterter Versicherungsschutz für das europäische Gebiet und für die Gebiete der anderen Vertragsstaaten des Abkommens über den Europäischen Wirtschaftsraum

(1) Kraftfahrzeuge und Kraftfahrzeuganhänger, die zugelassen sind

1. in einem Staat oder Gebiet, in dem der Vertrag zur Gründung der Europäischen Wirtschaftsgemeinschaft nicht gilt oder,

2. in einem außereuropäischen Gebiet eines Mitgliedstaates der Europäischen Wirtschaftsgemeinschaft oder

3. in einem anderen Gebiet als dem der Vertragsstaaten des Abkommens über den Europäischen Wirtschaftsraum

dürfen auf öffentlichen Straßen oder Plätzen im Geltungsbereich dieser Verordnung nur gebraucht werden, wenn die durch den Gebrauch des Fahrzeugs verursachten Schäden im gesamten übrigen europäischen Gebiet, in dem der Vertrag zur Gründung der Europäischen Wirtschaftsgemeinschaft gilt, und in den Gebieten der anderen Vertragsstaaten des Abkommens über den Europäischen Wirtschaftsraum[1], soweit das Fahrzeug in die vorgenannten Gebiete ohne Kontrolle eines Versicherungsnachweises weiterreisen kann, nach den dort jeweils geltenden Vorschriften über die Pflichtversicherung gedeckt sind.

(2) Im Sinne dieser Verordnung steht der Zulassung eines Fahrzeugs gleich die Zuteilung eines Versicherungskennzeichens oder eines dem amtlichen Kennzeichen ähnlichen Unterscheidungszeichens für ein Fahrzeug. Ist für zweirädrige Kraftfahrzeuge weder eine Zulassung noch die Zuteilung eines Versicherungskennzeichens oder eines dem amtlichen Kennzeichen ähnlichen Unterscheidungszeichens vorgeschrieben, so gelten sie in dem Staat oder Gebiet als zugelassen, in dem der Fahrzeugführer seinen gesetzlichen Wohnort hat.

(3) Absatz 1 gilt nicht für Fahrzeuge der ausländischen Streitkräfte, die zum Aufenthalt im Geltungsbereich dieser Verordnung befugt sind.

## § 4

### Nachweis des EWG-Versicherungsschutzes

Der Führer des Fahrzeugs hat das Bestehen der Haftpflichtversicherung im Sinne des § 3 durch eine Grüne Internationale Versicherungskarte oder durch eine Bescheinigung über den Abschluss einer Grenzversicherung nachzuweisen. Der Nachweis ist mitzuführen und zuständigen Personen auf Verlangen zur Prüfung auszuhändigen.

## § 5

### Abschluss der Grenzversicherung für den EWG-Versicherungsschutz

Für den im Geltungsbereich dieser Verordnung vorgenommenen Abschluss der Grenzversicherung sind die Vorschriften der §§ 2 bis 5 des Gesetzes über die Haftpflichtversicherung für ausländische Kraftfahrzeuge und Kraftfahrzeuganhänger entsprechend anzuwenden.

## § 6

### Verpflichtung des Fahrzeughalters hinsichtlich des EWG-Versicherungsschutzes

Besteht keine Haftpflichtversicherung nach § 3 oder führt der Führer des Fahrzeugs die nach § 4 erforderliche Versicherungsbescheinigung nicht mit, so darf der Halter nicht anordnen oder zulassen, dass das Fahrzeug im Geltungsbereich dieser Verordnung auf öffentlichen Straßen oder Plätzen gebraucht wird.

---

1 Vertragsstaaten heute (2000): EU, Liechtenstein, Norwegen und Island.

## § 7
### Kontrolle

(1) Fehlt die nach § 4 erforderliche Versicherungsbescheinigung bei der Einreise eines Fahrzeugs

a) aus einem Staat oder Gebiet, in dem der Vertrag zur Gründung der Europäischen Wirtschaftsgemeinschaft nicht gilt, oder

b) aus einem außereuropäischen Gebiet eines Mitgliedstaates der Europäischen Wirtschaftsgemeinschaft oder

c) aus einem anderen Gebiet als dem der Vertragsstaaten des Abkommens über den Europäischen Wirtschaftsraum

in den Geltungsbereich dieser Verordnung, so müssen es die für die Grenzkontrolle zuständigen Personen zurückweisen. Fehlt die Bescheinigung bei der Einreise aus dem europäischen Gebiet eines Mitgliedstaates der Europäischen Wirtschaftsgemeinschaft oder aus dem Gebiet eines anderen Vertragsstaates des Abkommens über den Europäischen Wirtschaftsraum, so kann das Fahrzeug zurückgewiesen werden. Stellt sich der Mangel während des Gebrauchs im Geltungsbereich dieser Verordnung heraus, so kann das Fahrzeug sichergestellt werden, bis die Bescheinigung vorgelegt wird.

(2) Fehlt die nach § 1 Abs. 2 des Gesetzes über die Haftpflichtversicherung für ausländische Kraftfahrzeuge und Kraftfahrzeuganhänger erforderliche Versicherungsbescheinigung bei der Einreise eines Fahrzeugs aus dem europäischen Gebiet eines Mitgliedstaates der Europäischen Wirtschaftsgemeinschaft oder aus dem Gebiet eines anderen Vertragsstaates des Abkommens über den Europäischen Wirtschaftsraum in den Geltungsbereich dieser Verordnung, so ist § 1 Abs. 4 Satz 1 des Gesetzes über die Haftpflichtversicherung für ausländische Kraftfahrzeuge und Kraftfahrzeuganhänger nur mit der Maßgabe anzuwenden, dass beim Fehlen der erforderlichen Versicherungsbescheinigung die Grenzzollstelle solche Fahrzeuge zurückweisen können.

## § 8
### Wegfall des Versicherungsnachweises

(1) Eine Versicherungsbescheinigung nach § 1 Abs. 2 des Gesetzes über die Haftpflichtversicherung für ausländische Kraftfahrzeuge und Kraftfahrzeuganhänger sowie nach § 4 dieser Verordnung ist nicht erforderlich für

1. Kraftfahrzeuge und Kraftfahrzeuganhänger, die ein vorgeschriebenes Kennzeichen folgender Staaten oder Gebiete führen:

| | |
|---|---|
| Grönland | Schweiz |
| Island | Slowakische Republik |
| Kroatien | Slowenien |
| Liechtenstein | Tschechische Republik |
| Monaco | Ungarn |
| Norwegen | Vatikanstadt; |
| San Marino | |

2. zweirädrige Kraftfahrzeuge (einschließlich Fahrräder mit Hilfsmotor), für die ein Kennzeichen nicht vorgeschrieben ist und deren Führer seinen gesetzlichen Wohnsitz in

Grönland oder
Norwegen hat;

3. Fahrräder mit Hilfsmotor, für die ein Kennzeichen nicht vorgeschrieben ist, die einen Hubraum von nicht mehr als 50 ccm haben und deren Führer seinen gesetzlichen Wohnsitz in

Monaco hat.

(2) Die Befreiung nach Absatz 1 Nr. 1 erstreckt sich nicht auf

1. Folgende Fahrzeuge von San Marino und Vatikanstadt:

landwirtschaftliche Fahrzeuge, insbesondere landwirtschaftliche Zugmaschinen, ihre Anhänger sowie landwirtschaftliche Arbeitsgeräte;

2. folgende schweizerische und liechtensteinische Fahrzeuge:

   a) Kraftfahrzeuge, die mit der Hand geführt werden;

   b) einachsige landwirtschaftliche Arbeitsgeräte, die nur von einem Fußgänger geführt und nicht für das Ziehen von Anhängern verwendet werden können;

   c) Fahrräder mit Hilfsmotor und Krankenfahrstühle, deren Hubraum nicht mehr als 50 ccm und deren bauartbestimmte Geschwindigkeit nicht mehr als 30 km/h betragen;

3. folgende ungarische Fahrzeuge:

Kraftfahrzeuge und Kraftfahrzeuganhänger des Diplomatischen Corps und der Handelsvertretungen (Kennzeichen: Buchstaben DT mit Ziffern in weißer Farbe auf hellblauem Grund oder Buchstaben CK mit Ziffern in roter Farbe auf weißem Grund).

## § 9

### Bußgeldvorschriften für EWG-Versicherungsschutz

Ordnungswidrig im Sinne des § 9a Abs. 1 Nr. 2 des Gesetzes über die Haftpflichtversicherung für ausländische Kraftfahrzeuge und Kraftfahrzeuganhänger handelt, wer vorsätzlich oder fahrlässig

1. als Führer entgegen § 3 Abs. 1 ein Fahrzeug gebraucht, obwohl das erforderliche Versicherungsverhältnis nicht oder nicht mehr besteht und die Pflichten eines Haftpflichtversicherers auch nicht von den nationalen Versicherungsbüros aller Mitgliedstaaten der Europäischen Wirtschaftsgemeinschaft nach Art. 7 Abs. 2 der Richtlinie des Rates der Europäischen Gemeinschaften vom 24. April 1972–72/166/EWG (Amtsblatt Nr. L 103 vom 2. Mai 1972) übernommen worden sind;

2. als Führer eines Fahrzeugs entgegen § 4 Satz 2 den Nachweis nicht mit sich führt oder auf Verlangen nicht aushändigt oder

3. als Halter eines Fahrzeugs entgegen § 6 anordnet oder zulässt, dass das Fahrzeug gebraucht wird, obwohl

   a) das nach § 3 Abs. 1 erforderliche Versicherungsverhältnis nicht oder nicht mehr besteht und die Pflichten eines Haftpflichtversicherers auch nicht von den nationalen Versicherungsbüros aller Mitgliedstaaten der Europäischen Wirtschaftsgemeinschaft nach Art. 7 Abs. 2 der Richtlinie des Rates der Europäischen Gemeinschaften vom 24. April 1972–72/166/EWG (Amtsblatt Nr. L 103 vom 2. Mai 1972) übernommen worden sind;

   b) der Führer den nach § 4 Satz 2 erforderlichen Nachweis nicht mit sich führt.

## Londoner Muster-Abkommen

### Abschnitt I. Zweck des Abkommens
### Artikel 1

Der Zweck dieses Abkommens ist es, die Bestimmungen der Empfehlung Nr. 5 des Unterausschusses für Straßenverkehr des Binnenverkehrsausschusses der Wirtschaftskommission der Vereinten Nationen für Europa vom 25. Januar 1949, geändert durch Anhang 2 der gemeinsamen Entschließung über die Erleichterung des Straßenverkehrs, die vom Unterausschuss auf seiner Sitzung vom 25. bis 29. Juni 1984 angenommen wurde (im Folgenden als die »Genfer Empfehlung« bezeichnet) durchzuführen.

### Artikel 2

Der Council of Bureaux, bestehend aus allen Büros, ist, zusammen mit dem Unterausschuss für Straßenverkehr, für die Verwaltung und die Anwendung des Grüne Karte-Systems verantwortlich und gewährleistet in diesem Zusammenhang, dass die Mitgliedsbüros in voller Übereinstimmung mit den Genfer Empfehlungen handeln.

### Abschnitt II. Definition
### Artikel 3

Im Sinne dieses Abkommens ist zu verstehen unter:

a) »Mitglied«: ein Versicherungsunternehmen – oder eine Gruppe von Versicherungsunternehmen –, das Mitglied eines Büros ist;

b) »Versicherter«: eine Person, deren Haftpflicht durch eine Versicherungspolice gedeckt ist, auf die sich eine gültige Versicherungsbescheinigung bezieht;

c) »Fahrzeug«: jedes Landkraftfahrzeug oder jeder Anhänger, soweit sie in einer Versicherungsbescheinigung genau definiert sind;

d) »Versicherungsbescheinigung«: die Internationale Versicherungskarte für Kraftverkehr (Grüne Karte) in der Form – oder den Formen –, wie sie vom Unterausschuss für Straßenverkehr genehmigt worden ist;

e) »Versicherungspolice«: eine von einem Mitglied des Zahlenden Büros an einen Versicherten ausgegebene Versicherungspolice zur Deckung der Haftpflicht, die sich aus der Benutzung eines Fahrzeugs ergibt;

f) »Anspruch«: ein Haftpflichtanspruch – oder eine Reihe von Ansprüchen – aus einem Schadenfall gegen einen Versicherten, ein Versicherungsunternehmen oder das Behandelnde Büro, der gemäß Gesetz des Landes, in dem sich der Schadenfall ereignete, durch Versicherung zu decken ist, vorbehaltlich der Bedingungen und Einschränkungen, die in der Versicherungspolice enthalten und von Gesetzes wegen zulässig sind;

g) »Büro«: die von Versicherungsunternehmen eingerichtete und von der Regierung des betreffenden Landes anerkannte Organisation, die die Forderungen und Bestimmungen der Genfer Empfehlungen erfüllt;

h) »Behandelndes Büro«: das Büro – oder ein Mitglied des betreffenden Büros, welches in seinem Auftrag handelt –, das in seinem eigenen Land für die Behandlung und Regulierung von Ansprüchen gemäß dieses Abkommens und seinem nationalen Recht verantwortlich ist;

i) »Zahlendes Büro«: das Büro – und/oder ein Mitglied desselben –, mit dessen Genehmigung eine Versicherungsbescheinigung ausgegeben worden ist, und das, gemäß den Bestimmungen dieses Abkommens, für die Erfüllung der Verpflichtungen gegenüber dem Behandelnden Büro verantwortlich ist;

j) »Hilfsbüro«: das Büro, das ermächtigt ist, seinen Anspruch gemäß Artikel 10 dieses Abkommens zu behandeln und zu regulieren.

## Abschnitt III. Angabe und Wirkung von Versicherungsbescheinigungen

### Artikel 4

Jedes Büro überlässt seinen Mitgliedern Versicherungsbescheinigungen, damit diese sie ausfüllen und an ihre Versicherten ausgeben können. Die Mitglieder eines Büros können die Versicherungsbescheinigungen dieses Büros mit dessen Genehmigung an ihre Versicherten in jedem Land, in dem sie niedergelassen sind, ausgeben, wenn dort kein Büro existiert, oder wenn es erforderlich ist, einem ausländischen Kraftfahrer eine Dienstleistung zu erbringen. Die Gültigkeitsdauer einer Versicherungsbescheinigung muss sich, vorbehaltlich einer Mindestdauer von fünfzehn Tagen, über die gesamte Dauer erstrecken, während der gemäß Versicherungspolice Deckung gegeben wird. Gibt eine Versicherungspolice keine Deckung im Ausland, es sei denn mit einem Nachtrag, dann muss als Ablaufdatum das Datum des Deckungsablaufes gemäß diesem Nachtrag eingesetzt werden.

### Artikel 5

Jedes Büro erkennt an, dass – ungeachtet irgendwelcher gegenteiliger Bestimmungen in diesem Abkommen – jegliche Versicherungsbescheinigung, die angeblich von ihm ausgestellt und angeblich ordnungsgemäß für den Gebrauch im Land der anderen Partei ausgefüllt worden ist, auch wenn sie gefälscht, unbefugt ausgegeben oder widerrechtlich geändert worden ist, zur Erfüllung dieses Abkommens als gültige Versicherungsbescheinigung angesehen wird; dies gilt nur, wenn die Regierung dieses anderen Landes Bestimmungen erlassen hat, die das Vorweisen der Versicherungsbescheinigung durch Kraftfahrer aus einem anderen Land vorsehen.

### Abschnitt IV. Aufgaben und Pflichten des Behandelnden Büros

### Artikel 6

a) Sobald ein Behandelndes Büro von einem Schadenfall Kenntnis erhält, an dem ein Versicherter beteiligt ist, beginnt das Behandelnde Büro im Hinblick auf die Bearbeitung des Anspruchs sogleich, und ohne eine Anspruchstellung abzuwarten, mit den Nachforschungen über die Schadenumstände. Das Behandelnde Büro unterrichtet umgehend auch das Zahlende Büro oder das Mitglied des Zahlenden Büros, das die Versicherungsbescheinigung ausgegeben hat, über jeglichen Anspruch. Versäumt das Behandelnde Büro dies, wird ihm diese Unterlassung weder angelastet noch wird das Zahlende Büro seiner Pflichten gemäß Artikel 11 entbunden.

b) Das Zahlende Büro ermächtigt hiermit das Behandelnde Büro, jeglichen aus einem Schadenfall entsprechenden Anspruch zu regulieren und sich diesbezüglich jeglicher rechtlicher Mittel und Maßnahmen zu bedienen.

c) Das Behandelnde Büro ist für das Handeln jedes Beauftragten, den es für die Bearbeitung eines Anspruchs ernennt, verantwortlich. Es darf nicht aus freien Stücken oder ohne die schriftliche Einwilligung des Zahlenden Büros die Behandlung eines Anspruchs durch einen Beauftragten oder eine Person im Dienste eines solchen Beauftragten veranlassen oder erlauben, die aufgrund irgendwelcher vertraglicher Verpflichtungen finanziell an dem Schadenfall interessiert sind. Erfolgt dies ohne eine solche Einwilligung, wird sein Recht auf Rückerstattung durch das Zahlende Büro auf die Hälfte der ansonsten erstattungsfähigen Summe begrenzt.

### Artikel 7

Das Behandelnde Büro handelt im besten Interesse des Zahlenden Büros, so als ob es die Versicherungspolice selbst ausgestellt hätte, und in Übereinstimmung mit dem in seinem Land geltendem Recht. Bevor es irgendeine endgültige Maßnahme ergreift, wird es sich normalerweise, aber ohne dazu verpflichtet zu sein, mit dem Zahlenden Büro beraten.

### Artikel 8

Unter Berücksichtigung des vorstehenden Artikel 7 ist ausschließlich das Behandelnde Büro für Fragen der Auslegung seines nationalen Rechts und der Regulierung des Anspruchs zuständig. Wenn jedoch die vorgesehene Regulierung über den Deckungsumfang der Versicherungsbedingungen oder über die Mindestdeckungssummen der obligatorischen Kraftfahrzeug-Haftpflichtversicherung in seinem Land hinausgeht, durch die Versicherungspolice aber gedeckt ist, wird es, sofern es nicht durch die Bestimmungen dieses Gesetzes daran gehindert wird, das Zahlende Büro konsultieren und von diesem die Einwilligung zur Regulierung jenes Teils des Anspruches einholen, der über diese Versicherungsbedingungen oder die gesetzlichen Mindestdeckungssummen hinausgeht.

### Artikel 9

a) Verfügt ein Mitglied des Zahlenden Büros über eine Filiale oder Niederlassung, die im Lande des Behandelnden Büros zum Betrieb der Kraftfahrzeug-Haftpflichtversicherung eingerichtet und zugelassen ist, überlässt das Behandelnde Büro, sofern erwünscht, dieser Filiale oder Niederlassung die Behandlung und Regulierung von Ansprüchen.

b) Fakultative Klausel

Sofern im nachstehenden Absatz c) nichts anderes bestimmt ist, kann das Zahlende Büro im Namen eines seiner Mitglieder das Behandelnde Büro bitten, die Regulierung von Ansprüchen einem Korrespondenten zu überlassen, der sein kann:

i) ein Mitglied des Behandelnden Büros oder

ii) eine in dem Lande des Behandelnden Büros ansässige Organisation, die sich im Namen von Versicherungsunternehmen auf die Behandlung und Regulierung von Ansprüchen spezialisiert hat, die sich aus Schadenfällen mit Fahrzeugen ergeben.

Gibt das Behandelnde Büro der Bitte statt, ermächtigt es damit den nominierten Korrespondenten zur Behandlung und Regulierung von Ansprüchen. Es verpflichtet sich, die Geschädigten hiervon zu unterrichten und den Korrespondenten alle Mitteilungen zuzusenden, die sich auf solche Ansprüche beziehen.

Das Mitglied des Zahlenden Büros verpflichtet sich seinerseits, mit der Zustimmung zum Antrag auf Ernennung eines nominierten Korrespondenten die Regulierung aller Ansprüche im Land des Schadenfalls diesem Korrespondenten zu übertragen und ihm alle für solche Ansprüche sachdienlichen Unterlagen zuzuleiten.

Als rechtmäßig bevollmächtigter Vertreter des Behandelnden Büros ist der benannte Korrespondent dem besagten Büro gegenüber für die Behandlung des Anspruchs verantwortlich und berücksichtigt alle Weisungen – seien sie allgemeiner oder bestimmter Art –, die er vom Behandelnden Büro erhält.

Ausnahmsweise kann das Behandelnde Büro auf Wunsch die gleiche Ermächtigung, wie oben erwähnt, einem Korrespondenten erteilen, den es zwecks Behandlung eines besonderen Anspruchs anerkannt hat, ungeachtet der Tatsache, dass einem solchen Korrespondenten keine allgemeine Ermächtigung erteilt worden ist.

c) Ist das Behandelnde Büro in einem Land außerhalb Europas ansässig, findet Artikel 9 b) nur Anwendung auf Schadenfälle, die sich außerhalb Europas ereignen. Das betreffende Behandelnde Büro ist verpflichtet, Nominierungen von Korrespondenten nach diesem Artikel zu akzeptieren.

d) In den vorstehend in Artikel 9 a) und b) beschriebenen Fällen

i) verpflichtet sich das Mitglied des Zahlenden Büros gegenüber dem Behandelnden Büro, dass seine Filiale, Niederlassung oder der genannte Korrespondent Ansprüche gemäß den Bestimmungen über die obligatorische Kraftfahrzeug-Haftpflichtversicherung im Land des Behandelnden Büros reguliert wird. Das Zahlende Büro ist für die Erfüllung dieser Verpflichtung verantwortlich;

ii) kann das Behandelnde Büro jederzeit und ohne einen Grund angeben zu müssen, die Behandlung eines Anspruchs selbst übernehmen oder, soweit es einen nominierten Korrespondenten betrifft, die Ermächtigung des Korrespondenten allgemein oder für den bestimmten Anspruch aufheben.

### Artikel 10

Fällt ein Fahrzeug, das in einem Besuchsland an einem Schadenfall beteiligt ist, in eine Kategorie, für die keine Versicherung vorgeschrieben ist, gelten folgende Bestimmungen:

i) a) Das Büro dieses Landes wird »Hilfsbüro« genannt.

b) Für Artikel 3 e) bedeutet »Versicherungspolice«: eine Versicherungspolice, die von einem Mitglied an einen Versicherten ausgegeben worden ist.

Für Artikel 3 f) bedeutet »Anspruch«: ein Anspruch in Bezug auf Haftung gegenüber Geschädigten.

ii) Wenn ein Versicherter nach einem Schadenfall dem Hilfsbüro eine Versicherungsbescheinigung vorlegt, die für dieses Land gültig ist, wird sich dieses

Büro auf Verlangen des Versicherten mit dem Mitglied in Verbindung setzen, das die Versicherungsbescheinigung ausgestellt hat und mit ihm vereinbaren, diesen Anspruch in seinem Namen zu behandeln. Die Bedingungen zur Regulierung eines solchen Anspruchs müssen vom Mitglied gebilligt werden. Die zu erhebenden Gebühren sind gemäß Artikel 11 zu errechnen.

### Abschnitt V. Rückerstattung an das Behandelnde Büro

### Artikel 11

a) Wenn das Behandelnde Büro einen Anspruch erledigt hat, so ist es berechtigt, anhand des Zahlungsnachweises an das Zahlende Büro oder das Mitglied des Zahlenden Büros, das die Versicherungsbescheinigung ausgestellt hat, folgende Forderungen zu erheben:

   i) Den Gesamtbetrag, den das Behandelnde Büro als Schadenersatz oder Entschädigung gezahlt hat, sowie die Kosten und Gebühren des Anspruchstellers aufgrund eines Urteils; sofern durch Vergleich mit dem Anspruchsteller reguliert wurde, den vollen Betrag dieser Regulierung einschließlich der hierfür vereinbarten Kosten und Gebühren.

   ii) Beträge, die vom Behandelnden Büro für die Regulierung jeglichen Anspruchs extern aufgewendet worden sind, sowie Kosten im Zusammenhang mit einem Gerichtsverfahren, welche unter ähnlichen Umständen auch von einem Kraftverkehrsversicherer im Lande des Schadenfalls aufgewendet worden wären.

   iii) Eine Behandlungsgebühr zur Deckung aller anderen Kosten, die mit 15% des Betrages errechnet wird, der nach dem vorstehenden Unterabsatz i) bezahlt worden ist, vorbehaltlich der Mindest- und Höchstbeträge wie sie vom Council of Bureaux bestimmt sind.

   iv) Die vorstehend erwähnten Mindest- und Höchstbeträge werden in DM (Deutsche Mark) und zum Wechselkurs des Tages berechnet, an dem die endgültige Rückerstattung zum erstenmal gefordert worden ist.

b) Wenn nach Zahlung der Behandlungsgebühr die Regulierung eines Anspruchs wieder aufgenommen oder ein weiterer Anspruch aus demselben Schadenfall geltend gemacht wird, soll die eventuelle Differenz, die als Behandlungsgebühr zu zahlen ist, gemäß den Bestimmungen berechnet werden, die zum Zeitpunkt der Aufforderung zur Erstattung des wieder aufgenommenen oder des weiteren Anspruchs in Kraft sind.

c) Die Erstattung des nach diesen Bestimmungen errechneten Betrages, einschließlich der Mindestbehandlungsgebühr, muss auch dann erfolgen, wenn der Anspruch ohne Zahlung an den Anspruchsteller reguliert worden ist.

d) Der zu erstattende Betrag ist dem Behandelnden Büro auf Verlangen in seinem Lande, in der Währung seines Landes und ohne Abzug von Gebühren zu zahlen.

e) Das Zahlende Büro hat für behördlich oder gerichtlich verhängte Geldstrafen des Versicherten nicht aufzukommen.

f) Erstattungsforderungen eines Behandelnden Büros für geleistete Teilzahlungen werden genau wie endgültige Zahlungen behandelt. Eine Behandlungsgebühr wird erst nach der Regulierung eines Anspruchs und gemäß den Bestimmungen, die zu dieser Zeit Anwendung finden, gezahlt.

g) Wenn ein Mitglied des Zahlenden Büros zwei Monate nach Aufforderung zur Erstattung den dem Behandelnden Büro zustellenden Betrag noch nicht gezahlt hat, wird das Zahlende Büro, nach Erhalt der Mitteilung über das Versäumnis des Behandelnden Büros, die Erstattung innerhalb eines Monats selbst vornehmen, gerechnet vom Tag des Erhalts dieser Mitteilung. Diese Verpflichtung besteht zusätzlich zu der nachstehend erwähnten Zinsstrafe.

h) Wenn zwei Monate nach der ersten Aufforderung zu einer vorläufigen oder endgültigen Erstattung an das Mitglied des Zahlenden Büros das Behandelnde Büro oder dessen Bank keine Zahlung erhalten hat, werden auf den dem Behandelnden Büro zustehenden Betrag 12% Zinsen pro Jahr aufgeschlagen, gerechnet vom Tag der ersten Aufforderung an bis zum Tag des Erhalts der Überweisung durch das Behandelnde Büro.

i) Das Behandelnde Büro liefert auf Verlangen Unterlagen über die Regulierung des Falles. Dadurch darf die Erstattung (durch das Zahlende Büro) nicht verzögert werden.

**Abschnitt VI. Schiedsverfahren**

**Artikel 12**

Jegliche Streitigkeit zwischen Büros über die Auslegung oder Wirkung dieses Abkommens wird an Schiedsrichter verwiesen, die nach einem vom Council of Bureaux festgelegten Verfahren eingesetzt werden und deren Entscheidung für die Büros endgültig und verbindlich ist. Jede Entscheidung der Schiedsrichter über eine an sie verwiesene Frage wird allen Büros bekannt gegeben. Die Schiedsrichter sind bevollmächtigt zu bestimmen, wie sich die Kosten des Schiedsverfahrens zusammensetzen und von wem sie getragen werden.

## Abschnitt VII. Unterzeichnung und Beendigung des Abkommens

### Artikel 13

a) Jede Vertragspartei, die diesem Abkommen beitritt, verpflichtet sich, den Council of Bureaux unverzüglich von der Unterzeichnung zu unterrichten.

b) Jedes der beiden Büros kann dieses Abkommen mit zwölfmonatiger Frist und per eingeschriebenen Brief an das andere Büro kündigen. Eine Kopie dieser Kündigung muss gleichzeitig an den Council of Bureaux gesandt werden.

c) Nach Ablauf eines Kalendermonats von dem Tag an, an dem die Kündigung abgeschickt worden ist, werden die Mitglieder der beiden Büros keine Versicherungsbescheinigungen mehr ausstellen, die für das andere Land gültig sind. Beide Büros bleiben an das Abkommen in bezug auf die vorher ausgestellten Versicherungsbescheinigungen gebunden.

d) Wenn eines der Länder der beiden Vertragsparteien den Transfer von Geldern sperrt oder wenn aus anderen Gründen ein Transfer der notwendigen Gelder von einem in das andere Land nicht durchgeführt oder unmöglich wird, wird dieses Abkommen sogleich null und nichtig, mit Ausnahme von Ansprüchen gegen Kraftfahrer, die bereits in diese Länder eingereist sind.

e) Wenn ein Büro seine in diesem Abkommen bestimmten Pflichten grob vernachlässigt, soll der Council of Bureaux unverzüglich davon unterrichtet werden. Der Council of Bureaux entscheidet dann, angesichts der Umstände, welche Schritte zu unternehmen sind, und trifft im Auftrag seiner Mitglieder die Entscheidung, ob die Abkommen mit dem zuwiderhandelnden Büro des betreffenden Landes zu kündigen sind. Das Erlöschen aller Abkommen führt zum Ausschluss dieses Büros von der Mitgliedschaft im Council of Bureaux.

## Abschnitt VIII. Genehmigung und Datum des Inkrafttreten dieses Abkommens

### Artikel 14

Dieses Abkommen ist vom Council of Bureaux in der Plenarversammlung vom 19. und 20. Oktober 1989 angenommen worden und kommt bei allen Ansprüchen zur Anwendung, die aus Schadenfällen entstehen, die sich am oder nach dem 1. Januar 1991 ereignen.

## Multilaterales Garantieabkommen
## zwischen den nationalen Versicherungsbüros[1]

Vom 15. März 1991
(ABl. EG Nr. L 177 S. 27 vom 5.7.1991)

### Artikel 1

### Geltungsbereich und Anwendung des Abkommens

a) Jedes Unterzeichnerbüro handelt im Namen sämtlicher Versicherer, die in seinem Territorium zum Betrieb der obligatorischen Kraftfahrzeug-Haftpflichtversicherung zugelassen sind.

b) Die Vertragsparteien stützen sich auf die Richtlinien 72/166/EWG, 84/5/EWG und 90/232/EWG des Rates.

c) Für die Büros der Nichtmitgliedstaaten der Europäischen Gemeinschaft betrifft der Hinweis in Buchstabe b) auf die Richtlinien des Rates nur die Bestimmungen dieser Richtlinien, die sich auf den internationalen Verkehr von Kraftfahrzeugen beziehen.

d) Wenn ein Fahrzeug mit gewöhnlichem Standort in einem in Artikel 9 genannten Gebiet in ein anderes in dem gleichen Artikel aufgeführtes Gebiet einreist und dort den in diesem anderen Gebiet geltenden Bestimmungen der obligatorischen Kraftfahrzeug-Haftpflichtversicherung unterliegt, gilt der Eigentümer, Halter, Benutzer und/oder Fahrer als versichert, ob er im Besitz einer gültigen Versicherungspolice ist oder nicht.

e) Infolge des Vorstehenden übernimmt jedes Behandelnde Büro in Übereinstimmung mit seinen nationalen Rechtsvorschriften und der eventuell vorhandenen Versicherungspolice die Verantwortung für die Bearbeitung und Regulierung von Ansprüchen aus Unfällen, die von Fahrzeugen verursacht wurden, die im Gebiet dieses Büros den Haftpflichtbestimmungen des Gesetzes über die Kraftverkehrspflichtversicherung unterliegen und ihren gewöhnlichen Standort in dem Gebiet eines Zahlenden Büros haben.

f) Dieses Abkommen gilt für die in Artikel 2 Buchstabe b) beschriebenen Fahrzeuge, ist jedoch nicht für die in Anhang I spezifizierten Fahrzeuge anzuwenden.

g) Die in Artikel 9 für die einzelnen Unterzeichnerbüros aufgeführten Gebiete gelten für die Zwecke dieses Abkommens als ein einziges ungeteiltes Territorium.

---
[1] Präambel nicht abgedruckt.

h) Dieses Abkommen wird vorbehaltlich der Artikel 7 und 8 für einen unbefristeten Zeitraum geschlossen und an dem von dem Präsidenten des Council of Bureaux im Einvernehmen mit der Kommission der Europäischen Gemeinschaften festgelegten Datum in Kraft gesetzt und gilt für alle Unfälle, die sich von diesem Datum an ereignen.

## Artikel 2

### Definitionen

Im Sinne dieses Übereinkommens ist zu verstehen unter:

a) »Mitglied«: ein Versicherungsunternehmen oder eine Gruppe von Versicherern, die Mitglied eines Unterzeichnerbüros ist;

b) »Fahrzeug«: jedes landgestützte Kraftfahrzeug oder jeder Anhänger, ob er angekoppelt ist oder nicht, die der Pflichtversicherung in einem besuchten Gebiet unterliegen;

c) »Versicherungspolice«: eine von einem Mitglied eines Zahlenden Büros ausgegebene Versicherungspolice, die die Haftpflicht aus der Benutzung des Fahrzeugs deckt;

d) »Anspruch«: ein Haftpflichtanspruch – oder eine Serie von Ansprüchen –, der aus einem Unfall herrührt, für den die Haftpflicht nach dem Gesetz des Gebietes, in dem sich der Unfall ereignet hat, durch eine Versicherung zu decken ist;

e) »Unterzeichnerbüro«: eine Organisation, die in Übereinstimmung mit den »Genfer Empfehlungen« gegründet wurde und die alle Versicherungsunternehmen umfasst, die zum Betrieb der Kraftverkehrshaftpflichtversicherung in dem Gebiet eines der in Artikel 9 erwähnten Unterzeichnerbüros zugelassen sind;

f) »Behandelndes Büro«: das Büro (und/oder ein Mitglied dieses Büros, das in seinem Auftrag handelt), das in seinem eigenen Gebiet für die Bearbeitung und Regulierung eines Anspruchs in Übereinstimmung mit den Bestimmungen dieses Abkommens und seinem nationalen Rechtsvorschriften verantwortlich ist, der aus einem Unfall herrührt, der durch ein Fahrzeug mit gewöhnlichem Standort in dem Gebiet eines anderen Unterzeichnerbüros herbeigeführt wurde;

g) »Zahlendes Büro«: das Büro (und/oder ein Mitglied dieses Büros) des Gebietes, in dem das in den Unfall in einem anderen Gebiet verwickelte Fahrzeug seinen gewöhnlichen Standort hat, das die Verantwortung für die Erfüllung der Verpflichtungen gegenüber dem Behandelnden Büro in Übereinstimmung mit den Bestimmungen dieses Abkommens übernommen hat;

h) »Hoheitsgebiet, in dem das Fahrzeug seinen gewöhnlichen Standort hat«:

– das Gebiet des Staates, dessen amtliches Kennzeichen das Fahrzeug trägt, oder

– im Fall von Fahrzeugen, die keiner amtlichen Zulassung bedürfen, das Gebiet, in dem die Person, die Halter des Fahrzeugs ist, ihren ständigen Wohnsitz hat.

## Artikel 3

### Bearbeitung von Ansprüchen

a) Sobald ein Behandelndes Büro von einem Unfall Kenntnis erhält, an dem ein Fahrzeug mit gewöhnlichem Standort im Gebiet eines anderen Unterzeichnerbüros beteiligt war, beginnt das Behandelnde Büro sogleich, ohne einen förmlichen Anspruch abzuwarten, die Umstände des Unfalls im Hinblick auf die Behandlung des Anspruchs zu untersuchen. Das Behandelnde Büro teilt dem Zahlenden Büro oder dem Mitglied des Zahlenden Büros, das die Versicherungspolice – sofern eine solche existiert – ausgestellt hat, jeden förmlichen Anspruch unverzüglich mit. Jede diesbezügliche Unterlassung des Behandelnden Büros darf nicht gegen dieses geltend gemacht werden oder das Zahlende Büro von seinen Verpflichtungen gemäß Artikel 5 befreien.

b) Hiermit ermächtigt das Zahlende Büro das Behandelnde Büro, alle gerichtlichen oder außergerichtlichen Verfahren zu übernehmen, die die Bezahlung von Entschädigungen aufgrund des Unfalls beinhalten können, und jeden Anspruch zu regulieren.

c) Das Behandelnde Büro ist für die Handlungen jedes Vertreters verantwortlich, den es für die Bearbeitung eines Anspruchs einsetzt. Es veranlasst oder erlaubt nicht aus eigenem Entschluss oder ohne die schriftliche Einwilligung des Zahlenden Büros die Bearbeitung eines Anspruchs durch einen Vertreter oder eine Person im Dienste eines solchen Vertreters, die aufgrund vertraglicher Verpflichtungen an diesem Anspruch finanziell interessiert ist. Geschieht dies ohne eine solche Einwilligung, wird sein Recht auf Rückerstattung durch das Zahlende Büro auf die Hälfte der sonst erstattungsfähigen Summe reduziert.

d) Das Behandelnde Büro handelt in Übereinstimmung mit seinen nationalen Rechtsvorschriften und den Bestimmungen der Versicherungspolice, sofern eine solche vorhanden ist, im wohlverstandenem Interesse des Zahlenden

Büros. Das Behandelnde Büro ist in allen Fragen der Auslegung seiner nationalen Rechtsvorschriften und der Regulierung des Anspruchs allein zuständig. Es berät sich auf Wunsch mit dem Zahlenden Büro oder dem Mitglied des Zahlenden Büros, das die Versicherungspolice ausgestellt hat, sofern es eine solche gibt, bevor es endgültige Schritte unternimmt, ohne jedoch dazu verpflichtet zu sein.

Wenn jedoch die vorgesehene Regulierung über die Bedingungen oder Grenzen der Haftpflichtbestimmungen des Kraftverkehrspflichtversicherungsgesetzes in dem Gebiet des Behandelnden Büros hinausgeht, aber durch eine Versicherungspolice gedeckt ist, konsultiert es, sofern dem nicht die Bestimmungen dieses Gesetzes entgegenstehen, das Zahlende Büro für den Teil des Anspruchs, der über diese Bedingungen oder Grenzen hinausgeht, und holt dessen Einwilligung ein.

## Artikel 4

### Auftrag für die Bearbeitung von Ansprüchen

a) Wenn ein Mitglied des Zahlenden Büros eine Niederlassung oder Tochtergesellschaft hat, die in dem Gebiet des Behandelnden Büros für den Betrieb der Kraftverkehrsversicherung eingerichtet und zugelassen wurde, überlässt das Behandelnde Büro, sofern erwünscht, die Bearbeitung und Regulierung von Ansprüchen der Niederlassung oder der Tochtergesellschaft.

b) Fakultative Klausel

Das Zahlende Büro kann das Behandelnde Büro im Namen eines seiner Mitglieder bitten, die Bearbeitung und Regulierung von Ansprüchen einem Korrespondenzunternehmen zu überlassen, das sein kann:

i) ein Mitglied des Behandelnden Büros,

ii) eine in dem Gebiet des behandelnden Büros ansässige Organisation, die auf die Bearbeitung und Regulierung von Ansprüchen aus durch ein Fahrzeug verursachten Unfällen im Namen von Versicherern spezialisiert ist.

Wenn das Behandelnde Büro der Bitte stattgibt, bevollmächtigt es damit das bestimmte Korrespondenzunternehmen, Ansprüche zu bearbeiten und zu regulieren. Es verpflichtet sich, die Geschädigten von dieser Vollmacht zu unterrichten und alle Mitteilungen in bezug auf derartige Ansprüche an das Korrespondenzunternehmen weiterzuleiten.

Mit dem Antrag auf Anerkennung eines benannten Korrespondenzunternehmens verpflichtet sich das Mitglied des Zahlenden Büros seinerseits, alle

Ansprüche in dem Gebiet, in dem sich der Unfall ereignet hat, diesem Korrespondenzunternehmen anzuvertrauen und alle Unterlagen bezüglich derartiger Ansprüche weiterzuleiten.

Als rechtmäßig bevollmächtigter Vertreter des Behandelnden Büros wird das benannte Korrespondenzunternehmen dem besagten Büro für die Bearbeitung des Anspruchs verantwortlich und berücksichtigt alle Anweisungen – seien sie allgemeiner oder besonderen Art –, die es von dem Behandelnden Büro erhält.

Ausnahmsweise kann das Behandelnde Büro auf Wunsch die gleiche Vollmacht, wie oben erwähnt, einem Korrespondenzunternehmen erteilen, das benannt wurde, um einen besonderen Anspruch zu bearbeiten, ungeachtet der Tatsache, dass ein solches Korrespondenzunternehmen keine allgemeine Vollmacht erhalten hat.

c) In den in den Buchstaben a) und b) beschriebenen Fällen

i) verpflichtet sich das Mitglied des Zahlenden Büros gegenüber dem Behandelnden Büro, dass seine Niederlassung, Tochtergesellschaft oder benannte Korrespondenzgesellschaft die Ansprüche in voller Übereinstimmung mit den Haftpflichtbestimmungen des Pflichtgesetzes für die Kraftverkehrsversicherung in dem Land des Behandelnden Büros oder der Versicherungspolice – sofern eine solche vorhanden ist – regulieren wird. Das Zahlende Büro verbürgt sich für die Erfüllung dieser Verpflichtung;

ii) kann das Behandelnde Büro jederzeit und ohne einen Grund angeben zu müssen, die Bearbeitung eines Anspruchs übernehmen oder, wenn es sich um ein bestimmtes Korrespondenzunternehmen handelt, die Vollmacht dieses Korrespondenzunternehmens für einen bestimmten Anspruch oder im allgemeinen widerrufen.

## Artikel 5

### Rückerstattung an das Behandelnde Büro

a) Wenn das Behandelnde Büro einen Anspruch erledigt hat, so ist es berechtigt, auf Verlangen und nach Nachweis der Zahlung von dem Zahlenden Büro oder dem Mitglied des Zahlenden Büros, das die Versicherungspolice ausgestellt hat – sofern eine solche vorhanden ist – zurückzuerhalten:

i) den Gesamtbetrag, den das Behandelnde Büro als Entschädigung oder Schadenersatz gezahlt hat, sowie die Kosten und Gebühren des Geschädigten, die er kraft Urteil zu erhalten berechtigt ist, oder aber, wenn die Regulierung durch Vergleich mit dem Geschädigten erfolgt ist, den vollen Betrag dieser Regulierung einschließlich der vereinbarten Kosten und Gebühren.

ii) Beträge, die von dem Behandelnden Büro außerbetrieblich besonders für die Untersuchung und Regulierung jeden Anspruchs ausgegeben wurden, und Kosten aufgrund eines Gerichtsverfahrens, die unter den gleichen Umständen auch einem Kraftverkehrsversicherer entstanden wären, der in dem Land des Unfalls niedergelassen ist.

iii) Eine Bearbeitungsgebühr zur Deckung aller sonstigen Kosten, die zum Satz von 15% des Gegenwerts des nach Ziffer i) bezahlten Betrags berechnet wird, vorbehaltlich der Mindest- und Höchstbeträge in der Höhe und auf der Grundlage, die von dem Council of Bureaux bestimmt werden.

iv) Die oben erwähnten Mindest- und Höchstbeträge werden in Deutscher Mark (DM) ausgedrückt und zu dem Wechselkurs berechnet, der an dem Tag des ersten Antrags auf endgültige Rückerstattung gilt.

b) Wenn nach Bezahlung der Bearbeitungsgebühr ein regulierter Anspruch wiederaufgenommen oder ein weiterer Anspruch aus dem gleichen Unfall geltend gemacht wird, ist die eventuelle Differenz, die als Bearbeitungsgebühr zu zahlen ist, gemäß den Bestimmungen zu berechnen, die in dem Zeitpunkt des Antrags auf Rückerstattung in bezug auf den wiederaufgenommenen oder weiteren Anspruch gültig sind.

c) Die Erstattung des nach obigen Bestimmungen errechneten Betrags, einschließlich der Mindestbearbeitungsgebühr, hat selbst dann zu erfolgen, wenn der Anspruch ohne Zahlung an Dritte erledigt wurde.

d) Der dem Behandelnden Büro zustehende Betrag ist ihm auf Verlangen in seinem Land, in der Währung seines Landes und ohne Abzug von Gebühren zu zahlen.

e) Das Zahlende Büro ist nicht zahlungspflichtig für Geldstrafen, die nach einem Strafrecht verhängt wurden.

f) Anträge auf Erstattung von Vorschusszahlungen, die von einem Behandelnden Büro geleistet worden sind, werden genau wie endgültige Zahlungen behandelt. Eine Bearbeitungsgebühr ist nur zu zahlen, wenn ein Anspruch erledigt worden ist, und nach den zu dieser Zeit geltenden Bestimmungen.

g) Wenn das Mitglied des Zahlenden Büros es versäumt, den dem Behandelnden Büro zustehenden Betrag innerhalb einer Frist von zwei Monaten zu bezahlen, gerechnet von dem Datum der ersten Erstattungsforderung an, nimmt das Zahlende Büro nach Erhalt der Mitteilung eines solchen

Versäumnisses durch das Behandelnde Büro die Erstattung selbst innerhalb eines Monats vor, gerechnet von dem Datum des Erhalts einer solchen Benachrichtigung an. Diese Bestimmung besteht zusätzlich zu der nachstehend erwähnten Zinsstrafe.

h) Wenn das Behandelnde Büro nicht bis zum Zeitpunkt der Erstattungsforderung von der Existenz einer Versicherungspolice unterrichtet worden ist, ist dem Zahlenden Büro eine solche Forderung vorzulegen. Das Zahlende Büro zahlt unter diesen Umständen den fälligen Betrag innerhalb einer Frist von zwei Monaten, gerechnet von dem Datum der Forderung an.

i) Wenn nach einer Frist von zwei Monaten, gerechnet von dem Tag der ersten Anforderung einer vorläufigen oder endgültigen Erstattung bei dem Mitglied des Zahlenden Büros oder dem Zahlenden Büro selbst an, das Behandelnde Büro oder seine Bank keine Zahlung erhalten hat, dann sind zu dem dem Behandelnden Büro zustehenden Betrag Zinsen in Höhe von 12% p.a. hinzuzurechnen, gerechnet von dem Datum der ersten Anforderung an bis zu dem Tag, an dem das Behandelnde Büro die Überweisung erhält.

j) Das Behandelnde Büro stellt auf Wunsch, jedoch ohne Aufschub der Rückerstattung, Unterlagen über die Regulierung zur Verfügung.

## Artikel 6

### Schiedsverfahren

a) Jeder Streit zwischen Büros über die Auslegung des Begriffs »gewöhnlicher Standort«, soweit er nicht vorstehend definiert ist, wird einem Schiedsgericht vorgelegt. Dieses Gericht besteht aus dem Präsidenten des Council of Bureaux sowie aus jeweils einem von jedem der an dem Streit beteiligten Büros benannten Schiedsrichter. Wenn der Präsident des Council of Bureaux die gleiche Staatsangehörigkeit wie einer der Schiedsrichter hat, ernennt er an seiner Stelle einen anderen Schiedsrichter, dessen Staatsangehörigkeit von seiner eigenen und derjenigen der anderen Schiedsrichter verschieden ist.

b) Jeder Schiedsspruch bleibt bei Vorliegen eines Gerichtsurteils wirkungslos, gleichgültig an welchem Datum die beiden ergangen sind, wenn sich letzteres aus einer Klage des Unfallopfers oder seiner Unterhaltsberechtigten ergibt.

## Artikel 7

### Aussetzung oder Kündigung des Abkommens

a) Sanktionen, die die Aussetzung oder Kündigung des Abkommens mit einem Unterzeichnerbüro beinhalten, können gegen das betreffende Unterzeichnerbüro unter einem der nachstehenden Umstände verhängt werden:

i) wenn das Land des Unterzeichnerbüros ein Embargo über den Transfer der Gelder verhängt, die für die Erfüllung der Verpflichtungen dieses Unterzeichnerbüros gemäß diesem Abkommen notwendig sind, oder

ii) wenn der Transfer der notwendigen Gelder von einem Land in ein anderes nicht durchgeführt oder unmöglich wird oder

iii) wenn sich ein Unterzeichnerbüro so verhält, dass es das reibungslose Funktionieren dieses Abkommens ernsthaft behindert.

b) Sollte einer der vorstehenden Sachverhalte eintreten, ist der Präsident des Council of Bureaux zu unterrichten; er bringt den Fall allen anderen Unterzeichnern zur Kenntnis, die dann entscheiden, ob eine der unter Buchstabe a) erwähnten Sanktionen verhängt werden soll. Im Falle einer positiven und einstimmigen Entscheidung beauftragen die Unterzeichner den Präsidenten des Council of Bureaux, Schritte zur Ausführung dieser Entscheidung zu unternehmen. Der Präsident des Council of Bureaux teilt dem betreffenden zuwiderhandelnden Unterzeichnerbüro die Entscheidung mit, und die Aussetzung oder Kündigung des Abkommens mit diesem Unterzeichnerbüro wird nach Ablauf von zwei Monaten ab dem Datum des Poststempels einer solchen Benachrichtigung unmittelbar wirksam.

c) Die übrigen Unterzeichnerbüros machen ihren zuständigen Behörden und der Präsident des Council of Bureaux der Kommission der Europäischen Gemeinschaften von einer solchen Aussetzung oder Kündigung Mitteilung.

d) Wenn der unter Buchstabe b) beschriebene Fall eintritt, macht der Präsident des Council of Bureaux hiervon sämtlichen Mitgliedern des Council of Bureaux Mitteilung und fordert sie auf, die Einstellung des zuwiderhandelnden Unterzeichnerbüros zu der einheitlichen Vereinbarung zu überprüfen.

**Artikel 8**

**Rücktritt von dem Abkommen**

Wenn ein Unterzeichnerbüro beschließen sollte, von diesem Abkommen zurückzutreten, unterrichtet es den Präsidenten des Council of Bureaux unverzüglich schriftlich von dieser Entscheidung, der seinerseits die anderen Unterzeichnerbüros und die Kommission der Europäischen Gemeinschaften unterrichtet. Ein solcher Rücktritt wird wirksam nach Ablauf von sechs Kalendermonaten, gerechnet von dem Tag nach dem Tag der Absendung einer solchen Mitteilung an. Das betreffende Unterzeichnerbüro bleibt gemäß diesem Abkommen verpflichtet, alle Erstattungsforderungen im Zusammenhang mit der Regulierung von Ansprüchen aus Unfällen zu befriedigen, die sich bis zum Ablauf der genannten Frist ereignen.

## Artikel 9

### Unterzeichnungsklausel

Dieses Abkommen wird geschlossen zwischen den nachstehenden Unterzeichnerbüros[1] für die Territorien, für die sie jeweils zuständig sind, in der Form von drei Exemplaren in englischer Sprache und drei Exemplaren in französischer Sprache.

Ein Exemplar in jeder der beiden Sprachen wird jeweils beim Sekretariat des Council of Bureaux, dem Generalsekretariat des Comité Européen des Assurances und der Kommission der Europäischen Gemeinschaften hinterlegt.

---

1 Unterzeichnerbüros 1999: Belgien, Dänemark (ohne Grönland), Deutschland, Finnland, Frankreich (ohne Überseegebiete), Griechenland, Grönland, Großbritannien, Irland, Island, Italien, Kroatien, Liechtenstein, Luxemburg, Monaco, Niederlande, Norwegen, Österreich, Portugal, San Marino, Schweden, Schweiz, Slowakei, Slowenien, Spanien, Tschechien, Ungarn und Vatikanstadt.

# Luxemburger Protokoll[1]
## Interpretationsabkommen zum Zusatzabkommen

Vom 19. Juli 1977

## Protokoll betreffend Auslegung von Artikel 2 des Zusatzabkommens zwischen nationalen Büros vom 12.12.1973

In Anbetracht gewisser Interpretationsschwierigkeiten zwischen den Büros über den Begriff »gewöhnlicher Standort« in Artikel 2 des Zusatzabkommens v. 12.12.1973 vereinbaren die Unterzeichnerbüros – zusätzlich zu den vom Council of Bureaux in der Vergangenheit oder Zukunft gefassten Beschlüssen hinsichtlich der Auslegung des Begriffs »gewöhnlicher Standort« – diesen Begriff im Verhältnis untereinander wie folgt zu interpretieren:

### Artikel 1

Als »gewöhnlicher Standort« eines Kraftfahrzeuges im Sinne des Zusatzabkommens vom 12.12.1973 wird das Gebiet betrachtet, in dem es zugelassen worden ist und dessen amtliches Kennzeichen das Fahrzeug trägt.

Diese Auslegung gilt jedoch nur bis zum Ablauf von einem Jahr, gerechnet von dem im Anhang I[2] zu diesem Protokoll für jedes Gebiet festgelegten objektiven und nachprüfbaren Zeitpunkt.

### Artikel 2

Die Garantie des Büros des Gebiets, dessen amtliches Kennzeichen das Fahrzeug trägt, erstreckt sich nicht auf Schäden, für die das Behandelnde Büro Leistungen erbringen musste und die sich nach der im vorstehenden Artikel beschriebenen 1-Jahres-Frist ereignet haben.

In diesen Fällen verzichtet das Behandelnde Büro auf ein Rückerstattungsrecht für Schadenaufwendungen und Verwaltungskosten gegenüber dem Büro des Gebiets, dessen amtliche Kennzeichen das Fahrzeug trägt, oder dessen Mitgliedern.

---

[1] Am 15.3.1991 haben die Unterzeichnerstaaten des Zusatzabkommens gemeinschaftlich ein Multilaterales Garantieabkommen zwischen nationalen Büros unterzeichnet. Dieses soll die Zusatzabkommen ersetzen; es war aber nicht beabsichtigt, dadurch das Luxemburger Protokoll zu ändern.

[2] Hier nicht abgedruckt.

### Artikel 3

Das Büro des Gebiets, dessen amtliche Kennzeichen das Fahrzeug trägt und das sich gemäß vorerwähnten Artikels dem Rückerstattungsbegehren des Behandelnden Büros widersetzt, hat den schriftlichen Beweis des objektiven und nachprüfbaren Zeitpunkts zu erbringen, der den Lauf der 1-Jahres-Frist in Gang gesetzt hat. Als Nachweis für diesen Zeitpunkt gilt die Vorlage des in Anhang II[1] genannten Dokuments.

### Artikel 4

Was die hier getroffene Auslegung des Begriffs »gewöhnlicher Standort« betrifft, verzichten die Unterzeichnerbüros auf das im Art. 2 e–f des Zusatzabkommens vorgesehenen Schiedsverfahrens.

### Artikel 5

Bei Streitigkeiten über die Auslegung des Begriffs »gewöhnlicher Standort« entscheidet ein eigenes Schiedsgericht.

Das Schiedsgericht besteht aus je einem Schiedsrichter, der durch die beteiligten Büros ernannt wird. Diese Schiedsrichter bestimmen dann einen neutralen Schiedsrichter. Bei Uneinigkeit wird letzterer auf Ersuchen des Büros des Unfalllandes durch den Präsidenten des Council of Bureaux ernannt.

Jeder der so ernannten Schiedsrichter hat eine Stimme. Die Streitigkeit wird durch Mehrheitsbeschluss entschieden, der endgültig und für die streitenden Parteien verbindlich ist.

### Artikel 6

Dieses Protokoll gilt nicht für die in Anhang III[2] erwähnten Fahrzeuge.

### Artikel 7

Das vorliegende Protokoll können alle Büros unterzeichnen, die dem Zusatzabkommen v. 12.12.1973 beigetreten sind.

### Artikel 8

(Satz 1: aufgehoben)

Jedes Büro kann das Protokoll, unter Einhaltung einer Frist von 12 Monaten, durch eingeschriebenen Brief an jedes der übrigen Büros kündigen. Die Frist beginnt mit dem Datum des Poststempels.

---

1  Hier nicht abgedruckt.
2  Hier nicht abgedruckt.

### Artikel 9

Dieses Protokoll tritt am Tage der Unterzeichnung in Kraft und gilt für alle Schadenfälle, die sich während seiner Gültigkeitsdauer ereignen.

## Richtlinie 83/182/EWG des Rates[1]

vom 28. März 1983

### über Steuerbefreiungen innerhalb der Gemeinschaft bei vorübergehender Einfuhr bestimmter Verkehrsmittel

### Artikel 1

### Anwendungsbereich

(1) Die Mitgliedstaaten gewähren unter den nachstehend festgelegten Bedingungen bei der vorübergehenden Einfuhr von Straßenkraftfahrzeugen – einschließlich ihrer Anhänger –, von Wohnwagen, Wassersportfahrzeugen, Sportflugzeugen, Fahrrädern und Reitpferden aus einem Mitgliedstaat eine Befreiung von

– Umsatzsteuern, Sonderverbrauchsteuern und sonstige Verbrauchsabgaben,

– den im Anhang aufgeführten Steuern.

(2) Die Befreiung gemäß Absatz 1 gilt ferner für die normalen Ersatzteile, das normale Zubehör und die normalen Ausrüstungen, die mit den Verkehrsmitteln eingeführt werden.

(3) Die Befreiung gemäß Absatz 1 gilt nicht für Nutzfahrzeuge.

(4)

a) Nicht unter diese Richtlinie fällt die vorübergehende Einfuhr von Personenfahrzeugen, Wohnwagen, Wassersportfahrzeugen, Sportflugzeugen und Fahrrädern zur privaten Nutzung, die nicht zu den allgemeinen Besteuerungsbedingungen des Binnenmarktes eines Mitgliedstaates erworben oder eingeführt wurden und/oder bei deren Ausfuhr eine Befreiung oder Erstattung von Umsatzsteuern, Verbrauchsteuern und sonstigen Verbrauchsabgaben gewährt wird.

Im Sinne dieser Richtlinie als zu den allgemeinen Besteuerungsbedingungen des Binnenmarktes eines Mitgliedstaats erworben gelten Verkehrsmittel, die unter den Bedingungen des Artikels 15 Nummer 10 der Richtlinie 77/388/EWG erworben wurden; jedoch können die Mitgliedstaaten solche Verkehrsmittel als nicht diesen Bedingungen entsprechend ansehen, die unter den Bedingungen des dritten Gedankenstrichs der genannten Nummer 10 erworben wurden.

---

[1] ABl. EG Nr. L 105 v. 23.4.1983, S. 59: unter Berücksichtigung des Gesetzes 6. 12. 1985, BGBl. 1985 II, S. 1249, 1383.

b) Der Rat legt vor dem 31. Dezember 1985 einstimmig auf Vorschlag der Kommission die Gemeinschaftsregeln für die Gewährung der Steuerbefreiung für die unter Buchstabe a) Unterabsatz l genannten Verkehrsmittel fest; dabei berücksichtigt er, dass einerseits eine Doppelbesteuerung vermieden, andererseits eine normale und lückenlose Besteuerung der Verkehrsmittel zur privaten Nutzung gewährleistet werden muss.

## Artikel 2

### Begriffsbestimmungen

Im Sinne dieser Richtlinie bedeutet

a) »Nutzfahrzeuge«: Straßenfahrzeuge, die nach Bauart und Ausrüstung geeignet und bestimmt sind zur entgeltlichen oder unentgeltlichen Beförderung von

- mehr als neun Personen einschließlich des Fahrers,
- Waren

sowie alle besonderen Straßenfahrzeuge für andere als Beförderungszwecke im eigentlichen Sinne;

b) »Personenfahrzeuge«: alle Straßenfahrzeuge, gegebenenfalls einschließlich ihres Anhängers, außer den unter Buchstabe a) genannten;

c) »berufliche Nutzung« eines Verkehrsmittels: die Benutzung des Verkehrsmittels unmittelbar zum Zweck der Ausübung einer entgeltlichen Tätigkeit oder einer Tätigkeit mit Erwerbszweck;

d) »private Nutzung«: jegliche Nutzung, die nicht berufliche Nutzung ist.

## Artikel 3

### Vorübergehende Einfuhr bestimmter Verkehrsmittel für die private Nutzung

Bei der vorübergehenden Einfuhr von Personenfahrzeugen, Wohnwagen, Wassersportfahrzeugen, Sportflugzeugen und Fahrrädern wird je Zwölfmonatszeitraum für höchstens sechs Monate mit oder ohne Unterbrechung Befreiung von den in Artikel 1 genannten Steuern und Abgaben unter folgenden Bedingungen gewährt:

a) Die Privatperson, die diese Gegenstände einführt, muss

    aa) ihren gewöhnlichen Wohnsitz in einem anderen Mitgliedstaat als dem der vorübergehenden Einfuhr haben,

    bb) diese Verkehrsmittel zur privaten Nutzung gebrauchen;

b) die Verkehrsmittel dürfen im Mitgliedstaat der vorübergehenden Einfuhr weder veräußert noch vermietet oder an einen Gebietsansässigen dieses Staates verliehen werden. Jedoch können Personenfahrzeuge im Besitz eines Vermietungsunternehmens mit Geschäftssitz in der Gemeinschaft an einen Gebietsfremden zur Wiederausfuhr des Fahrzeugs weitervermietet werden, wenn sie sich in dem betreffenden Land infolge der Ausführung eines Mietvertrags, der in diesem Lande ausgelaufen ist, befinden. Sie können auch durch einen Bediensteten des Vermietungsunternehmens in den Mitgliedstaat, in dem der Ausgangsort der Vermietung liegt, zurückgebracht werden, auch wenn dieser Bedienstete Gebietsansässiger des Mitgliedstaats der vorübergehenden Einfuhr ist.

## Artikel 4
### Vorübergehende Einfuhr von Personenfahrzeugen für die berufliche Nutzung

(1) Bei der vorübergehenden Einfuhr von Personenfahrzeugen wird im Falle der beruflichen Nutzung Befreiung von den in Artikel 1 genannten Steuern und Abgaben unter folgenden Bedingungen gewährt:

a) Die Privatperson, die das Personenfahrzeug einführt,

   aa) muss ihren gewöhnlichen Wohnsitz in einem anderen Mitgliedstaat als den der vorübergehenden Einfuhr haben;

   bb) darf das Fahrzeug im Mitgliedstaat der vorübergehenden Einfuhr weder für eine Personenbeförderung gegen Entgelt oder sonstige materielle Vergünstigungen noch für eine entgeltliche oder unentgeltliche Güterbeförderung zu gewerblichen oder geschäftlichen Zwecken benutzen.

b) Das Personenfahrzeug darf im Mitgliedstaat der vorübergehenden Einfuhr weder veräußert noch vermietet oder verliehen werden.

c) Das Personenfahrzeug muss zu den allgemeinen Besteuerungsbedingungen des Binnenmarktes des Mitgliedstaats, in dem der Benutzer seinen gewöhnlichen Wohnsitz hat, erworben oder eingeführt worden sein, und bei seiner Ausfuhr darf keine Befreiung oder Erstattung von Umsatzsteuern, Sonderverbrauchsteuern oder sonstigen Verbrauchsabgaben gewährt werden.

   Diese Voraussetzung gilt als erfüllt, wenn das Personenfahrzeug mit einem gewöhnlichen amtlichen Kennzeichen des Mitgliedstaats der amtlichen Zulassung, unter Ausschluss jeglicher vorläufiger Kennzeichen, versehen ist.

Bei Personenfahrzeugen mit amtlicher Zulassung in einem Mitgliedstaat, in dem die Ausgabe der gewöhnlichen amtlichen Kennzeichen nicht an die Erfüllung der allgemeinen Besteuerungsbedingungen des Binnenmarktes gebunden ist, hat der Benutzer den Nachweis über die Entrichtung der Verbrauchsteuern und -abgaben auf geeignete Weise zu erbringen.

(2) Die Befreiung nach Absatz l wird mit oder ohne Unterbrechung gewährt

— bei der Einfuhr eines Personenfahrzeugs durch eine Person, die eine der Vermittlertätigkeiten des Artikels 3 der Richtlinie 64/224/EWG ausübt, je Zwölfsmonatszeitraum für sieben Monate;

— in allen anderen Fällen je Zwölfsmonatszeitraum für sechs Monate.

### Artikel 5

**Besondere Fälle der vorübergehenden Einfuhr von Personenfahrzeugen**

(1) Bei der vorübergehenden Einfuhr von Personenfahrzeugen wird in folgenden Fällen Befreiung von den in Artikel 1 genannten Steuern und Abgaben gewährt:

a) bei Benutzung eines in dem Mitgliedstaat des gewöhnlichen Wohnsitzes des Benutzers zugelassenen Personenfahrzeugs für regelmäßige Fahrten vom Wohnsitz zum Arbeitsplatz des Unternehmens im Gebiet eines anderen Mitgliedstaates und zurück. Diese Befreiung gilt unbefristet;

b) bei Benutzung – durch einen Studenten – eines in dem Mitgliedstaat seines gewöhnlichen Wohnsitzes zugelassenen Personenfahrzeugs im Gebiet des Mitgliedstaats, in dem sich der Student ausschließlich zum Zweck seines Studiums aufhält.

(2) Die Gewährung der Befreiung nach Absatz 1 wird lediglich von der Einhaltung der Bedingungen des Artikels 4 Absatz 1 Buchstaben a), b) und c) abhängig gemacht.

### Artikel 6

**Steuerbefreiung bei vorübergehender Einfuhr von Reitpferden bei Ausflügen zu Pferd**

(Hier nicht abgedruckt)

### Artikel 7

**Allgemeine Bestimmungen über den Nachweis des Wohnsitzes**

(1) Im Sinne dieser Richtlinie gilt als »gewöhnlicher Wohnsitz« der Ort, an dem eine Person wegen persönlicher und beruflicher Bindungen oder – im Falle einer Person ohne berufliche Bindungen – wegen persönlicher Bindungen, die

enge Beziehungen zwischen der Person und dem Wohnort erkennen lassen, gewöhnlich, d.h. während mindestens 185 Tagen im Kalenderjahr, wohnt.

Jedoch gilt als gewöhnlicher Wohnsitz einer Person, deren berufliche Bindungen an einem anderen Ort als dem seiner persönlichen Bindungen liegen und die daher veranlasst ist, sich abwechselnd an verschiedenen Orten in zwei oder mehr Mitgliedstaaten aufzuhalten, der Ort ihrer persönlichen Bindungen, sofern sie regelmäßig dorthin zurückkehrt. Dies ist nicht erforderlich, wenn sich die Person in einem Mitgliedstaat zur Ausführung eines Auftrags von bestimmter Dauer aufhält. Der Universitäts- und Schulbesuch hat keine Verlegung des gewöhnlichen Wohnsitzes zur Folge.

(2) Privatpersonen erbringen den Nachweis über ihren gewöhnlichen Wohnsitz anhand aller geeigneten Mittel, insbesondere des Personalausweises oder jedes anderen beweiskräftigen Dokuments.

(3) Bestehen bei den zuständigen Behörden des Einfuhrmitgliedstaats Zweifel über die Richtigkeit der Angabe des gewöhnlichen Wohnsitzes nach Absatz 2 oder sollen bestimmte spezifische Kontrollen vorgenommen werden, so können diese Behörden nähere Auskünfte oder zusätzliche Belege verlangen.

## Artikel 8

### Weitere Bestimmungen über den Nachweis des Wohnsitzes in Fällen beruflicher Nutzung eines Personenkraftfahrzeugs

Falls in Ausnahmefällen die zuständigen Behörden des Einfuhrmitgliedstaats trotz der ihnen gemäß Artikel 7 Absatz 3 erbrachten weiteren Angaben noch begründete Zweifel hegen, kann die vorübergehende Einfuhr eines Personenfahrzeugs für die berufliche Nutzung von einer Sicherheitsleistung abhängig gemacht werden.

Weist der Benutzer des Fahrzeugs jedoch nach, dass er seinen gewöhnlichen Wohnsitz in einem anderen Mitgliedstaat hat, so müssen die Behörden des Mitgliedstaats der vorübergehenden Einfuhr die Sicherheitsleistung binnen zwei Monaten ab dem Zeitpunkt der Erbringung dieses Nachweises zurückerstatten.

## Artikel 9

### Sonderregelungen

(1) Die Mitgliedstaaten können freizügigere Regelungen beibehalten und/oder treffen, als sie in dieser Richtlinie vorgesehen sind. Insbesondere können sie auf Antrag des Importeurs die vorübergehende Einfuhr während eines längeren Zeitraums gestatten, als er in Artikel 3 und Artikel 4 Absatz 2 vorgesehen ist. In letzterem Fall können die Mitgliedstaaten die im Anhang aufgeführten Steuern

über die in dieser Richtlinie vorgesehenen Zeiträume hinaus erheben. Die Mitgliedstaaten können auch die Weitervermietung der in Artikel 3 Buchstabe b) Satz 2 genannten Personenfahrzeuge an einen Gebietsansässigen des Einfuhrmitgliedstaats zum Zweck der Wiederausfuhr gestatten.

(2) Auf keinen Fall dürfen die Mitgliedstaaten aufgrund dieser Richtlinie innerhalb der Gemeinschaft weniger günstige Steuerbefreiungen anwenden, als sie sie für Verkehrsmittel aus einem Drittland gewähren.

(3) Das Königreich Dänemark wird ermächtigt, seine hinsichtlich des gewöhnlichen Wohnsitzes geltenden Regelungen beizubehalten, nach denen alle Personen, einschließlich Studenten, in dem in Artikel 5 Absatz 1 Buchstabe b) bezeichneten Fall, ihren gewöhnlichen Wohnsitz in Dänemark haben, wenn sie dort ein Jahr oder 365 Tage während eines Zeitraums von 24 Monaten bleiben.

Zur Vermeidung der Doppelbesteuerung ist jedoch folgendes zu beachten:

- Sofern die Anwendung dieser Regel dazu führt, dass eine Person zwei Wohnsitze hat, so ist ihr gewöhnlicher Wohnsitz der Ort, an dem ihr Ehegatte und ihre Kinder wohnen;
- in ähnlichen Fällen stimmt sich das Königreich Dänemark mit dem anderen betroffenen Mitgliedstaat im Hinblick darauf ab, welcher der beiden Wohnsitze für Besteuerungszwecke zugrunde zu legen ist.

Vor Ablauf eines Zeitraums von drei Jahren überprüft der Rat anhand eines Berichtes der Kommission die in diesem Absatz genannte Ausnahme und trifft gegebenenfalls auf einen gemäß Art. 99 des Vertrages unterbreiteten Vorschlag der Kommission hin die erforderlichen Maßnahmen, um die Beseitigung dieser Ausnahme zu gewährleisten.

(4) Die Mitgliedstaaten setzen die Kommission von den in Absatz 1 bezeichneten Regelungen zu dem Zeitpunkt in Kenntnis, zu dem sie den Verpflichtungen nach Artikel 10 nachkommen. Die Kommission teilt diese Regelungen dann den anderen Mitgliedstaaten mit.

## Artikel 10

### Schlussbestimmungen

(1) Die Mitgliedstaaten erlassen die erforderlichen Rechts- und Verwaltungsvorschriften, um dieser Richtlinie bis zum 1. Januar 1984 nachzukommen. Sie setzen die Kommission unverzüglich davon in Kenntnis.

(2) Ist die praktische Anwendung dieser Richtlinie mit Schwierigkeiten verbunden, so treffen die zuständigen Behörden der betreffenden Mitgliedstaaten die erforderlichen Entscheidungen im gegenseitigen Einvernehmen; dabei be-

rücksichtigen sie insbesondere die Übereinkommen und Gemeinschaftsrichtlinien über gegenseitige Unterstützung.

(3) Die Mitgliedstaaten tragen dafür Sorge, dass der Kommission der Wortlaut der wichtigen innerstaatlichen Rechts- und Verwaltungsvorschriften übermittelt wird, die sie auf dem unter diese Richtlinie fallenden Gebiet erlassen.

(4) Die Kommission erstattet dem Rat und dem Europäischen Parlament nach Konsultation der Mitgliedstaaten alle zwei Jahre Bericht über die Anwendung dieser Richtlinie in den Mitgliedstaaten, insbesondere was den Begriff »gewöhnlicher Wohnsitz« anbelangt, und schlägt die erforderlichen Gemeinschaftsbestimmungen vor, die auf die Einführung eines einheitlichen Systems in allen Mitgliedstaaten abzielen.

## Artikel 11

Diese Richtlinie ist an die Mitgliedstaaten gerichtet.

**Anhang**
**Verzeichnis der Steuern nach Artikel 1 Absatz 1 zweiter Gedankenstrich**

Belgien

- Taxe de circulation sur les véhicules automobiles
  (Arrêté royal du 23 novembre 1965 portant codification des dispositions legales relatives aux taxes assimilées aux impôts sur les revenus – Moniteur belge du 18 janvier 1966);

- Verkeersbelasting op de autovoertuigen
  (Koninklijk Besluit van 23 november 1965 houdende codificatie van de wettelijke bepalingen betreffende de met de inkomstenbelastingen gelijkgestelde belastingen – Belgisch Staatsblad van 18 januari 1966);

Dänemark

- Vægtafgift af motorkøretøjer (Lovbekendtgørelse Nr. 163 af 31. marts 1993);

Deutschland

- Kraftfahrzeugsteuer (Kraftfahrzeugsteuergesetz – 1979)
  Kraftfahrzeugsteuer-Durchführungsverordnung – 1979;

Finnland

- Moottoriajoneuvovero/motorfordonsskatt
  (Laki moottoriajoneuvoverosta/Lag om skatt på motorfordon 722/66);

Frankreich

- Taxe différentielle sur les véhicules à moteur
 (Loi N° 77–1467 du 30 decembre 1977);

- Taxe sur les véhicules d'une puissance fiscale supérieure à 16 CV immatriculés dans la catégorie des voitures particulières
 (Loi de finances 1979 – Article 1007 du code général des impôts);

Griechenland

- Τέλη κυκολφορίας (Ν. 2367/53 ως ισχύει σήμερα)

Irland

- Motor vehicle excise duties
 (Finance (Excise duties) (Vehicles) Act 1952 as amended, and Section 94, Finance Act 1973 as amended);

Italien

- Tassa sulla circolazione degli autoveicoli
 (TU delle leggi sulle tasse automobilistiche approvato con DPRN 39 del 5 febbraio 1953 e successive modificazioni);

Luxemburg

- Taxe sur les véhicules automoteurs
 (Loi allemande du 23 mars 1935 (Kraftfahrzeugsteuergesetz) maintenue en vigueur par l'arrêté grand-ducal du 26 octobre 1944, modifiée par la loi du 4 août 1975 et les règlements grand-ducaux du 15 septembre 1975 et du 31 octobre 1975);

Niederlande

- Motorrijtuigenbelasting (wet op de motorrijtuigenbelasting 21 juli 1966, Stb 332 – wet van 18 december 1969/Stb 548);

Österreich

- Kraftfahrzeugsteuer (BGBl Nr. 449/1992);

Portugal

- Imposto sobre veiculos (Decreto-Lei N° 143/78, de 12 de Junho)

- Imposto de compensacao (Decreto-Lei N° 354–A/82, de 9 de Setembro);

Schweden

- Fordonsskatt (Fordonsskattelagen, 1988: 327);

Spanien

- Tributes locales sobre circulación de vehiculos automóviles (establecido en base a la Ley 41/1979, de 19 de noviembre, de Bases de Régimen Local y al Real Decreto 3250/1976, de 30 de diciembre);

Vereinigtes Königreich

- Vehicle excise duty (Vehicles (Excise) Act 1971).

## Richtlinie 93/89/EWG des Rates[1]

vom 25. Oktober 1993

**über die Besteuerung bestimmter Kraftfahrzeuge zur Güterbeförderung sowie die Erhebung von Maut- und Benutzungsgebühren für bestimmte Verkehrswege durch die Mitgliedstaaten**

### Allgemeine Bestimmungen

### Artikel 1

Die Mitgliedstaaten gleichen erforderlichenfalls ihre Systeme für die Besteuerung von Kraftfahrzeugen sowie für die Maut- und Benutzungsgebühren gemäß dieser Richtlinie an.

Diese Richtlinie betrifft nicht Fahrzeuge, die ausschließlich für Transporte in den außereuropäischen Gebieten der Mitgliedstaaten eingesetzt werden.

Sie betrifft ferner nicht auf den Kanarischen Inseln, den Azoren und Madeira bzw. in Ceuta und Melilla zugelassene Fahrzeuge, die ausschließlich für Transporte in diesen Gebieten oder zwischen diesen Gebieten und dem spanischen bzw. dem portugiesischen Festland eingesetzt werden.

### Artikel 2

Im Sinne dieser Richtlinie bezeichnet der Ausdruck

- »Autobahn« eine Straße, die nur für den Verkehr mit Kraftfahrzeugen bestimmt und gebaut ist, zu der von den angrenzenden Grundstücken aus keine unmittelbare Zufahrt besteht und die

    i. für beide Verkehrseinrichtungen besondere Fahrbahnen hat – außer an einzelnen Stellen oder vorübergehend –, die durch einen nicht für den Verkehr bestimmten Geländestreifen oder in Ausnahmefällen auf andere Weise voneinander getrennt sind;

    ii. keine höhengleiche Kreuzung mit Straßen, Eisenbahn- oder Straßenbahnschienen oder Gehwegen hat und

    iii. als Autobahn besonders gekennzeichnet ist.

- »Maut« eine für eine Fahrt eines Kraftfahrzeugs zwischen zwei Punkten auf einem der Verkehrswege nach Artikel 7 Buchstabe d) zu leistende Zahlung, deren Höhe sich nach der zurückgelegten Wegstrecke und der Fahrzeugklas-

---

[1] ABl. EG Nr. L 279 v. 12.11.1993, S. 32.

se richtet;

– »Benutzungsgebühr« eine Zahlung, die während eines bestimmten Zeitraums zur Benutzung der in Artikel 7 Buchstabe d) genannten Verkehrswege durch ein Kraftfahrzeug berechtigt;

– »Kraftfahrzeug« ein Kraftfahrzeug oder eine Fahrzeugkombination, die ausschließlich für den Güterkraftverkehr bestimmt sind und deren zulässiges Gesamtgewicht mindestens 12 Tonnen beträgt.

### Kraftfahrzeugsteuer

### Artikel 3

(1) Kraftfahrzeugsteuern im Sinne von Artikel 1 sind folgende Steuern:[1]

| | |
|---|---|
| Belgien: | ... |
| Dänemark: | ... |
| Deutschland: | Kraftfahrzeugsteuer |
| Frankreich: | ... |
| Griechenland: | ... |
| Irland: | ... |
| Italien: | ... |
| Luxemburg: | ... |
| Niederlande: | ... |
| Portugal: | ... |
| Spanien: | ... |
| Vereinigtes Königreich: | ... |

(2) Der Mitgliedstaat, der eine der Steuern gemäß Absatz 1 durch eine andere gleichartige Steuer ersetzt, unterrichtet die Kommission davon, die dann die erforderlichen Änderungen vornimmt.

### Artikel 4

Die Verfahren zur Erhebung und Einziehung der in Artikel 3 genannten Steuern werden von jedem Mitgliedstaat festgelegt.

### Artikel 5

Die in Artikel 3 genannten Steuern für Fahrzeuge, die in einem Mitgliedstaat zugelassen sind, werden nur von dem Mitgliedstaat der Zulassung erhoben.

---

1 Vgl. Verzeichnis der Steuern nach Artikel 1 Absatz 1 der Rili 83/182/EWG auf Seite 400.

## Artikel 6

(1) Ungeachtet der Struktur der Steuern nach Artikel 3 setzen die Mitgliedstaaten die entsprechenden Steuersätze so fest, dass sie für alle Fahrzeugklassen oder -unterklassen gemäß dem Anhang[1] nicht unter den dort aufgeführten Mindestsätzen liegt.

(2) Griechenland, Spanien, Frankreich, Italien und Portugal dürfen bis zum 31. Dezember 1997 ermäßigte Sätze von nicht weniger als 50% der Mindestsätze nach dem Anhang verwenden.

(3) Die Mitgliedstaaten können ermäßigte Sätze oder Befreiungen anwenden auf

— Kraftfahrzeuge der nationalen Verteidigung, des Katastrophenschutzes, der Feuerwehrdienste, anderer Notdienste, der Ordnungsbehörden und der Fahrzeuge des Straßenwartungsdienstes;

— Kraftfahrzeuge, die nur gelegentlich im Straßenverkehr des Mitgliedstaats eingesetzt werden, in dem sie zugelassen sind, und die von natürlichen oder juristischen Personen benutzt werden, deren Hauptgewerbe nicht der Güterverkehr ist, sofern die mit den Fahrzeugen durchgeführten Transporte keine Wettbewerbsverzerrungen verursachen und die Kommission ihre Zustimmung dazu gegeben hat.

(4) Vorbehaltlich der Überprüfung nach Artikel 12 können die Mitgliedstaaten bis zum 1. Juli 1998 besondere Ausnahmebestimmungen auf Fahrzeuge mit bis zu höchstens drei Achsen anwenden, die ausschließlich für den innerstaatlichen örtlichen Verkehr eingesetzt werden.

Die Kommission bewertet regelmäßig die Anwendung der Ausnahmebestimmungen. Sie erstattet dem Rat hierüber jährlich Bericht.

(5)

a) Der Rat kann einstimmig auf Vorschlag der Kommission einen Mitgliedstaat ermächtigen, aus besonderen Gründen sozial- bzw. wirtschaftspolitischer Art oder aus Gründen der Infrastrukturpolitik dieses Staates zusätzliche Befreiungen oder ermäßigte Sätze beizubehalten. Diese Befreiungen oder ermäßigten Sätze dürfen nur für Fahrzeuge gewährt werden, die in diesen Mitgliedstaaten zugelassen sind und ausschließlich Transporte innerhalb eines genau festgelegten Teils seines Hoheitsgebiets durchführen.

---

1 Hier nicht abgedruckt; betrifft die Steuersätze in der Differenzierung Fahrzeugart und Anzahl der Achsen, die in ECU ausgewiesen und nach Artikel 11 Absatz 1 der Rili einmal jährlich festgelegt werden.

b) Jeder Mitgliedstaat, der eine solche Befreiung oder einen solchen ermäßigten Satz beizubehalten wünscht, teilt dies der Kommission mit und übermittelt ihr ferner alle erforderlichen Informationen. Die Kommission teilt den anderen Mitgliedstaaten die vorgeschlagene Befreiung oder den vorgeschlagenen ermäßigten Satz innerhalb eines Monats mit.

Die Beibehaltung der vorgeschlagenen Befreiung oder des vorgeschlagenen ermäßigten Satzes gilt als vom Rat zugelassen, wenn innerhalb von zwei Monaten ab dem Zeitpunkt, zu dem die anderen Mitgliedstaaten gemäß vorstehenden Unterabsatz unterrichtet worden sind, weder die Kommission noch ein Mitgliedstaat eine Prüfung dieser Frage durch den Rat beantragt hat.

(6) Unbeschadet der Absätze 3, 4 und 5 dieses Artikels sowie des Artikels 6 der Richtlinie 92/106/EWG des Rates vom 7. Dezember 1992 über die Festlegung gemeinsamer Regeln für bestimmte Beförderungen im kombinierten Güterverkehr zwischen Mitgliedstaaten[1] dürfen die Mitgliedstaaten bei den Steuern im Sinne des Artikels 3 keine Befreiung oder Ermäßigung gewähren, die zur Folge hätte, dass der zu entrichtende Steuerbetrag unter den Mindestsätzen der Absätze 1 und 2 dieses Artikels liegt.

(7) Die Mindestsätze nach Absatz 1 bleiben bis zum 31. Dezember 1997 unverändert. Nach diesem Zeitpunkt passt der Rat diese Mindestsätze nach dem im Vertrag vorgesehenen Verfahren gegebenenfalls an.

## Maut- und Benutzungsgebühren

### Artikel 7

Die Mitgliedstaaten dürfen unter folgenden Bedingungen Mautgebühren beibehalten und/oder Benutzungsgebühren einführen:

a) Die Maut- und Benutzungsgebühren dürfen nicht gleichzeitig für die Benutzung ein und desselben Straßenabschnitts erhoben werden.

Jedoch können die Mitgliedstaaten bei Netzen, in denen für die Benutzung von Brücken, Tunneln und Gebirgspässen Gebühren erhoben werden, auch Mautgebühren erheben.

b) Unbeschadet des Artikels 8 Absatz 2 Buchstabe e) und des Artikels 9 dürfen die Maut- und Benutzungsgebühren weder mittelbar noch unmittelbar zu einer unterschiedlichen Behandlung aufgrund der Staatsangehörigkeit des Verkehrsunternehmers bzw. des Ausgangs- oder Zielpunktes des Verkehrs führen.

---
1 ABl. EG Nr. L 368 v. 17.12.1992, S. 38.

c) Die Maut- und Benutzungsgebühren werden so eingeführt und erhoben und ihre Zahlung wird so kontrolliert, dass sie den Verkehrsfluss möglichst wenig beinträchtigen, wobei darauf zu achten ist, dass sie keine Zwangskontrollen an den Binnengrenzen der Gemeinschaft erfordern. Hierbei arbeiten die Mitgliedstaaten zusammen, um es den Verkehrsunternehmern zu ermöglichen, die Benutzungsgebühren insbesondere auch außerhalb derjenigen Mitgliedstaaten zu entrichten, in denen sie erhoben werden.

d) Die Maut- und Benutzungsgebühren werden nur für die Benutzung von Autobahnen, anderen mehrspurigen Straßen, die ähnliche Merkmale wie Autobahnen aufweisen, Brücken, Tunneln und Gebirgspässen erhoben.

Jedoch können sie in einem Mitgliedstaat, der über kein allgemeines Netz von Autobahnen oder Straßen mit zwei Richtungsfahrbahnen, die ähnliche Merkmale wie Autobahnen aufweisen, verfügt, für die Benutzung der höchsten Straßenkategorie des betreffenden Mitgliedstaats erhoben werden.

Nach Anhörung der Kommission gemäß dem Verfahren der Entscheidung des Rates vom 21. März 1962 über die Einführung eines Verfahrens zur vorherigen Prüfung und Beratung künftiger Rechts- und Verwaltungsvorschriften der Mitgliedstaaten auf dem Gebiet des Verkehrs[1] können sie auch für die Benutzung anderer Abschnitte des primären Straßennetzes erhoben werden, insbesondere wenn dies aus Sicherheitsgründen gerechtfertigt ist.

e) Ein Mitgliedstaat kann vorsehen, dass für in seinem Hoheitsgebiet zugelassene Fahrzeuge eine Benutzungsgebühr für die Benutzung seines gesamten Straßennetzes zu entrichten ist.

f) Für die Benutzungsgebühren wird von den betreffenden Mitgliedstaaten ein Betrag festgelegt, der, einschließlich der Verwaltungskosten, nicht höher ist als 1 250 ECU pro Jahr; im Rahmen dieses Höchstbetrags können die Mitgliedstaaten den Betrag der Benutzungsgebühren entsprechend der einzelstaatlichen Kraftfahrzeugsteuer festlegen.

Dieser Höchstsatz wird zum 1. Januar 1997 und anschließend alle zwei Jahre überprüft; der Rat nimmt nach den im Vertrag vorgesehenen Verfahren gegebenenfalls die notwendigen Anpassungen vor.

g) Die Sätze der Benutzungsgebühren entsprechen der Dauer der Benutzung der betreffenden Straßenverkehrseinrichtung.

Einem Mitgliedstaat ist es gestattet, nur Jahresgebühren auf die in seinem Hoheitsgebiet zugelassenen Kraftfahrzeuge zu erheben.

---

[1] ABl. EG Nr. 23 v. 3.4.1962, S. 720/62. Entscheidung geändert durch die Entscheidung 73/402/EWG des Rates v. 22. November 1973 (ABl. EG Nr. L 347 v. 17.12.1973, S. 48).

h) Die Mautgebühren orientieren sich an den Kosten für Bau, Betrieb und weiteren Ausbau des betreffenden Straßennetzes.

### Artikel 8

(1) Zwei oder mehr Mitgliedstaaten können bei der Einführung eines gemeinsamen Systems von Benutzungsgebühren für ihre Hoheitsgebiete zusammenarbeiten. Diese Mitgliedstaaten beteiligen die Kommission eng an diesen Arbeiten sowie an dem späteren Betrieb und etwaigen Änderungen des Systems.

(2) Unter Beachtung des Artikels 7 gelten für ein solches gemeinsames System folgende Bestimmungen:

a) Für die jährlichen gemeinsamen Benutzungsgebühren wird von den teilnehmenden Mitgliedstaaten ein Betrag festgelegt, der nicht über der in Artikel 7 Buchstabe f) genannten Obergrenze liegt;

b) die Entrichtung der gemeinsamen Benutzungsgebühren berechtigt zur Benutzung des von jedem teilnehmenden Mitgliedstaat gemäß Artikel 7 Buchstabe d) definierten Straßennetzes;

c) andere Mitgliedstaaten können sich dem gemeinsamen System anschließen;

d) die teilnehmenden Mitgliedstaaten arbeiten eine Aufteilungsregelung aus, um jedem teilnehmenden Mitgliedstaat einen gerechten Anteil an den Einnahmen aus den Benutzungsgebühren zu sichern;

e) die teilnehmenden Mitgliedstaaten können spätestens bis zum 31. Dezember 1997 angemessen ermäßigte Benutzungsgebührensätze für Kraftfahrzeuge anwenden, die in bestimmten Mitgliedstaaten zugelassen sind, deren Volkswirtschaften Entwicklungsunterschiede aufweisen und die durch ihre besondere geographische Lage benachteiligt sind, wozu gegebenenfalls durch politische Unruhen in Drittländern weitere Erschwerungen kommen.

### Artikel 9

Nach Anhörung der Kommission gemäß dem Verfahren der Entscheidung des Rates vom 21. März 1962 kann von den betreffenden Mitgliedstaaten eine Sonderregelung für die Grenzgebiete eingeführt werden.

### Schlussbestimmungen

### Artikel 10

Diese Richtlinie steht der Erhebung folgender Steuern und Gebühren durch Mitgliedstaaten nicht entgegen:

a) spezifische Steuern oder Abgaben,

   – die bei der Zulassung des Fahrzeugs erhoben werden oder

   – mit denen Fahrzeuge oder Ladungen mit ungewöhnlichen Gewichten oder Abmessungen belegt werden;

b) Parkgebühren und spezielle Gebühren für die Benutzung von Stadtstraßen;

c) spezifische Gebühren, mit denen orts- und zeitbedingte Verkehrsstauungen entgegengewirkt werden soll.

## Artikel 11

(1) Für die Zwecke dieser Richtlinie wird der Kurs für die Umrechnung des ECU in die verschiedenen Landeswährungen einmal jährlich festgelegt. Maßgeblich sind die am ersten Arbeitstag im Oktober geltenden und im Amtsblatt der Europäischen Gemeinschaften veröffentlichten Kurse; sie finden ab 1. Januar des darauffolgenden Kalenderjahres Anwendung.

(2) Verändern sich die in Landeswährung ausgedrückten Beträge durch die Umrechnung der in ECU ausgedrückten Beträge um weniger als 5% oder um weniger als 5 ECU, wobei der jeweils niedrigere Wert maßgeblich ist, so können die Mitgliedstaaten die Beträge beibehalten, die zum Zeitpunkt der in Absatz 1 vorgesehenen jährlichen Anpassung gelten.

## Artikel 12

(1) Die Kommission erstattet dem Rat spätestens zum 31. Dezember 1997 Bericht über die Durchführung dieser Richtlinie, wobei sie der Entwicklung der Technik und des Verkehrsaufkommens Rechnung trägt.

Damit die Kommission diesen Bericht erstellen kann, übermitteln die Mitgliedstaaten der Kommission spätestens zum 1. Juni 1997 die erforderlichen Angaben.

Zusammen mit diesem Bericht werden gegebenenfalls Vorschläge für die Einführung einer auf das Territorialitätsprinzip gestützten Regelung zur Anlastung der Wegekosten vorgelegt, in dem nationale Grenzen eine untergeordnete Rolle spielen.

(2) Darüber hinaus berücksichtigen die Mitgliedstaaten, die elektronische Systeme zur Erhebung von Maut- und/oder Benutzungsgebühren einführen, dass diese Systeme untereinander verknüpfbar sein sollen.

### Artikel 13

(1) Die Mitgliedstaaten setzen die erforderlichen Rechts- und Verwaltungsvorschriften in Kraft, um dieser Richtlinie vor dem 1. Januar 1995 nachzukommen. Sie unterrichten die Kommission unverzüglich davon.

Wenn die Mitgliedstaaten diese Vorschriften erlassen, nehmen sie in den Vorschriften selbst oder durch einen Hinweis bei der amtlichen Veröffentlichung auf diese Richtlinie Bezug. Die Mitgliedstaaten regeln die Einzelheiten der Bezugnahme.

(2) Die Mitgliedstaaten teilen der Kommission den Wortlaut der wichtigsten innerstaatlichen Rechtsvorschriften mit, die sie auf dem unter diese Richtlinie fallenden Gebiet erlassen. Die Kommission setzt die anderen Mitgliedstaaten davon in Kenntnis.

### Artikel 14

Diese Richtlinie ist an die Mitgliedstaaten gerichtet.

# Übereinkommen
## über die Erhebung von Gebühren für die Benutzung bestimmter Straßen mit schweren Nutzfahrzeugen[1]

## Inhaltsübersicht

Artikel  1: Zweck des Übereinkommens
Artikel  2: Begriffsbestimmungen
Artikel  3: Gebührenpflicht
Artikel  4: Ausnahmen von der Gebührenpflicht (Befreiungen)
Artikel  5: Gebührenschuldner
Artikel  6: Gebührenerhebung
Artikel  7: Entrichtungszeitraum
Artikel  8: Gebührensätze
Artikel  9: Nachweis der Gebührenentrichtung
Artikel 10: Erstattung bei Nichtbenutzung
Artikel 11: Kontrolle
Artikel 12: Sanktionen
Artikel 13: Verteilung des Gebührenaufkommens
Artikel 14: Einrichtung eines Koordinierungsausschusses
Artikel 15: Schiedsverfahren
Artikel 16: Beitritt
Artikel 17: Verzicht auf Gebührenerhebung
Artikel 18: Kündigung
Artikel 19: Inkrafttreten
Artikel 20: Geltungsdauer

Die Regierungen
des Königreichs Belgien,
des Königreichs Dänemark,
der Bundesrepublik Deutschland,
des Großherzogtums Luxemburg,
des Königreichs der Niederlande und
des Königreichs Schweden[2] –

aufgrund der Richtlinie 93/89/EWG des Rates der Europäischen Gemeinschaften v. 25. Oktober 1993 über die Besteuerung bestimmter Kraftfahrzeuge zur Güterbeförderung sowie die Erhebung von Maut- und Benutzungsgebühren für bestimmte Verkehrswege durch die Mitgliedstaaten,

---

1 BGBl. 1994 II, S. 1768.
2 Gesetz zum Beitritt Schwedens zu dem Übereinkommen v. 23.7.1998, BGBl. 1998 II, S. 1615.

aufgrund der während der 168. Tagung des Rates der Europäischen Gemeinschaften am 7., 8. und 9. Juni 1993 in Luxemburg abgegebenen Gemeinsamen Erklärung der belgischen, der dänischen, der deutschen, der luxemburgischen und der niederländischen Delegation zu einem gemeinsamen Benutzungsgebührensystem –

haben folgendes vereinbart:

### Artikel 1
### Zweck des Übereinkommens

Zweck dieses Übereinkommens ist die Erhebung einer gemeinsamen Benutzungsgebühr durch die Vertragsparteien für Kraftfahrzeuge, die bestimmte Straßen in ihrem Hoheitsgebiet benutzen, sowie die Festlegung der Bedingungen und Verfahren zur Verteilung der Gebühreneinnahmen.

### Artikel 2
### Begriffsbestimmungen

(1) Es gelten die Begriffsbestimmungen des Artikels 2 der Richtlinie 93/89/EWG des Rates der Europäischen Gemeinschaften v. 25. Oktober 1993 über die Besteuerung bestimmter Kraftfahrzeuge zur Güterbeförderung sowie die Erhebung von Maut- und Benutzungsgebühren für bestimmte Verkehrswege durch die Mitgliedstaaten, im folgenden als Richtlinie bezeichnet.

(2) Im übrigen bedeutet im Sinne dieses Übereinkommens:

»Hoheitsgebiet der Vertragsparteien« das jeweilige europäische Hoheitsgebiet des Königreichs Belgien, des Königreichs Dänemark, der Bundesrepublik Deutschland, des Großherzogtums Luxemburg und des Königreichs der Niederlande und des Königreichs Schweden.

### Artikel 3
### Gebührenpflicht

(1) Die Vertragsparteien erheben in ihrem Hoheitsgebiet für die Benutzung von Autobahnen mit Kraftfahrzeugen im Sinne des Artikels 2 der Richtlinie ab 1. Januar 1995 entsprechend diesem Übereinkommen eine gemeinsame Gebühr. Autobahnen, die zu oder von einem Grenzübergang zu Mitgliedstaaten der Europäischen Union führen, in denen die gemeinsame Gebühr nicht erhoben wird, können im Hoheitsgebiet der Vertragsparteien vom Grenzübergang bis zur nächsten Anschlussstelle zum gebührenfreien Netz entsprechend dem Verfahren nach Artikel 9 der Richtlinie von der Gebühr ausgenommen werden.

(2) Jede Vertragspartei kann die Erhebung der gemeinsamen Gebühr entsprechend Artikel 7 Buchstabe d) der Richtlinie auf andere Straßen ausdehnen.

(3) Jede Vertragspartei kann für in ihrem Hoheitsgebiet zugelassene Kraftfahrzeuge nach Artikel 7 Buchstabe e) der Richtlinie die Gebühr für ihr gesamtes Straßennetz erheben.

(4) Die Gebühr wird für ein bestimmtes Kraftfahrzeug entrichtet. Sie ist nicht von einem Kraftfahrzeug auf ein anderes übertragbar.

### Artikel 4
### Ausnahmen von der Gebührenpflicht (Befreiungen)

(1) Von der Gebühr nach Artikel 3 sind Kraftfahrzeuge der Streitkräfte, des Zivil- und Katastrophenschutzes, der Feuerwehr und anderer Notdienste, der Ordnungsbehörden und des Straßenunterhaltungs- oder Straßenbetriebsdienstes befreit.

(2) Jede Vertragspartei kann für ihr Hoheitsgebiet Kraftfahrzeuge, die in Artikel 6 Absatz 3 2. Anstrich der Richtlinie bezeichnet sind, von der Gebühr nach Artikel 3 befreien.

(3) Voraussetzung für die Gebührenbefreiung nach Absatz 1 ist, dass die Kraftfahrzeuge äußerlich als für die dort genannten Zwecke bestimmt erkennbar sind. Im Falle des Absatzes 2 unterrichten die Vertragsparteien einander sowie die Kommission der Europäischen Gemeinschaften über die Kraftfahrzeuge, für die sie Gebührenbefreiung gewähren.

(4) Im Fall von Fahrzeugkombinationen ist das Motorfahrzeug für die Gebührenbefreiung der Kombination maßgebend.

### Artikel 5
### Gebührenschuldner

Gebührenschuldner ist die Person, die während der Zeit der Benutzung der in Artikel 3 genannten Straßen

1. über den Gebrauch des Motorfahrzeugs bestimmt,

2. das Motorfahrzeug führt,

3. Eigentümer oder Halter des Motorfahrzeugs ist.

Mehrere Gebührenschuldner haften als Gesamtschuldner.

## Artikel 6
### Gebührenerhebung

Das Verfahren der Gebührenerhebung wird auf Verwaltungsebene zwischen den Vertragsparteien unter Beiziehung der Kommission der Europäischen Gemeinschaften entsprechend Artikel 8 Absatz 1 der Richtlinie geregelt.

## Artikel 7
### Entrichtungszeitraum

(1) Die Gebühr kann für einen nach Kalendertagen, Wochen, Monaten oder Jahren bestimmbaren Zeitraum entrichtet werden; ein Jahr ist der längste Zeitraum, der vorgesehen werden kann.

(2) Für einen Zeitraum von einer Woche oder mehr kann die Gebühr unbeschadet des Absatzes 3 mit Wirkung vom Beginn jedes Kalendertags entrichtet werden.

(3) Vertragsparteien, die für in ihrem Hoheitsgebiet zugelassene Kraftfahrzeuge nur Jahresgebühren erheben, können als jährlichen Zeitraum das Kalenderjahr festlegen.

## Artikel 8
### Gebührensätze

(1) Die Gebühr einschließlich der Verwaltungskosten für ein Jahr beträgt für Kraftfahrzeuge

| | |
|---|---:|
| 1. mit bis zu drei Achsen | 750 ECU |
| 2. mit vier oder mehr Achsen | 1250 ECU |

(2) Die Gebühr einschließlich der Verwaltungskosten für einen Monat beträgt für Kraftfahrzeuge

| | |
|---|---:|
| 1. mit bis zu drei Achsen | 75 ECU |
| 2. mit vier oder mehr Achsen | 125 ECU |

(3) Die Gebühr einschließlich der Verwaltungskosten für eine Woche beträgt für Kraftfahrzeuge

| | |
|---|---:|
| 1. mit bis zu drei Achsen | 20 ECU |
| 2. mit vier oder mehr Achsen | 33 ECU |

(4) Die Gebühr einschließlich der Verwaltungskosten für einen Tag beträgt für beide Fahrzeugklassen einheitlich 6 ECU.

(5) Für Kraftfahrzeuge, die in Griechenland zugelassen sind, beträgt die Gebühr nach den Absätzen 1 bis 4 für eine Übergangszeit bis zum 31. Dezember 1997 die Hälfte der dort genannten Sätze.

Für Kraftfahrzeuge, die in Irland oder Portugal zugelassen sind, beträgt die Gebühr nach den Absätzen 1 bis 4 für eine Übergangszeit bis zum 31. Dezember 1996 die Hälfte der dort genannten Sätze.

(6) Vertragsparteien, die für in ihrem Hoheitsgebiet zugelassene Kraftfahrzeuge nur Jahresgebühren erheben, können bei der Festlegung der zu entrichtenden Gebühr nach Absatz 1 die größtmögliche Fahrzeugkombination zugrundelegen, deren Teil ein gebührenpflichtiges Motorfahrzeug sein kann.

(7) Für die Zwecke dieses Übereinkommens wird der Kurs für die Umrechnung der ECU in die verschiedenen Landeswährungen nach Artikel 11 der Richtlinie festgelegt.

## Artikel 9
### Nachweis der Gebührenentrichtung

(1) Über die Entrichtung der Gebühr wird eine Bescheinigung erteilt.

(2) Die Bescheinigung nach Absatz 1 muss enthalten:

1. das Datum und die Uhrzeit der Ausstellung,

2. den Zeitraum, für den die Gebühr entrichtet wird,

3. die Gebührenklassen,

4. die Höhe der Gebühr,

5. das amtliche Kennzeichen des Motorfahrzeuges einschließlich der Nationalität.

(3) Der Fahrzeugführer hat die Bescheinigung nach Absatz 1 während der Benutzung gebührenpflichtiger Straßen mitzuführen und auf Verlangen vorzuzeigen.

## Artikel 10
### Erstattung bei Nichtbenutzung

(1) Die Gebühr wird auf Antrag erstattet, wenn die Bescheinigung vor Ablauf des Entrichtungszeitraums zurückgegeben wird. Eine Erstattung ist ausgeschlossen, wenn die Gebühr für weniger als ein Jahr entrichtet worden ist.

(2) Bei der Berechnung des Erstattungsbetrags wird nur die Anzahl der verbleibenden Monate des Entrichtungszeitraums, und zwar in Teilbeträgen in Höhe

je eines Zwölftels der Gebühr nach Artikel 8 Abs. 1, zugrunde gelegt. Für die Bearbeitung des Erstattungsantrags wird eine Verwaltungsgebühr von 25 ECU erhoben.

(3) Vertragsparteien, die für in ihrem Hoheitsgebiet zugelassene Kraftfahrzeuge nur Jahresgebühren erheben, können für diese Kraftfahrzeuge auf Erstattung verzichten.

## Artikel 11
### Kontrolle

(1) Jede Vertragspartei kontrolliert die Einhaltung der Vorschriften über die Gebührenentrichtung in eigener Verantwortung; sie bestimmt die für die Kontrolle zuständige Behörde und richtet sie ein.

(2) Sie teilt den anderen Vertragsparteien sowie der Kommission der Europäischen Gemeinschaften die zu diesem Zweck von ihr erlassenen Rechts- und Verwaltungsvorschriften sowie die Behörden und Organisationen mit, die für die Einhaltung der Vorschriften über die Gebührenentrichtung in ihrem jeweiligen Hoheitsgebiet zuständig sind.

(3) Die Vertragsparteien und die von ihnen bezeichneten Behörden und Organisationen arbeiten zum Zweck der Kontrolle zusammen.

## Artikel 12
### Sanktionen

Die Vertragsparteien stellen sicher, dass Verstöße gegen die Gebührenpflicht sowie gegen die Pflicht zur Mitführung der Bescheinigung geahndet werden.

## Artikel 13
### Verteilung des Gebührenaufkommens

(1) Das Gebührenaufkommen, das im Hoheitsgebiet einer Vertragspartei, von der die gemeinsame Gebühr erhoben wird, erzielt wird, fällt dieser Vertragspartei zu.

Zwischen den Vertragsparteien, von denen die gemeinsame Gebühr erhoben wird, wird das Aufkommen, das von den Verkehrsunternehmen dieser Vertragsparteien stammt, nach Absatz 2 korrigiert.

Das Gebührenaufkommen, das von Kraftfahrzeugen stammt, die außerhalb des Hoheitsgebiets der Vertragsparteien, von denen die gemeinsame Gebühr erhoben wird, zugelassen sind, wird nach Absatz 3 festgestellt und zwischen diesen Vertragsparteien verteilt.

(2) Das Gebührenaufkommen, das von den Verkehrsunternehmen der Vertragsparteien stammt, von denen die gemeinsame Gebühr erhoben wird, wird unter Zugrundelegung der Höhe der Benutzungsgebühr, der durchschnittlichen Anzahl der zurückgelegten Kilometer pro Kraftfahrzeug und der Anzahl Kilometer, welche die Verkehrsunternehmen einer Vertragspartei 1992 jeweils im Hoheitsgebiet einer anderen Vertragspartei zurückgelegt haben, korrigiert. Die Vertragsparteien unterstützen einander hierbei mit den erforderlichen statistischen Angaben. Zwei oder mehr Vertragsparteien können beschließen, von einer Korrektur des Aufkommens aus der gemeinsamen Benutzungsgebühr abzusehen.

Die Korrektur wird nach folgender Formel vorgenommen:

C (D-E) = F, wobei C = A/B ist.

A =   Jahresgebühr in Höhe von 1250 ECU;

B =   durchschnittliche Jahresfahrleistung von 130 000 km;

C =   Höhe der gemeinsamen Benutzungsgebühr je zurückgelegtem Kilometer;

D =   Anzahl der von Kraftfahrzeugen aus Vertragspartei B in Vertragspartei A zurückgelegten Kilometer;

E =   Anzahl der von Kraftfahrzeugen aus Vertragspartei A in Vertragspartei B zurückgelegten Kilometer;

F =   zu korrigierender Betrag.

(3) Zum Zweck der Verteilung stellen die Vertragsparteien, von denen die gemeinsame Gebühr erhoben wird, zunächst die Höhe des an sie entrichteten Gebührenaufkommens für Kraftfahrzeuge fest, die außerhalb des Hoheitsgebiets dieser Vertragspartei zugelassen sind. Die Feststellung erfolgt mit Ablauf des jeweiligen Kalenderjahrs, erstmals zum 31. Dezember 1995, für den jeweils abgelaufenen jährlichen Entrichtungszeitraum. Sie übermitteln den anderen Vertragsparteien, von denen die gemeinsame Gebühr erhoben wird, innerhalb von drei Monaten eine Mitteilung hierüber.

Diese Vertragsparteien prüfen gemeinsam die erstellten Mitteilungen und stellen gemeinsam deren Richtigkeit fest.

Das so festgestellte Gebührenaufkommen wird zwischen den Vertragsparteien wie folgt verteilt:

– Das Königreich Belgien erhält 12,31 vom Hundert dieses Aufkommens,

– das Königreich Dänemark erhält 3,79 vom Hundert dieses Aufkommens,

– die Bundesrepublik Deutschland erhält 69,16 vom Hundert dieses Aufkommens,

– das Großherzogtum Luxemburg erhält 0,97 vom Hundert dieses Aufkommens,

– das Königreich der Niederlande erhält 8,52 vom Hundert dieses Aufkommens,

– das Königreich Schweden erhält 5,25 vom Hundert dieses Aufkommens.

Auf einstimmigen Beschluss der Vertragsparteien können diese Vomhundertsätze unter Zugrundelegung statistischer Angaben geändert werden, aus denen hervorgeht, inwieweit die betreffenden Verkehrsunternehmen die Verkehrswege einer jeden Vertragspartei, die das gemeinsame Benutzungsgebührensystem anwendet, benutzt haben. In diesem Fall unterstützen die Vertragsparteien einander hierbei mit den erforderlichen statistischen Angaben.

(4) Die Vertragsparteien stellen einstimmig die nach vorstehenden Methoden ermittelten Ausgleichsbeträge fest und führen den Zahlungsausgleich innerhalb eines Monats nach Feststellung der Ausgleichsbeträge durch.

## Artikel 14
### Einrichtung eines Koordinierungsausschusses

(1) Zur Durchführung der in diesem Übereinkommen genannten gemeinsamen Arbeiten zum Zweck der gemeinsamen Gebührenerhebung richten die Vertragsparteien einen Koordinierungsausschuss ein. Dieser nimmt insbesondere folgende Aufgaben wahr:

1. die Anwendung des Korrektur- und Verteilungsschlüssels nach diesem Übereinkommen;

2. die Überwachung und Abrechnung der Gebührenentrichtung in den Staaten, in denen die gemeinsame Gebühr nicht erhoben wird;

3. die Koordinierung der nationalen Aufsichtsgremien der Vertragsparteien, von denen die gemeinsame Gebühr erhoben wird.

(2) Der Koordinierungsausschuss gibt sich eine Geschäftsordnung, in der das Verfahren und die in diesem Übereinkommen genannten Beschlussfassungen im einzelnen geregelt werden.

(3) Der Koordinierungsausschuss hält mindestens einmal jährlich auf Einladung einer Vertragspartei eine Sitzung ab. Auf Antrag einer Vertragspartei ist der Koordinierungsausschuss einzuberufen.

(4) Die Kommission der Europäischen Gemeinschaften wird zu allen Sitzungen des Koordinierungsausschusses eingeladen.

## Artikel 15
### Schiedsverfahren

Jede Streitigkeit, die zwischen den Vertragsparteien über die Auslegung oder Anwendung dieses Übereinkommens und hierzu getroffener ergänzender Vereinbarungen entsteht und nicht durch unmittelbare Verhandlungen im Rahmen des Koordinierungsausschusses beigelegt werden kann, wird auf Antrag einer Vertragspartei nach Artikel 182 des Vertrags zur Gründung der Europäischen Gemeinschaft dem Gerichtshof der Europäischen Gemeinschaften vorgelegt.

## Artikel 16
### Beitritt

Jeder Mitgliedstaat der Europäischen Union kann diesem Übereinkommen beitreten. Der Beitritt wird in einem Übereinkommen zwischen diesem Staat und den Vertragsparteien geregelt.

## Artikel 17
### Verzicht auf Gebührenerhebung

(1) Jede Vertragspartei kann auf die Erhebung der gemeinsamen Benutzungsgebühr verzichten oder beschließen, die Erhebung der gemeinsamen Gebühr in ihrem Hoheitsgebiet einzustellen. Sie darf jedoch keine nationale zeitabhängige Benutzungsgebühr und vor dem 1. Januar 1998 kein nationales generelles entfernungsabhängiges Benutzungsgebührensystem einführen.

(2) Die Einstellung der Gebührenerhebung ist dem Verwahrer neun Monate vorher schriftlich anzuzeigen. Mit Wirkung vom gleichen Zeitpunkt können andere Vertragsparteien die Erhebung der Gebühr mit einer auf sechs Monate verkürzten Anzeigefrist gleichfalls einstellen.

(3) In diesen Fällen passen die Vertragsparteien auf Vorschlag des in Artikel 14 bezeichneten Koordinierungsausschusses den in Artikel 13 Abs. 3 genannten Verteilungsschlüssel an. Die Annahme dieser Anpassung erfolgt durch diplomatischen Notenwechsel.

## Artikel 18
### Kündigung

(1) Dieses Übereinkommen kann erstmals zum 31. Dezember 1997 durch eine schriftliche Erklärung gegenüber dem Verwahrer mit einer Frist von neun Monaten gekündigt werden. Nach diesem Zeitpunkt kann das Übereinkommen mit der zuvor genannten Frist jeweils zum Ende eines Kalenderjahrs gekündigt werden.

Macht eine Vertragspartei von ihrem Kündigungsrecht Gebrauch, so können die anderen Vertragsparteien ihrerseits das Übereinkommen mit einer auf sechs Monate verkürzten Frist kündigen.

Die Vertragspartei, die von ihrem Kündigungsrecht Gebrauch macht, darf keine nationale zeitabhängige Benutzungsgebühr einführen.

(2) Im Fall einer Kündigung nach Absatz 1 passen die verbleibenden Vertragsparteien den in Artikel 13 Absatz 3 genannten Verteilungsschlüssel an. Die Annahme dieser Anpassung erfolgt durch diplomatischen Notenwechsel.

## Artikel 19
### Inkrafttreten

(1) Dieses Übereinkommen tritt am ersten Tag des Monats in Kraft, der auf den Monat folgt, in dem alle Vertragsparteien der Kommission der Europäischen Gemeinschaften auf diplomatischem Weg schriftlich mitgeteilt haben, dass die erforderlichen innerstaatlichen Voraussetzungen für das Inkrafttreten erfüllt sind.

(2) Der Verwahrer übermittelt den Regierungen aller Vertragsparteien die in Absatz 1 bezeichneten Mitteilungen und teilt ihnen den Tag des Inkrafttretens des Übereinkommens mit.

(3) Falls eine oder mehrere Vertragsparteien die in Absatz 1 genannte Mitteilung nicht vor dem 1. Januar 1995 abgeben können, können die übrigen Vertragsparteien oder auch nur eine von ihnen das Übereinkommen ab diesem Zeitpunkt vorläufig anwenden.

## Artikel 20
### Geltungsdauer

Dieses Übereinkommen gilt bis zum 31. Dezember 2019. Es kann durch Vereinbarung zwischen zwei oder mehr Vertragsparteien verlängert werden.

SIEBTER TEIL

# Anhang

## Stichwortverzeichnis

| Stichwort | Seite | Zuordnung |
|---|---|---|
| Abmessungen/Gewicht ausl. Fahrzeuge | 53, 64 | § 3 IntVO |
| Ahndungsfaktoren | | |
| – straftatbezogene | 247 | NTS |
| – personenbezogene | 249 | |
| Ahndungssystematik | 14, 73, 137 | §§ 1, 4, 14 IntVO |
| Amtliches Kennzeichen als | 153, 155, | AuslPflVG – Einf. |
| Versicherungsnachweis | 180, 186 | §§ 8a, 9 AuslPflVG |
| Anhänger, »vermieten« von | 21 | § 1 IntVO |
| Anhängerverzeichnis | 29 | § 1 IntVO |
| Annahmezwang | 168 | § 3 AuslPflVG |
| Asylbewerber | 24 | § 1 IntVO |
| Aufenthalt, ständiger | 77, 104 | §§ 4, 5 IntVO |
| Aufenthalt, vorübergehender | 198, 201, 207 | Steuerrecht |
| Auflagen zur ausl. Fahrerlaubnis | 83 | § 4 IntVO |
| Ausfuhrkennzeichen | 109, 111, 113 | § 7 IntVO |
| – Haftpflichtversicherung | 161, 165, 187 | §§ 1, 2 AuslPflVG |
| – verkehrssicherer Zustand | 111 | § 7 IntVO |
| – Zulassungsdauer | 110 | |
| Ausnahmen | 178 | § 8 AuslPflVG |
| Aussiedler | 24 | § 1 IntVO |
| Autobahnbenutzungsgebühr | 210 | ABBG |
| Automobilkonkordat | 143 | AuslPflVG – Einf. |
| Barkaution | 142 | AuslPflVG – Einf. |
| Beförderungszweck | 214 | ABBG |
| Befristung, zeitliche | 85 | § 4 IntVO |
| Behandelndes Büro | 147, 150, 153 | AuslPflVG – Einf. |
| Benutzung, widerrechtliche | 32, 195, 200 | Steuerrecht |
| – Ahndung | 195 | |
| Berufspendler | 79 | § 4 IntVO / |
| | 198 | § 3 KraftStG |
| Beweislast / Beweislastumkehr | 92 | § 4 IntVO |
| Beweisurkunde | 151 | AuslPflVG – Einf. |

| Stichwort | Seite | Zuordnung |
|---|---|---|
| Binnenbeförderungen | 21 | § 1 IntVO |
| Bußgeldtatbestände | 137 | § 14 IntVO |
| | | |
| Carnet-TIR-Verfahren | 230 | Zollrecht |
| carte grise | 29, 43 | §§ 1, 2 IntVO |
| CEMT-Genehmigungen | 68 | § 3a IntVO |
| | | |
| Dachorganisation (Council of Bureaux – CoB) | 148 | AuslPflVG – Einf. |
| Direktanspruch | 173 | § 6 AuslPflVG |
| Dispositionsbefugnis | 21 | § 1 IntVO |
| Doppel(Zwitter-)zulassung | 33 | § 1 IntVO |
| Doppelwohnsitz | 79, 80 | § 4 IntVO |
| Doppelzulassung | 110 | § 7 IntVO |
| Drittstaaten | 76, 82 | § 4 IntVO |
| Durchführungsbestimmungen, Erlass von | 175 | § 7 AuslPflVG |
| Einfuhrabgaben, Befreiung von | 222 | Zollrecht |
| Einsatzmittelpunkt | 24 | § 1 IntVO |
| Einzelausnahmegenehmigungen | 20 | § 1 IntVO |
| Entgelt | 199 | § 3 KraftStG |
| Entzug der FE, Folgen | 100 | § 4 IntVO |
| Erlaubnisverfahren, nationale | 1 | Einführung |
| Ermächtigungsgrundlage | 10 | IntVO |
| Erst- und Zweitwohnsitz | 79 | § 4 IntVO |
| Erteilung von Ausnahmen | 134 | § 13 IntVO |
| EU- und EWR-Fahrerlaubnisse | 76, 82 | § 4 IntVO |
| Euro-Kennzeichen | 50 | § 2 IntVO |
| Europadeckung | 171 | § 4 AuslPflVG |
| EWG-Vertrag | 4 | Einführung |
| Exterritorialität, partielle | 245 | NTS |
| | | |
| Fahrberechtigung nachweisen | 83, 88 | § 4 IntVO |
| Fahrerlaubnis, ausländische | 72 | § 4 IntVO |
| –Entziehung | 130 | § 11 IntVO |
| –Fahrverbot, Folgen | 101 | § 4 IntVO |
| Fahrerlaubnisrecht / Fahrausbildung | 241 | NTS |
| Fahrerlaubnisse aus Drittstaaten | 82 | § 4 IntVO |
| Fahrzeug, ausländisches (Begriff) | 23, 194 | § 1 IntVO / § 1 KraftStG |

| Stichwort | Seite | Zuordnung |
|---|---|---|
| Fahrzeuge, führerscheinfreie | 94 | § 4 IntVO |
| Fahrzeuge, zulassungsfreie | 16 | § 1 IntVO |
| Fahrzeugführer, ausländischer (Begriff) | 74 | § 4 IntVO |
| Fahrzeugschein, roter | 39 | § 2 IntVO |
| Fahrzeugscheinheft | 39, 40 | § 2 IntVO |
| Fernzulassung | 30 | § 1 IntVO / |
| | 187 | § 9 AuslPflVG |
| Französische Kennzeichen | 42 | § 2 IntVO |
| Französische Platine | 45 | § 2 IntVO / |
| | 188 | § 9 AuslPflVG |
| Führerschein, ausländischer | 75 | § 4 IntVO |
| – gültigen | 84 | |
| Garantiefonds | 182 | § 8a AuslPflVG |
| Garantiesystem | 185 | § 9 AuslPflVG |
| Gastarbeiter | 81 | § 4 IntVO |
| Gebrauch, privater | 207 | Steuerrecht |
| Gebührensätze | 216 | ABBG |
| Gegenseitigkeitsabkommen | 202 | Steuerrecht |
| Geltungsbereich ausl. FE-Klassen | 85, 87 | § 4 IntVO |
| Gemeinschaft der Grenzversicherer | 167, 169 | §§ 2, 3 AuslPflVG |
| Genfer Abkommen | 205 | Steuerrecht |
| Geschwindigkeitsbegrenzer | 58 | § 3 IntVO |
| Gewicht/Abmessung ausl. Fahrzeuge | 53, 64 | § 3 IntVO |
| Grenzkarten-System | 144 | AuslPflVG – Einf. |
| Grenznaher Raum | 133 | § 12 IntVO |
| Grenzversicherung | 154 | AuslPflVG – Einf. |
| | 163, 166, 190 | §§ 1, 2, 9a |
| Grüne Karte-System | 147 | AuslPflVG – Einf. |
| Grüne Versicherungskarte | 151, 155 | AuslPflVG – Einf. |
| – Garantiefunktion | 151 | |
| – gefälschte, gestohlene | 152 | |
| – Inhalt und Form | 151 | |
| – Mindestgültigkeitsdauer | 152 | |
| Güterkraftverkehr, grenzüberschreitender | 20 | § 1 IntVO |
| Halten von ausl. Fahrzeugen | 194 | § 1 KraftStG |
| Halterverantwortung | 36 | § 1 IntVO |

| Stichwort | Seite | Zuordnung |
|---|---|---|
| Int. FS, Ausstellung durch dt. Behörden | 117, 123 | §§ 8, 9 IntVO |
| – Voraussetzungen | 117 | |
| – Mindestalter | 117 | |
| – Fahrverbot | 118 | |
| Int. Zulassungsschein, Ausstellung durch dt. Behörden | 108, 122 | §§ 7, 9 IntVO |
| Italienische Probefahrtkennzeichen | 46 | § 2 IntVO |
| Kautionssystem | 142 | AuslPflVG – Einf. |
| Kennzeichen | 152, 154 | AuslPflVG – Einf. |
| – gefälschte | 181, 182 | § 8a AuslPflVG |
| Kennzeichendubletten | 41 | § 2 IntVO |
| | 187 | § 9 AuslPflVG |
| Kennzeichenmißbrauch | 32, 45 | §§ 1, 2 IntVO |
| Kennzeichnung ausl. Fahrzeuge | 38 | § 2 IntVO |
| Kraftfahrzeug | 19 | § 1 IntVO |
| – »Zubehör« zum | | |
| Kraftfahrzeug, Begriffsdefinition | 18 | § 1 IntVO |
| Kraftfahrzeuganhänger, Begriff | 19 | § 1 IntVO |
| Kraftfahrzeug-Haftpflichtversicherung | 250 | NTS |
| Kraftverkehrsversicherung, Anfänge | 141, 146 | AuslPflVG – Einf. |
| Kurzzeitkennzeichen | 39 | § 2 IntVO |
| Lebensbeziehungen | 78 | § 4 IntVO |
| Lernführerscheine | 97 | § 4 IntVO |
| Londoner Abkommen | 150 | AuslPflVG – Einf. |
| Luxemburger Protokoll | 150 | AuslPflVG – Einf. |
| | 183 | § 8a AuslPflVG |
| Luxusaufwandsteuer | 193 | Steuerrecht |
| Massenverkehr | 1 | Einführung |
| | 15 | § 1 IntVO |
| Mindestprofiltiefe | 58 | § 3 IntVO |
| Mindeststandard, technischer | 34 | § 1 IntVO |
| Mitführung gewerblicher/ nichtgewerblicher Anhänger | 19 | § 1 IntVO |
| Mitführungs- und Aushändigungspflichten | 126 | § 10 IntVO |
| | 190 | § 9a AuslPflVG |
| | 217 | ABBG |

| Stichwort | Seite | Zuordnung |
|---|---|---|
| Motorfahrräder | 17, 94 | §§ 1, 4 IntVO |
| Multilaterale Garantieabkommen | 150, 153 | AuslPflVG – Einf. |
| Nachhaftung | 174, 183 | §§ 6, 8a AuslPflVG |
| Nachprägung | 45 | § 2 IntVO |
| Nachweispflicht – ausländischen Führerschein | 88 | § 4 IntVO |
| Nationalitätszeichen | 48, 115 | §§ 2, 7a IntVO |
| Nichtanwendbarkeit, – Bau-, Ausrüstungs- und Beschaffenheitsvorschriften | 54 | § 3 IntVO |
| Oldtimer- und Veteranenfahrzeuge | 40 | § 2 IntVO |
| Ordnungswidrigkeiten | 138 | § 14 IntVO |
|  | 190 | § 9a AuslPflVG |
| Personenkraftfahrzeuge | 198 | Steuerrecht |
| Rabatte | 218 | ABBG |
| Rechtsbereinigung | 8 | IntVO – Vorbem. |
| Regelungen, völkerrechtliche | 1 | Einführung, |
|  | 15 | § 1 IntVO |
| Registrierschein / Registriernummer | 30 | § 1 IntVO |
| rote Kennzeichen (Händlerkennzeichen) | 38 | § 2 IntVO |
| Saisonarbeiter | 80 | § 4 IntVO |
| Schleppen von Fahrzeugen | 57 | § 3 IntVO |
| Schonfrist, sog. | 24 | § 1 IntVO |
| Selbstzertifikat | 40 | § 2 IntVO |
| Sicherheitsgurte | 57 | § 3 IntVO |
| Sicherheitsleistung | 218 | ABBG |
| Standort, regelmäßiger | 23, 24, | § 1 IntVO |
|  | 161, | § 1 AuslPflVG |
|  | 198 | § 1 KraftStG |
| Stationierungsstreitkräfte | 5, 235 | Einführung, NTS |
| Stelle (Behörde), zuständige | 28 | § 1 IntVO |
| Steuerbefreiungen | 196, 202, 205 | Steuerrecht |
| Steuergegenstand | 193 | § 1 KraftStG |

| Stichwort | Seite | Zuordnung |
|---|---|---|
| Strafgerichtsbarkeit | | |
| – ausschließliche | 245 | NTS |
| – konkurrierende | 245 | |
| Straßenverkehrswirtschaftsrecht | 5 | Einführung |
| Studenten / Schüler | 81, 99 | § 4 IntVO |
| | 199 | Steuerrecht |
| Tagespendler | 80 | § 4 IntVO |
| Targa prova | 31, 46 | §§ 1, 2 IntVO |
| Territorialitätsprinzip | 1 | Einführung |
| | 14, 72, 96, 118 | §§ 1, 4, 8 IntVO |
| Transformation | 156, | AuslPflVG – Einf. |
| | 163 | § 1 AuslPflVG |
| Überführungskennzeichen | 30, 38 | § 1 IntVO |
| Überführungskennzeichen, ausländische | 41 | § 2 IntVO |
| – niederländische, tschechische, ungarische | 48 | |
| Übergangsbestimmung | 135 | § 13a IntVO |
| Übersetzung | | |
| – ausländischer Zulassungsscheine | 25, 26 | § 1 IntVO |
| – ausländischer Führerscheine | 93 | § 4 IntVO |
| Umfang der Fahrberechtigung | 83 | § 4 IntVO |
| UN-Empfehlung Nr. 5 | 147 | AuslPflVG – Einf. |
| Urkunde, zusammengesetzte | 32 | § 1 IntVO |
| Verkehr, vorübergehender | 19, 23, 74, 104, | §§ 1, 4, 5 IntVO |
| | 194, 198 | §§ 1, 3 KraftStG |
| Verkehrssozialrecht | 5 | Einführung |
| Versandverfahren | 228 | Zollrecht |
| Verschlussanerkenntnis | 231 | Zollrecht |
| Versicherungsnachweis | 162 | § 1 AuslPflVG |
| – grüne Karte | 162 | |
| – amtliche Kennzeichen | 181 | § 8a AuslPflVG |
| Versicherungsverhältnis mit wechselnder Rechtszuständigkeit | 148 | AuslPflVG – Einf. |
| Vertragsgesetz | 2, 26 | Einf., § 1 IntVO |
| Vierundzwanzigste Ausnahme- | 15, 20 | § 1 IntVO |

| Stichwort | Seite | Zuordnung |
|---|---|---|
| verordnung zur StVZO | | |
| Voraussetzungen der Strafbarkeit | 186 | § 9 AuslPflVG |
| | | |
| Wahlrecht für Studenten/Schüler | 81 | § 4 IntVO |
| Wochenendpendler | 80 | § 4 IntVO |
| Wohnsitz, ordentlichen | 76, 98, | § 4 IntVO |
| | 200 | § 3 KraftStG |
| | | |
| Zahlendes Büro | 147, 150, 152, | AuslPflVG – Einf. |
| | 153 | |
| Zollgrenzbezirk | 132 | § 12 IntVO |
| Zollgutversandverfahren | 228 | Zollrecht |
| Zollgutverwendung | 251 | NTS |
| Zollstraßenzwang | 221 | Zollrecht |
| Zollverfahren, vorübergehenden | | |
| Verwendung | 211 | Zollrecht |
| – Bewilligung des Verfahrens | 226 | |
| – Beendigung des Verfahrens | 226 | |
| Zubehör i.V.m. Beförderungszweck | 214 | ABBG |
| Zulassung / Kennzeichnung / | | |
| Bau- und Ausrüstung | 242 | NTS |
| Zulassungspflicht | 16 | § 1 IntVO |
| Zulassungsschein | | |
| – Zubehör der Zulassung | 29 | § 1 IntVO |
| – Internationaler, nationaler | 26 | |
| Zulassungsverfahren, besonderes | 110 | § 7 IntVO |
| Zulassungsvoraussetzungen | 243, 244 | NTS |
| Zustand, unvorschriftsmäßiger | | |
| – rechtliche Beurteilung | 22, 35 | § 1 IntVO |
| – Maßnahmen | 127 | § 11 IntVO |
| – sachliche Zuständigkeit der Polizei | 129 | § 11 IntVO |
| Zuständigkeiten | 134 | § 13 IntVO |
| | 219 | ABBG |
| Zuwiderhandlungen | 136, | § 14 IntVO |
| | 184, | § 9 AuslPflVG |
| | 190 | § 9a AuslPflVG |
| Zwangshaftpflichtversicherung | 142, 145 | AuslPflVG – Einf. |

## Abkürzungsverzeichnis

| | |
|---|---|
| AA | Ausführungsanweisung zur IntVO |
| a.A. | anderer Ansicht |
| ABBG | Autobahnbenutzungsgebührengesetz für schwere Nutzfahrzeuge |
| Abk. | Abkommen |
| ABl. EG | Amtsblatt der Europäischen Gemeinschaft (Nr. ) |
| ABL | Alt-Bundes-Länder |
| ADR | Europäisches Übereinkommen über den internationalen Transport gefährlicher Güter auf der Straße |
| AETR | Europäisches Übereinkommen über die Arbeit des im internationalen Straßenverkehr beschäftigten Fahrpersonals |
| AG | Amtsgericht |
| AKB | Allgemeine Bedingungen für die Kraftfahrtversicherung |
| AO | Abgabenordnung |
| ASOR | Übereinkommen über die Personenbeförderung im grenzüberschreitenden Gelegenheitsverkehr mit Kraftomnibussen |
| ATP | Übereinkommen über internationale Beförderung leicht verderblicher Lebensmittel und über die besonderen Beförderungsmittel, die für diese Beförderungen zu verwenden sind |
| AU | Abgasuntersuchung |
| AuslPflVG | Haftpflichtversicherungsgesetz für ausländische Kraftfahrzeuge und Kraftfahrzeuganhänger |
| BayObLG | Bayerisches Oberstes Landesgericht |
| BGB | Bürgerliches Gesetzbuch |
| BGBl. | Bundesgesetzblatt Teil I, II, III (Jahr und Seite) |
| BGH | Bundesgerichtshof |
| BLFA | Bund-Länder-Fachausschuss |
| BMV | Bundesministerium für Verkehr |
| BVerwG | Bundesverwaltungsgericht |
| BW | Baden-Württemberg |
| CCT | Fachkommission für Verkehr und Transit; Abkürzung nach der französischen Bezeichnung »Commission consultative et technique des communications et du transit« |

| | |
|---|---|
| CEMT | Europäische Konferenz der Verkehrsminister |
| CMR | Übereinkommen über den Beförderungsvertrag im internationalen Straßenverkehr |
| CoB | Council of Bureaux |
| CSC | Europäisches Übereinkommen über sichere Container |
| DAR | Deutsches Autorecht (Jahr und Seite) |
| DRiZ | Deutsche Richterzeitung (Deutscher Richterbund), Jahr und Seite |
| EU | Europäische Union |
| EuGH | Europäischer Gerichtshof |
| EWR | Europäischer Wirtschaftsraum |
| FeV | Fahrerlaubnis-Verordnung |
| FStrG | Bundesfernstraßengesetz |
| GM | geringe Mängel |
| GüKG | Güterkraftverkehrsgesetz |
| gVV | gemeinsames Versandverfahren |
| HU | Hauptuntersuchung |
| IntAbk | Internationales Abkommen über Kraftfahrzeugverkehr |
| IntVO | Verordnung über internationalen Kraftfahrzeugverkehr |
| JZ | Juristenzeitung (Jahr und Seite) |
| JR | Juristische Rundschau (Jahr und Seite) |
| KfzPflVV | Verordnung über den Versicherungsschutz in der Kraftfahrzeug-Haftpflichtversicherung (Kraftfahrzeug-Pflichtversicherungsverordnung) |
| KG | Kammergericht |
| KraftStG | Kraftfahrzeugsteuergesetz 1994 |
| LA | Londoner Abkommen |
| LG | Landgericht |
| LP | Luxemburger Protokoll |
| LVwVfG | Landesverwaltungsverfahrensgesetz |
| M.G.A. | Multilaterales Garantieabkommen |
| NJW | Neue Juristische Wochenschrift (Jahr und Seite) |

| | |
|---|---|
| NTS | NATO-Truppenstatut |
| NZV | Neue Zeitschrift für Verkehrsrecht (Jahr und Seite) |
| NZWehrr | Neue Zeitschrift für Wehrrecht |
| | |
| OLG | Oberlandesgericht |
| OVG | Oberverwaltungsgericht |
| | |
| PBefG | Personenbeförderungsgesetz |
| PflVG | Gesetz über die Pflichtversicherung für Kraftfahrzeughalter (Pflichtversicherungsgesetz) |
| PVT | Polizei-Verkehr-Technik (Jahr und Seite) |
| | |
| RGBl. | Reichsgesetzblatt |
| Rili | Richtlinie |
| RStVO | Reichs-Straßenverkehrs-Ordnung |
| RVkBl. | Reichsverkehrsblatt (Jahr und Seite) |
| | |
| SAM | Selbstfahrende Arbeitsmaschine |
| SkAufG | Streitkräfteaufenthaltsgesetz |
| SP | Sicherheitsprüfung |
| StGB | Strafgesetzbuch |
| StVG | Straßenverkehrsgesetz |
| StVO | Straßenverkehrs-Ordnung |
| StVZO | Straßenverkehr-Zulassungs-Ordnung |
| | |
| T.I.R. | Transport international de merchandises par la Route |
| | |
| u.U. | unter Umständen |
| UCMJ | Uniform Code of Military Justice |
| UNO | Organisation der Vereinten Nationen |
| UP | Unterzeichnungsprotokoll zum NTS und zum ZA |
| | |
| VD | Verkehrsdienst (Jahr und Seite) |
| Verltb. | Verlautbarung |
| VersR | Versicherungsrecht (Jahr und Seite) |
| vgl. | vergleiche |
| VkBl. | Verkehrsblatt (Jahr und Seite) |
| VM | Verkehrsrechtliche Mitteilungen (Jahr und Seite) |
| VRS | Verkehrsrechtssammlung (Band und Seite) |
| VwGO | Verwaltungsgerichtsordnung |
| VwV-StVO | Allgemeine Verwaltungsvorschrift zur StVO |

| | |
|---|---|
| WÜ | Übereinkommen über den Straßenverkehr (Wiener Übereinkommen) |
| ZaöRV | Zeitschrift für ausländisches öffentliches Recht und Völkerrecht (Jahr und Seite) |
| ZA | Zusatzabkommen zum NTS |
| zGG | zulässiges Gesamtgewicht |
| ZK | Zollkodex |
| ZK-DVO | Durchführungs-VO zum Zollkodex |
| ZollVG | Zollverwaltungsgesetz |
| ZRP | Zeitschrift für Rechtspolitik (Jahr und Seite |